Android

Guida per lo sviluppatore

Guida completa

Nella collana *Guida completa*:
3ds Max per l'architettura (II ed.), di Fabio D'Agnano
Access 2007, di Piriou e Tripolini
Accessibilità, di Michele Diodati
Analisi forense con Photoshop, di George Reis
AutoCAD 2010, di Santapaga e Trasi
CSS (II ed.), di Gianluca Troiani
Computer Forensics (II ed.), di Ghirardini e Faggioli
Costruire applicazioni con Access 2007, di Mike Davis
Cubase 4, di Calderan e Djivas
E-commerce con PayPal, di Massimiliano Bigatti
Excel 2007, di Mike Davis
Final Cut Pro per i professionisti, di Alex G. Raccuglia
Flash CS4, di Feo e Rotondo
Fotoelaborazione: creatività e tecnica, di Eismann e Duggan
Fotografia digitale (II ed.), di Paolo Poli
Fotografia RAW con Photoshop (II ed.), di Volker Gilbert
Hacker 6.0, di McClure, Scambray, Kurtz
Il libro del wireless, di John Ross
JavaScript, di Yank e Adams
L'arte dell'hacking (II ed.), di Jon Erickson
L'arte della fotografia digitale in bianconero, di Marco Fodde
Legge 2.0, di Elvira Berlingieri
Linux Server per l'amministratore di rete (III ed.), di Silvio Umberto Zanzi
Linux Ubuntu (III ed.), di Hill, Bacon, Krstić, Murphy, Jesse, Savage, Burger
Mac OS X Snow Leopard, di Accomazzi e Bragagnolo
Manuale di grafica e stampa, di Mariuccia Teroni
Manuale di redazione, di Mariuccia Teroni
Manuale per giovani band, di Pier Calderan
MySQL 5, di Michael Kofler
Modellazione 3D con AutoCAD, di Nale, Sartorato, Bortot
Office 2007, di M. Della Puppa e S. Della Puppa
Photoshop CS4, di Edimatica
Premiere CS4, di Roberto Celano
Rhinoceros per professionisti, di Daniele Nale
Ruby per applicazioni web, di Marco Ceresa
S.E.O., ottimizzazione web per motori di ricerca, di Davide Vasta
Sviluppare applicazioni con iPhone SDK, di Dudney e Adamson
Sviluppare applicazioni web 2.0 con PHP, di Quentin Zervaas
Sviluppare applicazioni web con Django, di Marco Beri
Sviluppare applicazioni web con PHP e MySQL, di Mark Wandschneider
Sviluppare applicazioni web con Rails, di Thomas e Hansson
Sviluppare il Web mobile, di Fabio Ricci
Tecniche di registrazione (II ed.), di B. Bartlett e J. Bartlett
Video digitale: la ripresa, di Gabriele Coassin
Windows 7, di Riccardo Meggiato
Web Analytics, di Davide Vasta

Massimo Carli

Android

Guida per lo sviluppatore

APOGEO

Android - Guida per lo sviluppatore

Autore:
Massimo Carli

Copyright © 2010 – APOGEO srl
Socio Unico Giangiacomo Feltrinelli Editore s.r.l.
Via Natale Battaglia 12 – 20127 Milano (Italy)
Telefono: 02289981 – Fax: 0226116334
Email **apogeo@apogeonline.com**
U.R.L. **www.apogeonline.com**

ISBN 978-88-503-2921-2

Tutti i diritti sono riservati a norma di legge e a norma delle convenzioni internazionali. Nessuna parte di questo libro può essere riprodotta con sistemi elettronici, meccanici o altri, senza l'autorizzazione scritta dell'Editore.

Nomi e marchi citati nel testo sono generalmente depositati o registrati dalle rispettive case produttrici.

Fotocopie per uso personale del lettore possono essere effettuate nei limiti del 15% di ciascun volume dietro pagamento alla SIAE del compenso previsto dall'art. 68, comma 4, della legge 22 aprile 1941 n. 633 ovvero dell'accordo stipulato tra SIAE, AIE, SNS e CNA, CONFARTIGIANATO, CASA, CLAAI, CONFCOMMERCIO, CONFESERCENTI il 18 dicembre 2000.

Le riproduzioni a uso differente da quello personale potranno avvenire, per un numero di pagine non superiore al 15% del presente volume, solo a seguito di specifica autorizzazione rilasciata da AIDRO,
C.so di Porta Romana, n. 108, – 20122 Milano, telefono 02 89280804, telefax 02 892864, e-mail aidro@iol.it.

Impaginazione:
Grafica editoriale di Facca
Vimercate

Redazione:
Giovanni Malafarina

Copertina e progetto grafico:
Enrico Marcandalli

Editor:
Fabio Brivio

In copertina: "Android Robot"
© 2010 Google Inc.,
1600 Amphitheatre Parkway,
Mountain View, CA 94043,
United States.
"Android Robot" (http://www.android.com/branding.html) è rilasciato sotto una licenza Creative Commons Attribution 3.0 (http://creativecommons.org/licenses/by/3.0/).
Android is a trademark of Google Inc. Use of this trademark is subject to Google Permissions (http://www.google.com/permissions/index.html).

Finito di stampare
nel mese di febbraio 2010
presso L.E.G.O.
stabilimento di Lavis (TN)

A Cristina, Alice e Marta

Indice generale

Prefazione		xvii
Introduzione		xix
Capitolo 1	**Introduzione ad Android**	1
	Che cos'è Android	2
	Un po' di storia	3
	Android e Java	4
	Confronto con J2ME	6
	La Dalvik Virtual Machine	9
	L'architettura di Android	11
	Il kernel di Linux	11
	Librerie native	12
	Surface Manager	12
	Open GL ES	12
	SGL	13
	Media Framework	13
	FreeType	14
	SQLite	14
	WebKit	14
	SSL	15
	Libc	15
	Le core library	15
	Application Framework	15
	Activity Manager	15
	Package Manager	16
	Window Manager	16
	Telephony Manager	16
	Content Provider	16
	Resource Manager	16
	View System	17

Location Manager 17
Notification Manager 17
Conclusioni 18

Capitolo 2   **Anatomia di un'applicazione Android 19**
Preparazione dell'ambiente... 19
   Installazione dell'SDK... 20
   Gestione degli aggiornamenti 22
   Creazione di un progetto Android....................................... 24
   Utilizzo dell'emulatore e Android Virtual Device................. 32
   Il file AndroidManifest.xml 38
Installazione degli Android Development Tools........................... 40
   Utilizzo del plug-in ADT 43
      Gestione visuale delle risorse 47
Debug e logging di un'applicazione 50
Android Debug Bridge 51
Conclusioni 52

Capitolo 3   **Componenti e risorse 53**
I componenti di Android 54
   Activity 54
   Intent e Intent Filter.. 55
   BroadCast Intent Receiver 56
   Service 56
   Content Provider... 57
   Architettura di un'applicazione 57
Le risorse 58
   Risorse di tipo layout.. 60
   Risorse elementari 66
      String, String array e Integer array 66
      Color 73
      Dimension 74
      Gestione degli stili e dei temi 76
   Risorse Drawable 79
      BitMapDrawable 81
      ColorDrawable 82
      GradientDrawable 83
      InsetDrawable 85
      ClipDrawable 86
      LayerDrawable e TransitionDrawable 88
      RotateDrawable e ScaleDrawable 90
      NinePatchDrawable 92
      LevelListDrawable 95
      StateListDrawable 96
      AnimationDrawable 97

	Drawable senza XML	99
	Risorse associate a file	100
	Assets	100
	Risorse XML	101
	Risorse raw	104
	Altri tipi di risorse	105
	Configurabilità delle risorse e I18N	105
	Conclusioni	110
Capitolo 4	**Activity e Intent**	**111**
	Activity	111
	Ciclo di vita di una Activity	112
	I metodi di callback	114
	Terminazione di una Activity	118
	Un caso particolare: la modifica della orientation	123
	La gestione dei processi e il concetto di task	125
	I task	126
	Intent	127
	Intent espliciti	127
	Task affinity e modalità di lancio	129
	Utilizzo della action	133
	Intent e dati	136
	Utilizzo della categoria	141
	La gestione degli Extra	145
	Comunicazione tra Activity	145
	Activity particolari	149
	LauncherActivity	149
	AliasActivity	150
	Conclusioni	152
Capitolo 5	**View e layout**	**153**
	Le View	153
	ViewGroup e layout	160
	I layout predefiniti	161
	LinearLayout	161
	RelativeLayout	166
	TableLayout	168
	FrameLayout	170
	AbsoluteLayout	172
	Realizzare layout custom	172
	Algoritmo di definizione del layout	172
	Definizione di attributi custom	174
	Utilizzo del layout nel template XML	176
	Realizzazione dell'estensione di ViewGroup	178
	Utilizzo nella Activity	182

ViewGroup per i dati 183
 Adapter 183
 AdapterView 185
 ListAdapter, ArrayAdapter<T> e ListView 186
 ListActivity 193
 SimpleAdapter 196
 GridView 198
 ExpandableListAdapter e ExpandableListView 199
 ScrollView 203
 Spinner e Gallery 205
 TabHost, TabWidget e TabActivity 211
 SlidingDrawer 215
Ottimizzazione delle risorse 216
 Utilizzare il tool Hierarchy Viewer 217
 TextView compound Drawable 220
 Utilizzo di <include/> 224
 Utilizzo di <merge/> 225
 Le ViewStub 227
Conclusioni 228

Capitolo 6   Widget ed eventi 229

La gestione degli eventi 229
 Eventi delle View 233
  I listener della classe View 233
  Event handler 235
  Utility nella gestione degli eventi 236
  Attributo android:onClick 237
I widget 237
La classe TextView 238
 Gestione dello stato 238
 TransformationMethod 239
 CharSequence, Spanned e Spannable 239
 Linkify 242
 La classe HTML 246
 Ellipsizing 247
 Hint 249
 Typeface 249
La classe EditText 249
 Gestione dello stato dei widget standard 252
 Selezioni 252
 Componenti con autocompletamento 253
 MultiAutoCompleteTextView 256
Button 256
 CompoundButton e Checkable 257
 CheckBox 257

RadioButton 259
ToggleButton 260
CheckedTextView e ListView 261
Altri controlli 263
ImageView e ImageButton 264
AnalogClock e DigitalClock 267
Realizzare customView 267
Identificazione dell'eventuale specializzazione
di View esistente 269
Identificazione degli eventuali attributi e inflating 269
Customizzazione dell'eventuale Drawable 271
Definizione delle operazioni del componente 272
Customizzazione degli eventuali eventi 272
Definizione fase di measuring 273
Definizione modalità di rappresentazione 274
Conclusioni 274

Capitolo 7 Animation, Menu, Dialog e Toast 275

Animation 275
Animazioni frame-by-frame 276
Animazioni dei layout 279
Tipi di animazioni tween 280
Durata e startOffset 280
Tempo di applicazione della trasformazione 281
Modalità di ripetizione 282
Gestione asse Z 282
Interpolator 283
Utilizzo di una ScaleAnimation 284
RotateAnimation 288
TranslateAnimation 289
AlphaAnimation 289
SetAnimation 290
Animazioni delle View 291
Utilizzo della Camera 294
Animator 295
Menu 296
Option Menu 297
Creazione del menu 297
Selezione di un MenuItem 303
Gestione dei SubMenu 306
Utilizzo di shortcut 307
ContextMenu 307
Menu alternativi 312
Definizione dichiarativa dei menu 315
Toast 318

	Dialog 320
	Utilizzo di un Dialog 321
	Alert Dialog 322
	Progress Dialog 326
	Custom Dialog 328
	Conclusioni 328
Capitolo 8	**Gestione dei dati 329**
	Preference 329
	Gestione di file 335
	Accesso a file system locale 336
	File su SD Card 339
	Creazione di una SD Card attraverso AVD 339
	Creazione SD Card attraverso mksdcard 340
	Utilizzo della SD Card nell'emulatore 340
	Un esempio 341
	Lettura di file statico da apk 341
	SQLite 342
	Gestione di un DB SQLite 342
	Ciclo di vita di un DB SQLite 342
	Creazione delle tabelle 345
	Esecuzione delle query di update 347
	Estrazione dei dati 350
	Utilizzo di un Cursor 350
	Esecuzione di query raw 352
	Gestione delle transazioni 353
	Utilizzare un SQLiteQueryBuilder 354
	La classe SQLiteOpenHelper 356
	Un esempio di CRUD 357
	Content Provider 361
	Realizzazione di un Content Provider 362
	Definizione dei MetaData 363
	Realizzazione della classe ContentProvider 365
	Associazione tra URI e mime-type 366
	Implementazione dell'operazione di query() 368
	Implementazione dell'operazione di insert() 369
	Implementazione dell'operazione di update() 370
	Implementazione dell'operazione di delete() 371
	Registrazione del Content Provider nell'AndroidManifest.xml 371
	Utilizzo di un Content Provider 372
	I Content Provider di Android 374
	Live Folder 374
	Conclusioni 380

Capitolo 9	**Multithreading e servizi**..**381**	
	Thread: concetti di base	382
	Handler e looper..	385
	Schedulazione di task...	388
	Looper	389
	Notification Service..	391
	Creazione di una Notification.....................................	392
	Aggiunta di un suono..	394
	Utilizzo della vibrazione	394
	Utilizzo dei LED	395
	Altre configurazioni..	395
	Invio della notifica con il NotificationManager	396
	Layout custom per le Notification.............................	397
	I componenti Service..	399
	Servizi locali	400
	Servizi remoti	405
	Definizione dell'interfaccia AIDL....................	408
	Utilizzo di ADT per la generazione di Stub	412
	Implementazione dell'interfaccia associata al servizio.........	413
	Implementazione del servizio	414
	Definizione del servizio in AndroidManifest.xml............	414
	Realizzazione del client	415
	Broadcast Receiver	417
	Conclusioni	419
Capitolo 10	**Utilizzo della Rete e sicurezza**..**421**	
	Accesso a servizi HTTP	421
	Invio di richieste in GET...	424
	Condivisione di uno stesso HttpClient.....................	426
	Invio di richieste in Post	430
	Android e sicurezza..	431
	Gestione delle Permission	432
	Creazione di Permission custom	433
	Utilizzo di una Permission custom..................	434
	Un semplice esempio	435
	Processo di Deploy	437
	Conclusioni	440
Capitolo 11	**WebView e MapView** **441**	
	WebKit..	441
	La classe WebView	441
	Funzioni di navigazione...................................	446
	Impostazioni	447
	Utilizzo di JavaScript	447

Visualizzazione delle mappe 449
    MapView e MapActivity 449
        Customizzazione di una MapView 453
        Customizzazione di una MapView 458
    Sistemi di georeferenziazione 460
    Integrazione con il GPS e LocationManager 463
Conclusioni 466

Capitolo 12   App Widget, Gesture e TextSpeech 467

Le App Widget 467
    Creazione del layout 468
    Definizione dell'App Widget Provider 469
    Impostazione dei metadati 473
    Definizione dell'App Widget nel Manifest 473
    Realizzazione Activity di amministrazione 476
Le gesture 480
    Utilizzo del Gesture Builder 481
    Caricamento e utilizzo delle informazioni di gesture 483
Text To Speech 485
    Customizzazione del TextToSpeech 488
Conclusioni 490

Capitolo 13   Gestione dei media 491

Riproduzione e acquisizione di media 491
    Riproduzione dei media con MediaPlayer 492
        Riproduzione audio 493
        Riproduzione video 495
    Acquisizione audio con il MediaRecorder 498
Conclusioni 499

Capitolo 14   I servizi di sistema 501

Power Service 501
KeyGuard Service 504
Vibrator Service 505
Alarm Service 507
Sensor Service 509
Audio Service 510
Telephony Service 513
    SMS Service 514
Connectivity Service 516
Wi-Fi Service 517
Accessibility Manager Service 519
Input Method Service 520
ClipBoard Service 520
Conclusioni 521

Capitolo 15 **Bluetooth** **523**
    Le Bluetooth API 524
    Principali scenari Bluetooth 527
        Preparazione dell'ambiente Bluetooth 527
        Pairing dei dispositivi..528
        Gestione della connessione 530
        Scambio di informazioni..534
    Conclusioni 534

Indice analitico **535**

Prefazione

Credo che questo libro sia importante perché tratta un tema attuale e globale, Android, rivolgendosi al pubblico italiano. Troppo spesso, infatti, i giovani sviluppatori italiani frenano la loro voglia di innovare e imparare davanti a un testo tecnico scritto in inglese. Lo sforzo di autori italiani nel divulgare conoscenze informatiche nella nostra lingua madre, mostrando come la tecnologia può essere usata per risolvere problemi reali, è quindi particolarmente importante.

Conosco Massimo Carli ormai da 14 anni, e posso testimoniare che ha sempre lavorato duro per imparare e applicare le ultime tecnologie, alimentando la voglia di spiegarle agli altri in maniera semplice. Ecco perché sono felice di poter scrivere questa prefazione al suo libro su Android, una realtà sempre più concreta nel mondo della telefonia mobile. Con il recente rilascio di Nexus One da parte di Google siamo in presenza di un telefono che può pensare di sfidare l'enorme successo dell'iPhone. Ma Android è molto di più. Prima di tutto, è il primo sistema operativo per dispositivi mobili completamente Open Source che potrebbe veramente ottenere un successo globale. In passato ci sono stati altri tentativi di portare Linux sui telefoni cellulari, ma nessuno ha avuto le possibilità di successo di Android, non fosse altro perché c'è un'azienda delle dimensioni di Google a promuovere quest'ultimo. Il fatto che sia Open Source non è poi un dettaglio. La sua adozione sarà più lenta e graduale di iPhone, ma ci sono già ora migliaia di persone che portano Android sulle piattaforme più disparate.

I produttori cinesi di telefoni "no brand" che si trovano su eBay stanno progressivamente abbandonando i loro sistemi operativi proprietari per passare ad Android. Vi sono comunità online che lavorano per portare Android su telefoni che originariamente erano nati per Windows Mobile o Symbian perché magari il produttore non li sta aggiornando da tempo.

Oltre a tutto questo, stanno nascendo schede embedded di vario tipo che adottano Android anche se non sono dei telefoni, con il vantaggio non indifferente di avere delle API e strumenti di sviluppo ben documentati e una comunità ampia già bella pronta.

Insomma, per chi scrive Android farà parte del futuro.

Spero che questo libro diventi uno strumento per formare una pattuglia di giovani agguerriti sviluppatori italiani, che possano farsi notare a livello internazionale: in queste pagine trovate le informazioni, manca solo il vostro impegno.

Massimo Banzi
http://tinker.it/

Introduzione

In questi primi 10 anni del terzo millennio Internet è entrato sempre più nella vita di ognuno di noi. Ogni giorno un numero crescente di utenti accede a questa enorme fonte di informazioni, contribuendo talora al suo arricchimento attraverso strumenti caratteristici del Web 2.0.

In questi stessi anni sta però iniziando una seconda grande rivoluzione, legata all'utilizzo di dispositivi mobili. Quello che inizialmente era semplicemente un telefono cellulare ora è uno strumento in grado di fornire servizi di vario genere. È possibile conoscere in ogni momento la propria posizione, inviare e ricevere mail, acquisire immagini e filmati da inviare poi a siti che ne permettano la pubblicazione. Ormai il limite delle applicazioni che si possono realizzare è dato solo dall'immaginazione umana. In un contesto come questo sono nate diverse piattaforme, ciascuna con le proprie caratteristiche, la propria storia e il proprio linguaggio. Si tratta però di architetture e tecnologie proprietarie, spesso non di semplice utilizzo. In un'epoca segnata dall'utilizzo di moltissime tecnologie Open Source mancava una piattaforma con queste caratteristiche per il mobile. A questo hanno pensato Google e la Open Handset Alliance con la creazione di Android, argomento di questo libro.

A chi è rivolto il testo

Questo libro ha l'obiettivo di aiutare lo sviluppatore a realizzare applicazioni per i dispositivi Android. Sebbene più di qualche volta siano stati ripresi concetti relativi alla programmazione Java e all'utilizzo dei Design Pattern, il lettore dovrebbe possedere un minimo di esperienza di programmazione con un linguaggio a oggetti.

Struttura del libro

L'obiettivo di questo testo è di fornire allo sviluppatore gli strumenti necessari per la realizzazione di applicazioni per Android. Il volume si articola in 15 capitoli, che descriviamo brevemente di seguito.

Capitolo 1: Introduzione ad Android
Si tratta di un capitolo introduttivo che spiega il contesto all'interno del quale è nata questa tecnologia, descrivendone le parti principali.

Capitolo 2: Anatomia di un'applicazione Android
Questo rappresenta probabilmente il capitolo più importante, in quanto descrive passo dopo passo il processo di installazione e aggiornamento dell'ambiente nonché l'installazione di eclipse e del relativo plug-in ADT. In queste pagine creeremo anche la nostra prima applicazione Android, sia attraverso l'utilizzo dei tool da linea di comando, sia mediante l'ADT.

Capitolo 3: Componenti e risorse
Come altre piattaforme mobile disponibili, anche Android considera l'ottimizzazione delle risorse una priorità assoluta. Per risorse si intendono la CPU e la memoria, ma anche la possibilità di gestire eventuali configurazioni in modo ottimizzato. In questo capitolo vedremo quindi l'approccio dichiarativo che Android segue nella definizione, ottimizzazione e utilizzo delle varie risorse impiegate da un'applicazione. In particolare, esamineremo nel dettaglio quegli oggetti definiti Drawable responsabili dell'aspetto grafico dei componenti della UI. Affronteremo poi l'argomento legato alla configurabilità delle applicazioni nei confronti delle configurazioni dell'utente e della diversità tra i vari dispositivi relativamente al display e altro.

Capitolo 4: Activity e Intent
Android è una piattaforma completamente estensibile, poiché la quasi totalità dei suoi componenti può essere sostituita. Si tratta infatti di una piattaforma realizzata con le stesse API che lo sviluppatore utilizza per le applicazioni. Per raggiungere questo risultato l'architettura si basa sulla definizione delle Activity e di un meccanismo di comunicazione delle informazioni fondato sugli Intent. In questo fondamentale capitolo vedremo quindi nel dettaglio tutti i meccanismi di comunicazione.

Capitolo 5: View e Layout
L'interfaccia grafica di un'applicazione è sicuramente una delle parti più importanti da tenere in considerazione, in quanto definisce le modalità di interazione con l'utente. In questo capitolo esamineremo il concetto di View e di Layout, ovvero le caratteristiche di ciascun componente grafico e quali sono le modalità con cui lo stesso viene posizionato nel display.

Capitolo 6: Widget ed eventi
In questo capitolo verranno approfonditi i concetti del capitolo precedente attraverso la descrizione di tutte le principali realizzazioni di View che in Android sono chiamate widget o controlli. Verranno quindi spiegati nel dettaglio i meccanismi di gestione degli eventi.

Capitolo 7: Animation, Menu, Dialog e Toast
In questo capitolo esamineremo invece diverse modalità di interazione che il dispositivo offre all'utente. Inizieremo esaminando il framework per la gestione delle animazioni, per poi passare alla gestione dei menu, delle finestre di dialogo e quindi dei Toast che permettono la visualizzazione di messaggi di breve durata.

Capitolo 8: Gestione dei dati
I capitoli precedenti sono stati dedicati ad aspetti legati alla definizione dell'interfaccia grafica delle applicazioni. In questo ci occuperemo invece dei diversi meccanismi di gestione dei dati offerti dalla piattaforma. Inizieremo con la descrizione delle API per la gestione delle informazioni di configurazione, per proseguire con la gestione dei file e del DBMS SQlite. Concluderemo il capitolo esaminando nel dettaglio uno dei principali componenti della piattaforma, ovvero il Content Provider, che ha una grande responsabilità anche nel processo di elaborazione degli Intent, denominato Intent Resolution.

Capitolo 9: Multithreading e servizi
Un altro aspetto fondamentale legato all'ottimizzazione delle risorse e alla realizzazione di interfacce il più reattive possibile è quello relativo alla gestione dei thread. In questo capitolo esamineremo tutti i possibili modi in cui è possibile gestire delle attività in background all'interno della piattaforma Android. Vedremo quindi nel dettaglio sia l'utilizzo degli Handler per l'interazione con il thread responsabile della gestione della UI, sia la realizzazione di servizi locali e remoti.

Capitolo 10: Utilizzo della Rete e sicurezza
Come accennato, Internet ha un ruolo fondamentale nell'architettura di Android. In questo capitolo vedremo quindi quali strumenti la piattaforma mette a disposizione per l'interazione con servizi esterni attraverso il protocollo HTTP. Molto legati a Internet, ma non solo, sono quindi gli aspetti di sicurezza, trattati nella seconda parte del capitolo. In queste pagine vedremo anche quali sono i passi da seguire per la pubblicazione dell'applicazione su un dispositivo reale.

Capitolo 11: WebView e MapView
In questo capitolo esamineremo nel dettaglio due particolari specializzazioni della classe View i quali prevedono una forte interazione con altri componenti come il Web Engine e le Google Maps API. Vedremo come gestire la visualizzazione di contenuti web e come visualizzare e customizzare le Google Maps.

Capitolo 12: App Widget, Gesture e TextSpeech
La versione 1.6 della piattaforma ha introdotto diverse novità interessanti, argomento di questo capitolo. Inizieremo con la realizzazione delle cosiddette AppWidget, componenti da inserire nella Home del dispositivo per la visualizzazione di informazioni in grado di aggiornarsi. Vedremo quindi come realizzare e gestire le Gesture ovvero delle associazioni tra funzioni di un'applicazione e "disegni" tracciati dall'utente nel display. Concluderemo quindi il capitolo esaminando le API per la sintesi vocale.

Capitolo 13: Gestione dei media
In questo capitolo vedremo come sia possibile riprodurre e acquisire contenuti sonori e come visualizzare dei video. Si tratta di meccanismi molto semplici, che descriveremo attraverso degli esempi.

Capitolo 14: I servizi di sistema
Per esaminare nel dettaglio tutti i servizi messi a disposizione da Android servirebbero probabilmente altri 5 libri di questa dimensione. In questo capitolo proveremo a descri-

vere le caratteristiche principali dei servizi che possiamo chiamare "di sistema" in quanto prevedono un'elevata interazione con le risorse hardware dei dispositivi.

Capitolo 15: Bluetooth
Dalla versione 2.0 Android ha nuovamente messo a disposizione delle API per la gestione delle connessioni Bluetooth. Al momento della scrittura del testo non esistono ancora dispositivi in grado di supportare questa versione della piattaforma e l'emulatore non ci aiuta. Abbiamo comunque descritto le API mediante dei frammenti di codice esplicativi.

Risorse online

All'indirizzo http://www.apogeonline.com/libri/9788850329212/scheda sono disponibili e liberamente scaricabili i file dei listati utilizzati come esempio nei capitoli del libro.

Requisiti tecnici

Nel testo verranno descritti i passi relativi all'installazione dell'SDK di Android. Si richiede che sia stato precedentemente installato il Java Development Kit di versione superiore alla 1.5.

Ringraziamenti

Come il lettore potrà notare, si tratta di un libro molto impegnativo in termini di argomenti trattati, con un conseguente numero elevato di pagine. Lo sforzo principale è stato comunque di mantenere il testo aggiornato rispetto ai continui rilasci della piattaforma da parte di Google. Ho iniziato a scrivere il testo con la versione 1.1 e ho terminato con la versione 2.0.1. Probabilmente al momento della pubblicazione la piattaforma sarà a una versione successiva, ma gli argomenti trattati saranno comunque ancora validi in quanto fondamentali della piattaforma stessa.

La mole di lavoro mi ha portato via molto tempo: ringrazio perciò anzitutto mia moglie Cristina e le mie bambine Alice e Marta per la loro grande pazienza.

Una persona fondamentale nella scrittura di questo libro è poi stata l'amico Leonardo Chiarion di Gavia Systems (http://www.gaviasystems.it) che, oltre che rileggersi ogni singolo capitolo del testo, mi ha dato le giuste motivazioni per arrivare alla conclusione di questo lavoro.

Infine, ringrazio l'amico Massimo Banzi (http://tinker.it/) per aver scritto la prefazione, oltre che per avermi sopportato per diversi giorni a Milano.

Capitolo 1

Introduzione ad Android

La fine del precedente millennio è stata sicuramente caratterizzata da Internet: una vera e propria rivoluzione non solo tecnologica ma soprattutto culturale. La possibilità aperta a chiunque di pubblicare informazioni accessibili da una qualunque parte del mondo ha consentito una maggiore diffusione delle informazioni e una migliore distribuzione e condivisione della conoscenza.

Dal punto di vista informatico, Internet ha introdotto un nuovo paradigma per lo sviluppo delle applicazioni, accompagnato da nuove tecnologie e scelte architetturali. Da programmi desktop in esecuzione sui diversi PC siamo passati ad applicazioni web accessibili ovunque attraverso quello che si definisce *thin-client*, categoria di cui il browser è il principale esponente. Nonostante non sia passato molto tempo dall'avvento di Internet, stiamo ora vivendo una nuova rivoluzione: quella dei dispositivi mobili. Quelle che prima erano informazioni e applicazioni raggiungibili ed eseguibili attraverso un qualunque PC sono ora accessibili attraverso dispositivi sempre più potenti che hanno la fondamentale caratteristica di essere mobili e di dimensioni sempre più ridotte. Ciò che finora è stato considerato come un Personal Computer sta diventando sempre più personale ma non solo perché utilizzato da un unico utente, ma proprio perché ci accompagna ovunque in ogni momento della giornata. Ciò che prima stava sulla nostra scrivania ora può stare nel nostro taschino. Stiamo parlando di dispositivi mobili, di ciò che prima indicavamo in modo riduttivo con il termine "cellulare", ma che ora stanno diventando veri e

In questo capitolo

- Che cos'è Android
- La Dalvik Virtual Machine
- L'architettura di Android
- Conclusioni

propri PC portatili in cui la funzione di telefono, sebbene fondamentale, è solo una delle tante disponibili.

Per gli sviluppatori si sta aprendo quindi un nuovo orizzonte: quello della creazione e dello sviluppo di applicazioni che sfruttino le caratteristiche di questi dispositivi caratterizzati dall'essere definiti "a risorse limitate". Ovviamente un PC di media potenza ha caratteristiche software e hardware (quantità di memoria, potenza di CPU e alimentazione) superiori a quelle di un qualunque dispositivo mobile attuale. Si stima che la potenza di calcolo di un cellulare di nuova generazione sia paragonabile a quella di un PC di 8 o 10 anni fa.

In questo contesto i principali costruttori di cellulari hanno messo a disposizione degli sviluppatori i propri sistemi operativi, ciascuno con il proprio ambiente di sviluppo, i propri tool e il proprio linguaggio di programmazione. Nessuno di questi però si è affermato come standard. Per esempio, per realizzare un'applicazione nativa (non web) per iPhone è necessario disporre di un sistema operativo Mac OS X, su cui l'iPhone si basa, oltre che la conoscenza del linguaggio Objective-C (un'estensione del linguaggio C con caratteristiche Object Oriented) giunto ora alla versione 2.0. Per lo sviluppo di un'applicazione per un dispositivo Nokia, basata sul sistema operativo Symbian, è necessario utilizzare come linguaggio un dialetto del C++. Altra alternativa è quella di Windows Mobile di Microsoft, per il quale i linguaggi di programmazione possono essere più di uno: dal Visual Basic .net al C#. Non possiamo ovviamente trascurare la piattaforma J2ME (Java 2 Mobile Edition) e la neonata JavaFX, per le quali faremo ulteriori considerazioni nel presente capitolo. Oltre a questi vi è un insieme di sistemi operativi proprietari la cui conoscenza è spesso limitata ai soli vendor.

Ciò che si vuole sottolineare è comunque la presenza di diversi ambienti e tecnologie che uno sviluppatore deve conoscere per poter realizzare un'applicazione per un particolare dispositivo mobile. A seconda del tipo di sistema operativo, è necessario acquisire la conoscenza di un ambiente, di una piattaforma e di un linguaggio. Esiste quindi la necessità di una standardizzazione, verso la quale si sono diretti Google e la Open Handset Alliance con la creazione di *Android*, argomento di questo libro.

Che cos'è Android

Android non è un linguaggio di programmazione ma un vero e proprio stack di strumenti e librerie per la realizzazione di applicazioni mobili. Esso ha come obiettivo quello di fornire tutto ciò di cui un operatore, un vendor di dispositivi o uno sviluppatore hanno bisogno per raggiungere i propri obiettivi. A differenza di alcuni degli ambienti citati in precedenza, Android ha la fondamentale caratteristica di essere *open*, dove il termine assume diversi significati.

- Android è open in quanto utilizza, come vedremo meglio successivamente, tecnologie open, prima fra tutte il kernel di Linux nella versione 2.6.

- Android è open in quanto le librerie e le API che sono state utilizzate per la sua realizzazione sono esattamente le stesse che andremo a usare per creare le nostre applicazioni. Quasi la totalità dei componenti di Android potranno essere rimpiazzati dai nostri, cosicché non ci sarà limite alla personalizzazione dell'ambiente se non per alcuni casi legati ad aspetti di sicurezza nell'utilizzo, per esempio, delle funzionalità del telefono.

- Android è open in quanto il suo codice è open source, consultabile da chiunque possa contribuire a migliorarlo, lo voglia documentare o semplicemente voglia scoprirne il funzionamento. La licenza scelta dalla Open Handset Alliance (http://www.openhandsetalliance.com) è la Open Source Apache License 2.0, che permette ai diversi vendor di costruire su Android le proprie estensioni anche proprietarie senza legami che ne potrebbero limitare l'utilizzo. Ciò significa che non bisogna pagare alcuna royalty per l'adozione di Android sui propri dispositivi.

Un po' di storia

Come ogni altra tecnologia, anche Android nasce da una esigenza: quella di fornire una piattaforma aperta, e per quanto possibile standard, per la realizzazione di applicazioni mobili. Google non ha realizzato Android da zero: ha acquisito nel 2005 la Android Inc. con i principali realizzatori che hanno poi fatto parte del team di progettazione della piattaforma in Google. Nel 2007 le principali aziende nel mondo della telefonia hanno dato origine alla Open Handset Alliance (OHA). È curioso come le aziende che fanno parte della OHA riguardino tutto lo stack gestito da Android. Oltre a Google, troviamo infatti produttori di dispositivi come Motorola, Sprint-Nextel, Samsung, Sony-Ericsson e Toshiba, operatori mobili come Vodafone, T-Mobile e costruttori di componenti come Intel e Texas Instruments. L'obiettivo è quindi di creare una piattaforma open in grado di tenere il passo del mercato senza il peso di royalties che ne possano frenare lo sviluppo. Nel 2007 è uscita finalmente la prima versione del Software Development Kit (SDK), che ha consentito agli sviluppatori di iniziare a toccare con mano la nuova piattaforma e realizzare le prime applicazioni sperimentali, che dal 2008 hanno anche potuto essere testate sul primo dispositivo reale, ovvero il G1 della T-Mobile. Un passo fondamentale nella storia di Android è avvenuto nell'ottobre del 2008, quando è stato rilasciato il sorgente in open source con la licenza di Apache ed è stata annunciata la release candidate dell'SDK 1.0.
Verso la fine del 2008 Google ha dato la possibilità agli sviluppatori di alcuni paesi (non l'Italia) di acquistare al costo di circa 400 dollari un telefono, il Dev Phone 1, per sperimentare l'uso delle applicazioni senza alcun vincolo con un operatore mobile. La versione 1.0 è stata affinata fino al rilascio della versione 1.1 nel dicembre del 2008. Si è trattato di una versione di bug fixing senza grosse novità rispetto alla precedente se non l'eliminazione, per motivi di sicurezza, delle API che permettevano l'utilizzo dei servizi di GTalk non ancora reintrodotte nelle versioni attuali e di altre che esamineremo nel dettaglio successivamente.
Una delle limitazioni della versione 1.1 era sicuramente quella che obbligava i dispositivi ad avere una tastiera fisica. Nella versione 1.5 dell'SDK (soprannominata Cupcake) rilasciata nell'aprile del 2009, una delle principali novità è stata l'introduzione della gestione della tastiera virtuale, che quindi liberava i costruttori di hardware dal vincolo della realizzazione di una tastiera fisica. Altre importanti novità della versione 1.5 sono state sicuramente la possibilità di aggiungere widget alla home del dispositivo e i live folder che, come vedremo nel dettaglio nel relativo capitolo, permettono l'esposizione attraverso la home di informazioni gestite da un *Content Provider*. Il 16 settembre del 2009 è stato poi rilasciato l'SDK nella versione 1.6 con diverse importanti novità sia a livello utente sia a livello di API. Forse la più importante di queste riguarda la possibilità di integrare le applicazioni con quella che si chiama *Quick Search Box* ovvero un'area

Figura 1.1 Il Dev Phone 1.

di testo nella home del dispositivo all'interno della quale ricercare informazioni di un qualunque tipo: dal meteo al numero di telefono di un contatto, al ristorante più vicino. Questo è stato reso possibile attraverso una riprogettazione del framework di ricerca impostato nelle versioni precedenti.

Altra importante novità riguarda l'integrazione di Pico, ovvero di un potente sintetizzatore vocale con accenti che riflettono le principali lingue tra cui anche l'italiano. Importanti anche le API per la gestione del riconoscimento vocale. Come vedremo nei prossimi capitoli, è stato anche aggiunto il supporto al CDMA nello stack relativo al telefono e il supporto verso display con una più ampia gamma di dimensioni e risoluzioni. Da non trascurare, inoltre, un framework di gestione di quelle che vengono chiamate *gesture* e che vedremo descrivere modi alternativi per interagire con il dispositivo.

Infine, il 28 ottobre del 2009, dopo poche settimane dal rilascio della versione 1.6, è stato il turno della 2.0, la quale in realtà non aggiunge grosse novità rispetto alla precedente, che si poteva già considerare una sua versione beta. Si tratta di una versione annunciata come epocale, e che sarà perciò quella presa a riferimento nel presente testo.

Android e Java

Gli ambienti descritti in precedenza sono comunque caratterizzati da una serie di tool di sviluppo e da un linguaggio. Android non poteva essere da meno; fornisce quindi un SDK in grado di facilitare lo sviluppo delle applicazioni. Sappiamo infatti che la fortuna di un ambiente è legata al numero di applicazioni disponibili per l'ambiente stesso. È nell'interesse di Google, al fine di promuovere la piattaforma, fornire agli sviluppatori tutti gli strumenti necessari. Descriveremo questo ambiente nel dettaglio nei prossimi capitoli del libro. Ciò che vogliamo sottolineare ora è invece come il linguaggio utilizzato da Android non sia un nuovo linguaggio che gli sviluppatori sarebbero obbligati a imparare, ma Java, quello descritto dalle famose specifiche rilasciate da Sun Microsystems e che utilizziamo dal 1995.

> **Non solo Java**
>
> Google fornisce agli sviluppatori due ulteriori strumenti per lo sviluppo di applicazioni per Android: Android Scripting Environment (ASE) e Android Native Development kit (AND). Il primo ha l'obiettivo di semplificare lo sviluppo delle applicazioni attraverso un linguaggio di scripting di alto livello, mentre il secondo si prefigge di sfruttare al massimo le potenzialità hardware del dispositivo nel caso di applicazioni che richiedono un'elevata capacità di elaborazione.

Nel caso di un nuovo linguaggio, la stessa Google avrebbe dovuto realizzare delle specifiche, un compilatore, un debugger, degli IDE opportuni oltre che documentazione e librerie idonee. La scelta di Java ha però un risvolto in contrasto con quella che è la natura open di Android. I dispositivi che intendono adottare la Virtual Machine (VM) associata all'ambiente J2ME (JVM o KVM, come vedremo) devono pagare una royalty, cosa in contrasto con la licenza di Apache citata in precedenza. Sarebbe come dire che Android può essere liberamente utilizzato, però non funziona se non dispone della VM di Sun la quale prevede il pagamento di una royalty. Se ci fosse poi bisogno di una KVM tanto varrebbe, come si vedrà quando confronteremo le due tecnologie, rendere Android un particolare profilo J2ME.

In base a quanto detto nell'introduzione, uno degli obiettivi principali di Android è quello di creare delle applicazioni mobili in grado di interagire con l'utente in modo efficace. È vero che ormai quella di telefono è solo una delle funzionalità nei dispositivi di nuova generazione, ma sarebbe un problema se le altre applicazioni andassero a interrompere una telefonata perché necessitano, per esempio, di maggiore memoria. È indispensabile che le diverse applicazioni in esecuzione in un dispositivo Android vengano eseguite nel modo migliore dal punto di vista dell'utente e della modalità di interazione con il dispositivo. Questo aspetto fondamentale nello sviluppo di tutte le applicazioni mobili, non solo Android, prende il nome di *responsiveness*.

Per comprendere l'importanza di questo aspetto è sufficiente dire che la Apple, con l'iPhone e iTouch, pretende di poter testare l'applicazione che si intende mettere a disposizione attraverso il relativo store per evitare l'installazione di programmi che, magari per esempio per una errata gestione della memoria, possano fornire una cattiva interazione dell'utente con il dispositivo e, quindi, quella che si dice *bad experience*. Data la natura open di Android, questo aspetto viene lasciato alla coscienza dello sviluppatore, consapevole che una cattiva applicazione gli potrà portare una pessima valutazione e reputazione.

Ma come può Android eseguire bytecode Java senza l'utilizzo di una JVM? La risposta è semplice: Android non esegue bytecode Java, per cui non ha bisogno di una JVM. Per ottimizzare al massimo l'utilizzo delle risorse dei dispositivi, Google ha adottato una propria VM che prende il nome di *Dalvik* (nome di una località in Islanda) sviluppata inizialmente da Dan Bornstein. Si tratta di una VM ottimizzata per l'esecuzione di applicazioni in dispositivi a risorse limitate la quale esegue codice contenuto all'interno di file di estensione `.dex` ottenuti a loro volta, in fase di building, a partire da file `.class` di bytecode Java.

> **Dalvik VM per le prestazioni o per la royalty a Sun?**
>
> Alcuni maliziosi sostengono che l'adozione di una virtual machine diversa rispetto alla KVM sia dovuto a problemi di royalty verso Sun. A onor del vero, dobbiamo dire che comunque la DVM arriva a più di 10 anni dalla KVM e che approfittare di questa occasione per un minimo di ottimizzazione era cosa quasi obbligata. La natura open di Android impedisce inoltre l'utilizzo di tecnologie con un qualche vincolo di royalty.

Le librerie standard di Java utilizzate da Android sono la quasi totalità, escluse, non a caso, le Abstract Window Toolkit (AWT) e le Swing. La definizione dell'interfaccia grafica è infatti un aspetto fondamentale nell'architettura di Android, la quale utilizza un approccio dichiarativo come ormai avviene nella maggior parte delle attuali piattaforme di sviluppo. L'impiego della quali totalità delle API di Java 5 permette agli sviluppatori di utilizzare le stesse librerie e classi utilizzate in precedenza in applicazioni desktop. Infatti lo sviluppo di applicazioni per Android ricorda molto lo sviluppo di applicazioni con J2SE.

Confronto con J2ME

Visto il legame che Android ha con Java, non ci si può esimere dal fare un confronto con la tecnologia che Sun ha creato per la realizzazione di applicazioni per dispositivi mobili. Ma da cosa nasce la necessità di utilizzare Java in questi dispositivi?
Come sappiamo, la natura di Java si riassume nella ormai famosa frase "Write Once, run Everywhere" la quale vuole esprimere il fatto che un'applicazione sviluppata in Java e compilata può essere eseguita, senza alcuna modifica, in ambienti con sistemi operativi diversi a patto che per questi esista una specifica Java Virtual Machine in grado di tradurre le istruzioni bytecode in codice nativo della piattaforma stessa. Non tutte le applicazioni sono però uguali, sia dal punto di vista funzionale, sia, soprattutto, dal punto di vista non funzionale o architetturale. Un'applicazione desktop è diversa da un'applicazione web, la quale a sua volta è diversa da un'applicazione in esecuzione su un cellulare. Ci si è accorti quindi della necessità di creare VM o ambienti diversi in grado di ospitare tipologie di applicazioni diverse. Ecco che sono stati definiti gli ambienti J2SE, J2EE e J2ME, ciascuno caratterizzato da una VM, librerie di runtime, delle API, della documentazione e soprattutto dei tool per lo sviluppo tra cui il compilatore, il debugger e l'interprete.
La J2SE è l'ambiente utilizzato per lo sviluppo di applicazioni desktop, mentre la J2EE contiene gli strumenti per la realizzazione di applicazioni denominate *enterprise*, che quindi permettono l'interoperabilità con altri sistemi di vario genere (DBMS-DataBase Management System, sistemi MOM-Message Oriented Middleware, WebService e SOA-Service Oriented Architecture). Sebbene queste siano dedicate a tipologie di applicazioni diverse tra loro, utilizzano una stessa JVM che può essere attivata secondo due modalità di esecuzione: una client e una server. La modalità client è quella che favorisce l'aspetto di interazione dell'applicazione con l'utente attraverso una veloce esecuzione

e gestione degli eventi. La modalità server è invece quella che prevede un insieme di ottimizzazioni a livello di interpretazione del bytecode al fine di una gestione ottimale del multithreading. Per capire quanto sia importante la gestione del multithreading in un'applicazione web, basta pensare al fatto che ciascuna richiesta HTTP da parte di un client viene gestita appunto da un thread. Di queste due, e dato l'insieme di librerie che si utilizzano, la J2SE è quella che vedremo assomigliare di più ad Android. L'unica differenza, già accennata, riguarda le API per la gestione dell'interfaccia grafica, che Android gestisce in modo ottimizzato.

Infine, abbiamo la J2ME che descrive l'ambiente per l'esecuzione di applicazioni in dispositivi che il più delle volte vengono associati ai cellulari. Si tratta invece di una tecnologia più complessa, che permette l'esecuzione di programmi anche in dispositivi diversi come il box del digitale terrestre o il lettore blue-ray.

Le specifiche J2ME definiscono le configuration, ovvero quegli ambienti per dispositivi con caratteristiche hardware e software simili. Per essere più chiari, al momento esistono solamente due tipi di configuration: Connected Device Configuration (CDC) e Connected Limited Device Configuration (CLDC). La CDC si riferisce a dispositivi con processore a 32 bit, una RAM di circa 2 MB e una ROM di circa 2.5 MB da dedicare all'ambiente Java. La VM di riferimento è la CDC Hotspot implementation, più nota con l'abbreviazione Compact Virtual Machine (CVM), di cui esistono diverse implementazioni: per esempio, quelle basate su ARM, PowerPC, Linux e Solaris. La CLDC fa riferimento invece a dispositivi con memoria di almeno 192 KB suddivisi in almeno 160 KB di memoria non volatile e 32 KB di memoria volatile. La VM di riferimento

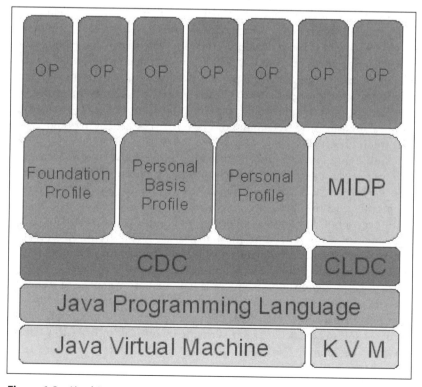

Figura 1.2 L'architettura J2ME.

prende il nome di KVM, dove la K dà una idea delle sue dimensioni che ne permettono l'esecuzione con una memoria di 128 KB. Notiamo subito come le dimensioni delle memorie relative a una configuration CLDC non siano paragonabili con quelle che un'applicazione Android si aspetta in un dispositivo.

Al di sopra delle configuration vengono poi definiti quelli che Sun chiama *profile* e che aggiungono, alla relativa configuration, le API specifiche del particolare dispositivo. Per dare un'idea, la maggior parte dei cellulari ora dispone del profilo Mobile Information Device Profile (MIDP) nella versione 2.0, il quale è basato sulla CLDC nella versione 1.1. Esso aggiunge alla CLDC le API per la gestione delle interfacce di input (nello specifico il tastierino numerico o il pennino) e di output (come il display) oltre ad altre API per la realizzazione di giochi, per la gestione della persistenza e per la gestione di connessioni HTTP.

Il principale problema dell'ambiente J2ME dal punto di vista delle prestazioni è legato al fatto che si appoggia su una VM, la KVM, nata come sottoinsieme della JVM. Del J2SE si è mantenuto, sia a livello di classi sia a livello di singolo metodo di una classe, tutto ciò che poteva essere eseguito in un device, e si è buttato via il resto. Non si è pensato quindi alla realizzazione di qualcosa che fosse specifico e ottimizzato per la tipologia di applicazione, come invece è avvenuto con Android.

Altro problema della J2ME è la cosiddetta *device fragmentation*, dovuta al fatto che anche dispositivi con lo stesso profile basato sulla stessa configuration possono avere caratteristiche molto diverse tra loro. Un dispositivo può permettere la gestione di connessioni bluetooth e altri no; un dispositivo può essere dotato di sistemi di localizzazione e altri no; un dispositivo può riprodurre e acquisire determinati tipi di media e altri no. Questa diversità viene gestita dalle specifiche attraverso quelli che si chiamano *optional package*: si tratta di librerie che possono essere presenti oppure no in un dispositivo ma che, se presenti, devono soddisfare delle specifiche definite nella corrispondente Java Specification Request (JSR). Da tutto questo si capisce come il fatto che un'applicazione venga compilata per un particolare dispositivo non assicura che un altro sia in grado di eseguirla nello stesso modo. Ecco che se uno sviluppatore intende creare un'applicazione con la tecnologia J2ME, si dovrà preoccupare di verificare l'applicazione in tutte le famiglie di dispositivi che ritiene possano essere commercialmente interessanti.

La soluzione di Sun, a questo e altri problemi della J2ME, si chiama JavaFX. Si tratta di una tecnologia nata per la realizzazione di Rich Internet Application (RIA), attraverso l'utilizzo di un linguaggio di scripting chiamato JavaFX Script. Appoggiandosi a un linguaggio dichiarativo, JavaFX permette l'esecuzione delle applicazioni in ambienti diversi tra cui il browser, il desktop e i dispositivi mobili. Il tutto, questa volta, senza alcuna effettiva modifica se non nella modalità di deploy dell'applicazione. Al momento esiste un'implementazione di tale ambiente su Windows Mobile, ma ci si attende che presto venga rilasciato un ambiente anche per cellulari Symbian.

Android non ha, per il momento, il problema della frammentazione anche se la sua caratteristica di essere completamente open non fa ben sperare da questo punto di vista. La VM, poi, è la Dalvik Virtual Machine, la quale presenta caratteristiche molto importanti che, attraverso una ossessiva cura del dettaglio, permette un ottimale utilizzo delle risorse a disposizione, come vedremo nel prossimo paragrafo.

La Dalvik Virtual Machine

Come accennato in precedenza, l'esigenza di creare applicazioni in grado di rispondere in modo immediato all'utente è fondamentale. Con un hardware a "risorse limitate" non si può quindi fare altro che adottare tutti i possibili accorgimenti, a livello di architettura e di software, per sfruttare al massimo le risorse disponibili.

> **Android vs PC**
>
> Per fornire dei dati significativi, il dispositivo Android HTC Hero, di recente rilascio, ha una quantità di memoria RAM di 288 MB, una ROM di 512 MB e monta un processore Qualcomm MSM7200A (ARM) a 528 MHz. Se andiamo in un qualunque sito per l'acquisto di un notebook notiamo come quello con caratteristiche medio-basse abbia comunque una RAM di almeno 2 GB e un processore Dual Core intorno ai 2 GHz.

La decisione più importante è stata quella di adottare una nuova VM, diversa da quella di Sun, ottimizzata appunto per l'esecuzione di applicazioni in ambienti ridotti, sfruttando al massimo le caratteristiche del sistema operativo ospitante. La scelta è caduta sulla Dalvik Virtual Machine (DVM) in grado di eseguire codice contenuto all'interno di file di estensione .dex ottenuti, come accennato, a partire dal bytecode Java. Ma perché, se non si sfrutta la VM di Java non si utilizza almeno il suo bytecode implementando solamente nuovi modi di interpretazione? La risposta sta nella esigenza di risparmiare quanto più spazio possibile per la memorizzazione ed esecuzione delle applicazioni. Per esempio, se un'applicazione Java è descritta da codice contenuto all'interno di un archivio .jar di 100 KB (non compresso), la stessa potrà essere contenuta all'interno di un file di dimensione di circa 50 KB se trasformato in .dex. Questa diminuzione di quasi il 50% avviene nella fase di trasformazione dal bytecode Java al bytecode per la DVMm, durante la quale i diversi file .dex sono in grado di condividere informazioni che altrimenti nel bytecode verrebbero ripetute più volte. Si tratta comunque della prima delle varie ottimizzazioni fatte rispetto all'esecuzione di bytecode Java.

Fare il tuning di un'applicazione Java significa, per lo più, impostare i parametri di memoria per la gestione del garbage collector (GC) ovvero di quel processo che, in base all'algoritmo implementato, permette di eliminare gli oggetti non più utilizzati liberando la memoria occupata. La DVM non elimina il GC in quanto una gestione della memoria a carico del programmatore avrebbe complicato quello che è lo sviluppo delle applicazioni oltre che aumentato la probabilità di bug e memory leak. La DVM non implementa invece alcun Just In Time compiler (JIT). Si tratta di un meccanismo attraverso il quale la JVM riconosce determinati pattern di codice Java traducendoli in altrettanti frammenti di codice nativo (C e C++) per una loro esecuzione più efficiente. Questa decisione non è legata al fatto di snellire il lavoro della DVM (come avviene invece per la KVM per il processo di verifica del codice chiamato bytecode verifier) ma semplicemente al fatto che molte della funzionalità di Android, come vedremo, sono già implementate in modo nativo dalle system library. Le diverse API Java che andremo a utilizzare non descriveranno altro che oggetti (wrapper) che incapsulano le funzionalità alle quali accedono attraverso Java Native

Interface (JNI), che ricordiamo essere il meccanismo messo a disposizione da Java per l'implementazione di metodi delle classi con codice nativo.
Un aspetto molto importante della DVM riguarda il meccanismo di generazione del codice che viene detto register based (orientato all'utilizzo di registri) a differenza di quello della JVM detto invece stack based (orientato all'utilizzo di stack). Attraverso questo meccanismo i progettisti della DVM si aspettano, a parità di codice Java, di ridurre del 30% il numero di operazioni da eseguire. Per capire come questo possa avvenire supponiamo di voler valutare la seguente espressione:

```
c = a + b;
```

Se con L indichiamo un'operazione di caricamento del dato (load) e con S una operazione di scrittura dello stesso (store), la precedente istruzione si può tradurre nelle seguenti operazioni:

```
push b;     // LS
push a:     // LS
add;        // LLS
store c;    // LS
```

Si tratta quindi del caricamento dei due operandi a e b nello stack, del calcolo della loro somma e della sua memorizzazione in cima allo stack stesso. Se volessimo ora eseguire la stessa operazione con un meccanismo register based otterremmo:

```
add a,b,c;  // LLS
```

Si tratterebbe quindi del caricamento degli operandi a e b in zone diverse di un registro e della memorizzazione del risultato nel registro stesso. Ma quali sono i vantaggi dell'utilizzo di una tecnica piuttosto che l'altra? Sicuramente si può ottenere un minor tempo di esecuzione delle istruzioni al prezzo di una maggiore elaborazione in fase di compilazione o trasformazione. Le operazioni di preparazione per l'esecuzione dell'operazione in un unico passaggio nel registro possono essere eseguite in fase di building. Capiamo quindi che se il compilatore da bytecode Java a dex è in grado di eseguire ottimizzazioni di questo tipo, le prestazioni possono migliorare sensibilmente a discapito di un maggior sforzo in compilazione e maggior spazio del dex generato che ormai, nei dispositivi attuali, non è più un problema (e comunque inferiore alla corrispondente versione Java). Ridurre lo sforzo a runtime è sicuramente un aspetto positivo nei dispositivi mobili.
La DVM è quindi in grado di eseguire file dex, per cui eventuali elaborazioni a runtime di informazioni che prima erano disponibili all'interno di bytecode Java non saranno più possibili.
Ultima importantissima caratteristica della DVM è quella di permettere una efficace esecuzione di più processi contemporaneamente. Come vedremo, infatti, ciascuna applicazione sarà in esecuzione all'interno del proprio processo Linux; ciò comporta dei vantaggi dal punto di vista delle performance e allo stesso tempo alcune implicazioni dal punto di vista della sicurezza.

L'architettura di Android

Abbiamo già accennato a come Android sia un'architettura che comprende tutto lo stack degli strumenti per la creazione di applicazioni mobili di ultima generazione, tra cui un sistema operativo, un insieme di librerie native per le funzionalità core della piattaforma, una implementazione della VM e un insieme di librerie Java. Si tratta di un'architettura a layer, dove i livelli inferiori offrono servizi ai livelli superiori offrendo un più alto grado di astrazione. In questo e nei prossimi paragrafi offriremo una panoramica sui principali componenti di Android, che poi studieremo in dettaglio nei successivi capitoli.

L'esame della presente architettura, descritta in Figura 1.3, ci permetterà di comprendere al meglio l'utilizzo delle diverse funzionalità.

Il kernel di Linux

Il layer di più basso livello è rappresentato dal kernel Linux nella versione 2.6. La necessità era infatti quella di disporre di un vero e proprio sistema operativo che fornisse gli strumenti di basso livello per la virtualizzazione dell'hardware sottostante attraverso la definizione di diversi driver, il cui nome è completamente esplicativo. In particolare, possiamo notare la presenza di driver per la gestione delle periferiche multimediali, del display, della connessione Wi-Fi e dell'alimentazione.

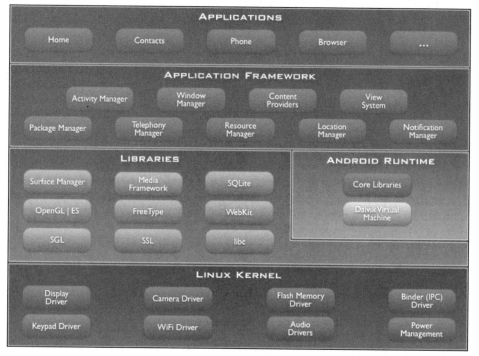

Figura 1.3 Architettura di Android (da http://www.android.com).

> **Kernel Linux nell'SDK 1.6**
> Per la precisione, nella versione 1.6 dell'SDK da poco rilasciata è stato fatto un aggiornamento del kernel Linux dalla versione 2.6.27 alla versione 2.6.29.

È da notare anche la presenza di un driver dedicato alla gestione della comunicazione tra processi diversi (IPC); la sua importanza è fondamentale per far comunicare componenti diversi in un ambiente in cui ciascuna applicazione viene eseguita all'interno di un proprio processo. Vedremo nel dettaglio l'utilizzo di questa funzionalità quando parleremo di servizi. La scelta verso l'utilizzo di un kernel Linux è stata conseguenza della necessità di avere un SO che fornisse tutte le feature di sicurezza, gestione della memoria, gestione dei processi, power management e che fosse affidabile e testato. Il vendor che vorrà utilizzare Android sui propri dispositivi non dovrà quindi fare altro che installare il kernel di Linux implementando i driver per il proprio hardware.

Librerie native

Sopra il layer costituito dal kernel di Linux 2.6 abbiamo un livello che contiene un insieme di librerie native realizzate in C e C++, che rappresentano il core vero e proprio di Android. Si tratta di librerie che fanno riferimento a un insieme di progetti Open Source; li descriveremo brevemente uno a uno, per poi approfondire nel dettaglio per quello che riguarda le API. In questa fase sarà importante assegnare a ciascun elemento le proprie responsabilità. Per aiutarci cercheremo di far sempre riferimento a concetti che già conosciamo in ambito Java standard.

Surface Manager

Il Surface Manager (SM) è un componente fondamentale in quanto ha la responsabilità di gestire le view, ovvero ciò da cui un'interfaccia grafica è composta. Il compito del SM è infatti di coordinare le diverse finestre che le applicazioni vogliono visualizzare sullo schermo. Ciascuna applicazione è in esecuzione in un processo diverso e disegna quindi la propria interfaccia in tempi diversi. Il compito del SM è di prendere le diverse finestre e di disegnarle sul buffer da visualizzare poi attraverso la tecnica del double buffering. In questo modo non si avranno finestre che si accavallano in modo scoordinato sul display. Notiamo quindi che si tratta di un componente di importanza fondamentale, specialmente in un'architettura che basa sulla capacità di creare interfacce interattive molta della sua potenza. Il Surface Manager avrà quindi accesso alle funzionalità del display e permetterà la visualizzazione contemporanea di grafica 2D e 3D dalle diverse applicazioni.

Open GL ES

Un'importante caratteristica di Android che vedremo dettagliatamente quando inizieremo a sviluppare è la possibilità di utilizzare sia grafica 3D sia grafica 2D all'interno di una stessa applicazione. La libreria utilizzata per la grafica 3D è quella che va sotto il nome di OpenGL ES (http://www.khronos.org/opengles), la quale permette di accedere alle funzionalità di un eventuale acceleratore grafico hardware. Si tratta di una versione ridotta di OpenGL specializzata per dispositivi mobili. La versione di OpenGL ES uti-

lizzata attualmente da Android è la 1.0, che corrisponde alla versione 1.3 dell'OpenGL standard. Nel caso siano state sviluppate applicazioni desktop con le API OpenGL 1.3, la stessa applicazione può funzionare su Android.
Ma che cos'è l'OpenGL ES? Si tratta di un insieme di API multipiattaforma che forniscono l'accesso a funzionalità 2D e 3D in dispositivi embedded. Come avvenuto per le J2ME di Java, anche in relazione alla grafica su dispositivi con risorse relativamente ridotte, si è deciso di creare un sottoinsieme delle API dell'OpenGL, da cui appunto l'OpenGL ES.
Un'altra analogia con le API in Java è il fatto che siano delle specifiche che i diversi produttori possono implementare adattandole alle proprie macchine o sistemi operativi, il tutto senza il bisogno di pagare alcuna royalty. Il target di dispositivi cui queste API sono rivolte è caratterizzato da quantità ridotte di memoria. Si tratta infatti di API con un basso consumo di memoria, che può andare da 1 a 64 MB.

SGL

La Scalable Graphics Library (SGL) è una libreria in C++ che insieme alle OpenGL costituisce il motore grafico di Android. Mentre per la grafica 3D ci si appoggia all'Open GL, per quella 2D viene utilizzato un motore ottimizzato chiamato appunto SGL. Si tratta di una libreria utilizzata principalmente dal Window Manager e dal Surface Manager all'interno del processo di renderizzazione grafica.

Media Framework

Come detto, la maggior parte delle applicazioni per Android saranno caratterizzate da un elevato utilizzo di contenuti multimediali. Per fare questo vi è la necessità di un componente in grado di gestire i diversi CODEC per i vari formati di acquisizione e riproduzione audio e video, che nell'architettura di Android si chiama Media Framework.
Esso è basato sulla libreria open source OpenCore di PacketVideo, uno dei membri fondatori dell'OHA.
La versione di OpenCore utilizzata dall'SDK 1.6 è la 2.0 la quale, oltre a disporre di una più efficiente gestione dei buffer e di un numero superiore di codec, contiene il supporto agli encoder OpenMax.

> **OpenMax**
> Si tratta di un insieme di API, liberamente utilizzabili, che permettono un'astrazione delle operazioni che un dispositivo mobile è in grado di eseguire su un determinato stream di dati. Si tratta di un passo verso la standardizzazione nella gestione dei codec al fine di diminuire il problema della segmentazione dei dispositivi.

I codec gestiti dal Media Framework permettono la gestione dei formati più importanti tra cui MPEG4, H.264, MP3, AAC, AMR oltre a quelli per la gestione delle immagini come JPG e PNG. Ovviamente nuovi formati potranno essere supportati nei dispositivi che, di volta in volta, vengono messi sul mercato.

FreeType

La gestione dei font è un altro aspetto molto importante nella definizione di un'interfaccia. A tale proposito per Android si è scelto di utilizzare il motore di rendering dei font FreeType (http://freetype.sourceforge.net). Si è deciso di utilizzare questo motore perché è di piccole dimensioni, molto efficiente, altamente customizzabile e soprattutto portabile. Attraverso FreeType, le applicazioni di Android saranno in grado di visualizzare immagini di alta qualità. Il suo punto di forza è quello di fornire un insieme di API semplici per ciascun tipo di font in modo indipendente dal formato del corrispondente file. Di default, i principali tipi di formati di font utilizzati sono il TrueType, Type1, X11 PCF e OpenType insieme ad altri più recenti.

SQLite

Chi sviluppa con le MIDP conoscerà molto bene il Record Management System (RMS), ovvero quel sistema che permette di memorizzare in modo persistente sul dispositivo un certo insieme di informazioni. Nelle MIDP 1.0 il problema era legato principalmente al poco spazio a disposizione, tipicamente sui 20 KB. Nelle MIDP 2.0, grazie anche alle caratteristiche dei dispositivi sul mercato, la memoria dedicata all'RMS è vincolata solo alla dimensione della card inserita nel dispositivo (ormai anche 4 o 8 GB). Le RMS sono però abbastanza complesse. Ricordiamo come per filtrare un certo insieme di informazioni sia necessario creare implementazioni di vari interfacce descritte dalla API MIDP 2.0. A questo si aggiunge poi la difficoltà introdotta dal fatto che ciascun record viene gestito come array di byte, che costringono quindi alla continua serializzazione e deserializzazione delle informazioni.

Forse anche alla luce di queste difficoltà, con Android si è deciso di utilizzare un qualcosa di comunque efficiente e piccolo ma che avesse per quanto possibile le caratteristiche di un DBMS relazionale. Da qui la decisione di utilizzare SQLite (http://www.sqlite.org), una libreria in-process che implementa un DBMS relazionale caratterizzato dal fatto di essere molto compatto, diretto, di non necessitare alcuna configurazione e soprattutto essere transazionale.

SQLite è compatto in quanto realizzato completamente in C in modo da utilizzare solo poche delle funzioni ANSI per la gestione della memoria. È diretto in quanto non utilizza alcun processo separato per operare ma "vive" nello stesso processo dell'applicazione che lo usa, da cui il termine in-process. Viene utilizzato spesso in sistemi embedded perché non necessita di alcuna procedura di installazione. Nonostante la compattezza e, come vedremo quando ci occuperemo delle sue API, la semplicità d'uso, permette di gestire gli accessi ai dati in modo transazionale. Occorre sottolineare come SQLite non sia un prodotto di Android ma esista autonomamente con diversi tool a supporto. Gran parte delle librerie e degli strumenti che si utilizzano con SQLite 3 possono essere utilizzati anche nel caso di SQLite in Android.

WebKit

Nell'era del Web 2.0 non poteva certo mancare un browser integrato nella piattaforma. A tale proposito la scelta è andata sul framework WebKit (http://webkit.org) utilizzato anche dai browser Safari e Chrome. Si tratta di un browser engine open source basato sulle tecnologie HTML, CSS, JavaScript e DOM. Un aspetto da sottolineare è che WebKit non è un browser ma un browser engine, quindi andrà integrato in diversi tipi di applicazioni. Da notare come questo motore sia molto importante anche per il fatto che la modalità di presentazione e di interazione con un browser in un PC sono sicuramente diverse da quelle che si possono avere su un dispositivo generalmente piccolo, con tastiera limitata come un cellulare o altro dispositivo mobile.

SSL

Si tratta della ormai famosa libreria per la gestione dei Secure Socket Layer. Anche gli aspetti legati alla sicurezza non potevano di certo essere trascurati da Android.

Libc

Si tratta di un'implementazione della libreria standard C libc ottimizzata per i dispositivi basati su Linux embedded come Android.

Le core library

Come sappiamo, per eseguire un'applicazione in Java non serve solamente l'applicazione in sé, ma anche tutte le classi relative all'ambiente nella quale la stessa viene eseguita. Per quello che riguarda la J2SE stiamo parlando delle classi contenute nel file rt.jar, ovvero quelle relative ai package java e javax. Per le applicazioni Android vale lo stesso discorso, con la differenza che in fase di compilazione avremo bisogno del jar (di nome android.jar) per la creazione del bytecode Java, mentre in esecuzione il device metterà a disposizione la versione dex del runtime che costituisce appunto la core library. Nel dispositivo non c'e' infatti codice Java, in quanto non potrebbe essere interpretato da una JVM, ma solamente codice dex eseguito dalla DVM. Abbiamo già visto come queste librerie siano per la maggior parte la descrizione di componenti wrapper per l'accesso a funzionalità implementate in modo nativo.

Application Framework

Tutte le librerie viste finora vengono poi utilizzate da un insieme di componenti di più alto livello che costituiscono l'Application Framework (AF). Si tratta di un insieme di API e componenti per l'esecuzione di funzionalità ben precise e di fondamentale importanza in ciascuna applicazione Android. Anche in questo caso ne diamo una veloce descrizione prima di vederli nel dettaglio nei prossimi capitoli. Ultima importante nota: tutte le applicazioni per Android utilizzano lo stesso AF e come tali possono essere estese, modificate o sostituite. Da qui il motto che possiamo trovare sul sito di Android, ovvero: "All applications are equals".

Activity Manager

Quando inizieremo lo sviluppo delle applicazioni per Android, vedremo come assuma fondamentale importanza il concetto di activity. Si tratta di un qualcosa che possiamo associare inizialmente a una schermata, che quindi permette non solo la visualizzazione o la raccolta di informazioni ma, in modo più generico, è lo strumento fondamentale attraverso il quale l'utente interagisce con l'applicazione. Successivamente vedremo come sia fondamentale capire nel dettaglio il ciclo di vita, gestito dall'Activity Manager, di ciascuna activity. Responsabilità di questo componente sarà quindi l'organizzazione delle varie schermate di un'applicazione in uno stack a seconda dell'ordine di visualizzazione delle stesse sullo schermo dei diversi dispositivi. Comprendere quindi a fondo il funzionamento di questo componente è fondamentale per riuscire a realizzare delle applicazioni. Per questo motivo dedicheremo un capitolo intero all'argomento.

Package Manager

Un aspetto non trascurabile di un sistema come Android è la gestione del processo di installazione delle applicazioni nei dispositivi. Come vedremo, ciascuna applicazione dovrà fornire, al dispositivo che le andrà a eseguire, un determinato insieme di informazioni che descriveremo attraverso un opportuno file XML di configurazione; tale file prende il nome di AndroidManifest. Si tratta di informazioni di vario genere, per esempio relative agli aspetti grafici (il layout) dell'applicazione, alle diverse activity, o ad aspetti di sicurezza. La responsabilità del Package Manager sarà quindi di gestire il ciclo di vita delle applicazioni nei dispositivi, analogamente a quanto avviene in ambiente J2ME da parte del Java Application Manager (JAM).

Window Manager

Un componente molto importante è dunque il Window Manager, che permette di gestire le finestre delle diverse applicazioni, gestite da processi diversi, sullo schermo del dispositivo. Esso si può considerare come un'astrazione, con API Java, dei servizi nativi del Surface Manager descritto in precedenza.

Telephony Manager

Se ci pensiamo, nella piattaforma MIDP 2.0 non esistono API che facciano un riferimento esplicito al fatto che le applicazioni vengono eseguite per lo più all'interno di telefoni cellulari. Per Android non è così, in quanto è disponibile il Telephony Manager che permetterà una maggiore interazione con le funzionalità caratteristiche di un telefono come la semplice possibilità di iniziare una chiamata o di verificare lo stato della chiamata stessa.

Content Provider

Il Content Provider (CP) è un componente fondamentale nella realizzazione delle applicazioni per Android, poiché ha la responsabilità di gestire la condivisione di informazioni tra i vari processi. Il funzionamento è simile a quello di un repository condiviso con cui le diverse applicazioni possono interagire inserendo o leggendo informazioni. Dedicheremo un intero capitolo a questo argomento, sia per quello che riguarda l'utilizzo di un CP, sia per quello che riguarda la sua creazione.

Resource Manager

Come vedremo nel dettaglio, un'applicazione è composta, oltre che da codice, anche da un insieme di file di tipo diverso, per esempio immagini, file di configurazione o di properties per la internazionalizzazione (I18N), file di definizione del layout e così via. La responsabilità di gestire questo tipo di informazioni è stata affidata al Resource Manager, che metterà a disposizione una serie di API di semplice utilizzo. Si tratta di un componente con responsabilità di ottimizzazione delle risorse. Come avviene per il codice da eseguire, anche per le risorse esiste un processo di trasformazione delle stesse in contenuti binari ottimizzati per il loro utilizzo all'interno di un dispositivo. Se la risorsa è, per esempio, un documento XML, lo stesso non verrà installato nell'applicazione in modo testuale ma in un formato ottimizzato rispetto a quella che è la principale operazione possibile, ovvero il parsing. Un concetto analogo vale per le altre tipologie di risorse che Android è in grado di gestire, come immagini, animazioni, menu e altre che vedremo successivamente. Altro aspetto fondamentale riguarda la possibilità di accedere a queste risorse attraverso delle costanti generate in modo automatico in fase di building. Il terzo capitolo di questo libro sarà dedicato alla gestione delle risorse.

View System

Come impareremo successivamente, l'interfaccia grafica di un'applicazione per Android è composta da quelle che saranno specializzazioni della classe View, ciascuna caratterizzata da una particolare forma e da un diverso modo di interagire con essa attraverso un'accurata gestione degli eventi associati. La gestione della renderizzazione dei componenti nonché della gestione degli eventi associati è di responsabilità di un componente che si chiama View System (VS). Potremmo quindi fare un'analogia tra il VS e il meccanismo di gestione delle GUI della J2SE quali AWT o Swing.

Location Manager

Tra le diverse demo disponibili delle applicazioni Android, quelle relative alla gestione delle mappe sono sicuramente tra le più interessanti. Le applicazioni che gestiscono, tra le informazioni disponibili, quelle relative alla localizzazione si chiamano Location Based Application (LBA) e possono essere realizzate utilizzando le API messe a disposizione dal Location Manager. Per quei dispositivi che lo permetteranno (che diventeranno progressivamente la maggioranza), potremo quindi accedere a funzionalità legate alla location, tra cui le operazioni di georeferenziazione, come vedremo nel relativo capitolo.

Notification Manager

Un altro servizio molto utile è quello fornito dal Notification Manager, che potrebbe sembrare la versione Android del Push Registry delle MIDP 2.0. Mentre il Push Registry permette l'attivazione di un'applicazione a seguito di un particolare evento come l'arrivo di un SMS, il Notification Manager mette a disposizione un insieme di strumenti che l'applicazione può utilizzare per inviare una particolare notifica al dispositivo, il quale la dovrà presentare all'utente con i meccanismi che conosce. L'applicazione può quindi notificare un particolare evento al dispositivo che potrebbe, per esempio, emettere una vibrazione, lampeggiare i LED, visualizzare un'icona (come per gli SMS, per intenderci) e altro ancora.

Conclusioni

In questo primo capitolo abbiamo illustrato il contesto nel quale Android nasce e intende affermarsi come ambiente per la realizzazione di applicazioni mobili. Abbiamo visto nel dettaglio quali sono state le principali motivazioni che hanno portato i progettisti di Google alla scelta di Java come linguaggio di programmazione, ma all'uso della DVM come VM per l'esecuzione. Abbiamo poi elencato gli elementi principali dell'architettura di Android, che saranno argomento dei prossimi capitoli, nei quali studieremo nel dettaglio le relative API.

Nel prossimo capitolo configureremo l'ambiente di sviluppo e inizieremo a creare le nostre prime applicazioni per Android.

Capitolo 2

Anatomia di un'applicazione Android

Dopo aver introdotto Android come piattaforma open per la realizzazione di applicazioni mobili di nuova generazione, in questo capitolo inizieremo a "fare sul serio" preparando l'ambiente di sviluppo e realizzando la nostra prima applicazione. Si tratterà di qualcosa di molto semplice, che ci permetterà però di studiare nel dettaglio sia l'ambiente di sviluppo, sia la struttura della maggior parte delle applicazioni. È un capitolo molto importante in quanto tratta l'intero processo di sviluppo di un'applicazione e il legame tra le varie parti di un progetto: codice, risorse e configurazioni.

In questo capitolo

- **Preparazione dell'ambiente**
- **Installazione degli Android Development Tools**
- **Debug e logging di un'applicazione**
- **Android Debug Bridge**
- **Conclusioni**

Preparazione dell'ambiente

In questa prima parte installeremo l'ambiente di sviluppo, il Software Development Kit (SDK), e vedremo quali sono i tool che ci permetteranno di creare, compilare, fare il debug ed eseguire un'applicazione Android da linea di comando.

Semplificare lo sviluppo delle applicazioni è interesse comune degli sviluppatori e della stessa Google, per cui è stato creato un plug-in per uno degli IDE più utilizzati (insieme a NetBeans) nel mondo della programmazione in Java, ovvero *eclipse*. Vedremo quindi come installare e utilizzare il plug-in che si chiama Android Development Tools (ADT), che utilizzeremo poi in tutti gli esempi del libro. È bene sottolineare come la versione attualmente disponibile sul sito di Android (http://developer.android.com) sia la 2.0, la quale introduce un nuovo modo, già presente nella 1.6, di installazione attraverso un semplice tool visuale.

Installazione dell'SDK

Come accennato, l'SDK di Android è scaricabile dal relativo sito nella versione corrispondente al proprio sistema operativo (Linux, Windows o Mac). È sufficiente selezionare il link SDK e scaricare il file relativo al proprio sistema, identificabile in base alla seguente regola:

```
android-sdk_<release>-<piattaforma>.<ext-zip>
```

Se consideriamo Windows, il file avrà nome:

```
android-sdk_r3-windows.zip
```

che provvediamo subito a scaricare e scompattare all'interno di una directory, che nomineremo ANDROID_HOME e che il lettore potrà associare a un path a proprio piacimento.

> **Differenze rispetto alle versioni precedenti**
>
> Se il lettore aveva già installato versioni precedenti dell'SDK, noterà come il processo di installazione della versione 2.0 sia diverso. Ciò che abbiamo scaricato non è infatti l'SDK completo ma l'applicazione per poterlo scaricare, come vedremo successivamente.

Nel nostro caso supponiamo che la directory ANDROID_HOME sia associata alla cartella C:/. Scompattando quindi l'archivio in tale directory otteniamo una cartella di nome android-sdk.windows, che ovviamente dipende dal particolare sistema operativo. Per semplicità, eliminiamo le informazioni di piattaforma, lasciando solamente il nome android-sdk. La situazione del nostro ambiente è quindi quella in Figura 2.1.

Possiamo notare come, all'interno della cartella android-sdk, vi siano altre cartelle tra cui la directory tools (Figura 2.2) che conterrà tutti gli strumenti per la gestione dei progetti Android che vedremo successivamente nel dettaglio.

Per verificare la corretta installazione dell'ambiente possiamo aprire una finestra DOS (o terminale) ed eseguire uno dei comandi disponibili.

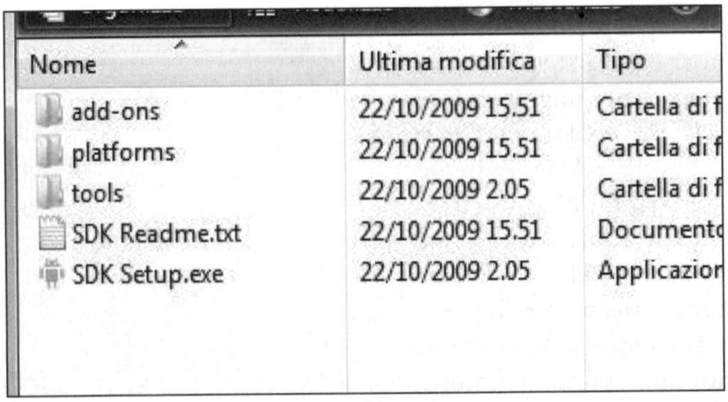

Nome	Ultima modifica	Tipo
add-ons	22/10/2009 15.51	Cartella di f
platforms	22/10/2009 15.51	Cartella di f
tools	22/10/2009 2.05	Cartella di f
SDK Readme.txt	22/10/2009 15.51	Documento
SDK Setup.exe	22/10/2009 2.05	Applicazior

Figura 2.1 Struttura delle directory dell'SDK.

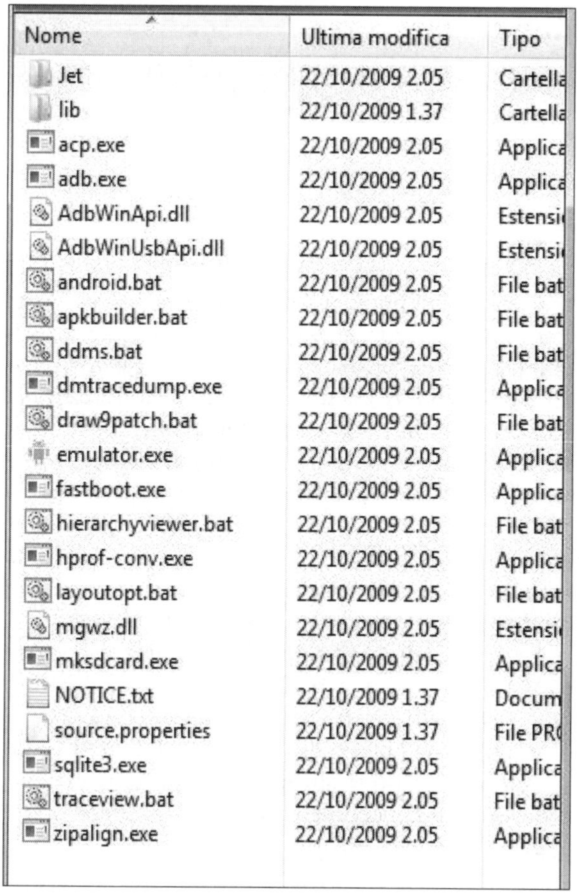

Nome	Ultima modifica	Tipo
Jet	22/10/2009 2.05	Cartella
lib	22/10/2009 1.37	Cartella
acp.exe	22/10/2009 2.05	Applica
adb.exe	22/10/2009 2.05	Applica
AdbWinApi.dll	22/10/2009 2.05	Estensi
AdbWinUsbApi.dll	22/10/2009 2.05	Estensi
android.bat	22/10/2009 2.05	File bat
apkbuilder.bat	22/10/2009 2.05	File bat
ddms.bat	22/10/2009 2.05	File bat
dmtracedump.exe	22/10/2009 2.05	Applica
draw9patch.bat	22/10/2009 2.05	File bat
emulator.exe	22/10/2009 2.05	Applica
fastboot.exe	22/10/2009 2.05	Applica
hierarchyviewer.bat	22/10/2009 2.05	File bat
hprof-conv.exe	22/10/2009 2.05	Applica
layoutopt.bat	22/10/2009 2.05	File bat
mgwz.dll	22/10/2009 2.05	Estensi
mksdcard.exe	22/10/2009 2.05	Applica
NOTICE.txt	22/10/2009 1.37	Docum
source.properties	22/10/2009 1.37	File PR
sqlite3.exe	22/10/2009 2.05	Applica
traceview.bat	22/10/2009 2.05	File bat
zipalign.exe	22/10/2009 2.05	Applica

Figura 2.2 Il contenuto della cartella tools.

> ### Inseriamo la directory tools nel PATH
> Per semplificare l'utilizzo di questi strumenti è consigliabile inserire il path `ANDROID_HOME/android-sdk/tools` nella omonima variabile d'ambiente `PATH` in modo da poter eseguire i diversi comandi direttamente dal prompt di DOS (nel caso Windows), o relativa applicazione di terminale, anche se posizionati in un'altra directory.

Per esempio, se eseguiamo il comando adb (Android Debug Bridge) noteremo la visualizzazione del corrispondente help. Per il momento diciamo solamente che adb è un comando che impareremo a utilizzare nel dettaglio e che ci permetterà di interagire con il nostro terminale o emulatore, attraverso una modalità client-server.

Se andiamo a vedere il contenuto della cartella platforms notiamo però come sia completamente vuota. Questo significa che non abbiamo ancora scaricato l'SDK di Android ma solamente un insieme di tool che inizieremo subito a utilizzare.

Gestione degli aggiornamenti

Dalla versione 1.6, Android permette una gestione molto più semplice di tutti i processi di aggiornamento dell'SDK o della relativa documentazione. Se osserviamo la Figura 2.1 notiamo infatti la presenza di un'applicazione di setup la quale non fa altro che eseguire il comando

android

disponibile nella cartella tools, verificando la disponibilità di aggiornamenti online. Si tratta di un tool molto utile che vedremo successivamente anche nella procedura di creazione di un progetto. Se lanciato da linea di comando senza alcun flag o attraverso l'applicazione di setup, il comando android apre la finestra di Figura 2.3. Nel caso del setup, viene automaticamente eseguita una verifica sulla disponibilità di nuove versioni non solo di SDK ma anche di documentazione e tool vari. Nel caso di esecuzione del comando da terminale l'aggiornamento deve essere esplicitamente richiesto selezionando la relativa opzione.

In Figura 2.3 notiamo come l'ambiente installato attraverso l'archivio scaricato comprende l'SDK con una serie di tool nella versione 3. Ciò che ci manca è la documentazione, che ci accingiamo a scaricare attraverso il tool selezionando la voce *Available packages* sulla sinistra premendo poi il pulsante *Refresh*. Se tutto è andato per il verso giusto si otterrà quanto mostrato in Figura 2.4.

Notiamo la presenza di un insieme di SDK nelle diverse versioni, oltre a un insieme di driver per la connessione USB al dispositivo, le librerie di Google per l'utilizzo, come vedremo, di alcune particolari API come quelle relative alle mappe, e la documentazione. Nel nostro caso ci accontentiamo di scaricare la documentazione insieme alle librerie di Google, come selezionato in figura.

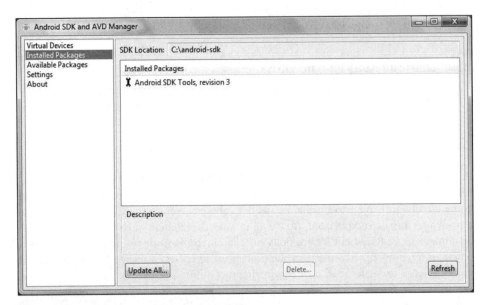

Figura 2.3 Tool per la gestione dell'SDK e AVD.

Anatomia di un'applicazione Android 23

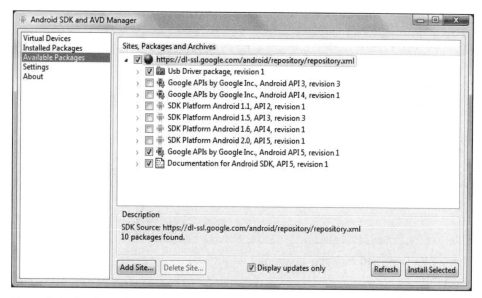

Figura 2.4 Pacchetti disponibili per l'aggiornamento.

> **HTTP o HTTPS**
>
> Durante la connessione verso il server è possibile che si verifichi un errore dovuto all'impossibilità di stabilire una connessione HTTPS. Selezionando la voce *Settings* è comunque possibile accedere a un flag che permette di utilizzare una connessione HTTP senza dover modificare il corrispondente URL.

Non ci resta quindi che selezionare la voce *Install Selected* per scaricare i contenuti selezionati. Il processo descritto potrà essere ovviamente ripetuto per le successive release senza la necessità di scaricare necessariamente l'archivio come fatto in precedenza.

> **Aggiornamento dalla 1.6**
>
> Come accennato nel precedente capitolo, la versione 1.6 dell'SDK, sebbene abbia un valore di major release diverso, si può considerare come una beta della 2.0. Per questo motivo il procedimento di aggiornamento dalla 1.6 alla 2.0 può avvenire attraverso il tool **android** appena descritto.

Alla selezione del download il tool riproporrà l'elenco degli elementi scelti e l'accettazione della licenza. Una volta accettata quest'ultima, il download inizia come visualizzato in Figura 2.5.
Al termine il lettore si ricordi di riavviare comunque i tool eventualmente in esecuzione. Fatto questo, si potrà constatare come all'interno della cartella platforms vi sia una cartella di nome `android-2.0` contenente librerie, tool e documentazione relativa alla versione appena scaricata. È evidente che il download di altre versioni comporterebbe la creazione delle corrispondenti directory.

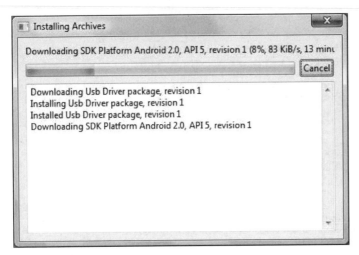

Figura 2.5 Download degli aggiornamenti.

Creazione di un progetto Android

Se il precedente passo è andato a buon fine attraverso l'esecuzione del comando adb, di cui apprezzeremo l'utilità, e l'SDK è stato scaricato, possiamo creare il nostro primo progetto con Android, che ci permetterà di implementare una semplice applicazione per la visualizzazione dell'immancabile messaggio Hello World. Per fare questo utilizziamo inizialmente il metodo più complesso, che prevede nuovamente l'utilizzo del comando android.
Creiamo quindi una directory di lavoro, all'interno della quale inseriremo tutti i progetti che di volta in volta realizzeremo durante lo studio delle API. Nel nostro caso, per semplicità, creiamo la directory workspace_cap02 all'interno della stessa directory C:/, ma ovviamente ciascuno può creare questa cartella dove più desidera. Da questo punto in poi faremo riferimento alla directory di lavoro come directory workspace.
Apriamo quindi una finestra di DOS (o di terminale in relazione alla piattaforma utilizzata) ed eseguiamo il comando android specificando alcune informazioni fondamentali di ciascun progetto e che possiamo vedere nel seguente comando:

```
android create project   --package it.apogeo.android.cap02.helloandroid
        --activity HelloAndroid   --target 1   --path ./HelloAndroid
```

Notiamo come, per creare un nuovo progetto, sia necessario utilizzare le opzioni create project. La nostra applicazione verrà scritta in Java; come sappiamo, è buona norma che ciascuna classe appartenga a un package che la contestualizza all'interno di un progetto o di una funzionalità. Per specificare il package delle classi associate alla nostra applicazione utilizziamo quindi l'omonima opzione. Ecco perché attraverso l'opzione activity indichiamo il nome di una classe senza specificarne il package. Ma che cos'è un'activity? È una delle parti fondamentali di un'applicazione Android, che per il momento possiamo associare a una schermata ovvero a una interfaccia grafica che permette l'interazione tra l'applicazione e l'utente. Nel nostro esempio stiamo impostando il fatto che la principale schermata della nostra applicazione dovrà essere descritta da una classe che si chiama HelloAndroid del package it.apogeo.android.cap02.helloandroid.

> **Usiamo le convenzioni quando possibile**
>
> Facciamo attenzione a come nel caso del package il nome `helloandroid` sia tutto minuscolo, a differenza della classe che segue la camel notation, ovvero `HelloAndroid` in accordo con quelle che sono le convenzioni di scrittura del codice Java. Ovviamente questo non influisce sulla compilazione del codice ma lo rende sicuramente più leggibile. Purtroppo in Android non è sempre così, come vedremo quando studieremo la classe `R` generata automaticamente in fase di building.

Un'informazione fondamentale nella creazione di un progetto per Android è quella associata alla opzione `target`. Essa permette di specificare la versione di Android con cui l'applicazione dovrà essere compatibile. Per elencare l'insieme dei target disponibili si utilizza il seguente comando

```
android list targets
```

che produrrà il seguente output.

Listato 2.1 Elenco dei target disponibili

```
C:\android-sdk\tools>android list targets
Available Android targets:
id: 1 or "android-5"
     Name: Android 2.0
     Type: Platform
     API level: 5
     Revision: 1
     Skins: HVGA (default), QVGA, WQVGA400, WQVGA432, WVGA800, WVGA854
id: 2 or "Google Inc.:Google APIs:5"
     Name: Google APIs
     Type: Add-On
     Vendor: Google Inc.
     Revision: 1
     Description: Android + Google APIs
     Based on Android 2.0 (API level 5)
     Libraries:
      * com.google.android.maps (maps.jar)
          API for Google Maps
     Skins: WVGA854, WQVGA400, HVGA (default), WQVGA432, WVGA800, QVGA
```

Ciascun target è identificato da un id che è appunto il valore utilizzato nella creazione del progetto. Il valore 1 indica un dispositivo compatibile con la versione 2.0 del SDK, cui è stato dato il nome di `Android 2.0`, mentre il valore 2 identifica un dispositivo con SDK nella versione 2.0, cui è stato però aggiunto il supporto ad API di Google, tra cui le Google Maps API. Si tratta infatti di librerie per la gestione delle mappe per le quali è necessario, come vedremo in dettaglio successivamente, ottenere una chiave di abilitazione da Google oltre che considerare la relativa libreria durante lo sviluppo.

Un importante parametro visualizzato è quello relativo all'API Level, che nel caso della 2.0 è 5 mentre assumerebbe il valore 4 nella 1.6. Il numero di target disponibili dipende ovviamente dal numero di ambienti scaricati. Scaricando anche versioni dell'SDK precedente avremmo avuto un elenco più vasto di opzioni. L'API Level è comunque fondamentale in quanto descrive la versione delle API che potremo utilizzare nel nostro progetto e che nell'esempio corrisponde a quelle dell'SDK 2.0.

> **Diversi target per diversi SDK**
>
> Nel caso in cui si fosse fatto un upgrade dell'SDK dalla versione precedente, si noterà una differenza nei valori associati ai diversi target. Nell'SDK 1.5, per esempio, un identificatore del target uguale a 1 era associato a un API Level pari a 2 e alla piattaforma 1.1.

L'ultima opzione permette di specificare la directory all'interno della quale dovranno essere creati i file del progetto. Non ci resta quindi che lanciare il comando `android` di cui sopra, ottenendo quanto descritto in Figura 2.6.

Nome	Ultima modifica	Tipo
bin	28/10/2009 9.55	Cartella di file
libs	28/10/2009 9.55	Cartella di file
res	28/10/2009 9.55	Cartella di file
src	28/10/2009 9.55	Cartella di file
AndroidManifest.xml	28/10/2009 9.55	Documento XML
build.properties	28/10/2009 9.55	File PROPERTIES
build.xml	28/10/2009 9.55	Documento XML
default.properties	28/10/2009 9.55	File PROPERTIES
local.properties	28/10/2009 9.55	File PROPERTIES

Figura 2.6 Struttura del progetto.

Notiamo come sia presente la directory `src` che contiene, organizzati secondo il loro package di appartenenza, i sorgenti della nostra applicazione: per il momento il solo file `HelloAndroid.java`. Di fondamentale importanza è la directory `res` che conterrà le risorse della nostra applicazione, ovvero quei file che potranno essere, in fase di building, ottimizzati per il dispositivo e memorizzati all'interno dello stesso file dell'applicazione, che vedremo essere di estensione `.apk` (Android Application Package). Il principale di questi file di configurazione è contenuto all'interno della directory `res/layout` e contiene un documento XML per la descrizione dichiarativa dell'interfaccia grafica che la nostra applicazione andrà a utilizzare. Il file di layout generato in modo automatico si chiama `main.xml` e contiene il seguente documento XML, che impareremo a gestire in dettaglio nei capitoli successivi.

Listato 2.2 File main.xml per la descrizione dichiarativa della GUI

```
<?xml version="1.0" encoding="utf-8"?>
<LinearLayout xmlns:android="http://schemas.android.com/apk/res/android"
```

```
        android:orientation="vertical"    android:layout_width="fill_parent"
        android:layout_height="fill_parent"   >
<TextView
        android:layout_width="fill_parent"      android:layout_height="wrap_content"
        android:text="Hello World, HelloAndroid"    />
</LinearLayout>
```

Per il momento pensiamo a questo file come a una definizione dichiarativa della UI utilizzabile dalla nostra applicazione. Gli altri tipi di risorse saranno argomento del prossimo capitolo. Il sorgente della classe `HelloAndroid` generato è invece il seguente:

Listato 2.3 Sorgente della classe HelloAndroid

```
package it.apogeo.android.cap02.helloandroid;

import android.app.Activity;
import android.os.Bundle;

public class HelloAndroid extends Activity {
    /* Called when the activity is first created. */
    @Override
    public void onCreate(Bundle savedInstanceState)    {
        super.onCreate(savedInstanceState);
        setContentView(R.layout.main);
    }
}
```

È importante notare come la classe `HelloAndroid` estenda la classe `Activity` ovvero ne rappresenti una specializzazione. Il lettore più attento potrà notare anche la presenza, nel codice, di una particolare costante legata al contenuto della cartella delle risorse: la costante `R.layout.main`. Per capire quello che è il legame tra il contenuto delle cartelle associate alle risorse e il contenuto della classe `R`, che non abbiamo scritto noi e che non è ancora presente nel nostro ambiente, non ci resta che eseguire il build della applicazione. Per fare questo l'SDK utilizza il tool Ant (http://ant.apache.org) i cui task sono stati già generati in fase di creazione del progetto e sono contenuti all'interno del file `build.xml` nella root del progetto stesso.

> **Il tool Ant**
> È bene precisare che il tool Ant non è presente nell'SDK di Android, per cui è necessario scaricarlo dal sito di Apache http://ant.apache.org.

Se quindi lanciamo il comando `ant` dalla directory relativa al nostro progetto otteniamo un output che ci descrive i vari task disponibili, riassunti in Tabella 2.1.

Tabella 2.1 Task di Ant per il build e installazione di un'applicazione Android

Task	Descrizione
help	Permette la visualizzazione dell'help dei task di Ant.
debug	Esegue il build dell'applicazione e lo firma con la chiave di debug.
release	Esegue il build dell'applicazione la quale dovrà essere successivamente firmata prima del deploy.
install	Installa la versione di debug nell'emulatore o in un dispositivo. Può essere usata solo se l'applicazione non è ancora stata installata.
reinstall	Installa la versione di debug nell'emulatore o in un dispositivo che già contiene una versione della stessa applicazione firmata con la stessa chiave.
uninstall	Permette di disinstallare l'applicazione dall'emulatore o da un dispositivo.

Per il momento il task che ci interessa è quello che permette di eseguire il build dell'applicazione, che eseguiamo attraverso il comando:

ant debug

il quale, dopo la visualizzazione di alcune informazioni sul target, eseguirà una serie di operazioni molto importanti che descrivono nel dettaglio il processo di build.

Listato 2.4 Output relativo al build di un'applicazione Android

```
C:\workspace_cap02\HelloAndroid>ant debug
Buildfile: build.xml
    [setup] Project Target: Android 2.0
    [setup] API level: 5
    [setup] WARNING: No minSdkVersion value set. Application will install
    on all Android versions.
-compile-tested-if-test:
-dirs:
    [echo] Creating output directories if needed...
-resource-src:
    [echo] Generating R.java / Manifest.java from the resources...
-aidl:
    [echo] Compiling aidl files into Java classes...
compile:
    [javac] Compiling 2 source files to C:\workspace_cap02\HelloAndroid\bin\classes
-dex:
    [echo] Converting compiled files and external libraries into C:\workspace_cap02\
    HelloAndroid\bin\classes.dex...
    [echo]
-package-resources:
    [echo] Packaging resources
 [aaptexec] Creating full resource package...
-package-debug-sign:
[apkbuilder] Creating HelloAndroid-debug-unaligned.apk and signing it with a debug key...
[apkbuilder] Using keystore: C:\Users\Utente\.android\debug.keystore
```

```
debug:
    [echo] Running zip align on final apk...
    [echo] Debug Package: C:\workspace_cap02\HelloAndroid\bin\HelloAndroid-debug.
apk

BUILD SUCCESSFUL
Total time: 8 seconds
```

Si ha la creazione delle eventuali directory di output ma soprattutto la generazione del file R.java cui avevamo accennato in precedenza.

Di seguito vi è la compilazione degli eventuali file Android Interface Definition Language (AIDL) che vedremo essere legati alla definizione delle operazioni che un servizio remoto (accessibile da processi distinti) è in grado di fornire.

A seguire, abbiamo l'esecuzione di due passi fondamentali cui avevamo accennato nel capitolo precedente, ovvero la compilazione dei sorgenti Java in file .class e la successiva trasformazione in file di estensione .dex.

Infine vi è l'operazione di creazione del package con la relativa firma; approfondiremo questo concetto nel capitolo dedicato alla sicurezza. Per il momento diciamo che un'applicazione Android, per poter essere installata in un dispositivo o sull'emulatore, deve necessariamente essere firmata con una chiave. La differenza tra il task debug e il task release sta appunto nel tipo diverso di chiave utilizzata nella firma. Nel primo caso si utilizza una chiave di debug mentre nel secondo si dovrà utilizzare una chiave che impareremo a generare utilizzando gli strumenti a disposizione del Java Development Kit (JDK).

Dopo l'operazione di build torniamo quindi a esplorare la struttura a directory relativa al nostro progetto. Dalla Figura 2.7 notiamo come, all'interno della cartella gen, sia presente il file sorgente della classe R.java nella struttura corrispondente allo stesso package definito per l'applicazione.

Se andiamo a vedere il contenuto di tale file notiamo come si tratti di una classe Java appartenente al package definito in fase di creazione del progetto. Il commento iniziale sottolinea come la gestione di questo sorgente sia di esclusiva competenza del tool di building, per cui non andremo mai a fare modifiche le quali, al build successivo, verrebbero comunque sovrascritte. Sappiamo che è possibile modificare indirettamente il contenuto

Figura 2.7 Creazione automatica del file R.java in fase di building.

di una classe estendendola, cosa impedita in questo caso dall'utilizzo del modificatore final. L'aspetto più interessante è comunque quello relativo al contenuto della classe R, ovvero a un insieme di costanti raggruppate in un insieme di classi statiche interne associate al particolare tipo di risorsa.

Listato 2.5 Contenuto del file R.java generato automaticamente in fase di build

```
/* AUTO-GENERATED FILE. DO NOT MODIFY.
 *
 * This class was automatically generated by the
 * aapt tool from the resource data it found. It
 * should not be modified by hand.
 */

package it.apogeo.android.cap02.helloandroid;

public final class R {
    public static final class attr {
    }
    public static final class layout {
        public static final int main=0x7f020000;
    }
    public static final class string {
        public static final int app_name=0x7f030000;
    }
}
```

Notiamo come tra le classi interne contenute in R vi sia la classe di nome layout che contiene a sua volta una costante intera di nome main. Possiamo finalmente comprendere il significato della costante R.layout.main utilizzata all'interno della classe HelloAndroid: si tratta di un modo per fare riferimento a una particolare risorsa definita all'interno della cartella res. Vedremo quindi come, nella maggior parte dei casi, il riferimento a una risorsa avvenga attraverso la corrispondente costante nella classe R. Questo impedisce, per esempio, di fare riferimento a risorse non esistenti, che porterebbe a rilevare eventuali problemi già in fase di compilazione.

> **Le convenzioni di Java in questo caso?**
>
> Abbiamo detto in precedenza che, quando possibile, è bene utilizzare le convenzioni di Java nella scrittura del codice. Nella generazione della classe R notiamo comunque come le varie classi interne abbiano un nome tutto minuscolo, in disaccordo con la regola secondo cui le classi devono avere un nome che inizia per lettera maiuscola e segue la camel notation. Abbiamo visto che il nome delle classi statiche interne è legato al contenuto della directory res. Se provassimo però a rinominare la cartella layout in Layout e ripetessimo il build noteremmo come la classe R non cambia, ovvero contiene ancora la classe interna layout e non Layout. Se però, invece che layout la cartella si chiamasse in modo diverso (per esempio defui), l'operazione di build genererebbe un errore. Questo significa che i layout dovranno stare in una cartella di nome layout. Vedremo che regole analoghe esistono per le altre tipologie di risorse.

All'interno della classe `HelloAndroid` notiamo la presenza dell'istruzione:

```
setContentView(R.layout.main);
```

che esprime una delle caratteristiche principali di Android, ovvero quella di utilizzare una costante per far riferimento a una risorsa definita nell'apposita cartella. Nel caso specifico questa istruzione permette di impostare come interfaccia grafica della nostra `Activity` quella descritta dal corrispondente file XML di layout. Potremo quindi modificare i componenti di una particolare schermata (`Activity`) semplicemente modificando il corrispondente file XML. Sappiamo poi come l'XML sia un linguaggio che si presta molto bene alla sua editazione attraverso opportuni tool o ide. Nel prossimo capitolo vedremo come lo stesso concetto possa essere applicato ad altri tipi di risorse, come immagini, animazioni, menu, stringhe e molto altro.

Se andato a buon fine, il risultato della operazione di build è contenuto all'interno della cartella `bin`. All'interno della cartella `classes` abbiamo l'insieme dei `.class` generati a seguito della compilazione delle classi del progetto, ovviamente organizzate in base al corrispondente package.

Di maggiore interesse sono invece gli altri file della cartella `bin`, primo fra tutti il file `classes.dex` che contiene appunto la traduzione del bytecode Java nel bytecode per la DVM (Figura 2.8). Notiamo come nel caso di Java si abbia la generazione di un `.class` per ciascuna classe (comprese quelle interne) mentre nel caso del dex il file sia unico.

Ne approfittiamo anche per fare un confronto tra le dimensioni dei file generati, che nel caso Java ammontano a un totale di 2902 byte mentre il file dex ha una dimensione di 2004 byte, quindi inferiore. È chiaro che con una quantità maggiore di codice si potrà avere un guadagno in dimensioni più apprezzabile.

Tra i file generati abbiamo `HelloAndroid.ap_` che contiene, invece, la versione compilata delle risorse contenute all'interno della nostra cartella `res`. Il risultato finale dell'operazione di build è la creazione del pacchetto che verrà poi installato nel dispositivo o nell'emulatore. Si tratta del file di estensione `apk` che nel nostro caso si chiama `HelloAndroid-debug.apk`. Questo perché il task di `ant` utilizzato nell'operazione di build è stato quello di debug. Si tratta quindi della versione firmata con la chiave di debug che può essere utilizzata solamente con l'emulatore. Se avessimo utilizzato anche il comando di release avremmo ottenuto un file di nome `HelloAndroid-unsigned.apk` come il lettore

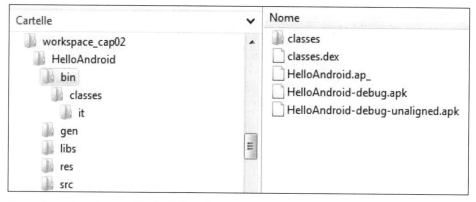

Figura 2.8 Il risultato del build dell'applicazione.

potrà verificare. Si tratta di una versione dell'applicazione non ancora firmata e perciò non in grado di essere installato né sul dispositivo reale né sull'emulatore.

> **Android Asset Packaging Tool**
>
> Tra gli strumenti messi a disposizione dall'SDK di Android ne esiste uno che si chiama Android Asset Packaging Tool e che permette appunto la creazione degli apk e la compilazione delle risorse. Si tratta di un tool invocabile attraverso il comando **aapt** ma che non utilizzeremo quasi mai direttamente in quanto disponiamo dei task di Ant o del plug-in per eclipse. Da notare infine come questo comando non sia presente nella cartella **tools** ma come sia contenuto all'interno della cartella **tools** corrispondente al target in **platforms**.

Rispetto alle versioni precedenti, dalla versione 1.6 dell'SDK viene creato, in fase di build, un file che nel nostro esempio si chiama HelloAndroid-debug-unaligned.apk e che rappresenta la versione dell'applicazione "non allineata". Senza entrare nel dettaglio della cosa, possiamo dire che per allineamento si intende un'operazione che permette di mappare in memoria i file delle risorse non compresse in un modo conveniente al loro utilizzo attraverso una funzione di basso livello che si chiama mmap() e che permette un utilizzo più efficiente della RAM. Si tratta di un ulteriore accorgimento nella ottimizzazione delle risorse, che comunque viene eseguito automaticamente sul file apk firmato durante la fase di building sia nel caso di utilizzo dei task di ant sia nel caso di utilizzo del plug-in. Tra quelli disponibili nell'SDK il tool di nome zipalign ha proprio questa funzione.
Non ci resta quindi che eseguire la nostra applicazione attraverso gli strumenti messi a disposizione dall'SDK, ovvero l'emulatore.

Utilizzo dell'emulatore e Android Virtual Device

Un requisito fondamentale nello sviluppo di un'applicazione per dispositivi mobili è sicuramente la possibilità di utilizzare un emulatore. La disponibilità di un sistema in grado di simulare in tutto e per tutto il dispositivo reale permette di risparmiare una notevole quantità di tempo relativamente alle fasi di debug e test delle applicazioni. Tra i diversi tool del nostro SDK ve ne è uno fondamentale che si chiama appunto emulator e che è una immagine vera e propria dell'intero stack di Android, compresi il kernel Linux per processore ARM, le librerie native, la DVM e tutti i package di Android. Nella stessa immagine sono poi installate diverse applicazioni per l'accesso ad alcuni servizi di Google come Google Mail, GTalk, Calendar oltre alle normali funzionalità di un telefono. Alcune funzionalità dell'emulatore sono ovviamente solamente simulate, come la ricezione di un SMS o l'inizio di una chiamata. Si tratta di un'applicazione basata su QEMU (http://bellard.org/qemu), ovvero un emulatore di processore open source che in questo caso emula un processore ARM aggiungendo diverse funzionalità. Tra queste vi sono:

- la gestione di una CPU ARMv5 e della corrispondente gestione della Memory Management Unit (MMU)
- un display LCD a 16-bit
- diversi tipi di tastiere
- la gestione del suono in input e in output

- partizioni di memoria flash
- un modem GSM che comprende una SIM card

Si tratta di un emulatore molto completo, che permette di testare l'applicazione in modo sufficientemente accurato prima del deploy sul dispositivo reale. Per avviarlo proviamo quindi a eseguire il comando

emulator

ottenendo però il seguente messaggio di errore:

Listato 2.6

```
C:\workspace\HelloAndroid>emulator
emulator: ERROR: You did not provide the name of an Android Virtual Device
with the '-avd <name>' option. Read -help-avd for more information.

If you *really* want to *NOT* run an AVD, consider using '-data <file>'
to specify a data partition image file (I hope you know what you're doing).
```

L'emulatore non viene eseguito perché si aspetta di conoscere il nome dell'Android Virtual Device (AVD) da utilizzare. Ma di cosa si tratta? Come abbiamo più volte ripetuto, Android è una piattaforma open, che come tale permette ai diversi vendor di aggiungere strumenti e funzionalità proprie. Non solo. I diversi dispositivi possono anche avere caratteristiche HW diverse relative, per esempio, alla quantità di memoria, al tipo di tastiera, alla risoluzione del display o della videocamera, alla presenza e dimensione di una SD card, e altro ancora. Un AVD non è altro che un modo per definire quelle che sono le caratteristiche dell'emulatore che simulerà il particolare device su cui andremo a testare la nostra applicazione. Possiamo dire che le principali informazioni che si andranno a definire attraverso un AVD sono, tra le altre cose, quelle relative a:

- presenza o meno di elementi hardware
- target del dispositivo
- informazioni sul display
- capacità di memoria e disponibilità di una SD card

Possiamo quindi creare, per esempio, un AVD relativo a un dispositivo con tastiera QWERTY, senza fotocamera e SD card o un AVD con una SD di 8 GB senza tastiera e con fotocamera. Il numero di AVD che possiamo creare è ovviamente illimitato e ci permette di testare le nostre applicazioni su diversi tipi di dispositivi. Un'informazione fondamentale di un AVD riguarda comunque il target e quindi, come già visto, se si tratta di un dispositivo relativo alla versione 1.5, 1.6, 2.0 o con estensione Google Map corrispondenti a diversi id.

La gestione degli AVD avviene attraverso il comando android che abbiamo già utilizzato nella creazione del progetto. La prima verifica che faremo sarà quella di vedere se effettivamente non ci sono AVD definiti nel nostro ambiente di sviluppo. Per fare questo sarà sufficiente eseguire il comando:

android list avds

che non visualizzerà infatti alcuna informazione relativa ad AVD. Per provare la nostra prima applicazione, peraltro generata in modo automatico, creiamo un semplice AVD relativo a un dispositivo compatibile con la versione 2.0 di Android cui diamo il nome di eclair (il nome in codice della versione 2.0 di Android). Anche in questo primo caso utilizziamo gli strumenti da prompt eseguendo il seguente comando:

```
android create avd -n eclaire -t 1
```

Per una descrizione completa delle opzioni si rimanda alla documentazione sul sito ufficiale di Android (http://www.android.com). Nel nostro caso abbiamo semplicemente utilizzato l'opzione create avd per la creazione di un nuovo AVD di nome eclair e di target associato all'id 1 (la 2.0). Ciò che si ottiene è

```
C:\workspace>android create avd -n eclair -t 1
Android 2.0 is a basic Android platform.
Do you wish to create a custom hardware profile [no]
```

che, oltre che informare che l'AVD creato è relativo alla versione 2.0 della piattaforma, ci chiede se intendiamo specificare una serie di altri parametri del dispositivo stesso. Per il momento accettiamo la configurazione di default. Il lettore potrà verificare che cosa succede scegliendo l'opzione yes e introducendo i propri valori per le diverse proprietà tra cui la presenza o meno di una fotocamera, della trackball, di una SD card e altro ancora.

Dopo l'invio otteniamo il messaggio di conferma della creazione dell'AVD. Ripetendo quindi il comando di visualizzazione degli AVD installati otteniamo quanto segue:

Listato 2.7 Verifica della creazione dell'AVD

```
C:\workspace_cap02\HelloAndroid>android list avds
Available Android Virtual Devices:
    Name: eclair
    Path: C:\Users\Utente\.android\avd\eclair.avd
  Target: Android 2.0 (API level 5)
    Skin: HVGA
```

che prova l'avvenuta creazione dell'AVD.

Come detto, abbiamo scelto il modo forse più complesso. Dalla versione 1.6, infatti, è possibile creare un AVD anche in modo visuale attraverso l'interfaccia che si ottiene con l'esecuzione del semplice comando android che abbiamo già imparato a utilizzare. Ciò che si ottiene è infatti quando visualizzato in Figura 2.9.

Notiamo come, tra gli AVD disponibili, sia in effetti presente quello appena creato. Per crearne di nuovi è sufficiente selezionare il pulsante *New* e inserire i corrispondenti valori all'interno della finestra di Figura 2.10.

Osserviamo come sia in effetti possibile definire, oltre al livello delle API utilizzate, anche le dimensioni dell'eventuale scheda SD, la tipologia di schermo, che dalla versione 1.6 in poi assume notevole importanza; ciò oltre alla definizione di altre caratteristiche

Anatomia di un'applicazione Android | **35**

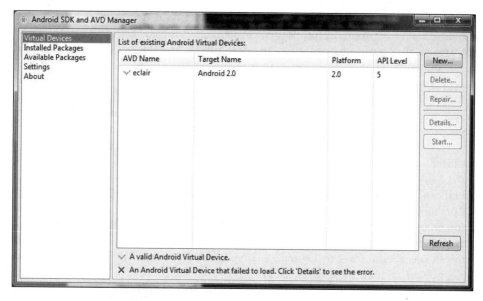

Figura 2.9 GUI per l'esecuzione del comando android.

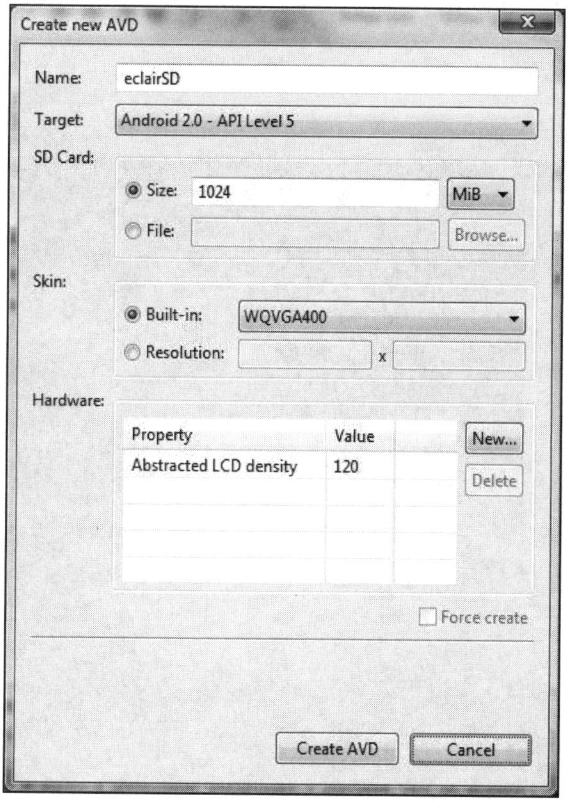

Figura 2.10 Creazione di un AVD attraverso il tool visuale.

legate, per esempio, alla presenza di un accelerometro, di una videocamera o altra funzionalità. Vedremo, nel capitolo dedicato alla gestione delle risorse, come queste informazioni potranno essere utilizzate come qualificatori per la gestione di diversi valori di configurazione da utilizzare in base alle caratteristiche del dispositivo. Potremo, per esempio, definire diversi documenti XML di definizione del layout a seconda del tipo di display.
A questo punto siamo in grado di eseguire l'emulatore selezionando il pulsante Start nella precedente interfaccia o attraverso il seguente comando da prompt:

```
emulator -avd eclair
```

specificando, attraverso l'opzione avd, il nome dell'AVD.
La prima volta che l'emulatore viene lanciato vengono eseguite alcune operazioni di configurazione che ne rendono lento l'avvio. Notiamo comunque la visualizzazione di una interfaccia completamente nuova rispetto a quella disponibile per l'emulatore delle versioni precedenti alla 1.6 (Figura 2.11). Sulla destra notiamo infatti la presenza dei tipici pulsanti di un dispositivo Android.
Il passo successivo consiste quindi nel caricamento dell'applicazione nell'emulatore per la sua esecuzione. A tale scopo utilizziamo per la prima volta il tool adb cui avevamo accennato all'inizio del capitolo per testare la corretta installazione dell'ambiente. Si tratta di un tool che utilizzeremo anche in seguito e che ci permetterà di interagire con il dispositivo in una modalità client-server.

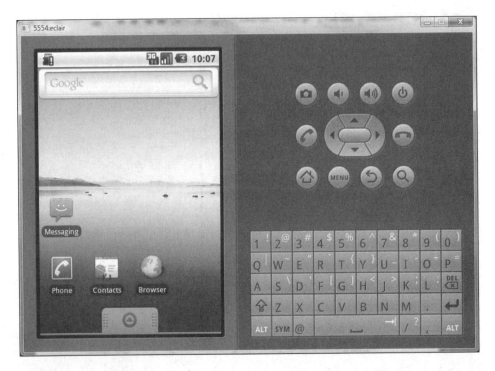

Figura 2.11 Emulatore di Android.

Con l'emulatore in esecuzione possiamo, come prima cosa, eseguire il comando

`adb devices`

il quale fornirà l'elenco dei dispositivi attivi in quel momento permettendci di conoscere quante e quali istanze di emulatore o di dispositivi sono connessi alla nostra macchina di sviluppo. Avendo in precedenza avviato l'emulatore il risultato del comando sarà il seguente:

```
C:\workspace>adb devices
List of devices attached
emulator-5554   device
```

Notiamo come l'unico dispositivo attivo sia quello identificato dal nome `emulator-5554`; su di esso andremo a installare la nostra applicazione con il seguente comando lanciato, nel nostro caso, all'interno della directory `bin` del progetto (quella che contiene il file apk da installare):

`adb install HelloAndroid-debug.apk`

Il risultato sarà il seguente:

```
C:\workspace\HelloAndroid\bin>adb install HelloAndroid-debug.apk
215 KB/s (13236 bytes in 0.006s)
        pkg: /data/local/tmp/HelloAndroid-debug.apk
Success
```

Ora la nostra applicazione è installata nel dispositivo e pronta per essere eseguita. Come verifica non faremo altro che aprire il menu a tendina in basso alla schermata principale che chiameremo `home`, osservando la presenza di un'icona con il nome *HelloAndroid*; selezionandola otteniamo l'esecuzione dell'applicazione, con la visualizzazione del famoso messaggio (Figura 2.12).
Esultiamo! Abbiamo creato ed eseguito la nostra prima applicazione con Android senza scrivere neanche una riga di codice.

Il file AndroidManifest.xml

Nei paragrafi precedenti siamo dunque riusciti a eseguire la nostra prima applicazione per Android. Un lettore attento si farà però necessariamente alcune domande, che vanno oltre la considerazione del fatto che non sia stata scritta alcuna riga di codice e che l'applicazione eseguita non sia altro che quella generata dal tool `android` in fase di creazione del progetto.
Innanzitutto ci si può chiedere come faccia il dispositivo ad associare un'icona e un nome all'applicazione. Se una `Activity`, come vedremo approfonditamente in seguito, descrive una schermata dell'applicazione, come fa il dispositivo a sapere quale visualizzare nel caso in cui ve ne fosse più di una? Nasce quindi la necessità di un qualche meccanismo

Figura 2.12 Applicazione HelloAndroid installata e in esecuzione nell'emulatore.

che descriva l'applicazione al dispositivo che la dovrà eseguire, ovviamente non solo in termini di GUI. Questo è lo scopo di un altro fondamentale file di configurazione, creato automaticamente in fase di creazione del progetto, che si chiama `AndroidManifest.xml` e che nel nostro caso è il seguente.

Listato 2.8 File AndroidManifest.xml del progetto generato automaticamente

```xml
<?xml version="1.0" encoding="utf-8"?>
<manifest xmlns:android="http://schemas.android.com/apk/res/android"
      package="it.apogeo.android.cap02.helloandroid"
      android:versionCode="1"
      android:versionName="1.0">
    <application android:label="@string/app_name">
        <activity android:name=".HelloAndroid"
                  android:label="@string/app_name">
            <intent-filter>
                <action android:name="android.intent.action.MAIN" />
                <category android:name="android.intent.category.LAUNCHER" />
            </intent-filter>
        </activity>
    </application>
</manifest>
```

Notiamo come si tratti di un documento XML avente come root l'elemento `manifest` cui viene associato come default il `namespace` relativo allo schema `http://schemas.android.com/apk/res/android` che ne definisce la semantica. Alcune delle informazioni inserite in fase di creazione del progetto le ritroviamo come valori degli attributi dell'elemento manifest e di altri, che descriveremo di volta in volta quando studieremo i componenti che li andranno a utilizzare. Gli attributi `android:versionCode` e `android:versionName`, che vedremo nel dettaglio quando parleremo di sicurezza e deploy dell'applicazione, permettono di assegnare alla stessa un numero di versione da utilizzare in fase di aggiornamento. Più precisamente, il primo verrà utilizzato per il riconoscimento delle versioni mentre il secondo sarà quello visualizzato all'utente.

Notiamo poi la presenza dell'elemento `application`, che descrive appunto le caratteristiche della nostra applicazione. L'attributo utilizzato in questo caso si chiama `android:label` e il valore corrispondente sarà proprio quello utilizzato come nome dell'applicazione nella home. Nell'esempio non vi è scritto `HelloAndroid`, ma esiste una notazione del tipo `@string/app_name` che permette di fare riferimento a una risorsa di nome `app_name` di tipo `string`. Questo fatto ci dimostra come anche all'interno del file di configurazione della nostra applicazione esista un meccanismo per fare riferimento a determinate risorse. Per comprendere il caso specifico basterà visualizzare il contenuto del file `strings.xml` nella directory `res/values` del nostro progetto, ovvero:

Listato 2.9 File strings.xml delle risorse di tipo string dell'applicazione

```xml
<?xml version="1.0" encoding="utf-8"?>
<resources>
    <string name="app_name">HelloAndroid</string>
</resources>
```

Se torniamo a vedere il file sorgente della classe `R` generata automaticamente in fase di build notiamo inoltre la presenza della costante `R.string.app_name`.

> **Alcune presunte imprecisioni**
>
> Dopo queste ultime considerazioni il lettore potrebbe sollevare qualche obiezione. La prima riguarda il nome della classe interna associata al file `strings.xml` che è `string` e non `strings` con la s finale. Questo perché ciò che interessa ad Android non è il nome del file ma il fatto che all'interno dello stesso vi siano degli elementi string. Anche se definissimo due file distinti contenenti però elementi string associati a chiavi diverse (se uguali avremmo un errore in build per sovrapposizione di chiavi) la classe interna generata sarebbe comunque una sola, di nome `string`. Vedremo quindi come per alcune risorse sia importante il contenuto del file XML e per altre il file stesso.

Un'applicazione può essere composta da più schermate, ciascuna delle quali descritta da quella che abbiamo imparato a chiamare `activity` e che vedremo nei minimi dettagli nei prossimi capitoli. Per ciascuna di queste viene definito un omonimo elemento con degli attributi che ne descrivono le caratteristiche. Alcuni attributi li vedremo nel dettaglio successivamente, altri sono descritti nella documentazione presso il sito di Android. In questo caso, `android:name` e `android:label` descrivono rispettivamente il nome della classe associata all'attività relativamente al package dell'applicazione e la label da visualizzare come titolo. Per quest'ultima possiamo poi utilizzare la stessa sintassi usata per l'accesso alle risorse dell'applicazione.

L'ultima informazione che vogliamo dare al dispositivo riguarda la modalità con cui l'Activity dovrà essere visualizzata, e ciò viene espresso attraverso l'elemento `intent-filter`. I concetti di intent filter e di intent stanno alla base di tutta l'architettura di Android: per questo motivo dedicheremo un intero capitolo all'argomento. Per il momento pensiamo a un intent come la volontà, da parte di un componente, di eseguire una particolare azione su un determinato insieme di dati. Un intent filter è invece la dichiarazione da parte di un componente (in questo caso una Activity) di essere in grado di soddisfare a un intent. Ecco che, per esempio, se un componente avesse la necessità di visualizzare l'elenco dei contatti della rubrica per sceglierne uno, basterà che lo stesso lanci il corrispondente intent; esso verrà raccolto da uno dei componenti che, al momento della installazione, hanno dichiarato, attraverso un elemento intent filter, di essere in grado di gestirlo. Nel caso specifico, attraverso gli elementi action e category abbiamo indicato che la nostra Activity sarà candidata a soddisfare l'intent corrispondente all'azione MAIN della categoria LAUNCHER. Questo, in pratica, equivale a dire che l'attività sarà una di quelle disponibili nella home eseguibile attraverso la selezione della corrispondente icona.

Come detto, approfondiremo nel dettaglio i concetti di intent e intent filter insieme ad altri fondamentali nell'architettura di Android. In questo caso abbiamo solamente voluto sottolineare come il file di configurazione AndroidManifest.xml sia fondamentale per fornire al dispositivo la descrizione dell'applicazione e dei relativi componenti. Ovviamente questo file conterrà diversi altri tipi di informazioni, che andremo a esaminare e che descriveranno diverse tipologie di componenti caratterizzanti un'applicazione per Android.

Installazione degli Android Development Tools

Nella prima parte di questo impegnativo capitolo abbiamo visto il processo di sviluppo di un'applicazione Android utilizzando gli strumenti dell'SDK fornito da Google. Come già osservato in modo critico, non abbiamo però scritto alcuna riga di codice Java né scritto o modificato alcun file XML di configurazione. Riassumendo brevemente le parti principali di un progetto Android possiamo elencare i seguenti punti di intervento:

- i sorgenti Java dei componenti
- i file delle risorse e dei layout
- il file AndroidManifest.xml

cui va unita la gestione delle operazioni associate ai vari task di ant descritti in precedenza per il build e l'installazione delle applicazioni. L'utilizzo di strumenti idonei che permettano di velocizzare lo sviluppo delle applicazioni è quantomeno auspicabile. Serve un ide per l'editazione dei sorgenti Java con facility quali l'autocompletamento del codice che si integri al meglio con i tool dell'SDK. I file di configurazione delle risorse e l'AndroidManifest sono poi documenti XML particolari che potrebbero essere editati in modo molto più semplice attraverso degli strumenti visuali che, nel caso della definizione del layout, ne forniscano anche una preview senza necessariamente eseguire l'applicazione.

Ecco allora che Google ha messo ha disposizione un plug-in per eclipse in grado di permette allo sviluppatore di gestire i progetti Android e le relative risorse in modo visuale. Non ci resta quindi che installare questo strumento, che andremo a utilizzare per tutti i nostri progetti da questo punto in poi. Se non lo abbiamo già fatto, scarichiamo quindi la versione di eclipse denominata Ganymede (http://www.eclipse.org/ganymede/) installandola in una directory a piacimento.

Esistono diversi modi per installare l'ADT e si possono trovare tutti sul sito di Android. Noi seguiremo il metodo più semplice che utilizza gli strumenti di aggiornamento di eclipse. Selezioniamo quindi l'opzione *Software Updates* del menu *Help* ottenendo la finestra per la gestione degli add-on di Figura 2.13. Premendo il pulsante *Add Site* possiamo quindi aggiungere il sito identificato dal seguente URL:

https://dl-ssl.google.com/android/eclipse/

Con il pulsante *OK* noteremo l'aggiunta del sito di Android tra quelli previsti per l'aggiornamento di eclipse (Figura 2.13).

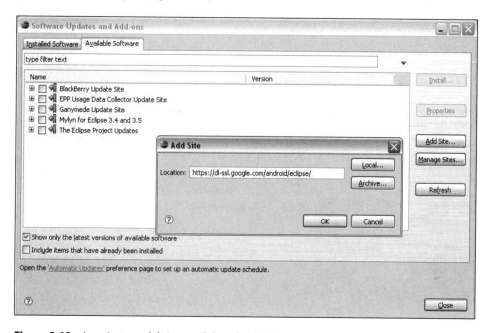

Figura 2.13 Inserimento del sito per il download dell'ADT.

Per scaricare quindi il plug-in basterà selezionare gli strumenti sotto la voce *Developer Tools*, come mostrato in Figura 2.14.
Non ci resta altro che premere il pulsante *Install* e attendere il download, terminato il quale, dopo l'accettazione del contratto di utilizzo, si procederà al riavvio di eclipse.

Figura 2.14 Selezione dei plug-in da installare in eclipse dalla sorgente di Android.

> **Download in eclipse**
>
> In alcune versioni di eclipse la procedura di installazione del plug-in cambia leggermente rispetto a quella qui descritta. In ogni caso l'obiettivo è quello di inserire l'indirizzo fornito in precedenza come uno dei siti di aggiornamento.

Ora il plug-in è installato ma necessita di un minimo di configurazione. Per fare questo selezioniamo in eclipse la voce *Preferences* del menu *Window*, quindi l'opzione Android. Da qui è possibile selezionare la cartella che contiene l'SDK ovvero quella che in precedenza abbiamo chiamato ANDROID_HOME. Fatto questo verrà visualizzata (eventualmente selezionando nuovamente l'opzione precedente nel menu al fine di forzare un refresh dell'interfaccia) la finestra in Figura 2.15.

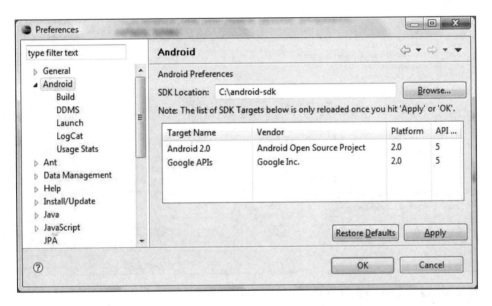

Figura 2.15 Configurazione del plug-in in eclipse.

> **Una nota sull'installazione dell'ADT**
>
> È possibile che durante l'installazione vi sia una incompatibilità tra la versione di SDK e quella del plug-in scaricato nel modo descritto. Nel caso questo succeda è consigliabile scaricare lo zip del plug-in ADT e installarlo nella modalità Local Site come indicato sul sito di Android (http://www.android.com).

In questa ultima immagine possiamo notare come siano elencati i diversi target disponibili insieme alle informazioni relative all'API Level che abbiamo già descritto in relazione alla creazione di un nuovo progetto. Questa finestra ci permette di verificare quali siano in effetti, i target accessibili attraverso il plug-in.

Anatomia di un'applicazione Android

> **Impostazione del workspace di eclipse**
>
> È utile impostare come workspace di eclipse l'omonima directory creata in precedenza che contiene appunto i progetti che di volta in volta andiamo a realizzare. Per fare questo selezioniamo l'opzione `switch workspace` dal menu *File* di eclipse scegliendo quindi la corrispondente directory.

Non ci resta quindi che provare sul campo quali siano i reali vantaggi nell'utilizzo del plug-in nel processo di sviluppo di un'applicazione Android.

Utilizzo del plug-in ADT

Per iniziare ad apprezzare l'utilità del plug-in proviamo a creare la versione ADT del progetto `HelloAndroid` sviluppato in precedenza. Per fare questo basterà selezionare la voce New nel menu File e quindi Android come tipo di progetto visualizzando la finestra di Figura 2.16.

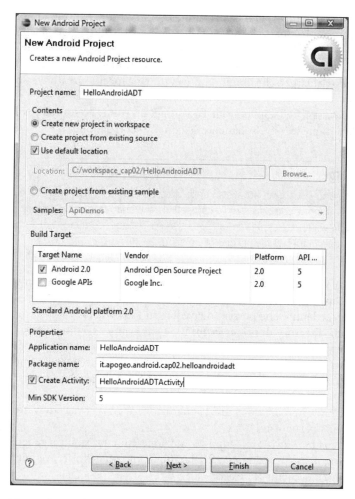

Figura 2.16 Creazione di un nuovo progetto.

> **Definizione del workspace**
>
> Nel corso degli esempi del presente testo abbiamo organizzato per semplicità i vari progetti all'interno di workspace diversi di eclipse corrispondenti al capitolo nel quale sono descritti. È importante ricordare che la configurazione descritta in precedenza relativamente all'SDK dovrà essere ripetuta per ciascun workspace..

Notiamo come le informazioni che dovremo inserire rispecchino esattamente quelle che abbiamo inserito attraverso le relative opzioni del tool android. In questo caso supponiamo di creare un'applicazione di nome HelloAndroidADT che contiene una unica Activity con lo stesso nome nel package it.apogeo.android.cap02.helloandroidadt. Nella stessa finestra notiamo per la prima volta la presenza del campo *Min SDK Version*, che vedremo essere associato, nel file AndroidManifest.xml, all'elemento:

```
<uses-sdk android:minSdkVersion="5" />
```

Si tratta di un valore che esprime quella che è la versione minima dell'SDK in grado di eseguire la nostra applicazione. In questo contesto la funzione del manifest sarà anche quella di verifica delle versioni, analogamente a quanto avviene in ambito MIDP con il Java Application Descripton (JAD). Notiamo però come si tratti del valore associato all'API Level e non a quello del target, che comunque avevamo già specificato attraverso le opzioni in Build Target.
Un dispositivo che intende installare l'applicazione farà quindi un controllo sul valore di tale attributo e permetterà di proseguire solamente se con esso compatibile.

> **Compatibilità con più target**
>
> Nonostante i diversi target siano visualizzati attraverso delle checkbox, la scelta multipla non è consentita. Questo perché si suppone che il dispositivo compatibile con una versione sia in grado di eseguire anche applicazioni sviluppate per le versioni precedenti. Si consiglia comunque di non dare nulla per scontato e testare l'applicazione nei diversi ambienti.

Dopo aver dato conferma noteremo la creazione del progetto con la visualizzazione, nel Project Explorer di eclipse, della stessa struttura a directory che abbiamo imparato a conoscere nei paragrafi precedenti e che possiamo rivedere in Figura 2.17.
Notiamo la presenza di una directory di nome Android 2.0 che contiene, come libreria, il file android.jar con il runtime relativo a tale versione dell'SDK. Molto interessante da notare è la disponibilità di più cartelle di tipo drawable che, come vedremo nel prossimo capitolo, permetteranno la definizione di risorse diverse in corrispondenza delle diverse tipologie di display.
Come fatto in precedenza, proviamo ora a eseguire l'applicazione appena creata attraverso un emulatore associato a una particolare AVD.
Per la gestione degli AVD basterà invocare l'apposita funzione cui è possibile accedere attraverso l'icona nella barra di eclipse in Figura 2.18 (raffigurante un cellulare) oppure attraverso la relativa opzione nel menu *Window*.

Anatomia di un'applicazione Android

Figura 2.17 Struttura del progetto in eclipse.

 **Figura 2.18** Icona per l'avvio dell'AVD manager da eclipse.

> **Creazione progetto di Test**
>
> Nel caso in cui nella finestra di creazione di un progetto selezionassimo l'opzione **Next** invece che l'opzione **Finish**, noteremmo la possibilità di creare un progetto di test. Vedremo nel corrispondente capitolo come eseguire unit test sulle applicazioni Android e quindi come utilizzare questa opzione del plug-in.

Ciò che si ha è la visualizzazione della stessa finestra che abbiamo ottenuto eseguendo il comando android senza alcuna opzione. Sarà quindi possibile accedere a tale interfaccia per la creazione, editazione e cancellazione delle diverse AVD disponibili.
Il lettore potrà verificare come l'AVD precedentemente creato sia presente tra quelli disponibili. Per associare un AVD alla nostra applicazione non faremo altro che selezionare l'opzione *Run Configurations* (Figura 2.19).
Attraverso questa funzione è possibile impostare alcune proprietà relative all'ambiente di esecuzione del nostro progetto, tra cui appunto l'AVD attraverso il relativo wizard in Figura 2.20.
Selezionando con il tasto destro del mouse la voce *Android Application* e poi l'opzione *New*, è possibile inserire le informazioni che ci servono. Nel tab *Android* notiamo come sia possibile, oltre che assegnare un nome alla configurazione, selezionare il progetto e,

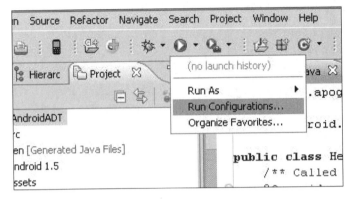

Figura 2.19 Configurazione parametri di esecuzione.

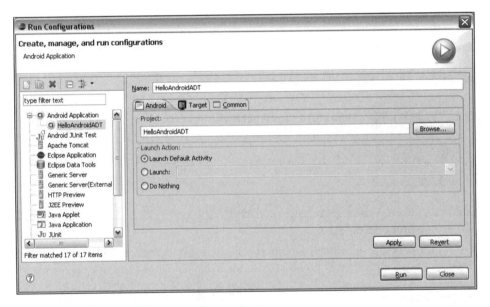

Figura 2.20 Creazione del contesto di esecuzione.

all'interno dello stesso, anche una singola *Activity* (funzione utile nel caso di debug). Nel nostro caso non faremo altro che scegliere il progetto e assegnare il nome alla configurazione. Di fondamentale importanza è il contenuto della seconda tab di nome *target*, dove possiamo impostare le informazioni relative all'AVD da utilizzare.
Notiamo, in Figura 2.21, come sia possibile impostare l'AVD attraverso le corrispondenti opzioni del comando `emulator` come fatto in precedenza (selezionando il radio button *Manual*) oppure delegando il tutto al plug-in (selezionando il radio *Automatic*) e scegliendo un AVD tra quelli presenti. Nel caso non ve ne fossero è possibile richiamare l'AVD Manager attraverso il corrispondente pulsante.
Nel nostro caso selezioniamo l'unico AVD disponibile ovvero quello creato in precedenza. Molto interessanti sono anche le opzioni relative alle condizioni di networking

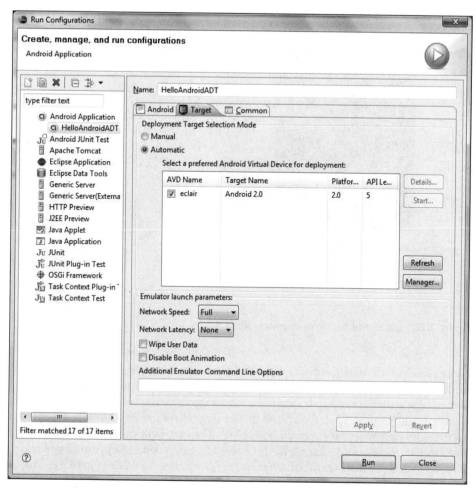

Figura 2.21 Impostazione dell'AVD per l'esecuzione dell'applicazione.

che permettono di simulare l'applicazione anche in situazioni, molto reali, di tempi di latenza molto elevati o di banda molto bassa. Il terzo tab non contiene informazioni specifiche del mondo Android, per cui non ci rimane che eseguire l'applicazione premendo il pulsante *Run*.

Gestione visuale delle risorse

La vera utilità dell'ADT si ha però nella creazione e gestione dei diversi file di configurazione ovvero del file `AndroidManifest.xml` e di quelli relativi alle diverse risorse. Questo risulta evidente se proviamo a selezionare, con doppio clic, il file `main.xml` all'interno di `res/layout`. Si ha la visualizzazione di un utilissimo strumento che ci permette di definire il layout dell'interfaccia grafica senza dover eseguire l'applicazione. Esso ci permette di vedere il documento di layout sia come XML sia attraverso la modalità grafica selezionando la corrispondente tab.

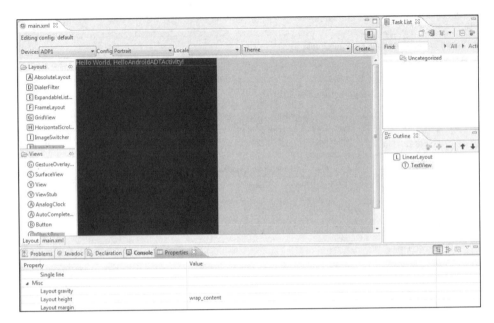

Figura 2.22   Editazione visuale del layout grafico.

Nella parte sinistra notiamo la presenza di alcuni elementi suddivisi in *layout* e *view*. I primi sono componenti che ci permetteranno di organizzare i secondi attraverso particolari regole definite appunto layout. Le view rappresentano tutto ciò che può essere visualizzato all'interno di un'interfaccia grafica in grado di gestire degli eventi. Vedremo nel dettaglio ciascun layout e ciascuna view oltre all'utilizzo delle opzioni di questo editor. Nella finestra in basso a destra, quella di *Outline*, possiamo vedere la struttura gerarchica dei diversi elementi della UI di cui, attraverso la finestra *Properties* situata nella parte bassa, possiamo modificare le proprietà.

Una considerazione finale riguarda l'insieme di campi che si possono vedere in alto e che ci permetteranno di definire una serie di proprietà in base ad alcune grandezze che caratterizzano ciascun dispositivo. L'esempio più importante riguarda la possibilità di modificare ciascun elemento dell'interfaccia grafica in base alla lingua utilizzata. Tutto questo avviene in modo visuale e dichiarativo senza la scrittura di alcuna riga di codice.

Quella delle GUI è sicuramente la parte più complessa di utilizzo del plug-in, mentre se proviamo a selezionare una risorsa molto più semplice, come quella descritta dal file `strings.xml` nella cartella `res/values`, otteniamo un'interfaccia di editazione molto più semplice (Figura 2.23), che rivedremo anche per la gestione di altre tipologie di risorse.

Abbiamo comunque visto che il file di configurazione più importante si chiama `Android-Manifest.xml` e contiene le informazioni utili al dispositivo per la gestione dell'applicazione e l'interazione con gli altri componenti eventualmente installati. Selezionando quindi tale file otteniamo la visualizzazione della corrispondente finestra, la quale prevede la configurazione visuale di un gran numero di opzioni che vedremo di volta in volta nel corso dei successivi capitoli.

Possiamo notare come tale finestra si componga di diverse parti selezionabili attraverso il corrispondente tab. In Figura 2.24 è visualizzata la parte di configurazione dell'applicazio-

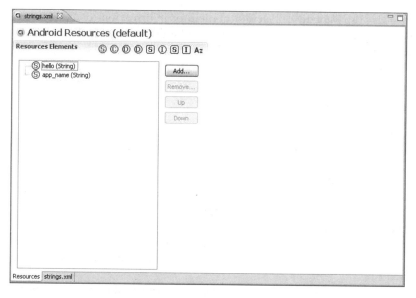

Figura 2.23 Configurazione delle risorse di tipo string.

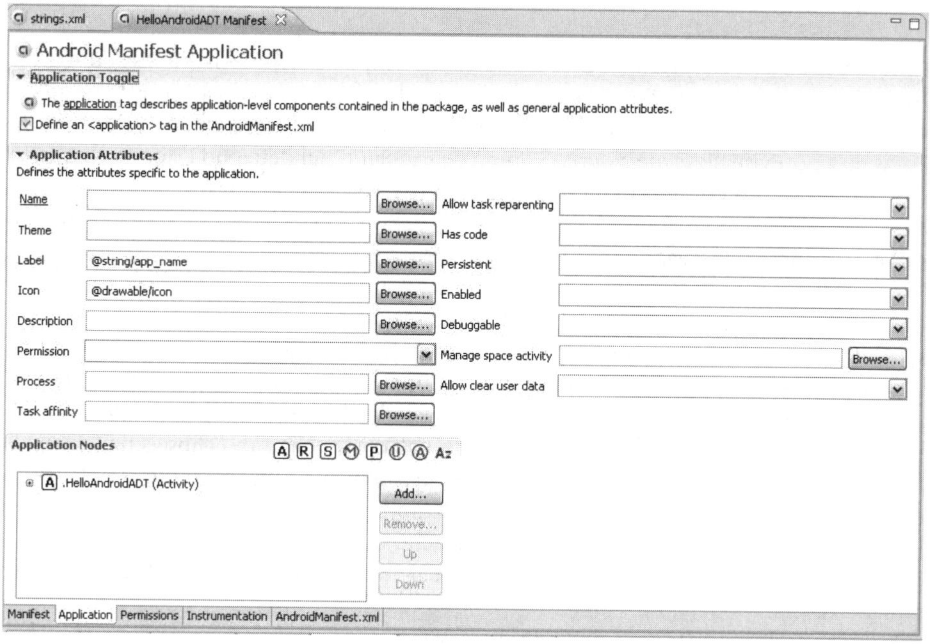

Figura 2.24 Modifica visuale del file AndroidManifest.xml.

ne che comprende, tra le altre cose, anche la definizione e configurazione delle Activity. Le altre riguardano le impostazioni relative all'elemento manifest, alla configurazione delle permission e alla parte di instrumentation. Ultima opzione è quella che permette di editare le informazioni attraverso la visualizzazione del documento XML.

Il lettore non si deve spaventare dell'elevato numero di informazioni da configurare: sebbene avremo modo di descriverle nel dettaglio, molte di queste assumono valori di default che vanno bene per la maggior parte delle applicazioni.

Debug e logging di un'applicazione

Un aspetto fondamentale del processo di sviluppo di un'applicazione è sicuramente il debug. Affidarsi a un debug che utilizzi le famigerate istruzioni

```
System.out.println("Messaggio di debug");
```

è ormai anacronistico oltre che praticamente impossibile nei dispositivi mobili. Anche nel caso di Android sono quindi disponibili degli strumenti che ci aiuteranno in tale senso. Il primo di questi è sicuramente il debug di eclipse che ci permette di eseguire la nostra applicazione in Android passo dopo passo, come faremo con una qualunque altra applicazione.

Uno strumento più di log che di debug ci viene invece fornito dal tool `adb` che ormai conosciamo benissimo. Se eseguiamo il comando

```
adb logcat
```

otteniamo la visualizzazione di tutto (o di quello che è contenuto nel buffer) il log del sistema che esegue la nostra applicazione da quando lo stesso è stato avviato. Lanciato in questo modo non è un comando molto utile, perché visualizzare troppe informazioni equivale a non visualizzarne alcuna. Se però esaminiamo nel dettaglio l'output di questo comando notiamo come ciascun messaggio sia del tipo

```
<livello di log>/<messaggio>
```

ovvero come ciascuna riga sia identificata da un carattere che descrive l'importanza del messaggio stesso e da una serie di informazioni. Sarebbe quindi utile se si riuscisse a filtrare tali codici in modo da concentrarsi solamente su alcuni di questi, per ottenere uno strumento molto più efficace di individuazione dell'errore. A tale scopo ci viene in aiuto uno strumento dell'ADT, visualizzato nella parte bassa di eclipse, che permette appunto di filtrare i diversi messaggi di log e che si chiama LogCat (Figura 2.25).
Ciascun messaggio può essere filtrato non solo in base al corrispondente livello di log (evidenziato anche con colore diverso) ma anche in base a quello che si chiama *tag* e che permette di evidenziare messaggi con uguale priorità ma magari lanciati da componenti diversi.
Selezionando il pulsante con un simbolo + verde, è possibile poi specificare filtri più complessi. Approfittiamo quindi di questo tool per vedere le prime API di android ovvero la classe `android.util.Log`, la quale prevede una serie di metodi statici per la visualizzazione dei messaggi di log, ciascuno caratterizzato da un livello e da un tag da utilizzare in fase di filtraggio; li descriviamo nella Tabella 2.2.
Vedremo in seguito come utilizzare queste API per la descrizione delle diverse funzionalità che Android ci mette a disposizione. Per quello che riguarda lo strumento possiamo

Anatomia di un'applicazione Android

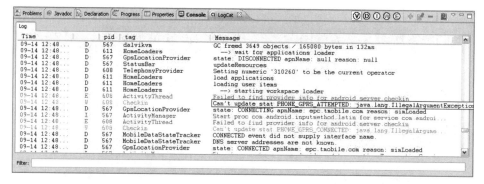

Figura 2.25 Finestra LogCat di gestione del log.

Tabella 2.2 Livelli di log della classe Log

Livello di log	Descrizione	Metodo
VERBOSE	Messaggio di log di basso livello che descrive una operazione nel massimo dettaglio.	Log.v(String tag, String msg)
DEBUG	Messaggio di log che visualizza informazioni di debug quali la visualizzazione del valore di alcune variabili in determinati punti del codice.	Log.d(String tag, String msg)
INFO	Messaggio di log che visualizza informazioni relative allo stato di esecuzione dell'applicazione. Indica che determinate funzionalità sono state eseguite..	Log.i(String tag, String msg)
WARNING	Messaggio di log per la segnalazione di situazioni a cui fare attenzione ma che non rappresentano un errore dell'applicazione..	Log.w(String tag, String msg)
ERROR	Messaggio di log che segnala il verificarsi di un errore nell'applicativo..	Log.e(String tag, String msg)
ASSERT		Utiizzabile solamente attraverso il metodo generico Log.println(int priority,String tag, String msg) come valore di priority.

notare come sia possibile filtrare il valore del tag attraverso il campo *Filter* e visualizzare solamente determinati livelli attraverso la selezione di uno dei pulsanti associati in alto a destra. Per fare un esempio, la selezione del pulsante identificato dalla lettera *V* permetterà la visualizzazione di tutti i messaggi mentre la selezione del pulsante *I* permetterà la visualizzazione dei messaggi di livello INFO o superiore.

Android Debug Bridge

In precedenza abbiamo già parlato del tool adb come uno degli strumenti più importanti nell'interazione sia con il dispositivo reale sia con l'emulatore. Abbiamo già accennato a come rappresenti uno strumento che permette di connettersi al dispositivo attraverso una modalità client-server. Si tratta di un tool universale attraverso il quale è possibile eseguire

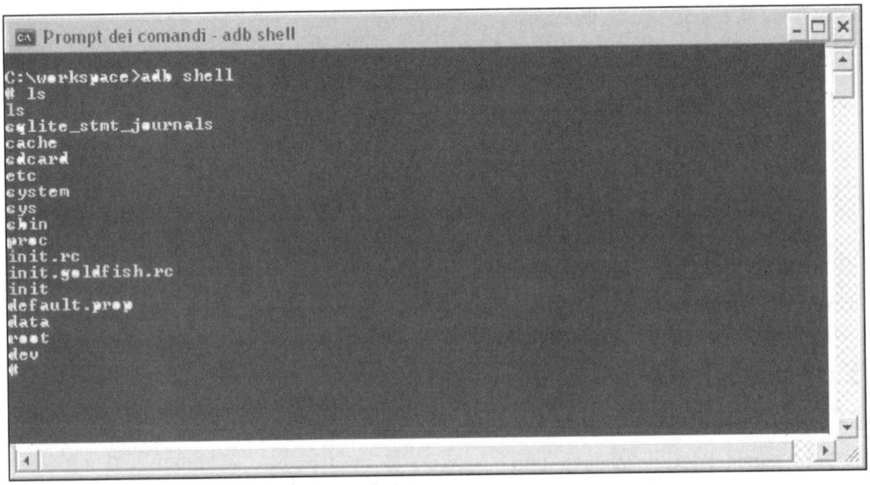

Figura 2.26 Esecuzione del comando ls attraverso la shell del dispositivo.

diverse operazioni che abbiamo eseguito con gli altri strumenti. Per una visione di tutte le possibilità fornite da questo tool, gran parte delle quali verranno affrontate nei successivi capitoli, si rimanda alla documentazione sul sito ufficiale di Android. In questo caso vogliamo semplicemente dimostrare come sia possibile, attraverso l'esecuzione del comando

```
adb shell
```

connettersi al dispositivo e interagire con esso attraverso un prompt di comandi. Eseguendo il comando ls notiamo infatti la visualizzazione delle diverse directory del dispositivo che avremo occasione di esplorare nel dettaglio.
Un'ultima osservazione riguarda il fatto che uno dei diversi comandi che è possibile eseguire è proprio logcat, il cui risultato è appunto la visualizzazione del log visto in precedenza attraverso la corrispondente interfaccia dell'ADT.

Conclusioni

In questo impegnativo capitolo abbiamo imparato a utilizzare tutti gli strumenti essenziali nella realizzazione di un'applicazione Android. Nella prima parte abbiamo installato l'SDK e utilizzato i tool che, da linea di comando, ci hanno permesso di creare la nostra prima applicazione. Abbiamo poi installato l'ADT, ovvero il plug-in per eclipse, facendo una panoramica dsugli strumenti che impareremo a utilizzare nel dettaglio nei prossimi capitoli. Si è trattato di un capitolo fondamentale, attraverso il quale abbiamo individuato le parti che compongono una qualunque applicazione per Android, ovvero:

- il codice
- le risorse
- i file AndroidManifest.xml

Nel prossimo capitolo vedremo nel dettaglio i principali componenti che si possono realizzare per un dispositivo Android e studieremo come configurare e gestire le risorse.

Capitolo 3

Componenti e risorse

Nel precedente capitolo abbiamo creato le basi per lo sviluppo delle applicazioni Android attraverso l'installazione dell'SDK e del plug-in ADT. Con la realizzazione del classico progetto HelloAndroid abbiamo visto come una singola applicazione si componga di una parte di codice, di un insieme di risorse e di un file di configurazione, di nome AndroidManifest.xml, che ne permette la descrizione al particolare dispositivo. Abbiamo poi esaminato nel dettaglio che cosa sia un AVD e quale sia il suo legame con il nuovo emulatore della versione 2.0 dell'SDK. L'aspetto curioso di tutto questo è stata la mancanza assoluta nella scrittura di una sola riga di codice. Tutto il progetto di esempio è stato infatti generato in modo automatico e consiste, per lo più, nella definizione di una Activity con riferimento al layout descritto dall'XML generato anch'esso in modo automatico dai tool di creazione del progetto. Le Activity, però, non rappresentano l'unico tipo di oggetto che andremo a sviluppare. Esse descrivono componenti dotati di interfaccia grafica che interagiscono con l'utente, ma ve ne sono altri che, per esempio, non hanno UI o che comunicano in modalità asincrona.

Dedicheremo quindi la prima parte di questo capitolo alla descrizione dei concetti principali alla base dell'architettura di Android e che portano alla definizione dei seguenti componenti:

- Activity
- Intent e Intent Filter
- Broadcast Intent Receiver
- Content Provider
- Services

In questo capitolo

- I componenti di Android
- Le risorse
- Conclusioni

Nella seconda parte passeremo allo studio di quelle che abbiamo chiamato risorse e che diversi componenti di un'applicazione potranno utilizzare facendo riferimento alle relative costanti della classe R generata dagli strumenti dell'SDK.

I componenti di Android

Abbiamo più volte sottolineato come le applicazioni Android, nonostante siano in esecuzione in dispositivi a risorse limitate, debbano garantire un certo livello di interattività con l'utente, il quale le potrà utilizzare attraverso una delle interfacce che le stesse mettono a disposizione. Potrebbe selezionare dei pulsanti da una tastiera QWERTY, oppure seguire la nuova tendenza che prevede l'utilizzo di touch screen e tastiere virtuali o di sistemi di riconoscimento vocale. Tutto questo dovrà avvenire in modo altamente intuitivo e senza alcuno spreco di risorse. Oltre alle ottimizzazioni che abbiamo visto nel dettaglio nel Capitolo 1, serve un'architettura software in grado di sfruttare nel modo più efficiente l'hardware a disposizione. I progettisti di Android hanno quindi pensato di definire alcune tipologie di componenti e un meccanismo di comunicazione tra essi in grado di permettere un ottimale sfruttamento delle risorse oltre che un'alta propensione alla personalizzazione ed estensibilità della piattaforma. Vediamo quindi ciascuno di questi componenti, che impareremo a sviluppare nel dettaglio nei capitoli successivi.

Activity

Possiamo dedurre come una parte fondamentale dell'architettura debba essere rappresentata dalla gestione dell'interfaccia la quale viene realizzata attraverso la definizione di Activity descritte da specializzazioni della omonima classe del package android.app. La responsabilità di questi componenti è di descrivere le diverse schermate dell'applicazione e, attraverso la composizione delle View, gestire le azioni dell'utente. Possiamo subito comprendere come si tratti di una delle classi fondamentali dell'architettura Android equivalente facendo un'analogia con le MIDP, alla classe MIDlet. Per questo motivo dedicheremo molto spazio allo studio dettagliato di questa classe e di come essa ci permetta di gestire il ciclo di vita (*lifecycle*) delle diverse applicazioni.

Per il momento pensiamo a un'attività (nome che useremo in alternativa ad Activity) come a una schermata o meglio a un contenitore di componenti grafici che potranno occupare tutto il display, parte di esso o essere nascosti completamente.

Una normale applicazione consisterà ovviamente in una sequenza di schermate. Alcune permettono la visualizzazione di informazioni, altre dispongono dei componenti per l'interazione con l'utente. In ogni caso esistono schermate che si alternano sul display comunicando eventualmente tra loro scambiandosi delle informazioni. A tale scopo la piattaforma organizza le attività secondo una struttura a stack dove l'attività in cima è sempre quella attiva in un particolare momento. La visualizzazione di una nuova schermata, che come vedremo corrisponderà all'avvio di una nuova Activity, la porterà in cima allo stack mettendo in uno stato di pausa quelle precedenti. Quando una Activity termina il proprio lavoro farà in modo di ritornare le eventuali informazioni raccolte alla precedente, la quale diventerà nuovamente quella attiva. In una logica di ottimizzazione delle risorse, è necessario prevedere che una Activity non visualizzata (quindi non in cima allo stack) possa essere eliminata dal sistema per poi essere eventualmente ripristinata successivamente.

Il sistema dovrà fare in modo che tutte queste operazioni siano trasparenti all'utente che utilizza il dispositivo. Lo sviluppatore dovrà invece gestire gli stati di un'attività attraverso l'implementazione di alcuni metodi di callback, primo fra tutti il metodo onCreate() che abbiamo visto nelle pagine precedenti e che, nello specifico, viene invocato a ogni creazione (o ripristino completo) dell'Activity che lo descrive. Vedremo nel successivo capitolo tutti gli stati di una Activity e come implementare i corrispondenti metodi di callback.

Un altro aspetto fondamentale delle attività è che ciascuna di esse viene eseguita all'interno di un determinato processo Linux. Vedremo come questa importante caratteristica di Android ci permetterà di utilizzare tecnologie di IPC (Inter Process Communication) oltre che rappresentare un ulteriore meccanismo di sicurezza.

Intent e Intent Filter

La parte forse più interessante di questa architettura è la possibilità di riutilizzare le Activity (e altri componenti) per eseguire quelle operazioni che possono essere comuni a più applicativi. Pensiamo per esempio a un'applicazione che ha bisogno di utilizzare le informazioni della rubrica del telefono attraverso la selezione di un contatto da un elenco. Si tratta di una funzione molto comune, e i dati potranno poi essere utilizzati per avviare una telefonata, inviare un messaggio o semplicemente una vcard a un altro utente attraverso bluetooth o attraverso la rete. Se ogni applicazione implementasse la propria modalità di selezione del dato si avrebbe uno spreco di risorse. Anche dal punto di vista della usabilità ci sarebbe il pericolo di eseguire una stessa operazione in modi diversi tra loro. Android ha deciso di gestire il tutto attraverso la definizione degli intent che vedremo essere descritti da istanze della omonima classe del package android.content. In sintesi, quando un'applicazione ha la necessità di eseguire una particolare operazione non farà altro che creare un Intent richiedendo l'utilizzo di una qualche risorsa, o componente, in grado di poterlo esaudire.

Un Intent dovrà quindi essere caratterizzato da informazioni relative all'operazione da eseguire e da un meccanismo per l'identificazione del tipo di dati su cui la stessa opererà. È importante sottolineare come l'azione venga rappresentata da un oggetto di tipo String ma soprattutto come l'insieme dei dati venga rappresentato attraverso un URI. Un esempio ci permette di chiarire il tutto. Supponiamo di avere una delle applicazioni accennate in precedenza, che ha bisogno di richiedere un numero di telefono prelevato dalla rubrica. Per eseguire questa operazione, l'Activity corrente non farà altro che creare un Intent del tipo:

```
String uri = "content://contacts/123";
Intent intent = new Intent(Intent.ACTION_GET_CONTENT,uri);
```

che potrà poi essere utilizzato per l'avvio di un'altra attività in grado di gestirlo.
Notiamo ancora la scelta delle URI per la definizione di un'informazione analogamente a quanto avviene con un servizio REST (vedremo l'analogia con questo tipo di Web Service nel capitolo dedicato ai Content Provider). Nel nostro esempio abbiamo specificato un'informazione relativa a un contatto di identificatore uguale a 123.
A completamento di questo, serve anche un meccanismo che permetta a un'applicazione,

o meglio ai relativi componenti, di dichiarare l'insieme degli `intent` che gli stessi sono in grado di gestire. Questo viene realizzato attraverso gli `intent filter`.
L'ultima precisazione riguarda il modo in cui queste informazioni vengono pubblicate. Il tutto avviene, come visto nel capitolo precedente, attraverso il file `AndroidManifest.xml`. Un vantaggio di questo modo di operare riguarda il fatto che la scelta dell'attività da eseguire a seguito della pubblicazione di un `intent` avviene a runtime, per cui sarà possibile non solo riutilizzare componenti di altre applicazioni ma anche sostituire quelli correnti con altri eventualmente personalizzati. Ciascuna applicazione può inoltre creare i propri tipi di `action` e di rappresentazione di contenuto attraverso la definizione di un Content Provider.
Questo meccanismo permette quindi di avere un'ottimizzazione nella gestione delle risorse unito a una facilità di personalizzazione delle diverse componenti di un'applicazione.

BroadCast Intent Receiver

Il meccanismo di collaborazione tra le diverse tipologie di componenti attraverso la definizione di `intent filter` e la creazione di `intent` che abbiamo visto nel paragrafo precedente può essere esteso anche al caso in cui l'evento scatenante sia esterno all'applicazione. È il caso, per esempio, dell'arrivo di una telefonata, di un messaggio, di un determinato orario e così via. Si tratta di classici scenari di gestione di eventi che definiamo esterni e che potrebbero produrre l'attivazione di una qualche applicazione per la gestione delle informazioni associate agli eventi stessi.
In Android la gestione di eventi esterni può essere realizzata attraverso la definizione di `BroadcastReceiver` descritti, anche in questo caso, dalla omonima classe del package `android.content`, i quali permettono l'implementazione di specifici `handler` degli eventi cui le stesse si sono registrate.
Analogamente a quanto avviene nel `PushRegistry` delle MIDP 2.0, anche in questo caso la registrazione a un particolare evento può avvenire attraverso il file di configurazione (che in questo caso è l'`AndroidManifest.xml`) o in modo programmatico attraverso le apposite API che vedremo nei prossimi capitoli. Anche in questo caso un particolare tipo di evento verrà rappresentato da un `intent` raccolto da un componente in grado di soddisfarlo. Un'ultima nota riguarda il fatto che l'arrivo di un evento esterno, quindi l'attivazione di un `intent receiver`, non implica necessariamente l'esecuzione di una `Activity` e nemmeno la notifica dello stesso all'utente. In alcuni casi l'evento viene notificato inevitabilmente (l'arrivo di una telefonata) mentre in altri è possibile che il `BroadcastReceiver` faccia semplicemente uso dei servizi messi a disposizione dal `NotificationManager` attraverso il quale visualizzare una particolare icona o far vibrare il dispositivo.

Service

Una parte fondamentale dell'architettura Android è quella relativa ai `Service` descritti da specializzazioni della omonima classe del package `android.app`. Come visto, non tutto è infatti strettamente legato a una `Activity` e quindi dotato di una interfaccia grafica. Come accennato in precedenza, e come vedremo nel dettaglio nei prossimi capitoli, solamente una `Activity` alla volta è visibile (e quindi attiva) in un particolare istante. Le altre sono in pausa nello stack di gestione delle attività gestite dall'Activity Manager. Un esempio di servizio è quello relativo alla lettura di informazioni da un modulo GPS che invia dati NMEA a un'applicazione. Esso non necessita di una UI ma ha come compito quello di restare in esecuzione in background e di comunicare con le applicazioni che intendano farlo. Una `Activity`, o altro componente, potrà eventualmente connettersi a un particolare servizio e, se ne ha il diritti, avviarlo o fermarlo. Un'attività che intende utilizzare le funzionalità del servizio potrà eseguire quello che si chiama `bind` e accedere alla interfaccia (nel senso API) che lo stesso servizio mette a disposizione che, come già accennato nel precedente capitolo, è descritta attraverso un AIDL. Nel caso del modulo GPS potrebbero essere, per esempio, le operazioni di `getLocation()` o `getLatitude()`. Nel caso di un player audio potrebbero invece essere `play()`, `stop()`, `pause()` e altri ancora. Vedremo come sia possibile realizzare servizi locali accessibili solamente dall'applicazione che li ha definiti o servizi remoti accessibili anche da applicazioni diverse.

Content Provider

Un aspetto fondamentale di una qualunque applicazione, non solo Android, riguarda la gestione dei dati. Alcune informazioni sono private e caratteristiche di un'applicazione mentre altre sono condivise tra più componenti. Android permette di gestire i dati attraverso diversi strumenti, che possono andare dall'utilizzo di file, di strumenti di configurazione, alla gestione di un database SQLite. In questi casi vedremo però che si tratta di informazioni private, ovvero legate alla singola applicazione. Una di esse, per esempio, non può accedere al database SQLite creato e gestito da un'altra. Nel caso in cui invece la condivisione di dati fosse un requisito, Android mette a disposizione il concetto di Content Provider e che vedremo essere descritto da specializzazioni della omonima classe del package `android.content`. Si tratta quindi di un repository di informazioni a cui è possibile accedere da diversi componenti attraverso una modalità standard. Vedremo come sarà possibile utilizzare Content Provider esistenti o crearne di propri. Per comprendere l'importanza di questo componente diciamo solamente come i contatti, gli sms e lo stesso insieme di applicazioni siano informazioni esposte attraverso specifici Content Provider.

In seguito vedremo poi come un componente di questo tipo entri in gioco anche nella gestione delle `intent` in quanto, tra le sue responsabilità, ha anche quella di associare a un particolare URI il `content type` della corrispondente risorsa. Questa informazione è importante perché è utilizzata per la selezione del componente che dovrà gestire il dato in base alle informazioni di intent filter specificate. Si tratta quindi di un aspetto da tenere in considerazione in fase di definizione del Content Provider.

Architettura di un'applicazione

La conoscenza dei diversi tipi di componenti di un'applicazione è dunque fondamentale. I punti su cui focalizzarsi in fase di progettazione saranno perciò:

- definizione della GUI
- disegno base dati
- operazioni in background
- notifiche verso l'utente

L'aspetto relativo all'interfaccia grafica è fondamentale soprattutto dal punto di vista dell'usabilità. Ciascuna applicazione agisce su un certo insieme di dati. Dovremo quindi chiederci se essi sono privati o condivisi. In quest'ultimo caso ci potremmo chiedere chi è la fonte dei dati, ovvero se andiamo a utilizzare informazioni condivise da altre applicazioni o se è la nostra stessa applicazione che le crea o modifica.

Alcune operazioni vengono eseguite solamente a seguito di un'esplicita azione dell'utente, mentre altre è opportuno vengano gestite in background. Diverse applicazioni eseguono, per esempio, verifiche di aggiornamenti a intervalli regolari. Questo viene fatto attraverso l'avvio di servizi che, in background, eseguono delle operazioni che poi vanno ad alimentare determinate basi dati. Altri hanno la necessità di notificare alcune informazioni o eventi direttamente all'utente in modo non invasivo. Non sarebbe una buona cosa se un'applicazione interrompesse, per esempio, una telefonata dell'utente per notificare l'arrivo di un SMS o, peggio, della disponibilità di alcune informazioni meteo da parte di un provider RSS.

Dal prossimo capitolo studieremo quindi nel dettaglio ciascuno di questi componenti, esaminando le corrispondenti API. Dedichiamoci ora alla descrizione di un altro aspetto fondamentale: la definizione delle risorse.

Le risorse

Come sappiamo, "esternalizzare", ovviamente in ambito informatico, significa definire alcune informazioni al di fuori del luogo nelle quali le stesse vengono utilizzate. Il vantaggio di questa operazione è dovuto principalmente al fatto che spesso di tratta di dati la cui modifica richiederebbe la ricompilazione del codice, a fronte di una semplice modifica di un file di configurazione.

> ### Programmazione dichiarativa vs imperativa o programmatica
> Spesso si parla di programmazione dichiarativa in contrapposizione a quella imperativa o programmatica. Nel primo caso le informazioni vengono scritte in particolari file di configurazione utilizzati a runtime dalle applicazioni. Nel secondo, le stesse informazioni vengono invece cablate nel codice e ne richiedono quindi la ricompilazione in caso di modifica. Attraverso l'approccio dichiarativo è possibile poi eseguire interpretazioni diverse dei dati a seconda di qual è il componente che la esegue. Per esempio, l'informazione relativa a un elemento `<screen>` potrebbe essere interpretato da un'applicazione desktop come una finestra e da un'applicazione mobile come una **Activity**. Questo è l'approccio seguito per esempio da JavaFX per l'esecuzione delle applicazioni in diversi ambienti, tra cui il desktop o il mobile. .

Questi concetti vengono ripresi da Android nella gestione delle risorse, che sappiamo essere contenute all'interno della cartella `res` sotto forma di documenti XML o file binari. Se riprendiamo la struttura delle risorse del progetto creato attraverso il plug-in ADT nel capitolo precedente, notiamo come queste siano descritte da file XML ma possano essere anche file binari come l'immagine `icon.png`, contenuta nelle cartelle di tipo `res/drawable`, utilizzate come icone dell'applicazione nella home del dispositivo per display di vario tipo. Si tratta quindi di informazioni che vengono mappate in modi diversi all'interno della classe `R` a seconda della loro funzione.

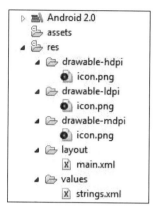

Figura 3.1 Struttura delle risorse del progetto HelloAndroidADT.

Per esempio, le costanti di R vengono associate ai valori degli elementi del file strings.xml ma all'intero file nel caso di main.xml che descrive un layout. Anche il file binario viene poi mappato in una corrispondente costante R.drawable.icon.

Osservando l'immagine di Figura 3.1 possiamo individuare due tipologie di risorse: quelle contenute all'interno della cartella res e quella nella cartella di nome assets. La differenza principale tra queste due tipologie di risorse sta nel fatto che mentre le prime vengono compilate (tranne un caso particolare) in un formato conveniente e sono accessibili attraverso costanti della classe R generata dinamicamente, le seconde mantengono il loro stato originale e possono essere gestite solamente attraverso la classe AssetManager del package android.res.

All'interno della stessa cartella res vi possono essere altre risorse non compilate, per le quali però viene comunque generato un id: si tratta delle risorse all'interno della cartella res/raw. Prima di vedere nel dettaglio ciascuna tipologia di risorse, ne facciamo un breve riassunto attraverso le seguenti tabelle specificando, nei diversi casi, le eventuali costanti generate nella classe R.

Tabella 3.1 Tipologie di risorse che descrivono valori

Tipo	Cartella	Costanti generate	Descrizione
String	/res/values	R.string.<chiave>	Descrivono valori di tipo testuale associati a una chiave che deve essere unica nell'applicazione. Essi vengono descritti attraverso gli elementi <string/> definiti all'interno di file il cui nome è indifferente.
String array	/res/values	R.array.<chiave>	Descrivono array di string rappresentati da un elemento <string-array/> contenente elementi <item/>. Il nome del file XML è anche in questo caso indifferente.
Integer array	/res/values	R.array.<chiave>	Descrivono array di interi rappresentati da un elemento <integer-array/> contenente elementi <item/>. Il nome del file XML è anche in questo caso indifferente.

(continua)

Tabella 3.1 Tipologie di risorse che descrivono valori *(segue)*

Tipo	Cartella	Costanti generate	Descrizione
Color	/res/values	R.color.<chiave>	Descrivono valori relativi a colori associati a una chiave che deve essere unica nell'applicazione. Il nome del file XML che le contiene è indifferente ma vengono descritte da elementi <color/>.
Color Drawable	/res/values o /res/drawable	R.drawable.<chiave>	Permettono la definizione di sfondi attraverso gli elementi <drawable> e <shape>.
Stili e temi	/res/values	R.style.<style name>	Permettono la definizione di uno stile o un tema che è possibile impostare per l'intera applicazione.
Dimension	/res/values	R.dimen.<chiave>	Descrivono valori relativi a informazioni di dimensione attraverso diverse unità di misura. Il nome del file XML che le contiene è indifferente ma vengono descritte da elementi <dimen/>.

Notiamo come si possano esprimere diverse tipologie di informazioni attraverso documenti XML all'interno della cartella res/values. Il nome del file non è importante: ciò che conta è che i diversi valori vengano descritti all'interno di documenti che hanno come root l'elemento <resources/> contenenti elementi corrispondenti al tipo di informazione, univocamente identificati da una chiave. La chiave è appunto l'informazione utilizzata nella classe R per identificare il particolare valore.

> **Strutture a directory**
>
> Un'importante caratteristica delle risorse nella cartella **assets** riguarda il fatto che, non essendo associate in alcun modo alle costanti della classe **R**, possono essere organizzate in una qualunque struttura di sottodirectory. Questo non è possibile per le directory relative alle risorse, per le quali vengono generate le costanti di **R** dove le eventuali sottodirectory verrebbero ignorate. Vedremo invece come le cartelle associate alle risorse seguano il nome che riflette quello degli eventuali qualificatori che caratterizzano diverse tipologie o classi di dispositivi.

Nella Tabella 3.2 descriviamo invece quelle risorse la cui informazione è rappresentata dal file stesso e non dal suo contenuto.
A ciascuna delle risorse elencate non contenute nella cartella **assets** viene quindi associata una costante della classe R. Per queste poi vengono eseguite delle operazioni di ottimizzazione, tranne per quelle contenute all'interno della cartella res/raw.

Risorse di tipo layout

Nelle precedenti tabelle manca quella che forse è la risorsa più importante di un'applicazione Android e che merita un trattamento a parte: quella relativa al layout descritto da documenti XML nella cartella res/layout. Abbiamo già visto come per ciascun file di layout venga creata una costante di nome uguale a quello del file stesso, e di come

Tabella 3.2 Tipologie di risorse che descrivono valori

Tipo	Cartella	Costanti generate	Descrizione
assets	assets	nessuna	Risorse che non vengono compilate e ottimizzate, per le quali non viene generata alcuna costante della classe R. Vengono gestite attraverso l'AssetManager.
drawable	res/drawable	R.drawable.<file name>	Contiene delle immagini il cui formato supportato può essere PNG, GIF e JPEG. Sono dette risorse bitmap. Viene generata una costante di R per ciascun file.
XML generici	res/xml	R.xml.<file name>	Sono file XML generici che possono essere utilizzati in modo specifico dalle particolari applicazioni. Lo schema dei documenti XML è quindi personalizzato ma il documento viene comunque ottimizzato prima dell'inserimento nell'apk.
Raw	res/raw	R.raw.<file name>	Sono file qualunque per i quali non viene eseguita alcuna operazione di ottimizzazione ma ai quali viene comunque associato un `id` nella classe `R`.

questa costante sia stata utilizzata nella `Activity`. Dedicheremo gran parte di questo e del successivo capitolo alla gestione dei layout. Per il momento vogliamo solamente fare alcune considerazioni di massima sul layout come risorsa in genere. Creiamo quindi il progetto `ResourceLayout` nel modo che ormai conosciamo, e selezioniamo il corrispondente documento XML di layout generato.

> ### Importante considerazione sui progetti creati
>
> Se non specificato diversamente, nei successivi esempi utilizzeremo una semplice *naming convention* che ci permetterà di definire, a partire dal nome del progetto, il nome dell'applicazione, dell'attività e del relativo package. Se il progetto si chiama `Project` utilizzeremo un nome identico per l'applicazione, la specializzazione di `Activity` avrà nome `ProjectActivity` e apparterrà al package `it.apogeo.android.capxx.project` dove con xx facciamo riferimento al capitolo del libro in cui il progetto stesso viene descritto. Se non specificato diversamente, supporremo di utilizzare un target Android 2.0 e un valore di API Level pari a 5.

Con le convenzioni descritte in nota, l'attività del nostro esempio sarà quindi descritta dalla classe `ResourceLayoutActivity` del package `it.apogeo.android.cap03.resourcelayout`. Selezioniamo dunque il file `main.xml` visualizzando il suo contenuto nel relativo editor. Supponiamo ora di voler inserire un bottone, premendo il quale si va a incrementare il valore di un contatore visualizzato sul display.
Inserire un bottone nell'interfaccia è molto semplice: è sufficiente selezionarlo nella parte in basso a sinistra (quella delle `View`) e trascinarlo sulla schermata, ottenendo l'interfaccia di Figura 3.2.
Se andiamo a vedere il documento XML generato a seguito dell'inserimento del pulsante, notiamo la presenza di un elemento di nome `<Button/>` oltre a un altro componente `<TextView/>` generato automaticamente. Entrambi sono poi contenuti all'interno dell'elemento `<LinearLayout/>`.

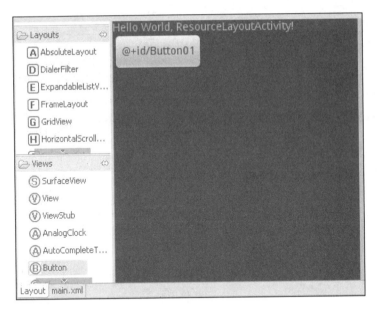

Figura 3.2 Inserimento del Button.

> **Orientamento in Layout Editor**
>
> L'editor di layout permette la visualizzazione dei layout secondo diverse modalità di orientamento che possiamo scegliere attraverso l'apposito menu a tendina. Se non specificato diversamente, nei nostri esempi utilizzeremo un orientamento definito Portrait, il quale prevede, in poche parole, la visualizzazione dello schermo come se fosse in posizione verticale.

Notiamo poi come ciascuno di questi elementi sia caratterizzato da un insieme di attributi, che impareremo di volta in volta a conoscere.

Listato 3.1 Contenuto del Layout a seguito dell'inserimento del Button

```
<?xml version="1.0" encoding="utf-8"?>
<LinearLayout xmlns:android="http://schemas.android.com/apk/res/android"
    android:orientation="vertical" android:layout_width="fill_parent"
    android:layout_height="fill_parent">
    <TextView android:layout_width="fill_parent"
        android:layout_height="wrap_content" android:text="@string/hello" />
    <Button android:text="@+id/Button01" android:id="@+id/Button01"
        android:layout_width="wrap_content" android:layout_height="wrap_content">
    </Button>
</LinearLayout>
```

Tra gli attributi assume una importanza fondamentale quello di nome `android:id`, che vedremo fornirci un identificativo con il quale referenziare il componente in modo univoco da codice.

> **Visualizzazione documenti XML**
>
> Nel caso in cui si intenda visualizzare i diversi file di configurazione XML nella modalità testuale, può capitare che gli stessi siano formattati in modo non molto leggibile. Per semplificarne la visualizzazione attraverso un'indentazione più corretta è sufficiente utilizzare la funzione di eclipse accessibile attraverso la pressione dei tasti Ctrl-Shift-F.

Non solo. Se andiamo a vedere il file `R.java` generato, notiamo la presenza della costante `R.id.Button01`.

Listato 3.2 Costante generata associata al componente Button

```
public static final class id {
    public static final int Button01=0x7f050000;
}
```

Il nome `Button01` è stato assegnato automaticamente in fase di creazione del `Button` ma nella realtà sarà responsabilità dello sviluppatore assegnare un identificatore significativo. Nel nostro caso, quindi, modificheremo tale valore per il bottone e ne aggiungeremo uno per la `TextView` che ci permetterà la visualizzazione di un testo diverso da quello di default. Per fare questo possiamo utilizzare l'editor visuale di layout oppure modificare direttamente il documento XML, che diventa quindi:

Listato 3.3 Contenuto del layout con l'assegnazione di valori all'attributo android:id

```
<?xml version="1.0" encoding="utf-8"?>
<LinearLayout xmlns:android="http://schemas.android.com/apk/res/android"
    android:orientation="vertical" android:layout_width="fill_parent"
    android:layout_height="fill_parent">
    <TextView android:layout_width="fill_parent" android:id="@+id/output"
        android:layout_height="wrap_content" android:text="@string/hello" />
    <Button android:text="myButton" android:id="@+id/pressButton"
        android:layout_width="wrap_content" android:layout_height="wrap_content">
    </Button>
</LinearLayout>
```

> **Problema nella generazione del layout**
>
> Possiamo notare come in questo ultimo documento sia stato modificato anche il valore dell'attributo **android:text** del **Button**. Esso, infatti, portava alla visualizzazione dell'interfaccia in Figura 3.2 nell'editor ma a un errato valore in esecuzione dell'applicazione (il valore `false`). Questo perché il precedente valore, `@+id/pressButton`, rappresenta un riferimento a una risorsa e non una semplice stringa, come invece si aspetta la proprietà **text**. Il valore che si otterrebbe, la stringa `false`, sarebbe quindi quella ottenuta convertendo la risorsa memorizzata all'interno di un oggetto di tipo `TypedValue`. Si tratta comunque di un aspetto che vedremo successivamente nel dettaglio.

Segue la generazione delle seguenti costanti nella classe R:

Listato 3.4 Costanti generate per il Button e il TextField nella classe R

```
public static final class id {
    public static final int output=0x7f050000;
    public static final int pressButton=0x7f050001;
}
```

Il lettore si chiederà il significato della sintassi utilizzata nella definizione dell'id dei diversi componenti. Un attributo in un documento XML di configurazione di Android può far riferimento ad altri valori definiti nello stesso o in altri documenti. La sintassi da utilizzare è la seguente:

`@[package:][+]type/name`

Se osserviamo l'`AndroidManifest` dell'applicazione, notiamo come questo faccia uso della sintassi appena descritta.

Listato 3.5 Riferimento a risorse di altri documenti XML

```
<application android:icon="@drawable/icon" android:label="@string/app_name">
    <activity android:name=".HelloAndroidADT"
              android:label="@string/app_name">
        <intent-filter>
```

Attraverso l'utilizzo dei valori `@drawable/icon` e `@string/app_name` è possibile fare riferimento rispettivamente all'icona da utilizzare nella home e al nome da usare per l'applicazione, descritte da opportune risorse in `res/drawable` e in `res/values`.

> **Risorse e qualificatori**
>
> Il lettore potrà notare come si faccia riferimento all'icona attraverso l'espressione `@drawable/icon`, sebbene ne esistano più versioni contenute in directory diverse a seconda del tipo di display. Per esempio, all'interno della cartella `res/drawable-hdpi` è contenuta la versione dell'icona per dispositivi con display ad alta densità. Come vedremo approfonditamente nella parte finale del capitolo, la selezione di quale versione scegliere è responsabilità del dispositivo in base alle proprie caratteristiche. Nell'applicazione la risorsa sarà comunque identificata sempre allo stesso modo.

Il caso visto per il layout è però leggermente diverso e prevede l'utilizzo del simbolo + per la creazione di un id associato a un componente. Il significato del + è quello di creazione di un nuovo valore da associare al corrispondente elemento nel caso in cui lo stesso non fosse già stato definito. Se invece di

`android:id="@+id/output"`

avessimo utilizzato:

```
android:id="@id/output"
```

avremmo fatto riferimento al componente con `id` uguale a `output` definito da qualche altra parte nelle risorse dell'applicazione.

Un'altra notazione è possibile nel caso in cui la risorsa referenziata sia un attributo di uno stile. In quel caso, come vedremo nella gestione degli stili e dei temi, si utilizza una sintassi del tipo:

```xml
<item name="menuItemTextColor">?panelTextColor</item>
```

ovvero si utilizza il carattere ? seguito del nome della proprietà referenziata. Nell'esempio specifico si intende indicare che il valore dell'item di nome `menuItemTextColor` è lo stesso dell'item di nome `panelTextColor` relativo a un'altra definizione di stile che impareremo a descrivere.

> **Definizione di un id senza componente associato**
> Abbiamo visto come l'utilizzo della sintassi con il + permetta la creazione di un `id` nel caso in cui lo stesso non sia già definito, e allora si tratta di un riferimento. Attraverso l'utilizzo dell'elemento `<item/>` è comunque possibile definire un `id` senza necessariamente associarlo a una particolare risorsa. Per fare questo è sufficiente scrivere `<item type="id" value="aloneId" />` ed eventualmente farne riferimento successivamente attraverso la sintassi `android:id="@id/aloneId"`.

Abbiamo quindi definito gli elementi principali dell'interfaccia, il `Button` e la `TextView`, assegnando a ciascuno di essi un identificatore. È da notare come a noi non interessi il valore effettivo della costante intera generata in R ma solo che la si possa utilizzare all'interno del codice. Non ci resta quindi che editare la classe `ResourceLayoutActivity`, che descrive appunto l'unica attività della nostra applicazione, e che vediamo solamente nel metodo `onCreate()` (il lettore potrà trovare il codice completo nei file degli esempi disponibili online).

Listato 3.6 Utilizzo delle risorse da programma nel metodo onCreate()

```java
public void onCreate(Bundle savedInstanceState) {
    super.onCreate(savedInstanceState);
    setContentView(R.layout.main);
    Button pressButton = (Button) findViewById(R.id.pressButton);
    final TextView outputView = (TextView) findViewById(R.id.output);
    pressButton.setOnClickListener(new OnClickListener() {
        public void onClick(View v) {
            outputView.setText("Click # " + counter++);
        }
    });
}
```

Notiamo come ciascuna costante della classe R venga utilizzata all'interno del codice. Attraverso la `R.layout.main` facciamo riferimento all'intero layout, mentre attraverso le

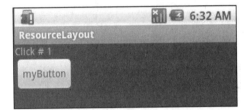

Figura 3.3 Applicazione ResourceLayout in esecuzione.

costanti `R.id.pressButton` ed `R.id.output` facciamo riferimento ai singoli componenti, ovvero al `Button` e alla `TextView` rispettivamente.

In questo secondo caso il metodo utilizzato è il `findViewById()` il quale permette appunto di ottenere il riferimento al particolare componente associato all'`id` passato come parametro. L'operazione di cast è necessaria in quanto tale metodo ritorna il componente ottenuto attraverso un riferimento di tipo `View` che ne rappresenta una generalizzazione. Vedremo nel dettaglio questo e altri metodi della classe `Activity` quando esamineremo ciascuna delle `View` presenti nell'ambiente Android.

> **Non solo dichiarativo**
>
> Ovviamente l'approccio dichiarativo è quello che ci permette di definire la UI e, più in generale, le risorse di un'applicazione attraverso gli strumenti visuali dell'ADT per l'editazione dei documenti XML. Come vedremo nel prossimo capitolo, ciascun componente potrà essere definito anche a livello di codice, quindi in modo programmatico. Vedremo quando vale la pena utilizzare un meccanismo piuttosto che un altro.

Abbiamo dunque visto come sia possibile da un documento XML far riferimento ad altri dati di configurazione. Una volta compreso il meccanismo, non ci resta che descrivere le varie tipologie di risorse e come queste vengano descritte attraverso documenti o file all'interno della cartella `res`.

Risorse elementari

Dopo aver esaminato i concetti principali alla base dei layout, proviamo ad applicarli anche ad altri tipi di risorse, come quelle che permettono la definizione di alcuni valori da utilizzare in contesti diversi. Iniziamo quindi dal tipo di valori più semplice che abbiamo già incontrato, ovvero le `String`.

String, String array e Integer array

Come esempio di utilizzo delle risorse di tipo `String` proviamo a modificare il valore associato al titolo della `Activity` (quello visualizzato nella parte alta dello schermo), il messaggio iniziale visualizzato dalla `TextView` oltre che la label da associare al bottone.

Supponiamo di voler modificare la label da visualizzare insieme al numero dei clic. Vedremo quindi diversi modi per interagire con le risorse di tipo testuale che andremo a definire all'interno di un file XML di nome `texts.xml` (un nome diverso dal solito `strings`). Per editare questo e altri tipi di risorse possiamo utilizzare gli strumenti dell'ADT.

Nel caso di file semplici conviene editare il tutto direttamente a mano ma, solamente in questo primo caso, decidiamo di utilizzare l'editor visuale. Selezioniamo la cartella res con il tasto destro del mouse, quindi selezioniamo la voce *New | Android XML File*. Otteniamo la visualizzazione della finestra in Figura 3.4, che rappresenta una delle novità del plug-in introdotta con la versione 1.6 dell'SDK.

Oltre al nome del progetto e a quello del file da creare, che nel nostro caso è texts.xml (per sottolineare come il nome sia ininfluente), il plug-in ci permette di specificare il tipo di risorse che il documento andrà a definire. Possiamo notare, tra le diverse possibilità, la nuova opzione *Searchable* per la definizione delle configurazioni relative al nuovo sistema di ricerca. Nel nostro caso selezioniamo quindi l'opzione *Values* osservando come cambi in modo automatico il folder di destinazione, che in questo caso sarà res/values. In determinati casi, come quello delle risorse di tipo layout, il lettore può verificare come sia possibile selezionare il tipo di contenitore mentre nel caso di risorse di tipo animation sia possibile specificare altre informazioni.

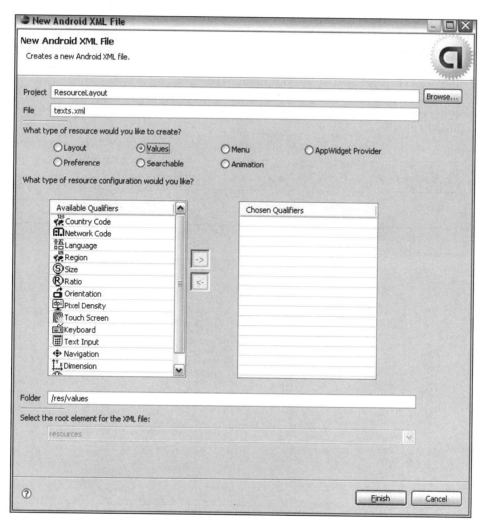

Figura 3.4 Finestra per la creazione di un file XML di configurazione.

Un aspetto importante di questo plug-in, che esamineremo nel dettaglio nella parte finale del capitolo, riguarda l'utilizzo dei qualificatori, ovvero di quelle proprietà del dispositivo attraverso le quali è possibile selezionare una versione del documento XML piuttosto che un'altra. Il più classico di questi qualificatori è quello relativo alla lingua che permette di fornire, per esempio, diversi valori per le label dell'applicazione. La selezione di quale tra i documenti XML utilizzare verrà fatta in automatico dal particolare dispositivo in base alla lingua impostata. Come detto, lo stesso meccanismo può essere fatto con altri qualificatori e alcune regole di risoluzione che vedremo successivamente.

> **Non è presente questa opzione?**
> Se non viene visualizzata subito l'opzione *Android XML File* tra quelle disponibili è sufficiente selezionare la voce *New | Other | Android* che conterrà poi l'opzione cercata.

Dopo aver confermato con il pulsante *Finish* le informazioni inserite, l'editor visualizzerà una finestra per l'inserimento dei diversi valori, che inizialmente sarà ovviamente vuota e che possiamo vedere in Figura 3.5.
Selezionando il pulsante *Add* si ha la visualizzazione di una finestra che permette la scelta di uno degli elementi associati alle diverse tipologie di dato.

> **I pulsanti in alto**
> Notiamo la presenza, nella parte centrale in alto dell'editor, di alcuni pulsanti circolari che permettono di filtrare i diversi componenti in base alla loro tipologia. Si tratta di una funzione utile nel caso di file molto grandi per i quali non è stata fatta una scomposizione in più parti.

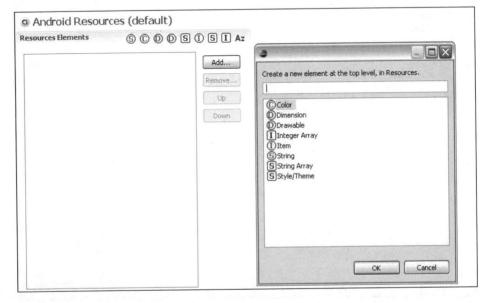

Figura 3.5 Editor delle risorse relative ai valori semplici.

Tra questi notiamo quello di *String*, *String Array* e *Integer Array*. Selezioniamo quindi una *String* e confermiamo con il pulsante *OK*; verrà visualizzata un'altra finestra per l'inserimento della corrispondente chiave e del relativo valore (Figura 3.6).
In questo caso abbiamo definito una proprietà di nome app_title cui abbiamo assegnato il valore Button Counter. Allo stesso modo potremo quindi inserire altri valori di tipo String associandoli a chiavi diverse.

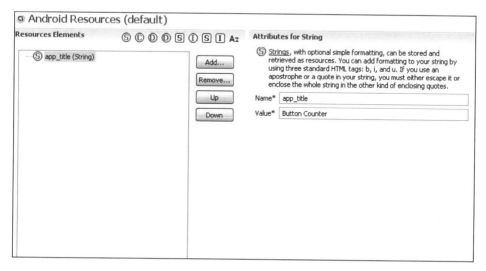

Figura 3.6 Inserimento chiave e valore di una proprietà di tipo String.

Le chiavi devono essere uniche

Il lettore potrà verificare l'unicità delle chiavi per i diversi elementi dello stesso tipo inserendo, anche in un file diverso (per esempio il file `strings.xml`) un valore associandolo a una chiave già definita. Si potrà quindi verificare quanto detto in precedenza. Sarebbe come definire una classe con due attributi identici, cosa che produrrebbe un errore in fase di compilazione.

Attraverso questo strumento sarà poi possibile creare una risorsa di tipo String Array. In questo caso si avrebbe la necessità di inserire solamente il nome della risorsa. Per inserire ciascun elemento sarà sufficiente selezionare l'array sulla parte sinistra e aggiungere elementi di tipo Item, in questo caso gli unici possibili.
Ricordiamo che gli elementi di tipo Item possono essere inseriti anche esternamente a un elemento di tipo array. In quel caso, come descritto in una precedente nota, la sua funzione è diversa.
Nel caso dell'array di tipo String, la selezione di un Item permette l'inserimento di un solo valore testuale. Possiamo quindi ripetere lo stesso procedimento per l'inserimento di un array di interi, nel qual caso ciascun item ne rappresenta un valore. Abbiamo quindi inserito alcune informazioni attraverso l'IDE che hanno permesso la definizione del seguente file di configurazione.

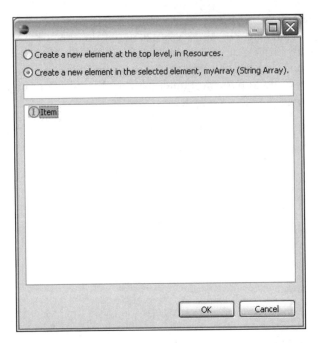

Figura 3.7 Inserimento di un Item come figlio di un String Array.

Listato 3.7 File texts.xml di definizione di alcuni valori di tipo String e array

```xml
<?xml version="1.0" encoding="UTF-8"?>
<resources>
    <string name="app_title">Button Counter</string>
    <string name="button_label">Press</string>
    <string name="output_label">Numero Click:</string>
    <string-array name="myArray">
        <item>Valore 1</item>
        <item>Valore 2</item>
        <item>Valore 3</item>
    </string-array>
    <integer-array name="primeArray">
            <item>2</item>
            <item>3</item>
            <item>5</item>
            <item>7</item>
            <item>11</item>
    </integer-array>
</resources>
```

Le informazioni ora vanno utilizzate. Per quello che riguarda il titolo della Activity e la label del bottone possiamo utilizzare quanto imparato a proposito del riferimento a informazioni di configurazione attraverso la relativa sintassi.

Componenti e risorse

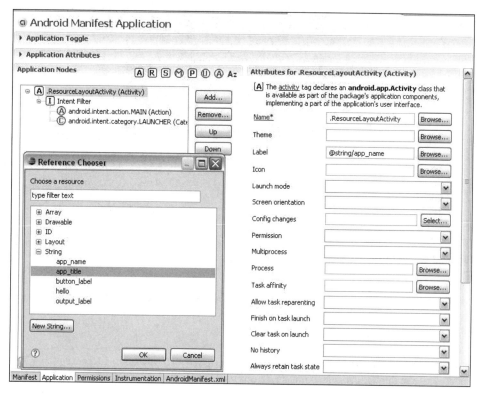

Figura 3.8 Definizione della label di una Activity.

Per la label dell'attività selezioniamo il file AndroidManifest.xml aprendo il relativo editor sul tab *Application* come in Figura 3.8. Selezionando sulla sinistra l'Activity di nome ResourceLayoutActivity noteremo che sulla destra appariranno una serie di proprietà, tra cui una di nome *Label* inizialmente valorizzata con @string/app_name. Selezioniamo quindi il pulsante *Browse* aprendo una finestra di dialogo che ci permetterà di scegliere, tra quelli disponibili, il nuovo valore; nel nostro caso tale valore sarà dato dalla String di chiave app_title. Confermando vedremo l'aggiornamento del relativo valore nel documento XML associato.

Notiamo come le risorse di tipo String siano visualizzate allo stesso modo senza dipendere dal nome del file in cui sono state definite. Per le label da associare ai diversi componenti utilizziamo invece l'editor di layout. Selezionando il bottone noteremo la visualizzazione nella parte inferiore dell'insieme delle relative proprietà, tra cui id, descritta nel dettaglio in precedenza.

In Figura 3.9 notiamo la presenza della proprietà Text che contiene appunto la label da visualizzare nel Button. A questo punto basterà selezionare il campo attivando una finestra di dialogo (la Resource Chooser) per la scelta della relativa risorsa, che quindi sarà identificata da @string/button_label.

Per quello che riguarda la TextView avremmo potuto seguire lo stesso procedimento del Button. Siamo però interessati al suo utilizzo direttamente all'interno del codice in quanto vorremmo concatenare il corrispondente valore a quello del contatore. Ci serve quindi un meccanismo che ci permetta di referenziare la risorsa da codice. Android rende questa

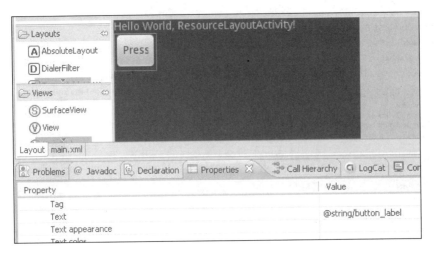

Figura 3.9 Editazione delle proprietà di una View.

operazione molto semplice in quanto ciascuna `Activity` dispone del metodo

```
public Resources getResources()
```

il quale permette di ottenere il riferimento a un oggetto di tipo `android.content.res.Resources` che di fatto incapsula le informazioni relative a tutte le risorse. Attraverso una serie di metodi `get` esso permette l'accesso a tutte le informazioni relative agli elementi definiti in `res` (e come vedremo anche in `assets`). Nel caso specifico otterremo il riferimento al valore della `String` associata alla chiave `output_label` con la seguente istruzione:

```
final String outputLabel = getResources().getString(R.string.output_label);
```

Allo stesso modo possiamo quindi accedere alle risorse di tipo array attraverso le seguenti istruzioni:

```
final int[] primeNumbers = getResources().getIntArray(R.array.primeArray);
```

e

```
final String[] labels = getResources().getStringArray(R.array.myArray);
```

Nell'esempio `ResourceLayoutActivity` non faremo altro che visualizzare ciclicamente i valori inseriti negli array a seconda del valore del contatore. Si tratta ovviamente di un esempio a scopo didattico che dimostra come sia possibile accedere a questa tipologia di risorsa da una particolare `Activity`. Vedremo in seguito come queste informazioni potranno essere utilizzate, per esempio, come valori di una lista oppure come opzioni di un menu a tendina (spinner). Eseguendo quindi l'applicazione noteremo come l'effetto sia quello voluto.

Un'ultima considerazione relativamente alle risorse di tipo `String` riguarda i possibili valori che le stesse possono assumere. Quando studieremo nel dettaglio il componente

TextView vedremo infatti come le risorse possano contenere anche frammenti di HTML, sebbene molto semplici.

Color

Se dovessimo fare un'analogia con il Web potremmo dire che come le pagine HTML possono essere visualizzate in modi diversi attraverso un CSS, così è possibile modificare il modo in cui una Activity viene visualizzata attraverso la definizione di opportuni file di configurazione o, come abbiamo imparato a dire, risorse. Quella relativa al colore è una tipica informazione contenuta all'interno di un file di configurazione.
Nel caso di Android è sufficiente utilizzare l'elemento <color/> all'interno della root <resources/> allo stesso modo di quanto fatto per le String. Creiamo quindi un nuovo progetto ResourceColor con la corrispondente attività ResourceColorActivity. Analogamente a quanto fatto in precedenza, creiamo un file colors.xml all'interno della directory res/values (ricordiamo che il nome del file è ininfluente) con la definizione dei seguenti valori:

Listato 3.8 Definizione di alcune risorse di tipo color

```xml
<?xml version="1.0" encoding="UTF-8"?>
<resources>
    <color name="red">#FF0000</color>
    <color name="green">#00FF00</color>
    <color name="blue">#0000FF</color>
    <color name="red_transparent">#66DDCCDD</color>
</resources>
```

Si tratta di risorse molto semplici, che permettono di rappresentare dei colori secondo le seguenti sintassi: #RGB, #ARGB, #RRGGBB e #AARRGGBB, dove con R, G e B indichiamo le tre componenti red, green e blue in cui può essere scomposto un colore mentre con A indichiamo l'eventuale componente alpha di trasparenza. Se volessimo modificare lo sfondo dell'Activity del progetto ResourceColorActivity ci basterebbe quindi utilizzare l'editor di layout selezionando il componente LinearLayout (argomento fondamentale del prossimo capitolo) e impostando, nel modo ormai noto, il valore della proprietà background al valore @color/red. Allo stesso modo possiamo modificare la proprietà Text Color della TextView assegnandole il valore @color/blue.
Il documento XML ottenuto è quindi il seguente:

Listato 3.9 XML di layout dopo l'assegnazione dei colori

```xml
<?xml version="1.0" encoding="utf-8"?>
<LinearLayout xmlns:android="http://schemas.android.com/apk/res/android"
    android:orientation="vertical" android:layout_width="fill_parent"
    android:layout_height="fill_parent" android:background="@color/red">
<TextView
    android:layout_width="fill_parent"    android:layout_height="wrap_content"
    android:text="@string/hello"    android:textColor="@color/blue"/>
</LinearLayout>
```

Figura 3.10 L'applicazione ResourceColor.

e il risultato dell'esecuzione della nostra applicazione sarà quello di una finestra rossa con una scritta di colore blu come visualizzato in Figura 3.10.

Per completezza, e da quello che si poteva intuire nel precedente paragrafo, è possibile accedere da codice alle risorse di tipo color attraverso istruzioni del tipo

```
int redTransparentColor = getResources().getColor(R.color.red_transparent);
```

Notiamo come l'informazione di colore venga effettivamente gestita attraverso un intero che, come sappiamo, in Java è di 4 byte ed è quindi in grado di contenere le 4 componenti di colore descritte sopra.

Dimension

Molti degli oggetti che vedremo in seguito e che permettono la composizione delle UI dispongono di proprietà che rappresentano delle dimensioni. La stessa TextView utilizzata nel precedente esempio dispone, tra le altre, della proprietà Text Size per la dimensione del testo da essa visualizzato. Si tratta di valori numerici caratterizzati soprattutto dalla possibilità di specificare una unità di misura. L'elemento nel documento XML in questo caso si chiama <dimen/> e deve essere usato all'interno dell'elemento <resources/>. Le possibili unità di misura sono quelle in Tabella 3.3.

Quelle associate ai simboli dp e sp meritano un breve approfondimento.

Supponiamo infatti di eseguire una nostra applicazione sul G1 della T-Mobile, il quale ha un display con una risoluzione di 320×480 pixel. La nostra applicazione utilizza un pulsante di cui abbiamo specificato le dimensioni utilizzando l'unità px e più precisamente che ha dimensioni 100×50 pixel. Supponiamo ora di eseguire la stessa applicazione in un dispositivo con display di dimensioni fisiche uguali al precedente ma con una densità

Tabella 3.3 Unità di misura per la definizione di dimensioni

Codice	Descrizione
px	Si utilizzano i pixel del display.
in	Le dimensioni sono assolute e misurate in pollici (inch).
mm	Le dimensioni sono assolute e misurate in millimetri.
pt	Si utilizzano i punti come 1/72 di un inch.
dp	Si tratta di una unità astratta indipendente dalla densità di pixel di un display. È accettato anche il codice dip.
sp	Come la dp, solo che l'adattamento avviene anche tenendo conto delle preferenze dell'utente relativamente al font utilizzato.

superiore, ovvero 640×480. Questo significa che nella stessa unità di spazio il secondo ha un numero maggiore di pixel. Il nostro bottone apparirà quindi più piccolo nel secondo dispositivo in quanto la quantità di pixel che lo stesso potrà contenere è maggiore. Se quindi abbiamo la necessità di descrivere le interfacce in modo che essere appaiano allo stesso modo in diversi tipi di dispositivi è sempre bene utilizzare unità di misura relative, come quella rappresentata dal simbolo dp. Per assegnare un riferimento assoluto, possiamo dire che un dp corrisponde a un pixel in un display con risoluzione di 160 dpi (*dots per inch*), grandezza a noi nota se pensiamo alle normali stampanti.

Con sp si indica una dimensione analoga a quella definita con dp tanto che, nelle condizioni di default, 1dp = 1 sp. La sp però tiene conto anche del font impostato dall'utente nelle proprie configurazioni. Per verificarne il funzionamento lasciamo al lettore la realizzazione di un semplice esempio (descritto comunque nel progetto ResourceDimension disponibile online) che prevede la visualizzazione di due pulsanti per cui sono state definite le dimensioni utilizzando le unità px per il primo e dp per il secondo. Il file delle risorse associate è il seguente:

Listato 3.10 File delle risorse di tipo dimension

```xml
<?xml version="1.0" encoding="utf-8"?>
<resources>
    <dimen name="button_width_pix">100px</dimen>
    <dimen name="button_height_pix">50px</dimen>
    <dimen name="button_width_dp">100dp</dimen>
    <dimen name="button_height_dp">50dp</dimen>
</resources>
```

Il layout che descrive l'interfaccia con i due pulsanti, che ora il lettore è in grado di comprendere appieno, è invece il seguente:

Listato 3.11 Layout per la visualizzazione di due pulsanti con dimensioni impostate

```xml
<?xml version="1.0" encoding="utf-8"?>
<LinearLayout xmlns:android="http://schemas.android.com/apk/res/android"
    android:orientation="vertical" android:layout_width="fill_parent"
    android:layout_height="fill_parent">
    <Button android:layout_width="wrap_content"
        android:layout_height="wrap_content" android:height="@dimen/button_height_pix"
        android:width="@dimen/button_width_pix" android:id="@+id/pxButton"
        android:text="pxButton"></Button>
    <Button android:layout_width="wrap_content"
        android:layout_height="wrap_content" android:id="@+id/dpButton"
        android:text="dpButton" android:width="@dimen/button_width_dp"
        android:height="@dimen/button_height_dp"></Button>
</LinearLayout>
```

In esso possiamo notare i riferimenti alle dimensioni specificate in precedenza. Per testare il funzionamento dell'applicazione abbiamo la necessità di descrivere due tipologie di dispositivi diversi, che si differenziano per la densità del relativo display. Utilizzando

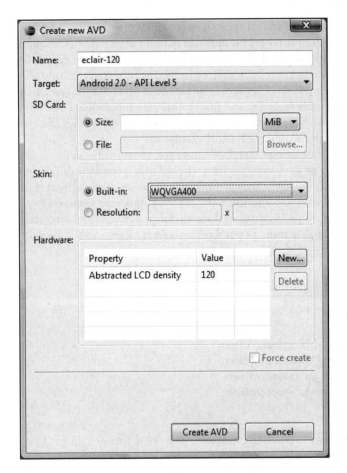

Figura 3.11 Creazione di un AVD con densità del display pari a 120.

quindi il plug-in per la gestione dell'AVD creiamo un nuovo profilo che utilizza una diversa densità rispetto a quella di default e che, in Figura 3.11, possiamo vedere essere pari a 120 invece che a 160 come nell'AVD precedente.

Non ci resta quindi che provare l'esecuzione dell'applicazione con i due emulatori ottenendo quanto visualizzato in Figura 3.12, che dimostra come il pulsante con dimensioni specificate attraverso delle unità dp venga visualizzato bene in entrambi i casi, diversamente da quanto accade per il pulsante le cui dimensioni sono state specificate in pixel. Infatti, quest'ultimo non mantiene le proporzioni, a differenza di quello con dimensioni in dp.
La definizione dei componenti dell'interfaccia grafica è un aspetto fondamentale in questa tipologia di dispositivi; è bene che il lettore acquisisca sensibilità in tale senso.

Gestione degli stili e dei temi

In precedenza abbiamo fatto un'analogia con i Cascading Style Sheet (CSS), ovvero con quella tecnologia che permette di definire, per un insieme di elementi di un markup

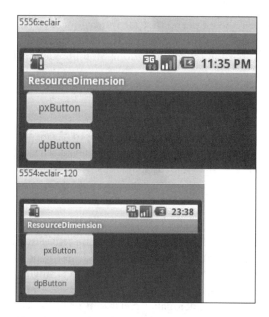

Figura 3.12 Visualizzazione dei pulsanti in dispositivi con densità diversa.

HTML o di altro tipo, le informazioni relative a come gli stessi debbano essere visualizzati. Se in un documento HTML utilizziamo, per esempio, l'elemento H1 per la visualizzazione di un titolo, attraverso un CSS possiamo impostare il font e il colore con cui lo stesso verrà visualizzato dal browser. Questo tipo di tecnologia è spesso legato all'approccio dichiarativo in quanto, restando in ambito Web, chi definisce il documento HTML può non preoccuparsi di come questo verrà visualizzato, delegando il tutto a un componente esterno che in questo caso sarà quello di applicazione del CSS.
Ebbene, un concetto simile è possibile anche in Android attraverso una definizione dichiarativa di quelli che chiameremo *stili* e *temi*.
Uno stile descrive un insieme di attributi che possono essere applicati a un particolare componente, una View, di una UI. Uno stile è per esempio l'insieme delle informazioni relative al colore di sfondo, colore e dimensione delle font del testo applicabili a un qualunque componente grafico come la TextView degli esempi precedenti. Il vantaggio sta nel fatto che queste informazioni possono essere impostate in un solo passo applicando appunto lo stile al componente.
Lo stile si applica a un componente, mentre un tema è un insieme di stili che si impostano a livello di applicazione o di singola attività. Riguarda una funzionalità che in J2SE è presente nelle Swing attraverso la definizione del Look And Feel (L&F). Ovviamente un tema permette di definire il L&F di un insieme di componenti in modo coerente tra loro anche se si differenzia dalla tecnologia J2SE per il fatto di non essere pluggable ovvero modificabile a runtime.
Il luogo migliore per definire stili e temi è quello delle risorse attraverso l'utilizzo di elementi di tipo <style/> anch'essi contenuti all'interno della solita root <resources/>. Un'interessante proprietà degli stili in Android, e che ne rafforza l'analogia con i CSS, è la possibilità di una loro gestione gerarchica. È possibile cioè creare uno stile che eredita una serie di parametri da un altro modificandone o aggiungendone altri. Questo è il

motivo della presenza, oltre all'attributo `name` che ne permette l'identificazione, dell'attributo `parent` che permette di indicare lo stile che si intende specializzare. Anzi, nella maggior parte dei casi, ciascuno stile si definisce come specializzazione di stili predefiniti dalla piattaforma.

> **La classe android.R e stili predefiniti**
>
> In diversi file di configurazione appaiono espressioni del tipo `android:proprietà`. Si tratta di riferimenti a valori di costanti presenti in una classe `R` diversa da quella che abbiamo conosciuto finora. Si tratta questa volta della classe `android.R`, la quale definisce un insieme di costanti di sistema, utili in diversi contesti, e che vedremo anche nel caso della gestione dei temi e degli stili. Tra le altre cose, essa contiene la definizione delle costanti relative ai temi e stili predefiniti di Android.

Il lettore potrà a questo punto essere leggermente disorientato dal fatto che temi e stili vengano definiti attraverso lo stesso elemento `<style/>`. In realtà ciò che li distingue è semplicemente il contesto nel quale vengono applicati: gli stili sono applicati al singole `View` mentre i temi ad `Activity` o intere applicazioni.

Come esempio di definizione e utilizzo di questa funzionalità creiamo il progetto ResourceStyle e definiamo il seguente stile all'interno di un file, che chiamiamo `styles.xml` e che mettiamo nella cartella `res/values`.

Listato 3.12 Esempio di definizione di stili e temi

```xml
<?xml version="1.0" encoding="utf-8"?>
<resources>
    <style name="MyTheme" parent="android:Theme.Black">
        <item name="android:windowNoTitle">true</item>
        <item name="android:windowBackground">@color/red</item>
        <item name="android:buttonStyle">@style/MyButtonStyle</item>
    </style>
    <style name="MyButtonStyle" parent="@android:style/Widget.Button">
        <item name="android:textColor">@color/blue</item>
    </style>
</resources>
```

Notiamo la presenza di un tema e di uno stile. Come detto, che si tratti di due elementi diversi si intuisce dal nome dato e dai `parent` associati. Nel primo caso abbiamo definito un tema di nome `MyTheme` specializzazione del tema identificato dal valore `android:Theme.Black` che, anche alla luce di quanto indicato nella precedente nota, rappresenta un tema tra quelli predefiniti in Android. Di questo tema andiamo a modificare il colore di sfondo, a disabilitare la visualizzazione del titolo oltre che a modificare lo `style` da applicare a una particolare tipologia di componenti, quella dei `Button`. Nel caso specifico abbiamo assegnato uno stile di nome `MyButtonStyle` che, rispetto allo stile standard dei bottoni specificato attraverso l'espressione `@android:style/WidgetButton`, ne modifica il colore del testo. L'esistenza dei valori `android:Theme.Black` e `android:style/WidgetButton` è stato dedotto dalla presenza di corrispondenti costanti nella classe `android.R.style`. A tale proposito è bene fare riferimento alla documentazione in linea.

Dopo aver definito il nostro tema possiamo procedere a una prima verifica sfruttando il nostro editor di layout. Nella parte in alto a destra esiste infatti la possibilità di selezionare uno tra i tempi disponibili tra cui quello appena definito, come si può vedere in Figura 3.13.

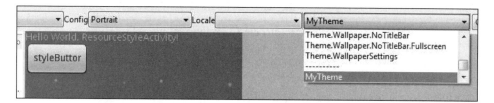

Figura 3.13 Preview di un tema attraverso il layout editor.

A questo punto le possibilità sono due e prevedono l'applicazione dello stile MyButtonStyle al solo bottone oppure l'applicazione del tema MyTheme all'intera applicazione o all'unica Activity. Nel primo caso basterà utilizzare l'attributo style sull'elemento Button nel file di definizione del layout, mentre nel secondo si andrà a utilizzare l'attributo android:theme della application o della singola attività a seconda di quello che si vuole considerare come contesto. Si consiglia al lettore di provare, come esercitazione, a realizzare l'applicazione descritta, il cui codice è comunque disponibile online.

Risorse Drawable

Tra le diverse risorse gestite da Android, quelle definite Drawable assumono sicuramente una grossa importanza. In questa categoria non rientrano solamente le immagini ma anche altri elementi, uniti tutti dalla caratteristica di poter essere visualizzati o, meglio, disegnati. A differenza delle View, cui abbiamo più volte accennato, i componenti Drawable, descritti da specializzazioni della omonima classe astratta del package android.graphics.drawable, non prevedono alcuna interazione con l'utente né un meccanismo di gestione degli eventi. View e Drawable non sono comunque oggetti completamente distinti, in quanto una View delega a una o più Drawable la gestione di parte della sua visualizzazione attraverso la sua proprietà background.

La classe Drawable descrive diverse funzionalità comuni a tutti gli oggetti di questo tipo: prima fra tutte, la definizione del *bound rect* ovvero dello spazio che può essere riempito. Si tratta di un'informazione che il particolare Drawable deve conoscere e che gli viene fornita, dal sistema di renderizzazione, attraverso l'invocazione del metodo

```
public void setBounds (Rect bounds)
```

dove Rect è una classe che permette di specificare le coordinate x e y del vertice in alto a sinistra e di quello in basso a destra di un rettangolo. A differenza di quanto avviene di solito, le dimensioni di larghezza e altezza non vengono impostate ma dedotte delle precedenti attraverso i metodi di query width() e height(). La responsabilità nell'adattarsi a tali dimensioni è del componente stesso che può fornire indicazioni sulle sue dimensioni ideali attraverso i metodi getIntrinsicHeight() e getIntrinsicWidth().

> **Getter e setter**
> Nello studio delle diverse API faremo spesso riferimento a metodi di query ovvero a metodi del tipo **get** attraverso i quali ottenere informazioni sullo stato di un oggetto. I metodi **mutator**, invece, corrispondono ai **set** per la modifica delle stesse proprietà.

Ciascun `Drawable` può inoltre fornire, attraverso la definizione del metodo

```
public boolean getPadding (Rect padding)
```

informazioni relativamente al `padding` da utilizzare nel caso in cui si dovesse disegnare un altro componente al suo interno. L'aspetto curioso in questo caso riguarda il fatto che le informazioni verranno inserite all'interno dell'oggetto di tipo `Rect` il cui riferimento è passato come parametro, e non ottenute come valore di ritorno il cui significato è quello di informare della esistenza (valore `true`) o meno (`false`) delle informazioni stesse.

Un aspetto fondamentale di un `Drawable` è quello che lo lega alle `View` come un `Button` o la `TextView` visti in precedenza. Spesso la visualizzazione dello sfondo di un componente, quindi il modo in cui viene visualizzato, è delegato a una o più `Drawable`. Se pensiamo al `Button`, sappiamo che si tratta di un componente che può assumere diversi stati: selezionato, non selezionato, abilitato e così via. A tale scopo una `Drawable` prevede la gestione di diverse modalità di renderizzazione a seconda dello stato che le stesse dovranno rappresentare, e che può essere applicato attraverso il metodo

```
public boolean setState (int[] stateSet)
```

il cui valore di ritorno indicherà se il componente ha modificato la sua rappresentazione a seguito dell'esecuzione stessa. Dal tipo del parametro (`int[]`) possiamo dedurre come lo stato sia dato da una combinazione di più valori interi, ciascuno rappresentativo di una proprietà. Si tratta di un argomento abbastanza ostico e poco documentato. Per questo motivo realizzeremo un esempio modificando appunto la modalità di visualizzazione di un `Button` a seconda del suo stato senza la necessità di scrivere alcuna riga di codice ma sfruttando gli strumenti che Android mette a disposizione per la gestione delle risorse. Per il momento ciò che vogliamo dire è che una `View` delega a un `Drawable` la sua renderizzazione, la quale può dipendere dallo stato della `View` stessa.

Supponiamo ora di voler realizzare un componente che rappresenta i diversi livelli di caricamento della batteria del dispositivo. Per gestire una situazione di questo tipo, un `Drawable` prevede la definizione del metodo

```
public final boolean setLevel (int level)
```

il quale permette di associare a un livello una particolare modalità di visualizzazione. Vedremo poi a quale particolare caratteristica di una `View` questo livello potrà essere associato.

Quelle descritte sono quindi le caratteristiche comuni a ciascun `Drawable` di cui Android fornisce diverse specializzazioni; le elenchiamo in Tabella 3.4 e le andiamo a definire di seguito con altrettanti esempi.

Tabella 3.4 Dirette implementazioni della classe Drawable

Classe	Descrizione
BitmapDrawable	Permette la gestione come `Drawable` di oggetti bitmap.
ClipDrawable	Permette di selezionare una parte (clip) di un'altra `Drawable` a seconda del valore del level impostato attraverso il metodo `setLevel()`.
ColorDrawable	Permette la visualizzazione di un rettangolo colorato.
GradientDrawable	Permette di visualizzare un gradiente di colore specificando il colore iniziale, finale e intermedio.
InsetDrawable	Permette di aggiungere dei bordi a un'altra `Drawable`.
LayerDrawable	Permette la visualizzazione di più `Drawable` contemporaneamente organizzandole in layer.
NinePatchDrawable	Permette la visualizzazione, come `Drawable`, di una immagine `NinePatch`.
PictureDrawable	Specializzazione della `Drawable` che delega la sua visualizzazione a una particolare `Picture`.
RotateDrawable	Permette di ruotare una `Drawable` in base al valore del livello.
ScaleDrawable	Permette di ridimensionare una `Drawable` in base al livello.
ShapeDrawable	Permette la visualizzazione di figure geometriche elementari rappresentate da specializzazioni della classe `Shape`.

Per alcune di queste vedremo anche ulteriori specializzazioni utilizzate da Android in particolari contesti.

BitMapDrawable

Si tratta di una specializzazione di `Drawable` che permette di ottenere il riferimento a quello che si chiama appunto `BitMap` e che spesso viene associato a un'immagine, per poterlo poi utilizzare in diversi modi, tra cui quello denominato tiled. Per tile si intende la possibilità di utilizzare un'immagine ripetendola più volte all'interno di una particolare regione. Un oggetto di questo tipo può essere istanziato in diversi modi; per essi si rimanda alla documentazione ufficiale. Nel nostro caso faremo un esempio di definizione di un `BitMapDrawable` attraverso un documento XML, quindi attraverso la definizione di una risorsa. Utilizzeremo un'immagine, descritta dal file tile.png, come tile ovvero come "mattonella" dello sfondo del `LinearLayout` generato in fase di creazione del progetto che abbiamo chiamato `BitMapTest`. Il tutto consiste nella creazione di un elemento `<bitmap/>` nel file di tiles.xml. Con il suo attributo `android:src` abbiamo fatto riferimento all'immagine tile.png, nella cartella `res/drawable`, mentre con l'attributo `android:tileMode` abbiamo specificato la modalità con cui l'immagine dovrà essere utilizzata. Notiamo come in questo esempio non si tenga conto delle diverse tipologie di dispositivo ovvero consideriamo una sola cartella di tipo `res/drawable`.

Listato 3.13 Definizione di un BitMapDrawable come risorsa

```
<?xml version="1.0" encoding="utf-8"?>
<bitmap xmlns:android="http://schemas.android.com/apk/res/android"
android:src="@drawable/tile" android:tileMode="repeat" />
```

Nel nostro esempio abbiamo usato il valore `repeat` che indica appunto che l'immagine dovrà essere ripetuta per l'intero rect bound del `Drawable`. Il risultato sarà quindi quello di Figura 3.14.

Figura 3.14 Utilizzo di un BitMapDrawable come sfondo di una View.

Per gli altri attributi dell'elemento `<bitmap/>` si rimanda alla documentazione relativa alle API. L'assegnazione del `BitmapDrawable` come background del `LinearLayout` può avvenire sia attraverso l'editor di layout sia attraverso il codice relativo al progetto disponibile online.

ColorDrawable

Uno dei tipi di `Drawable` più semplici che è possibile gestire attraverso le risorse, si chiama `ColorDrawable` e rappresenta molto semplicemente un rettangolo colorato, con gli angoli eventualmente arrotondati. Il modo più semplice di definire un `ColorDrawable` è quello di utilizzare l'elemento `<drawable/>` all'interno della root `<resources/>` in un file di configurazione delle risorse. A tale scopo creiamo un file XML che chiamiamo `color_draw.xml` e che contiene le seguenti informazioni:

Listato 3.14 Definizione di un ColorDrawable

```
<?xml version="1.0" encoding="UTF-8"?>
<resources>
    <drawable name="blue_transp_rect">#880000FF</drawable>
</resources>
```

Come più volte visto, basterà impostare questa risorsa come background nell'esempio che chiamiamo `ColorDrawableTest` per vederlo applicato. Fin qui però non abbiamo fatto molto di più rispetto al caso di utilizzo di un semplice colore. Esiste tuttavia un'importante differenza tra un ColorDrawable rispetto a un normale colore di sfondo che possiamo evidenziare attraverso la seguente riga di codice:

```
ColorDrawable cd = (ColorDrawable) getResources().getDrawable(R.drawable.blue_transp_rect);
```

Ciò che viene ritornato dal metodo getDrawable() dell'oggetto Resources è un'istanza della classe ColorDrawable e non un semplice intero come nel caso del colore. Questo permette di utilizzare l'oggetto creato in ogni luogo in cui può essere utilizzato un Drawable, quindi anche insieme ad altre implementazioni che vedremo successivamente. Il risultato sarà quindi quello in Figura 3.15.

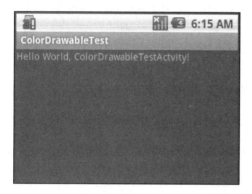

Figura 3.15 Utilizzo di un ColorDrawable come sfondo di una View.

GradientDrawable

Come accennato in precedenza, le Drawable vengono utilizzate come background delle View che compongono le interfacce grafiche definite all'interno delle diverse Activity. Tutte le implementazioni di Drawable che vedremo, hanno quindi l'obiettivo di semplificare la realizzazione dei casi d'uso più comuni. Uno di questi è sicuramente la definizione di uno sfondo con un gradiente di colore. A tale scopo è stata creata la classe GradientDrawable di cui è possibile creare un'istanza in modo dichiarativo attraverso l'elemento <shape/>. Anche in questo caso realizziamo un semplice esempio, descritto dal progetto GradientDrawableTest il cui codice è disponibile online. Riutilizziamo il file colors.xml creato nei precedenti esempi e definiamo, all'interno della cartella res/drawable un file di nome shapes.xml contenente la seguente definizione:

Listato 3.15 Definizione di un GradientDrawable attraverso l'elemento shape

```
<?xml version="1.0" encoding="utf-8"?>
<shape xmlns:android="http://schemas.android.com/apk/res/android"
    android:shape="oval">
    <gradient android:startColor="@color/red" android:endColor="@color/blue"
        android:centerColor="@color/green" android:angle="45" />
</shape>
```

Notiamo come l'elemento `<shape/>` permetta la definizione del tipo di forma geometrica da utilizzare attraverso l'attributo `android:shape`. Si tratta di un attributo che può assumere i valori riportati in Tabella 3.5.

Tabella 3.5 Valori per l'attributo android:shape

android:shape	Valore Numerico	Descrizione
rectangle	0	Definizione di una forma rettangolare.
oval	1	Forma ovale di cui si specificano le dimensioni dei raggi.
line	2	Permette la definizione di una linea.
ring	3	Permette la rappresentazione di una corona circolare.

Le informazioni relative al gradiente di colore sono invece definite come valori di alcuni attributi dell'elemento `<gradient/>`. Notiamo la possibilità della definizione del colore iniziale, intermedio e finale oltre che la possibilità di specificare un angolo secondo il quale il gradiente dovrà essere realizzato.

> **Ricerca di documentazione**
>
> La documentazione relativa ai `Drawable` è al momento ancora carente. Un consiglio è quello di ricercare i possibili valori di ciascun attributo all'interno della descrizione delle costanti della classe `android.R` e, in particolare per la gestione delle `Shape`, nella documentazione relativa ad `android.R.styleable`.

Per dimostrare quanto affermato in precedenza circa la relazione tra `View` e `Drawable`, applichiamo la nostra definizione a un `Button` inserito nel layout attraverso il layout editor. Per fare questo abbiamo utilizzato le seguenti righe di codice:

Listato 3.16 Definizione del metodo onCreate() per il test del GradientDrawable applicato al Button

```
public void onCreate(Bundle savedInstanceState) {
    super.onCreate(savedInstanceState);
    setContentView(R.layout.main);
    GradientDrawable gradientDrawable = (GradientDrawable) getResources()
            .getDrawable(R.drawable.shapes);
    Button gradientButton = (Button) findViewById(R.id.gradientButton);
    gradientButton.setBackgroundDrawable(gradientDrawable);
}
```

Notiamo come sia stato applicato il `Drawable` definito nel file `shapes.xml` e quindi associato alla costante `R.drawable.shapes`, a un `Button` identificato da `R.id.gradientButton`. Il risultato ottenuto è quello di Figura 3.16.

Un aspetto interessante riguarda il fatto che la modalità di visualizzazione del `Button` non cambia se lo selezioniamo. Questo accade perché abbiamo impostato come `Drawable` una realizzazione che non tiene conto dello stato della `View` cui lo stesso è stato associato. Vedremo successivamente un esempio che permette di risolvere questo problema.

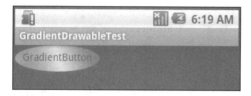

Figura 3.16 Applicazione del GradientDrawable al Button.

InsetDrawable

Supponiamo ora di voler applicare un Drawable tenendo conto di quelli che si chiamano inset, ovvero spazi tra il contenitore del Drawable e il Drawable stesso. Realizziamo dunque un esempio che ci permette di applicare a un Button un GradientDrawable come nel caso precedente, cui però aggiungere degli spazi. Ne approfittiamo anche per creare un Drawable rettangolare con bordi arrotondati in modo da completare gli elementi figli di <shape/> relativi alla definizione di un GradientDrawable. Realizziamo allo scopo il progetto InsetDrawableTest, il cui codice completo è come sempre disponibile online. Come prima cosa creiamo il seguente file shapes.xml.

Listato 3.17 File shapes.xml per la definizione di un Drawable, in questo caso un GradientDrawable

```
<?xml version="1.0" encoding="utf-8"?>
<shape xmlns:android="http://schemas.android.com/apk/res/android"
    android:shape="rectangle" android:color="@color/red">
    <gradient android:startColor="@color/red" android:endColor="@color/blue"
        android:centerColor="@color/green" android:angle="45" />
    <corners android:radius="5dp" />
    <stroke android:width="3dp" color="@color/blue" />
    <padding android:left="20dp" android:top="20dp" android:right="20dp"
        android:bottom="20dp" />
</shape>
```

Rispetto all'esempio precedente, notiamo la presenza di nuovi elementi. Il più interessante è quello relativo alla definizione dei bordi arrotondati del rettangolo attraverso l'elemento <corners/> di cui è possibile specificare il raggio mediante l'attributo android:radius. Con l'elemento <stroke/> possiamo definire la dimensione del tratto mentre con il <padding/> definiamo la regione da dedicare all'eventuale oggetto contenuto, informazione che è possibile definire in ciascun Drawable, come visto nella parte introduttiva. Il sorgente della Activity utilizza una costante booleana per abilitare o meno l'utilizzo dell'inset in modo da poterne valutare l'effetto. La definizione dell'inset avviene attraverso il seguente documento che abbiamo inserito all'interno del file insets.xml nella cartella res/displayable:

Listato 3.18 File insets.xml per la definizione degli Inset

```
<?xml version="1.0" encoding="utf-8"?>
<inset xmlns:android="http://schemas.android.com/apk/res/android"
```

```xml
        android:insetBottom="15dp" android:insetLeft="15dp" android:insetRight="15dp"
        android:insetTop="15dp" android:visible="true" android:drawable="@drawable/
shapes" />
```

Notiamo come l'elemento principale sia appunto `<inset/>` e come sia possibile definirne l'ampiezza per ciascuno dei quattro bordi disponibili. Esso poi viene applicato a un altro Drawable al quale si fa riferimento attraverso l'attributo `android:drawable`.

Prima di eseguire l'applicazione è bene osservare come all'interno del layout, descritto dal file main.xml, sia stata inserita una View generica cui è stato detto di occupare tutto lo spazio disponibile attraverso il valore `FILL_PARENT` assegnato agli attributi che ne definiscono le dimensioni. Vedremo nel dettaglio questo concetto nel prossimo capitolo, quando tratteremo le View e i layout.

Listato 3.19 File main.xml di definizione del layout

```xml
<?xml version="1.0" encoding="utf-8"?>
<LinearLayout xmlns:android="http://schemas.android.com/apk/res/android"
    android:orientation="vertical" android:layout_width="fill_parent"
    android:layout_height="fill_parent" android:id="@+id/linearLayout">
<View android:id="@+id/View01" android:layout_height="fill_parent"
    android:layout_width="fill_parent" android:background="@color/red_transparent">
    </View>
</LinearLayout>
```

Eseguendo la nostra applicazione senza inset, quindi con la costante `INSETS_ENABLED` a false, si ottiene il risultato di Figura 3.17.

Notiamo come lo sfondo sia quello del GradientDrawable e come lo spazio a disposizione della View sia tutto quello disponibile tranne quella parte definita attraverso l'elemento `<padding/>`. Notiamo inoltre la presenza dei bordi arrotondati grazie all'utilizzo dell'elemento `<corners/>`. L'effetto ottenuto per la View contenuta è dovuto al fatto che il colore utilizzato ha una componente di trasparenza. Eseguiamo ora la stessa applicazione abilitando gli inset, quindi con `INSETS_ENABLED` a true: si ottiene quanto mostrato in Figura 3.18.

Notiamo come siano presenti degli spazi esterni al Drawable aggiunti appunto dal particolare InsetDrawable applicato.

È stato quindi possibile aggiungere le inset in modo dichiarativo applicandole a un'altra Drawable.

ClipDrawable

Nella parte introduttiva abbiamo parlato della possibilità di modificare il modo di visualizzazione di una Drawable in base a quello che abbiamo definito livello. Spesso la differenza tra le modalità di visualizzazione risiede nella modifica delle dimensioni. Una barra di caricamento, che possiamo associare a diversi livelli di una particolare grandezza, può essere vista come una barra di lughezza diversa a seconda della grandezza che vuole esprimere. Lo scopo del ClipDrawable è appunto di associare un insieme di clip di un Drawable a diversi valori del livello della grandezza da visualizzare. Anche in questo caso si tratta quindi di un'implementazione di Drawable che si applica ad altre esistenti. Un

Figura 3.17 InsetDrawableTest senza l'utilizzo delle Inset.

Figura 3.18 InsetDrawableTest con l'utilizzo delle Inset.

clip non è altro, infatti, che un ritaglio di un'immagine o regione grafica, spesso ottenuta specificando un rettangolo.

Per descrivere al meglio questo tipo di Drawable esaminiamo il codice del progetto ClipDrawableTest disponibile online, il quale prende come punto di partenza l'insieme delle risorse del progetto GradientDrawableTest in cui avevamo definito un GradientDrawable attraverso il file shapes.xml in res/drawable. Nella stessa cartella definiamo il file clips.xml.

Listato 3.20 File clips.xml con la definizione dell'area di clip

```
<?xml version="1.0" encoding="utf-8"?>
<clip xmlns:android="http://schemas.android.com/apk/res/android"
    android:drawable="@drawable/shapes"    android:clipOrientation="horizontal"
    android:gravity="left">
</clip>
```

Notiamo come l'elemento utilizzato nella definizione di tale area sia l'elemento <clip/> e come il Drawable di riferimento venga definito ancora attraverso l'attributo android:drawable. Nel nostro caso ovviamente faremo riferimento al Drawable definito in shapes.xml. Molto interessanti sono gli altri due attributi, che permettono di specificare quella che è la direzione di clip e una grandezza che si chiama gravity che permette di specificare il punto di inizio del clip stesso. Il lettore potrà verificarne il funzionamento attraverso diversi valori di questi attributi. Nel nostro caso ci aspettiamo che il componente cui il `ClipDrawable` viene applicato come background visualizzi una regione di clipping che parte da sinistra e che aumenta orizzontalmente verso destra in accordo al valore del livello impostato attraverso il metodo `setLevel()`. Nel nostro esempio applicheremo il `ClipDrawable` a un `Button` selezionando il quale andremo a aumentare il valore del livello associato. Dovremo quindi notare come il background del bottone aumenti sempre più selezionando il bottone stesso. Il livello può assumere un valore compreso tra 0 e 10000, che corrisponde a un'area di `clip` di dimensioni nulle o uguali a quelle del `Displayable` sorgente rispettivamente.

Il sorgente della `Activity` associata al nostro progetto, disponibile online, è molto semplice. Non ci resta che eseguire l'applicazione e verificarne il funzionamento cliccando sul bottone come in Figura 3.19. Si comprende quindi il motivo per cui il `ClipDrawable` venga utilizzato principalmente nella realizzazione di barre di avanzamento.

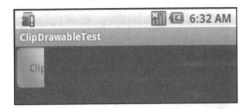

Figura 3.19 Esecuzione di ClipDrawableTest.

LayerDrawable e TransitionDrawable

Sia con il `ClipDrawable` che con l'`InsetDrawable` abbiamo visto come sia possibile applicare una specie di trasformazione a un `Drawable` esistente. Nel primo caso abbiamo gestito un `clipping` dipendente da un particolare parametro chiamato livello, mentre nel secondo abbiamo semplicemente aggiunto un bordo. Attraverso un `LayerDrawable` è invece possibile fare in modo che venga visualizzato più di un `Drawable`. Si tratta dell'applicazione del *Composite Pattern* ovvero della realizzazione di un `Drawable` contenitore di altri `Drawable` che potrebbero essere, a loro volta, degli altri contenitori; un `Drawable`, dunque, che permette la visualizzazione di un insieme di altri `Drawable` in un ordine stabilito.

Anche in questo caso chiariamo con un esempio descritto dal progetto `LayerDrawableTest`. Ne approfittiamo per complicare un po' le cose utilizzando anche altri strumenti visti finora. Vogliamo infatti visualizzare il nostro `GradientDrawable` e applicare a esso altri due layer trasparenti descritti da altrettanti `Drawable`. La definizione del layer avviene attraverso l'utilizzo dell'elemento `<layer-list/>` che scriviamo all'interno del file `layers.xml` nella cartella `res/drawable`. Per ciascun layer si definisce quindi un elemento `<item/>` specificando eventuali informazioni di padding oltre che il riferimento al `Drawable` attraverso gli attributi ormai a noi familiari. Notiamo come il primo layer sia quello relativo al `GradientDrawable` mentre i successivi vengano descritti direttamente attraverso l'utilizzo dell'elemento `<shape/>`.

Listato 3.21 File layers.xml con la definizione dei layer di un LayerDrawable

```
<?xml version="1.0" encoding="utf-8"?>
<layer-list xmlns:android="http://schemas.android.com/apk/res/android">
```

```xml
        <item android:drawable="@drawable/shapes" />
        <item android:left="30px" android:right="30px" android:top="30px"
            android:bottom="30px">
            <shape>
                    <solid android:color="@color/red_transparent" />
            </shape>
        </item>
        <item android:left="60px" android:right="60px" android:top="60px"
            android:bottom="60px">
            <shape>
                    <solid android:color="@color/blue_transparent" />
            </shape>
        </item>
</layer-list>
```

Il risultato è quindi quello di Figura 3.20, dove l'effetto è appunto di applicazione di due layer trasparenti a uno di riferimento.

Il lettore può verificare se il funzionamento è lo stesso anche nel caso di layer che utilizzano riferimenti a ColorDrawable; in tal caso il noterà che le informazioni di padding non vengono utilizzate come riportato in modo esplicito nella documentazione.

Come vedremo meglio in seguito, esiste una certa analogia tra la definizione di alcuni Drawable e quella di animazioni che hanno lo scopo di rendere più accattivanti le interfacce generate. A tale scopo esiste una specializzazione della LayerDrawable che si chiama TransitionDrawable la quale permette di applicare un effetto di *fading* nel passaggio da una prima Drawable a una seconda. Per dimostrarne il funzionamento creiamo quindi

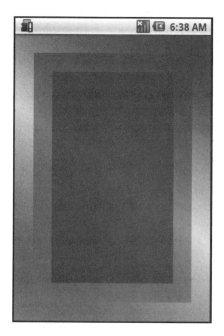

Figura 3.20 Utilizzo di un LayerDrawable.

il progetto `TransitionDrawableTest` che, oltre a tutte le risorse del precedente progetto, contiene la definizione della transizione attraverso l'elemento `<transition/>` nel file `transitions.xml` nella cartella `res/drawable`. Notiamo la forte somiglianza con il file di layer definito in precedenza: esso si differenzia infatti per il solo elemento di root. Eseguendo l'applicazione, il lettore potrà notare come all'inizio venga visualizzato un solo layer e come alla pressione del tasto `Fade` vi sia la sovrapposizione del secondo con un effetto di fading.

Listato 3.22 File di definizione di una TransitionDrawable

```xml
<?xml version="1.0" encoding="utf-8"?>
<transition xmlns:android="http://schemas.android.com/apk/res/android">
    <item android:drawable="@drawable/shapes" />
    <item android:left="30px" android:right="30px" android:top="30px"
        android:bottom="30px">
        <shape>
            <solid android:color="@color/red_transparent" />
        </shape>
    </item>
    <item android:left="60px" android:right="60px" android:top="60px"
        android:bottom="60px">
        <shape>
            <solid android:color="@color/blue_transparent" />
        </shape>
    </item>
</transition>
```

Dal codice dell'`Activity` notiamo come la transizione avvenga a seguito dell'invocazione, sul `TransitionDrawable`, del metodo

`public void startTransition (int durationMillis)`

specificando anche la durata della transazione stessa in millisecondi. Per riportare il `TransitionDrawable` nello stato iniziale basterà quindi eseguire il metodo

`public void resetTransition ()`

Ricordiamo infine come questo oggetto gestisca in pratica solamente due layer per cui quelli definiti in eccesso verranno semplicemente ignorati. Questo aspetto risulta evidente dal nostro test.

RotateDrawable e ScaleDrawable

Ripartiamo ora dal precedente progetto e ci chiediamo se non sia possibile applicare a un `Drawable` delle trasformazioni un po' più complesse, come rotazioni o modifica nelle dimensioni. A tale scopo sono state realizzate le classi `RotateDrawable` e `ScaleDrawable` che permettono, appunto, di ruotare o ridimensionare delle `Drawable` di cui hanno il riferimento in base al valore di un livello, analogamente a quanto fatto nel caso del `ClipDrawa-`

ble. Realizziamo quindi il progetto `RotateScaleDrawableTest` il cui codice è disponibile online. Il codice relativo alla `Activity` non è molto diverso da quello realizzato nel caso del clipping, per cui ci concentriamo sulla definizione delle configurazioni relative alla rotazione e al ridimensionamento. Abbiamo quindi creato il file `rotate.xml` all'interno della cartella `res/drawable` utilizzando l'elemento `<rotate/>`.

Listato 3.23 File rotate.xml per la definizione del RotateDrawable

```xml
<?xml version="1.0" encoding="utf-8"?>
<rotate xmlns:android="http://schemas.android.com/apk/res/android"
    android:drawable="@drawable/shapes" android:pivotX="120" android:pivotY="240"
    android:fromDegrees="0" android:toDegrees="360"
    android:visible="true">
</rotate>
```

Notiamo come siano presenti diversi attributi per la definizione delle informazioni relative al `Drawable` da ruotare, al punto da considerare come centro della rotazione oltre che all'ampiezza della rotazione stessa. Il nome degli attributi utilizzati è ora evidente. Attraverso questa definizione abbiamo quindi creato una particolare specializzazione di `Drawable` in grado di ruotare un altro `Drawable` di una quantità collegata al valore del livello impostato. In questa fase dobbiamo solo fare attenzione che le informazioni relative alle coordinate del centro della rotazione sono in pixel: non sono ammesse altre unità di misura, come visto nel caso della definizione di dimensioni. Come `Drawable` di riferimento abbiamo preso nuovamente il nostro `GradientDrawable` identificato da `@drawable/shapes`.

Una cosa analoga la possiamo fare attraverso il file `scale.xml`, sempre nella cartella `res/drawable`, per le informazioni di resize, attraverso l'elemento `<scale/>`.

Listato 3.24 File scale.xml per la definizione del ScaleDrawable

```xml
<?xml version="1.0" encoding="utf-8"?>
<scale xmlns:android="http://schemas.android.com/apk/res/android"
    android:drawable="@drawable/rotate" android:gravity="center"
    android:scaleWidth="50%" android:scaleHeight="50%"
    android:fromXScale="0.1"  android:toXScale="1.0"
    android:fromYScale="1.0"  android:toYScale="0.1"
    android:visible="true">
</scale>
```

In questo caso le informazioni sono relative alle dimensioni iniziale e finale associate al livello. La cosa interessante riguarda l'utilizzo, come `Drawable` da ridimensionare, del riferimento al risultato della rotazione cui accediamo attraverso la notazione @drawable/rotate. Eseguendo l'applicazione otteniamo quindi quanto visualizzato in Figura 3.21.

Il lettore si sarà sicuramente accorto dell'analogia esistente tra quanto ottenuto e quello che potrebbe essere un framework per la definizione di particolari animazioni. Vedremo infatti che `<rotate/>` e `<scale/>` sono appunto due degli elementi che andremo a utilizzare quando ci occuperemo di animazioni di una `View` e della loro definizione dichiarativa all'interno di documenti XML.

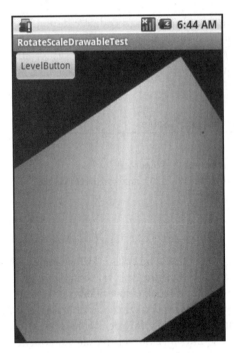

Figura 3.21 Esempio di utilizzo della rotazione e resize.

NinePatchDrawable

Chiunque abbia mai provato a realizzare un proprio Button si è sicuramente scontrato con il problema di rendere le dimensioni dell'immagine compatibili con quelle dell'eventuale testo contenuto. Spesso ci si è trovati di fronte alla necessità di allargare l'immagine o di stringerla fino alla rassegnazione di dover creare una immagine per ciascuna label del bottone. Se poi aggiungiamo problematiche di internazionalizzazione (I18N), il numero delle immagini da gestire cresce in modo tale da complicare la gestione dell'intero progetto. Per ovviare a tale problema Android permette la gestione di un tipo particolare di immagini PNG chiamate NinePatch. Se ritorniamo al nostro Button possiamo notare come la parte dipendente dal testo in esso contenuto non riguardi l'intera immagine ma solo quella parte centrale che lo dovrà contenere. Attraverso le NinePatch possiamo quindi definire quali parti di un'immagine hanno dimensioni variabili. Si tratta dunque di suddividere un'immagine in nove parti. I quattro angoli non vengono modificati, a differenza delle altre quattro parti esterne che vengono modificate solamente nella direzione corrispondente. Le parti ai lati vengono modificate in altezza mentre le parti superiori e inferiori vengono modificate in larghezza. La parte centrale, che dovrà presumibilmente contenere elementi di dimensione variabile (per esempio un testo), dovranno essere ridimensionate in entrambe le dimensioni (Figura 3.22).

A tale proposito Android mette a disposizione lo strumento di nome draw9patch contenuto nella cartella tools dell'SDK. Si tratta di uno strumento che ci permetterà di definire, in modo visuale, le diverse nove parti di una immagine PNG.

Anche in questo caso facciamo un esempio pratico partendo da un'immagine di nome no_patch.png che il lettore potrà trovare nella cartella res/drawable del progetto Nine-

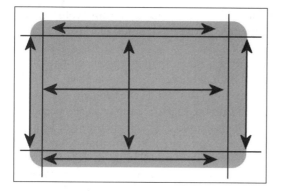

Figura 3.22 Suddivisione in 9 parti secondo lo schema NinePatch.

`PatchDrawable`. Si tratta di una normalissima immagine che descrive un possibile sfondo per un pulsante. Creiamo ora la sua versione `NinePatch` eseguendo

draw9patch

da linea di comando. Si ha la visualizzazione di un'interfaccia sulla quale trasciniamo il file dell'immagine da trasformare ottenendo quanto visualizzato in Figura 3.23. Notiamo come l'immagine caricata venga visualizzata nella parte sinistra mentre nella parte destra vi sia la visualizzazione della stessa in tre possibili situazioni in cui il contenuto fosse più alto, più largo o lasciato inalterato. La parte sulla destra rappresenta quindi

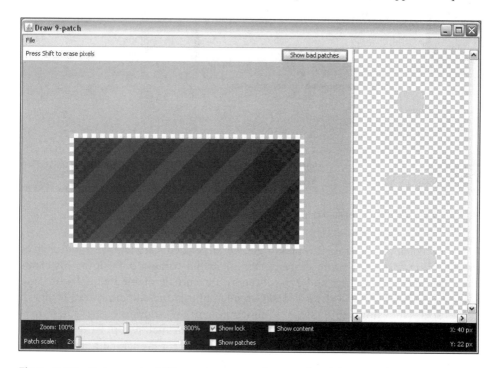

Figura 3.23 Caricamento dell'immagine no_patch.png nel tool draw9patch.

una preview del risultato che si vuole ottenere. Nella parte sinistra abbiamo volutamente selezionato l'immagine con il mouse per mettere in risalto un bordo di 1 pixel che sarà il nostro punto di intervento.

Con il clic del mouse potremo quindi selezionare alcuni di questi pixel colorandoli di nero. Tenendo premuto il tasto Shift (o il corrispondente nel caso del Mac) sarà possibile deselezionare i pixel. Il significato di questi pixel varia a seconda che vengano selezionati nella parte sinistra e in alto o nella parte bassa e a destra. La parte sinistra e in alto permette di selezionare quelle regioni dell'immagine che potranno essere ridimensionate. Le parti non selezionate in alto o a sinistra definiscono le zone che non subiranno ridimensionamento. Per quello che riguarda la parte a destra e in basso, il significato della selezione dei pixel è quello di definizione dell'area che un elemento potrà occupare se contenuto nell'immagine stessa. Si tratta spesso di una regione un po' più ampia di quella definita in precedenza. Possiamo quindi procedere ottenendo, nel nostro caso, una situazione simile a quella di Figura 3.24.

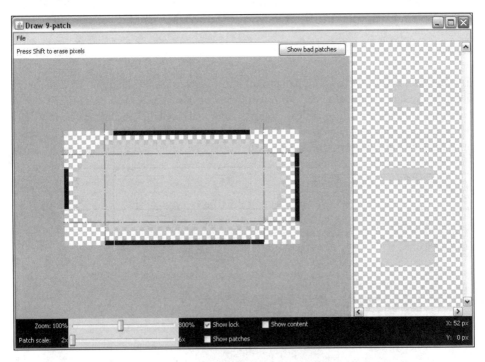

Figura 3.24 Definizione delle 9 regioni più quella associata al contenuto.

Per comodità abbiamo disegnato delle righe verdi per delineare le nove zone relative all'immagine `NinePatch` come descritto all'inizio del paragrafo. Le linee rosse definiscono invece l'area che andrà a contenere l'eventuale elemento interno come potrebbe essere un testo. Prima di descrivere l'applicazione che dimostra l'utilità di questo strumento dobbiamo salvare l'immagine con un'estensione `.9.png`. L'immagine trasformata si chiama `patched.9.png` ed è contenuta anch'essa nella `res/drawable` del progetto. Per verificare la differenza tra l'utilizzo di un'immagine normale e una trasformata con il tool è sufficiente definire un layout con due pulsanti, associando

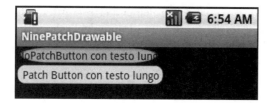

Figura 3.25 Utilizzo di un'immagine NinePatch.

a uno come background l'immagine originale e all'altro l'immagine trasformata. Il risultato è mostrato in Figura 3.25. Notiamo come in entrambi i casi l'immagine venga allungata ma in modo diverso. Nel primo Button l'immagine di sfondo viene modificata secondo le stesse proporzioni in altezza e larghezza del bottone. Nel secondo Button la parte allungata è solamente quella definita attraverso il tool. È evidente che immagini trattate nel seguente modo permettono la realizzazione di interfacce con elementi più proporzionati.

Finora non abbiamo comunque usato nessuna classe NinePatchDrawable. In realtà se accedessimo da codice alla risorsa identificata dalla costante R.drawable.patched ciò che otterremmo sarebbe appunto il riferimento a un oggetto istanza di NinePatchDrawable. Cosa forse ovvia, ma che è bene ripetere, riguarda il fatto che un NinePatchDrawable è un Drawable nel senso Object Oriented, per cui può essere utilizzato in ogni luogo in cui può essere utilizzato un Drawable.

LevelListDrawable

Nei paragrafi precedenti abbiamo visto alcune implementazioni di Drawable che si visualizzavano in modi diversi a seconda del valore di un parametro chiamato livello. La ClipDrawable permette di selezionare un altro Drawable mentre il RotateDrawable e lo ScaleDrawable permettono l'esecuzione di semplici trasformazioni. La classe LevelListDrawable permette invece, in modo dichiarativo, di suddividere il range di livelli in gruppi e di associare un Drawable a ciascuno di essi. La classe LevelListDrawable non è una Drawable come ne abbiamo viste finora ma è una specializzazione della classe DrawableContainer che non fa altro che memorizzare al suo interno un elenco di Drawable delegando, secondo regole diverse, a una di queste la sua visualizzazione.

Per fare un esempio descriviamo il progetto LevelListDrawableTest. Il codice relativo all'Activity è molto simile a quello realizzato per la descrizione della ClipDrawable. Il file che descrive le associazioni tra livelli e Drawable da visualizzare è quello che abbiamo chiamato level_list.xml e che abbiamo inserito in res/drawable.

Listato 3.25 File level_list.xml per la definizione del LevelListDrawable

```xml
<?xml version="1.0" encoding="utf-8"?>
<level-list xmlns:android="http://schemas.android.com/apk/res/android">
    <item android:maxLevel="3000" android:drawable="@drawable/red_rect" />
    <item android:maxLevel="6000" android:drawable="@drawable/yellow_rect" />
    <item android:maxLevel="9000" android:drawable="@drawable/green_rect" />
</level-list>
```

L'elemento di root è `<level-list/>` cui si associano una serie di elementi `<item/>`. Attraverso l'attributo `android:maxLevel` impostiamo quello che è il massimo valore del livello sotto il quale considerare come attiva la `Drawable` specificata con l'attributo `android:drawable`. Se andiamo a eseguire l'applicazione noteremo infatti come il colore del pulsante sia inizialmente rosso, per poi passare al colore giallo e infine al colore verde a mano a mano che si clicca sul pulsante stesso.

StateListDrawable

Una delle principali caratteristiche dei `Drawable` è il loro legame con le `View` di cui ne rappresentano la parte di visualizzazione vera e propria. Abbiamo già detto come i diversi componenti modifichino il proprio modo di visualizzarsi a seconda del loro stato. Abbiamo poi visto che ciascuna `Drawable` prevede la definizione del metodo `setState()` attraverso il quale è possibile impostarne lo stato corrente. Si tratta quindi di un caso d'uso molto simile a quello precedente che non dipende da un livello ma da uno stato. Servirebbe quindi un meccanismo per associare a ciascuno stato di un componente quello che è il `Drawable` che lo dovrà visualizzare. Da quanto detto si capisce che anche in questo caso serve una specializzazione del `DrawableContainer` cui abbiamo accennato nel paragrafo precedente che in questo caso si chiama `StateListDrawable`. Come esempio realizziamo quindi il progetto `StateListDrawableTest` che ci permetterà di applicare anche alcuni dei concetti visti in precedenza per altri tipi di `Drawable`. Si vuole infatti associare un colore diverso al nostro `Button` a seconda del suo stato.

Per fare questo, nella modalità che già abbiamo visto, utilizziamo l'immagine `NinePatch` creata nel corrispondente esempio applicando a essa colori diversi sovrapponendo dei rettangoli colorati trasparenti. Allo scopo basterà creare dei `LayerDrawable` con il `NinePatchDrawable` dell'immagine cui va sovrapposto il `ColorDrawable` associato al colore desiderato. Ciò che ci più ci interessa è comunque la modalità con cui si associa un `Drawable` a un particolare stato della `View`, ovvero come si crea in modo dichiarativo un'istanza di `StateListDrawable` da associare come `Drawable` di background. In questo caso si utilizza l'elemento `<selector/>` come descritto nel file `my_drawable_button.xml` che abbiamo creato nella cartella `res/drawable`.

Listato 3.26 Definizione di un StateListDrawable

```xml
<?xml version="1.0" encoding="utf-8"?>
<selector xmlns:android="http://schemas.android.com/apk/res/android">
    <item android:state_focused="true" android:state_pressed="true"
        android:drawable="@drawable/focused_layers" />
    <item android:state_focused="false" android:state_pressed="true"
        android:drawable="@drawable/pressed_layers" />
    <item android:state_focused="true" android:state_pressed="true"
        android:drawable="@drawable/pressed_layers" />
    <item android:state_focused="true" android:state_selected="true"
        android:drawable="@drawable/selected_layers" />
    <item android:state_focused="true" android:state_selected="false"
        android:drawable="@drawable/not_selected_layers" />
    <item android:state_selected="true" android:drawable="@drawable/normal_layers"
/>
```

```
        <item android:drawable="@drawable/normal_layers" />
</selector>
```

Notiamo come ciascuno stato sia individuato dall'abilitazione, attraverso valori `boolean`, di un particolare `flag` dipendente dal particolare componente. Quelli nell'esempio sono alcuni degli stati relativi a un `Button`. Eseguendo l'applicazione noteremo quindi come, selezionando il `Button`, il background venga modificato di conseguenza (Figura 3.26).

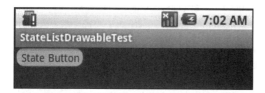

Figura 3.26   StateListDrawableTest in esecuzione.

AnimationDrawable

Abbiamo già accennato alla possibile analogia tra un particolare `Drawable` e le animazioni intese come la visualizzazione di una sequenza di immagini detti `frame`. Android mette a disposizione una specializzazione di `DrawableContainer` che permette appunto la realizzazione di semplici animazioni visualizzando una sequenza di altri `Drawable`. A tale scopo è stata creata la classe `AnimationDrawable` che descriviamo attraverso il progetto `AnimationDrawableTest` di codice disponibile online. Come prima cosa abbiamo creato delle immagini che andranno a comporre le `Drawable` relative ai frame dell'animazione. Nel nostro caso si tratta di immagini di estensione `.png` le quali daranno origine alla creazione di altrettanti `BitMapDrawable`. Come più volte detto, questo ha una importanza relativa in quanto un `frame` potrebbe essere una specializzazione di `Drawable` qualunque. La definizione dell'animazione è contenuta all'interno del file `animations.xml` nella cartella `res/drawable` insieme alle immagini. Notiamo come l'elemento utilizzato sia `<animation-list/>` il quale contiene tanti elementi `<item/>` quanti sono i `frame` dell'animazione. Attraverso l'attributo `android:oneshot` possiamo decidere se l'animazione dovrà avvenire una sola volta oppure se dovrà essere ripetuta come nel nostro caso.

Listato 3.27   Definizione di una AnimationDrawable

```
<?xml version="1.0" encoding="utf-8"?>
<animation-list xmlns:android="http://schemas.android.com/apk/res/android"
    android:id="@+id/pacmanAnimation" android:oneshot="false">
    <item android:drawable="@drawable/frame_1" android:duration="100" />
    <item android:drawable="@drawable/frame_2" android:duration="100" />
    <item android:drawable="@drawable/frame_3" android:duration="100" />
    <item android:drawable="@drawable/frame_4" android:duration="100" />
</animation-list>
```

Per ciascun frame possiamo specificare il `Drawable` di riferimento e la durata di visualizzazione dello stesso in millisecondi. Se ora, utilizzando il layout editor, assegniamo l'animazione come background di una `View` noteremo come la stessa non venga avviata. Per vedere l'animazione come sfondo di una View che nel nostro caso è un'istanza di Button, dobbiamo necessariamente ottenerne un riferimento e invocare su di essa il metodo:

```
public void start();
```

Il sorgente Java da utilizzare sarà quindi il seguente:

Listato 3.28 Codice per l'avvio di una AnimationDrawable associata a una View

```
@Override
public void onCreate(Bundle savedInstanceState) {
    super.onCreate(savedInstanceState);
    setContentView(R.layout.main);
    Button animatedButton = (Button)findViewById(R.id.animatedButton);
    AnimationDrawable animDrawable = (AnimationDrawable)animatedButton.
    getBackground();
    animDrawable.start();
}
```

Notiamo come si ottenga il riferimento al Button attraverso il suo id e come si ottenga il riferimento alla AnimationDrawable impostata nel layout quale suo background. Purtroppo anche in questo caso l'animazione non viene avviata. Probabilmente si tratta di un bug della versione corrente dell'SDK cui è possibile rimediare spostando il precedente codice di gestione dell'animazione in un altro metodo di callback dell'Activity che si chiama

```
public void onWindowFocusChanged(boolean hasFocus)
```

e che viene invocato in corrispondenza di una variazione nello stato di focus. Faremo quindi in modo che l'animazione venga avviata in caso di focus e fermata in caso contrario. Basterà quindi scrivere il seguente metodo:

Listato 3.29 Workaround del problema relativo all'avvio di una AnimationDrawable

```
@Override
public void onWindowFocusChanged(boolean hasFocus) {
    // Otteniamo il riferimento al Button
    Button animatedButton = (Button)findViewById(R.id.animatedButton);
    // Otteniamo il riferimento all'animazione associata al Button
    AnimationDrawable animDrawable  = (AnimationDrawable)animatedButton.
    getBackground();
    if (hasFocus) {
    animDrawable .start();
    } else {
    animDrawable .stop();
    }
}
```

modificando il restante codice come descritto nel codice sorgente.

In questo caso potremo verificare come il pulsante abbia quindi un'animazione come background (Figura 3.27).

Figura 3.27 Esecuzione di AnimationDrawableTest.

Drawable senza XML

Non tutte le specializzazioni della classe Drawable possono essere definite in modo dichiarativo attraverso risorse descritte con documenti XML. Per completezza accenniamo quindi alle classi PictureDrawable, ShapeDrawable e PaintDrawable le quali potranno essere gestite solamente attraverso del codice Java. La classe PictureDrawable permette di incapsulare una Picture all'interno di un Drawable potendo quindi utilizzarla in ogni luogo in cui ci si aspetta un Drawable.

Ma che cos'è una Picture descritta dalla omonima classe del package android.graphics? Si tratta di un oggetto molto utile dal punto di vista delle performance che permette di registrare un insieme di azioni di disegno su di un Canvas che, analogamente a quanto avviene in altri ambienti come per esempio il J2SE, descrive la base (la tavolozza) su cui disegnare.

Ci spieghiamo con un esempio banale. Supponiamo di voler disegnare un quadrato, una figura composta quindi da quattro lati. Le istruzioni da eseguire sarebbero allora le quattro istruzioni di disegno dei lati che, in Android, sono espresse da metodi della classe Canvas che il lettore può consultare facilmente nella documentazione ufficiale. In questo caso il metodo utilizzato sarebbe stato probabilmente il seguente:

```
public void drawLine (float startX, float startY, float stopX, float stopY, Paint paint)
```

dove Paint è un oggetto, descritto all'omonima classe dello stesso package android.graphics, che incapsula le informazioni relative al tratto da utilizzare nel disegno stesso. Supponiamo ora di dover disegnare il quadrato più volte, quindi di dover rieseguire più volte le precedenti quattro istruzioni. Si tratta del tipico caso di possibile utilizzo di una Picture. Essa permette di ottenere il riferimento a un Canvas utilizzando il quale è possibile registrare le azioni di disegno su di esso in modo da poterle ripetere in modo più efficiente successivamente. È possibile quindi non solo iniziare o terminare la registrazione attraverso i metodi:

```
public Canvas beginRecording (int width, int height)

public void endRecording ()
```

ma anche riproporre le azioni memorizzare attraverso il metodo:

```
public void draw (Canvas canvas)
```

Ultima importante caratteristica è la possibilità di serializzare una `Picture` per poterla poi salvare e ripristinare successivamente. La `PictureDrawable` permette quindi di creare un `Drawable` che delega a una `Picture` la sua renderizzazione. Viene utilizzata principalmente nella creazione di `Drawable` personalizzate che richiedono una gestione particolare dei criteri di visualizzazione diversi da quelli predefiniti.

Oltre al package `android.graphics.drawable`, Android mette a disposizione il package `android.graphics.drawable.shape` che contiene una serie di classi specializzazioni di `Shape`. Si tratta di classi che descrivono un insieme di figure geometriche che si possono disegnare su un `Canvas` e che quindi possono essere utilizzate nella renderizzazione di un `Drawable`. Questo meccanismo sta alla base della classe `ShapeDrawable`, la quale delega la sua renderizzazione a una particolare specializzazione di `Shape`. Ulteriore specializzazione di questa classe è infine la `PaintDrawable` che non fa molto di più che aggiungere dei bordi arrotondati allo `ShapeDrawable` che la stessa classe estende.

Risorse associate a file

Abbiamo fin qui visto come sia possibile definire alcune risorse attraverso dei documenti XML. Si tratta di un aspetto molto importante di Android in quanto un corretto utilizzo delle risorse permette una migliore ottimizzazione del codice, da cui prestazioni migliori. Ora ci occupiamo di un altro tipo di risorse le quali non si traducono in oggetti particolari di Android ma che possono essere utilizzate in base alle loro specifiche caratteristiche. Parliamo quindi di determinati file binari o di documenti XML da parserizzare in base a uno schema personalizzato.

Assets

Osservando la struttura di un progetto Android generata dai tool, notiamo la presenza di una cartella di nome `assets` che, come già detto nell'introduzione, può contenere qualunque tipo di file organizzato secondo una qualunque struttura a directory. Si tratta di file che non corrispondono a vere e proprie risorse in quanto per esse non viene generata alcuna costante della classe `R` e non viene eseguita alcuna ottimizzazione per il loro utilizzo nel dispositivo. L'unico modo di accedere a queste informazioni dall'applicazione è quello di utilizzare la classe `AssetManager`. Come esempio di utilizzo di un asset realizziamo l'applicazione `AssetsTest` la quale utilizza un tipo molto particolare di risorsa ovvero un file di tipo True Type Font (TTF) che definisce un font. Vogliamo quindi utilizzare tale informazione per visualizzare un testo con un font diverso da quelli predefiniti. Il primo passo consiste nel procurarsi un font che nel nostro caso abbiamo chiamato `free_font.ttf` e inserito nella cartella `/assets/fonts`. Il lettore potrà verificare come nella classe `R` non vi sia effettivamente alcuna informazione al riguardo. Dobbiamo quindi utilizzare l'`AssetManager` attraverso il seguente codice:

Listato 3.30 Metodo onCreate() per l'utilizzo di un asset

```
public void onCreate(Bundle savedInstanceState) {
    super.onCreate(savedInstanceState);
    setContentView(R.layout.main);
    // Per ottenere il riferimento all'Asset utilizziamo l'oggetto
    // di tipo AssetManager a cui accediamo attraverso le Resources
```

```
    AssetManager assetManager = getResources().getAssets();
    // Otteniamo il riferimento all'oggetto relativo ai font
    Typeface typeface = Typeface.createFromAsset(assetManager,
    "fonts/free_font.ttf");
    // Otteniamo il riferimento alla TexView
    TextView textView=(TextView)findViewById(R.id.output);
    // Assegnamo il font alla textView
    textView.setTypeface(typeface);
}
```

Il riferimento all'`AssetManager` si ottiene attraverso il metodo `getAssets()` dell'oggetto `Resources` responsabile della gestione delle risorse. Il fatto che un file che non subisce i trattamenti delle risorse venga gestito attraverso lo stesso oggetto `Resources` potrebbe far storcere il naso ma questa è stata la scelta dei progettisti di Google.

Nel nostro caso l'asset è un file relativo a un font che in Android corrisponde a un oggetto di tipo `Typeface` del package `android.graphics`. Si tratta di una classe che contiene uno Static Factory Method che permette di ottenerne un'istanza a partire appunto da un `asset`.

> ### Static Factory Method
> Lo Static Factor Method descrive un idioma molto utilizzato per creare istanze di una classe. Il costruttore, infatti, ha il vincolo di doversi chiamare come la classe stessa e di permettere la creazione di oggetto esattamente di quel tipo. Attraverso uno Static Factory Method è invece possibile chiamare il metodo come si vuole, e far ritornare a esso non solo istanze della classe che lo descrive ma anche classi di tipo figlio senza che questo sia a conoscenza del client che comunque vede tutti questi oggetti come dello stesso tipo. Esso permette anche di decidere quella che è la molteplicità dell'oggetto creato, permettendo quindi l'implementazione di un Singleton o l'attuazione di meccanismi di pooling.

Ottenuto l'oggetto `Typeface` a partire dall'`asset` lo possiamo impostare come font nella `TextView` ottenendo il risultato di Figura 3.28.

Quella del font è solo una delle tipologie di file che possono essere contenuti all'interno della directory `assets`. Nei successivi capitoli ne vedremo diverse altre.

Figura 3.28   Utilizzo di un asset.

Risorse XML

Abbiamo visto come l'XML sia un linguaggio molto utilizzato nella descrizione delle risorse per Android. A seconda del significato delle informazioni in esso definite, una risorsa XML può essere interpretata dal sistema in modi diversi. Il più semplice di questi è quello che prevede di gestire il file come semplice documento XML. Si tratta di risorse contenute all'interno della cartella /res/xml e alle informazioni corrispondenti si può accedere, anche in questo caso, attraverso un metodo della classe Resources:

```
public XmlResourceParser getXML(int id) throws Resources.NotFoundException;
```

Notiamo come l'id passato in input sia il valore della costante associato alla risorsa nella classe R mentre il valore di ritorno sia un riferimento a una particolare implementazione dell'interfaccia XmlResourceParser del package content.res. Si tratta dell'implementazione di una versione semplificata di un parser XML di tipo pull che ci permette quindi di accedere alle informazioni del documento in maniera semplice ed efficiente.

> **Tipi di parser XML**
>
> Che cosa significa che Android dispone anche di un parser di tipo pull? Per comprenderlo facciamo una breve digressione sui tipi di parser XML in genere. Il parser SAX (Simple API for XML) permette di scandire il documento carattere dopo carattere e di generare una serie di eventi ogni volta che si incontra una particolare informazione come l'inizio di un elemento, la sua chiusura, l'inizio e la fine del documento stesso e così via. Utilizzare questo tipo di parser significa creare degli handler che, a seguito di questi eventi, ne utilizzano le informazioni per estrarre i dati di interesse. Si tratta quindi di un parser molto snello che non richiede grosse risorse ma che non permette di modificare il documento o di prendere decisioni basate sulla sua interezza. A tale proposito esistono i parser DOM (Document Object Model) che non fanno altro che trasformare il documento in una struttura ad albero in memoria. SI tratta di una soluzione più impegnativa della precedente, ma che permette anche di modificare il documento di partenza. Un parser di tipo pull è simile a un parser di tipo SAX, solamente che è il client a indicare al parser su quale particolare elemento posizionarsi per poi leggerne le informazioni. Vedremo che le istruzioni di questo parser sono del tipo "posizionati sul prossimo elemento di tipo book" oppure "dammi il valore dell'attributo isbn". Si tratta di parser spesso utilizzati in dispositivi mobili che hanno come vincolo quello di conoscere a priori lo schema del documento da parserizzare. Android dispone comunque anche della implementazione di un parser SAX e di un parser DOM.

La principale operazione da fare con un documento XML è appunto il parsing, per cui creiamo il seguente documento:

Listato 3.31 Esempio di documento XML

```xml
<?xml version="1.0" encoding="UTF-8"?>
<books>
    <book isbn="0000000">MIDP 2.0: Programmare i cellulari</book>
    <book isbn="1111111">Italian Android</book>
    <book isbn="2222222">La Divina Commedia</book>
    <book isbn="3333333">I Promessi Sposi</book>
</books>
```

contenuto all'interno del file books.xml nella cartella res/xml. Si tratta di un semplice documento che descrive una lista di libri contenuti all'interno della root <books/> e identificati dall'elemento <book/>. Ciascun libro è identificato da un valore diverso dell'attributo isbn e da un elemento testuale che ne descrive il titolo. Realizziamo quindi il progetto XMLResourceTest per la lettura e interpretazione del file XML appena descritto. Ciò che vogliamo fare è visualizzare le informazioni nel file XML all'interno della TextView in attesa di utilizzare, come faremo più avanti, una qualche View più complessa ma anche più adatta al caso. Il sorgente della Activity è disponibile online e lo descriviamo di seguito nelle parti fondamentali. Il primo passo consiste nell'ottenere il riferimento al parser del nostro documento XML, cosa che avviene attraverso la semplice istruzione

```
XmlResourceParser parser = getResources().getXml(R.xml.books);
```

Notiamo l'utilizzo della costante R.xml.books generata automaticamente dal nostro tool. Di seguito quindi riportiamo la parte di codice relativa alla parserizzazione del documento.

Listato 3.32 Utilizzo del parser XmlResourceParser

```
// Otteniamo il tipo di evento letto dal parser
int eventType = parser.getEventType();
// Continuiamo fino alla fine del documento
String isbn = null;
String title = null;
while (eventType != XmlResourceParser.END_DOCUMENT) {
    if (eventType == XmlResourceParser.START_TAG) {
        // Se il tag che viene aperto è quello di book
        // ne prendiamo il valore dell'attributo isbn
        String tagName = parser.getName();
        if ("book".equals(tagName)) {
            // Si tratta del tag relativo a un libro
            // ne prendiamo l'attributo isbn
            isbn = parser.getAttributeValue(0);
        } else {
            // Non e' il tag book
        }
    } else if (eventType == XmlResourceParser.TEXT) {
        // Può solo essere il testo associato al book
        title = parser.getText();
        // Abbiamo concluso un testo per cui appendiamo
        // isbn e titolo
        buffer.append(isbn).append(" : ").append(title).append("\n");
    }
    // Andiamo avanti
    eventType = parser.next();
}
```

Attraverso l'istruzione getEventType() si richiede al parser di posizionarsi sulla successiva parte del documento XML finché non si arrivi alla sua fine, cosa individuata dalla costante statica END_DOCUMENT della classe XmlResourceParser. Esistono infatti costanti per ciascuna tipologia di informazione del documento come l'inizio di un tag (costante START_TAG) o la presenza di un elemento di tipo testuale (costante TEXT).

È quindi facile comprendere come queste costanti vengano utilizzate al fine del riconoscimento della tipologia di informazione che poi andiamo a memorizzare in una struttura conveniente alla sua visualizzazione attraverso una TextView. Il risultato è quindi quello mostrato in Figura 3.29.

Figura 3.29 Esecuzione dell'applicazione XMLResourceTest.

È importante comunque ricordare come le risorse all'interno della cartella res/xml siano risorse rappresentate da documenti XML che subiscono un processo di ottimizzazione da parte dell'ambiente per un loro più efficiente utilizzo nei dispositivi.

Risorse raw

Nel paragrafo precedente abbiamo visto un tipo molto particolare di risorsa ovvero quello dei documenti XML non legati a particolari elementi di Android. Si tratta comunque di risorse per le quali viene generata una costante nella classe R e per le quali vengono eseguite un insieme di operazioni con lo scopo di ottimizzarne l'utilizzo nel dispositivo. In certi casi si ha la necessità di utilizzare delle risorse cui sarebbe bene fossero associate delle costanti di R ma alle quali non venisse applicata alcuna operazione di ottimizzazione. Android definisce questo tipo di risorse come raw. Si tratta quindi di file contenuti all'interno della cartella res/raw per i quali viene generata una corrispondente costante in R che ne semplifica la referenziazione ma che non subiscono alcuna modifica. È il caso di file video o audio o comunque di file cui si ha la necessità di accedere secondo una modalità a stream (sequenza di byte). Nei successivi capitoli vedremo diversi componenti utilizzare risorse di questo tipo. Per il momento realizziamo un semplice esempio, descritto dal progetto RawResourceTest, che permette di leggere il precedente documento XML come se fosse un qualunque file di testo visualizzandolo sempre nella TextView. Dal codice, disponibile online, possiamo notare come sia possibile accedere a un InputStream per la lettura della risorsa raw attraverso l'istruzione

```
InputStream is = getResources().openRawResource(R.raw.books);
```

dove R.raw.books è appunto la costante generata automaticamente dall'SDK. Il risultato ottenuto è quindi quello in Figura 3.30

Quello creato è ovviamente un esempio, ma nella maggior parte dei casi le risorse di questo tipo sono file binari relativi a suoni o immagini che poi verranno letti e riprodotti dai relativi componenti, come vedremo approfonditamente nel capitolo relativo alla gestione dei media.

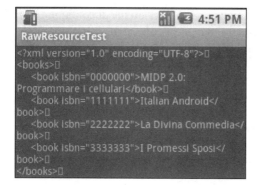

Figura 3.30 Lettura di una risorsa raw.

Altri tipi di risorse

In questo impegnativo capitolo abbiamo visto diverse tipologie di risorse, che ricordiamo è bene sempre utilizzare al fine di sfruttare al meglio i meccanismi di ottimizzazione che i dispositivi necessariamente adottano. È un vantaggio della definizione dichiarativa quello di delegarne l'elaborazione a componenti potenzialmente diversi. Pensiamo, per esempio, alla definizione di un'animazione implementata da dispositivi con caratteristiche hardware diverse. Uno sarà migliore dell'altro nell'interpretazione di informazioni che comunque noi definiremo sempre allo stesso modo.

Proprio per questo motivo Android fa un elevato utilizzo di risorse non solo per la gestione di aspetti grafici, ma anche per la configurazione di particolari componenti che avevamo intravisto nella nuova interfaccia dell'ADT per la creazione di documenti XML. Nei prossimi capitoli vedremo quindi come l'approccio dichiarativo venga utilizzato anche per la definizione di:

- menu
- widget da aggiungere alla home
- preferenze
- animazioni
- criteri di ricerca delle informazioni nel Search Box

La definizione dichiarativa delle risorse permette poi un ulteriore grosso vantaggio: quello di poterne prevedere diverse versioni a seconda di alcune caratteristiche, hardware e software, del dispositivo, come vedremo nel prossimo e conclusivo paragrafo.

Configurabilità delle risorse e I18N

La più semplice delle risorse descritte in questo capitolo è sicuramente quella relativa alla definizione di stringhe. Ma quale può essere l'utilità nel definire questo tipo di informazioni in file esterni oltre a quello di non dover ricompilare l'applicazione nel caso di modifiche? Pensiamo allora all'ormai famoso Button cui associamo una label di valore "Premi". Nel caso in cui la stessa applicazione dovesse essere utilizzata da una persona di lingua diversa, per esempio inglese, la label dovrebbe invece diventare "Push". Gli strumenti che abbiamo descritto fin qui non ci permettono di risolvere questo problema, la cui soluzione consisterebbe nel creare due diversi progetti dove un file di configurazione contiene le label in italiano e un altro le label in inglese; la cosa sarebbe improponibile. Fortunatamente Android prevede un meccanismo per definire regole nella scelta dei file di configurazione non solo relativamente a un insieme di label associate a una lingua, ma anche in relazione a una qualunque configurazione legata a diversi parametri, tra cui quelli legati alle dimensioni dello schermo e altri ancora.

Spaventiamo subito il lettore dicendo che la regola che permette di organizzare le risorse in base a un insieme di parametri è legata al nome delle directory che dovranno contenere i file di configurazione. Nel peggiore dei casi il nome della directory, che nell'esempio è quella associata ai values ma che potrebbe essere anche una delle altre, dovrà seguire la regola:

res/values-<mcc mnc>-<lingua e regione>-<classe schermo>-<tipo schermo>-<orientation>-<densità pixel>-<tipo touch>-<disp. tastiera>-<tipo input>-<prim. Input no key>-<screen dim>-<sdk>-<minor version>

Si tratta quindi di informazioni, dette qualificatori, che vanno aggiunte, separate dal carattere "-" (trattino), al nome della directory in res. Ciascuna di queste informazioni, descritte brevemente nella Tabella 3.6, viene poi utilizzata dal dispositivo per scegliere, in base alle sue impostazioni dipendenti anche dalle configurazioni dell'utente, il file di definizione della risorsa da utilizzare.

Tabella 3.6

Parametro	Descrizione
mmc mnc	Sono informazioni che solitamente il dispositivo ottiene dalla SIM e che permettono di definire quello che si chiama Mobile Country Code eventualmente seguito dal Mobile Network Code. Sono identificativi, quindi, del paese e della rete mobile utilizzata.
lingua e regione	Rappresentano le informazioni più utilizzate nella selezione dei file delle risorse e riguardano la identificazione della lingua, seguita eventualmente da un identificatore della regione, cui viene preposto il simbolo r. Ecco che una lingua inglese per gli stati uniti vengono rappresentati dal valore en-rUS.
classe schermo	Permette di distinguere fra tre diverse classi nelle dimensioni dello schermo associate ai valori small, normal e large, ciascuno con le proprie caratteristiche di densità.
tipo schermo	Permette di identificare un dispositivo con un display normale o allungato corrispondente ai valori not long e long.
orientation	Si tratta di una informazione molto utile che permette di usare, per esempio, una risorsa di layout diversa a seconda dell'orientamento del dispositivo. I possibili valori sono port, land e square e vedremo come gestirli quando tratteremo la definizione delle UI.
densità in pixel	Si tratta di un identificatore della densità del dispositivo; può assumere i valori ldpi, mdpi, hdpi e nodpi.
tipo di touch	Permette di specificare l'eventuale tipo di dispositivo touch; può assumere i valori notouch, stylus e finger.
disp. tastiera	Dalla 1.5 non tutti i dispositivi Android sono obbligati a possedere una tastiera fisica. Questo attributo permette di specificare la tipologia di tastiera e può assumere i valori keysexposed, keyshidden e keyssoft.
tipo di input primario	Questo parametro permette di specificare la modalità primaria di input messa a disposizione dal device; può assumere i valori nokeys, qwerty e 12key.

tipo di input no key	Questo parametro indica la modalità di input senza l'utilizzo di tasti; può assumere i valori `nonav`, `dpad`, `trackball` e `wheel`
dim. schermo	Attraverso questo parametro è possibile specificare le dimensioni dello schermo in pixel con valori del tipo 320×240 o 160×240 e così via.
sdk	Questo attributo permette di utilizzare la versione dell'SDK per la selezione delle risorse.
minor version	Permette di specificare il minor version ma si tratta di un parametro non utilizzato che dovrebbe valere sempre 0.

Per una descrizione più accurata di ciascuno di questi parametri si rimanda alla documentazione ufficiale.

Gestire tutte le combinazioni possibili diventa ovviamente improponibile. Spesso si utilizzano solamente quei parametri che effettivamente presuppongono una modifica apprezzabile nel funzionamento dell'applicazione, come le dimensioni dello schermo o la lingua utilizzata. È importante comunque sottolineare come ciascuna delle risorse contenute nelle directory così create vengano comunque referenziate attraverso le stesse costanti della classe R viste finora. Nel caso del progetto generato automaticamente si avrà sempre una costante di nome `R.string.app_name` il cui valore invece dipenderà dal file scelto in base alle regole che ci accingiamo a descrivere e che si basano sulle directory definite in precedenza.

I passi che il dispositivo segue nell'identificazione dei file di risorsa da utilizzate sono quelli descritti dal diagramma delle attività in Figura 3.31, che approfondiamo con un esempio. Supponiamo che il nostro dispositivo abbia una configurazione descritta dalle seguenti informazioni:

- Locale: `it`
- Screen Orientation: `port`
- Screen Density: `mdpi`
- Touchscreen type: `stylus`
- Primary text input method   : `qwerty`

Si tratta quindi di un dispositivo la cui lingua è impostata sull'italiano, che ha un orientamento di tipo `portrait` (con un dispositivo tenuto in verticale come un normale cellulare, per intenderci), con una densità di circa 160dpi, con la pennetta stilo e una tastiera QWERTY. Consideriamo poi la seguente struttura a directory per le risorse:

Listato 3.33 Esempio di struttura a directory per le risorse di una ipotetica applicazione App

```
App/res/drawable/
App/res/drawable-it/
App/res/drawable-fr-rCA/
App/res/drawable-it-port/
App/res/drawable-it- stylus -qwerty/
App/res/drawable-port-ldpi/
App/res/drawable-port- stylus - qwerty
App/res/drawable-port- notouch - qwerty
```

e cominciamo ad applicare l'algoritmo.

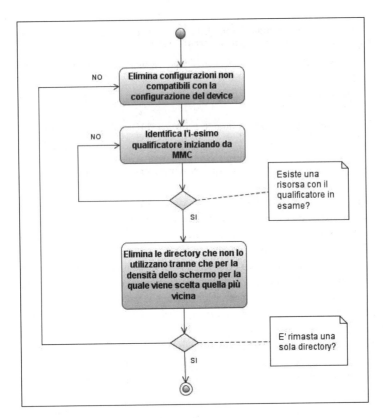

Figura 3.31 Algoritmo di selezione.

Come prima cosa eliminiamo tutte le directory le cui configurazioni non sono compatibili con quella del nostro dispositivo, ovvero quelle che comunque sarebbero escluse. Nel nostro caso si tratta di quella relativa alla lingua francese e di quella relativa al dispositivo notouch. Otteniamo quindi questa nuova selezione:

Listato 3.34 Selezioni dopo il primo passo

```
App/res/drawable/
App/res/drawable-it/
App/res/drawable-fr-rCA/
App/res/drawable-it-port/
App/res/drawable-it- stylus -qwerty/
App/res/drawable-port-ldpi/
App/res/drawable-port- stylus - qwerty
App/res/drawable-port- notouch - qwerty
```

Ora iniziamo a cercare quali tra le directory contengono la definizione di ciascuno dei qualificatori, iniziando da quello relativo al MCC che nel nostro caso è assente. Andiamo quindi alle informazioni sulla lingua. Le directory che contengono questa informazione sono tre, per cui andremo a eliminare le altre ottenendo quanto segue:

Listato 3.35 Eliminazione di quelle che non hanno la lingua impostata

~~App/res/drawable/~~
App/res/drawable-it/
~~App/res/drawable-fr-rCA/~~
App/res/drawable-it-port/
App/res/drawable-it-stylus -qwerty/
~~App/res/drawable-port-ldpi/~~
~~App/res/drawable-port- stylus - qwerty~~
~~App/res/drawable-port- notouch - qwerty~~

Passiamo quindi al successivo qualificatore presente ovvero quello relativo alla orientation. In questo caso solamente una delle directory specifica questa informazione e corrisponde proprio al valore del dispositivo, ovvero `port`. Da qui la scelta della sola cartella

App/res/drawable-it-port/

che identificherà quindi come validi i file in essa contenuti. In questo caso si tratta della definizione di `drawable` ma lo stesso procedimento può essere applicato alle altre cartelle. È da notare come esista un'eccezione a questa regola per il qualificatore relativo alla densità dello schermo, per la quale il dispositivo sceglie, tra diverse possibilità, quella che meglio si adatta allo stesso.

Tornando al nostro esempio iniziale proviamo quindi a verificare il funzionamento di questo meccanismo definendo due diversi file di configurazione relativi alle label per un bottone. Nella cartella `res/values-it` mettiamo un file `strings.xml` con le label in italiano, mentre nella cartella `res/values-en` mettiamo un file `strings.xml` con le label in inglese. Tutto questo lo definiamo all'interno del progetto I18NResourceTest il cui codice è disponibile online. Il file `main.xml` che descrive il layout conterrà un `Button` alla cui proprietà `text` viene associato il riferimento alla risorsa identificata dalla costante `R.string.button_label`. I file relativi alle risorse sono molto semplici e differiscono solamente per il valore assegnato alle proprietà, dipendente ovviamente dalla lingua associata.

Questo esempio ci permette di ritornare su un aspetto solo accennato inizialmente e relativo alla parte alta dell'editor di layout. Notiamo infatti come esso preveda la possibilità di specificare dei valori per i qualificatori elencati in tabella.

Listato 3.36 File strings.xml nella cartella res/values-en

```xml
<?xml version="1.0" encoding="utf-8"?>
<resources>
    <string name="hello">Hello World, I18NResourceTestActivity!    </string>
    <string name="app_name">I18NResourceTest</string>
    <string name="button_label">Push the Button</string>
</resources>
```

Listato 3.37 File strings.xml nella cartella res/values-it

```xml
<?xml version="1.0" encoding="utf-8"?>
<resources>
```

```
        <string name="hello">Ciao Mondo, I18NResourceTestActivity!</string>
        <string name="app_name">I18NResourceTest</string>
        <string name="button_label">Premi il Bottone</string>
</resources>
```

Questa cosa ci permette di testare la nostra applicazione. Basterà inserire il codice it nel campo lang per vedere visualizzata la label in italiano, mentre un valore pari a en permetterà la visualizzazione della corrispondente label in inglese.

Al lettore si lascia la verifica del funzionamento attraverso l'emulatore, sapendo che è possibile selezionare la lingua corrente accedendo al menu di settings selezionando il pulsante *Menu*.

Figura 3.32   Verifica della configurazione con il layout editor.

Conclusioni

Nella prima parte di questo capitolo abbiamo visto i principali componenti di un'applicazione per Android, che approfondiremo nel corso del testo. Nella seconda parte abbiamo invece esaminato nel dettaglio una delle principali caratteristiche della piattaforma Android, ovvero le risorse. Ci siamo soffermati sulle Drawable perché alla base del processo di visualizzazione dei componenti probabilmente principali di un'applicazione Android, le Activity; esse, insieme allo studio delle diverse View, saranno argomento del prossimo capitolo.

Capitolo 4

Activity e Intent

Nei precedenti capitoli abbiamo dato una descrizione di alto livello di come sia possibile realizzare delle applicazioni con Android esaminando, insieme ad altri, il concetto fondamentale di Activity. Abbiamo visto come a ciascun componente di questo tipo possano essere associate delle View, ovvero un insieme di elementi visuali; ciò può essere fatto sia in modo dichiarativo, attraverso l'ADT, sia in modo programmatico, attraverso l'utilizzo di opportune API Java.

La prima parte di questo capitolo descriverà la classe Activity approfondendo gli aspetti relativi al suo ciclo di vita, che è alla base del meccanismo di ottimizzazione delle risorse adottato dalla piattaforma. Un aspetto fondamentale sarà la descrizione del legame che esiste tra lo stack delle attività e il processo all'interno del quale le stesse vengono eseguite. Nella seconda parte tratteremo un altro aspetto fondamentale: l'utilizzo delle Intent e come queste permettano di gestire la comunicazione tra i diversi componenti.

In questo capitolo

- Activity
- La gestione dei processi e il concetto di task
- Intent
- Comunicazione tra Activity
- Activity particolari
- Conclusioni

Activity

Una Activity rappresenta una possibile interazione dell'utente con l'applicazione e può essere associata al concetto di schermata. Essa potrà contenere componenti di sola visualizzazione, insieme ad altri che invece permettono l'interazione con l'utente; entrambi sono descritti da particolari specializzazioni della classe View. Come succede in ambito MIDP, dove ciascuna *midlet* (nome dato alle applicazioni realizzate con questa tecnologia) viene descritta da particolari specializzazioni della classe MIDlet, anche in ambito Android ogni attività viene descritta da particolari specializzazioni, dirette o indirette, della classe `Activity` del package `android.app`. In entrambi i casi la ragione di tutto questo è la necessità, da parte del dispositivo, di poter gestire il ciclo di vita dei componenti in esecuzione, attraverso l'invocazione di opportuni metodi di callback di cui il componente è sicuramente provvisto.

> **Ereditarietà**
>
> L'ultima affermazione relativa ai metodi di callback è legata al concetto di ereditarietà delle classi. Se la classe `MiaActivity` estende la classe `Activity` si dice che `MiaActivity IS-A Activity` ovvero che `MiaActivity` ha, insieme alle proprie, anche le caratteristiche (operazioni) di `Activity`. Se quindi la classe `Activity` definisce le operazioni relative ai metodi di callback, è ovvio che gli stessi saranno presenti anche in `MiaActivity`. Attenzione: `MiaActivity` comprende anche le operazioni di `Activity` ma, per alcune di questi, fornisce metodi diversi. Mentre un'operazione esprime *che cosa* un oggetto è in grado di fare, il relativo metodo esprime *come* questa operazione viene eseguita. Ecco che una classe figlia, come `MiaActivity`, esegue sicuramente le stesse operazioni di `Activity` ma, attraverso il meccanismo dell'overriding, in modo potenzialmente diverso. È quello che abbiamo fatto finora attraverso l'overriding del metodo `onCreate()`.

Nel caso della classe `MIDlet` i metodi sono pochi e relativi solamente all'avvio, alla pausa/ripristino e alla chiusura dell'applicazione da parte del dispositivo attraverso un componente che si chiama Java Application Manager (JAM). Nel caso delle `Activity` le situazioni da gestire sono leggermente più complicate e presuppongono l'implementazione di un numero di callback maggiore; le andiamo a descrivere nel dettaglio.

Ciclo di vita di una Activity

Nel capitolo precedente abbiamo elencato i componenti principali di un'applicazione Android, i quali sono immersi in un'architettura che ha come scopo principale quello di sfruttare al meglio tutte le risorse disponibili. L'obiettivo è quello di realizzare applicazioni in grado di rispondere immediatamente alle azioni dell'utente. Un'applicazione è comunque composta da più schermate, descritte da più `Activity`, che si alterneranno sul display in base alle funzionalità. Si tratta di componenti organizzati in una struttura a stack dove l'oggetto in cima è quello visibile. Un aspetto fondamentale dell'architettura Android riguarda il fatto che il ciclo di vita di ogni componente è di completa responsabilità dell'ambiente. L'unico punto di intervento da parte dei componenti è quello relativo alla implementazione dei metodi di callback invocati a seguito di modifiche nello stato del componente stesso.
Per individuare i possibili stati di una `Activity` esaminiamo una tipica applicazione composta da più schermate. Supponiamo quindi di lanciare un'applicazione che permette di inviare una vcard utilizzando il bluetooth a un particolare contatto della rubrica. Attraverso la selezione della corrispondente icona nella home del dispositivo, lanceremo l'`Activity` principale. L'utente, per l'invio della vcard, ha la necessità di scegliere un contatto della rubrica. Come accennato nel precedente capitolo e come vedremo approfonditamente in questo e nel prossimo, l'attività principale lancerà un Intent, cui supponiamo risponderà l'`Activity` per la scelta del contatto (per la quale esiste un In-

tentFilter compatibile), che diventerà quella attiva. Android organizza le attività in una struttura a stack, perciò la nuova attività sarà in cima mentre l'attività precedente sarà nella posizione inferiore. Già questa considerazione ci porta a definire due dei possibili stati: quello attivo e quello di stop.

L'Activity di selezione del contatto è, in questo momento, quella che interagisce con l'utente, per cui Android farà di tutto affinché venga eseguita nel modo più efficiente possibile. La precedente non è visibile, per cui le risorse che la stessa aveva eventualmente allocato e che erano responsabili della sua visualizzazione potrebbero anche essere rilasciate. Analogamente, eventuali servizi che fornivano informazioni poi visualizzate potrebbero essere fermati. La responsabilità di questo è dell'attività stessa, alla quale il sistema notificherà il cambiamento di stato attraverso l'invocazione del corrispondente metodo (che vedremo nel dettaglio successivamente). Ecco che questa farà l'overriding di quel metodo inserendo tutte le istruzioni che riterrà opportuno eseguire per il rilascio delle risorse.

In un regime di risorse molto limitate Android potrebbe decidere, sempre per favorire l'attività in cima allo stack, di eliminare completamente le attività non visibili. In questo caso dovrà comunque esistere un meccanismo per il salvataggio dello stato dell'attività eliminata.

Supponiamo ora che l'utente selezioni un contatto per cui la corrispondente attività non ha più ragione di esistere. Essa terminerà, lasciando quindi in cima allo stack la prima Activity che ritornerà a essere quella attiva. Anche in questo caso il sistema dovrà gestire il ripristino dell'Activity sia nel caso di un ritorno dallo stato di stop sia nel caso in cui la stessa sia stata precedentemente eliminata. In entrambi i casi il sistema notificherà all'Activity il passaggio di stato in modo che la stessa possa ripristinare le informazioni salvate precedentemente e riallocare le eventuali risorse di cui aveva bisogno.

In tutti i nostri esempi abbiamo utilizzato Activity che occupano l'intero display del dispositivo. In determinati casi, per esempio nell'utilizzo di finestre o componenti trasparenti, anche le attività non in cima allo stack potrebbero essere parzialmente visibili. Questa considerazione permette di definire un quarto stato, ovvero quello delle attività visibili ma non attive, ossia in pausa.

Le osservazioni che abbiamo fatto relativamente al nostro esempio possono quindi essere riassunte come in Tabella 4.1.

Tabella 4.1 Possibili stati di una Activity

Stato di una Activity	Descrizione
ACTIVE	L'Activity è in cima allo stack, visibile e ha il focus. È quella che riceve gli eventi da parte dell'utente.
PAUSED	Si riferisce al caso di Activity non attive ma ancora visibili per la trasparenza di quelle superiori o perché queste non occupano tutto lo spazio a disposizione. Essa non è quindi sensibile agli eventi da parte degli utenti e viene eliminata solamente in situazioni estreme di necessità.
STOPPED	Si riferisce al caso di Activity non attive né visibili. Non è ovviamente sensibile agli eventi dell'utente ed è tra le prime candidate a essere eliminata.
INACTIVE	Una Activity si trova in questo stato quando viene eliminata oppure prima di essere creata.

È quindi evidente come una conoscenza approfondita del meccanismo di gestione del ciclo di vita di un'attività sia fondamentale per la realizzazione di applicazioni con un elevato grado di interazione.

I metodi di callback

Per descrivere nel dettaglio tutti i possibili passaggi di stato di una Activity e i relativi metodi di callback utilizziamo il diagramma in Figura 4.1. Notiamo come all'avvio dell'applicazione vengano invocati alcuni metodi di inizializzazione. Essi sono tre perché fanno riferimento ad altrettanti aspetti di una Activity: quello di esistere, di essere visibile e di essere attiva.

Il primo di questi è a noi ormai noto e ha firma

```
protected void onCreate(Bundle savedInstaceState)
```

Si tratta dell'operazione invocata in corrispondenza della creazione dell'Activity, e che nella maggioranza dei casi contiene le principali operazioni di inizializzazione. Si tratta infatti del solo metodo che abbiamo implementato nelle applicazioni del capitolo precedente.

Guardando il codice, possiamo notare come la prima istruzione sia sempre l'invocazione dell'analogo metodo della classe padre, cosa obbligatoria se non si vuole incorrere in un'eccezione. Molto importante è il significato del parametro di tipo android.os.Bundle,

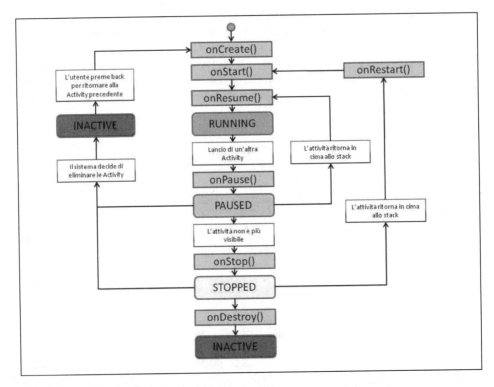

Figura 4.1 Diagramma degli stati di una Activity.

che vedremo fornirci un modo per ottenere il riferimento a un eventuale stato che l'`Activity` aveva prima di essere eliminata dal sistema.
Se il metodo `onCreate()` termina con successo, l'`Activity` esiste e si prepara alla propria visualizzazione. Il sistema invoca quindi il metodo

```
protected void onStart()
```

A questo punto lo stato successivo dipende dal fatto che la `Activity` abbia o meno ottenuto il focus, quindi sia quella in cima allo stack per poter essere visualizzata nel display. Se ciò avviene il metodo invocato è allora:

```
protected void onResume()
```

In questa fase possiamo inserire l'avvio delle eventuali animazioni o la gestione delle risorse esclusive come l'eventuale fotocamera del dispositivo o il media player. Se il metodo `onResume()` termina con successo l'`Activity` è nello stato `RUNNING` e può interagire con l'utente.
A questo punto l'attività rimarrà nello stato `RUNNING` fino a quando non sarà più quella attiva; ciò può avvenire per diverse ragioni. La più naturale consiste nel semplice fatto che l'utente ha premuto il tasto Back. Questo provoca la rimozione dell'attività corrente dallo stack con l'eventuale ripristino della precedente. A tale proposito è interessante vedere che cosa succede sia nell'attività chiusa sia in quella ripristinata. L'attività in cima allo stack, chiusa attraverso la pressione del tasto Back, viene innanzitutto messa nello stato `PAUSED` e la cosa le viene notificata attraverso l'invocazione del metodo

```
protected void onPause()
```

Si tratta di un metodo molto importante dal punto di vista prestazionale, in quanto la nuova attività, ripristinata come in questo caso o creata *ex novo*, non verrà visualizzata finché il metodo non terminerà con successo. Il sistema mette subito l'attività da eliminare in questo stato per renderla insensibile agli input dell'utente e agli eventi.
Congelata l'attività da eliminare mettendola nello stato `PAUSED`, il sistema non perde tempo: la cosa più importante è dare all'utente l'`Activity` che si aspetta. Ecco allora che si preoccupa di ripristinare l'attività precedente invocando su di essa il metodo

```
protected void onRestart()
```

e successivamente i metodi `onStart()` e `onResume()`, secondo le stesse modalità viste in precedenza.
La logica del metodo `onRestart()` è molto simile a quella del metodo `onCreate()`; il primo però entra in gioco con un'attività esistente che non deve preoccuparsi di un eventuale ripristino dello stato, a differenza del secondo che parte comunque da una `Activity` appena instanziata.
Solo quando l'attività ripristinata è attiva e può interagire con l'utente, il sistema si ricorda di quella eliminata portandola quindi dallo stato `PAUSED` in cui l'aveva lasciata, prima nello stato `STOPPED` invocando il metodo

```
protected void onStop()
```

e poi nello stato `INACTIVE`, invocando il metodo

```
protected void onDestroy()
```

Il passaggio attraverso il metodo `onRestart()` era legato comunque al fatto che l'attività da ripristinare fosse nello stato `STOPPED` ovvero non visibile. Nel caso in cui fosse invece rimasta parzialmente visibile e, quindi, nello stato `PAUSED`, il metodo invocato sarebbe stato direttamente `onResume()`, come è possibile vedere nel diagramma.

Chiamata al metodo della classe padre

Un aspetto importante di tutti i precedenti metodi di callback che è bene non dimenticare riguarda la necessità di invocare il relativo metodo della classe padre attraverso il riferimento `super`, per non perdere le azioni previste dalla classe `Activity` da eseguire in corrispondenza della chiamata ai metodi di callback stessi. Essa prevede infatti un elevato numero di metodi che vengono chiamati dal dispositivo in corrispondenza di diverse azioni, sia legate al ciclo di vita come visto in precedenza, sia in corrispondenza di determinati eventi, come per esempio la creazione di un menu.

Per verificare il funzionamento descritto creiamo il progetto `LifecycleActivityTest`, il cui sorgente è disponibile online. Si tratta di un'applicazione costituita da due `Activity` nelle quali abbiamo fatto l'override di tutti i metodi di callback inserendo delle istruzioni di log che ci permettano di capire che cosa succede. Per visualizzare solamente i log di interesse sfruttiamo l'opzione dell'ADT che permette di specificare dei filtri nella finestra di `LogCat`. Visualizzeremo quindi solamente i messaggi con priorità `INFO` e identificati dal tag `LIFECYCLE_TEST`.
Come possiamo vedere in Figura 4.2, si tratta di un'attività che contiene tre pulsanti. Il primo, di label *navButton*, ci permetterà di visualizzare una seconda attività che abbiamo descritto dalla classe `SecondActivity` che non farà altro che modificare il nome del testo della `TextView` per poterla riconoscere dalla precedente anche nei log. Per lanciare una seconda attività abbiamo usato il seguente codice, che comunque approfondiremo in seguito.

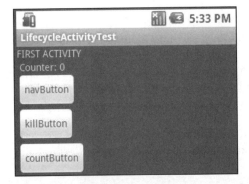

Figura 4.2 Applicazione di test del ciclo di vita di una Activity.

Listato 4.1 Lancio di una Activity di cui si conosce la classe

```
Intent intent = new Intent(LifecycleActivityTestActivity.this,SecondActivity.class);
startActivity(intent);
```

Il secondo pulsante permette di eseguire il metodo finish() che esamineremo nel dettaglio nel prossimo paragrafo e che, come vedremo, permetterà la terminazione "sana" dell'Activity. L'ultimo pulsante permetterà invece di incrementare un contatore che rappresenterà un possibile stato dell'Activity che vorremmo conservare anche nel caso di eliminazione.

Per il momento vogliamo solamente verificare che cosa succederebbe nel caso in cui un'attività ne lanciasse un'altra. Vedremo i comportamenti legati alla terminazione nel prossimo paragrafo.

Se eseguiamo l'applicazione notiamo, oltre alla visualizzazione della prima schermata, come il log sia del tipo:

Listato 4.2 Log conseguente all'avvio dell'applicazione

```
INFO/LIFECYCLE_TEST(1073): ON_CREATE FIRST ACTIVITY
INFO/LIFECYCLE_TEST(1073): ON_START FIRST ACTIVITY
INFO/LIFECYCLE_TEST(1073): ON_RESUME FIRST ACTIVITY
```

cui abbiamo tolto la parte iniziale relativa a un timestamp. Notiamo quindi come in effetti la successione dei metodi di callback sia quella descritta. Proviamo ora a selezionare il tasto Back, che produrrà la chiusura dell'attività correntemente visualizzata senza ripristinare alcunché in quanto, al momento, è l'unica in esecuzione per la nostra applicazione. Il risultato ottenuto sarà il seguente:

Listato 4.3 Log relativo alla esecuzione e chiusura di un'attività

```
INFO/LIFECYCLE_TEST(1073): ON_CREATE FIRST ACTIVITY
INFO/LIFECYCLE_TEST(1073): ON_START FIRST ACTIVITY
INFO/LIFECYCLE_TEST(1073): ON_RESUME FIRST ACTIVITY
INFO/LIFECYCLE_TEST(1073): ON_PAUSE FIRST ACTIVITY
INFO/LIFECYCLE_TEST(1073): ON_STOP FIRST ACTIVITY
INFO/LIFECYCLE_TEST(1073): ON_DESTROY FIRST ACTIVITY
```

Notiamo come anche la successione dei metodi di callback sia quella che prevede prima il passaggio allo stato PAUSED, da cui STOPPED e infine INACTIVE.

Cancelliamo i messaggi di log ed eseguiamo un qualcosa di più complesso, ovvero eseguiamo l'applicazione e premiamo il pulsante *navButton* il quale provocherà la visualizzazione della seconda attività in Figura 4.3.

Ciò che ci interessa è però la successione delle chiamate ai metodi di callback delle due Activity; è la seguente, da cui abbiamo tolto i primi messaggi relativi all'avvio visti in precedenza:

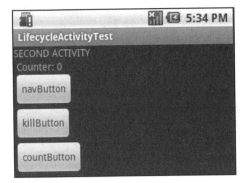

Figura 4.3 Visualizzazione della seconda Activity.

Listato 4.4 Attivazione di una seconda attività

```
INFO/LIFECYCLE_TEST(1073): LAUNCHING SECOND ACTIVITY
INFO/LIFECYCLE_TEST(1073): ON_PAUSE FIRST ACTIVITY
INFO/LIFECYCLE_TEST(1073): ON_CREATE SECOND ACTIVITY
INFO/LIFECYCLE_TEST(1073): ON_START SECOND ACTIVITY
INFO/LIFECYCLE_TEST(1073): ON_RESUME SECOND ACTIVITY
INFO/LIFECYCLE_TEST(1073): ON_STOP FIRST ACTIVITY
```

Notiamo come il lancio della seconda attività produca innanzitutto la messa nello stato PAUSED della prima, l'attivazione della seconda e infine lo stop della precedente, come descritto. Cancelliamo ancora il log e selezioniamo il tasto Back, riportando quindi la prima in cima allo stack. Il risultato sarà dunque:

Listato 4.5 Pressione del tasto Back dalla seconda attività

```
INFO/LIFECYCLE_TEST(1073): ON_PAUSE SECOND ACTIVITY
INFO/LIFECYCLE_TEST(1073): ON_RESTARTFIRST ACTIVITY
INFO/LIFECYCLE_TEST(1073): ON_START FIRST ACTIVITY
INFO/LIFECYCLE_TEST(1073): ON_RESUME FIRST ACTIVITY
INFO/LIFECYCLE_TEST(1073): ON_STOP SECOND ACTIVITY
INFO/LIFECYCLE_TEST(1073): ON_DESTROY SECOND ACTIVITY
```

che dimostra come il processo di eliminazione passi prima dallo stato PAUSED e quindi, dopo il ripristino dell'attività da visualizzare, passi attraverso gli stati STOPPED e INACTIVE. Degno di nota, rispetto al caso precedente, è il passaggio attraverso l'esecuzione del metodo onRestart(). Quello realizzato è quindi un esempio semplice, ma che ci permette di comprendere a fondo il ciclo di vita di un'attività. Per questo motivo lo utilizzeremo anche per comprendere gli aspetti legati alla eliminazione, che vedremo nel paragrafo successivo.

Terminazione di una Activity

In precedenza abbiamo descritto uno scenario abbastanza comune ma ottimistico, legato al fatto che un'attività rimanesse in memoria anche se nello stato STOPPED. Sappiamo comunque che Android potrebbe eliminare l'attività per liberarne le risorse al fine di favorire l'`Activity` nello stato `RUNNING`. La cosa interessante in questo caso è che nessuno dei precedenti metodi di callback viene invocato a seguito di una decisione così drastica. Fortunatamente Android, attraverso la classe `Activity`, ci mette a disposizione il metodo

```
protected void onSaveInstanceState(Bundle outState)
```

con il quale possiamo risolvere il problema del mantenimento dello stato. Si tratta di un metodo che viene invocato subito prima del metodo `onPause()` e che si differenzia da questo per la presenza di un parametro di tipo `Bundle` all'interno del quale potremo salvare quella parte dello stato che vorremmo successivamente ripristinare insieme alla relativa attività. Il contenuto di questo oggetto è infatti lo stesso che verrà riproposto all'attività come parametro del metodo `onCreate()` nel momento di ripristino. Nel caso in cui si intendesse distinguere le operazioni di ripristino da quelle di inizializzazione di una `Activity`, lo stesso `Bundle` verrà passato anche al metodo:

```
protected void onRestoreInstanceState (Bundle savedInstanceState)
```

invocato invece dopo il metodo `onStart()` e prima del metodo `onResume()`. Come ormai abitudine, ci aiutiamo con un esempio aggiungendo alla precedente `Activity` i seguenti due metodi:

Listato 4.6 Metodi per la gestione dello stato di una Activity

```java
@Override
protected void onSaveInstanceState(Bundle outState) {
    super.onSaveInstanceState(outState);
    Log.i(ACTIVITY_TAG,"ON_SAVE_INSTANCE_STATE "+getActivityName());
    // Salviamo lo stato del contatore
    outState.putInt("counter", counter);
}

protected void onRestoreInstanceState (Bundle savedInstanceState){
    super.onSaveInstanceState(savedInstanceState);
    Log.i(ACTIVITY_TAG,"ON_RESTORE_INSTANCE_STATE "+getActivityName());
    counter = savedInstanceState.getInt("counter");
    showCounterState();
}
```

Notiamo come, nel nostro esempio, lo stato corrisponda al valore di una variabile intera di nome `counter`. Nel metodo `onSaveInstanceState()` utilizziamo il corrispondente metodo `putInt()` della classe `Bundle` per salvare appunto tale valore. Il lettore potrà verificare come siano disponibili il metodo `put`, e il corrispondente `get`, per i principali tipi primitivi.

> **Serializzazione di oggetti**
>
> Guardando attentamente le API della classe Bundle, il lettore può notare come sia possibile salvare riferimenti a oggetti attraverso metodi del tipo `get/putParcelable()`. Il meccanismo di serializzazione di Java, ovvero quello che permette di trasformare un oggetto in un array di byte e viceversa, è stato ritenuto troppo impegnativo; per questo motivo è stato ideato un meccanismo più snello, che vedremo nel dettaglio quando esamineremo i meccanismi di IPC, e che si basa sul concetto di Parcelable.

All'interno del metodo `onRestoreInstanceState()` abbiamo invece la lettura dello stesso valore e il ripristino di `counter` attraverso l'utilizzo del metodo `getInt()`. Il metodo `showCounterState()` è un metodo di utilità che abbiamo creato per la visualizzazione del valore di `counter` nella `TextView`.

Non ci resta che verificare l'esatta sequenza dei metodi invocati in corrispondenza della visualizzazione della seconda attività. Eseguiamo quindi la nostra applicazione e cancelliamo il log dopo che la prima attività è stata visualizzata sullo schermo. Premiamo dunque il pulsante *navButton* visualizzando la seconda attività. Il log risultante sarà il seguente:

Listato 4.7 Esempio di salvataggio dello stato di un'attività

```
INFO/LIFECYCLE_TEST(783): LAUNCHING SECOND ACTIVITY
INFO/LIFECYCLE_TEST(783): ON_SAVE_INSTANCE_STATE FIRST ACTIVITY
INFO/LIFECYCLE_TEST(783): ON_PAUSE FIRST ACTIVITY
INFO/LIFECYCLE_TEST(783): ON_CREATE SECOND ACTIVITY
INFO/LIFECYCLE_TEST(783): ON_START SECOND ACTIVITY
INFO/LIFECYCLE_TEST(783): ON_RESUME SECOND ACTIVITY
INFO/LIFECYCLE_TEST(783): ON_STOP FIRST ACTIVITY
```

dove abbiamo eliminato le informazioni temporali ed evidenziato come, prima della messa in pausa della prima attività, vi sia l'invocazione del metodo `onSaveInstanceState()`. A questo punto l'attività visualizzata è la seconda, per cui il sistema potrebbe decidere, in caso di bisogno, di eliminare la prima. L'invocazione del precedente metodo, all'interno del quale abbiamo salvato lo stato dell'attività, ci permette di stare tranquilli: sarà cura del sistema ritornarci i valori salvati al momento dell'eventuale ripristino.

Per verificare quanto detto non possiamo semplicemente premere il tasto Back in quanto, molto probabilmente, nell'emulatore non ci sono situazioni di risorse tali da fare in modo che la prima attività fosse *killata* dal sistema. Il lettore potrà verificare la cosa premendo il tasto Back e notando come il metodo di ripristino dello stato non venga effettivamente invocato. Quello che possiamo fare è usare il tool `adb`, che ci permette di accedere al dispositivo attraverso un'interfaccia di shell. Basterà eseguire il comando

```
adb shell
```

per connettersi al dispositivo. Attraverso il comando

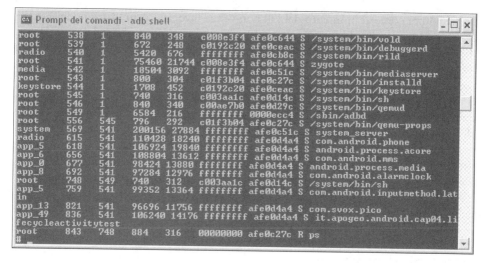

Figura 4.4 Elenco dei processi in esecuzione.

avremo un elenco dei processi in esecuzione, tra cui quello relativo alla nostra applicazione, che possiamo riconoscere dal nome del package.
In Figura 4.4 possiamo verificare come il processo dell'applicazione sia quello con `id` pari a 836. Ovviamente il lettore potrà avere un identificatore diverso per lo stesso processo. Mentre l'applicazione sta visualizzando la seconda attività eliminiamo il processo attraverso il comando

```
kill 836
```

Stiamo simulando un qualcosa di molto raro, ovvero che l'intera applicazione venga eliminata dal dispositivo. Ciò che otteniamo è la visualizzazione della precedente attività e l'esecuzione dei seguenti metodi di callback:

Listato 4.8 Ripristino dello stato di un'attività

```
INFO/LIFECYCLE_TEST(793): ON_CREATE FIRST ACTIVITY
INFO/LIFECYCLE_TEST(793): ON_START FIRST ACTIVITY
INFO/LIFECYCLE_TEST(793): ON_RESTORE_INSTANCE_STATE FIRST ACTIVITY
INFO/LIFECYCLE_TEST(793): ON_RESUME FIRST ACTIVITY
```

Notiamo come l'attività visualizzata venga eliminata e quindi ripristinata quella sottostante, la prima della nostra applicazione. La cosa più interessante riguarda comunque l'esecuzione del metodo `onRestoreInstanceState()` di ripristino dello stato subito dopo il metodo `onStart()` e prima del metodo `onResume()`. Questo ci permette di affermare che le informazioni ripristinate attraverso il metodo `onRestoreInstanceState()` non possono essere utilizzate nel metodo `onStart()` ma nel metodo `onResume()` il quale, ricordiamo, viene invocato in corrispondenza della visualizzazione dell'attività. Se avessimo la necessità di utilizzare le informazioni salvate anche nel metodo `onStart()` ci basterà inserire la logica di ripristino nel metodo `onCreate()`.

Notiamo poi come al momento del kill non venga invocato alcun metodo dell'attività eliminata. Quello che abbiamo così simulato è stato comunque un qualcosa di diverso dalla realtà, poiché abbiamo eliminato l'intero processo dell'applicazione e quindi l'attività visualizzata, mentre ciò che può accadere è l'eliminazione di quelle non visualizzate che comunque avevano già salvato il proprio stato, come spiegato in precedenza.

A tale proposito vogliamo ora simulare ciò che può effettivamente accadere. Per fare questo dobbiamo però anticipare un concetto che vedremo successivamente, relativo alla gestione dei processi in Android. Ogni attività viene eseguita all'interno del processo associato alla sua applicazione, a meno che non venga specificato diversamente attraverso l'attributo android:process per l'elemento <activity/> nell'AndroidManifest.xml. Con questa informazione è possibile dire al sistema di eseguire l'attività in un processo distinto. Le convenzioni stabiliscono che il nome del processo sia quello del package dell'applicazione corrispondente. Se si intende, come faremo, creare un nuovo processo associato a un'applicazione basterà inserire un nome preceduto dai due punti (:). Nel nostro caso modificheremo la parte di definizione della seconda attività nel file Android-Manifest.xml nel seguente modo:

Listato 4.9 Manifest per l'esecuzione di una Activity in un processo distinto

```
<activity android:name=".LifecycleActivityTestActivity"
    android:label="@string/app_name">
    <intent-filter>
            <action android:name="android.intent.action.MAIN" />
            <category android:name="android.intent.category.LAUNCHER" />
    </intent-filter>
</activity>
<activity android:name="SecondActivity" android:process=":new_process"></activity>
```

dove abbiamo evidenziato l'informazione relativa al processo. Non ci resta che eseguire nuovamente l'applicazione e premere il pulsante *navButton*. Se torniamo alla nostra shell ed eseguiamo il comando ps notiamo la presenza di due processi. Quello relativo alla seconda attività avrà nome che termina per :new_process. Per simulare, quindi, l'eliminazione da parte del sistema della prima attività facciamo il kill del processo associato che nel nostro esempio ha id 868. L'interfaccia visualizzata nell'emulatore non cambia perché l'attività visualizzata non è stata eliminata. Premiamo ora il tasto Back per tornare alla prima attività che, al momento, non esiste più. Ciò che otteniamo è invece la sua riattivazione e l'esecuzione dei metodi di callback, come descritto in precedenza.

Un'ultima osservazione riguarda la presenza, in ciascuna Activity, del metodo

```
public void finish()
```

che permette all'attività stessa di decidere quando terminare la propria esecuzione. È il caso dell'attività dell'esempio precedente che permetteva la scelta di un contatto da una lista. Una volta che l'utente ha scelto un contatto, l'attività non ha più ragione di esistere per cui, dopo aver restituito le informazioni richieste, si preoccupa lei stessa della propria terminazione. Nel nostro esempio abbiamo inserito un pulsante premendo il quale è

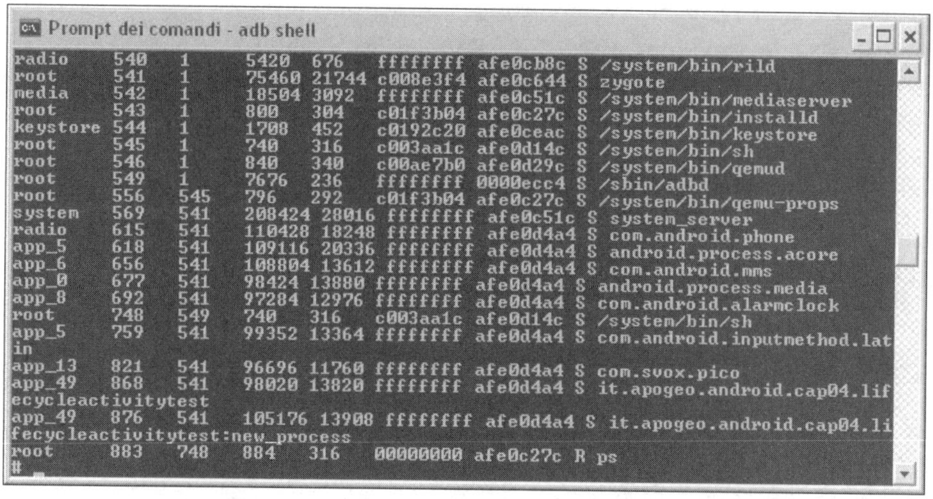

Figura 4.5 Elenco processi in esecuzione dopo l'utilizzo dell'attributo android:process.

possibile eseguire l'operazione di finish(). Quello descritto è comunque il caso in cui un'attività chiama questa operazione nello stato di RUNNING.
Verificando la cosa nel nostro progetto, notificheremo la chiamata, in successione, dei metodi onPause(), onStop() e infine onDestroy(). Lasciamo al lettore la verifica di cosa succede se l'invocazione di tale operazione viene fatta all'interno dei metodi onResume() o onStart(). Ciò che si otterrà è l'esecuzione dei metodi che permettono di raggiungere, dallo stato presente, quello di INACTIVE. Ecco che, se chiamato all'interno del metodo onStart(), si avrà l'invocazione dei metodi onStop() e onDestroy(). Se invocato all'interno del metodo onCreate() si avrà l'invocazione del metodo onDestroy(). Infine, interessante è verificare cosa succede se il metodo finish() viene invocato all'interno del metodo onRestart(). In questo caso, comunque, si passa per i metodi onStart(), onResume() per poi uscire attraverso i metodi onPause(), onStop() e onDestroy(). Nel caso in cui un'attività B venisse poi lanciata da un'attività A, come nel nostro esempio, vedremo come esistano meccanismi per fare in modo che A venga notificata della terminazione di B. Tratteremo questo e altri importanti aspetti della comunicazione tra attività nella seconda parte del capitolo.

Un caso particolare: la modifica della orientation

Una delle caratteristiche dei dispositivi Android, analogamente a quanto succede per l'iPhone, è quella di poter visualizzare il contenuto dello schermo in modo diverso a seconda dell'orientamento del dispositivo stesso. Si parla di *orientation*, caratteristica che abbiamo già incontrato come qualificatore nella definizione delle risorse. Il motivo per cui questo argomento viene legato anche al ciclo di vita di una Activity è il fatto che il dispositivo, in corrispondenza di una modifica dell'orientation, provoca la chiusura e la riapertura dell'applicazione con la nuova modalità. È come se l'applicazione venisse riavviata. In realtà non si tratta di un comportamento legato alla sola gestione dell'orientation ma è comune a una qualunque modifica di un dato di configurazione come potrebbe essere, per esempio, la lingua utilizzata.

Figura 4.6 Emulatore con orientation Landscape.

Quando si parla di interruzione e ripristino nasce il problema del salvataggio dell'eventuale stato dell'`Activity`. Per verificare se i metodi visti in precedenza fanno al caso nostro non ci resta che testarne il funzionamento simulando un caso di variazione dell'orientamento del dispositivo. Eseguiamo quindi l'applicazione `LifeCycleActivityTest` e simuliamo la modifica dell'orientamento premendo i tasti Ctrl+F12 ottenendo quanto mostrato in Figura 4.6.
L'aspetto più interessante è comunque quello relativo alle chiamate ai metodi di callback per il cambio di orientation che visualizziamo di seguito:

Listato 4.10 Metodi di callback a seguito di una modifica di orientation

```
INFO/LIFECYCLE_TEST(760): ON_SAVE_INSTANCE_STATE FIRST ACTIVITY
INFO/LIFECYCLE_TEST(760): ON_PAUSE FIRST ACTIVITY
INFO/LIFECYCLE_TEST(760): ON_STOP FIRST ACTIVITY
INFO/LIFECYCLE_TEST(760): ON_DESTROY FIRST ACTIVITY
INFO/LIFECYCLE_TEST(760): ON_CREATE FIRST ACTIVITY
INFO/LIFECYCLE_TEST(760): ON_START FIRST ACTIVITY
INFO/LIFECYCLE_TEST(760): ON_RESTORE_INSTANCE_STATE FIRST ACTIVITY
INFO/LIFECYCLE_TEST(760): ON_RESUME FIRST ACTIVITY
```

Notiamo come i metodi che abbiamo descritto in corrispondenza all'eliminazione dell'attività da parte del sistema vengano utilizzati anche in questa situazione.

La gestione dei processi e il concetto di task

Finora abbiamo solo accennato a come ciascun'applicazione per Android venga eseguita all'interno di un proprio processo Linux, cosa che abbiamo visto anche in corrispondenza del precedente esempio, dove abbiamo utilizzato il comando `kill` per la sua terminazione. Abbiamo poi visto che il sistema potrebbe, in casi di necessità di memoria, eliminare tali processi al fine di favorire l'esecuzione di quelli visibili ovvero in `foreground`. Android però non sceglie i processi da eliminare a caso: segue una logica la cui conoscenza è importante per l'ottimizzazione delle applicazioni. A tale proposito le tipologie di processi sono state classificate in:

- `foreground` process
- `visible` process
- `service` process
- `background` process
- `empty` process

I processi `foreground` sono quelli che si occupano dell'aspetto fondamentale, ovvero dell'esecuzione dei componenti di interazione con l'utente. Si tratta quindi del processo che sta eseguendo l'attività in cima allo stack, le azioni di un `BroadCastReceiver` oppure i metodi di callback nella gestione di un particolare servizio. Sono i processi a priorità maggiore, che perciò non saranno eliminati se non nei casi estremi in cui non fossero disponibili le risorse per la loro esecuzione.

I processi definiti `visible` hanno una priorità inferiore a quelli di `foreground` ma sono anch'essi considerati molto importanti perché eseguono le attività nello stato `PAUSED`, ovvero visibili parzialmente ma che non interagiscono con l'utente. Questi processi verranno quindi eliminati solo in casi estremi, anche se comunque prima di quelli `foreground`. Sappiamo che se un'attività è nello stato `PAUSED` vi è stata un'invocazione al suo metodo `onPause()` in corrispondenza del quale sono state eseguite le opportune operazioni di rilascio delle risorse non necessarie in questo stato.

Non tutti i componenti di Android si occupano di gestire aspetti di visualizzazione. Esistono determinati servizi, in esecuzione in processi detti `service process`, che non hanno interfaccia grafica ma che hanno una priorità elevata paragonabile a quella delle `Activity` nello stato `RUNNING`. È il caso di un processo, per esempio, che si occupa della riproduzione di un MP3 e che fornisce comunque una modalità di interazione con l'utente. Android considera questo tipo di servizi come processi di alta priorità e provvederà alla loro eliminazione solo nel caso di reale necessità, ovvero per non precludere l'esecuzione dei processi di priorità maggiore elencati in precedenza.

Un processo di `background` è invece un processo che si occupa dell'esecuzione di una `Activity` che non è più visibile all'utente e sulla quale è stato invocato il metodo `onStop()` come quelli dell'esempio del paragrafo precedente. Solitamente il numero di processi di questo tipo è molto maggiore rispetto a quello dei `foreground` o `visible`; si ritiene utile ordinarli, in base al tempo trascorso dall'ultimo utilizzo, attraverso una lista Least Recently Used (LRU). Si tratta dei processi per i quali è stato definito il meccanismo di salvataggio e ripristino dello stato descritto in precedenza.

L'ultima categoria di processi previsti da Android viene definita `empty`, in quanto si tratta di processi non legati ad alcun componente predefinito della piattaforma e quindi tra i primi candidati all'eliminazione. Proprio per questo motivo, nel caso in cui si avesse la necessità di mantenere vivo un processo, è bene non crearne di propri ma fare in modo che la logica richiesta venga implementata da opportune realizzazioni di `Service` o di `BroadcastReceiver`, a seconda delle funzionalità.

I task

Un concetto fondamentale che impareremo a gestire dal prossimo paragrafo è quello di *task*. Come accennato, ciascuna applicazione viene eseguita all'interno di un proprio processo a meno che non sia specificato diversamente, come abbiamo visto nell'esempio precedente. Un'applicazione è composta da più attività, le quali sono organizzate in una struttura a stack dove quella in cima è l'`Activity` nello stato `RUNNING`.

Riprendiamo l'esempio della scelta del contatto per l'invio attraverso bluetooth o altro sistema. La nostra applicazione visualizza un'attività che, in quel momento, è in cima allo stack. Si tratta di un'attività definita nel corrispondente `AndroidManifest.xml`. Non appena abbiamo la necessità di scegliere il contatto utilizziamo una `Activity` che però non è definita nella nostra applicazione e che quindi viene eseguita, di default, in un processo distinto. Questa attività viene comunque messa in cima allo stesso stack e si dice appartenere allo stesso task. Ecco che il concetto di task è un qualcosa che fa riferimento alla successione di attività legate all'esecuzione di un'applicazione. Vedremo come sia possibile, in fase di utilizzo di un `Intent`, fare in modo che un'attività venga lanciata all'interno di un task differente rispetto a quello dell'attività di partenza secondo regole diverse. A tale proposito entra in gioco il pulsante di *Home* del dispositivo. Ricordiamo che la stessa Home è descritta da una `Activity` e che quando selezioniamo tale pulsante questa ritorna a essere quella attiva.

Facciamo quindi un esperimento eseguendo il progetto precedente (eliminando l'attributo `android:process`, quindi considerando il default) e visualizzando la seconda attività con il pulsante *navButton*. Abbiamo quindi due attività in esecuzione in un task nello stesso processo. Selezioniamo ora il pulsante *Home* visualizzando appunto la home del dispositivo. Abbiamo portato come visibile l'attività in cima al task cui la home appartiene. Ora selezioniamo nuovamente l'icona della nostra applicazione, ottenendo la visualizzazione della prima attività. Forse il lettore si aspettava di rivedere la seconda attività perché avevamo lasciato l'applicazione in quello stato. In realtà, selezionando l'icona sulla Home, abbiamo richiesto l'esecuzione della prima attività, ovvero quella di default, la quale viene però eseguita all'interno dello stesso task delle precedenti attività della medesima applicazione. Abbiamo quindi messo la prima attività in cima allo stack associato allo stesso task. Per verificare la cosa è sufficiente premere il tasto *Back* per vedere visualizzata la seconda attività e, selezionando ancora *Back*, nuovamente la prima per poi uscire dall'applicazione. Ecco che l'esecuzione di ciascuna applicazione è associata a un task cui corrisponde uno stack di attività. Il fatto di riportare un'attività nello stato `RUNNING`, quindi visibile, corrisponde al portare l'intero `task` associato allo stack che la contiene come quello attivo. Per questo motivo, selezionando l'icona dell'applicazione dalla home, abbiamo eseguito l'`Activity` ma all'interno dello stesso task associato all'applicazione.

Android, come vedremo nei paragrafi successivi, ci permette una grande configurabilità nei confronti di questi aspetti attraverso l'utilizzo di particolari flag e configurazioni nell'`AndroidManifest.xml`.

Intent

Dopo lo studio di alcune delle caratteristiche fondamentali di una `Activity` ci accingiamo a descrivere il concetto forse più importante di tutta l'architettura Android: le `Intent`. Abbiamo già visto come esse appartengano al meccanismo utilizzato da Android per fare in modo che due o più componenti collaborino tra di loro utilizzando informazioni note a runtime. Il tipico scenario prevede un componente con la necessità di eseguire una particolare azione su un determinato insieme di dati. In diversi casi, il componente non sa quale sarà l'oggetto in grado di soddisfare la sua richiesta perché questo dipenderà dall'insieme degli elementi installati nel dispositivo. Ciascuno di questi, infatti, nell'`AndroidManifest` dell'applicazione in cui è contenuto, avrà descritte le proprie "competenze" attraverso degli `Intent Filter`. Il dispositivo dovrà quindi decidere, in base a una serie di regole, quale componente attivare in corrispondenza di un particolare `Intent`. Il processo seguito dal dispositivo per la determinazione del componente da attivare a seguito del lancio di una `Intent` si chiama `Intent Resolution` e sarà argomento dei prossimi paragrafi. In questo capitolo vedremo le `Intent` applicate alla comunicazione tra `Activity` ma gli stessi concetti li vedremo applicati successivamente per altri componenti come `Service` e `BroadcastReceiver`.

Intent espliciti

Nell'ultimo progetto realizzato abbiamo già utilizzato, sebbene nella versione più semplice, un `Intent` per l'esecuzione di un'attività. In quel caso abbiamo usato un tipo di `Intent` che viene detto *esplicito* perché il nome del componente che risponderà è già noto in fase di creazione dell'`Intent` stesso, come istanza dell'omonima classe del package `android.content`. Utilizzeremo questa tipologia di `Intent` per esaminare altri aspetti finora solamente accennati, che poi potremo comunque riutilizzare anche per `Intent` più complessi.

A tale proposito creiamo il progetto `EsplicitIntentTest`, che ci permetterà di fare alcune prove anche in relazione alle modalità di lancio di un'attività. Iniziamo con una versione molto semplice che permette di visualizzare due `Button`, selezionando i quali attiviamo una seconda `Activity` descritta dalla classe `SecondActivity` dello stesso package, con due modalità diverse nella sintassi ma equivalenti nell'esito. Una cosa da non dimenticare è la registrazione della seconda attività nell'`AndroidManifest.xml`: solo in quel caso il dispositivo saprà riconoscerla come `Activity`.

Nel primo caso la modalità di creazione e lancio dell'`Intent` è la seguente:

Listato 4.11 Creazione e lancio di un Intent esplicito

```
Intent intent = new Intent(EsplicitIntentTestActivity.this,SecondActivity.class);
startActivity(intent);
```

La classe `Intent` ha molti overload del costruttore che prevedono parametri diversi. Quello utilizzato prevede il riferimento a un `Context` e a un oggetto di tipo `Class<?>` relativo alla classe della `Activity` da lanciare, nel nostro `SecondActivity`. Come riferimento al `Context` passiamo poi il riferimento all'`Activity` stessa.

> **Activity e Context**
>
> Se andiamo a vedere nel dettaglio la documentazione relativa a una `Activity`, notiamo come essa estenda indirettamente la classe astratta `Context`. Si tratta di una classe che generalizza l'ambiente che Android mette a disposizione dei vari componenti. Tra le altre specializzazioni di `Context` troviamo anche la classe `Service`. Noteremo quindi come per diversi metodi il tipo dei parametri sia `Context` cui potremmo quindi passare, tra le altre realizzazioni, anche una `Activity` o un `Service`.

La seconda modalità di lancio introduce il concetto di `Component` individuato dalla creazione di un'istanza della classe `ComponentName`. La versione utilizzata prevede un `Context` e l'oggetto `Class` associato alla nuova attività. Altre versioni del costruttore prevedono, per esempio, di specificare il package e il nome della classe.

Listato 4.12 Creazione e lancio di un Intent esplicito attraverso ComponentName

```
Intent intent = new Intent();
ComponentName comp= new ComponentName(EsplicitIntentTestActivity.this,
SecondActivity.class);
intent.setComponent(com);
startActivity(intent);
```

Notiamo come le informazioni utilizzate nella creazione del `ComponentName` siano le stesse del caso precedente. Oltre alla creazione dell'`Intent` notiamo la presenza del metodo

```
public void startActivity (Intent intent)
```

il quale ci permette appunto di lanciare l'attività associata a un `Intent`. Il lettore attento potrà notare che comunque, quando si lancia un `Intent`, si conosce a priori la tipologia di componenti che verranno attivati di conseguenza. Il metodo `startActivity()`, infatti, prevede l'avvio di una `Activity` e non di un `Service`, per il quale vedremo esserci altri metodi.
La seconda modalità utilizzata permette di specificare la regola di `Intent Resolution` a massima priorità, ovvero quella che prevede la definizione di un `ComponentName`.

> **La notazione NomeClasse.this**
>
> Abbiamo visto come il primo parametro corrisponda al riferimento alla Activity stessa mentre nel codice dato c'e' una notazione del tipo `NomeClasse.this`. Si tratta della conseguenza del fatto che queste istruzioni vengono eseguite, nel nostro esempio, all'interno di una classe anonima Java: se scrivessimo semplicemente `this`, esso farebbe riferimento alla stessa. Per fare riferimento al `this` della classe esterna, e quindi alla attività, la sintassi è quella utilizzata.

Se, quindi, a un `Intent` viene associato un `ComponentName`, qualunque siano le altre impostazioni, esso avrà la priorità. Sebbene il nome della classe dell'`Activity` venga scritto nel codice, la stessa dovrà comunque essere definita come tale nel file `AndroidManifest.xml`. Un'ultima prova potrebbe essere quella che prevede il lancio, con questa modalità, di un'attività che appartiene a un'applicazione diversa. Supponendo quindi di avere installato la precedente applicazione, il lettore potrà verificare cosa succede specificando come classe dell'attività da eseguire la classe `LifecycleActivityTestActivity` del corrispondente package. Si noterà come questo non sia possibile, e non solo per la mancata presenza della classe tra quelle disponibili nel `classpath`.

> **Non serve nel classpath**
>
> Sappiamo che per creare un oggetto di tipo `Class<T>` è possibile utilizzare il metodo `Class.forName()` che accetta come parametro il nome completo della classe. Questo ci permetterebbe di rimandare il problema descritto dalla compilazione all'esecuzione.

Come accennato, la modalità esplicita è quella a priorità maggiore ma, per la sua semplicità, la utilizzeremo per descrivere alcuni aspetti fondamentali relativi al concetto di task solamente accennati in precedenza.

Task affinity e modalità di lancio

Dopo aver esaminato come eseguire una `Activity` in modo esplicito, ritorniamo sul concetto di task, che ricordiamo essere associato all'insieme delle attività relative all'esecuzione di una particolare applicazione. Abbiamo già visto come, nel comportamento di default, un'applicazione preveda la visualizzazione di `Activity` che, alternandosi sul display, appartengono a uno stesso stack associato a uno stesso task. Android mette comunque a disposizione una serie di strumenti per decidere come organizzare le diverse attività a livello di task e di processo. È possibile quindi utilizzare sia determinati `flag` in corrispondenza dell'`Intent` da lanciare, sia determinate configurazioni per le diverse `Activity` per poter configurare ogni aspetto relativo ai task in cui l'attività verrà eseguita. Per una completa visione di tutte le possibili opzioni è bene rifarsi alla documentazione ufficiale; qui esamineremo solamente i casi più comuni, che ci permetteranno comunque di comprendere la logica dell'intero meccanismo.

Supponiamo quindi di voler lanciare la seconda attività della precedente applicazione in un task differente da quello contenente la prima. Questo è il significato del flag descritto dalla costante `FLAG_ACTIVITY_NEW_TASK` della classe `Intent` e che possiamo impostare attraverso il seguente metodo della stessa classe

```
public Intent setFlags (int flags)
```

Il significato di questo flag è quello di eseguire la nuova attività all'interno di un nuovo task, che potrebbe comunque già esistere. In questa fase viene infatti introdotto il concetto di *task affinity* che esprime appunto l'affinità tra due `Activity` in relazione al task cui appartengono. Se non specificato diversamente, tutte le attività di un'applicazione hanno la stessa affinità, quindi vengono eseguite nello stesso task. Se specifichiamo solamente il flag nell'Intent, Android eseguirà la seconda attività in un task che ha l'affinità specificata nell'elemento `<activity/>` nel file `AndroidManifest.xml`, attraverso l'attributo `android:taskAffinity`. Se non specifichiamo un valore per questo attributo, l'affinità rimane la stessa per cui il task resta lo stesso anche nel caso di utilizzo del flag. Andiamo quindi a modificare, nel seguente modo, il contenuto del file `AndroidManifest.xml`.

Listato 4.13 Definizione di una task affinity per un'attività

```
<activity android:name="SecondActivity"    android:taskAffinity=":Other">
</activity>
```

Abbiamo evidenziato l'utilizzo dell'attributo `android:taskAffinity`. Creiamo quindi il progetto `NewTaskTest` che aggiunge al precedente un nuovo pulsante per il lancio della seconda attività con questa modalità. Le istruzioni da eseguire saranno quindi le seguenti:

Listato 4.14 Utilizzo del FLAG_ACTIVITY_NEW_TASK

```
Intent intent = new Intent(NewTaskTestActivity.this,SecondActivity.class);
intent.setFlags(Intent.FLAG_ACTIVITY_NEW_TASK);
startActivity(intent);
```

dove abbiamo evidenziato l'utilizzo del flag. Per aiutarci ulteriormente abbiamo anche utilizzato il seguente metodo della classe `Activity`:

`public int getTaskId ()`

che ci fornisce un identificatore del task all'interno del quale l'`Activity` viene eseguita. Non ci resta che verificarne il funzionamento seguendo un procedimento simile a quello dell'esempio precedente. Invitiamo quindi il lettore a:

1. avviare l'applicazione selezionando la corrispondente icona nella Home del dispositivo e prendere nota dell'identificatore di task;
2. premere il pulsante *newTask* per l'esecuzione della seconda attività. Notiamo come l'identificatore del task sia cambiato;
3. selezionare il pulsante *Home*;
4. selezionare nuovamente l'icona associata all'applicazione.

Dopo aver notato che nei primi due punti l'identificatore del task era effettivamente diverso, notiamo ora come l'attività lanciata la seconda volta appartenga comunque allo stesso task annotato al punto 1. Se ora premiamo il tasto *Back* notiamo la visualizzazione dell'attività nello stesso stack che non è la seconda ma ancora quella iniziale. Attraverso la selezione dell'applicazione dalla Home abbiamo infatti attivato il task corrispondente e perciò il relativo stack. L'attività lanciata attraverso l'`Intent` non ha ora altra modalità per essere visualizzata se non il passaggio attraverso la stessa applicazione.

Quello esaminato è solamente uno dei flag a disposizione; gli altri sono elencati brevemente in Tabella 4.2. Notiamo comunque come siano flag attraverso i quali sia possibile gestire la relazione tra un'attività e il task, e quindi lo stack, alla quale essa appartiene. Alcuni, come quello descritto dalla costante `Intent.FLAG_ACTIVITY_SIN-GLE_TOP`, permettono anche di gestire il numero di istanze di una `Activity`. Nello specifico questo flag permette di non avere in cima allo stack più di un'istanza della stessa attività.

Tabella 4.2 I principali flag nella gestione di un Intent

Flag	Descrizione
FLAG_ACTIVITY_NEW_TASK	Permette di lanciare o ripristinare l'`Activity` all'interno di quel task con lo stesso valore di affinità.
FLAG_ACTIVITY_SINGLE_TOP	Permette di fare in modo che se l'`Activity` richiesta è già in cima allo stack non ne venga creata una nuova istanza ma venga riutilizzata quella presente.
FLAG_ACTIVITY_CLEAR_TOP	Permette di eliminare tutte le `Activity` nello stack comprese tra quella attiva e quella risultato del lancio di un `Intent`. L'istanza dell'attività richiesta viene riutilizzata o sostituita a seconda del valore della modalità di lancio associata.
FLAG_ACTIVITY_NO_HISTORY	L'utilizzo di questo flag permette di fare in modo che l'`Activity` visualizzata non venga inserita nello stack delle attività.
FLAG_ACTIVITY_EXCLUDE_FROM_RECENTS	Permette di eliminare l'`Activity` corrente dall'elenco delle attività recentemente avviate nell'elenco mantenuto dall'ActivityManager.
FLAG_ACTIVITY_BROUGHT_TO_FRONT	Permette di notificare all'attività avviata che essa è stata portata in foreground in quanto già esistente.
FLAG_ACTIVITY_FROM_BACKGROUND	Permette di notificare all'`Activity` che essa è stata lanciata dall'invio di un `Intent` non associato a un'azione da parte di un utente ma, per esempio, da un servizio.
FLAG_ACTIVITY_MULTIPLE_TASK	Se utilizzata insieme a `NEW_TASK`, permette di avviare sempre un'attività all'interno di un proprio task.
FLAG_ACTIVITY_RESET_TASK_IF_NEEDED	Permette la cancellazione della storia di un `task` mettendo l'`Activity` come root dello stesso.

Un'altra possibilità di intervento è quella relativa all'attributo `android:launchMode` dell'elemento `<activity/>` nel file `AndroidManifest.xml`. Si tratta di un attributo che può assumere i valori indicati in Tabella 4.3 e che vanno ad aggiungere un livello di configurabilità in relazione al task di un'attività e al suo numero di istanze.

Tabella 4.3 Valori assumibili dall'attributo android:launchMode

Costante	Valore	Descrizione
multiple	0	È il valore di default, corrispondente alla creazione di una nuova istanza dell'attività a ogni lancio. Questo comportamento potrà essere modificato attraverso l'utilizzo del flag `Intent.FLAG_ACTIVITY_NEW_TASK`.
singleTop	1	È il valore che più utilizzeremo all'interno delle nostre applicazioni; non ha impatti sul task ma sostanzialmente permette di non avviare più istanze della stessa `Activity`. Nel caso in cui l'attività richiesta da un Intent sia già attiva e quindi stia interagendo con l'utente, la stessa verrà riutilizzata. È equivalente all'utilizzo del flag `Intent.FLAG_ACTIVITY_SINGLE_TOP`
single Task	2	È il valore che permette di lanciare una nuova attività, sempre all'interno di un nuovo task. Anche in questo caso, se il task già esiste, verrà portato in foreground con in cima allo stack l'attività richiesta. Il principale utilizzo di questo valore è quello di una `Activity` come menu di lancio di altre applicazioni.

(continua)

Tabella 4.3 Valori assumibili dall'attributo android:launchMode *(segue)*

Costante	Valore	Descrizione
singleInstance	3	Questo valore permette di creare solo una istanza dell'`Activity` la quale è associata a uno e un solo task. Nel caso in cui lo stesso `Intent` venisse rilanciato, la medesima attività verrà riportata in `foreground`. Da notare come, attraverso l'utilizzo di questa modalità di lancio, l'attività sarà anche l'unica del relativo task.

Come notiamo, il valore `multiple` rappresenta il default e descrive appunto il comportamento che abbiamo conosciuto fino a questo momento, che prevede l'avvio di una nuova istanza di attività per ciascun `Intent`.

Il valore `singleTop` permette sostanzialmente di fare in modo che se viene richiesto l'utilizzo di un'attività per la gestione di un `Intent` e questa è già attiva, non ne venga creata una nuova istanza ma venga riutilizzata quella precedente. In questo caso serve però un meccanismo che ci permetta di gestire il fatto che un'attività in cima allo stack venga utilizzata anche per la gestione di un `Intent` diverso da quello che l'aveva portata nella stessa posizione in precedenza. A tale proposito l'attività riceverà l'invocazione del metodo di callback

```
public void onNewIntent(Intent intent)
```

attraverso il quale viene passato il riferimento alla nuova `Intent`. A tale proposito sottolineiamo come l'attività, prima dell'invocazione del metodo `onNewIntent()`, viene comunque messa nello stato di pausa per poi essere ripristinata. Questo significa che, nel caso descritto, la successione dei metodi di callback sull'`Activity` da riutilizzare sarà la seguente: `onPause()`, `onNewIntent()` e infine `onResume()`. Un altro aspetto fondamentale del `launchMode` di tipo `singleTop` è che lo stesso equivale a impostare come flag dell'`Intent` il valore `Intent.FLAG_ACTIVITY_SINGLE_TOP` attraverso la seguente istruzione

```
Intent intent = intent.addFlag(Intent.FLAG_ACTIVITY_SINGLE_TOP);
```

Un lettore attento avrà osservato come il metodo utilizzato sia `addFlag()` e non `setFlags()` come nel caso precedente. Si tratta infatti di un metodo che la classe `Intent` ci mette a disposizione per aggiungere determinati flag secondo una modalità *chaining* utilizzata spesso anche in altri contesti.

> **Modalità chaining**
>
> Il metodo `addFlag()` della classe `Intent` ne permette un utilizzo in chaining. Questo significa che si tratta di un metodo della classe `Intent` che ritorna la stessa istanza su cui viene applicato. Ciò permette di aggiungere flag utilizzando una sintassi del tipo `intent.addFlag(flag1).addFlag(flag2).addFlag(flag3)`, che risulta spesso più concisa mantenendone la leggibilità.

Come accennato, le possibili combinazioni di flag, modalità di lancio e task affinity sono moltissime; per questo motivo si rimanda alla documentazione ufficiale. Ciò che è importante è che il lettore sia a conoscenza dell'esistenza di un meccanismo che permette di decidere come organizzare le diverse attività all'interno di una o più applicazioni. Si tratta di concetti che abbiamo associato a un Intent esplicito ma che possono essere associati a ciascuna delle modalità di utilizzo delle Intent che vedremo successivamente.

Utilizzo della action

L'utilizzo di Intent esplicite è molto semplice e trova applicazione nel caso in cui si intenda far comunicare attività della stessa applicazione, già note in fase di sviluppo.
Il concetto di apertura della piattaforma Android si basa però sull'utilizzo di Intent che permettano la comunicazione tra componenti di applicazioni diverse la cui conoscenza è determinata solo al momento dell'esecuzione sulla base di informazioni definite negli AndroidManifest.xml delle applicazioni stesse. In casi come questi si parla di Late Runtime Binding (LRB). Se la particolare Intent non specifica il ComponentName di destinazione dovrà necessariamente specificare il tipo di azione da eseguire che possiamo impostare, sull'Intent, attraverso il seguente metodo:

```
public Intent setAction (String action)
```

che notiamo permetterne l'utilizzo in chaining.

> **Definizionedi più action**
>
> All'interno di un elemento <intent-filter/> dovrà essere specificata almeno un'azione. In caso contrario non verrà mai scelta come possibile candidata nell'elaborazione di un Intent.

Come si può dedurre dalla firma del metodo, un'azione è individuata da una String che assume un valore che segue la convenzione

```
<package applicazione>.intent.action.NOME_ACTION
```

Facciamo quindi un semplice esempio, che prevede la creazione di due progetti diversi: SenderProject per il lancio di un Intent relativo a una nostra azione custom, e ReceiverProject per la ricezione dello stesso. Il codice degli esempi è disponibile online. In SenderProject abbiamo la definizione della azione specificata dal valore:

```
it.apogeo.android.cap04.senderproject.intent.action.CUSTOM_ACTION
```

e l'utilizzo del seguente codice associate alla selezione di un Button:

Listato 4.15 Utilizzo della action per il lancio di un Intent

```
Intent intent = new Intent();
intent.setAction(CUSTOM_ACTION);
startActivity(intent);
```

dove CUSTOM_ACTION è una costante contenente il valore dell'azione specificato in precedenza. Se il lettore eseguirà l'applicazione SenderProject noterà, in corrispondenza della selezione del pulsante, la visualizzazione dell'errore mostrato in Figura 4.7 dovuto

Figura 4.7 Errore per l'assenza di un componente per l'action richiesta.

al fatto che, al momento, non esiste alcun componente in grado di soddisfare l'azione richiesta.
Quanto affermato è provato anche dall'output del `logcat` riportato di seguito.

Listato 4.16 Output del logcat di visualizzazione dell'errore di mancata attività

```
ERROR/AndroidRuntime(679): Uncaught handler: thread main exiting due to uncaught exception
ERROR/AndroidRuntime(679): android.content.ActivityNotFoundException: No Activity
found to handle Intent { act=it.apogeo.android.cap04.senderproject.intent.action.
CUSTOM_ACTION }
```

Passiamo quindi alla descrizione del progetto `ReceiverProject` che dovrà avere, tra gli `Intent Filter` definiti nel proprio `AndroidManifext.xml`, anche quello relativo alla nostra azione. La dichiarazione dell'attività sarà quindi quella evidenziata di seguito:

Listato 4.17 AndroidManifest del progetto ReceiverProject

```xml
<activity android:name=".ReceiverProjectActivity"  android:label="@string/app_name">
    <intent-filter>
        <action android:name="android.intent.action.MAIN" />
        <category android:name="android.intent.category.LAUNCHER" />
    </intent-filter>
    <intent-filter>
        <action android:name="it.apogeo.android.cap04.senderproject.intent.action.
        CUSTOM_ACTION">
        </action>
        <category android:name="android.intent.category.DEFAULT"></category>
    </intent-filter>
</activity>
```

Notiamo come sia stato definito un `Intent Filter` per la nostra azione. Installiamo quindi l'applicazione nell'emulatore senza eseguirla. Ciò che andremo a eseguire sarà nuovamente l'applicazione `SenderProject` da cui, selezionando il pulsante, avremo la visualizzazione dell'attività del progetto `ReceiverProject` come desiderato. Il lettore potrà verificare come senza la definizione di quella che vedremo chiamarsi categoria di un `Intent`, l'attività associata non verrebbe invocata. Vedremo successivamente che, se non specificato diversamente, un `Intent` appartiene sempre a una categoria individuata dal valore `android.intent.category.DEFAULT` e che le categorie dell'`Intent` debbono essere sempre presenti tra quelle nel corrispondente `Intent Filter` nel caso di selezione.

Prima di approfondire questo aspetto, creiamo una semplice applicazione che ci permette di invocare una delle attività presenti nella piattaforma che non prevedono la definizione di dati. Creiamo quindi l'esempio `IntentActionTest`, il quale prevede l'utilizzo dell'azione predefinita descritta dalla costante `Intent.ACTION_DIAL` che ha come risultato la visualizzazione dell'interfaccia per l'inserimento di un numero di telefono come in Figura 4.8.

> **Costanti e valori nel Manifest**
>
> Il lettore potrebbe rimanere confuso dal fatto che le varie costanti descritte nel file di configurazione **AndroidManifest** sono diverse dalle corrispondenti versioni a livello di codice. Ecco che la costante `Intent.ACTION_DIAL` corrisponde a una `String` dal valore `android.intent.action.DIAL`.

Figura 4.8 Attività visualizzata a seguito di un'azione di tipo ACTION_DIAL.

Il lettore si potrà chiedere a questo punto perché non sia stato inviato direttamente un Intent per l'inizio di una chiamata. Il motivo non è legato solamente al fatto che, in questo caso, si renderebbe necessaria la definizione del numero di telefono come dato, ma anche per un aspetto di sicurezza. Come vedremo nello specifico capitolo, non tutte le Intent possono essere eseguite senza un consenso esplicito da parte dell'utente in fase di installazione della corrispondente applicazione. L'inizio di una chiamata è un'operazione sensibile, perché può portare a dei costi da parte dell'utente; per questo motivo richiede l'acquisizione di particolari permessi.

Come evidenziato nel precedente esempio, l'utilizzo di Intent attraverso la definizione della sola azione non ha moltissimi casi di utilizzo. Nel prossimo paragrafo vedremo quindi come la definizione del tipo di dati su cui un'azione può essere eseguita partecipi al processo di Intent Resolution.

Intent e dati

Osservando la documentazione ufficiale della classe Intent è possibile notare come molte azioni siano piuttosto generiche, quindi prive di significato se non applicate a una particolare tipologia di dato. Per esempio, l'azione Intent.ACTION_EDIT permette di editare un'informazione, ma un conto è modificare un contatto nella rubrica, un altro è modificare una foto o un altro elemento custom. È quindi evidente come questo tipo di azioni assumano un significato diverso se associate a tipi di dati diversi.

Android permette di specificare un tipo di dato attraverso la definizione di un URI (Uniform Resource Identifier) così descritto:

scheme://host:port/path

dove ciascun elemento assume una propria importanza nel processo di Intent Resolution. Insieme a questo URI assume poi un'importanza fondamentale il mime-type dei dati associati, il quale può essere specificato in modo esplicito oppure dedotto dall'URI attraverso un Content Provider, come vedremo dettagliatamente nel corrispondente capitolo. Per comprenderne il significato ci aiutiamo con un esempio.

Supponiamo di disporre del seguente URI:

content://www.massimocarli.it:8080/dir/subdir/values

Facendo un confronto con il modello precedente, capiamo come lo schema sia identificato da content:, l'host da www.massimocarli.it, la porta sia la 8080 e il path sia dir/subdir/values. Un concetto fondamentale nella gestione dei Content Provider è quello di authority, ovvero l'insieme dell'host e della porta. Nel nostro esempio l'authority è quindi www.massimocarli.it:8080. Si tratta di un'informazione che permetterà di individuare il particolare Content Provider responsabile della gestione delle informazioni descritte da URI che lo contengono.

Le parti di una URI sono opzionali ma comunque legate tra di loro. Non ha infatti senso specificare una authority senza il corrispondente schema, o un path senza authority. Nel nostro esempio, infatti, lo schema content: indica come le informazioni siano contenute all'interno di un ContentProvider, a differenza di uno schema del tipo http: che indica invece un insieme di informazioni cui è possibile accedere attraverso il protocollo HTTP.

Vedremo nel dettaglio il legame tra un URI e il corrispondente ContentProvider; per il momento ci concentriamo sulle regole che permettono di specificare come un particolare componente, nel nostro caso una Activity, si possa candidare a gestire un Intent cui è stato associato un particolare URI e uno specifico mime-type. Diciamo subito che è possibile specificare ciascuno dei parametri precedenti come attributi dell'elemento <data/> all'interno di un elemento <intent-filter/>. Ai fini della selezione dell'attività verranno considerati solo quegli elementi specificati. Se gli elementi specificati attraverso l'elemento <data/> combaciano con quelli nell'Intent, allora l'attività, per ciò che riguarda la gestione dati, può essere quella scelta.

Per verificare il funzionamento della Intent Resolution nei confronti dei dati, realizziamo prima un esempio di invocazione di un Intent con una stessa azione ma associata a tipi diversi di dato. Successivamente ci occuperemo della realizzazione di un'attività in grado di gestire un particolare tipo di dato.

Creiamo quindi il progetto IntentDataTest che prevede la definizione di due Button, ciascuno dei quali ci permetterà di visualizzare un'attività, corrispondente alla stessa azione ACTION_VIEW, ma associata a tipi di dato diversi. Il primo pulsante, associato alla label Edit Contact, esegue il seguente codice:

Listato 4.18 Utilizzo dell'URI dei contatti per la visualizzazione di un'attività

```
Intent intent = new Intent(Intent.ACTION_VIEW);
intent.setData(android.provider.ContactsContract.Contacts.CONTENT_URI);
startActivity(intent);
```

Notiamo come l'azione sia identificata da Intent.ACTION_VIEW mentre il tipo di URI passato attraverso il metodo setData() sia descritto dalla costante CONTENT_URI della classe interna ContactsContract.Contacts del package android.provider. Si tratta di una costante fornita, per convenzione, da tutti i ContentProvider che danno indicazione dell'authority cui sono associati. Selezionando il pulsante notiamo quindi la visualizzazione dell'attività relativa all'elenco dei contatti in Figura 4.9.

Osserviamo come, al momento, nell'emulatore vi sia un unico contatto. Se andiamo a visualizzare il contenuto dell'URI relativo alla costante utilizzata, cosa che abbiamo fatto attraverso un messaggio di log, notiamo come esso sia del tipo

content://contacts/people

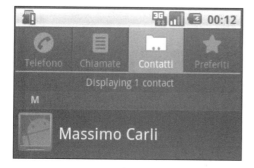

Figura 4.9 Attività associata all'elenco dei contatti.

Quando tratteremo nel dettaglio i Content Provider vedremo come l'URI associato a un particolare contatto sarà invece del tipo

content://contacts/people/1

dove 1 è il valore dell'identificativo del contatto da visualizzare. Lasciamo al lettore la verifica di quanto detto; il codice è comunque presente nella classe opportunamente commentato.

Proviamo ora a lanciare un Intent con la stessa azione ma facendo riferimento a una tipologia di dati diversi attraverso l'esecuzione del seguente codice associato al secondo bottone:

Listato 4.19 *Utilizzo di un URI diverso con la stessa azione di view*

```
Intent intent = new Intent(Intent.ACTION_VIEW);
Uri telUri = Uri.parse("tel://123456789");
intent.setData(telUri);
startActivity(intent);
```

Notiamo come l'URI venga fornito attraverso una String e trasformato in un'istanza della classe Uri attraverso il metodo statico Uri.parse(). Si tratta di un modo di procedere che vedremo spesso in seguito.

Selezionando quindi il secondo bottone si ha la visualizzazione (Figura 4.10), dell'interfaccia per l'invio di una chiamata con impostato il numero di telefono indicato nel codice. Abbiamo quindi dimostrato come l'azione non sia spesso sufficiente a definire l'attività di destinazione a seguito del lancio di un Intent.

Proviamo ora a sfruttare le informazioni descritte per creare un'attività che si sostituisca a quella di visualizzazione di un contatto, dimostrando quindi l'effettiva apertura della piattaforma.

Prima di occuparci di come visualizzare l'informazione relativa ai contatti, ci preoccupiamo di fare in modo che la nostra attività venga scelta tra quelle di gestione dell'Intent associato prima al bottone di label View Contact. Come detto nel precedente paragrafo, sicuramente esso dovrà definire un <intent-filter/> con l'azione ACTION_VIEW. In caso contrario non potrà mai essere scelta anche se compatibile per quello che riguarda i dati. Le regole relative al tipo di informazione da gestire sono comunque le seguenti.

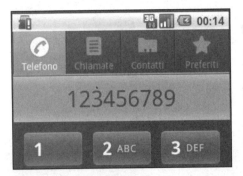

Figura 4.10 Activity conseguente al lancio della seconda Intent in IntentdataTest.

1. Nel caso in cui un oggetto Intent non contenga informazioni circa un URI o il relativo mime-type, l'attività verrà selezionata solamente se nel corrispondente <intent-filter/> non si specifica alcuna informazione sui dati.

2. Nel caso in cui un oggetto Intent contenga la definizione di un URI e il corrispondente mime-type non sia noto, l'attività verrà selezionata solamente nel caso in cui le informazioni specificate in <data/> corrispondano a quelle dell'URI.

3. Se un Intent contiene le informazioni relative al solo mime-type e non quelle relative a un URI, l'attività verrà scelta solo se il corrispondente <data/> specifica lo stesso mime-type e non fornisce informazioni relativamente all'URI.

4. Infine, nel caso in cui l'Intent contenga le informazioni relative all'URI e al mime-type, perché specificato o dedotto dal corrispondente Content Provider, l'attività verrà scelta se il corrispondente <data/> contiene lo stesso mime-type e se, per quello che riguarda l'URI, definisce degli attributi concordi all'URI dell'Intent. In quest'ultimo caso esiste un'eccezione relativa all'utilizzo degli schemi content: e file: per i quali l'URI non assume importanza

È interessante verificare quali delle opzioni elencate sia quella corrispondente al nostro esempio. La prima è da escludere in quanto nell'Intent di partenza abbiamo specificato l'URI corrispondente ai dati da gestire. Per lo stesso motivo escludiamo il punto 3: non abbiamo infatti specificato alcun mime-type. La domanda da porsi riguarda quindi la conoscenza o meno del mime-type associato all'URI utilizzato. Il fatto che si utilizzasse un URI con schema content: è prova dell'utilizzo di un Content Provider tra le cui responsabilità vi è pure quella di fornire, dato un particolare URI, quello che è il corrispondente mime-type. Per questo motivo il mime-type associato al nostro URI è noto; il nostro caso è allora quello del punto 4.

Per fare in modo che la nostra attività risulti tra le candidate a soddisfare l'Intent lanciato, dovremo specificare il mime-type attraverso l'attributo android:mimeType dell'elemento <data/>. A questo punto la definizione dell'elemento <intent-filter/> per la nuova attività sarà il seguente:

Listato 4.20 Definizione dell'IntentFilter tenendo conto del tipo di dato

```
<intent-filter>
    <action android:name="android.intent.action.VIEW"></action>
    <data android:mimeType="vnd.android.cursor.dir/person"></data >
    <category android:name="android.intent.category.DEFAULT"></category>
</intent-filter>
```

dove abbiamo evidenziato l'informazione relativa al tipo di dato. Nel capitolo sulla gestione dei Content Provider vedremo nel dettaglio l'origine del valore inserito come mime-type. Per il momento verifichiamone il funzionamento installando il progetto MyContactProject nel dispositivo. Accediamo quindi all'applicazione IntentDataTest e selezioniamo nuovamente il pulsante. Il lettore potrà quindi notare la visualizzazione di della finestra di dialogo in Figura 4.11.

Attraverso questa finestra di dialogo il dispositivo chiede quale tra le possibili Activity candidate dovrà gestire l'Intent, dando poi la possibilità di impostarla come default. Se selezioniamo la nostra attività noteremo come questa venga effettivamente visualizzata e quindi si sostituisca a quella standard di Android.

Figura 4.11 Richiesta esplicita all'utente nella risoluzione dell'Intent.

Un'ultima osservazione riguarda come la nostra attività possa gestire le informazioni relative ai contatti che in precedenza erano visualizzate dall'attività di default. Anche in questo caso il concetto di URI assume un importante significato, poiché rappresenta un riferimento verso un'informazione che potrebbe essere anche ingombrante. Pensiamo per esempio a un video o un'immagine. È inutile infatti fare in modo che la seconda attività riceva l'intera immagine o un intero video: è sufficiente che ne ottenga un riferimento descritto dal corrispondente URI. Ricordiamo infatti che le due attività potrebbero essere in esecuzione in processi diversi, per cui si renderebbe necessaria un'operazione di serializzazione e deserializzazione che, anche nel modo implementato da Android, sarebbe inutilmente dispendiosa. Sarà poi l'attività, o altro componente di destinazione, a utilizzare lo stesso URI per accedere alle informazioni volute. Per questo motivo nel nostro esempio non faremo altro che ottenere il riferimento all'eventuale Intent che ha attivato la nostra Activity per poi visualizzarne i dati associati. Il codice utilizzato nel metodo onCreate() è quindi il seguente:

Listato 4.21 Determinazione dell'URI relativo a un Intent

```
Intent received = getIntent();
TextView output = (TextView) findViewById(R.id.output);
if (received != null) {
    Uri uri = received.getData();
    if (uri != null) {
            output.setText("Received Uri: " + received.getData());
    } else {
            output.setText("No Uri Received");
    }
} else {
    output.setText("No Intent Received");
}
```

dove output è un riferimento alla TextView per la visualizzazione del messaggio. Il metodo getIntent(), ereditato dalla classe Activity, ci permette infatti di ottenere il riferimento

Figura 4.12 Visualizzazione dell'URI associato all'Intent.

all'oggetto Intent che ha consentito l'esecuzione della nostra attività. Al termine della nostra applicazione otteniamo quindi il risultato in Figura 4.12.
Vedremo, nel corrispondente capitolo, come la nuova attività potrà utilizzare tale informazione accedendo al Content Provider o risorsa dati corrispondente.

Utilizzo della categoria

Nei precedenti esempi abbiamo visto come, nella definizione di un <intent-filter/> assuma notevole importanza il concetto di category descritto dall'omonimo elemento. La regola relativa alla gestione di questa informazione è molto semplice: affinché una Activity sia compatibile con un Intent in relazione alle informazioni di categoria è necessario che tutte le categorie impostate nell'Intent stesso siano tra quelle elencate nell'IntentFilter. Quanto detto ha come conseguenza il fatto le categorie di un Intent possono essere più di una. Forse più interessante è lo scopo di questa informazione, la quale permette di classificare le Activity in base alle funzioni che le stesse hanno all'interno di un'applicazione. A tale proposito esaminiamo l'esempio più semplice, che descriviamo nel seguente codice ormai a noi noto:

Listato 4.22 Definizione dell'IntentFilter per il lancio di un'applicazione

```
<intent-filter>
    <action android:name="android.intent.action.MAIN" />
    <category android:name="android.intent.category.LAUNCHER" />
</intent-filter>
```

Esso candida l'attività che lo contiene a poter essere lanciata attraverso la corrispondente icona nella home del dispositivo. Questa caratteristica è descritta dall'azione Intent.ACTION_MAIN ma soprattutto dalla categoria associata alla String relativa alla costante Intent.CATEGORY_LAUNCHER.
La home, che sappiamo essere essa stessa un'attività, dovrà in qualche modo chiedere al dispositivo quali sono le Activity che sarà in grado di lanciare visualizzando la corrispondente icona. Per fare questo chiede quali sono le attività in grado di soddisfare a un Intent con azione Intent.ACTION_MAIN e categoria Intent.CATEGORY_LAUNCHER. Capiamo quindi come l'informazione di categoria venga sì utilizzata in fase di Intent Resolution ma soprattutto per marcare la relativa attività, come quella idonea a determinati ruoli, come quello di attività principali di un'applicazione.
Questo aspetto risulta ancora più chiaro se andiamo a descrivere i possibili valori di categoria, che l'utente può consultare nella documentazione ufficiale. Nell'utilizzo di

Intent visto nei precedenti paragrafi, l'obiettivo era di candidare l'attività a un particolare tipo di azione. Per questo motivo, quasi tutte le definizioni di Intent Filter contengono, tra le categorie, quella individuata dalla costante Intent.CATEGORY_DEFAULT. Si tratta della categoria impostata come default dalle Intent lanciate da una particolare attività. Per la regola descritta in precedenza è ovvio come questa debba essere comunque compresa tra quelle descritte nel componente <intent-filter/>.

Un altro esempio è quello rappresentato dalla costante Intent.CATEGORY_ALTERNATIVE che permette di candidare un'attività a essere quella attraverso la quale è possibile eseguire delle operazioni su un determinato insieme di dati, che però possano essere considerate come alternative.

Chiariamo con un esempio. Supponiamo di realizzare una nuova attività per l'elaborazione di un'immagine secondo un particolare algoritmo. Se si tratta di un'attività di editazione, probabilmente l'azione associata sarà quella descritta dalla costante Intent. ACTION_EDIT mentre la parte relativa ai dati sarà probabilmente identificata da un mimetype associato alle immagini, che supponiamo essere del tipo image/*. Supponiamo poi di voler candidare la nostra attività a essere una possibile attività di modifica di un'immagine utilizzabile anche da un'altra applicazione che, per esempio, esegue delle foto. La parte relativa all'IntentFilter nell'AndroidManifest.xml sarà quindi del tipo:

Listato 4.23 Definizione dell'IntentFilter che utilizza CATEGORY_ALTERNATIVE

```
<intent-filter android:label="@string/alternative_option">
    <action android:name="android.intent.action.EDIT" />
    <data android:mimeType="image/*" />
    <category android:name="android.intent.category.ALTERNATIVE" />
</intent-filter>
```

Sarà dunque cura dell'applicazione di gestione delle foto di verificare l'esistenza di altre attività in grado di elaborare delle immagini. Per fare questo interrogherà il dispositivo chiedendogli quali altri componenti sono in grado di gestire un particolare Intent che avrà, come categoria, quella descritta. Una volta ottenuto l'elenco lo utilizzerà, eventualmente, all'interno di un menu delle opzioni. Notiamo che si tratta di un'ulteriore dimostrazione della apertura della piattaforma, in quanto anche l'applicazione di gestione delle foto è ora in grado di utilizzare funzionalità di cui non era a conoscenza al momento dell'installazione. In questo caso specifico possiamo notare la presenza dell'attributo android:label di <intent-filter/> che può essere utilizzato come label per la possibile alternativa.

Vedremo poi come alcuni componenti, come i Menu, dispongano di metodi che bene si adattano a Intent di questo tipo.

Notiamo infine come, insieme a Intent.CATEGORY_ALTERNATIVE, esista anche la categoria Intent.CATEGORY_SELECTED_ALTERNATIVE. Mentre la precedente viene spesso associata a un'informazione gestita attraverso un'attività di cui si vuole poter eseguire un'operazione alternativa, la seconda è utilizzata in relazione a un singolo elemento di una lista. Si tratta, in genere, di categorie che permettono la classificazione di Intent da utilizzare in contesti diversi. Ci rimane quindi da capire come sia possibile, attraverso il codice Java, dedurre l'insieme di attività candidate all'elaborazione di un particolare Intent. La responsabilità di questa funzione è di un oggetto descritto dalla classe PackageManager del package android.content.pm di cui è possibile ottenere un'istanza attraverso il seguente metodo della classe Activity:

```
public PackageManager getPackageManager ()
```

Questo ci permette di ottenere il riferimento a un oggetto che ci fornisce una serie di operazioni per verificare quali, tra i componenti installati nel dispositivo, sono in grado di rispondere a un dato `Intent`. In realtà possiamo considerare questo oggetto come la rappresentazione in memoria di tutte le informazioni descritte attraverso i diversi `AndroidManifest.xml` installati. Nel nostro caso il metodo da utilizzare è il seguente:

```
public List<ResolveInfo> queryIntentActivities (Intent intent, int flags)
```

Esso dato un `Intent` e una serie di flag, permette di ottenere una lista di oggetto di tipo `ResolveInfo` che incapsulano le informazioni sui componenti risultati. I flag ci permettono di specificare il tipo di informazione che si desidera. Per esempio, un valore identificato dalla costante `PackageManager.MATCH_DEFAULT_ONLY` permette di selezionare solo le attività che hanno, tra le categorie, anche quella di default. Il risultato è una lista di oggetti descritti dalla classe `ResolveInfo` dello stesso package, la quale incapsula tutte le definizioni della corrispondente attività.

Come esempio, creiamo l'applicazione `CategoryTest`, che vuole essere una versione molto spartana di home del dispositivo. A tale proposito dovremo poter indicare al dispositivo stesso che si tratta di un'attività che può svolgere le funzionalità di home, la quale poi non farà altro che visualizzare tanti `Button` quante sono le attività che si possono avviare.

Alla luce di quanto detto, per candidare la nostra `Activity` a sostituirsi alla home dovremo specificare la relativa categoria descritta dalla costante `Intent.CATEGORY_HOME`. Nel file `AndroidManifest.xml` avremo quindi la seguente definizione:

Listato 4.24 Definizione della categoria HOME

```xml
<intent-filter>
    <action android:name="android.intent.action.MAIN" />
    <category android:name="android.intent.category.LAUNCHER" />
    <category android:name="android.intent.category.HOME"></category>
    <category android:name="android.intent.category.DEFAULT"></category>
</intent-filter>
```

Questo ci permette di candidare la nostra attività come sostitutiva della home; ciò significa che verrà proposta come alternativa a quella presente nel caso di pressione dell'omonimo tasto, come possiamo vedere in Figura 4.13.

Il codice per la verifica di quali attività visualizzare all'interno della nostra interfaccia è invece il seguente:

Listato 4.25 Estrazione delle attività della home

```java
Intent intent = new Intent(Intent.ACTION_MAIN);
intent.addCategory(Intent.CATEGORY_LAUNCHER);
PackageManager packageManager = getPackageManager();
List<ResolveInfo> infoList = packageManager.queryIntentActivities(intent, 0);
```

Figura 4.13 Scelta della home da utilizzare.

Abbiamo quindi creato un Intent con azione MAIN e categoria corrispondente a quella di lancio.
Per quello che riguarda la gestione dinamica dell'interfaccia è bene fare riferimento al codice online, il quale è stato opportunamente commentato. Si tratta di un esempio di gestione programmatica (o imperativa) dell'interfaccia grafica. Essendo il numero di bottoni dipendente da informazioni a runtime, non abbiamo potuto far altro che creare direttamente le istanze di Button inserendole poi nel LinearLayout. Notiamo anche la presenza, nel documento di layout, di una ScrollView, ovvero di una particolare View che permette di gestire lo scrolling di un componente in essa contenuto.
Il risultato, sebbene non molto gradevole graficamente, è mostrato in Figura 4.14 con la visualizzazione di un Button per ciascuna applicazione.

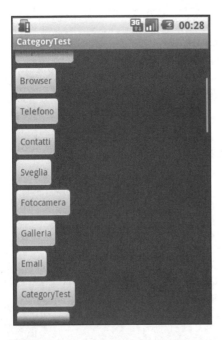

Figura 4.14 Progetto CategoryTest in esecuzione.

Il lettore potrà verificare come sia possibile lanciare la corrispondente applicazione selezionando il relativo pulsante. Vedremo successivamente come Android permetta di ottenere un risultato migliore attraverso una classe `Activity` descritta dalla classe `LauncherActivity`.

La gestione degli Extra

Concludiamo la descrizione delle caratteristiche degli `Intent` con la gestione degli `Extra`, ovvero di un insieme di informazioni che è possibile associare a un `Intent` oltre a quelle impostate attraverso il metodo `setData()`. Se andiamo a vedere la documentazione ufficiale, notiamo come un `Extra` non sia altro che un'istanza della classe `Bundle` già vista in precedenza, che possiamo associare a un `Intent` attraverso una serie di metodi del tipo `getExtra()` e `putExtra()`, i quali permettono l'associazione tra un particolare valore e una chiave di tipo `String` che, per convenzione, inizia con il nome del package della corrispondente applicazione. Di questi metodi, i principali sono:

```
public Bundle getExtras ()
```

e

```
public Intent putExtras (Bundle extras)
```

dove il primo permette di ottenere il riferimento al `Bundle` associato a un `Intent`, mentre il secondo permette di popolare l'`Extra` associato a un `Intent` con i valori contenuti nell'oggetto passato come parametro. Anche in questo caso si rimanda alla documentazione ufficiale per la descrizione dei diversi metodi di gestione degli `Extra` dipendenti dal tipo di dato che gli stessi gestiscono.
È bene invece sottolineare come determinate chiavi per gli `Extra` siano già associate a determinati `Intent`. Un esempio è quello relativo all'utilizzo dell'`Intent` per l'invio di una mail, il quale prevede l'utilizzo delle chiavi `Intent.EXTRA_MAIL` e `Intent.EXTRA_SUBJECT` per la definizione dell'indirizzo e del subject di una mail. Gli extra assumono poi importanza in quella tipologia di `Intent` che vedremo in relazione alla gestione dei `BroadcastReceiver`. In quel caso un `Intent` non viene utilizzato per richiedere l'esecuzione di una particolare attività ma come strumento per incapsulare le informazioni relative a un particolare evento.
Infine, bisogna sottolineare come le informazioni extra non vengano in alcun modo utilizzate nelle operazioni di Intent Resolution.

Comunicazione tra Activity

La principale funzione di un `Intent` è di permettere la comunicazione tra componenti diversi in esecuzione nel dispositivo. Negli esempi precedenti, abbiamo utilizzato il metodo

```
public void startActivity (Intent intent)
```

supponendo che l'attività portata in cima allo stack non dovesse poi ritornare alcuna informazione a quella di partenza. Ovviamente non è sempre così: come dimostrava l'esempio della selezione di un contatto, spesso si invoca un `Intent` per ottenere il riferimento a particolari informazioni quali un contatto o un numero di telefono. In questo caso si parla di attività sorgente e attività figlia (child). Il tipico scenario è proprio quello relativo a una `Activity` che necessita di un'informazione cui è possibile accedere attraverso una seconda attività.

Vogliamo quindi descrivere questo caso sia dal punto di vista dell'attività sorgente sia da quello dell'attività figlia. Nel primo progetto, di nome `ContactsProject`, si vuole creare un'attività che intende ottenere il riferimento a un contatto accedendo alla corrispondente `Activity` di visualizzazione dei contatti. Si tratta del nostro esempio iniziale che abbiamo in parte già visto nel caso del progetto `IntentDataTest`. L'interfaccia dell'applicazione è molto semplice e prevede la visualizzazione di un messaggio attraverso una `TextView` e la presenza di un `Button` per l'invocazione della seconda attività. Premendo il pulsante vogliamo quindi accedere all'attività di selezione di un contatto per poi visualizzarne il riferimento attraverso la `TextView`. Da quanto detto in precedenza è ormai evidente come questa informazione verrà descritta da un opportuno URI.

La parte interessante del progetto è comunque quella contenuta nel metodo `onCreate()` che riportiamo di seguito:

Listato 4.26 Invocazione di un'attività per ottenere dei risultati

```
Intent intent = new Intent(Intent.ACTION_VIEW);
intent.setData(android.provider.Contacts.People.CONTENT_URI);
startActivityForResult(intent, CHOOSE_CONTACT_CODE);
```

Notiamo come l'azione sia quella utilizzata anche in precedenza, ovvero la `ACTION_VIEW`, e come il metodo utilizzato per il lancio dell'`Intent` sia ora il seguente:

`public void startActivityForResult (Intent intent, int requestCode)`

Come suggerisce il nome stesso, si tratta di un modo diverso di lanciare l'attività che presuppone anche un meccanismo per ottenere un risultato di ritorno. Questo avviene attraverso l'invocazione del metodo

`protected void onActivityResult (int requestCode, int resultCode, Intent data)`

ereditato, come il precedente, dalla classe `Activity`. Il metodo `startActivityForResult()` prevede, oltre all'`Intent` da lanciare, anche un identificatore descritto da una variabile intera, che nel nostro esempio abbiamo inserito all'interno della costante `CHOOSE_CONTACT_CODE`. Questo ci permette di invocare diverse attività distinguendo poi le corrispondenti invocazioni al metodo `onActivityResult()` attraverso il parametro `requestCode`. Lo stesso valore utilizzato nell'invocazione verrà ritornato insieme all'eventuale risultato. Il significato del parametro `resultCode` è invece quello di dare indicazione dell'esito della chiamata. Possiamo vedere i possibili valori nell'implementazione del nostro progetto:

Listato 4.27 Implementazione del metodo di ritorno

```
protected void onActivityResult(int requestCode, int resultCode, Intent data) {
    if(requestCode==CHOOSE_CONTACT_CODE){
```

```
            TextView textView = (TextView)findViewById(R.id.output);
            if(resultCode == Activity.RESULT_OK){
                    textView.setText("Result is "+data.getData());
            }else if(resultCode == Activity.RESULT_CANCELED){
                    textView.setText("RESULT_CANCELED");
            }else{
                    textView.setText("CUSTOM RESULT "+resultCode);
            }
        }else{
            // È arrivata una risposta da un'attività diversa (impossibile in questo caso!)
        }
    }
}
```

La costante `Activity.RESULT_OK` indica un esito positivo dell'invocazione e il fatto che il risultato della stessa è contenuto all'interno dell'Intent passato come terzo parametro. Il valore `Activity.RESULT_CANCELED` indica invece che l'operazione non è andata a buon fine o è stata annullata.

Ultima costante, non presente nel codice, è quella descritta da `Activity.RESULT_FIRST_USER`, che rappresenta il valore iniziare degli identificatori che l'utente potrà utilizzare con significati personalizzati. L'attività richiamata potrà quindi, in base alla sua logica, ritornare valori con significato particolare, che poi l'attività sorgente utilizzerà in modo opportuno.

Non ci resta quindi che eseguire la nostra applicazione selezionando il pulsante di label `"Pick Contact"`. Il lettore potrà verificare come il risultato non sia quello che ci si aspettava. Una volta selezionato il bottone, viene correttamente visualizzato l'elenco dei contatti ma viene immediatamente invocato il metodo `onActivityResult()` con un codice `Activity.RESULT_CANCELED`, come si può vedere dal log che abbiamo associato al tag `ContactsProjectActivity`. Se poi selezioniamo il contatto, viene visualizzata l'attività relativa al dettaglio. In realtà il funzionamento è corretto relativamente a quello che abbiamo scritto. Abbiamo infatti utilizzato l'azione `ACTION_VIEW` la quale non può permetterci la selezione di un contatto per poterlo poi ritornare: non saprebbe infatti distinguere il caso di visualizzazione da quello di selezione. La soluzione sta infatti nell'utilizzo dell'azione corretta che è invece quella descritta da `Intent.ACTION_PICK`. Non ci resta quindi che fare la modifica e rieseguire l'applicazione.

Selezionando il pulsante e scegliendo quindi un contatto si ha il ritorno all'attività di partenza e la visualizzazione dell'URI corrispondente alla scelta come in Figura 4.15.

Figura 4.15   Utilizzo dell'azione ACTION_PICK.

Il lettore potrà anche verificare le diverse modalità di visualizzazione dell'elenco dei contatti nei due casi. Questo significa che l'attività figlia utilizzerà l'Intent di attivazione come criterio per decidere poi la modalità di visualizzazione dei contatti. Abbiamo già visto come questa informazione sia accessibile attraverso il metodo getIntent().

Vogliamo ora metterci dalla parte dell'attività figlia e vedere come sia possibile inviare un risultato all'attività di origine. A tale scopo creiamo, nel modo che ormai conosciamo, un'attività alternativa a quella di visualizzazione elenco contatti, da utilizzare, quindi, al posto della precedente. Creiamo il progetto ChildActivityTest che avrà, nel proprio file di configurazione, la seguente definizione:

Listato 4.28 Definizione dell'IntentFilter relativo al PICK di contatti

```
<intent-filter>
    <action android:name="android.intent.action.PICK"></action>
    <data android:mimeType="vnd.android.cursor.dir/person"></data>
    <category android:name="android.intent.category.DEFAULT"></category>
</intent-filter>
```

Questo ci permette di visualizzare anche questa attività tra quelle candidate a esaudire l'Intent lanciato dall'applicazione ContactsProject. Serve comunque un meccanismo per poter restituire il risultato all'attività chiamante. La soluzione è molto semplice, e avviene attraverso l'utilizzo dei seguenti due overload del metodo setResult():

```
public final void setResult (int resultCode, Intent data)
```

e

```
public final void setResult (int resultCode)
```

È interessante notare come il valore ritornato non venga notificato all'attività chiamante fino a che l'Activity figlia non invoca il proprio metodo finish(). Lasciamo al lettore la verifica del fatto che se l'attività figlia invoca più volte i metodi setResult(), anche con esiti diversi, il valore passato all'attività sorgente è comunque quello valido al momento della chiamata al metodo finish(). L'invio dei risultati all'attività chiamante utilizzerà quindi codice del tipo:

Listato 4.29 Invio di esito positivo al chiamante

```
setResult(Activity.RESULT_OK, sourceIntent);
finish();
```

in caso di successo, oppure

Listato 4.30 Invio di esito negativo al chiamante

```
setResult(Activity.RESULT_CANCELED, sourceIntent);
finish();
```

in caso di cancellazione. Nel caso in cui l'attività figlia invocasse direttamente il metodo `finish()` senza aver chiamato in precedenza il metodo `setResult()`, l'esito sarà equivalente al `RESULT_CANCELED`.

Il lettore potrebbe quindi domandarsi come ha fatto l'attività relativa all'elenco dei contatti, invocata attraverso l'azione `ACTION_VIEW`, a restituire immediatamente un esito `RESULT_CANCELED` senza invocare il proprio metodo `finish()` e quindi uscire. In realtà l'attività che risponde all'`Intent` è un'attività che ha il compito di lanciarne un'altra a seconda del tipo di azione e quindi terminare. È proprio in corrispondenza di questa terminazione che viene invocato il metodo di comunicazione del risultato. È un comportamento che vedremo nel paragrafo relativo alla gestione degli alias.

Activity particolari

Esaminando le applicazioni disponibili in ambiente Android, notiamo come queste prevedano una serie di schermate che seguono degli schemi predefiniti. Alcune permettono una visualizzazione a tab, altre la visualizzazione di liste di informazioni. A tale proposito Android ci mette a disposizione alcune specializzazioni della classe `Activity` per la gestione dei casi più comuni. Alcune di queste le vedremo nel prossimo capitolo, in quanto necessitano di concetti che ancora non abbiamo incontrato come quello di `Adapter`. In quest'ultima parte del presente capitolo vedremo invece due particolari realizzazioni che ci permetteranno di sviluppare, in modo molto semplice, alcuni degli esempi già visti. È il caso della `LauncherActivity` e della `AliasActivity`.

LauncherActivity

La classe `LauncherActivity` è molto semplice e permette di visualizzare all'interno di una lista un insieme di elementi corrispondenti a quelle attività che soddisfano a un particolare `Intent`. Come possiamo vedere nell'esempio, disponibile online, descritto dal progetto `LauncherTest`, l'utilizzo di questa classe è molto semplice e prevede la creazione di una particolare specializzazione di `LauncherActivity` nella quale specifichiamo l'`Intent` che la stessa dovrà utilizzare facendo semplicemente l'overriding del seguente metodo:

Listato 4.31 Override del metodo getTargetIntent()

```
@Override
protected Intent getTargetIntent() {
    // Forniamo l'Intent da considerare per l'elenco delle attività
    // da visualizzare nel Launcher
    Intent launcherIntent = new Intent(Intent.ACTION_MAIN);
    launcherIntent.addCategory(Intent.CATEGORY_LAUNCHER);
    return launcherIntent;
}
```

Il suo compito è di ritornare l'`Intent` da utilizzare per ottenere l'elenco delle attività attraverso il `PackageManager` come fatto nel nostro esempio precedentemente. Il risultato ottenuto è quello di Figura 4.16.

Figura 4.16 Esecuzione di LauncherTest.

A parte l'aspetto sicuramente più gradevole rispetto a quello realizzato in precedenza, vedremo come si tratti della ulteriore specializzazione della classe `ListActivity` che permette appunto la visualizzazione di un insieme di informazioni in una lista; impareremo a gestirla in dettaglio nel prossimo capitolo.

AliasActivity

In precedenza abbiamo fatto un'osservazione circa la possibilità di ritornare un valore a un'attività sorgente senza, apparentemente, chiudere quella figlia. Abbiamo quindi accennato a come questo, in realtà, presupponesse comunque la chiusura di un'attività che, prima della sua terminazione, ne lanciava un'altra.
Per gestire una funzione di questo tipo, Android ha messo a disposizione una particolare specializzazione della classe `Activity` descritta da `AliasActivity` la cui funzione è proprio di lanciare un particolare `Intent` per poi terminare. Come nel caso precedente, dal punto di vista dello sviluppo è sufficiente creare una specializzazione della classe `AliasActivity`. La definizione di quale `Intent` rilanciare prima della chiusura avviene all'interno del file `AndroidManifest.xml` attraverso l'utilizzo dell'elemento `<meta-data/>` il quale dovrà essere associato alla chiave `android.app.alias`.
Consideriamo quindi il progetto `AliasTest`, che ci permetterà di lanciare un `Intent` per la visualizzazione dell'interfaccia per l'inizio di una chiamata, come già visto in precedenza in occasione del progetto `IntentDataTest`. Si tratta comunque di un'attività che può essere utilizzata, per esempio, per avviare la visualizzazione di una particolare pagina web nel browser o per ottenere la visualizzazione di un contatto selezionando direttamente

un'icona nella home. Ritornando al nostro esempio, il lettore può notare come la classe `AliasTestActivity` estenda la classe `AliasActivity` e non faccia l'override di alcun metodo. La sua logica è infatti nel relativo metodo `onCreate()`. L'aspetto da sottolineare è invece quello relativo alla definizione dell'`Intent` da lanciare che specifichiamo all'interno di una risorsa XML, descritta in un file che abbiamo chiamato `intent.xml`, e contenuta all'interno della directory `res/xml`. Come possiamo vedere dal listato che segue, vi è la definizione in formato XML delle informazioni relative a un particolare `Intent` contenute all'interno dell'elemento `<alias/>`.

Listato 4.32 Definizione di un Intent per l'AliasActivity

```xml
<?xml version="1.0" encoding="utf-8"?>
<alias xmlns:android="http://schemas.android.com/apk/res/android">
  <intent android:action="android.intent.action.VIEW" android:data="tel://123456789"/>
</alias>
```

Nel nostro esempio abbiamo utilizzato solamente gli attributi relativi all'azione e ai dati, ma potevamo utilizzare anche attributi per tutte le altre informazioni di un `Intent`. A questo punto dobbiamo associare questa informazione all'attività. A tale proposito utilizziamo la seguente definizione:

Listato 4.33 Definizione della AliasActivity nell'AndroidManifest.xml

```xml
<activity android:name=".AliasTestActivity" android:label="@string/app_name">
    <intent-filter>
        <action android:name="android.intent.action.MAIN" />
        <category android:name="android.intent.category.LAUNCHER" />
    </intent-filter>
    <meta-data android:name="android.app.alias" android:resource="@xml/intent" />
</activity>
```

dove abbiamo evidenziato la parte relativa al `<meta-data/>` che permette di associare l'attività all'`Intent`, attraverso l'attributo `android:resource`. Una volta installata l'applicazione, basterà quindi selezionare la relativa icona per vedere visualizzato il risultato del lancio della `Intent` definita nel file `intent.xml` ovvero l'interfaccia per l'inizio di una chiamata (Figura 4.17).

La caratteristica di questo tipo di attività è comunque il fatto che essa si auto-elimina dopo il lancio dell'`Intent`. Per verificare questo fatto è sufficiente premere il tasto Back e notare la conseguente uscita dall'applicazione. Se non fosse state eliminata, la precedente attività sarebbe tornata in cima allo stack e quindi visualizzata.

La gestione dell'`AliasActivity` non va confusa con l'utilizzo, nel file `AndroidManifest.xml`, dell'elemento `<activity-alias/>`, il quale permette di ridefinire un'attività utilizzando le stesse definizioni di una esistente nella stessa applicazione, specificando le proprie caratteristiche in termini di `IntentFilter`.

Figura 4.17 Esecuzione di AliasTest.

Conclusioni

In questo capitolo abbiamo esaminato nel dettaglio i concetti fondamentali di Activity e di Intent che caratterizzano l'architettura di Android. Attraverso l'utilizzo di semplici esempi abbiamo poi esaminato i meccanismi che legano l'esecuzione delle attività all'interno di un processo e i relativi task.
Nel prossimo capitolo iniziamo lo studio dei diversi componenti grafici che possiamo inserire all'interno di una Activity e che ci permetteranno di gestire la UI delle applicazioni.

Capitolo 5

View e layout

In precedenza abbiamo imparato a gestire le `Activity` come componenti in grado di contenere una serie di elementi visuali descritti da specializzazioni della classe `View`; a quest'ultima è dedicato il presente capitolo. Inizieremo esaminando nel dettaglio le caratteristiche di questa classe per poi dedicarci a una sua particolare specializzazione, descritta dalla classe `ViewGroup`, che si può considerare come l'implementazione del pattern GoF Composite. Si tratta infatti di quella classe che sta alla base della definizione dei `Layout`, ovvero di quei componenti, anch'essi `View`, il cui compito è di contenere e disporre sullo schermo altre `View`. Vedremo infine un concetto fondamentale nella visualizzazione di informazioni di vario tipo: gli `Adapter`.

Le perfomance rappresentano, come più volte accennato, un aspetto fondamentale; per questo motivo concluderemo il capitolo con la descrizione delle tecniche principali da utilizzare nella ottimizzazione delle risorse relative ai layout e alle `View`.

In questo capitolo

- **Le View**
- **ViewGroup e layout**
- **ViewGroup per i dati**
- **Ottimizzazione delle risorse**
- **Conclusioni**

Le View

Nel capitolo dedicato alla gestione delle risorse abbiamo esaminato a fondo gli oggetti `Drawable` e abbiamo visto come si tratti di particolari realizzazioni dell'omonima classe, il cui compito è di disegnare lo sfondo delle `View`. La differenza principale tra un `Drawable` e una `View` è la possibilità di gestire le interazioni con l'utente attraverso una gestione accurata degli eventi. In questo caso, la classe `View` rappresenta una generalizzazione di tutti quei componenti in grado di visualizzare delle informazioni e permetterne l'interazione con l'utente. Un esempio è quello descritto dalla classe `Button` che abbiamo imparato a conoscere negli esempi finora realizzati.

Tra le caratteristiche principali di una `View` c'è sicuramente quella di poter essere descritta in modo dichiarativo attraverso un documento XML, detto di layout. Negli esempi realizzati finora, si è trattato di layout molto semplici definiti all'interno del file `main.xml` nella cartella `res/layout`. Se prendiamo, per esempio, il file relativo al progetto `IntentActionTest` del capitolo precedente, possiamo notare alcune caratteristiche fondamentali.

Listato 5.1 Esempio di definizione di un layout

```xml
<?xml version="1.0" encoding="utf-8"?>
<LinearLayout xmlns:android="http://schemas.android.com/apk/res/android"
    android:orientation="vertical"  android:layout_width="fill_parent"
    android:layout_height="fill_parent" >
    <Button android:layout_width="wrap_content" android:layout_height="wrap_content"
        android:id="@+id/viewContactButton" android:text="@string/view_contact">
    </Button>
    <Button android:layout_width="wrap_content" android:layout_height="wrap_content"
        android:text="@string/view_tel" android:id="@+id/viewTelButton">
    </Button>
</LinearLayout>
```

Innanzitutto una particolare `View` viene descritta da un opportuno elemento nel file di layout. Attraverso `<LinearLayout/>` andiamo, per esempio, a definire una particolare `View`, che impareremo a utilizzare nel prossimo paragrafo e che permette di organizzare sul display un insieme di altre `View` descritte da altri elementi nel suo body. In questo caso si tratta di due `Button` descritti da altrettanti elementi nel documento XML.

Come già accennato, questo non è l'unico modo di creare delle `View`: è possibile infatti utilizzare direttamente le API Java, ma è sicuramente il modo più semplice e immediato, grazie anche alla presenza del layout editor dell'ADT. Vedremo poi come sarà possibile utilizzare lo stesso meccanismo anche per particolari realizzazioni custom della classe `View`, che ci permetteranno di raggiungere un certo grado di riutilizzabilità dei componenti. Ciascuno di questi elementi ha poi degli attributi che verranno mappati in altrettante proprietà degli oggetti che Android andrà a istanziare.

Una delle principali proprietà, caratteristica di tutte le `View`, è quella di nome `id`, la quale permette di identificare in modo univoco un componente all'interno di un particolare layout. Abbiamo già visto come sia possibile impostare tale valore nel file di layout e come utilizzarlo nel codice Java attraverso il metodo ormai noto

```
public View findViewById (int id)
```

della classe `Activity`. Diversi altri metodi, poi, utilizzano l'id dei componenti, intesi come particolari risorse, per l'esecuzione di operazioni di vario tipo; lo vedremo in seguito. Un'altra fondamentale caratteristica delle `View` è la loro organizzazione ad albero, conseguenza dell'utilizzo del Composite Pattern che possiamo riassumere attraverso il diagramma in Figura 5.1.

View e layout 155

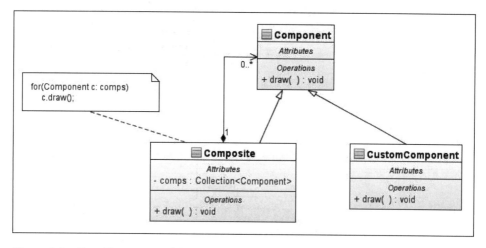

Figura 5.1 Class Diagram per il Composite Pattern.

La classe Component rappresenta quella che per noi è la View che descrive le caratteristiche comuni a tutti i componenti visuali di interazione con l'utente. Nel diagramma abbiamo rappresentato queste funzionalità comuni attraverso il metodo draw(), che esprime il fatto che tutte le View si disegnino sullo schermo. Di questa classe ne esistono varie specializzazioni aventi, come il Button, caratteristiche ben definite; in Android vengono chiamate Widget o Control e saranno argomento del prossimo capitolo. Nel diagramma, questo tipo di specializzazioni è rappresentato dalla classe CustomComponent che è, nel senso Object Oriented IS-A, un Component che quindi si disegna a modo suo. Questo sarà implementato attraverso un particolare *overriding* del metodo draw() in CustomComponent. Il pattern vero e proprio è comunque rappresentato dalla classe Composite, la quale IS-A Component dove l'implementazione del metodo draw() non fa altro che richiamare tutti i metodi draw() degli eventuali Component in esso contenuti e che abbiamo rappresentato attraverso un attributo privato di nome comps e di tipo Collection<Component>. Il vantaggio nell'utilizzo di questo pattern consiste nella possibilità di disegnare una struttura anche complessa di View richiamando solamente il metodo draw() sul relativo componente di root. Facendo un'analogia con la struttura descritta nel documento di layout precedente, otteniamo il diagramma in Figura 5.2.

Tuttavia, come vedremo meglio successivamente, la relazione di ereditarietà tra la View e il LinearLayout non è diretta ma passa attraverso la classe ViewGroup che generalizza le caratteristiche di tutti i Container.

Questa affermazione ci mette in grado di capire anche meglio il funzionamento del metodo della classe Activity

```
public void setContentView (int layoutResID)
```

il quale permette appunto di associare la root di un documento di layout a una particolare attività.

L'operazione che consente di ottenere la View a partire dal documento XML associato si chiama *inflating*; si tratta di un'operazione solitamente eseguita in modo automatico ma che vedremo come personalizzare al fine di migliorare le performance nella visualizzazione

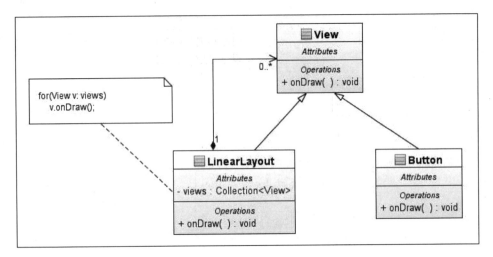

Figura 5.2 Composite Pattern e View.

degli elementi di una `ListView`. Quando si parla di strutture ad albero si parla anche di metodo di attraversamento dell'albero stesso. Capiamo infatti che se la presente struttura viene percorsa dalle foglie alla root o viceversa cambia l'ordine della visualizzazione dei componenti: quelli che in un caso stanno sotto altri, nell'altro si sovrappongono a essi portando a risultati non voluti. Vedremo che la gestione delle View avviene percorrendo l'albero secondo un ordine detto *in-order* che prevede l'esame di un nodo solo dopo che sono stati elaborati tutti i nodi di livello inferiore (più vicini alla root). Questo significa che una View si disegnerà solo dopo che si sarà disegnato il proprio padre mentre gli elementi dello stesso livello (i fratelli o *siblings*) vengono disegnati nell'ordine in cui sono definiti. Questo è in accordo con quanto descritto nei diagrammi precedenti, in cui l'operazione di disegno da parte di un Composite corrisponde al disegno dei relativi figli. Il metodo di una View responsabile del suo disegno è il metodo

```
protected void onDraw (Canvas canvas)
```

che vedremo come ridefinire nella realizzazione di View custom. Nel caso in cui una ViewGroup avesse un particolare Drawable questo verrà ovviamente disegnato prima degli eventuali figli.
Una View, descritta in modo dichiarativo attraverso un documento XML di layout o creata in modo programmatico, potrà essere quindi visualizzata all'interno di una Activity. Per fare questo il layout dovrà conoscere la posizione di ciascuna View rispetto all'eventuale contenitore. A tale proposito ciascuna View fornisce la propria posizione attraverso i seguenti metodi:

```
public final int getLeft ()
public final int getTop ()
```

che danno le coordinate del vertice in alto a sinistra del rettangolo occupato dalla View relativamente al proprio contenitore. Questa precisazione è importante per determinare esattamente la posizione di una `View` rispetto allo schermo. Esistono poi altri metodi, che il lettore può consultare nella documentazione ufficiale, per determinare anche la posizione del vertice in basso a destra.

Un ruolo importante nella definizione delle `View` assume la loro dimensione. In realtà esistono due tipi di dimensioni: quelle che una `View` vorrebbe avere all'interno del proprio contenitore e quelle che invece effettivamente ha al momento della visualizzazione. Le prime sono definite `measured` (misurate), e vengono utilizzate dalle diverse implementazioni dei layout per chiedere alle singole `View` qual è la loro dimensione ideale in particolari condizioni di spazio. Il layout potrà (ma non dovrà necessariamente) tenerne conto per definire quelle che poi saranno le dimensioni effettive. Le prime si ottengono attraverso i metodi:

```
public final int getMeasuredWidth()
public final int getMeasuredHeight()
```

mentre quelle effettive si ottengono attraverso:

```
public final int getWidth()
public final int getHeight()
```

È da notare come si tratti di metodi `final` di cui non è possibile fare l'overriding. Questo è prova del fatto che il processo di definizione delle dimensioni delle `View` all'interno di un layout è di responsabilità dell'ambiente Android, come vedremo approfonditamente nel prossimo paragrafo.

Per ciò che riguarda le dimensioni di una `View` possiamo concludere dicendo che esse, espresse in pixel, comprendono quelle dell'eventuale padding ma non quelle relative ai margini, la cui gestione è stata affidata ai `ViewGroup`, quindi ai layout.

> **Listener e Delegation Model**
>
> Dalla versione 1.1 del Java Standard Edition, a seguito dell'introduzione delle specifiche JavaBean, la gestione degli eventi viene realizzata attraverso un meccanismo di nome Delegation Model, che è semplicemente l'applicazione del pattern GoF Observer. Si tratta di un modo per far comunicare tra loro due componenti senza doverli modificare, in accordo con l'Open Close Principle, secondo il quale è sempre bene essere aperti nelle estensioni ma chiusi nelle modifiche. In pratica è possibile fare in modo che un componente C esegua una determinata azione a seguito di un evento, attraverso la creazione di un Adapter che implementa l'interfaccia, detta Listener, che descrive quelle operazioni che la sorgente dell'evento chiamerà per la sua notifica. L'implementazione di tali operazioni da parte dell'Adapter non sarà altro che l'invocazione dei metodi del componente C. Né la sorgente dell'evento né C sono stati modificati (chiusi alle modifiche) ma è stata aggiunta una nuova classe (aperti alle estensioni) ovvero l'Adapter, inteso come pattern GoF e non come il componente di cui parleremo approfonditamente più avanti. Nel prossimo capitolo affronteremo il Delegation Model nel dettaglio.

Fino a questo momento abbiamo comunque ipotizzato che le `View` venissero solamente visualizzate e che il loro aspetto non venisse modificato. Nella realtà, però, l'utente interagisce con queste `View` modificando, in alcuni casi, non solo il loro aspetto ma anche lo spazio che le stesse occupano all'interno del corrispondente layout. Anche in questo caso è importante ottimizzare al meglio le risorse facendo in modo che vengano ridisegnate solamente quelle parti di una `View` che effettivamente sono cambiate, lasciando inalterate le altre. A tale proposito di parla di regione valida e regione non valida. Una regione è valida se non è cambiata, per cui non ha senso ridisegnarla. Una regione non valida è invece quella cambiata che necessita di essere nuovamente disegnata. Questa considerazione ci permette di descrivere il funzionamento delle `View` a seguito di un particolare evento che sappiamo essere di sua competenza. Nel caso in cui l'utente interagisca con un componente, è responsabilità del dispositivo inoltrare l'evento alla corrispondente `View` la quale, come avvenuto nel caso del `Button`, invocherà il corrispondente listener per la sua gestione.

Se a seguito dell'evento la particolare `View` necessita di ridefinire il proprio layout, essa notifica la cosa al sistema attraverso l'invocazione del metodo

```
public void requestLayout ()
```

Questo avrà come conseguenza il ricalcolo della posizione e della dimensione della `View` prima della successiva visualizzazione. Nel caso in cui la `View` necessiti invece di essere ridisegnata, dovrà notificare la cosa al sistema attraverso l'invocazione del metodo

```
public void invalidate ()
```

Come vedremo successivamente, la gestione della visualizzazione attraverso il disegno delle diverse `View` viene eseguita all'interno di un unico thread, chiamato `ThreadUI`, che si occupa della gestione dell'interfaccia grafica. Il metodo `invalidate()`, come tutti i metodi di una `View`, può essere invocato solamente all'interno di questo thread mentre, negli altri casi, è necessario invocare

```
public void postInvalidate ()
```

o ricorrere a particolari API. In questo caso la `View` viene invalidata e sarà cura del `ThreadUI` disegnarla nel momento in cui lo riterrà opportuno.

> **SingleThread Model**
>
> Senza entrare nei dettagli della programmazione concorrente, diciamo che il dead lock, ovvero la situazione di blocco che si può verificare in un ambiente multi-threading, si ha quando si presentano situazioni ben precise, ovvero quando due (o più) processi concorrono per l'acquisizione di due (o più) risorse in modo non globale. Tipicamente ci sono due risorse R1 e R2 e due thread (o processi) T1 e T2 che concorrono per la loro acquisizione. Succede che T1 acquisisce R1 e concorre per R2 mentre T2 acquisisce R2 e concorre per R1. Sia T1 sia T2 hanno una risorsa, che non rilasciano, e si mettono in attesa (in *wait*) sull'altra provocando il blocco. A parte sistemi anche complessi di sincronizzazione, una possibile soluzione è quella di eliminare una delle ipotesi iniziali ovvero fare in modo che esista solo un unico thread. Questa è la soluzione che spesso si adotta nel caso della gestione delle UI come nel caso di Android e delle stesse Swing della J2SE.

Sarà quindi cura del sistema occuparsi della gestione del layout e/o della visualizzazione delle singole `View` al fine di un'ottimizzazione delle risorse del dispositivo.

I device con Android avranno principalmente (ma non necessariamente) un display con touch, ovvero sensibile al tocco. Ciascuna View prevede la definizione di una serie di metodi che permettono di sapere se il dispositivo sta interagendo con l'utente secondo una modalità touch oppure no; si parla di modalità *touch mode*. Il dispositivo, ovviamente se predisposto, entra in questa modalità se l'utente tocca lo schermo e ne esce se seleziona una delle interfacce alternative come tastiera o D-pad. Una delle principali differenze nelle due diverse modalità riguarda la gestione del focus. Alcuni componenti, come un'area editabile di testo, se selezionati prendono il focus e permettono l'inserimento del testo. Altri, come il Button, se selezionati nella modalità touch non prendono il focus ma generano l'evento associato. Se non in touch mode anche il bottone potrebbe invece acquisire il focus. Per alcune View è quindi possibile decidere qual è il componente che assume il focus in determinate condizioni. Si rimanda al lettore la consultazione dei diversi metodi al riguardo. Sono sicuramente di interesse i seguenti attributi, che è possibile utilizzare nella definizione dei layout

```
nextFocusDown
nextFocusLeft
nextFocusRight
nextFocusUp
```

e che permettono di decidere quale altro componente è il successivo ad avere il focus nel caso di movimenti del D-pad, o altro sistema di input, in una particolare direzione. A proposito di touch, è frequente vedere applicazioni con particolari schermate che scrollano sul display a seguito del tocco dell'utente. A tale proposito la classe View mette a disposizione i seguenti metodi:

```
public void scrollTo (int x, int y)
public void scrollBy (int x, int y)
```

per la gestione dello scrolling; li vedremo in una particolare realizzazione descritta dalla classe ScrollView che abbiamo già utilizzato nel progetto CategoryTest del capitolo precedente.
A ciascuna View è poi possibile associare delle animazioni descritte da oggetti di tipo Animation del package android.view.animation, cui dedicheremo spazio nei prossimi capitoli. Molto importante è invece il concetto di tag, ovvero di una serie di informazioni che potremmo associare a una particolare View attraverso i metodi:

```
public void setTag (Object tag)
public void setTag (int key, Object tag)
public Object getTag (int key)
public Object getTag ()
```

e che ci serviranno come particolare tipo di cache per quei componenti ottenuti a seguito di operazioni di inflating spesso onerose per il dispositivo. Vedremo un caso pratico di utilizzo di questa funzione quando tratteremo gli Adapter e le ListView.
Prima di vedere nel dettaglio le API, iniziamo la descrizione di una particolare specializzazione della classe View chiamata ViewGroup, alla base della definizione dei layout.

ViewGroup e layout

Come accennato in precedenza, la classe `ViewGroup` rappresenta una particolare specializzazione di `View` il cui compito è di posizionare sul display, secondo un determinato algoritmo, un insieme di altre `View` in essa contenute. Prima di vedere nel dettaglio le classi che descrivono i layout predefiniti di Android, e come crearne di custom, descriviamo le principali caratteristiche di ciascuna `ViewGroup`.

Se andiamo a vedere le corrispondenti API, notiamo come molti dei metodi di `ViewGroup` non siano altro che un override dei corrispondenti della classe `View`, come accennato in precedenza nel caso del metodo `onDraw()`. Altri invece fanno riferimento alla natura di container e permettono l'aggiunta o la rimozione di una `View` attraverso diversi overload del metodo `addView()`.

Molto importanti nella gestione dei layout sono le due classi interne `ViewGroup.LayoutParams` e `ViewGroup.MarginLayoutParams`. Come vedremo, ciascun particolare layout avrà una serie di parametri che permetteranno di raggiungere un certo livello di configurabilità. Si tratta di parametri che assoceremo ad altrettanti attributi, che le `View` contenute potranno o dovranno specificare per dare indicazioni al layout delle proprie preferenze. Si tratta tipicamente di indicazioni sulle dimensioni, che in precedenza abbiamo chiamato `misured` (misurate). Ebbene, ciascun layout dovrà descrivere questi parametri mettendo a disposizione una propria classe interna che estende la classe interna `ViewGroup.LayoutParams`. In particolare, questa classe permette di specificare due attributi che ciascuna `View` dovrà necessariamente indicare quando contenuta all'interno di un `ViewGroup`, ovvero:

```
android:layout_height
android:layout_width
```

i quali possono assumere anche valori descritti dalle costanti statiche `FILL_PARENT` e `WRAP_CONTENT` della stessa classe interna già viste nei vari esempi realizzati. Il primo valore indica che la `View` intende occupare tutto lo spazio in quel momento disponibile nel proprio container; il secondo permette di indicare che la `View` vuole occupare solo lo spazio necessario al proprio contenuto. Per esempio, nel caso di un `Button`, il valore `WRAP_CONTENT` indica che lo spazio richiesto è solamente quello necessario alla visualizzazione della label.

Concetto di FILL_PARENT e struttura gerarchica delle View

È importante fare una precisazione in relazione al significato della costante `FILL_PARENT` che si può associare a ciascuna delle dimensioni di una `View` in un container. Abbiamo detto che questo valore permette di indicare il fatto che una `View` voglia occupare tutto lo spazio disponibile nel relativo contenitore. La questione riguarda però il *quando* questo spazio viene valutato. In questa fase entra in gioco infatti quanto visto in relazione alla struttura gerarchica delle `View` e a come questa venga percorsa secondo uno schema in-order. Vedremo che per "tutto lo spazio disponibile" si intende "tutto lo spazio disponibile al momento di valutazione della `View`". Vedremo successivamente che, nel caso di un `LinearLayout` con orientamento orizzontale, se due `View` specificano entrambe un valore `FILL_PARENT` per la larghezza, solamente la prima verrà visualizzata. Questo perché la prima viene valutata prima della seconda e "tutto lo spazio disponibile" per la prima è l'intera larghezza dello schermo, mentre per la seconda si tratta comunque di uno spazio nullo. Vedremo successivamente come gestire la cosa con il concetto di peso.

Il fatto che ciascuna realizzazione di `ViewGroup` debba definire una specializzazione di `ViewGroup.LayoutParams` sta a indicare che ogni `View` contenuta dovrà specificare le informazioni sulle dimensioni, le quali, ricordiamo, possono essere espresse anche utilizzando le unità di misura descritte in corrispondenza della trattazione delle risorse. occorre sottolineare come si tratti di informazioni obbligatorie che ciascuna `View` dovrà necessariamente specificare quando contenuta in una `ViewGroup`. Sottolineiamo poi come si tratti di attributi relativi alle `View` contenute, mentre ciascun layout potrà avere anche attributi che lo riguardano, relativi a vari aspetti, rappresentati da altrettante proprietà. Come si può notare consultando la documentazione, si tratta di attributi per la gestione dell'eventuale clipping, di una possibile cache nella gestione delle `View` figlie e altre ancora.

Abbiamo già accennato a come la responsabilità nella gestione dei margini sia stata affidata alla classe `ViewGroup` e non a ciascuna `View`. Questa è la ragione della definizione della classe interna `ViewGroup.MarginLayoutParams` di cui ciascuna `ViewGroup` potrà fornire specializzazione. In questo caso gli attributi sono quelli che permettono di specificarne l'entità nelle quattro posizioni, ovvero:

```
android:layout_marginBottom
android:layout_marginLeft
android:layout_marginRight
android:layout_marginTop
```

Notiamo come ciascun attributo utilizzato nella gestione delle `ViewGroup` sia del tipo `android:layout_<proprietà>`; questa sarà la convenzione utilizzata.

Da notare poi la presenza dell'interfaccia interna `ViewGroup.OnHierarchyChangeListener`, utile nel caso in cui si avesse la necessità di essere notificati di una modifica nella struttura del layout a seguito dell'aggiunta o rimozione di una particolare `View`.

Non ci resta che iniziare lo studio delle principali specializzazioni di `ViewGroup` relativamente alla gestione del layout. Noteremo come a ciascuna di queste corrisponda un particolare elemento da utilizzare all'interno del documento XML di layout e come, alle `View` contenute, siano poi associati particolari attributi di cui spiegheremo il significato. Un'ultima considerazione, probabilmente scontata, riguarda il fatto che la gerarchia tra un `ViewGroup` e un insieme di `View` contenute (che potrebbero essere altre `ViewGroup`) si esprime anche attraverso un'analoga struttura XML che utilizza i corrispondenti elementi.

I layout predefiniti

Sebbene la classe `ViewGroup` permetta la realizzazione di layout custom, Android mette a disposizione una serie di specializzazioni per le schermate più comuni, che andiamo a descrivere di seguito. In generale vedremo i diversi layout attraverso gli strumenti che ne permettono la definizione nei documenti XML con l'utilizzo di opportuni attributi. Se non specificato, il lettore potrà trovare i corrispondenti strumenti nel caso programmatico consultando la documentazione ufficiale.

LinearLayout

Il `LinearLayout` descritto dall'omonima classe del package `android.widget`, permette di disporre le `View` in esso contenute su una singola riga o singola colonna, a seconda della sua proprietà `orientation`.

> **Widget**
>
> Come accennato in precedenza, le specifiche realizzazioni di una `View` vengono spesso chiamate widget. Possiamo quindi notare come nel package `android.widget` siano contenute le specializzazioni che possono essere utilizzate direttamente e non le classi generiche che invece sono tipicamente contenute in `android.view`.

Si tratta del layout che abbiamo utilizzato quasi sempre nelle nostre interfacce, perché usato di default in fase di creazione del progetto. Prima di vedere un esempio, descriviamo gli attributi che ci permettono di esaminare alcuni concetti che verranno ripresi anche in altri contesti.
Per specificare se disporre i componenti su una riga o su una colonna è possibile utilizzare l'attributo

```
android:layout_orientation
```

il quale potrà assumere i valori `horizontal` e `vertical` rispettivamente per una disposizione su una riga o su una colonna. La stessa informazione potrà essere specificata attraverso il metodo

```
public void setOrientation (int orientation)
```

con i due possibili valori rappresentati dalle costanti statiche `HORIZONTAL` e `VERTICAL` della classe `LinearLayout`. È importante sottolineare come, a differenza di quanto accade nel `FlowLayout` dell'AWT in ambiente Java standard, qualora un componente non possa essere contenuto in una stessa riga non viene posizionato nella riga sottostante ma comunque sulla stessa, con effetti non voluti.
La classe `LinearLayout` estende la classe `ViewGroup`, la quale sappiamo definire una classe interna di nome `ViewGroup.LayoutParams` per gli attributi che le `View` contenute dovranno specificare. Si tratta sicuramente di quelle relative alle dimensioni cui la classe `LinearLayout`, attraverso la definizione della classe interna `LinearLayout.LayoutParams`, aggiunge quelle relative a gravità (`gravity`) e peso (`weight`).
Per comprendere il funzionamento dei diversi layout non abbiamo la necessità di creare particolari progetti, perché intendiamo sfruttare l'editor di layout che ci permette di avere una preview senza necessariamente installare l'applicazione nell'emulatore o in un dispositivo reale. In questo caso creiamo il progetto `LinearLayoutTest` in modo da poter aprire l'editor sul file di layout `main.xml`. Cancelliamo la `TextView` e inseriamo, nel modo ormai conosciuto, due `Button`, ottenendo quanto mostratoo in Figura 5.3, dove abbiamo modificato le label.

Figura 5.3 LinearLayout come usato di default.

Il documento di layout è il seguente:

Listato 5.2   Utilizzo standard del LinearLayout

```
<?xml version="1.0" encoding="utf-8"?>
<LinearLayout xmlns:android="http://schemas.android.com/apk/res/android"
    android:orientation="vertical" android:layout_width="fill_parent"
    android:layout_height="fill_parent">
    <Button android:id="@+id/Button01" android:layout_width="wrap_content"
        android:layout_height="wrap_content" android:text="View 1">
    </Button>
    <Button android:id="@+id/Button02" android:layout_width="wrap_content"
        android:layout_height="wrap_content" android:text="View 2"></Button>
</LinearLayout>
```

Innanzitutto notiamo la presenza degli attributi android:layout_width e android:layout_height applicati all'elemento <LinearLayout/>. Per quanto detto in precedenza, questi attributi avrebbero senso solamente nel caso di View all'interno di un ViewGroup. In realtà se proviamo a eliminarli noteremo come sul display non venga visualizzato alcun elemento, mentre nel caso di test di esecuzione si verificherebbe un errore. Attraverso i valori fill_parent indichiamo quindi che la View occuperà tutto lo schermo a disposizione. In realtà la View che andiamo a specificare con il documento di layout viene aggiunta come figlia di un layout esistente, perciò necessita, essa stessa, delle informazioni sulle dimensioni.

Notiamo poi come l'orientamento sia quello verticale e come le View, rappresentate nell'esempio da Button, vengano effettivamente messe una sopra l'altra. Modificando il valore in horizontal si otterrebbe il risultato in Figura 5.4.

Figura 5.4   LinearLayout con orientation orizzontale.

Il lettore potrà verificare che cosa succederebbe nel caso in cui vi fossero tante View da riempire lo schermo. In questo caso, come accennato, le View in eccesso non verrebbero visualizzate nella riga sottostante ma apparirebbero alla destra del display adattandosi allo spazio comunque disponibile.

Osservando gli attributi delle View contenute, quindi dei Button, notiamo come il valore utilizzato per le dimensioni sia wrap_content, il quale permette di occupare solamente lo spazio necessario alla visualizzazione delle label. Ciò che vogliamo fare ora è dividere equamente lo spazio disponibile tra i due pulsanti.

Un primo tentativo potrebbe essere quello di modificare la larghezza assegnando il valore fill_parent. Ciò che si ottiene è mostrato in Figura 5.5, dove il primo pulsante occupa tutto lo spazio disponibile. Come descritto in una precedente nota, ciò che avviene è

Figura 5.5 Utilizzo di fill_parent.

legato al modo in cui Android attraversa l'albero delle View. I due Button sono figli dello stesso LinearLayout il quale non fa altro che elaborare le View contenute nell'ordine in cui sono descritte nel documento XML.

Listato 5.3 Utilizzo di fill_parent per la larghezza dei Button

```
<?xml version="1.0" encoding="utf-8"?>
<LinearLayout xmlns:android="http://schemas.android.com/apk/res/android"
    android:layout_width="fill_parent" android:layout_height="fill_parent"
    android:orientation="horizontal">
    <Button android:id="@+id/Button01" android:layout_height="wrap_content"
        android:text="View 1" android:layout_width="fill_parent"></Button>
    <Button android:id="@+id/Button02" android:layout_height="wrap_content"
        android:text="View 2" android:layout_width="fill_parent"></Button>
</LinearLayout>
```

La prima View elaborata è quella del primo Button, il quale dice di voler occupare, in larghezza, tutto lo spazio disponibile. In quel momento tutto lo spazio disponibile è quello dell'intera larghezza del display per cui alla View viene data una larghezza effettiva pari a quella dell'intero display. Quando è il momento di valutare il secondo Button, tutto lo spazio a disposizione è nullo, e la sua larghezza è nulla.

Per ovviare a questo problema entra quindi in gioco il concetto di *peso* descritto dall'attributo android:layout_weigth, che permette di indicare il peso che una View ha rispetto all'occupazione dello spazio disponibile in un particolare momento. Questo si esprime attraverso un valore numerico, usato per indicare in che proporzione una View occuperà tutto lo spazio che ha a disposizione rispetto alle altre. Ciò significa che uno stesso valore di peso per le due View permette di dividere lo spazio disponibile in parti uguali. Un valore, per esempio, di 2 per la prima e 3 per la seconda indica che dello spazio disponibile la prima ne occupa 3/5 e la seconda 2/5 (attenzione all'inversione dei valori). Nel nostro caso basterà quindi dare uno stesso valore di peso ai due bottoni attraverso quanto descritto nel seguente documento:

Listato 5.4 Utilizzo dell'attributo android:layout_weight

```
<?xml version="1.0" encoding="utf-8"?>
<LinearLayout xmlns:android="http://schemas.android.com/apk/res/android"
    android:layout_width="fill_parent" android:layout_height="fill_parent"
    android:orientation="horizontal">
    <Button android:id="@+id/Button01" android:layout_height="wrap_content"
        android:text="View 1" android:layout_width="fill_parent"
```

```
            android:layout_weight="1"></Button>
    <Button android:id="@+id/Button02" android:layout_height="wrap_content"
        android:text="View 2" android:layout_width="fill_parent"
            android:layout_weight="1"></Button>
</LinearLayout>
```

dove abbiamo evidenziato le parti relative al peso. Il corrispondente risultato è visibile in Figura 5.6, dove i due pulsanti si dividono lo spazio a disposizione.

Figura 5.6 Uso del peso per la divisione delle View.

Un'altra importante osservazione riguarda *dove* le View contenute vengono inserite, ovvero a partire dal vertice in alto a sinistra e poi nella direzione relativa all'orientation. Attraverso l'attributo android:layout_gravity è possibile specificare dove le diverse View vengono posizionate. Il nome è legato al fatto che, mediante questo attributo, si può specificare dove "cadono" i vari componenti come se fossero sassi all'interno di una scatola. Aiutandoci con l'editor, possiamo vedere come i possibili valori per questo attributo siano quelli di Figura 5.7 e come possano essere combinati.

Figura 5.7 Possibili valori di gravity.

Specificando quanto indicato in figura per il primo Button, possiamo notare che lo stesso si posizionerà centralmente sia verticalmente sia orizzontalmente rispetto allo spazio a

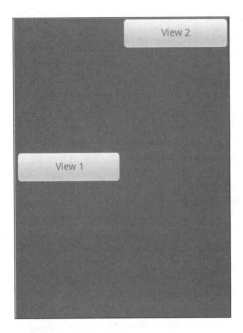

Figura 5.8 Utilizzo della gravity.

sua disposizione, come possiamo vedere in Figura 5.8. La parte di documento XML di riferimento sarà quindi la seguente:

Listato 5.5 Utilizzo dell'attributo android:layout_gravity

```
<Button android:id="@+id/Button01" android:layout_height="wrap_content"
    android:text="View 1" android:layout_width="fill_parent"
    android:layout_weight="1"
    android:layout_gravity="center_vertical|center_horizontal"></Button>
```

dove abbiamo evidenziato l'utilizzo dell'attributo android:layout_gravity.
Si tratta di un attributo che può essere specificato sia per le View contenute nel Linear-Layout sia per il LinearLayout stesso. In questo caso il significato è quello di specificare la gravity di default.
Il lettore potrà quindi verificare il funzionamento degli attributi relativi alla gestione del padding e dei margini in accordo a quanto detto in precedenza e specificato nella documentazione ufficiale.
A riguardo del LinearLayout concludiamo ricordando comunque che è esso stesso una View, quindi potrà essere contenuto all'interno di un altro LinearLayout. Questo ci permette di affermare che il LinearLayout è molto utile nel caso in cui si abbia la necessità di creare un'interfaccia i cui componenti possono essere organizzati a righe e colonne.

RelativeLayout

Un layout molto utile è quello descritto dalla classe RelativeLayout; permette di specificare la posizione di ciascuna View relativamente a quella del container o di altre esaminate in precedenza. Gli attributi del layout sono relativi alla gestione della gravity, ovvero permettono di indicare per quali delle View contenute la gravity dovrà essere tenuta in considerazione. Molto più interessanti sono invece gli attributi descritti dalla classe interna RelativeLayout.LayoutParams, i quali permettono di specificare la posizione della View cui sono applicati rispetto a quella di altri già esaminati o del relativo container. Per comprenderne il funzionamento senza fornire un lungo elenco di attributi consultabili nella documentazione ufficiale, facciamo un piccolo e semplicissimo esempio, che prevede la creazione di una form per l'inserimento di username e password (Figura 5.9). A tale proposito creiamo il progetto RelativeLayoutTest e modifichiamo il layout nel seguente modo:

Listato 5.6 *Esempio di RelativeLayout*

```xml
<?xml version="1.0" encoding="utf-8"?>
<RelativeLayout android:id="@+id/relativeLayout"
    android:layout_width="fill_parent" android:layout_height="fill_parent"
    xmlns:android="http://schemas.android.com/apk/res/android">
  <EditText android:layout_height="wrap_content"
    android:layout_width="wrap_content" android:text="username"
    android:id="@+id/username" android:layout_alignParentRight="true"
    android:layout_toRightOf="@+id/usernameLabel"></EditText>
  <TextView android:layout_height="wrap_content"
    android:layout_width="wrap_content" android:id="@+id/usernameLabel"
    android:text="@string/username_label" android:layout_alignBaseline="@+id/username">
  </TextView>
  <EditText android:layout_height="wrap_content"
    android:layout_width="wrap_content" android:layout_below="@+id/username"
    android:layout_alignParentRight="true" android:text="Password"
    android:id="@+id/password" android:layout_alignLeft="@+id/username">
  </EditText>
  <TextView android:layout_height="wrap_content"
    android:layout_width="wrap_content" android:id="@+id/passwordLabel"
    android:layout_alignBaseline="@+id/password" android:text="@string/password_label">
  </TextView>
</RelativeLayout>
```

Nel listato abbiamo evidenziato le zone di interesse. A parte l'utilizzo dell'elemento <RelativeLayout/>, è interessante notare come la posizione di ciascuna View venga indicata attraverso posizioni relative a elementi già noti. Il primo componente è descritto da una EditText, che vedremo essere uno dei Widget per l'inserimento di informazioni testuali. Attraverso l'attributo android:layout_alignParentRight a true stiamo comunicando l'intenzione di allinearlo a destra con il proprio contenitore. Notiamo infatti come l'area di testo per l'inserimento della username sia allineata a destra dello schermo.
Attraverso l'attributo android:layout_toRightOf stiamo dicendo che questo componente dovrà stare alla destra di quello di id specificato dal corrispondente valore: nel nostro caso è un riferimento del tipo @+id/usernameLabel che è la TextView successiva la quale, attraverso l'attributo android:layout_alignBaseline dice di essere allineato, rispetto alla parte testuale (baseline), con quella del precedente EditText.

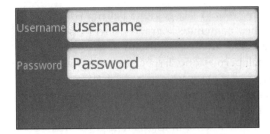

Figura 5.9   Esempio di RelativeLayout.

Abbiamo quindi la visualizzazione della label di username a sinistra della `EditText` allineata verticalmente con il testo.

> **Ordine e ciclicità**
>
> A questo proposito dobbiamo fare una precisazione legata all'ordine di creazione dei diversi componenti. Abbiamo già detto di come l'ordine di elaborazione segua quello di definizione nell'XML. L'implementazione di `RelativeLayout` fa tutto il possibile per ottenere il risultato voluto anche nel caso, come il nostro, in cui il primo componente faccia riferimento al secondo che non è ancora stato definito. La cosa importante, in questi casi, è comunque di evitare particolari strutture cicliche che mandino in confusione l'elaborazione del layout. In particolare, è bene non legare alcune proprietà delle `View` a dimensioni totali che dipendono da quelle della `View` stessa.

In relazione alla posizione della seconda area di testo, notiamo come questa venga posizionata sotto quella relativa alla username attraverso l'attributo `android:layout_below`, sia anch'essa allineata a destra con il container e abbia alla propria sinistra la corrispondente label. Le indicazioni relative all'ultima `TextView` sono ora evidenti. Si tratta quindi di un layout molto utile nella realizzazione di form in cui si richiede un certo allineamento tra i diversi componenti.

TableLayout

Abbiamo già fatto alcune analogie tra gli strumenti di Android e il Web nel caso della gestione degli stili e dei temi associandoli ai CSS. Anche per quello che riguarda la gestione dei layout è possibile fare un'analogia tra i tag HTML per la definizione di una tabella e il `TableLayout`, il quale permette di organizzare un insieme di `View` secondo una struttura a righe e colonne. Si tratta di una soluzione che ci avrebbe fatto comodo nell'esempio precedente, anche se la classe `TableLayout` è un'ulteriore specializzazione di `LinearLayout` e non ha legami con la `RelativeLayout`. Per capire i gradi di libertà di questo layout potremmo andare a vedere che cosa descrive la classe interna `RelativeLayout.LayoutParams`, rimanendo però con poche informazioni. Infatti questo layout prevede di contenere o delle `View` oppure oggetti di tipo `TableRow`, la quale è anch'essa una specializzazione di `LinearLayout` che descrive appunto le caratteristiche di ciascuna riga di un `TableLayout`. In quanto tale, definisce la classe interna `TableRow.LayoutParams` che permette la definizione degli attributi `android:layout_column` e `android:layout_span`, di ovvio significato se si pensa alla precedente analogia con la tabella HTML. È da sottolineare come si tratti di attributi

che possono essere utilizzati dalle View contenute nei TableRow e non dai TableRow stessi. Attraverso l'attributo android:layout_column è possibile indicare a quale colonna, nella riga, una View dovrà appartenere. L'attributo android:layout_span permette invece di fare in modo che una View occupi più celle rispetto a quelle a lei dovute di default.
Anche in questo caso la cosa migliore è fare un esempio, che descriviamo attraverso il progetto di nome TableLayoutTest il cui layout è il seguente.

Listato 5.7 Esempio di TableLayout

```xml
<?xml version="1.0" encoding="utf-8"?>
<TableLayout android:layout_width="fill_parent"
    android:layout_height="fill_parent" xmlns:android="http://schemas.android.com/apk/res/android"
    android:id="@+id/tableLayout">
    <TableRow android:layout_width="wrap_content"
        android:layout_height="wrap_content" android:id="@+id/firstRow">
        <Button android:layout_width="wrap_content"
            android:layout_height="wrap_content" android:id="@+id/shortButton_1"
            android:text="Short 1"></Button>
        <Button android:layout_width="wrap_content"
            android:layout_height="wrap_content" android:id="@+id/longButton_1"
            android:text="Long Button"></Button>
    </TableRow>
    <TableRow android:layout_width="wrap_content"
        android:layout_height="wrap_content" android:id="@+id/secondRow">
        <Button android:layout_width="wrap_content"
            android:layout_height="wrap_content" android:id="@+id/longButton_2"
            android:text="Long Button"></Button>
        <Button android:layout_width="wrap_content"
            android:layout_height="wrap_content" android:id="@+id/shortButton_2"
            android:text="Short 2"></Button>
        <Button android:layout_width="wrap_content"
            android:layout_height="wrap_content" android:text="Other Button"
            android:id="@+id/otherButton"></Button>
    </TableRow>
    <TableRow android:layout_width="wrap_content"
        android:layout_height="wrap_content" android:id="@+id/thirdRow">
        <Button android:layout_column="1" android:layout_span="2"
            android:layout_width="wrap_content" android:layout_height="wrap_content"
            android:id="@+id/mediumButton" android:text="Medium Long"></Button>
    </TableRow>
    <Button android:layout_width="wrap_content"
        android:layout_height="wrap_content" android:id="@+id/singleButton"
        android:text="@+id/Single"></Button>
</TableLayout>
```

Il risultato è mostrato in Figura 5.10.

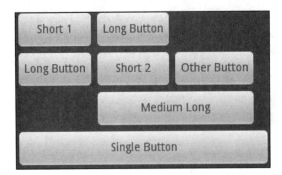

Figura 5.10   Esempio di TableLayout.

Un'importante considerazione riguarda la disposizione delle View nelle prime due righe. La prima contiene due Button, la seconda tre. Notiamo come il layout determini il numero di colonne prima di posizionare i vari elementi. La TableRow con un numero maggiore di colonne è infatti la seconda, per cui tutte le altre View vengono disposte di conseguenza. La lunghezza diversa data ai vari Button dimostra come le dimensioni non dipendano dalle relative label, ma dallo spazio assegnato dal layout in base al numero di colonne.

La terza TableRow ci permette di sperimentare gli attributi android:layout_column e android:layout_span. Il primo ci ha permesso di specificare che il Button dovrà essere posizionato nella seconda colonna (quella di indice 1) mentre il secondo ci ha permesso di specificare che lo spazio occupato sarà quello di due colonne.

Un'ultima considerazione sul nostro esempio riguarda l'utilizzo diretto di una View non incapsulata all'interno di un TableRow. In questo caso il significato è quello di occupare tutto spazio dedicato a una singola riga, come dimostrato nel nostro esempio. Da quanto detto si intuisce il motivo del legame con il LinearLayout. Possiamo infatti considerare questo layout come una disposizione verticale di righe di componenti affiancati uno con l'altro.

Se andiamo a esaminare la documentazione della classe TableLayout, notiamo la presenza di altri attributi che ci permettono di gestire anche situazioni in cui le dimensioni delle View contenute non sono note, se non a runtime. Attraverso l'attributo android:stretchColumns è possibile dare indicazioni al layout che la corrispondente colonna potrebbe anche ridursi in base al contenuto delle relative View. Nel caso in cui, invece, si avesse a necessità di ampliare le dimensioni di una o più colonne, è possibile utilizzare l'attributo android:shrinkColumns. Se poi alcune colonne potessero anche essere nascoste, l'attributo da utilizzare è android:collapseColumns. In tutti i casi i possibili valori sono espressi come elenco di indici divisi da virgola. Per esempio, un valore del tipo

```
android:stretchColumns="0,1,3"
```

sta a indicare che le colonne di indice 0, 1 e 3 potrebbero essere ristrette in base al loro contenuto.

FrameLayout

Le precedenti implementazioni di ViewGroup per la definizione di layout permettevano il posizionamento delle View definite all'interno del documento XML oppure create in modo programmatico attraverso le API Java. Il `FrameLayout` permette invece di avere controllo sulla visualizzazione delle `View` che contiene, fornendo gli strumenti per visualizzarne o nasconderne alcune. Si tratta di un layout simile a quello che permette di implementare una logica a tab, come vedremo successivamente.

Per descrivere questo tipo di layout utilizziamo il progetto `FrameLayoutTest`, all'interno del quale definiamo due `View` di sfondo diverso contenenti anche un pulsante per lo switch. Il documento di layout è il seguente.

Listato 5.8   Esempio di FrameLayout

```
<FrameLayout android:layout_width="fill_parent"
    android:layout_height="fill_parent" xmlns:android="http://schemas.android.com/
    apk/res/android"
    android:id="@+id/frameLayout">
    <LinearLayout android:id="@+id/firstFrame"
        android:background="@drawable/marta" android:layout_height="fill_parent"
        android:layout_width="fill_parent">
        <Button android:layout_width="wrap_content"
            android:layout_height="wrap_content" android:id="@+id/toSecond"
            android:text="toSecond"></Button>
    </LinearLayout>
    <LinearLayout android:id="@+id/secondFrame"
        android:layout_height="fill_parent" android:layout_width="fill_parent"
        android:visibility="gone" android:background="@drawable/alice">
        <Button android:layout_width="wrap_content"
            android:layout_height="wrap_content" android:id="@+id/toFirst"
            android:text="toFirst"></Button>
    </LinearLayout>
</FrameLayout>
```

In esso abbiamo evidenziato le parti di interesse. Insieme all'utilizzo dell'elemento `FrameLayout`, notiamo la presenza di due `LinearLayout` come figli; avremmo però potuto inserire un qualunque altro tipo di `View`. La cosa importante riguarda l'utilizzo dell'attributo `android:visibility`, usato per la seconda `View`, cui abbiamo assegnato il valore `gone`. Questo sta a indicare che, delle `View` contenute nel `FrameLayout`, la seconda non sarà visualizzata. Il codice Java corrispondente alla `Activity` è molto semplice e permette di gestire gli eventi associati ai diversi bottoni. Una cosa non ovvia riguarda il fatto che non necessariamente deve essere visualizzata solo una delle `View` contenute. In realtà saranno visualizzate tutte quelle `View` con visibilità corrispondente al valore `VISIBLE`. Nel caso specifico, il nostro esempio permette di commutare da una `View` all'altra, per cui il codice sarà del tipo:

Listato 5.9   Gestione del FrameLayout

```
firstFrame.setVisibility(FrameLayout.GONE);
secondFrame.setVisibility(FrameLayout.VISIBLE);
```

dove `firstFrame` e `secondFrame` sono i riferimenti alle `View` contenute, come è possibile vedere dal listato disponibile online. Il codice associato al secondo pulsante sarà ovviamente simmetrico.

In questo caso il lettore potrà verificare il funzionamento del `FrameLayout` eseguendo il progetto e verificandone il comportamento selezionando i due pulsanti.

AbsoluteLayout

Questa particolare specializzazione della `ViewGroup` permette di specificare in modo esplicito la posizione di ciascun elemento in termini di coordinate x e y. Si tratta quindi di una classe che non implementa alcun algoritmo particolare, e che perciò non permette un semplice riadattarsi degli elementi in base all'interazione dell'utente. Per questo motivo si tratta di una classe che è stata deprecata e che è consigliabile non utilizzare nelle applicazioni future. Nel caso in cui i layout descritti in precedenza non fossero idonei è consigliabile crearne uno custom, come vedremo nel paragrafo seguente.

Realizzare layout custom

Nella maggior parte dei casi i layout descritti in precedenza sono più che sufficienti alla realizzazione delle interfacce maggiormente comuni. Nel caso in cui vi fosse la necessità di creare algoritmi personalizzati con cui disporre le `View` all'interno di un container, Android permette la realizzazione di layout custom attraverso opportune specializzazioni della classe `ViewGroup` o di quelle corrispondenti ai layout descritti in precedenza. Si tratta di un argomento abbastanza complesso, che meriterebbe sicuramente maggiore spazio. In questa sede ci limitiamo a descrivere un esempio che, sebbene relativamente semplice, ci permetterà di esaminare diversi aspetti relativi alla realizzazione non solo di layout personalizzati ma anche di custom widget in genere. Vogliamo quindi realizzare un tipo di layout cui abbiamo accennato in precedenza: il `FlowLayout`. Si tratta di un layout disponibile in ambiente J2SE che permette di posizionare i componenti contenuti sulla stessa riga fino a quando c'è abbastanza spazio, dopo di che i componenti vengono disposti a partire dalla riga successiva. Questo è diverso da quanto accade nel `LinearLayout`, secondo il quale i componenti vengono comunque disposti in una stessa riga o colonna. Nel nostro caso ci limiteremo a descrivere una disposizione per righe, lasciando al lettore un'eventuale evoluzione che permetta la disposizione in colonne utilizzando un particolare attributo di `orientation`. Inizieremo descrivendo nel dettaglio l'algoritmo che sta alla base del calcolo del layout, per poi passre ai meccanismi di definizione di attributi custom da utilizzare all'interno dei documenti XML.

Algoritmo di definizione del layout

Abbiamo accennato a come un layout descriva un meccanismo attraverso il quale una serie di componenti (nel nostro caso `View`) vengono disposti all'interno di un container (`ViewGroup`). L'algoritmo seguito da Android prevede due passaggi, che prendono il nome di *measuring* e *layout*. Durante il primo passaggio un container chiede a tutti i componenti contenuti quali sono le loro ideali dimensioni nel caso di eventuali vincoli. Per fare questo, ogni layout (che chiameremo indifferentemente anche container) invocherà su tutte le `View` contenute il metodo:

```
public final void measure (int widthMeasureSpec, int heightMeasureSpec)
```

passando come parametri due interi che hanno un significato particolare e che non rappresentano solamente due dimensioni. Si tratta infatti di valori ottenuti attraverso alcuni metodi di utilità della classe statica interna View.MeasureSpec, che permettono di sintetizzare in un unico valore intero le informazioni relative a una misura, detta size, e al relativo vincolo, che prende il nome di mode. Nel caso specifico, il mode può assumere tre valori particolari, descritti da altrettante costanti della stessa classe View.MeasureSpec: attraverso la costante UNSPECIFIED indichiamo un mode che non impone vincoli alla View "misurata"; la costante AT_MOST permette di specificare una dimensione come massima possibile; infine, la costante EXACTLY permette di specificare una dimensione in modo esatto. Nel caso in cui volessimo comunicare a una View figlia che la sua larghezza dovrà necessariamente essere 100 pixel, il valore che useremo sarà relativo a una size di 100 e a un mode di EXACTLY. Per ottenere l'intero equivalente basterà utilizzare il seguente metodo statico della classe View.MeasureSpec :

```
public static int makeMeasureSpec (int size, int mode)
```

ovvero scriveremo la seguente istruzione:

```
int widthMSpec = View.MeasureSpec. makeMeasureSpec(100, View.MeasureSpec.EXACTLY);
```

Nel caso in cui non volessimo fornire vincoli per l'altezza utilizzeremo il valore ottenuto nel seguente modo:

```
int heightMSpec = View.MeasureSpec. makeMeasureSpec(0, View.MeasureSpec.UNSPECIFIED);
```

Il valore della size in questo caso non ha infatti significato, non indicando alcun vincolo. Se quindi utilizzassimo i precedenti valori come parametri del metodo measure() descritto sopra, il significato sarebbe quello di comunicare alle View figlie che esiste un vincolo nella larghezza e nessun vincolo nell'altezza. Sarà responsabilità delle View stesse indicare, in questa situazione, le loro dimensioni preferite, cui il container può accedere invocando i loro metodi:

```
public final int getMeasuredWidth()
public final int getMeasuredHeight()
```

dove il valore intero di ritorno rappresenta la dimensione vera e propria in pixel come proposta della View contenuta a seguito della misura.
È importante sottolineare come al termine della fase di measuring ciascuna View metta a disposizione del layout, attraverso i metodi precedenti, le dimensioni proposte che poi lo stesso layout potrà, o meno, utilizzare per la seconda fase.
Un'operazione che il layout deve necessariamente eseguire durante la fase di measuring è la determinazione delle proprie dimensioni attraverso l'invocazione del metodo:

```
protected final void setMeasuredDimension (int measuredWidth, int measuredHeight)
```

Ovviamente le dimensioni di un container potranno dipendere da quelle degli elementi in esso contenuti. Un'ultima importante considerazione della fase di measuring riguarda il fatto che anche un container, in quanto particolare `ViewGroup`, è una `View`, la quale verrà misurata anch'essa attraverso l'invocazione, da parte del sistema, del suo metodo `measure()`. Come vedremo quando esamineremo la nostra specializzazione, il metodo di cui fare l'overriding non è `measure()` ma il seguente:

```
protected void onMeasure (int widthMeasureSpec, int heightMeasureSpec)
```

da esso invocato. Per la determinazione delle dimensioni finali del layout, ciascuna `View` mette a disposizione anche metodi del tipo

```
protected int getSuggestedMinimumWidth()
protected int getSuggestedMinimumHeight()
```

attraverso i quali fornisce indicazioni sulle dimensioni minime preferite.
La seconda fase consiste quindi nella disposizione vera e propria dei diversi componenti in termini di coordinate rispetto al contenitore. Sarà responsabilità del layout invocare su ciascuna `View`, alla luce dei calcoli fatti nella fase di measuring, il metodo

```
public final void layout (int x0, int y0, int x1, int y1)
```

dove i quattro parametri rappresentano le coppie di coordinate del vertice in alto a sinistra e in basso a destra del rettangolo che la `View` dovrà occupare. Questo calcolo dovrà essere implementato all'interno del metodo

```
protected void onLayout(boolean changed, int x0, int y0, int x1, int y1)
```

che definisce il layout stesso. Il primo parametro permette di avere indicazione del fatto che il layout ha richiesto di essere ridisegnato mentre gli altri quattro hanno lo stesso significato del metodo `layout()` precedente.
Realizzare un layout custom significa quindi implementare una logica di measuring all'interno del metodo `onMeasure()` e successivamente una logica di disposizione degli elementi all'interno dell'implementazione del metodo `onLayout()`. In questa fase assume importanza anche l'aspetto legato alla configurabilità, che abbiamo visto essere gestita attraverso specializzazioni della classe interna `ViewGroup.LayoutParams` che ci permetterà di definire gli attributi utilizzabili all'interno dei vari documenti XML.

Definizione di attributi custom

Per il `FlowLayout`, vogliamo definire degli attributi per la sua configurazione oltre a quella degli elementi contenuti. A tale scopo è necessario definire prima delle risorse di tipo `<attr/>` e successivamente farne uso all'interno della relativa specializzazione di `LayoutParams`. In questa fase è importante considerare ogni dettaglio in quanto la mancanza di un particolare porta alla generazione di errori in fase di esecuzione. Nel nostro esempio abbiamo elencato gli attributi, sia per il `FlowLayout` sia per le `View` contenute, all'interno del seguente file di nome `attrs.xml` (nome arbitrario) nella cartella `res/values`:

Listato 5.10 Definizione degli attributi di un layout

```xml
<?xml version="1.0" encoding="utf-8"?>
<resources>
    <declare-styleable name="FlowLayout">
        <attr name="isBreak" format="boolean" />
        <attr name="maxWidth" format="integer" />
        <attr name="maxHeight" format="integer" />
        <attr name="defaultWidth" format="integer" />
        <attr name="defaultHeight" format="integer" />
    </declare-styleable>
</resources>
```

Notiamo come si tratti di risorse che vanno inserite all'interno di un elemento `<resources/>`. Per ciascuna specializzazione della `View` che utilizzerà questi parametri, dobbiamo creare il corrispondente elemento `<declare-styleable/>` con un attributo `name` con valore, per convenzione, il nome della classe cui si riferisce, senza il relativo package. Ecco che nel nostro caso descriveremo il layout all'interno di una classe di nome `FlowLayout`. Ciascun attributo viene poi definito da un elemento `<attr/>` di cui è possibile specificare il nome e soprattutto il tipo. Nel nostro esempio abbiamo utilizzato i tipi `boolean` e `integer`, ma è possibile utilizzare anche tipi come `float`, `string` e soprattutto `reference` nel caso in cui si tratti di un attributo che rappresenta un riferimento verso un'altra risorsa.

Attraverso `isBreak` vorremmo dare la possibilità a ciascuna `View` di andare nella riga successiva anche nel caso di spazio disponibile. Mediante `maxWidth` e `maxHeight` vogliamo dare indicazioni sulle dimensioni massime che la particolare `View` potrà avere all'interno del layout. Infine, con `defaultWidth` e `defaultHeight` vogliamo specificare delle dimensioni di default per le `View` contenute; saranno attributi associati all'interno del layout.

Se il lettore definisce questo tipo di risorsa noterà la creazione di un insieme di costanti particolari all'interno della classe `R` generata automaticamente in fase di build del progetto. Nel caso specifico avremo una parte relativa alla definizione degli attributi e una associata a un tipo di risorse definite `styleable`.

La parte associata agli attributi è la seguente:

Listato 5.11 Definizione attributi in R

```java
public final class R {

    public static final class attr {
        public static final int defaultHeight=0x7f010004;
        public static final int defaultWidth=0x7f010003;
        public static final int isBreak=0x7f010000;
        public static final int maxHeight=0x7f010002;
        public static final int maxWidth=0x7f010001;
    }

    // Eliminata per motivi di spazio
}
```

dove abbiamo eliminato tutta la parte relativa alle altre classi interne oltre a un insieme di commenti javadoc descrittivi del tipo di costante. Notiamo quindi come per ciascun attributo sia stata generata una costante intera della classe statica interna R.attr.
La seconda parte della classe R generata è invece la seguente:

Listato 5.12 Definizione attributi styleable

```
public final class R {

    // Parte eliminata per motivi di spazio

    public static final class styleable {
        public static final int[] FlowLayout = {
            0x7f010000, 0x7f010001, 0x7f010002, 0x7f010003,
            0x7f010004
        };

        public static final int FlowLayout_defaultHeight = 4;
        public static final int FlowLayout_defaultWidth = 3;
        public static final int FlowLayout_isBreak = 0;
        public static final int FlowLayout_maxHeight = 2;
        public static final int FlowLayout_maxWidth = 1;
    };

}
```

Notiamo come venga definita una classe statica interna di nome R.styleable che contiene una costante statica FlowLayout di tipo int[] con i valori corrispondenti alle costanti di R.attr definiti sopra. Sempre nella stessa classe, vengono poi generate una serie di costanti di nome composto dal valore dell'attributo name di <declare-styleable/>, un underscore (_) e il nome dell'attributo. Queste costanti rappresentano la posizione che il relativo attributo occupa all'interno dell'elenco nel file attrs.xml. Vedremo successivamente come queste costanti ci permetteranno di fare riferimento al valore dell'attributo corrispondente nel file di layout.
Notiamo come non sia stata fatta alcuna distinzione tra attributi del layout e attributi che andremo a utilizzare nelle View contenute.

Utilizzo del layout nel template XML

Prima di addentrarci nella spiegazione della classe LinearLayout, vediamo come sia possibile utilizzare quest'ultima all'interno di un documento XML allo stesso modo di quanto viene fatto con i layout predefiniti. A tale scopo creiamo il seguente file di nome mycustomlayout.xml nella directory res/layout.

Listato 5.13 Utilizzo di un elemento custom nel documento XML di layout

```xml
<?xml version="1.0" encoding="utf-8"?>
<it.apogeo.android.cap05.customlayoutproject.FlowLayout
```

```xml
xmlns:android="http://schemas.android.com/apk/res/android" xmlns:custom="http://
schemas.android.com/apk/res/it.apogeo.android.cap05.customlayoutproject"
    android:layout_width="fill_parent" android:layout_height="fill_parent"
    android:background="@color/red">
    <Button android:layout_width="fill_parent" custom:maxWidth="80"
        android:layout_height="wrap_content" android:text="@string/button_1" />
    <Button android:layout_width="fill_parent"
        android:layout_height="wrap_content" android:text="@string/button_2" />
    <Button android:layout_width="fill_parent" custom:isBreak="true"
        android:layout_height="wrap_content" android:text="@string/button_3" />
    <Button android:layout_width="fill_parent"
        android:layout_height="wrap_content" android:text="@string/button_4" />
    <Button android:layout_width="fill_parent"
        android:layout_height="wrap_content" android:text="@string/button_5" />
    <Button android:layout_width="fill_parent" custom:isBreak="true"
        android:layout_height="wrap_content" android:text="@string/button_6" />
    <Button android:layout_width="fill_parent"
        android:layout_height="wrap_content" android:text="@string/button_7" />
</it.apogeo.android.cap05.customlayoutproject.FlowLayout>
```

Al solito, abbiamo evidenziato le parti di interesse.

La prima cosa che risalta è ovviamente il nome dell'elemento associato al nostro layout che corrisponde a quello del nome, completo di package, della classe che lo descrive; lo vedremo successivamente nel dettaglio.

Un altro aspetto fondamentale riguarda l'utilizzo di un namespace diverso per la definizione degli attributi. Oltre alla definizione del namespace

```
xmlns:android="http://schemas.android.com/apk/res/android"
```

associato al prefisso `android:` e che descrive gli elementi e attributi predefiniti della piattaforma, definiamo anche

```
xmlns:custom=http://schemas.android.com /apk/res/it.apogeo.android.cap05.
customlayoutproject
```

che viene associato a un nostro prefisso che abbiamo chiamato custom. L'URI associato merita un approfondimento sulle sue due parti principali: il dominio e il path. Diciamo subito che il path deve necessariamente corrispondere al nome del package dell'applicazione. La prima parte dovrà essere schemas.android.com, a meno che non si definisca un proprio LayoutInflater.Factory. Infatti l'oggetto responsabile della trasformazione da XML a istanza di una particolare realizzazione di View vede solamente quegli attributi associati a un namespace con dominio schemas.android.com. Il lettore potrà verificare la cosa modificando il namespace utilizzato nell'esempio e verificando che in effetti gli attributi vengono ignorati.

Per fare riferimento agli attributi del nostro layout non utilizzeremo un prefisso android: ma il nostro prefisso custom:. Nell'esempio abbiamo infatti utilizzato l'attributo custom:isBreak e custom:maxWidth per alcune View contenute. Nel caso di errori di validazione dell'XML è quindi sempre bene controllare la corrispondenza tra i vari elementi ovvero URI, nome classe e attributi.

La realizzazione di una particolare implementazione dell'interfaccia `LayoutInflater.Factory` potrebbe anche essere la soluzione per associare un nome particolare all'elemento nel layout XML. Tale interfaccia definisce infatti la sola operazione

```
public View onCreateView (String name, Context context, AttributeSet attrs)
```

all'interno della quale potremmo creare una particolare `View` conoscendo il nome dell'elemento e i corrispondenti attributi.

Un ulteriore aspetto interessante riguarda la modalità di utilizzo di una `Factory` custom. È sufficiente infatti ottenere il riferimento al `LayoutInflater` utilizzato da un particolare `Context` e assegnargli l'istanza custom di `Factory`. In questo caso l'implementazione di default non viene sovrascritta, ma la nostra `Factory` si aggiunge a quella di default (merge).

Le seguenti righe di codice chiariscono quando descritto:

Listato 5.14 Utilizzo di un LayoutInflater.Factory custom

```
LayoutInflater inflater = getLayoutInflater();
CustomInflateFactory factory = new CustomInflateFactory();
inflater.setFactory(factory);
View customView = inflater.inflate(R.layout.mycustomlayout, null);
setContentView(customView);
```

dove la classe `CustomInflateFactory` è una implementazione della suddetta interfaccia che contiene la logica di lettura degli attributi associati a un particolare `namespace` e la creazione della corrispondente `View`.

Realizzazione dell'estensione di ViewGroup

L'ultimo passo nella realizzazione del nostro layout è la definizione della classe che ne implementa la logica. Si tratta della classe `FlowLayout` del package `it.apogeo.android.cap05.customlayoutproject`, che il lettore trova tra gli esempi disponibili online.

Possiamo scomporre la classe in tre diverse parti:

- definizione della classe interna `FlowLayout.LayoutParams`
- measuring
- definizione del layout

Il primo passo consiste nella definizione di una classe interna statica che estende la classe `ViewGroup.LayoutParams` aggiungendo a questa la logica di lettura degli attributi custom definiti in precedenza nei documenti XML. A tale proposito prendiamo in considerazione il seguente costruttore:

Listato 5.15 Lettura degli attributi custom

```
public LayoutParams(Context context, AttributeSet attrs) {
    super(context, attrs);
    TypedArray attrValues = context.obtainStyledAttributes(attrs,
```

```
            R.styleable.FlowLayout);
    isBreak = attrValues.getBoolean(R.styleable.FlowLayout_isBreak, false);
    maxWidth = attrValues.getInt(R.styleable.FlowLayout_maxWidth, -1);
    maxHeight = attrValues.getInt(R.styleable.FlowLayout_maxHeight, -1);
    attrValues.recycle();
}
```

Esso riceve in input il riferimento all'ormai solito `Context` e soprattutto a un oggetto di tipo `AttributeSet` che conterrà tutti gli attributi definiti per ciascuna `View` contenuta nel nostro layout.

Dopo aver chiamato, attraverso `super`, il costruttore della classe padre per inizializzare le proprietà da essa ereditate, il contesto ci permette di ottenere l'elenco degli attributi attraverso il riferimento a un oggetto di tipo `TypedArray`. In questa istruzione notiamo l'utilizzo della costante `R.styleable.FlowLayout`, che ricordiamo essere un array dei riferimenti agli attributi definiti in precedenza. Ovviamente potremmo anche leggere un sottoinsieme di questi elementi, ma l'utilizzo di questa costante è molto comodo soprattutto in caso di modifiche. Il metodo di `Context` per ottenere l'oggetto di tipo `TypedArray` è il seguente:

`public final TypedArray obtainStyledAttributes (int resid, int[] attrs)`

Di esso esistono diversi overload, a seconda delle situazioni.

Una volta ottenuto l'oggetto `TypedArray` andiamo a leggere il valore di ciascun attributo utilizzando una serie di metodi getXXX() associati al tipo di valore. Nel nostro caso utilizziamo un `getBoolean()` per ottenere il valore boolean di `isBreak`, e un `getInt()` per `maxWidth` e `maxHeight`. Il primo parametro di questi metodi rappresenta la posizione che lo stesso ha nell'elenco degli attributi che fortunatamente è disponibile attraverso la serie di costanti della classe R già descritta. Ecco che la costante `R.styleable.FlowLayout_maxWidth` ha riferimento alla posizione di `maxWidth`. Il secondo parametro indica il valore di default da utilizzare nel caso in cui l'attributo non venisse trovato. In questa fase si tratta di attributi relativi alle `View` contenute nel layout e non di attributi relativi al layout stesso. L'ultima istruzione descritta dal metodo `recycle()` permette, in sintesi, di riposizionare la lettura degli attributi sul primo di essi in modo da consentirne la rilettura in altri contesti.

La creazione della classe `FlowLayout.LayoutParams` non è sufficiente all'associazione di una sua istanza a ciascuna `View`, cosa che viene ottenuta facendo, nella classe `FlowLayout`, l'override dei seguenti metodi.

Listato 5.16 Override dei metodo di associazione dei LayoutParams alle View contenute

```
@Override
protected LayoutParams generateDefaultLayoutParams() {
    return new LayoutParams(LayoutParams.FILL_PARENT,LayoutParams.FILL_PARENT);
}

@Override
public LayoutParams generateLayoutParams(AttributeSet attrs) {
    return new LayoutParams(getContext(),attrs);
```

```
}

@Override
protected LayoutParams generateLayoutParams(android.view.ViewGroup.LayoutParams p) {
    return new LayoutParams(p.height,p.width);
}
```

Queste operazioni si rendono necessarie per fare in modo che alle View contenute vengano associate delle istanze di FlowLayout.LayoutParams e non di ViewGroup.LayoutParams, come di default. Notiamo come l'ultimo di questi metodi sia utile per ottenere una FlowLayout.LayoutParams a partire da un ViewGroup.LayoutParams.

Quanto realizzato fino a questo momento ci permette di associare i parametri di layout a ciascuna istanza delle View in esso contenute. Per quello che riguarda il layout stesso, si segue un procedimento analogo ma nel proprio costruttore del tipo:

Listato 5.17 Creazione del FlowLayout attraverso la lettura dei propri attributi custom

```
public FlowLayout(Context context, AttributeSet attrs) {
    super(context, attrs);
    TypedArray attrValues = context.obtainStyledAttributes(attrs,R.styleable.FlowLayout);
    defaultWidth = attrValues.getInt(R.styleable.FlowLayout_defaultWidth, LAYOUT_WIDTH);
    defaultHeight = attrValues.getInt(R.styleable.FlowLayout_defaultHeight,
    LAYOUT_HEIGHT);
    attrValues.recycle();
}
```

Notiamo come il meccanismo sia lo stesso visto in precedenza. Il tutto andrà a inizializzare delle variabili di istanza che utilizzeremo per le successive fasi, iniziando da quella di measuring implementata nel seguente metodo:

Listato 5.18 Implementazione della fase di measuring

```
protected void onMeasure(int widthMeasureSpec, int heightMeasureSpec) {
    for (int i = 0; i < getChildCount(); i++) {
        View child = getChildAt(i);
        LayoutParams viewLayoutParams = (LayoutParams)child.getLayoutParams();
        int childWidthSpec = 0;
        if(viewLayoutParams.maxWidth<0){
            childWidthSpec = MeasureSpec.
                makeMeasureSpec(defaultWidth, MeasureSpec.UNSPECIFIED);
        }else{
            childWidthSpec = MeasureSpec.
                makeMeasureSpec(viewLayoutParams.maxWidth,
                    MeasureSpec.AT_MOST);
        }
        int childHeightSpec = 0;
        if(viewLayoutParams.maxHeight<0){
```

```
                    childHeightSpec = MeasureSpec.
                            makeMeasureSpec(defaultHeight,
                            MeasureSpec.UNSPECIFIED);
        }else{
            childHeightSpec = MeasureSpec.
                            makeMeasureSpec(viewLayoutParams.maxHeight,
                            MeasureSpec.AT_MOST);
        }
        child.measure(childWidthSpec, childHeightSpec);
    }
    setMeasuredDimension(widthMeasureSpec, heightMeasureSpec);
}
```

Il lettore potrà notare come in questa fase vi sia un ciclo su tutte le View figlie cui si ottiene un riferimento attraverso il metodo getChild() specificandone l'indice. Il passo successivo sarà quello di verificare i valori degli eventuali attributi attraverso l'oggetto LayoutParams ottenuto con il metodo getLayoutParams() sulle View. Dobbiamo fare attenzione al fatto che, per quanto eseguito in precedenza, l'oggetto ottenuto è sì un LayoutParams, ma come lo abbiamo definito in questa classe: si tratta cioè di un FlowLayout.LayoutParams. Utilizziamo quindi le informazioni ottenute per verificare se è stata specificata una dimensione massima per la View; in caso affermativo la notifichiamo alla stessa attraverso l'utilizzo del mode MeasureSpec.AT_MOST. Se invece non è stata specificata una dimensione massima utilizzeremo il valore MeasureSpec.UNSPECIFIED.

Otteniamo quindi gli oggetti MeasureSpec relativi alle due dimensioni con i relativi vincoli, che notifichiamo alla View attraverso il metodo measure() evidenziato nel listato. Ricordiamo che in questo modo stiamo dicendo alle diverse View contenute quali sono le dimensioni a loro dedicate, invitandole a configurarsi di conseguenza in base alla loro logica di visualizzazione.

L'ultimo passo nella fase di measuring è quello che porta alla definizione delle dimensioni del layout stesso attraverso l'invocazione del metodo setMeasuredDimension(). I valori passati dipenderanno, il più delle volte, dalle pretese delle diverse View contenute. Nel nostro caso non faremo altro che impostare come dimensioni quelle ricevute in input, che corrispondono alle dimensioni dello schermo.

Terminata la fase di measuring, tutte le View contenute sono pronte a fornire indicazioni sulle proprie dimensioni, che verranno quindi utilizzate nella terza e ultima fase: quella di layout. L'implementazione di tale fase si trova nel seguente metodo.

Listato 5.19 Implementazione della fase di layout

```
protected void onLayout(boolean changed, int l, int t, int r, int b) {
    int currentX = 0;
    int currentY = 0;
    int maxHeight = 0;
    int totalWidth = MeasureSpec.getSize(getMeasuredWidth());
    for (int i = 0; i < getChildCount(); i++) {
        View child = getChildAt(i);
        LayoutParams viewLayoutParams = (LayoutParams)child.getLayoutParams();
```

```
            int measuredWidth = child.getMeasuredWidth();
            int measuredHeight = child.getMeasuredHeight();
            if(currentX+measuredWidth>totalWidth || viewLayoutParams.isBreak){
                currentX = 0;
                currentY+=maxHeight;
                maxHeight = 0;
                child.layout(currentX, currentY, currentX+measuredWidth,
                currentY+measuredHeight);
            }else{
                child.layout(currentX, currentY, currentX+measuredWidth,
                currentY+measuredHeight);
                maxHeight = (maxHeight<measuredHeight)?measuredHeight:maxHeight;
            }
            currentX+=measuredWidth;
        }
    }
```

In esso notiamo l'utilizzo dei valori di ritorno dei metodi child.getMeasuredWidth() e child.getMeasuredHeight() per le dimensioni proposte dalle View a seguito della fase di measuring. L'algoritmo di implementazione del FlowLaout è molto semplice e il lettore potrà facilmente riconoscere l'utilizzo dell'attributo isBreak per l'andata a capo automatica della corrispondente View.

Degno di nota è l'utilizzo del metodo layout() applicato su ciascuna View figlia per notificarne la dimensione e il posizionamento.

Utilizzo nella Activity

L'ultimo passo riguarda ora l'utilizzo del layout appena creato. Nel caso in cui si usi un dominio di namespace come nel nostro esempio, non c'è la necessità di fornire una particolare Factory dell'oggetto Inflater responsabile dell'interpretazione dell'XML e nella sua trasformazione nelle corrispondenti View come descritto in precedenza. In questo caso il codice è quindi quello che siamo abituati a utilizzare e che il lettore può trovare tra gli esempi disponibile online. Il risultato sarà quindi quello mostrato in Figura 5.11, dove possiamo notare l'utilizzo del maxWidth nel primo Button oltre che l'effetto dell'attributo isBreak.

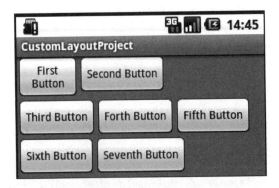

Figura 5.11 Utilizzo del FlowLayout.

ViewGroup per i dati

Nei precedenti paragrafi abbiamo dunque visto come alcune specializzazioni della classe `ViewGroup` implementino logiche di layout, ovvero permettano di disporre un insieme di `View` sul display in base a particolari regole o algoritmi. Esistono comunque altre specializzazioni di `ViewGroup`, il cui compito è di visualizzare un insieme di informazioni o dati. Ovviamente queste classi saranno caratterizzate da particolari meccanismi che permettono di associare delle `View` ai dati stessi. Questa è proprio la funzione di quelli che si chiamano `Adapter` e che permettono l'interazione tra una `ViewGroup` e una sorgente di dati.

Adapter

Come in altri casi, anche per descrivere le responsabilità di un `Adapter`, Android utilizza un'interfaccia con lo stesso nome nel package `android.widget`. Come dice il nome stesso, si tratta di un componente la cui responsabilità è di disaccoppiare (adattare) la sorgente dei dati dal componente responsabile alla loro visualizzazione.

> ### Adapter e DAO
> Se il lettore ha esperienza di programmazione enterprise, per quanto detto avrà pensato a un'analogia con il J2EE Pattern Data Access Object (DAO), il quale permette appunto di disaccoppiare la sorgente dei dati dai componenti che li utilizzano. Nel caso dei DAO si tratta di interfacce che solitamente descrivono le tipiche operazioni CRUD (Create Retrieve Update and Delete) su una particolare entità. Come vedremo, un Adapter di Android non ha solamente una funzione di accesso ai dati ma anche responsabilità di generazione delle `View`, cosa che un DAO non ha assolutamente.

A tale proposito è utile esaminare le operazioni descritte da questa interfaccia al fine di comprendere bene la sua funzione e la sua utilità. Innanzitutto, essa dovrà prevedere un insieme di operazioni per l'accesso ai dati, che possiamo pensare come organizzati in tabelle composte da righe e colonne. Per ottenere il riferimento al dato di posizione (riga) indicata l'interfaccia descrive la seguente operazione:

`public abstract Object getItem (int position)`

Il tipo di ritorno in questo caso è `Object`, mentre alcune specializzazioni, come vedremo, saranno descritte da classi generiche. Attraverso

`public abstract long getItemId (int position)`

è poi possibile conoscere l'eventuale chiave associata all'elemento di posizione data. Per chiarire, nel caso in cui i dati fossero contenuti in un array, il risultato di questa operazione è l'indice dell'elemento, quindi la `position` stessa. Nel caso in cui si tratti di strutture più complesse, il valore ritornato sarà quello del campo considerato come chiave. Vedremo che sarà il caso di dati ottenuti da un Content Provider.

Sempre a proposito dell'id degli elementi contenuti, un `Adapter` mette a disposizione l'operazione

```
public abstract boolean hasStableIds ()
```

che permette di conoscere se gli identificatori dei vari elementi possono cambiare a seguito delle variazioni dei dati contenuti. Questa informazione sarà molto probabilmente utilizzata in fase di ottimizzazione delle performance.
Relativamente ai dati veri e propri, le altre due operazioni implementate da un `Adapter` dovranno essere le seguenti:

```
public abstract int getCount ()
public abstract boolean isEmpty ()
```

che permettono, rispettivamente, di conoscere il numero di elementi contenuti e se eventualmente tale valore è 0.
Le altre operazioni riguardano invece la gestione delle `View` responsabili della visualizzazione dei dati stessi. La più importante di queste è sicuramente

```
public abstract View getView (int position, View convertView, ViewGroup parent)
```

la quale ha come responsabilità quella di ritornare la `View` per la rappresentazione del dato di posizione specificata dal valore del parametro `position`.
Molto importanti sono anche i successivi parametri. Quello di nome `convertView` è l'eventuale riferimento a una `View` utilizzata in precedenza, la quale potrà essere riutilizzata per la visualizzazione del dato corrente senza doverne istanziare di nuove. Pensiamo, per esempio, al caso di una lista che visualizza un numero di informazioni che non possono essere visualizzate contemporaneamente sul display. Si tratterà per lo più di liste scrollabili. Ovviamente, al fine di ottimizzare al massimo, non ha senso instanziare `View` per informazioni che non verrebbero visualizzate. Allo stesso modo, se una `View` è stata utilizzata per la visualizzazione di un dato che, a seguito dello scrolling, viene nascosto, essa potrà essere riutilizzata per quello che invece è stato visualizzato al suo posto.

> **Ottimizzazione**
> Sebbene, per la creazione di codice leggibile, non sia buona norma programmare dall'inizio con l'obiettivo di ottenere perfomance elevate, è bene sapere che la creazione di nuove istanze è un'operazione relativamente pesante per un dispositivo mobile; è bene perciò limitarne il numero.

Ovviamente sarà cura del particolare `Adapter` verificare la validità di tale `View` prima del suo riutilizzo.
Infine, attraverso il parametro `parent`, è possibile accedere alla `ViewGroup` che dovrà visualizzare la `View` che si andrà a creare. Vedremo infatti come all'interno di questa operazione utilizzeremo tecniche di `inflating` per costruire le `View` a partire da documenti XML, come fatto in precedenza nel caso del custom layout. La `ViewGroup` contenitore ci servirà per l'eventuale definizione dei `LayoutParams` che le `View` contenute potranno utilizzare attraverso i corrispondenti attributi.

Non tutti gli elementi dovranno necessariamente essere rappresentati da uno stesso tipo di View. Attraverso l'operazione

```
public abstract int getItemViewType (int position)
```

ciascun Adapter dovrà associare a ogni elemento un intero che permetta di identificare il tipo di View che lo dovrà rappresentare. Si tratta di un intero che assume valori compresi tra 1 e il valore di ritorno dell'altra operazione:

```
public abstract int getViewTypeCount ()
```

che ritorna il numero totale di tipi di View utilizzate dall'Adapter. Se tutti gli elementi vengono rappresentati dallo stesso tipo di View, ovviamente il valore di ritorno sarà 1 per entrambe le operazioni.
Osserviamo poi come il tipo di una View sia una delle informazioni che andremo a verificare nel caso di riutilizzo della View stessa per una particolare informazione. Se la View che otteniamo attraverso il parametro convertView non ha un tipo compatibile con il dato di posizione corrente, dovremo necessariamente crearne una nuova compatibile. Nel caso in cui l'Adapter volesse comunicare al contenitore di ignorare la View corrispondente a una particolare posizione, il valore di ritorno del metodo getItemViewType() potrà essere quello descritto dalla costante Adapter.IGNORE_ITEM_VIEW_TYPE.
Abbiamo accennato in precedenza al fatto che le informazioni cui l'Adapter accede possono cambiare nel tempo. A tale proposito, un Adapter dovrà implementare le seguenti operazioni:

```
public abstract void registerDataSetObserver (DataSetObserver observer)
public abstract void unregisterDataSetObserver (DataSetObserver observer)
```

che permettono di registrare, o deregistrare, un DataSetObserver come ascoltatore delle variazioni dei dati associati. Estendendo quindi la classe astratta DataSetObserver e registrandosi all'Adapter è possibile essere informati di una variazione che potrebbe portare alla ricostruzione delle View visualizzate nel container oppure all'esecuzione di altre operazioni correlate.

AdapterView

Per descrivere nel dettaglio che cos'è un AdapterView facciamo un breve riassunto dei concetti esaminati fin qui.
Come prima cosa, abbiamo visto come la classe View rappresenti un'astrazione di tutti quei componenti che visualizzano delle informazioni e ne permettono l'interazione con l'utente attraverso una gestione accurata degli eventi.
Abbiamo poi esaminato un tipo particolare di View che ha come responsabilità quella di disporre al suo interno altre View secondo un particolare algoritmo, definendo così la classe ViewGroup.
Abbiamo poi visto come particolari specializzazioni di questa classe permettessero l'implementazione di layout più o meno complessi.

Infine, abbiamo introdotto il concetto di `Adapter` come quell'oggetto che, accedendo a diversi tipi di informazioni, costruisce le `View` per la loro rappresentazione.

Supponiamo quindi di creare una specializzazione di `ViewGroup` la cui responsabilità è di visualizzare sullo schermo, in un modo ancora non precisato, le `View` che le sono fornite da un particolare `Adapter` che accede a una sorgente di dati. Questa è appunto la funzione della classe `AdapterView`. Se andiamo a osservare la documentazione, notiamo come si tratti di una classe astratta, che quindi dovrà essere necessariamente ulteriormente specializzata; ciò proprio perché essa implementa la logica di comunicazione tra una `ViewGroup` e un `Adapter` senza specificare gli aspetti legati alla disposizione delle `View` sul display, ovvero gli aspetti di layout. Sarà responsabilità delle sue specializzazioni dire se le `View` ottenute dall'`Adapter` debbano essere disposte in una lista, in una griglia o in altro modo.

D'ora in poi vedremo quindi diverse classi ottenute come ulteriori specializzazioni della classe `AdaperView` (che ricordiamo è comunque una `ViewGroup`), fornendo indicazioni sul posizionamento delle `View` e sull'interazione con l'utente. Queste classi, poi, saranno spesso accompagnate da ulteriori specializzazioni di `Adapter` per l'implementazione delle funzioni utili nei diversi casi, come possiamo vedere già dal prossimo paragrafo.

ListAdapter, ArrayAdapter<T> e ListView

Uno dei widget più utilizzati nelle schermate di `Android` è sicuramente quello che permette di visualizzare un elenco di informazioni eventualmente scrollabili sul display. A tale proposito è stata definita l'interfaccia `ListAdapter` come estensione di `Adapter` cui aggiunge le seguenti operazioni:

```
public abstract boolean isEnabled (int position)
public abstract boolean areAllItemsEnabled ()
```

che permettono di determinare l'abilitazione o meno degli elementi presi singolarmente o nella loro totalità.

Una delle principali implementazioni di questa interfaccia è la classe generica `ArrayAdapter<T>` del package `android.widget`. Si tratta di un `Adapter` che permette di ottenere i dati a partire da un array. L'aspetto importante di un `ArrayAdapter` riguarda comunque la modalità con cui specifichiamo la `View` da utilizzare per i diversi elementi. Un `ArrayAdapter`, se utilizzato come tale (e vedremo poi cosa significa), si aspetta come `View` una `TextView` all'interno della quale inserire il risultato dell'invocazione del metodo `toString()` sull'elemento corrispondente. Nel caso in cui si specifichi come layout un qualcosa di più complesso, l'`ArrayAdapter` si aspetta di conoscere l'`id` della `TextView` al suo interno da utilizzare. In pratica, se utilizziamo il seguente costruttore:

```
public ArrayAdapter (Context context, int textViewResourceId, T[] objects)
```

attraverso il parametro `textViewResourceId` faremo riferimento a un layout contenente una `TextView`, che l'`ArrayAdapter` andrà a utilizzare per la visualizzazione degli oggetti passati attraverso il parametro `objects`.

Se invece utilizziamo il costruttore:

```
public ArrayAdapter (Context context, int resource, int textViewResourceId, T[] objects)
```

lo stesso parametro `textViewResourceId` permetterà di fare riferimento alla `TextView` da utilizzare, ma cercandola all'interno del file di layout identificato dal parametro `resource`.

> **Layout predefiniti**
>
> Come vedremo meglio successivamente, Android mette a disposizione dello sviluppatore una serie di risorse predefinite raccolte all'interno di opportune classi interne della classe `android.R`. In particolare, come risorse da utilizzare nel primo costruttore di `ArrayAdapter` descritto in precedenza, sono disponibili le costanti `android.R.layout.simple_list_item_1` e `android.R.layout.simple_list_item_2`. Lasciamo al lettore la verifica del risultato conseguente all'utilizzo di questi due layout predefiniti.

Abbiamo quindi descritto un `Adapter` che dovremo poi utilizzare all'interno di una specializzazione di `ViewGroup`. Quella che permette la visualizzazione di informazioni attraverso una lista si chiama appunto `ListView`. Essa non farà altro che disporre in una lista le `View` ottenute da una particolare implementazione di `ListAdapter` che le viene passata attraverso l'invocazione del suo metodo:

```
public void setAdapter (ListAdapter adapter)
```

che notiamo avere un parametro di tipo `ListAdapter` e non semplicemente `Adapter`. Non ci resta quindi che mostrare il funzionamento di questi componenti ricorrendo a un semplice esempio descritto nel progetto `ArrayAdapterTest`. La prima cosa che il lettore potrà constatare sarà la semplicità del documento XML di layout `main.xml`, che riportiamo di seguito e che non fa altro che definire una `ListView` attraverso il relativo elemento.

Listato 5.20 Documento XML di layout principale

```xml
<?xml version="1.0" encoding="utf-8"?>
<ListView xmlns:android="http://schemas.android.com/apk/res/android"
    android:id="@+id/arrayList"
    android:layout_width="fill_parent" android:layout_height="fill_parent">
</ListView>
```

Il lettore potrà notare come sia stato assegnato un `id` in quanto avremo la necessità di ottenerne un riferimento all'interno della `Activity` al fine di assegnargli il `ListAdapter`. Abbiamo quindi definito un altro layout all'interno del documento `row.xml` nella cartella `res/layout` attraverso il quale definiremo la `View` associata a ciascuna riga della ListView ovvero a ciascun elemento.

Listato 5.21 Documento di layout per ciascuna riga

```xml
<?xml version="1.0" encoding="utf-8"?>
<LinearLayout xmlns:android="http://schemas.android.com/apk/res/android"
    android:layout_height="wrap_content" android:id="@+id/row"
    android:layout_width="fill_parent">
    <Button android:id="@+id/Button01" android:layout_width="wrap_content"
```

```
              android:layout_height="wrap_content" android:text="@string/button_label">
        </Button>
        <TextView android:layout_height="wrap_content" android:id="@+id/rowText"
              android:text="Default Text" android:layout_width="fill_parent"></TextView>
</LinearLayout>
```

Notiamo come si tratti di uno schema molto semplice che comprende un `Button` e una `TextView`. L'ultima osservazione riguarda la definizione di un insieme di testi come risorse di tipo `<string-array/>` all'interno del file `arrays.xml` in `res/values`. Si tratta dei valori che andremo a visualizzare nella lista.

Non ci resta quindi che configurare la `ListView` per la sua visualizzazione all'interno dell'Activity attraverso il seguente codice:

Listato 5.22 Utilizzo di una ListView

```
public void onCreate(Bundle savedInstanceState) {
    super.onCreate(savedInstanceState);
    setContentView(R.layout.main);
    ListView listView = (ListView) findViewById(R.id.arrayList);
    String[] arrayData = getResources().getStringArray(R.array.array_data);
    ArrayAdapter<String> arrayAdapter = new ArrayAdapter<String>(this,R.layout.
    row,R.id.rowText,arrayData);
    listView.setAdapter(arrayAdapter);
}
```

dove abbiamo evidenziato la parte di interesse. Notiamo come si ottenga il riferimento all'array definito nelle risorse e come questo venga poi passato come ultimo parametro nella creazione di un `ArrayAdapter`. Il costruttore utilizzato è quello che prevede, oltre al `Context`, il riferimento al layout associato alla riga, e l'id della `TextView` in esso contenuta. Infine assegneremo il `ListAdapter` alla `ListView` attraverso il metodo `setAdapter()`. Eseguendo la nostra applicazione otterremo il risultato di Figura 5.12.

Notiamo come ciascun valore dell'array sia stato assegnato alla corrispondente `TextView` del layout di riga.

Ovviamente non sempre i dati da visualizzare su una lista sono semplici testi da inserire all'interno di una `TextView`. Spesso capita invece che si tratti di informazioni più complesse, come un insieme di contatti o altri record particolari. A tale scopo ci ricordiamo del fatto che un `ArrayAdapter` è un `Adapter`, quindi dispone di una propria implementazione del metodo:

```
public abstract View getView (int position, View convertView, ViewGroup parent)
```

il quale ci fornisce l'opportunità di associare a ciascun elemento una `View` personalizzata. Per dimostrare come ciò possa avvenire consideriamo il progetto `CustomArrayAdapterTest`, che vuole visualizzare all'interno di una lista un insieme di informazioni relative a un elenco di utenti con nome (campo firstname) e cognome (campo lastname). Il layout contenuto nel file `main.xml` non è diverso da quello del progetto precedente mentre quello di riga sarà il seguente.

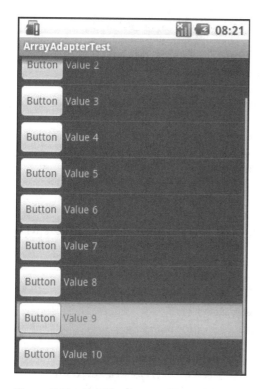

Figura 5.12 Utilizzo di una ListView con ArrayAdapter.

Listato 5.23 Layout associato alla singola riga della ListView

```
<?xml version="1.0" encoding="utf-8"?>
<TableLayout android:layout_width="fill_parent"
    xmlns:android="http://schemas.android.com/apk/res/android" android:id="@+id/
    row_container"
    android:padding="5px" android:layout_height="wrap_content"
    android:background="@drawable/shape" android:shrinkColumns="0">
    <TableRow>
        <TextView android:layout_width="wrap_content"
            android:layout_height="wrap_content" android:id="@+id/firstnameLabel"
            android:text="@string/firstname_label" android:textColor="@color/
            green"></TextView>
        <TextView android:layout_height="wrap_content"
            android:layout_width="wrap_content" android:layout_toRightOf="@+id/
            firstnameLabel"
            android:layout_alignParentRight="true" android:paddingLeft="10px"
            android:text="default_value" android:textColor="@color/blue"
            android:id="@+id/firstname"></TextView>
    </TableRow>
    <TableRow>
        <TextView android:layout_height="wrap_content"
```

```
            android:layout_width="wrap_content" android:layout_below="@+id/
            firstnameLabel"
            android:id="@+id/lastnameLabel" android:text="@string/lastname_label"
            android:textColor="@color/green"></TextView>
        <TextView android:layout_height="wrap_content"
            android:layout_below="@+id/TextView01" android:layout_width="wrap_content"
            android:layout_toRightOf="@+id/firstnameLabel"
            android:layout_alignParentRight="true" android:paddingLeft="10px"
            android:text="default_value" android:textColor="@color/blue"
            android:id="@+id/lastname"></TextView>
    </TableRow>
</TableLayout>
```

Esso è contenuto all'interno del file custom_row.xml in res/layout. Il sorgente nell'Activity sarà quindi il seguente:

Listato 5.24 Utilizzo di un ArrayAdapter custom

```
public void onCreate(Bundle savedInstanceState) {
    super.onCreate(savedInstanceState);
    setContentView(R.layout.main);
    ListView listView = (ListView) findViewById(R.id.arrayList);
    ArrayAdapter<CustomItem> arrayAdapter = new ArrayAdapter<CustomItem>(
        this, R.layout.custom_row, R.id.firstnameLabel, createItems()) {

        @Override
        public View getView(int position, View convertView, ViewGroup parent) {
            CustomItem item = getItem(position);
            LayoutInflater inflater = (LayoutInflater)getSystemService(Context.
            LAYOUT_INFLATER_SERVICE);
            View rowView = inflater.inflate(R.layout.custom_row, null);
            TextView firstnameView = (TextView)rowView.findViewById(R.id.firstname);
            TextView lastnameView = (TextView)rowView.findViewById(R.id.lastname);
            firstnameView.setText(item.firstname);
            lastnameView.setText(item.lastname);
            return rowView;
        }

    };
    listView.setAdapter(arrayAdapter);
}
```

dove abbiamo evidenziato l'utilizzo di una classe anonima come specializzazione dell'ArrayAdapter ottenuta attraverso l'overriding del metodo getView(). Nello stesso sorgente, disponibile online, il lettore potrà verificare come un oggetto di tipo CustomItem non sia altro che un'istanza dell'omonima classe statica interna che prevede la definizione di due campi pubblici di tipo String relativi a firstname e lastname. Il metodo createItems() è poi un metodo di utilità che permette la creazione di un determinato numero di istanze di test.

Le istruzioni che ci interessano sono quelle descritte nel metodo getView() dove, come prima cosa, si ottiene il riferimento all'elemento di posizione indicata dal valore del parametro position attraverso il metodo getItem(), che sappiamo essere definito in ogni Adapter. La seconda istruzione è fondamentale in quanto ci permette di ottenere il riferimento all'oggetto responsabile della trasformazione del documento XML del layout nella corrispondente struttura delle View descritto dalla classe LayoutInflater. Notiamo come si ottenga dalla Activity attraverso il metodo getSystemService() passando una costante identificativa del particolare servizio. Vedremo questa modalità di accesso ai servizi della piattaforma anche in altri contesti. Utilizzeremo quindi questo oggetto per ottenere la View a partire dal documento XML relativo alla riga che abbiamo associato alla costante R.layout.custom_row. In questo caso è bene sottolineare come nel metodo inflater non si specifichi il riferimento alla ViewGroup in quanto non vogliamo agganciare la View ottenuta ad alcun container. Una volta ottenuto il riferimento alla View corrispondente alla riga, non faremo altro che ottenere il riferimento ai vari componenti (in questo caso TextView) assegnando i relativi valori. Il risultato di tutto ciò è quello che possiamo vedere in Figura 5.13.

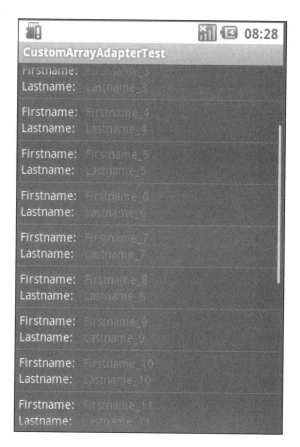

Figura 5.13 Progetto CustomArrayAdapterTest in esecuzione.

Un lettore attento potrà però fare un'obiezione in relazione al precedente codice. Abbiamo infatti detto come l'operazione di inflating sia un'operazione abbastanza onerosa che quindi sarebbe il caso di limitare. A tale proposito entra quindi in gioco il parametro convertView, che abbiamo detto essere un'eventuale istanza esistente di View in grado di visualizzare le informazioni della lista. A tale proposito una possibile ottimizzazione potrebbe essere quella descritta di seguito:

Listato 5.25 Utilizzo di una tecnica di lazy loading per l'inflating

```
public View getView (int position, View convertView, ViewGroup parent) {
    if(convertView==null){
        LayoutInflater inflater = (LayoutInflater)
            getSystemService(Context.LAYOUT_INFLATER_SERVICE);
        convertView = inflater.inflate(R.layout.custom_row, null);   }
    CustomItem item = getItem(position);
    TextView firstnameView = (TextView)convertView.findViewById(R.id.firstname);
    TextView lastnameView = (TextView)convertView.findViewById(R.id.lastname);
    firstnameView.setText(item.firstname);
    lastnameView.setText(item.lastname);
    return convertView;
}
```

dove abbiamo evidenziato il codice di interesse. Notiamo come vi sia un test sulla presenza o meno di un convertView. Se non presente, viene fatto l'inflating mentre se presente viene riutilizzato assegnando semplicemente i valori corrispondenti alle diverse TextView.

> **Sorgente online**
>
> Nel sorgente disponibile online non abbiamo fornito tre diverse versioni del metodo getView() ma abbiamo creato nuovi metodi da questo invocati a seconda delle situazioni. Ecco che la logica descritta per prima è stata inserita nel metodo getViewNoOptimized() mentre la precedente nel metodo getViewLazy(). Per testarne il funzionamento basterà quindi richiamare ciascuno di questi metodi dal metodo getView() passando a essi gli stessi parametri.

I risultati sono già buoni ma si può fare di meglio sfruttando una delle caratteristiche che abbiamo descritto in precedenza sugli oggetti di tipo View, ovvero quella di poter gestire degli oggetti associati chiamati tag. Se esaminiamo il precedente codice notiamo infatti come anche le operazioni di findViewById() siano abbastanza pesanti se ripetute molte volte in strutture complesse. A tale scopo è quindi possibile associare a ciascuna View anche un oggetto che mantenga già i riferimenti alle TextView in essa contenute, evitando quindi di ripetere l'esecuzione dei metodi findViewById(). Basterà quindi definire la classe interna statica ViewHolder di codice:

Listato 5.26 Classe che mantiene i riferimenti alle diverse View

```
private static class ViewHolder{
    public TextView firstnameView;
```

```
        public TextView lastnameView;
}
```

Notiamo come sia una semplice classe che ha come attributi i riferimento alle `View` che andranno poi a contenere i dati da visualizzare. L'ultima versione del metodo `getView()` in grado di sfruttare questa ulteriore ottimizzazione sarà quindi la seguente:

Listato 5.27 Utilizzo di un ViewHolder come cache delle View per i dati

```
public View getViewHolder(int position, View convertView, ViewGroup parent) {
    ViewHolder viewHolder = null;
    if(convertView==null){
        LayoutInflater inflater = (LayoutInflater)
            getSystemService(Context.LAYOUT_INFLATER_SERVICE);
        convertView = inflater.inflate(R.layout.custom_row, null);
        viewHolder = new ViewHolder();
        viewHolder.firstnameView = (TextView)convertView
            .findViewById(R.id.firstname);
        viewHolder.lastnameView = (TextView)convertView
            .findViewById(R.id.lastname);
        convertView.setTag(viewHolder);
    }else{
        viewHolder = (ViewHolder)convertView.getTag();
    }
    CustomItem item = getItem(position);
    viewHolder.firstnameView.setText(item.firstname);
    viewHolder.lastnameView.setText(item.lastname);
    return convertView;
}
```

dove abbiamo evidenziato la gestione dell'holder. Notiamo come solamente nel caso in cui non vi fosse una `convertView` vi sia l'esecuzione dell'operazione di `inflate` e la creazione dell'oggetto `ViewHolder` da inserire come tag della `View` ottenuta. La creazione dell'holder è quindi seguita dalla valorizzazione delle sue proprietà attraverso l'esecuzione dei relativi metodi `findViewById()` i quali, in questo modo, vengono eseguiti una sola volta per ciascuna `View`.
Quella descritta è una tecnica di ottimizzazione consigliata dagli stessi creatori di Android, che comunque dovrebbe risultare trasparente nelle prossime versioni della piattaforma.

ListActivity

Negli esempi precedenti abbiamo visto come utilizzare una `ListView` all'interno di una `Activity`. Abbiamo infatti creato un `ListAdapter` che abbiamo assegnato alla `ListView` di cui avevamo ottenuto un riferimento. In casi come questi, Android mette a disposizione un metodo più veloce per ottenere lo stesso risultato che presuppone l'utilizzo di una specializzazione di `Activity` descritta dalla classe `ListActivity`. Si tratta di una classe che permette lo stesso grado di libertà visto in precedenza, ma con una minore scrittura di codice. A tale proposito osserviamo il progetto SimpleListActivity, di cui esaminiamo il codice relativo alla definizione del metodo onCreate() nella Activity. Notiamo come non vi sia alcun layout impostato attraverso il metodo setContentView() in quanto l'attività ne prevede già uno di default. Notiamo poi come sia stata utilizzata la costante android.R.layout_simple_list_item_1 come identificatore del layout di riga.

Listato 5.28 Utilizzo semplice di una ListActivity

```
public void onCreate(Bundle savedInstanceState) {
    super.onCreate(savedInstanceState);
    String[] arrayData = getResources().getStringArray(R.array.array_data);
    ArrayAdapter<String> arrayAdapter = new ArrayAdapter<String>(this,android.R.layout.simple_list_item_1,arrayData);
    setListAdapter(arrayAdapter);
}
```

Quello descritto rappresenta il modo più semplice per rappresentare una lista di informazioni del tipo mostrato in Figura 5.14.

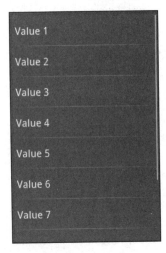

Figura 5.14 Utilizzo di una ListActivity con layout di default.

Il primo passo di personalizzazione riguarda quindi il layout principale, il quale potrà essere definito all'interno di un documento del tipo:

Listato 5.29 Layout associato all'utilizzo di una ListActivity

```xml
<?xml version="1.0" encoding="utf-8"?>
<LinearLayout xmlns:android="http://schemas.android.com/apk/res/android"
    android:orientation="vertical" android:layout_width="fill_parent"
    android:layout_height="fill_parent" android:paddingLeft="4dp"
    android:paddingRight="4dp">
```

```
<ListView android:id="@id/android:list" android:layout_width="fill_parent"
    android:layout_height="fill_parent" android:background="@color/light_gray" />
<TextView android:id="@id/android:empty" android:text="@string/empty"
    android:layout_width="fill_parent" android:layout_height="fill_parent">
</TextView>
</LinearLayout>
```

dove abbiamo evidenziato i valori corrispondenti agli id. Questo perché l'utilizzo di una ListActivity presuppone l'utilizzo di un layout che comprenda una ListView che dovrà necessariamente avere un id di valore @id/android:list.

In questo caso esiste anche la possibilità di specificare la View da utilizzare qualora non vi fossero informazioni da visualizzare, ovvero l'Adapter associato ritornasse true al metodo isEmpty(). Nel nostro esempio abbiamo deciso di visualizzare un semplice messaggio. Per utilizzare questo layout basterà modificare il precedente codice dell'attività nel seguente, in cui abbiamo semplicemente impostato il layout come quello principale attraverso il metodo setContentView() precedentemente commentato.

Listato 5.30 Utilizzo di una ListActivity con layout custom

```
public void onCreate(Bundle savedInstanceState) {
    super.onCreate(savedInstanceState);
setContentView(R.layout.main);
String[] arrayData = getResources().getStringArray(R.array.array_data);
ArrayAdapter<String> arrayAdapter = new ArrayAdapter<String>(this,android.R.layout.simple_list_item_1,arrayData);
    setListAdapter(arrayAdapter);
}
```

Nel nostro caso abbiamo semplicemente modificato il colore di sfondo ottenendo il risultato di Figura 5.15.

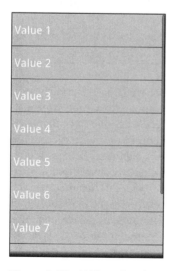

Figura 5.15 Utilizzo di un layout custom.

Ovviamente la customizzazione delle singole righe è un qualcosa di legato al particolare `Adapter`, che quindi abbiamo visto nel dettaglio in precedenza.

Si noti come in questo ultimo esempio la lista occupi tutto il display a disposizione. Ciò non è legato all'utilizzo della `ListView` ma al tipo di tema utilizzato, che il lettore potrà vedere nel codice online.

SimpleAdapter

Come spesso accade con interfacce con un determinato numero di operazioni, anche per l'`Adapter` ne viene fornita un'implementazione "semplice", descritta in questo caso dalla classe `SimpleAdapter` del package `android.widget`. Si tratta di una classe che implementa `ListAdapter` e che permette di creare velocemente implementazioni di `Adapter` nel caso in cui si avessero già a disposizione un insieme di dati nella forma di un `ArrayList` di `Map`. Per comprenderne l'utilizzo partiamo dall'unico costruttore che la classe ci mette a disposizione e che prevede come primo parametro, come ormai consuetudine, un riferimento al `Context`:

```
public SimpleAdapter (Context context, List<? extends Map<String, ?>> data, int resource, String[] from, int[] to)
```

Il secondo parametro è quello che contiene il riferimento alla struttura dati che, come accennato, è rappresentata da un `ArrayList` di `Map`.

> **Notazione List<? extends Map<String,?>>**
>
> Come sappiamo, l'utilizzo delle generic in Java permette di spostare nella fase di compilazione gli errori che solitamente vengono scoperti solo nella fase di runtime. Una notazione del tipo visto in precedenza permette di descrivere una `List` di oggetti di tipo non specificato (wildcard `?`) che però sia una implementazione di una `Map` che associa tipi non specificati (altra wildcard) a una `String`. Un aspetto da sottolineare riguarda il fatto che l'utilizzo della wildcard `?` nella definizione di un riferimento permette solamente di estrarre elementi ma non di inserirne. Questo perché, indipendentemente dal tipo di oggetto, si tratterà sempre di un `Object`. Conosciamo quindi quello che estraiamo ma non quello che possiamo inserire.

Una prima osservazione riguardo al tipo di parametro potrebbe riguardare il fatto che esso indica di accontentarsi di una `List` e non di un `ArrayList`, come detto. Come sappiamo, però, un `Adapter` ha bisogno di accedere a un elemento conoscendone la posizione; a tale scopo è dunque necessaria una struttura che permetta l'utilizzo di un indice, come appunto un `ArrayList`. Come il lettore potrà intuire, ciascun elemento della lista corrisponde a una riga cui corrisponde una `Map` che associa a ciascuna chiave (colonna) il corrispondente valore. Quello che poi dovremo specificare è quindi il riferimento al file di layout che descrive ciascuna riga, rappresentato dal parametro `resource`, e un modo per associare ciascuna delle `View` in esso contenute con la corrispondente chiave della `Map`. A tale scopo vengono utilizzati gli ultimi due parametri. In sintesi, il campo della `Map` di chiave specificata dall'*i*-esimo elemento dell'array `from` viene mappato nella `View` che ha come id l'*i*-esimo elemento dell'array rappresentato dal parametro `to`.

Per quello che riguarda il tipo di `View` da associare (fare il `binding`) con una particolare colonna della `Map`, questo `Adapter` prevede un comportamento di default, comunque modificabile attraverso una particolare implementazione dell'interfaccia `SimpleAdapter.ViewBinder`. Nel caso in cui non venga fornito un particolare `ViewBinder`, la `SimpleAdapter` esegue una serie di verifiche. Se la `View` implementa `Checkable` (in pratica una checkbox, come vedremo più avanti) il `SimpleAdapter` si aspetta come valore un `boolean`. Se questo non accade viene verificato se la `View` è una `TextView`, nel qual caso il valore corrispondente dovrà essere una `String`. Se si tratta invece di una `ImageView`, il `SimpleAdapter` si aspetta come valore un riferimento a una risorsa oppure a un valore di tipo `String`. In quest'ultimo caso viene eseguito un controllo relativamente al fatto che la `String` rappresenti una risorsa o corrisponda a un particolare URI. Se nessuna di queste tre condizioni è verificata si ha la generazione di un'eccezione.
Tutto questo comunque nel caso in cui non venisse fornita un'implementazione custom di `SimpleAdapter.ViewBinder` la quale prevede la definizione del seguente metodo:

```
public abstract boolean setViewValue (View view, Object data, String textRepresentation)
```

Il valore di ritorno indica al `SimpleAdapter` se lo stesso `ViewBinder` debba essere preso in considerazione o meno. Questo significa che se lo si vuole rendere effettivo, è necessario che questo metodo ritorni il valore `true`. Il parametro `view` rappresenta la `View` descritta dal layout definito nel costruttore mentre il parametro `data` rappresenta il dato corrente. La specifica implementazione dovrà quindi utilizzare la `View` in ingresso per la determinazione dei vari widget cui associare le particolari proprietà del dato.
L'ultimo parametro conterrà una rappresentazione del dato come oggetto di tipo `String` ed è tipicamente il risultato dell'invocazione del metodo `toString()`. È comunque importante sottolineare come questo valore non sia mai `null`.
Come esempio di utilizzo di questo `Adapter` realizziamo l'applicazione `SimpleAdapterTest`, che ha come obiettivo la creazione della stessa interfaccia dell'esempio precedente. A tale proposito ciò che andremo a descrivere sarà solamente il codice di interesse del metodo `onCreate()` dell'`Activity`, che riportiamo di seguito:

Listato 5.31   Utilizzo di un SimpleAdapter

```java
setContentView(R.layout.main);
List<? extends Map<String,?>> listData = createItems();
String[] keys = new String[]{FIRSTNAME_KEY,LASTNAME_KEY};
int[] views = new int[]{R.id.firstname,R.id.lastname};
SimpleAdapter simpleAdapter = new SimpleAdapter(this,listData,R.layout.custom_row,
keys,views);
ListView listView = (ListView) findViewById(R.id.arrayList);
listView.setAdapter(simpleAdapter);
```

Attraverso il metodo privato `createItems()` creiamo la struttura dati che andremo poi a visualizzare all'interno della `ListView` inserita nel layout principale. Come si può vedere dal seguente codice, si tratta di una lista di `Map` che associano a ciascuna chiave, descritta attraverso una costante, un valore di esempio.

Listato 5.32 *Esempio generazione modello per SimpleAdapter*

```
private List<? extends Map<String,?>> createItems() {
    ArrayList<Map<String,String>> lista = new ArrayList<Map<String,String>>();
    for(int i=0;i<20;i++){
        Map<String,String> data = new HashMap<String,String>();
        data.put(FIRSTNAME_KEY,"FirstName_"+i);
        data.put(LASTNAME_KEY,"LastName_"+i);
        lista.add(data);
    }
    return lista;
}
```

Dopo la creazione dei dati notiamo la definizione dell'array di `String` keys delle chiavi da utilizzare e dell'array di interi `views` delle relative `View` da associare. Notiamo poi come tutte queste variabili vengano utilizzate come parametri del costruttore di `SimpleAdapter`. Non ci resta che assegnarlo alla `ListView` ottenendo come risultato lo stesso della precedente Figura 5.13.

GridView

Un'altra particolare `ViewGroup` che delega la gestione delle `View` contenute a un `ListAdapter` è quella descritta dalla classe `GridView`. Siccome il suo utilizzo è molto simile a quello di una `ListView` ne descriveremo, attraverso il progetto `GridViewTest`, solamente le differenze.

Innanzitutto notiamo come il layout principale sia descritto da un elemento `<GridView/>` di cui abbiamo evidenziato l'attributo `android:numColumns`, il quale permette di specificare il numero di colonne della griglia che andrà a contenere le `View` fornite dal particolare `ListAdapter`.

Listato 5.33 *Esempio di utilizzo di una GridView*

```xml
<?xml version="1.0" encoding="utf-8"?>
<GridView xmlns:android="http://schemas.android.com/apk/res/android"
    android:id="@+id/gridView"
    android:numColumns="2"
    android:layout_width="fill_parent" android:layout_height="fill_parent">
</GridView>
```

Nel nostro caso abbiamo specificato come il numero di colonne sia 2.
Il frammento di codice relativo all'`Activity` che lo differenzia dall'esempio precedente è invece il seguente:

Listato 5.34 *Esempio di utilizzo di una GridView*

```
SimpleAdapter simpleAdapter = new SimpleAdapter(this,listData,R.layout.custom_row,
    keys,views);
```

```
GridView gridView = (GridView) findViewById(R.id.gridView);
gridView.setAdapter(simpleAdapter);
```

Una differenza riguarda il fatto che la View associata alla costante R.id.gridView è una GridView cui assegnamo il riferimento allo stesso Adapter che avevamo realizzato nel caso precedente.

Un'ulteriore differenza riguarda poi il numero di elementi che siamo andati a creare nel metodo createItems(), il quale è dispari per poter dimostrare il comportamento di una GridView in quella particolare situazione. Il risultato è quindi quello mostrato in Figura 5.16.

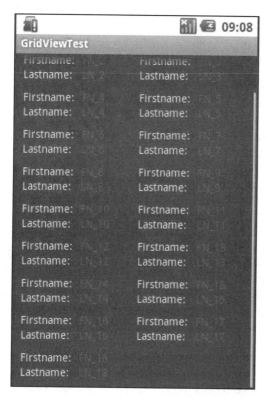

Figura 5.16   Esempio di GridView.

Notiamo il comportamento della GridView nel caso di un numero di View che non completino il numero delle righe. Notiamo infine come, per nostra comodità, abbiamo diminuito la lunghezza dei valori di test.

ExpandableListAdapter e ExpandableListView

Come il lettore potrà intuire, è possibile utilizzare diverse combinazioni di Adapter e GroupView per ottenere diverse modalità di rappresentazione di dati di varia natura. Ovviamente, per motivi di spazio non tratteremo ogni possibile implementazione disponibile nelle API ufficiali ma, come esempio di struttura complessa, useremo una ExpandableList-

View la quale, attraverso l'utilizzo di un ExpandableListAdapter, ci permetterà di visualizzare dati organizzati su più livelli e conseguentemente organizzati in strutture ad albero.

Se osserviamo le API dell'interfaccia ExpandableListAdapter, notiamo come questa non estenda in alcun modo l'interfacca ListAdapter vista in precedenza in quanto non gestisce semplici dati ma oggetti cui si fa riferimento attraverso il concetto di gruppo e figlio. Essa definisce infatti una serie di operazioni che permettono la gestione di una struttura gerarchica su un unico livello. Ovviamente Android mette a disposizione una serie di implementazioni della ExpandableListAdapter le quali permettono di ottenere le informazioni da varie fonti. Nel nostro esempio utilizzeremo quella descritta dalla classe SimpleExpandableListAdapter che permette di gestire un insieme di dati in modo simile a quanto fatto per la SimpleAdapter. In questo caso, però, una List di Map rappresenta ciascuno dei gruppi "espandibili". Come nel caso precedente, serve poi un modo per mappare i campi nelle corrispondenti View. Per comprenderne il funzionamento prendiamo in considerazione il seguente costruttore:

```
public SimpleExpandableListAdapter (Context context, List<? extends Map<String, ?>>
groupData, int expandedGroupLayout, int collapsedGroupLayout, String[] groupFrom,
int[] groupTo, List<? extends List<? extends Map<String, ?>>> childData, int
childLayout, int lastChildLayout, String[] childFrom, int[] childTo)
```

che prevede un numero abbastanza elevato di parametri. A parte il contesto nel quale l'Adapter dovrà operare, il parametro groupData conterrà le informazioni relative ai diversi gruppi sotto forma di List di Map. È bene sottolineare come queste informazioni siano quelle relative ai gruppi e non ai dati in essi contenuti. Si tratta quindi di dati visualizzati nel caso in cui la lista associata al gruppo sia chiusa. In questo caso il particolare layout è quello specificato attraverso il parametro collapsedGroupLayout. Nel caso in cui il gruppo sia aperto, mostrando quindi gli eventuali figli, il layout da utilizzare sarà quello rappresentato dalla risorsa referenziata dal parametro expandedGroupLayout.

Abbiamo quindi capito come, analogamente a quello che avviene con il SimpleAdapter, anche in questo caso serve mappare le chiavi della Map associate ai gruppi ai corrispondenti layout. Per fare questo si utilizzano gli array rappresentati dai parametri groupFrom e groupTo dove il primo rappresenta l'array di chiavi da utilizzare e il secondo i corrispondenti id delle View nei precedenti layout. Capiamo che nel caso di lista non espansa il comportamento di un SimpleExpandableListAdapter è simile a quello di un SimpleAdapter dove i dati coincidono con i gruppi.

I dati veri e propri da visualizzare all'interno della lista vengono rappresentati da una List di List di Map. Ciascun elemento della lista più esterna contiene quindi i dati delle liste interne (figli) attraverso una List di Map come nel caso precedente. Anche qui esiste la mappatura tra chiavi delle Map e id delle View corrispondenti attraverso gli array childFrom e childTo, rispettivamente.

Relativamente ai layout è possibile specificare quello associato a ciascun elemento della lista figlia e in particolare è possibile assegnare un layout diverso all'ultimo di questi. A tale scopo si utilizzano i parametri childLayout e lastChildLayout, rispettivamente.

Non ci resta quindi che fare un esempio attraverso il progetto ExpandableListAdapterTest il cui sorgente è disponibile online. A tale proposito abbiamo creato, nella cartella res/layout, una serie di documenti XML relativi ai layout per la visualizzazione delle informazioni associate ai gruppi, tanto nella versione espansa quanto in quella non espansa, e ai figli. Abbiamo poi specificato un layout anche per l'ultimo dei figli di un gruppo. I layout sono quindi descritti dai seguenti file di nome esplicativo:

```
collapsed_layout.xml
espanded_layout.xml
child_layout.xml
last_child.xml
```

Come avvenuto nel precedente esempio, ciascuno di questi layout dovrà contenere una serie di componenti cui assoceremo dei valori da visualizzare attraverso una chiave. Il sorgente della relativa attività è il seguente:

```java
@Override
public void onCreate(Bundle savedInstanceState) {
    super.onCreate(savedInstanceState);
    setContentView(R.layout.main);
    ExpandableListAdapter expAdapter =
    new SimpleExpandableListAdapter(this, createGroupMap(), R.layout.expanded_layout,
        R.layout.collapsed_layout, GROUP_KEYS, GROUP_VIEW_IDS, createDataMap(),
        R.layout.child_layout, R.layout.last_child_layout, CHILD_KEYS,
        CHILD_VIEW_IDS);
    ExpandableListView expListView = (ExpandableListView)findViewById
    (R.id.expandableListView);
    expListView.setAdapter(expAdapter);
}
```

dove abbiamo evidenziato la creazione dell'adapter.

Come il lettore potrà vedere dal sorgente online, `createGroupMap()` e `createDataMap()` sono dei metodi di utilità per la creazione, rispettivamente, delle informazioni associate ai gruppi e alle informazioni in essi contenuti. Attraverso le costanti della classe R facciamo riferimento ai diversi layout mentre abbiamo poi definito una serie di costanti che permettono di associare una particolare chiave della Map all'elemento nel template che dovrà visualizzarne il valore. Abbiamo quindi definito degli array con le chiavi e i corrispondenti array con le costanti della classe R. Nel caso della definizione dei gruppi abbiamo, per esempio, le seguenti costanti:

Listato 5.35 Definizione delle associazioni relative ai gruppi di un SimpleExpandableListAdapater

```java
private final static String FIRSTNAME_KEY = "firstname";
private final static String LASTNAME_KEY = "lastname";
private final static String[] GROUP_KEYS = { FIRSTNAME_KEY, LASTNAME_KEY };
private final static int[] GROUP_VIEW_IDS = { R.id.firstname, R.id.lastname };
```

Notiamo infine come sia stata utilizzata una `ExpandableListView` cui abbiamo poi associato l'adapter attraverso il metodo `setAdapter()`, che notiamo comunque non essere lo stesso utilizzato in precedenza per la `ListView` ma il suo overload con parametro di tipo

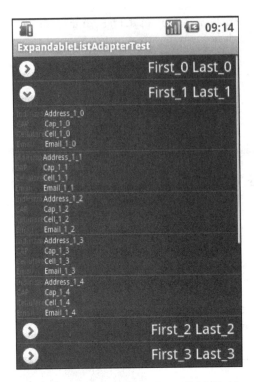

Figura 5.17 Utilizzo di una ExpandableListView.

ExpandableListAdapter. Come sottolineato in precedenza, un ExpandableListAdapter non è una specializzazione di ListAdapter, per cui necessita di un'altra versione del metodo setAdapter() per poter essere assegnato alla specializzazione di ListView.
Eseguendo la nostra applicazione otterremo quindi il risultato di Figura 5.17.
Osservando il risultato, il lettore potrà notare la presenza di un elemento che non abbiamo esplicitamente definito nei file di layout; esso rappresenta un'icona indicante il fatto che un particolare gruppo è aperto o meno. Ovviamente si tratta di informazioni che possiamo modificare attraverso i seguenti attributi di ExpandableListView:

android:childIndicator
android:childIndicatorLeft
android:childIndicatorRight
android:groupIndicator
android:indicatorLeft
android:indicatorRight

oppure attraverso le relative versioni programmatiche che il lettore potrà visionare nella documentazione ufficiale. Notiamo comunque come l'icona in figura possa assumere stati diversi ai quali non si fa riferimento nei precedenti attributi. Ciò accade perché questi fanno riferimento a delle Drawable, le quali sappiamo poter essere sensibili al particolare stato della View che li contiene. Ecco allora che basterà fornire come indicatori delle Drawable sensibili alla gestione dello stato, come visto nel corrispondente capitolo.

Si tratta infatti di gestire gli stati descritti da costanti del tipo `android.R.attr.state_expanded` o `R.attr.state_last`.

ScrollView

Negli esempi precedenti abbiamo visto come una `ListView` permetta di visualizzare una serie di dati all'interno di una lista scrollabile nel display. Nel caso in cui si avesse la necessità di visualizzare un qualcosa che non è una lista e che non può essere contenuto completamente all'interno di una schermata, Android mette a disposizione la classe `ScrollView`. Si tratta di una specializzazione della classe `FrameLayout` che permette solamente un'unica `View` figlia fornendo però a essa la possibilità di poter scrollare verticalmente sullo schermo. Pensiamo, per esempio, al caso di una form con molti campi che non può essere ricondotta a una lista di informazioni e che si ha la necessità di inserire all'interno della stessa schermata.

Come esempio di utilizzo di questa classe consideriamo il progetto `ScrollViewTest`. Supponiamo inizialmente di disporre di un layout molto semplice, comprendente una sola `LinearLayout`, come il seguente:

Listato 5.36 Utilizzo di un solo LinearLayout

```xml
<?xml version="1.0" encoding="utf-8"?>
<LinearLayout xmlns:android="http://schemas.android.com/apk/res/android"
    android:id="@+id/linearLayout" android:layout_width="fill_parent"
    android:layout_height="fill_parent" android:orientation="vertical">
</LinearLayout>
```

Al suo interno inseriamo, in modo programmatico, un numero elevato di `View`, che nel nostro caso sono semplici `Button`. Il codice per fare questo sarà ovviamente il seguente:

Listato 5.37 Creazione di View in modo programmatico per riempire lo schermo

```java
public void onCreate(Bundle savedInstanceState) {
    super.onCreate(savedInstanceState);
    setContentView(R.layout.main);
    ViewGroup layout = (ViewGroup)findViewById(R.id.linearLayout);
    // Aggiungiamo 20 Button
    for(int i =0;i<20;i++){
        Button button = new Button(this);
        button.setText("Button_"+i);
        // Lo aggiungiamo al layout
        layout.addView(button);
    }
}
```

Lanciando l'applicazione è facile notare come l'insieme delle `View` non venga visualizzato totalmente e come non venga dato alcun meccanismo per muoversi tra esse visualizzandole sullo schermo. Si tratta quindi di un utilizzo di una `ScrollView` attraverso la definizione del seguente documento di layout:

Listato 5.38 Utilizzo di una ScrollView

```xml
<?xml version="1.0" encoding="utf-8"?>
<ScrollView xmlns:android="http://schemas.android.com/apk/res/android"
    android:layout_width="fill_parent" android:layout_height="fill_parent">
    <LinearLayout android:id="@+id/linearLayout"
        android:layout_width="fill_parent" android:layout_height="fill_parent"
        android:orientation="vertical"></LinearLayout>
</ScrollView>
```

Notiamo come il precedente layout sia stato inserito all'interno di un elemento `<ScrollView/>`. È importante sottolineare come, previa la visualizzazione di un errore, le `View` direttamente contenute all'interno della `<ScrollView/>` non siano più di una.

> **Utilizzo del namespace**
>
> Il lettore faccia attenzione a come la definizione del namespace associato al prefisso **android:** avvenga all'interno dell'elemento `<ScrollView/>` che ora è la root del documento.

Il risultato è quindi quello mostrato in Figura 5.18, dove notiamo essere ora disponibile una barra laterale di scorrimento, con la conseguente possibilità di movimento su tutta la `View` contenuta.

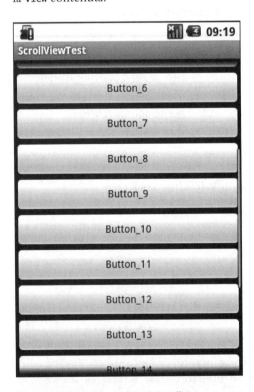

Figura 5.18 Utilizzo di una ScrollView.

Tra gli esempi online esiste anche il progetto `HorizontalScrollViewTest`, il quale permette di verificare l'utilizzo di una `HorizontalScrollView` che, come dice il nome stesso, consente di ottenere l'effetto equivalente del caso precedente attraverso uno scrolling orizzontale.

Spinner e Gallery

Una coppia di componenti molto importanti per la visualizzazione di informazioni ottenute attraverso un particolare `Adapter` è quella descritta dalle classi `Spinner` e `Gallery`. Si tratta di due specializzazioni di `ViewGroup` che si appoggiano a realizzazioni della interfaccia `SpinnerAdapter` del package `android.widget`. Come abbiamo visto, un `Adapter` ha come responsabilità principale quella di fornire il riferimento a una `View` per la visualizzazione di una particolare informazione all'interno di un contenitore. Uno `SpinnerAdapter` aggiunge a queste la possibilità di fornire una vista alternativa attraverso l'implementazione del metodo

```
public abstract View getDropDownView (int position, View convertView, ViewGroup parent)
```

che notiamo essere molto simile a quello definito in `Adapter`, differenziandosi solamente per il nome. Il motivo della vista alternativa è molto semplice ed è da collegarsi alla natura stessa di questo tipo di componenti, i quali ci permettono di selezionare un valore da un elenco. Se non selezionati, essi visualizzano il valore corrente utilizzando la `View` specificata dal `getView()` dell'`Adapter`. Se selezionati, visualizzano, secondo modalità diverse, l'insieme delle `View` alternative tra cui l'utente potrà scegliere.

Notiamo come uno `SpinnerAdapter` permetta, in sintesi, di fornire un modo diverso per rappresentare un insieme di informazioni di un `Adapter` a seconda che questa debba essere visualizzata in una lista, in un menu a tendina o altro meccanismo. Se osserviamo la documentazione, le più semplici implementazioni di uno `SpinnerAdapter` sono quelle descritte dalle classi `ArrayAdapter` e `SimpleAdapter` che abbiamo visto in precedenza. È infatti possibile, a partire da esse, impostare il riferimento al layout da utilizzare per la visualizzazione alternativa attraverso il metodo:

```
public void setDropDownViewResource (int resource)
```

Analogamente a quanto fatto in precedenza, vediamo le particolari `ViewGroup` in grado di gestire `Adapter` di questo tipo, ovvero quelle descritte dalle classi `Spinner` e `Gallery` del package `android.widget`. La prima permette la visualizzazione di un vero e proprio menu a tendina mentre il secondo permette la visualizzazione di una serie di `View` centrata nello schermo e scrollabile orizzontalmente.

Per verificare il funzionamento di uno `Spinner` realizziamo quindi il progetto `SpinnerTest` il cui codice è disponibile online. Il procedimento ci è ormai familiare, e consiste nella creazione di un particolare `Adapter` da assegnare poi a una specifica `AdapterView` responsabile della visualizzazione di un insieme di dati cui l'`Adapter` stesso accede.

In questo progetto abbiamo utilizzato un `ArrayAdapter` nella sua versione più semplice, dando quindi la possibilità di vedere un suo utilizzo molto comune nelle applicazioni Android. La creazione del particolare `Adapter` è stata messa nel seguente metodo di utilità:

Listato 5.39 Creazione di un ArrayAdapter

```java
private ArrayAdapter<String> createSpinnerAdapter() {
    String[] data = getResources().getStringArray(R.array.months);
    ArrayAdapter<String> arrayAdapter = new ArrayAdapter<String>(this,
        android.R.layout.simple_spinner_item, data);
    return arrayAdapter;
}
```

dove abbiamo evidenziato l'utilizzo della costante android.R.layout.simple_spinner_item. Si vede prestare attenzione a come non si tratti di una costante della nostra classe R generata a seguito della creazione delle risorse dell'applicazione, ma della costante R del package android. È una costante che permette di fare riferimento al layout che Android utilizza come default per la rappresentazione del valore selezionato in uno Spinner, che vedremo essere il componente per la visualizzazione di un qualcosa che si avvicina molto a un menu a tendina.

Allo stesso modo, facciamo riferimento al seguente frammento di codice nel metodo onCreate() dove abbiamo utilizzato la costante android.R.layout.simple_spinner_dropdown_item come riferimento al layout per la visualizzazione alternativa relativa all'elenco delle opzioni tra cui l'utente potrà scegliere.

Listato 5.40 Utilizzo di uno Spinner

```java
ArrayAdapter<String> adapter = createSpinnerAdapter();
adapter.setDropDownViewResource(android.R.layout.simple_spinner_dropdown_item);
Spinner spinner = (Spinner) findViewById(R.id.mySpinner);
spinner.setAdapter(adapter);
```

Il resto del codice dovrebbe a questo punto essere ormai comprensibile; consiste nell'ottenere il riferimento allo Spinner nel layout principale per poi assegnargli l'Adapter appena inizializzato.

Listato 5.41 Layout principale dell'applicazione con Spinner

```xml
<?xml version="1.0" encoding="utf-8"?>
<LinearLayout xmlns:android="http://schemas.android.com/apk/res/android"
    android:orientation="vertical" android:layout_width="fill_parent"
    android:layout_height="fill_parent">
    <Spinner android:id="@+id/mySpinner" android:layout_width="fill_parent"
        android:layout_height="wrap_content"></Spinner>
</LinearLayout>
```

Il lettore potrà quindi eseguire l'applicazione e notare come, nel caso di selezione, il componente assuma l'aspetto di Figura 5.19.

Ovviamente abbiamo utilizzato delle View standard, ma sappiamo che l'ArrayAdapter, come altri, ci permette piena libertà nella customizzazione della modalità di visualizzazione nei diversi casi.

Figura 5.19 Spinner in esecuzione nello stato selezionato.

Per quello che riguarda l'utilizzo di una Gallery, realizziamo un progetto leggermente più complesso, che ci permetterà di rivedere concetti esaminati in precedenza in relazione alla definizione di Adapter customizzati e all'utilizzo di attributi e stili personalizzati. A tale proposito abbiamo creato il progetto GalleryTest, il cui codice completo è disponibile online, il quale ci permetterà di visualizzare una serie di immagini che scrollano orizzontalmente sul display. Come fatto in esempi precedenti, possiamo scomporre il nostro problema nella creazione del particolare Adapter e di un container che lo utilizzi. Tra gli Adapter conosciuti non ne abbiamo trovati di idonei al caso nostro, ovvero che ci permettessero di accedere a un insieme di risorse fornendone le View per la loro visualizzazione. Allo scopo abbiamo creato la seguente classe generica astratta:

Listato 5.42 Classe AbstractSpinnerAdapter per l'accesso alle risorse

```
public abstract class AbstractSpinnerAdapter<T> extends BaseAdapter {

    protected Context context;

    public AbstractSpinnerAdapter(Context context){
        this.context = context;
    }

    public abstract T[] getDataAsArray();

    public int getCount() {
```

```
            return getDataAsArray().length;
    }

    public T getItem(int position) {
        return getDataAsArray()[position];
    }

    public long getItemId(int position) {
        return position;
    }

}
```

dove abbiamo eliminato i commenti, presenti comunque nel codice online. Notiamo come si tratti di una specializzazione della classe `BaseAdapter`, la quale fornisce un'implementazione di base per la maggior parte degli `Adapter`. Come possiamo vedere dalla documentazione, si tratta di una classe che oltre a implementare `Adapter` implementa anche `SpinnerAdapter`. Di questa classe abbiamo quindi implementato alcune delle principali operazioni partendo dal presupposto di conoscere l'array degli `id` di un insieme di risorse. Per comodità abbiamo rappresentato il tipo di questi `id` attraverso un tipo generico T. Le classi che specializzeranno `AbstractSpinnerAdapter` non dovranno fare altro che fornire l'array degli `id` delle risorse conoscendone il tipo oltre che implementare con esse il metodo `getView()`; quest'ultimo non compare in quanto definito come astratto nell'interfaccia `Adapter` e non ancora implementato in `BaseAdapter`. Nel nostro caso si vuole fare in modo che l'`Adapter` fornisca le `View` in grado di visualizzare delle immagini: abbiamo dunque creato la classe `ImageSpinnerAdapter`, che descriviamo nelle sue parti principali partendo dalla sua intestazione:

Listato 5.43 Intestazione della classe ImageSpinnerAdapter

```
public class ImageSpinnerAdapter extends AbstractSpinnerAdapter<Integer> {

    private Integer[] imageIds;
    private int backgroundResource;
        // Codice descritto successivamente
}
```

Notiamo come si tratti di una classe che estende quella precedente cui è stato assegnato `Integer` come valore della variabile di tipo. Questo significa che gli `id` delle risorse che andremo a gestire saranno degli `Integer` come nella stragrande maggioranza dei casi. Notiamo poi come sia stata definita la variabile intera `backgroundResource`, che vedremo sarà utile per legare lo sfondo degli elementi che inseriremo nella `Gallery` alla corrispondente proprietà dell'eventuale tema. A tale proposito abbiamo creato il seguente costruttore:

Listato 5.44 Costruttore della classe ImageSpinnerAdapter

```
public ImageSpinnerAdapter(Context context, Integer[] imageIds) {
    super(context);
```

```
    this.imageIds = imageIds;
    TypedArray attrs = context.obtainStyledAttributes(R.styleable.GalleryTest);
    backgroundResource = attrs.getResourceId(R.styleable.GalleryTest_android_
    galleryItemBackground, 0);
}
```

che, oltre a salvare il riferimento all'array di `Integer` passato come parametro nella corrispondente variabile di istanza, si occupa della lettura dell'eventuale attributo custom `galleryItemBackground` definito attraverso le modalità studiate a proposito della customizzazione di un template. L'implementazione del metodo `getDataAsArray()` è quindi banale, mentre assume maggiore interesse l'implementazione del metodo `getView()`:

Listato 5.45 Implementazione di getView() in ImageSpinnerAdapter

```
public View getView(int position, View convertView, ViewGroup parent) {
    ImageView currentView = null;
    if (convertView == null) {
        currentView = new ImageView(context);
    } else {
        currentView = (ImageView) convertView;
    }
    currentView.setImageResource(imageIds[position]);
    currentView.setScaleType(ImageView.ScaleType.FIT_XY);
    currentView.setLayoutParams(new Gallery.LayoutParams(140, 90));
    if (backgroundResource > 0) {
        currentView.setBackgroundResource(backgroundResource);
    }
    return currentView;
}
```

Notiamo come non vi siano grosse novità rispetto a quanto già visto in precedenza. L'unica novità riguarda infatti l'utilizzo di una `ImageView`, che vedremo nel dettaglio successivamente, la quale descrive, come si intuisce dal nome, una `View` per la visualizzazione di un'immagine. Il metodo `setScaleType()` permette di specificare la modalità con cui l'immagine si adatterà al proprio contenitore. In questo contesto pensiamo comunque alla `ImageView` come a una qualunque altra `View`. Ultima nota riguarda l'impostazione, se presente, del riferimento al background eventualmente passato attraverso l'attributo `backgroundResource`. A tale proposito notiamo come l'attributo custom sia stato definito attraverso il seguente file `attrs.xml` in res/values:

Listato 5.46 Definizione di un attributo custom

```xml
<?xml version="1.0" encoding="utf-8"?>
<resources xmlns:android="http://schemas.android.com/apk/res/android">
    <declare-styleable name="GalleryTest">
        <attr name="android:galleryItemBackground"/>
    </declare-styleable>
</resources>
```

dove di interesse è sicuramente l'utilizzo del namespace android: che ci permette, in questo caso, di fare riferimento a una proprietà definita da un eventuale tema o stile. In sintesi, questa notazione ci consente di dire che il valore dell'attributo galleryItemBackground che leggeremo nell'Adapter nel modo descritto sopra è quello relativo all'omonima proprietà del tema correntemente impostato.

> **Gestione di background custom**
> Nel sorgente online, il lettore potrà trovare la definizione di un background custom che tenga conto anche dello stato del componente inserito all'interno della Gallery.

A questo punto l'utilizzo della Gallery all'interno di una Activity è molto semplice e consiste nella definizione dell'array di Integer che fanno riferimento all'insieme di immagini e nell'utilizzo e assegnazione alla Gallery stessa dell'Adapter appena creato.

Listato 5.47 Utilizzo di una Gallery in una Activity

```java
private final static Integer[] IMAGE_IDS = {
    R.drawable.image_0,
    R.drawable.image_1,
    R.drawable.image_2,
    R.drawable.image_3,
    R.drawable.image_4,
    R.drawable.image_5
};

public void onCreate(Bundle savedInstanceState) {
    super.onCreate(savedInstanceState);
    setContentView(R.layout.main);
    SpinnerAdapter adapter = new ImageSpinnerAdapter(this,IMAGE_IDS);
    Gallery gallery = (Gallery)findViewById(R.id.myGallery);
    gallery.setAdapter(adapter);
}
```

Non ci resta che eseguire l'applicazione notando la visualizzazione dell'elenco di immagini in Figura 5.20, con la possibilità di farle muovere orizzontalmente nel display.

Figura 5.20 GalleryTest in esecuzione.

Il lettore potrà poi verificare come, assegnando un altro tema (che nel nostro progetto abbiamo definito nel file `styles.xml` in `res/values`), l'effetto ottenuto sia diverso.

TabHost, TabWidget e TabActivity

Quando abbiamo studiato la classe `FrameLayout` abbiamo creato un esempio che permetteva lo switch da una `View` a un'altra attraverso la selezione di un pulsante in esse contenuto. Sappiamo che si tratta di un comportamento molto simile a quello che prevede la visualizzazione di una `View` a seguito della selezione di una corrispondente linguetta chiamata tab, come possiamo vedere in Figura 5.21.

Figura 5.21   Utilizzo di TabHost e TabWidget.

Se osserviamo attentamente, possiamo vedere come si tratti comunque di una specializzazione di `FrameLayout` la quale visualizza, nel modo visto, la `View` associata al tab selezionato nella parte superiore.
L'intera `View` viene descritta dalla classe `TabHost` del package `android.widget` mentre la parte superiore viene descritta da `TagWidget` dello stesso package. Quello in figura è il risultato ottenuto attraverso il progetto `SimpleTabTest`, disponibile online, e che descriviamo nelle parti fondamentali iniziando dal layout.

Listato 5.48   Utilizzo di tabHost e TabWidget

```
<?xml version="1.0" encoding="utf-8"?>
<TabHost android:id="@+id/myTabHost" android:layout_width="fill_parent"
```

```
    xmlns:android="http://schemas.android.com/apk/res/android"
    android:layout_height="fill_parent">
    <LinearLayout android:id="@+id/myLayout"
        android:orientation="vertical" android:layout_width="fill_parent"
        android:layout_height="fill_parent">
        <TabWidget android:id="@android:id/tabs"
            android:layout_width="fill_parent" android:layout_height="wrap_content">
        </TabWidget>
        <FrameLayout android:layout_width="wrap_content"
            android:layout_height="wrap_content" android:id="@android:id/tabcontent">
            <ImageView android:id="@+id/martaView" android:src="@drawable/marta"
                android:layout_height="fill_parent" android:layout_width="fill_parent">
            </ImageView>
            <ImageView android:id="@+id/aliceView" android:src="@drawable/alice"
                android:layout_height="fill_parent" android:layout_width="fill_parent">
            </ImageView>
        </FrameLayout>
    </LinearLayout>
</TabHost>
```

Notiamo innanzitutto come l'intero layout sia rappresentato da un elemento `TabHost` all'interno del quale abbiamo inserito un `LinearLayout` al fine di organizzare il widget dei tab, descritto dall'elemento `TabWidget`, e il `FrameLayout` dei contenuti associati, che in questo esempio sono le due `ImageView` utilizzate in precedenza. In questo caso è di fondamentale importanza che il valore dell'id del `TabWidget` sia `@android:id/tabs` mentre quello del `FrameLayout` dei contenuti sia `@android:id/tabcontent`. In caso contrario il `TabHost` non è in grado di organizzare le diverse parti dando origine a un errore in esecuzione. La definizione del layout non è comunque sufficiente in quanto è necessario associare, a livello di codice, i vari contenuti ai diversi tab oltre che inserire informazioni addizionali come quelle degli indicatori.

Nel nostro primo esempio abbiamo utilizzato il seguente codice Java:

Listato 5.49 Inizializzazione di un TabHost

```java
public void onCreate(Bundle savedInstanceState) {
    super.onCreate(savedInstanceState);
    setContentView(R.layout.main);
    TabHost tabHost = (TabHost) findViewById(R.id.myTabHost);
    tabHost.setup();
    tabHost.addTab(tabHost.newTabSpec("Alice").setContent(R.id.aliceView)
            .setIndicator("Alice"));
    tabHost.addTab(tabHost.newTabSpec("Marta").setContent(R.id.martaView)
            .setIndicator("Marta"));
}
```

Notiamo come, dopo aver impostato il layout associato alla costante `R.layout.main`, sia stato ottenuto il riferimento al `TabHost` definito nel layout stesso. In questo caso si rende necessaria l'invocazione al metodo `setup()` che permette di preparare il TabHost alla definizione del contenuto attraverso oggetti di tipo `TabHost.TabSpec` di cui abbiamo ottenuta un'istanza con il metodo statico `newTabSpec()` della classe `TabHost`. Si tratta di una classe statica interna, che permette la definizione delle caratteristiche di ciascun tab; esse consistono in:

- un identificatore detto tag
- un contenuto
- un indicatore

Nell'esempio fornito abbiamo utilizzato come tag una `String` che ci permettesse di identificare il particolare tab. Utilizzando il chaining messo a disposizione dai diversi metodi abbiamo poi associato una `View` come contenuto e ancora una `String` come indicatore. Come è possibile verificare dalla documentazione, il tag non può essere di tipo diverso dalla `String`, mentre come contenuto e indicatore abbiamo più possibilità. Per quello che riguarda l'indicatore, gli overloading del metodo `setIndicator()` disponibili sono tre e precisamente:

```
public TabHost.TabSpec setIndicator (CharSequence label)
public TabHost.TabSpec setIndicator (CharSequence label, Drawable icon)
public TabHost.TabSpec setIndicator (View view)
```

Notiamo quindi come, oltre a quello che accetta un'implementazione di `CharSequence` (nel nostro caso abbiamo usato una `String`), vi sia quello che accetta una label e un `Drawable` da utilizzare come icona. Nel caso di visualizzazioni di tab più complesse esiste comunque la possibilità di passare una qualunque `View`.

Molto interessanti sono poi gli overloading del metodo `setContent()` per la gestione del contenuto associato a un tab che, in effetti, potrebbe non essere noto in fase di creazione dell'applicazione oppure potrebbe essere già disponibile all'interno di un'attività definita in un'altra applicazione. Per questo motivo esistono i seguenti overload:

```
public TabHost.TabSpec setContent (int viewId)
public TabHost.TabSpec setContent (TabHost.TabContentFactory contentFactory)
public TabHost.TabSpec setContent (Intent intent)
```

Il primo è ovviamente quello che abbiamo utilizzato nel precedente esempio e che permette di associare a un tab una `View` di cui è noto l'id. La seconda prevede invece come parametro un'implementazione dell'interfaccia `TabHost.TabContentfactory` la quale prevede la definizione della sola operazione

```
public abstract View createTabContent (String tag)
```

il cui compito è di creare la `View` che dovrà essere associata a un particolare tag nel momento della sua visualizzazione.

Il terzo e ultimo overload permette invece di lanciare un `Intent` e di associare il relativo risultato al tab corrispondente. A tale scopo abbiamo realizzato il progetto `CompleteTabTest`, che si differenzia dal primo per l'utilizzo di un'implementazione dell'interfaccia `TabHost.TabContentFactory` relativamente alla visualizzazione del secondo tab, come possiamo vedere dal seguente codice.

Listato 5.50 Implementazione di TabContentFactory per la creazione del contenuto di una tab

```
private static class MyTabContentFactory implements TabContentFactory {
    private Context context;
    public MyTabContentFactory(Context context) {
        this.context = context;
    }
    @Override
    public View createTabContent(String tag) {
        final TextView textView = new TextView(context);
        textView.setText("Date" + new Date());
        return textView;
    }
}
```

L'utilizzo di questa implementazione nell'Activity è molto semplice e caratterizzato dall'utilizzo delle seguenti istruzioni:

Listato 5.51 Definizione di un Tab attraverso la Factory

```
tabHost.addTab(tabHost.newTabSpec("Factory").setContent(new
MyTabContentFactory(this)).setIndicator("Factory"));
```

Per gestire invece il fatto che il contenuto di un tab sia quello relativo al lancio di un Intent, è necessario utilizzare una specializzazione della classe Activity descritta dalla classe TabActivity. Come abbiamo visto nel caso della ListActivity, anche in questo caso è possibile evitare la definizione del layout e allo stesso tempo ereditare alcuni comportamenti di default tra cui quella della gestione del setup. Per descriverne il funzionamento, abbiamo realizzato il progetto molto simile al precedente ma che utilizza un TabActivity, senza la necessità di definire alcun layout.
La parte di interesse relativa a questo progetto è la seguente:

Listato 5.52 Utilizzo di una TabActivity

```
public class IntentTabTestActivity extends TabActivity {
    /** Called when the activity is first created. */
    @Override
    public void onCreate(Bundle savedInstanceState) {
        super.onCreate(savedInstanceState);
        TabHost tabHost = getTabHost();
        tabHost.addTab(tabHost.newTabSpec("Factory").setContent(
            new MyTabContentFactory(this)).setIndicator("Factory"));
        Intent newIntent = new Intent(this,SecondActivity.class);
        tabHost.addTab(tabHost.newTabSpec("Intent").setContent(newIntent).setIndicator
        ("Intent"));
    }
    // Eliminato per spazio.
}
```

Notiamo come si tratti di una classe che estende TabActivity e che non imposta alcun layout in quanto ne eredita uno di default simile a quello definito nei precedenti esempi. Notiamo poi come il riferimento all'oggetto TabHost avvenga attraverso l'invocazione del metodo getHost() il quale si preoccuperà anche dell'eventuale setup(). Il lettore potrà verificarne il funzionamento attraverso l'esecuzione del progetto. Come ultima cosa sottolineiamo come la visualizzazione del risultato di un Intent sarebbe stata difficoltosa se fatta nel modo degli esempi precedenti a causa di un setup della Activity in quanto ActivityGroup; aspetto, che in questo modo, ci viene fornito dalla classe TabActivity.

SlidingDrawer

Un componente da un certo punto di vista simile al precedente è quello descritto dalla classe SlidingDrawer, la quale permette di visualizzare o meno una View sopra una esistente facendola scrollare selezionando un particolare handle. Si tratta di uno strumento che, nella home del dispositivo, permette la visualizzazione delle applicazioni e che solitamente si trova in basso nel display. Per questo motivo è una View che troveremo spesso associata ad altre esistenti, sovrapponendosi a esse.

Per descrivere questo componente esaminiamo nel dettaglio il progetto SlidingDrawerTest il cui risultato è mostrato in Figura 5.22.

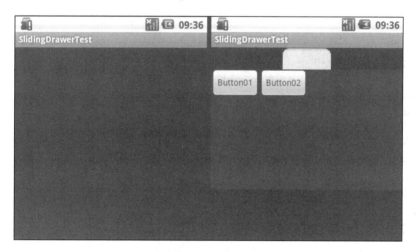

Figura 5.22 Esecuzione di SlidingDrawerTest.

Possiamo notare la presenza, nella parte inferiore, di una linguetta chiamata handle, selezionando la quale si ha la visualizzazione di una View associata. L'esempio riguarda uno scrolling verticale ma si può ottenere uno scrolling orizzontale attraverso l'utilizzo dell'attributo android:orientation.

La parte relativa al documento di layout è la seguente:

Listato 5.53 Documento di layout relativo all'utilizzo di uno SlidingDrawer

```
<?xml version="1.0" encoding="utf-8"?>
<FrameLayout android:layout_width="fill_parent"
```

```
        android:layout_height="fill_parent" xmlns:android="http://schemas.android.com/
        apk/res/android"
        android:id="@+id/frameLayout">
    <SlidingDrawer android:layout_height="wrap_content"
        android:handle="@+id/handle" android:content="@+id/content"
        android:id="@+id/slide" android:orientation="vertical"
        android:layout_width="fill_parent">
        <ImageView android:layout_width="wrap_content"
            android:layout_height="wrap_content" android:id="@id/handle"
            android:src="@drawable/drawer"></ImageView>
        <LinearLayout android:layout_width="wrap_content"
            android:layout_height="wrap_content" android:id="@id/content"
            android:background="@color/transparent_blue">
            <Button android:text="Button01" android:id="@+id/Button01"
                android:layout_width="wrap_content" android:layout_height=
                "wrap_content"></Button>
            <Button android:text="Button02" android:id="@+id/Button02"
                android:layout_width="wrap_content" android:layout_height=
                "wrap_content"></Button>
        </LinearLayout>
    </SlidingDrawer>
</FrameLayout>
```

Notiamo come l'elemento utilizzato sia <SlidingDrawer/> e come sia possibile fare riferimento alle View relative all'handler e al contenuto attraverso gli attributi android:handle e android:content rispettivamente. All'interno avremo quindi le View da considerare come tali, che nel nostro caso sono rappresentate da una ImageView e da una View più complessa contenuta all'interno di un LinearLayout.

Un'ultima nota riguarda il fatto che, per la sua stessa natura, uno SlidingDrawer è un qualcosa che si sovrappone a View esistenti, quindi viene solitamente utilizzato all'interno di un FrameLayout.

Ottimizzazione delle risorse

Abbiamo più volte accennato a come l'ottimizzazione delle risorse sia un aspetto prioritario per l'architettura di Android al fine di realizzare applicazioni sempre più reattive alle azioni dell'utente. Per quello che riguarda la gestione delle View e dei layout, i punti di intervento sono relativi alle operazioni di inflating, ovvero alla trasformazione di un documento XML di layout nella corrispondente gerarchia di componenti. Si tratta infatti di operazioni di parsing XML e di creazione di nuove istanze che si possono rivelare molto pesanti, specialmente se ripetute inutilmente nel tempo. Se pensiamo poi al processo di renderizzazione delle View, che scorre l'albero secondo uno schema in-order invocando su ciascun componente il metodo onDraw(), possiamo dedurre come sia importante realizzare strutture gerarchiche con poche View e schiacciate, ovvero con pochi livelli, al fine di minimizzare i livelli di ricorsione. A tale proposito Android mette a disposizione uno strumento molto utile, chiamato *Hierarchy Viewer*, attraverso il quale produrremo una rappresentazione visuale della gerarchia delle `View` individuando i diversi punti di intervento cui sarà possibile porre rimedio attraverso l'utilizzo di:

- `Drawable` composte nelle `TextView`
- `<merge/>`
- `ViewStub`

che vedremo nei prossimi paragrafi insieme all'utilizzo dell'elemento `<include/>` che non ha scopi relativi all'ottimizzazione della gerarchia ma permette una sua migliore gestione evitando inutili ripetizioni di codice.

Utilizzare il tool Hierarchy Viewer

Come accennato, lo *Hierarchy Viewer* è uno dei tool che Android mette a disposizione per l'ottimizzazione degli aspetti legati all'interfaccia grafica. Attraverso quello che si chiama `Layout View` è possibile ottenere una rappresentazione visuale della struttura gerarchica di un layout mentre attraverso la `Pixel Perfect View` è possibile visualizzare i dettagli grafici degli elementi nel display. Per avviare questo strumento è necessario avere un device o emulatore connesso, quindi eseguire il seguente comando:

```
hierarchyviewer
```

ottenendo il risultato di Figura 5.23.

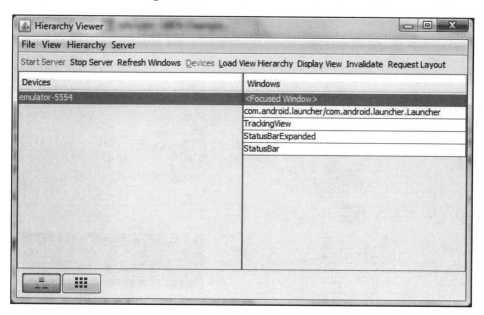

Figura 5.23 Esecuzione dell'Hierarchy Viewer.

Nella parte sinistra abbiamo l'elenco dei dispositivi connessi, selezionando i quali sarà mostrata, nella parte destra, l'insieme delle finestre attive. Quella di nome *<Focused Windows>* è relativa all'attività visualizzata in quel momento, mentre le altre sono quelle

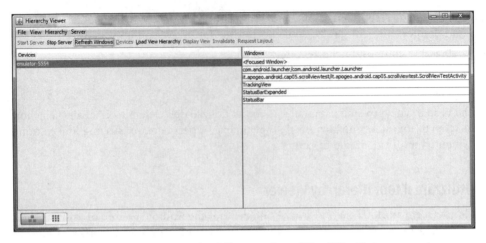

Figura 5.24 Hierarchy Viewer a seguito della esecuzione di ScrollViewTest.

esistenti ma non visualizzate. Per vedere una struttura relativa a un progetto noto, eseguiamo l'applicazione ScrollViewTest e selezioniamo l'opzione *Refresh Windows*, ottenendo il risultato di Figura 5.24.

Notiamo come tra le finestre vi sia quella relativa all'applicazione lanciata, cui è stata associata una label composta da <package>/<classe attività> che abbiamo visto essere relativa a un ComponentName. Dopo il caricamento del layout otteniamo quindi quanto visualizzato in Figura 5.25.

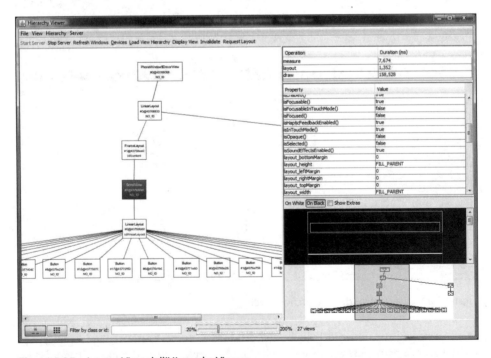

Figura 5.25 Layout View dell'Hierarchy Viewer.

Nella parte sinistra notiamo la rappresentazione gerarchica delle View che è possibile selezionare per osservarne le proprietà nella parte a destra.

La prima di quattro parti contiene alcune informazioni relative al tempo di composizione del layout mostrando i tempi di esecuzione delle operazioni di measure, layout e draw della View selezionata.

La seconda parte permette la visualizzazione dei risultati dei principali metodi della View, come quelli relativi alle diverse dimensioni o alla gestione del focus.

Le ultime due parti permettono di posizionarsi su una particolare View in base alla sua posizione nel display o nella gerarchia vista nel suo complesso.

In relazione al Layout View possiamo notare la presenza delle opzioni di menu *Invalidate* e *Request Layout* attraverso i quali eseguire l'invocazione dei corrispondenti metodi per verificarne il comportamento in fase di debug.

Per passare alla modalità Pixel Perfect View è sufficiente premere il secondo pulsante in basso a sinistra nella interfaccia, ottenendo quanto mostrato in Figura 5.26. Come possiamo notare, esistono tre viste principali.

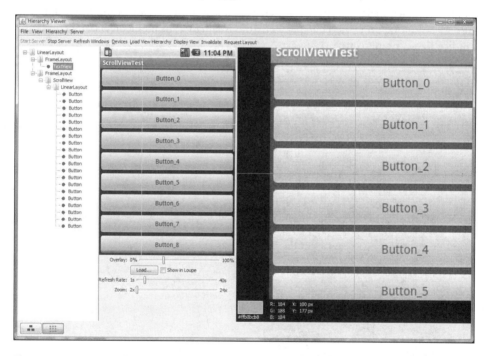

Figura 5.26 Pixel Perfect View dell'Hierarchy Viewer.

La prima, chiamata *Explorer View*, permette di visualizzare le varie View secondo una struttura ad albero simile a quella di una struttura a directory.

La seconda si chiama *Normal View* e rappresenta il risultato della View come lo si vedrebbe nel display.

Infine, attraverso la *Loupe View* (lente), è possibile visualizzare alcune parti dell'interfaccia ingrandite nel più piccolo dettaglio al fine di verificarne la visualizzazione. Selezionando una View nella prima parte è possibile, per esempio, verificare le dimensioni dell'eventuale padding, dei margini e del contenuto. Attraverso il pulsante Load nella Normal View è infine possibile caricare delle immagini di mockup per verificarne la visualizzazione all'interno del dispositivo ed eventualmente sovrapporvi delle View per poterla ottenere.

Si tratta quindi di uno strumento molto semplice e potente, che utilizzeremo per la descrizione dei meccanismi di ottimizzazione delle View illustrati nei prossimi paragrafi.

TextView compound Drawable

Il primo approccio verso l'ottimizzazione della gerarchia delle View riguarda l'utilizzo di una particolare caratteristica del widget TextView, che vedremo approfonditamente nel prossimo capitolo in quanto elemento base di molti altri widget spesso utilizzati, come il Button. In questo contesto supponiamo di voler realizzare, per poterlo per esempio utilizzare all'interno di una ListView, un layout che preveda un'immagine sulla sinistra e un testo sulla destra. Come riferimento consideriamo quindi il progetto CompoundDrawable-Test disponibile online. Si tratta dell'utilizzo di una ListView attraverso una ListActivity all'interno della quale visualizzare un elenco di testi e immagini, come in Figura 5.27. Abbiamo dunque un elenco che permette di visualizzare un'icona diversa a seconda che l'indice sia un numero pari o dispari.

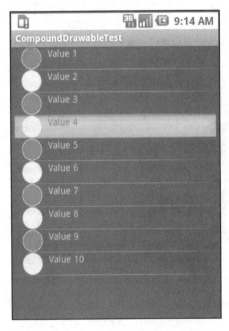

Figura 5.27 CompoundDrawableTest in esecuzione.

Listato 5.54 Definizione dell'Adapter nella Activity per il progetto CompoundDrawableTest

```
ArrayAdapter<String> arrayAdapter = new ArrayAdapter<String>(
        this, R.layout.simple_row, R.id.labelItem, arrayData) {

    public View getView(int position, View convertView, ViewGroup parent) {
```

```
        View adapterView = super.getView(position, convertView, parent);
        ImageView imageItem = (ImageView)adapterView.findViewById(R.id.imageItem);
        if((position%2)==0){
            imageItem.setImageResource(R.drawable.blue_circle);
        }else{
            imageItem.setImageResource(R.drawable.pink_circle);
        }
        return adapterView;
    }

};
```

Il lettore potrà vedere nel precedente sorgente come sia possibile una logica di questo tipo attraverso l'overriding del metodo getView() dell'Adapter associato.

L'aspetto che ci interessa in questo momento riguarda però la struttura gerarchica delle View che si è venuta a creare e che possiamo esaminare attraverso la LayoutView dell'Hierarchy Viewer in Figura 5.28, ottenuta nel modo descritto nel paragrafo precedente.

In figura, per motivi di spazio, abbiamo visualizzato solamente la parte relativa alla ListView e ai diversi sottoalberi relativi a ciascuna riga. Notiamo la presenza del layout di riga con le corrispondenti 3 View.

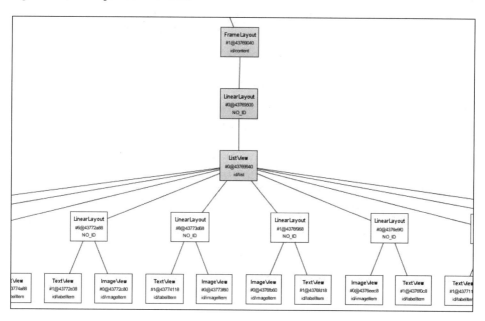

Figura 5.28 Layout View del progetto che utilizza il layout di riga.

Una possibile ottimizzazione della struttura creata è quella che prevede l'utilizzo di una sola View per riga, sfruttando una delle caratteristiche della TextView che permette di associarvi una serie di Drawable da visualizzare in quattro possibili posizioni relative alla label. Ricordiamo che la Drawable di una View è un qualcosa di più leggero cui non è associato un layout. Si tratta quindi di un elemento disegnato sulla View in fase di rendering.

Consultando le API notiamo come la classe `TextView` disponga dei seguenti metodi:

```
public void setCompoundDrawables (Drawable left, Drawable top, Drawable right,
Drawable bottom)
public void setCompoundDrawablesWithIntrinsicBounds (int left, int top, int right,
int bottom)
public void setCompoundDrawablesWithIntrinsicBounds (Drawable left, Drawable top,
Drawable right, Drawable bottom)
```

che permettono appunto di specificare un possibile `Drawable` da visualizzare a sinistra, destra, sopra o sotto la label. La stessa cosa è possibile attraverso l'utilizzo dei seguenti attributi dell'elemento `<TextView/>`:

```
android:drawableLeft
android:drawableTop
android:drawableRight
android:drawableBottom
```

di ovvio significato. Per sfruttare questa caratteristica della `TextView` realizziamo quindi il progetto `BetterCompoundDrawableTest`, che vogliamo quindi esaminare nelle differenze rispetto al precedente. Notiamo come non vi sia la definizione di alcun layout in quanto si è deciso di utilizzare quelli di default attraverso la definizione dell'`Adapter` nel seguente modo:

Listato 5.55 Utilizzo dei CompoundDrawable

```
ArrayAdapter<String> arrayAdapter = new ArrayAdapter<String>(
        this,android.R.layout.simple_list_item_1, arrayData) {

    public View getView(int position, View convertView, ViewGroup parent) {
        TextView adapterView = (TextView)super.getView(position, convertView, parent);
        if((position%2)==0){
            adapterView.setCompoundDrawablesWithIntrinsicBounds(R.drawable.blue_circle,
                0, 0, 0);
        }else{
            adapterView.setCompoundDrawablesWithIntrinsicBounds(R.drawable.pink_circle,
                0, 0, 0);
        }
        return adapterView;
    }

};
```

Notiamo come la `View` ottenuta dall'`Adapter` sia una `TextView` perché l'identificativo del layout di riga usato è quello associato alla costante `android.R.layout.simple_list_item_1`. Abbiamo poi utilizzato il metodo `setCompoundDrawablesWithIntrinsicBounds()` per associare la `Drawable` corrispondente al valore dell'indice come nel caso precedente.

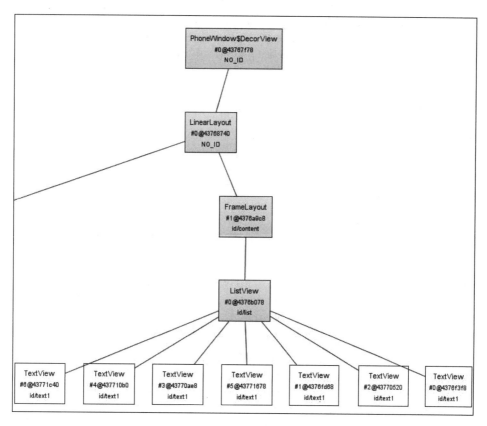

Figura 5.29 Layout View della struttura di BetterCompoundDrawableTest.

A parte un risultato nell'esecuzione leggermente diverso dal precedente a causa dell'utilizzo di un layout di riga diverso (comunque customizzabile), l'aspetto che ci interessa maggiormente è quello relativo alla gerarchia di componenti. Aiutandoci con l'Hierarchy Viewer visualizziamo la nuova struttura che risulta ora essere quella di Figura 5.29.
L'aspetto più importante riguarda il fatto che ora ciascuna riga è rappresentata da una una View nonostante il risultato sia praticamente lo stesso.
Un altro aspetto che potrebbe sfuggire riguarda il funzionamento della ListView, la quale permette di allocare un numero di View minimo per la visualizzazione degli elementi. Non vengono infatti allocate View che non sarebbero visualizzate. Ecco che in questo caso le View hanno dimensioni maggiori rispetto al caso precedente, quindi invece che 10 ne vengono visualizzate 7. Vengono dunque istanziate solamente 7 View. Quanto detto non significa ovviamente che è bene creare View estese; si tratta solamente di una riflessione che dimostra ancora una volta quanto le prestazioni siano importanti in un dispositivo a risorse limitate e quali possano essere gli accorgimenti necessari. Ovviamente non tutto si può realizzare attraverso una TextView, per cui quello descritto è un procedimento molto comune in problematiche ben definite come quella del progetto realizzato. Si tratta comunque della dimostrazione di quanto sia importante conoscere i componenti esistenti nell'ambiente prima di realizzarne di propri.
A tale proposito il lettore si sarà di certo chiesto se sia possibile ottimizzare ancora di più l'applicazione creata sfruttando le caratteristiche delle Drawable di essere sensibili

allo stato delle `View` cui sono associate. Nel nostro caso è come se avessimo definito un nuovo attributo di stato per la `TextView`, ovvero quello di poter essere associata a un indice pari o dispari. Nel precedente progetto abbiamo gestito la cosa modificando il `Drawable` associato alle `View` delle righe, mentre sarebbe stato meglio assegnare un unico `Drawable` modificando poi lo stato della corrispondente `View`. In questo modo avremmo potuto associare il `Drawable` alle `View` anche attraverso un particolare attributo del tipo `custom:isOdd`. Siccome si tratta di un esempio di realizzazione di quelli che chiameremo `Custom View`, rimandiamo la realizzazione di questo esempio al prossimo capitolo.

Utilizzo di <include/>

Il concetto di ottimizzazione che si vuole ottenere attraverso l'utilizzo dell'elemento `<include/>` nei documenti di layout non riguarda un aspetto legato alle performance ma semplicemente a una più semplice gestione di componenti la cui definizione si ripete più volte all'interno di una singola applicazione. A tale scopo pensiamo a un'interfaccia simile a quanto realizzato nel progetto `ScrollViewTest`, ovvero un elenco di `Button`. In quell'esempio abbiamo creato l'insieme di `Button` in modo programmatico ma se avessimo voluto definirla attraverso un documento XML avremmo scritto una cosa del tipo:

Listato 5.56 Realizzazione di un Layout con 20 Button

```xml
<?xml version="1.0" encoding="utf-8"?>
<LinearLayout xmlns:android="http://schemas.android.com/apk/res/android"
    android:orientation="vertical" android:layout_width="fill_parent"
    android:layout_height="fill_parent">
    <Button android:id="@+id/Button01" android:layout_height="wrap_content"
        android:layout_width="wrap_content" android:text="Button_01"></Button>

    <!--ALTRI BUTTON FINO A 20-->

    <Button android:id="@+id/Button19" android:layout_height="wrap_content"
        android:layout_width="wrap_content" android:text="Button_19"></Button>
    <Button android:id="@+id/Button20" android:layout_height="wrap_content"
        android:layout_width="wrap_content" android:text="Button_20"></Button>
</LinearLayout>
```

In questo esempio abbiamo ovviamente esagerato, creando 20 `Button` tutti uguali nella definizione ma che si dovranno differenziare per `id` ed eventualmente per la `label`. Nel nostro esempio si tratta poi di un semplice wigdet mentre nella realtà potremmo avere un qualcosa di molto più ingombrante.

A questo punto gli accorgimenti per una più semplice definizione del layout sono quelli relativi alla creazione di un Custom Component oppure all'utilizzo dell'elemento `<include/>` che permette appunto di includere un documento XML all'interno di un altro. L'aspetto importante di questo è che al momento dell'inclusione è possibile fare una specie di overriding degli attrubuti specializzando quindi un comportamento generico definito nel file incluso.

Il precedente layout può essere perciò scomposto nella definizione del seguente file my_button.xml in res/layout:

Listato 5.57 Definizione del compnente da includere

```xml
<?xml version="1.0" encoding="utf-8"?>
<Button xmlns:android="http://schemas.android.com/apk/res/android"
    android:id="@+id/button" android:layout_height="wrap_content"
    android:layout_width="wrap_content" android:text="button_label"></Button>
```

mentre il layout precedente diventa quello che nel progetto IncludeTest abbiamo definito nel file main_with_include.xml in res/layout, ovvero:

Listato 5.58 Utilizzo di <include/>

```xml
<?xml version="1.0" encoding="utf-8"?>
<LinearLayout xmlns:android="http://schemas.android.com/apk/res/android"
    android:orientation="vertical" android:layout_width="fill_parent"
    android:layout_height="fill_parent">
    <include android:id="@+id/Button01" layout="@layout/my_button" android:text="Button_01" />
    <!--Altri Button fino a 20-->
    <include android:id="@+id/Button19" layout="@layout/my_button" android:text="Button_19" />
    <include android:id="@+id/Button20" layout="@layout/my_button" android:text="Button_20" />
</LinearLayout>
```

ottenendo un risultato simile ma con una più semplice definizione del layout, specialmente nel caso di ripetizioni di componenti più elaborati.

> **Attenzione all'override degli attributi**
>
> Un lettore attento avrà notato come purtroppo il risultato ottenuto non è esattamente quello voluto; per questo motivo è stato usato l'aggettivo "simile". Non tutti i valori degli attributi possono essere ridefiniti: solamente l'`id` e quelli relativi al layout. Ecco che le label visualizzate nel risultato sono tutte uguali a quella specificata nel layout incluso. La soluzione a questo problema è una gestione programmatica degli elementi. Staremo a vedere se nelle successive versioni quello tentato, ovvero l'override di tutti gli attributi, sarà effettivamente possibile.

Notiamo come il riferimento al layout incluso avvenga attraverso l'utilizzo dell'attributo obbligatorio layout (da notare l'assenza del prefisso `android:`) e di come altri attributi siano stati ridefiniti. Anche in base alla osservazione in nota possiamo quindi dire che questo elemento permette il riutilizzo di View che si differenziano per gli aspetti legati al layout ma non per quello che riguarda gli altri attributi.

Utilizzo di <merge/>

L'obiettivo di questo elemento è di diminuire la profondità della gerarchia delle View nei diversi layout. La situazione è quella in cui una particolare ViewGroup contiene come suo unico figlio un'altra `ViewGroup` dello stesso tipo. In questi casi, riconoscibili attraverso il Hierarchy Viewer, è possibile aggiungere i figli del secondo direttamente al loro padre. A dire il vero, è una situazione che capita spesso quando si utilizza un `FrameLayout` in quanto si tratta del layout spesso utilizzato da Android per contenere la `View` associata all'attività corrente. Se prendiamo, quindi, il progetto `FrameLayoutTest` descritto in precedenza e ne esaminiamo il layout attraverso il `Layout Viewer` otteniamo quanto rappresentato in Figura 5.30.

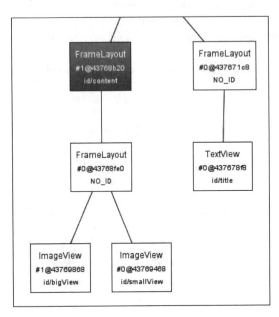

Figura 5.30 Layout Viewer del progetto FrameLayoutTest.

Notiamo come il `FrameLayout` che abbiamo definito nel file more.xml in res/layout sia contenuto all'interno di un altro `FrameLayout` di cui è l'unico figlio. Si tratta di un tipico caso in cui uno dei due `FrameLayout` è inutile e dovrebbe quindi essere eliminato. A tale scopo serve proprio l'elemento `<merge/>`. Ecco che abbiamo creato il progetto MergedFrameLayoutTest come copia di FrameLayoutTest cui abbiamo modificato il template more.xml nel seguente modo:

Listato 5.59 Utilizzo dell'elemento `<merge/>`

```xml
<?xml version="1.0" encoding="utf-8"?>
<merge xmlns:android="http://schemas.android.com/apk/res/android"
    android:layout_height="fill_parent" android:layout_width="fill_parent"
    android:measureAllChildren="false">
    <ImageView android:id="@+id/smallView" android:src="@drawable/marta"
        android:layout_height="fill_parent" android:layout_width="fill_parent">
    </ImageView>
    <ImageView android:id="@+id/bigView" android:src="@drawable/icon"
        android:layout_height="fill_parent" android:layout_width="fill_parent">
    </ImageView>
</merge>
```

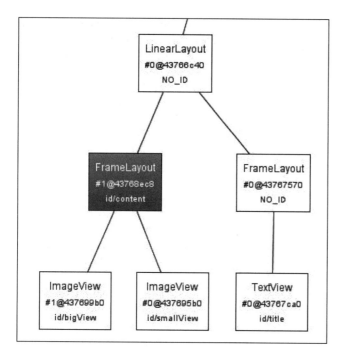

Figura 5.31 Utilizzo di <merge/> nella definizione del layout.

Abbiamo quindi semplicemente sostituito il FrameLayout con il merge il quale, al momento dell'inflating, viene così gestito nel modo descritto ovvero i suoi elementi figli vengono aggiungi al suo elemento padre. La struttura ottenuta in questo modo è quindi quella di Figura 5.31.
Notiamo in effetti che la ripetizione del FrameLayout non esiste più, con conseguente diminuzione della profondità della gerarchia. Un aspetto da sottolineare riguarda il fatto che, per ottenere un funzionamento corretto, dovevamo essere a conoscenza della ripetizione delle View. In caso contrario il merge non avrebbe funzionato.
Si tratta quindi di uno strumento molto utile, che presenta però un paio di limitazioni. La prima è che esso deve necessariamente essere la root del documento XML all'interno del quale viene definita.
La seconda riguarda un suo utilizzo, che vedremo nel prossimo capitolo relativamente alla realizzazione di Custom View. Se infatti eseguiamo l'operazione di inflate attraverso il LayoutInflater, come visto più volte in questo capitolo, su un documento che contiene un <merge/>, è necessario specificarne la View padre cui attaccare i figli. Per questo motivo il valore boolean che permette di decidere se attaccare o meno la View ottenuta da inflating al parent dovrà essere a true.

Le ViewStub

L'ultima tecnica di miglioramento delle prestazioni relative alla gestione del layout che descriviamo in questo capitolo è quella relativa all'utilizzo delle ViewStub, che possiamo anche chiamare *lazy include*. Il concetto alla base di questo strumento è molto semplice e consiste nel non eseguire l'operazione di inflating in quei componenti che non ne-

cessitano di essere visualizzati, quindi di interagire con l'utente. La `ViewStub` è descritta dall'omonima classe del package `android.view` ed è caratterizzata dal fatto di non avere dimensioni e avere tempo di inflating pressoché nullo. L'operazione di inflating vera e propria avviene al momento in cui la `View` associata dovrà essere visualizzata (attraverso `setVisibility()`) oppure quando vi è una chiamata esplicita al metodo `inflate()`.
In sintesi, possiamo definire una `ViewStub` in modo dichiarativo nel layout XML attraverso il seguente elemento:

Listato 5.60 Utilizzo di una ViewStub in un layout XML

```xml
<ViewStub android:id="@+id/stub"
          android:inflatedId="@+id/subTree"
          android:layout="@layout/mySubTree"/>
```

L'attributo più importante è sicuramente `android:layout`, in quanto fa riferimento al layout che si dovrà sostituire alla `ViewStub` al momento dell'`inflate`. In pratica, il contenuto di questo layout verrà agganciato al padre della `ViewStub`. L'attributo `android:id` permette di ottenere il riferimento alla `ViewStub` mentre quello specificato attraverso `android:inflatedId` rappresenta l'id della View ottenuta a seguito della operazione di inflating.
Quanto descritto si riassume nelle seguenti righe di codice:

Listato 5.61 Codice di utilizzo della ViewStub

```java
ViewStub stub = (ViewStub) findViewById(R.id.stub);
View inflated = stub.inflate();
```

Attraverso `R.id.stub` otteniamo il riferimento alla `ViewStub`. Eseguendo quindi l'operazione di `inflate()` otteniamo il riferimento alla `View` risultato (contenuta nel layout `R.layout.mySubTree`), che avrà come `id` il valore associato a `R.id.subTree`.

Conclusioni

In questo capitolo abbiamo esaminato nel dettaglio una delle parti fondamentali dell'architettura Android, ovvero quella della gestione delle `View` e dei relativi container. Abbiamo inizialmente esaminato le caratteristiche della classe `View` per poi passare allo studio della classe `ViewGroup` alla base della definizione dei layout. Abbiamo visto come creare un layout personalizzato attraverso la definizione di attributi ed elementi custom nei file XML di layout. Siamo poi passati a esaminare un altro fondamentale concetto associato alle `View`, quello di `Adapter`. Nei prossimi capitoli impareremo a conoscere anche altre implementazioni di `Adapter` per l'accesso a dati memorizzati non solo come risorse ma anche come record in un database o in un particolare Content Provider. Abbiamo quindi concluso il capitolo esaminando alcuni strumenti che Android ci mette a disposizione per esaminare la struttura gerarchica delle `View` e per risolvere eventuali problemi di perfomance che si possono presentare nel caso di strutture complesse.
Nel prossimo capitolo affronteremo nuovamente i concetti relativi alla gestione della UI, esaminando i diversi widget di Android, spiegando come realizzarne i custom e soprattutto come gestire gli eventi attraverso un meccanismo fino a questo momento solo accennato.

Capitolo 6

Widget ed eventi

Nel precedente capitolo abbiamo studiato nel dettaglio come Android gestisce i componenti visuali le cui caratteristiche sono state descritte attraverso la definizione della classe View e delle sue specializzazioni. Abbiamo visto come utilizzare i layout della piattaforma e come crearne di nuovi. Abbiamo poi approfondito lo studio degli Adapter, concludendo con le tecniche di ottimizzazione dei documenti XML di definizione dei layout.

In questo capitolo ci dedichiamo invece allo studio di quelle particolari specializzazioni di View che vanno sotto il nome di widget o controlli, ovvero quei componenti a noi più familiari che permettono, per esempio, l'inserimento di un testo, la selezione di un'opzione tra alcune disponibili o la visualizzazione di un pulsante. Sono anch'esse estensioni della classe View, ma con responsabilità ben precise, diverse da quelle di container per l'organizzazione e disposizione di altre View. Prima di fare questo ci dedicheremo comunque a un argomento fondamentale finora trascurato: la gestione degli eventi. Concluderemo poi il capitolo con la realizzazione di una Custom View, un componente personalizzato cui avevamo già accennato nel precedente capitolo.

In questo capitolo

- La gestione degli eventi
- I widget
- La classe TextView
- La classe EditText
- Button
- CheckedTextView e ListView
- Altri controlli
- Realizzare custom View
- Conclusioni

La gestione degli eventi

Uno dei concetti principali nell'utilizzo dei componenti di un'interfaccia grafica riguarda la gestione degli eventi. Se pensiamo a un Button, per esempio, ci servirà un meccanismo che permetta di eseguire particolari operazioni in corrispondenza della sua selezione. Lo stesso meccanismo potrà essere utilizzato nella gestione della selezione di un elemento da una lista ma anche nella gestione di variazioni nelle informazioni contenute in un `Adapter`. Per vedere il tutto in modo molto generale, diciamo che ci serve un meccanismo che permetta a un componente di eseguire una particolare operazione in corrispondenza del verificarsi di un evento, di qualunque tipo, da parte di un altro componente, detto *sorgente*. Se il tutto avviene secondo il principio OCP (Open Close Principle) descritto in precedenza, ovvero senza modificare i componenti in gioco, allora si è ottenuto il risultato migliore dal punto di vista Object Oriented.

Il modello utilizzato da Android nella gestione degli eventi si ispira a quello adottato da Java Standard dalla versione 1.1, denominato Delegation Model, che è stato introdotto a seguito della definizione delle specifiche JavaBean. Prima della versione 1.1 di Java, la gestione degli eventi avveniva secondo un modello a cascata, che possiamo descrivere nella sostanza attraverso il diagramma in Figura 6.1.

La gestione degli eventi era perlopiù implementata all'interno di un unico metodo che ciascun componente grafico poteva implementare. Il modello a cascata era dovuto al fatto che un evento veniva propagato dalla sorgente dell'evento al suo contenitore in modo ricorsivo. La propagazione poteva poi essere interrotta a seconda del valore di ritorno del metodo, che in figura abbiamo chiamato `handleEvent()`.

Il principale problema di un modello di questo tipo è dovuto alla necessità di dover comunque estendere la classe di un componente per fornire una gestione dell'evento personalizzata.

Sappiamo poi che in Java non esiste l'ereditarietà multipla delle classi, cosa che in questo contesto poteva rappresentare un problema. Le specifiche JavaBean sono quindi state l'occasione per risolvere questa situazione e permettere la comunicazione tra componenti diversi senza doverli necessariamente modificare o estendere. Senza entrare nel dettaglio, possiamo pensare a un JavaBean come a un componente Java, quindi riutilizzabile per definizione, editabile attraverso un tool visuale. Serve perciò un meccanismo che

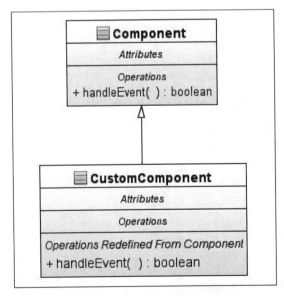

Figura 6.1 Gestione gerarchica degli eventi.

permetta, attraverso il tool visuale, di inserire, per esempio, un pulsante e un timer e di fare in modo che il timer esegua il proprio metodo start() in corrispondenza della pressione del pulsante senza modificare né il timer né il pulsante stesso. Il meccanismo utilizzato per ottenere questo risultato si chiama Delegation Model e può essere descritto dal diagramma in Figura 6.2.

Supponiamo quindi che esistano due componenti descritti dalle classi Button e Timer. Il primo rappresenta una possibile sorgente di un evento di pressione mentre il secondo permette l'esecuzione delle due operazioni start() e stop(). Ciò che si vuole ottenere è l'esecuzione del metodo start() alla pressione del pulsante senza alcuna modifica alle classi Button e Timer. In effetti, per poter riutilizzare il componente Button in contesti diversi da questo è importante che lo stesso non sia a conoscenza dell'azione che viene eseguita a seguito della sua selezione. Ciò che interessa al Button, e in generale a una sorgente di un qualunque evento, è la conoscenza dell'operazione che esso dovrà invocare per la notifica dell'evento stesso. Questa è la ragione della definizione di un'interfaccia, denominata genericamente listener, che gli eventuali ascoltatori dell'evento dovranno implementare per poter ricevere la notifica. Nel nostro esempio, questo è il ruolo dell'interfaccia ActionListener, che prevede la definizione del metodo actionPerformed() che il Button invocherà su tutti gli ascoltatori per la notifica dell'evento.

L'utilizzo dell'interfaccia è fondamentale per disaccoppiare la sorgente dell'evento dai tipi dei particolari oggetti ascoltatori. Nel caso delle specifiche JavaBean, se all'evento viene dato il nome Action la relativa interfaccia listener dovrà chiamarsi ActionListener e dovrà prevedere un insieme di operazioni il cui unico parametro dovrà essere descritto da una classe di nome ActionEvent; quest'ultima incapsulerà le informazioni dell'evento stesso, tra cui la sorgente. Per potersi registrare come ascoltatore di un evento, la sorgente dovrà mettere a disposizione dei metodi del tipo addActionListener() e dovrà memorizzare l'insieme degli ascoltatori per poi notificare loro l'evento.

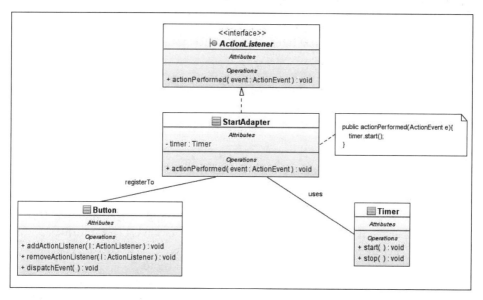

Figura 6.2 Delegation Model per la gestione degli eventi in Java.

Di solito questa operazione avviene all'interno di un ciclo la cui gestione non è sempre semplice, specialmente nel caso di un numero elevato di ascoltatori e in ambienti multi-threading. Nel nostro esempio abbiamo quindi creato la classe `StartAdapter`, la quale non è altro che un'implementazione di `ActionListener` che, in corrispondenza dell'invocazione del metodo `actionPerformed()` chiamato al momento di generazione dell'evento, invoca il metodo `start()` sul `Timer` di cui ha ottenuto un riferimento. Notiamo quindi come sia stato possibile mettere in comunicazione il `Timer` e il `Button` senza toccare nessuno dei due, ma semplicemente creando un'implementazione dell'interfaccia `ActionListener` che, registrandosi alla sorgente, invoca il metodo sul `Timer` a seguito della selezione del `Button`.

Se in ambiente Java Standard questa soluzione può essere considerata un buon compromesso, in ambiente mobile presenta alcuni problemi, cui il modello utilizzato da Android (ma anche in MIDP è successa una cosa analoga) ha fornito un rimedio.

Innanzitutto notiamo come la sorgente, attraverso i metodi `addXXListener()`, permetta la registrazione di un numero qualunque di ascoltatori. Questo aspetto ha come conseguenza la necessità da parte della sorgente di memorizzare i riferimenti agli ascoltatori in una struttura dati idonea, ma soprattutto di scandire ciascuno di questi a ogni notifica. Se le operazioni da eseguire sono pesanti, se il numero di ascoltatori è troppo alto o se gli eventi sono frequenti si capisce come questo possa essere un problema molto grosso, specialmente in dispositivi a risorse limitate. Ecco allora che in Android la maggior parte delle sorgenti degli eventi non hanno metodi del tipo `addXXListener()` ma di tipo `setXXListener()`, permettendo quindi la registrazione di un unico ascoltatore.

Un'altra osservazione riguarda poi il fatto che queste interfacce sono spesso interfacce definite all'interno delle classi che descrivono i relativi componenti che ne sono sorgenti o loro generalizzazioni. Prendiamo per esempio un frammento di codice che abbiamo già visto più volte negli esempi realizzati:

Listato 6.1 Esempio di utilizzo del Delegation Model in Android

```
Button updateButton = (Button)findViewById(R.id.updateButton);
updateButton.setOnClickListener(new OnClickListener(){

    @Override
    public void onClick(View view) {
        // Gestione dell'evento
    }}
);
```

Notiamo come sia possibile registrare una sola implementazione (in questo caso anonima) dell'interfaccia `View.OnClickListener()` come ascoltatore dell'evento di selezione di un `Button`, e come questa definisca il solo metodo `onClick()` il cui parametro non sempre segue le convenzioni JavaBean. Data la possibilità di creare un'implementazione di `View.OnClickListener()` e di registrarla a più componenti, il metodo `onClick()` fornisce, come parametro, il riferimento alla `View` sorgente. Come vedremo, il parametro di questi metodi, detti di callback, dipenderà di volta in volta dal tipo di evento.

La gestione degli eventi in Android segue quindi un meccanismo molto simile al Delegation Model di Java standard semplificandone comunque la gestione attraverso l'utilizzo di interfacce `listener` più semplici e permettendo la registrazione alla sorgente di uno solo di essi. Nonostante questo, per alcuni eventi, sono comunque disponibili una serie di metodi i quali vengono automaticamente invocati a seguito di particolari eventi, di cui è possibile fornire implementazioni personalizzate estendendo la relativa classe. Nel prossimo paragrafo impareremo quindi a scegliere quale gestione degli eventi utilizzare nei vari casi.

Eventi delle View

Nei capitoli precedenti abbiamo più volte sottolineato come una delle principali differenze tra un `Drawable` e una `View` sia la possibilità di gestire gli eventi da parte dell'utente. Abbiamo appena visto come la gestione degli eventi possa avvenire attraverso l'utilizzo di particolari listener o con l'override di alcuni metodi che il sistema chiama automaticamente in corrispondenza di determinate situazioni. In generale possiamo dire che l'utilizzo dei listener è da favorire nel caso in cui si debba gestire l'interazione tra componenti diversi, come fatto nell'esempio del bottone e del timer. L'override di metodi di callback di particolari componenti è invece la scelta più idonea nel caso della realizzazione di controlli, o comunque estensioni di `View`, personalizzate come vedremo alla fine di questo capitolo. In questa fase facciamo una breve descrizione dei principali meccanismi di gestione degli eventi per la classe `View`, che ricordiamo essere la classe che generalizza tutti i componenti grafici.

I listener della classe View

Prima di iniziare lo studio dei principali componenti di Android è bene descrivere i primi tipi di evento che le `View` sono in grado di gestire attraverso l'utilizzo di opportuni listener. A tale proposito possiamo elencare i possibili eventi in Tabella 6.1, nella quale, oltre a una breve descrizione, forniamo il nome della interfaccia che ne permette la gestione.

Tabella 6.1 Listener della classe View

Nome evento	Interfaccia Listener	Descrizione
click	`View.OnClickListener`	Evento di selezione di un componente.
long click	`View.OnLongClickListener`	Evento di hold ovvero di selezione prolungata di un componente.
focus change	`View.OnFocusChangeListener`	Evento di acquisizione o perdita del focus da parte di un componente.
key	`View.OnKeyListener`	Evento di selezione di un tasto.
touch	`View.OnTouchListener`	Evento di touch.
createContextMenu	`View.OnCreateContextMenuListener`	Evento di creazione del menu di contesto.

Il meccanismo di gestione degli eventi in tabella è lo stesso descritto precedentemente in relazione all'evento `click` del `Button`. È da notare come esista una regola di naming che associa il nome dell'evento a quello dell'interfaccia che ne permette la gestione. Se `Evento` è il nome dell'evento, possiamo dire che viene definita l'interfaccia interna `View.On<Evento>Listener` la quale definisce i metodi di callback. Possiamo poi notare come la registrazione dell'ascoltatore al componente avvenga attraverso un metodo del tipo:

```
public void setOn<Evento>Listener (View.On<Evento>Listener l)
```

Come esempio di utilizzo di questi eventi abbiamo realizzato il progetto `ViewListenerTest`, il cui codice è disponibile online. Si tratta di un esempio che permette di intercettare gli eventi della precedente tabella visualizzando un messaggio di log, che possiamo estrapolare attraverso l'utilizzo dei filtri che abbiamo imparato a utilizzare nel Capitolo 2. Lasciamo al lettore il test dell'applicazione creata in relazione ai possibili eventi, limitandoci a fare solamente qualche considerazione.

Possiamo infatti notare come alcuni dei metodi di callback prevedano un parametro `boolean` di ritorno, il quale ricorda molto la gestione gerarchica degli eventi descritta in precedenza. Se infatti proviamo a selezionare un pulsante noteremo come, nel caso di un valore di ritorno pari a `true` nel metodo `onTouch()`, l'unico evento generato sia proprio quello relativo al tocco. Questo significa che l'evento di selezione, il click, è comunque figlio di un evento di touch nel bottone che, se consumato, non viene più notificato. Facendo quindi ritornare il valore `false` al metodo `onTouch()` si potrà notare come ora, oltre all'evento di `touch`, vengano generati anche gli eventi di `click` e, se mantenuto, anche il `longClick`.

> **Altri listener**
>
> Ricordiamo che quelli descritti sono i listener nella classe **View** che quindi ogni specializzazione è in grado di supportare. Altre specializzazioni potranno comunque aggiungere la definizione di altre interfacce che permettono la gestione di eventi particolari, come vedremo in seguito. Uno di questi è la **ListView** che aggiunge, per esempio, gli eventi di click e selezione di ciascun item.

Un'importante novità di Android 2.0 è rappresentata dalla presenza, per i dispositivi che la supportano, del *multi-touch*, ovvero della possibilità di utilizzare più tocchi contemporanei nel display. Questa nuova *feature* è stata gestita attraverso l'aggiunta, nella classe `MotionEvent`, che notiamo essere il tipo del parametro del metodo di callback `onTouch()`, di alcuni flag al riguardo che permettono di riconoscere se il tocco è il primo, il secondo o successivi. Attraverso il metodo

```
public final int getAction ()
```

è possibile riconoscere il tipo di evento associato a diverse costanti di ovvio significato, consultabili nella documentazione. Al valore ritornato è poi possibile applicare una bit mask (un filtro da applicare in AND bit a bit) specificata dalla costante `ACTION_POINTER_ID_MASK` per ottenere l'identificativo del tocco eseguito. Nell'esempio associato abbiamo utilizzato il seguente codice:

Listato 6.2 Determinazione dell'id del tocco

```
public boolean onTouch(View v, MotionEvent event) {
    int action = event.getAction();
```

```
        int touchId = action & MotionEvent.ACTION_POINTER_ID_MASK;
        Log.i(DEBUG_TAG, "onTouch "+v.getTag()+" touchId:"+touchId);
        return false;
    }
```

Purtroppo il test sull'emulatore del multi-touch non è ancora possibile, per cui l'identificatore ottenuto sarà sempre 0. Per alcuni degli eventi principali esistono poi delle costanti che permettono di confrontare il valore associato all'azione con quello relativo a un particolare ordine nel tocco. Per esempio, la costante ACTION_POINTER_2_DOWN permette di riconoscere un evento associato al secondo tocco.

Un'ultima considerazione riguarda la presenza, nella classe View, di alcuni metodi del tipo performXXX(), i quali permettono di generare un evento da notificare agli eventuali listener. Per esempio, il metodo

```
public boolean performLongClick ()
```

permette di generare un evento di longClick e di ritornare un valore true o false a seconda che sia o meno registrato il corrispondente listener.

Event handler

Abbiamo già accennato a come alcuni metodi della classe View vengano automaticamente invocati in corrispondenza di determinati eventi. Tali metodi vanno sotto il nome di *event handler*, di essi è possibile fare l'overriding. Si tratta quindi di eventi che solitamente vengono gestiti da classi che specializzano la classe View per la realizzazione di quelli che si chiamano custom View.

I primi metodi che andiamo a descrivere sono quelli relativi alla gestione dei tasti i cui handler sono descritti dai seguenti metodi:

Listato 6.3 Handler per la gestione della pressione dei tasti

```
boolean onKeyDown (int keyCode, KeyEvent event)
boolean onKeyUp(int keyCode, KeyEvent event)
boolean onKeyLongPress (int keyCode, KeyEvent event)
public boolean onKeyPreIme (int keyCode, KeyEvent event)
boolean onKeyMultiple (int keyCode, int repeatCount, KeyEvent event)
public boolean onKeyShortcut (int keyCode, KeyEvent event)
public boolean onKeyUp (int keyCode, KeyEvent event)
```

Notiamo come ciascuno di questi abbia come parametri un identificatore del tasto e un evento descritto dalla classe KeyEvent che abbiamo già incontrato nel paragrafo precedente. Si tratta di metodi di nome intuitivo, a parte onKeyPreIme() il quale permette di gestire la pressione di un tasto prima che lo stesso venga elaborato dal sistema di gestione dell'input (che impareremo a conoscere e customizzare nel prossimo capitolo).

Non poteva quindi mancare l'handler relativo alla gestione degli eventi di touch, il quale avrà firma:

```
public boolean onTouchEvent (MotionEvent event)
```

con parametro l'oggetto di tipo `MotionEvent` che abbiamo imparato a conoscere nel paragrafo precedente.
La `View` permette inoltre la gestione, per i dispositivi che ne sono dotati, degli eventi di trackball attraverso il metodo di firma

```
public boolean onTrackballEvent (MotionEvent event)
```

È da notare come il parametro sia dello stesso tipo dell'handler precedente relativo all'evento di touch.
Un ultimo handler è quello relativo alla gestione del focus, ovvero quello descritto dal metodo

```
public void onWindowFocusChanged (boolean hasWindowFocus)
```

In questo caso notiamo come la sorgente dell'evento non sia presente, poiché si tratta comunque della `View` corrente che ha acquisito o perso il focus.
Come accennato, si tratta di metodi di cui è possibile fare l'override nel caso di specializzazioni nel comportamento di particolari componenti custom a seguito del verificarsi di un evento.

Utility nella gestione degli eventi

Abbiamo quindi visto quali sono gli strumenti per la gestione degli eventi attraverso l'utilizzo sia di listener sia di handler. Le API di Android mettono comunque a disposizione una serie di metodi per la gestione degli eventi che non appartengono alla classe `View`. Il primo di questi è il metodo

```
public boolean dispatchTouchEvent (MotionEvent ev)
```

della classe `Activity`. Esso permette di intercettare tutti gli eventi di touch prima che vengano inviati alla finestra contenuta. È quindi possibile, all'interno della nostra `Activity`, fare l'overriding di questo metodo al fine di intercettare particolari eventi di touch o rimandarne alla finestra contenuta altri. Anche in questo caso è il valore di ritorno a decidere se l'evento sarà consumato (`true`) oppure inviato alla finestra (`false`).
Abbiamo visto che una `ViewGroup` è una particolare specializzazione della classe `View` con responsabilità di container e spesso di layout. Potrebbe capitare il caso in cui la responsabilità nella gestione degli eventi di touch sia delegata al container e non a ciascuna singola `View` in esso contenuta. A tale proposito la classe `ViewGroup` permette contiene la definizione del seguente metodo:

```
public boolean onInterceptTouchEvent (MotionEvent ev)
```

il quale permette di specificare, attraverso il valore di ritorno, se gli eventi di touch debbano essere elaborati nel metodo `onTouch()` del container stesso o in ciascuna delle `View` contenute. Si tratta di una funzionalità che ci sarà utile nella gestione delle gesture, come vedremo nel relativo capitolo.

Infine, la classe `ViewParent` definisce il metodo

```
public void requestDisallowInterceptTouchEvent (boolean disallowIntercept)
```

per impedire l'invocazione del precedente metodo `onInterceptTouchEvent()`. Come è possibile intuire, si tratta di strumenti che permettono una gestione molto fine dell'evento di touch, fondamentale nei dispositivi Android.

Attributo android:onClick

Abbiamo visto che per gestire l'evento di click su una `View` è possibile implementare l'interfaccia `View.OnClickListener` o, se siamo in una specializzazione, fare l'override del metodo `onClick()`. Dalla versione 1.6 dell'SDK è possibile specificare il nome del metodo da eseguire nella gestione dell'evento di click, direttamente nell'XML di layout attraverso l'attributo `android:onClick`. Mediante un attributo del tipo

```
android:onClick="metodoGestioneEvento"
```

applicato a una `View`, è possibile fare in modo che a seguito dell'evento di click vi sia l'invocazione del metodo `metodoGestioneEvento()` da ricercarsi nel `Context` associato alla `View` stessa. L'unico vincolo è quello relativo al parametro di questo metodo, che dovrà essere necessariamente uno e di tipo `View`, mentre il tipo di ritorno dovrà essere `void`. Capiamo che il più delle volte si tratta di metodi che potremo inserire all'interno dell'`Activity` che contiene il layout con il `Button`. Sappiamo infatti che l'`Activity` è, con `Service`, una delle specializzazioni di `Context` che Android ci mette a disposizione.

I widget

Prima di addentrarci nello studio dei vari widget facciamo una breve panoramica su come sono organizzate le relative classi. Il class diagram in Figura 6.3 visualizza l'insieme delle classi principali che andremo a descrivere in questa parte del capitolo. Successivamente studieremo alcuni widget particolari che vanno utilizzati per lo più così come sono; per esempio, quelli descritti dalle classi `Chronometer` o `DigitalClock`. Come più volte descritto, notiamo come alla base esista la classe `View` che descrive le caratteristiche comuni a tutti gli elementi visuali che permettono un'interazione con l'utente e che abbiamo descritto nel dettaglio nel capitolo precedente. Una cosa molto interessante riguarda invece l'importanza della classe `TextView` che abbiamo utilizzato moltissime volte finora e che abbiamo visto possedere la capacità di gestire delle `Compound Drawable`. Notiamo infatti che è la classe di riferimento di molte altre classi che, all'apparenza, potrebbero non avere molto in comune con essa. Pensiamo per esempio a un `Button` oppure a un `CheckBox`. Questo significa che tutti i widget nel diagramma sono in grado di gestire i `Compound Drawable`, quindi possiamo applicare a essi lo stesso procedimento eseguito in precedenza per l'ottimizzazione del layout.

Dopo la descrizione della `TextView` vedremo quindi le sue specializzazioni, iniziando da quelle di gestione del testo per poi occuparci dei particolari `Button` e infine delle `CheckedTextView` che notiamo implementare, insieme ai `CompoundButton`, l'interfaccia `Checkable`. Si tratta di un'interfaccia che permette di rendere una `View` selezionabile ovvero tale per

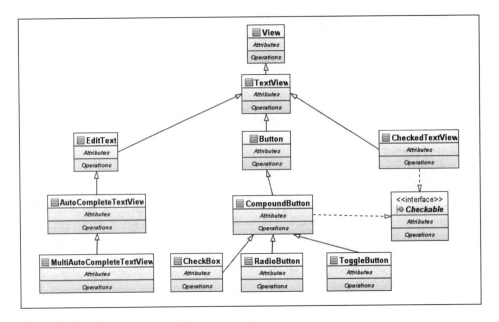

Figura 6.3 Class diagram dei widget principali.

cui il valore contenuto non sia deciso al momento della selezione ma successivamente. Non ci resta quindi che iniziare lo studio dei widget partendo appunto dalla TextView alla base non solo dei componenti di gestione del testo ma anche di tutti i principali widget.

La classe TextView

Come più volte ripetuto, la classe TextView del package android.widget rappresenta la classe padre dei principali widget. Come indica il nome stesso, essa descrive un componente che visualizza un contenuto testuale impostato attraverso uno degli overload del suo metodo setText(). Ovviamente non andremo a descrivere ogni proprietà di questa classe, per la quale è sufficiente consultare la documentazione ufficiale, ma ne vedremo gli aspetti principali, che ricordiamo essere ereditati anche dagli altri widget. Un aspetto non evidente riguarda il fatto che una TextView contiene anche tutta la logica di editazione di un testo ma, in questa versione base, essa è semplicemente disabilitata mentre è disponibile nella sua specializzazione EditText, che vedremo successivamente.

Gestione dello stato

Un aspetto degno di interesse riguarda la gestione dello stato di un widget. Supponiamo, per esempio, di avere un campo di testo editabile all'interno del quale l'utente inserisce un particolare valore. Supponiamo quindi di fare un'operazione molto comune con un dispositivo Android, ovvero modificarne l'orientamento. Come abbiamo visto in precedenza, questo implica il riavvio della Activity correntemente visualizzata; se quindi

non si prendono le giuste precauzioni, si rischia di costringere l'utente a inserire il testo nuovamente.
Se andiamo a esaminare le API della classe `TextView` notiamo l'esistenza della classe interna `TextView.SavedState` che contiene proprio gli strumenti che permettono di salvare lo stato del corrispondente widget su un `Bundle` per un successivo ripristino. Fortunatamente tutto questo avviene in modo trasparente per i componenti di default, ma dovrà essere un aspetto da tenere in considerazione nel caso della realizzazione di componenti personalizzati.

TransformationMethod

A ciascuna `TextView` (quindi per ciascuna sua specializzazione) è possibile associare un'implementazione dell'interfaccia `TransformationMethod` del package `android.text.method`, la quale permette di trasformare ciascun carattere del contenuto in un altro. Le operazioni di questa interfaccia sono infatti le seguenti:

```
public abstract CharSequence getTransformation (CharSequence source, View view)
```

```
public abstract void onFocusChanged (View view, CharSequence sourceText, boolean focused, int direction, Rect previouslyFocusedRect)
```

Esse permettono appunto di modificare la `CharSequence` di una `TextView` in un'altra o di intervenire su di essa a seguito di una variazione nel focus.
Una tipica implementazione di questa interfaccia è quella descritta dalla classe `PasswordTransformationMethod` dello stesso package, utilizzata nel caso di input di tipo password per sostituire i caratteri digitati con asterischi o altro. Per impostare un `TransformationMethod` in una `TextView` è possibile utilizzare il metodo

```
public final void setTransformationMethod (TransformationMethod method)
```

che notiamo essere `final`. Questo significa che possiamo creare nostre implementazioni dell'interfaccia ma non intervenire su come la `TextView` ne fa uso.

CharSequence, Spanned e Spannable

Quando si gestiscono informazioni testuali è utile conoscere il significato di alcune interfacce molto importanti. Innanzitutto l'interfaccia `CharSequence` del package `java.lang` viene spesso utilizzata dove magari ci si aspetta una `String`. Questo significa che ciò che interessa è avere la possibilità di scorrere i caratteri senza necessariamente avere a che fare con una `String`, che sappiamo essere `final` e quindi in un certo senso vincolante.
Specialmente in ambito Web, possiamo pensare di associare a un testo delle informazioni su come questo dovrà essere visualizzato. A tale scopo Android definisce l'interfaccia `Spanned` come un modo per associare a una sequenza di caratteri (quindi a una `CharSequence` che essa estende) dei markup e un range di validità. Un componente in grado di gestire contenuti `Spanned` sarà quindi in grado non solo di visualizzare il testo rappresentato ma anche di applicare a esso i markup specificati.

L'interfaccia Spanned è un qualcosa di molto generico, che permette di associare markup a insiemi di caratteri. Se poi questi oggetti Spanned godono anche della proprietà di essere modificabili nei confronti della formattazione, Android li definisce Spannable incorporando tra le loro capacità anche quelle di aggiungere o eliminare markup.
Una TextView permette la gestione di oggetti Spanned e, nella sua specializzazione editabile EditText, anche di oggetti Spannable.
Come primo esempio di questo capitolo realizziamo il progetto SpannedTest che ci permette di fare alcune prove con oggetti di questo tipo. Notiamo come prima cosa il contenuto del file delle risorse di tipo String, ovvero:

Listato 6.4 Risorse di tipo String

```
<?xml version="1.0" encoding="utf-8"?>
<resources>
    <string name="hello">Hello World, SpannedTestActivity!</string>
    <string name="app_name">SpannedTest</string>
    <string name="normal_text">Questo è Testo Normale </string>
    <string name="spanned_text">
        Questo è
        <b>spanned text </b>
    </string>
    <string name="parsed_text">Questo è %1$s</string>
</resources>
```

Il valore di chiave normal_text è testo normale, di quelli che abbiamo gestito finora. Associato alla chiave spanned_text abbiamo invece un testo in HTML molto semplice, che utilizza l'elemento <b> per visualizzare il relativo contenuto in bold.
L'ultimo valore è quello relativo alla chiave parsed_text, cui abbiamo associato un testo molto simile a quello che si utilizza nel printf del C e dalla versione 5 anche in Java. Il lettore potrà verificare come, utilizzando un normale layout con tre TextView che fanno riferimento ai precedenti valori, il risultato sia quello di Figura 6.4; ciò dimostra come sia comunque necessaria un'elaborazione a livello di codice nel caso del valore associato a parsed_text mentre per quello associato alla chiave spanned_text notiamo come sia stato applicato il markup.

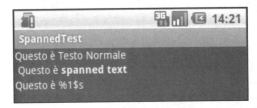

Figura 6.4 Esecuzione del progetto SpannedTest nella modalità di default.

A tale proposito consideriamo le seguenti parti del metodo onCreate() che nel caso dell'esecuzione precedente avevamo lasciato commentate. La variabile resources fa riferimento all'oggetto ottenuto attraverso il metodo getResources() dell'attività che andremo a utilizzare per l'accesso alle risorse.

Innanzitutto avviamo la parte relativa alle String normali ottenute attraverso il metodo getText() che, a differenza del metodo getString(), ritorna una CharSequence e non necessariamente una String.

Listato 6.5 Accesso alle risorse di tipo String normali

```
CharSequence normalText = resources.getText(R.string.normal_text);
TextView normalTextView = (TextView)findViewById(R.id.normalText);
```

Molto più interessante è la parte relativa agli oggetti Spanned, di cui possiamo ottenere un riferimento attraverso le seguenti righe di codice:

Listato 6.6 Accesso alle risorse String Spanned

```
Spanned spannedtext = (Spanned)resources.getText(R.string.spanned_text);
TextView spannedTextView = (TextView)findViewById(R.id.spannedText);
spannedTextView.setText(spannedtext);
```

Notiamo come il metodo utilizzato sia sempre getText() il quale però ritorna una specializzazione di CharSequence cui possiamo accedere attraverso un riferimento di tipo Spanned. Questo significa che il sistema delle risorse riconosce il tipo di testo e ritorna un riferimento a un oggetto che implementa la corrispondente interfaccia.
L'ultimo caso è quello relativo alla gestione di una String da utilizzare come pattern nel modo caratteristico del printf. A tale scopo utilizziamo il metodo String.format(), ma avremmo potuto utilizzare anche un overload del metodo getString() dell'oggetto Resources che permetteva di eseguire le prime due istruzioni in una sola.

Listato 6.7 Accesso a una String da formattare

```
String parsedText = resources.getString(R.string.parsed_text);
parsedText = String.format(parsedText, "Parsed Text");
TextView parsedTextView = (TextView)findViewById(R.id.parsedText);
parsedTextView.setText(parsedText);
```

Possiamo quindi notare come il risultato ottenuto sia quello di Figura 6.5 che, a differenza del caso precedente, contiene il risultato della formattazione del terzo valore.
Come accennato, vedremo un esempio di Spannable nel caso di testo editabile e, quindi, nel caso di una EditText.

Figura 6.5 Visualizzazione di un testo Spanned.

Linkify

Nel precedente paragrafo abbiamo visto come, attraverso la definizione di oggetti Spanned, Android sia in grado di riconoscere semplici formattazioni di testo relative all'utilizzo egli elementi <b/> (bold), <i/> (italic) e <u/> (underscore). All'interno del testo visualizzato potrebbero però essere presenti delle informazioni relative a un URL, un indirizzo di e-mail o a un numero telefonico, che sarebbe bello poter utilizzare al momento senza necessariamente ricopiarlo su un foglio di carta. A tale proposito Android definisce la classe Linkify del package android.text.util che mette a disposizione una serie di metodi statici per il riconoscimento di particolari informazioni linkabili. Questo avviene attraverso la definizione di implementazioni delle interfacce Linkify.MatchFilter e Linkify.TransformFilter. La prima permette di definire le regole, descritte da un'espressione regolare, secondo cui un testo deve essere linkabile. La seconda permette invece di descrivere come il testo dovrà eventualmente essere trasformato. Le principali implementazioni disponibili sono quelle relative al riconoscimento di

- indirizzi web
- numeri telefonici
- indirizzi e-mail
- coordinate in una mappa

che è possibile attivare attraverso l'utilizzo di opportuni flag. Come detto, queste funzionalità sono accessibili con metodi statici della classe Linkify i quali possono agire sia sul contenuto di una TextView sia su un oggetto di tipo Spannable. La necessità di oggetti di tipo Spannable piuttosto che Spanned è legata alla loro mutabilità nei confronti della applicazione di markup. Consideriamo quindi il progetto LinkifyTest disponibile online.

Listato 6.8 Esempio di utilizzo di String con Linkify

```
<?xml version="1.0" encoding="utf-8"?>
<resources>
    <string name="hello">Hello World, LinkifyTestActivity!</string>
    <string name="app_name">LinkifyTest</string>
    <string name="linkify_test">La home page di Massimo Carli è
        www.massimocarli.it e il suo indirizzo e-mail carli@massimocarli.it.\n
        Per conttatarlo chiamare il numero 335-1234567
    </string>
</resources>
```

Se utilizziamo come risorse quelle del precedente listato notiamo come il risultato, senza modificare la corrispondente Activity, sia quello di Figura 6.6 dove l'indirizzo web, quello di e-mail e un numero telefonico non hanno subito alcun trattamento speciale.

Questo significa che di default una TextView non utilizza alcun elemento Linkify. Non ci resta quindi che esaminare il seguente codice nel metodo onCreate() della relativa attività che, anche in questo caso, avevamo commentato.

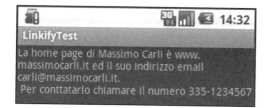

Figura 6.6 Visualizzazione classica di un testo con elementi potenzialmente cliccabili.

Listato 6.9 Utilizzo della classe Linkify

```
TextView textView = (TextView)findViewById(R.id.output);
Linkify.addLinks(textView, Linkify.WEB_URLS|
Linkify.E-MAIL_ADDRESSES| Linkify.PHONE_NUMBERS);
```

Notiamo l'utilizzo del | per la definizione di più flag contenuti all'interno di costanti statiche della stessa classe Linkify. Il lettore potrà osservare come non si sia ottenuto il riferimento al testo per poi associarlo alla TextView ma si sia ottenuto un riferimento a quest'ultima, cui è poi stato applicato il flag. Questo è importante, perché l'oggetto ottenuto dalle risorse attraverso il metodo getText() non sarebbe stato Spannable.

È bene prestare attenzione al fatto che, nonostante il metodo si chiami addLinks(), l'esecuzione successiva con più valori non permette l'aggiunta del flag ma l'impostazione dello stesso, con conseguente perdita di quelli precedenti. In sintesi, quello descritto sopra non è equivalente al seguente codice:

Listato 6.10 Utilizzo errato della classe Linkify

```
TextView textView = (TextView)findViewById(R.id.output);
Linkify.addLinks(textView, Linkify.WEB_URLS);
Linkify.addLinks(textView, Linkify.E-MAIL_ADDRESSES)
Linkify.addLinks(textView, Linkify.PHONE_NUMBERS);
```

che corrisponde invece alla sola definizione del flag relativo ai numeri telefonici. Nel caso in cui si volesse abilitare tutte le tipologie di elementi sarà possibile utilizzare, come flag, quello descritto dalla costante Linkify.ALL. Il risultato è mostrato in Figura 6.7.
Il lettore potrà verificare come le informazioni di interesse siano diventate cliccabili. È poi possibile verificarne il comportamento in caso di selezione.

Figura 6.7 Risultato dell'utilizzo della classe Linkify.

Un'ultima osservazione riguarda la possibilità di customizzazione dell'azione da attuare a seguito della selezione di un elemento linkabile. In base a quanto detto a proposito degli Intent, sappiamo che l'informazione associata all'URI ha un significato fondamentale. Ebbene, un oggetto Linkify permette di aggiungere quello che abbiamo chiamato *schema* all'inizio del testo che è stato riconosciuto. Ecco che, per esempio, l'implementazione relativa all'indirizzo web appenderà allo stesso lo schema http://, mentre quello relativo al numero di telefono appenderà lo schema tel://. Per realizzare una propria regola di Linkify è quindi sufficiente definire un'spressione regolare per l'identificazione del testo, quindi uno schema da pre-pendere a esso, per l'azione da lanciare.

Anche in questo caso realizziamo un semplice esempio che permette di riconoscere i numeri di tre cifre all'interno del testo e di lanciare una semplice attività che li visualizzi. Esaminiamo quindi il progetto CustomLinkifyTest il quale permette di rendere linkabili i numeri di tre cifre contenuti all'interno di un testo. Supponiamo poi che selezionando tali link si possa rendere attiva una Activity per la visualizzazione del valore scelto. Il codice dell'attività di partenza è quindi il seguente.

Listato 6.11 Creazione di un Linkify custom

```
private final static Pattern CUSTOM_PATTERN = Pattern.compile("\\b[0-9]{3}\\b");

private final static String CUSTOM_SCHEMA = "custom://www.massimocarli.it/";

@Override
public void onCreate(Bundle savedInstanceState) {
    super.onCreate(savedInstanceState);
    setContentView(R.layout.main);
    TextView textView = (TextView)findViewById(R.id.output);
    Linkify.TransformFilter filter = new Linkify.TransformFilter(){

        @Override
        public String transformUrl(Matcher match, String url) {
            return "number"+url;
        }

    };
    Linkify.addLinks(textView, CUSTOM_PATTERN, CUSTOM_SCHEMA,null,filter);
}
```

Come prima cosa notiamo la presenza di un'espressione regolare relativa al riconoscimento dei numeri di tre cifre di cui abbiamo memorizzato l'oggetto Pattern risultato della compilazione, nella costante CUSTOM_PATTERN.

Nella costante CUSTOM_SCHEMA abbiamo poi memorizzato il valore che, insieme al valore selezionato, permetterà il lancio dell'attività di destinazione. Notiamo come lo schema associato sia custom:.

Come esempio di utilizzo di un TransformFilter abbiamo creato una semplice implementazione che non fa altro che aggiungere la stringa number al corrispondente valore che soddisfa l'espressione regolare. L'operazione transformUrl() viene infatti invocata a

ogni matching con l'espressione regolare il cui valore è contenuto nel parametro `url`. Come ultima istruzione non facciamo altro che utilizzare l'overload del metodo `addLinks()` che permette di specificare la `TextView`, il `Pattern` per il matching, lo schema per la composizione dell'`Uri` e infine il `TransformFilter`. Come possibile `MatchFilter` abbiamo infatti passato `null`.
Il lettore potrà quindi verificare come l'esecuzione dell'applicazione porti alla visualizzazione di quanto in Figura 6.8.

Figura 6.8 CustomLinkifyTest in esecuzione.

L'aspetto ancora più interessante riguarda comunque la gestione dell'`Intent` associato a ciascuno dei link, per comprendere il quale diamo un'occhiata alla definizione dell'attività di destinazione nell'`AndroidManifest.xml`.

Listato 6.12 Definizione della attività di destinazione del link

```
<activity android:name="ResultActivity">
    <intent-filter>
        <data android:scheme="custom" android:host="www.massimocarli.it"></data>
        <action android:name="android.intent.action.VIEW"></action>
        <category android:name="android.intent.category.DEFAULT"></category>
    </intent-filter>
</activity>
```

Notiamo infatti come all'attività di destinazione sia stato associato un `Intent Filter` che prevede come azione quella di `VIEW`, come categoria quella di default e come dati quelli corrispondenti allo schema e host indicati in precedenza. Il lettore potrà quindi verificare come in corrispondenza della selezione di un link vi sia la visualizzazione dell'attività di destinazione, la quale non fa altro che visualizzare il contenuto del path dell'URI associato all'`Intent`, come è possibile notare nel seguente codice.

Listato 6.13 Lettura del path associato all'Intent lanciato

```
Intent intent = getIntent();
Uri intentUri = intent.getData();
TextView output = (TextView)findViewById(R.id.output);
output.setText(intentUri.getPath().substring(1));
```

L'operazione di `substring(1)` è stata fatta semplicemente per eliminare lo slash (/) dal path visualizzato.
Attraverso questo semplice esempio abbiamo quindi avuto un'ulteriore prova della configurabilità ed estensibilità della piattaforma a disposizione. Si è comunque trattato

di rendere linkabili alcuni elementi testuali, mentre per la gestione di componenti più complessi studieremo a fondo le caratteristiche di una View preposta descritta, come esamineremo nel dettaglio nel relativo capitolo, dalla classe WebView.

La classe HTML

In precedenza abbiamo visto l'utilità degli oggetti definiti Spanned ottenuti a partire da testo con alcuni elementi di formattazione tipici dell'HTML. A tale scopo Android mette a disposizione la classe di utilità HTML del package android.text, la quale permette, attraverso alcuni metodi statici, la conversione di un testo contenente elementi di markup nel corrispondente oggetto Spanned, e viceversa. A tale scopo vengono poi definite le due interfacce Html.ImageGetter e Html.TagHandler. La prima permette di ottenere un Drawable a partire dal valore dell'attributo src di un elemento <img/> mentre la seconda rappresenta il vero e proprio punto di estensione, in quanto gestisce i non riconosciuti di default. La realizzazione di un particolare TagHandler permette quindi la gestione di tag personalizzati da utilizzare nel testo.

Anche in questo caso supponiamo di voler creare il nuovo tag <tonda/> che permette di inserire il proprio contenuto all'interno di due parentesi tonde. Andiamo quindi a descrivere il progetto CustomHtmlTagTest. Come prima cosa notiamo la modalità con cui è stato inserito il testo da visualizzare:

Listato 6.14 Inserimento di un testo HTML nelle risorse

```
<?xml version="1.0" encoding="utf-8"?>
<resources>
    <string name="hello">Hello World, CustomHtmlTagTestActivity!</string>
    <string name="app_name">CustomHtmlTagTest</string>
    <string name="sample_text">Parte di questo testo è &lt;tonde&gt;tra &lt;b&gt;parentesi&lt;/b&gt;&lt;/tonde&gt;</string>
</resources>
```

I caratteri che determinano l'inizio e la fine del tag sono stati scritti nella versione escaped ovvero il simbolo di < è stato sostituito da < mentre quello di > da > come se si dovessero visualizzare i tag HTML all'interno di una pagina web.

Per quello che riguarda invece il sorgente Java abbiamo utilizzato la classe Html nel seguente modo:

Listato 6.15 Gestione di un tag customizzato

```
    Html.TagHandler handler = new Html.TagHandler(){

        @Override
        public void handleTag(boolean opening, String tag, Editable output,
                XMLReader xmlReader) {
            // Verifichiamo che si tratti del tag corretto
            if("tonde".equalsIgnoreCase(tag)){
                // A seconda che il tag sia aperto o chiuso
```

```
                // impostiamo la parentesi corrispondente
                String value = (opening)?"(":")";
                // Aggiungiamo il valore all'output
                output.append(value);
            }
        }

};
String srcText = getResources().getString(R.string.sample_text);
Spanned spannedText = Html.fromHtml(srcText,null,handler);
TextView output = (TextView)findViewById(R.id.output);
output.setText(spannedText);
```

Come prima cosa abbiamo creato un'implementazione dell'interfaccia `Html.TagHandler` che contiene la logica vera e propria del nostro custom tag. All'interno del metodo `handleTag()` non si fa altro che verificare che si tratti di quello di nome `tonde` e, a seconda del valore del parametro `opening` che indica se il tag è aperto o chiuso, si appende all'output la parentesi aperta o chiusa. L'oggetto di tipo `Editable` passato in ingresso è semplicemente una specie di `StringBuffer` cui possiamo appendere altri valori. La parte conclusiva del sorgente invoca il metodo statico `Html.fromHtml()` per ottenere dalla precedente stringa la sua versione `Spanned`. Notiamo come l'overload utilizzato sia quello che prevede la definizione del nostro `handler`. Il risultato è mostrato in Figura 6.9.

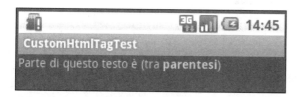

Figura 6.9 Utilizzo della classe HTML per la gestione di tag custom.

Abbiamo quindi visto come gli strumenti per rendere cliccabile il testo, uniti alla possibilità di creare tag personalizzati, rendono la `TextView` uno strumento molto potente nella rappresentazione di informazioni testuali (e non solo).

Ellipsizing

Nei precedenti esempi abbiamo utilizzato testi di varia lunghezza e abbiamo visto come questi venissero gestiti su più righe nel caso in cui non potessero essere visualizzati completamente su una singola riga. Un esempio è quello in Figura 6.6 per il progetto `LinkifyTest`. Se si avesse la necessità di gestire la cosa in modo diverso, la classe `TextView` mette a disposizione una serie di metodi di utilità. Attraverso

```
public void setSingleLine ()
public void setSingleLine (boolean singleLine)
```

è possibile forzare la visualizzazione del testo su una unica riga.

Figura 6.10 Utilizzo di setSingleLine() nel progetto LinkifyTest.

Il lettore potrà verificare che applicando tale metodo all'esempio `LinkifyTest` il risultato sarebbe quello visualizzato in Figura 6.10.
Per ottenere un effetto simile ma che permetta comunque di vedere l'intera riga è possibile utilizzare il metodo

```
public void setHorizontallyScrolling (boolean whether)
```

che permette appunto di visualizzare il tutto su una sola riga, consentendone comunque lo scrolling (Figura 6.11).

Figura 6.11 Utilizzo di setHorizontalScrolling() nel progetto LinkifyTest.

Nel caso in cui si volesse fare in modo che la `TextView` visualizzi il proprio contenuto su più righe è possibile utilizzare il metodo

```
public void setLines (int lines)
```

di ovvio significato.
Un'ultima opportunità per risolvere il problema dello spazio è l'utilizzo del seguente metodo:

```
public void setEllipsize (TextUtils.TruncateAt where)
```

dove `TextUtils.TruncateAt` è una enum che quindi può assumere un numero finito di valori senza la possibilità di estensioni. Attraverso questo metodo è infatti possibile aggiungere i puntini di sospensione (`ellipsize`) in un certo punto del testo a seconda del parametro, che può assumere i valori in Tabella 6.2.
Una descrizione particolare merita il caso in cui il valore utilizzato sia quello di MARQUEE, che corrisponde al fatto di vedere i puntini alla fine della riga ma di permetterne l'animazione in modo da visualizzare tutto il testo. In questo caso è utile anche il seguente metodo di `TextView`

```
public void setMarqueeRepeatLimit (int marqueeLimit)
```

Tabella 6.2 Parametri di TextUtils.TruncateAt

Costante	Descrizione
TextUtils.TruncateAt.END	Permette di inserire i punti di sospensione alla fine dello spazio disponibile.
TextUtils.TruncateAt.MARQUEE	Permette la visualizzazione dei punti di sospensione alla fine aggiungendo l'effetto di marquee.
TextUtils.TruncateAt.MIDDLE	Permette di inserire i punti di sospensione a metà dello spazio disponibile.
TextUtils.TruncateAt.START	Permette di inserire i punti di sospensione all'inizio.

il quale permette di specificare il numero di ripetizioni dell'animazione. Nel caso di animazione perpetua il valore da specificare dovrà essere −1. Lasciamo al lettore la verifica di quest'ultima opzione.

Hint

La classe `TextView` permette quindi la visualizzazione di testo nelle modalità descritte finora. Nel caso in cui il valore associato non sia presente è possibile visualizzare un testo denominato *hint* (suggerimento) attraverso i seguenti metodi:

```
public final void setHint (CharSequence hint)
public final void setHint (int resid)
```

di cui è possibile gestire il colore mediante

```
public final void setHintTextColor (ColorStateList colors)
public final void setHintTextColor (int color)
```

dove `ColorStateList` è un modo per mappare, attraverso l'utilizzo di un documento XML, un insieme di colori su altrettanti stati della `View` che lo utilizza. Si tratta di qualcosa di molto simile a quanto visto nella gestione delle `Drawable`, sebbene tra le corrispondenti classi non vi sia alcun legame.

Typeface

Nel capitolo relativo alla gestione delle risorse abbiamo visto come sia possibile utilizzare dei font custom i quali sono descritti dalla classe `Typeface` del package `android.graphics`. Qui non ci resta quindi che ricordare che per per poterlo impostare in una `TextView` è possibile utilizzare il metodo

```
public void setTypeface (Typeface tf)
```

La classe EditText

Come accennato in precedenza, la quasi totalità delle caratteristiche di una `EditText` sono già contenute all'interno della sua classe `parent` ovvero `TextView`. La differenza sostanziale è perciò rappresentata dalla possibilità di editare un testo, di cui ottenere poi il valore attraverso il metodo:

```
public Editable getText ()
```

che merita comunque un piccolo approfondimento. Se osserviamo attentamente le API, la classe `EditText` definisce il metodo

```
public void setText (CharSequence text, TextView.BufferType type)
```

che, rispetto all'overload ereditato dalla classe `TextView`, contiene un nuovo parametro di tipo `TextView.BufferType` il quale non è altro che una `enum` java che prevede la definizione dei valori `EDITABLE`, `NORMAL` e `SPANNABLE`. Attraverso questo metodo è quindi possibile impostare un testo nella `EditText` specificando anche il tipo di oggetto che poi lo dovrà contenere nel momento in cui andremo a riprenderlo attraverso il metodo `getText()` visto sopra. Il tipo di ritorno del metodo `getText()` è di tipo `Editable` descritto da un'interfaccia che abbiamo incontrato in precedenza in corrispondenza alla creazione di tag custom. È comunque possibile creare la propria implementazione dell'interfaccia `Editable.Factory` per customizzare la modalità con cui la `EditText` crea l'oggetto `Editable` a partire dalla `CharSequence` in essa contenuto, quindi impostarla attraverso il metodo

```
public final void setEditableFactory (Editable.Factory factory)
```

che la classe `EditText` ha ereditato da `TextView`. L'implementazione di `Editable` di default ritornata è infatti descritta dalla classe `SpannableStringBuilder` del package `android.text` la quale ritorna il riferimento a un oggetto modificabile sia nel contenuto sia nel markup.
Come esempio di utilizzo della classe `EditText` esaminiamo il progetto di nome EditTextTest disponibile online. Per prima cosa possiamo notare come il layout principale sia molto semplice:

Listato 6.16 Esempio di utilizzo di una `EditText`

```xml
<?xml version="1.0" encoding="utf-8"?>
<LinearLayout xmlns:android="http://schemas.android.com/apk/res/android"
    android:orientation="vertical" android:layout_width="fill_parent"
    android:layout_height="fill_parent" android:id="@+id/linearLayout">
    <EditText android:layout_height="wrap_content" android:id="@+id/inputText"
        android:hint="@string/input_label" android:layout_width="fill_parent">
    </EditText>
    <Button android:layout_width="wrap_content"
        android:layout_height="wrap_content" android:text="@string/update_label"
        android:id="@+id/updateButton"></Button>
    <TextView android:layout_height="wrap_content"
        android:layout_width="fill_parent" android:id="@+id/outputText"
        android:hint="@string/output_label"></TextView>
</LinearLayout>
```

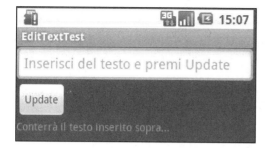

Figura 6.12 Visualizzazione di default del template main.xml.

Esso prevede infatti l'utilizzo di un elemento EditText e di uno TextView di cui abbiamo specificato delle hint descritte da altrettante risorse di tipo String. Il risultato ottenuto è mostrato in Figura 6.12. Notiamo come i testi indicati come hint siano visualizzati sia per la EditText sia per la TextView. Selezionando il pulsante di update è possibile poi notare come l'hint per l'EditText non venga effettivamente utilizzata come valore in quanto il valore della TextView non cambia. Scrivendo un messaggio all'interno dell'EditText e selezionando il pulsante di update è quindi possibile notare come il valore venga copiato nella TextView, come in Figura 6.13.

Il codice utilizzato per ottenere il risultato in figura è il seguente.

Listato 6.17 Esempio di utilizzo di una EditText

```
public void onCreate(Bundle savedInstanceState) {
    super.onCreate(savedInstanceState);
    setContentView(R.layout.main);
    final EditText inputText = (EditText)findViewById(R.id.inputText);
    final TextView outputText = (TextView)findViewById(R.id.outputText);
    Button updateButton = (Button)findViewById(R.id.updateButton);
    updateButton.setOnClickListener(new OnClickListener(){

        @Override
        public void onClick(View arg0) {
            Editable text = inputText.getText();
            outputText.setText(text);
        }
    });
}
```

dove abbiamo evidenziato l'utilizzo del metodo getText() per ottenere il riferimento all'oggetto di tipo Editable da assegnare poi alla TextView attraverso il metodo setText().

Notiamo come questo sia possibile per il fatto che l'interfaccia Editable è comunque una specializzazione di CharSequence.

Un'ultima considerazione riguarda la Figura 6.13, nella quale abbiamo visualizzato la tastiera virtuale per ricordare come non sia obbligatorio che i diversi dispositivi siano dotati di una tastiera fisica. Anzi, la tendenza sarà appunto quella di utilizzare tastiere

Figura 6.13 Esecuzione del progetto EditTextTest.

virtuali e di accedere alle funzionalità del dispositivo solamente attraverso la selezione di un numero di pulsanti ridotto.

Gestione dello stato dei widget standard

In precedenza avevamo accennato al fatto che tutti i componenti che derivano, direttamente o indirettamente, da un TextView dispongono di una gestione automatica dello stato. Per verificarlo invitiamo il lettore a prendere la precedente applicazione, inserire un testo nella EditText e modificare l'orientamento dell'emulatore attraverso la selezione dei tasti Ctrl+F12 (o equivalenti nella piattaforma utilizzata). Il lettore potrà quindi verificare come il testo inserito venga mantenuto, cosa non scontata ma gestita in maniera automatica dalle TextView.

Selezioni

Anche la classe EditText, come la TextView, permette di selezionare parte del testo in essa contenuto per poterlo quindi modificare attraverso gli strumenti di input, che vedremo in seguito. Attraverso i seguenti metodi:

```
public void setSelection (int index)
public void setSelection (int start, int stop)
```

è quindi possibile selezionare il testo a partire da una posizione data o in un particolare intervallo. Più in generale, Android mette a disposizione la classe di utilità Selection del package android.text, la quale contiene un insieme di metodi statici di utilità per la gestione delle selezioni in oggetti Spannable che ricordiamo sono quelli il cui contenuto è modificabile relativamente all'applicazione (o rimozione) di un particolare markup. Per esempio, se osserviamo i seguenti metodi statici

```
public static final void setSelection (Spannable text, int index)
public static void setSelection (Spannable text, int start, int stop)
```

notiamo come descrivano la stessa funzionalità descritta dai due metodi precedenti.

Componenti con autocompletamento

L'inserimento di contenuti testuali in dispositivi di dimensioni ridotte può essere un'operazione spesso difficoltosa, per cui ogni meccanismo di autocompletamento è spesso molto gradito agli utenti. A tale scopo Android mette a disposizione una serie di strumenti da utilizzare nel caso sia di singole parole sia di parole all'interno di frasi complesse. Nel primo caso è possibile utilizzare infatti la classe AutoCompleteTextView la quale permette di suggerire all'utente un insieme di parole a mano a mano che egli le digita nel display. Mentre l'utente digita i caratteri nella EditText, questo componente cerca di completare le parole accedendo ai contenuti forniti da un opportuno Adapter associato. L'utente potrà quindi scegliere tra una lista proposta o, comunque, selezionando il tasto Back, continuare nella digitazione della parola voluta. Come esempio di utilizzo di questo componente esaminiamo il progetto AutoCompleteTest disponibile online. Per quello che riguarda il layout il lettore potrà verificare come non sia molto diverso da quello dell'esempio precedente, con la sola modifica consistente nell'utilizzo dell'elemento <AutoCompletTextView/> al posto di <EditText/>. Di maggiore interesse è sicuramente il seguente frammento di codice Java del metodo onCreate().

Listato 6.18 Utilizzo di un AutoCompleteTextView

```
setContentView(R.layout.main);
String[] tips = getResources().getStringArray(R.array.nani_array);
ArrayAdapter<String> adapter = new ArrayAdapter<String>(this,android.R.layout.
simple_dropdown_item_1line,tips);
final AutoCompleteTextView acTextView = (AutoCompleteTextView)findViewById
(R.id.inputText);
acTextView.setAdapter(adapter);
```

Notiamo l'utilizzo di un ArrayAdapter e come questo sia stato assegnato all'oggetto AutoCompleteTextView attraverso il suo metodo setAdapter(), che merita comunque un approfondimento. Se andiamo a vedere la firma di questo metodo nella documentazione ufficiale notiamo come esso sia descritto nel seguente modo:

```
<T extends ListAdapter & Filterable> void  setAdapter(T adapter)
```

Si tratta di un metodo generico che accetta come parametro un oggetto che implementa le interfacce `ListAdapter` e `Filterable`. La prima è stata abbondantemente esaminata nel capitolo precedente, mentre l'interfaccia `Filterable` è quella che descrive la capacità da parte di alcuni componenti di fornire implementazioni della classe astratta `Filter` attraverso la definizione dell'operazione

```
abstract Filter  getFilter()
```

A sua volta un `Filter` è un oggetto che ha come responsabilità quella di filtrare determinate informazioni in modalità asincrona. Senza entrare in dettagli che saranno più chiari quando affronteremo la gestione dei thread in Android, possiamo dire che si tratta di oggetti in grado di eseguire delle operazioni di filtraggio all'interno di un thread per poi fornire gli eventuali risultati della ricerca all'interno del thread responsabile della gestione dell'interfaccia grafica che abbiamo chiamato `threadUI`. In questo contesto ciò che ci interessa è che la classe `ArrayAdapter` implementa sia l'interfaccia `ListAdapter` sia la `Filterable`. Significa quindi che tale classe è in grado di eseguire delle operazioni di filtraggio sui dati che gestisce e di permetterne la visualizzazione attraverso opportune `View` che la `AutoCompleteTextView` è in grado di gestire.

Non ci resta quindi che eseguire l'applicazione ottenendo, per esempio, il risultato di Figura 6.14.

Figura 6.14 Esecuzione di una AutoCompleteTextView.

Un'informazione importante riguarda il numero minimo di caratteri che è necessario digitare affinché venga proposto un suggerimento. Si tratta di un parametro che si chiama `threshold` (soglia) e che è possibile gestire attraverso i corrispondenti metodi get e set. Ovviamente il valore della soglia dovrà essere scelto in base al numero di elementi e alla lunghezza degli stessi. Un valore di soglia di 3 caratteri non permetterebbe infatti il suggerimento di parole di 2. Un valore troppo piccolo può portare invece a una lista troppo lunga tra cui scegliere.

Un'ultima osservazione riguarda il fatto che l'insieme dei valori proposti non rappresentano i soli valori che l'area di testo potrà assumere, come avviene per uno `Spinner`. Si tratta quindi di suggerimenti che l'utente potrà anche trascurare. In questo caso la classe `AutoCompleteTextView` mette a disposizione il seguente metodo:

```
public void setValidator (AutoCompleteTextView.Validator validator)
```

che permette di impostare come validatore un'implementazione dell'interfaccia interna `AutoCompleteTextView.Validator` la quale non consente di essere sicuri che l'utente digiti dei valori correttamente formattati ma mette in grado lo sviluppatore di accorgersi di quando ciò non avviene.

A tale proposito esaminiamo il progetto `AutoCompleteValidatorTest` disponibile online il quale crea un'mplementazione del `Validator` che riconosce le parole corrispondenti a numeri mettendole tutte in maiuscolo nel caso l'utente non lo facesse. Ovviamente si tratta di un esempio, che permette però di verificare l'utilizzo di questa possibile estensione. Il frammento di codice di interesse è quindi il seguente:

Listato 6.19 Utilizzo di un AutoCompleteTextView.Validator

```java
acTextView.setValidator(new AutoCompleteTextView.Validator(){

    @Override
    public CharSequence fixText(CharSequence invalidText) {
        boolean toFix = isPresentIgnoreCase(numbers,invalidText);
        if(toFix){
            return invalidText.toString().toUpperCase();
        }
        return invalidText;
    }

    @Override
    public boolean isValid(CharSequence text) {
        boolean isPresent = isPresentIgnoreCase(numbers,text);
        if(isPresent){
            return text.toString().toUpperCase().equals(text);
        }else{
            return false;
        }
    }
});
```

dove abbiamo eliminato i commenti, presenti nel codice originale, per motivi di spazio. Notiamo come le operazioni implementate dal validatore siano quelle che permettono di valutare se il valore inserito debba o meno essere corretto (fissato) e di valutare se il testo è valido oppure no. Il metodo `isPresentIgnoreCase()` permette di ricercare una `CharSequence` in un array di `String` ignorando il case.

Nel nostro esempio non abbiamo utilizzato, per motivi di spazio, la caratteristica principale dell'`AutoCompleteTextView`, ovvero quella di fornire delle alternative. Eseguendo l'applicazione, il lettore potrà comunque verificare come il testo inserito possa essere modificato automaticamente dal componente. È sufficiente inserire per esempio il testo "otto" in minuscolo per vedere poi cambiare il valore in "OTTO" al momento del cambio del focus, come in Figura 6.15. Ovviamente si tratta di un suggerimento cui l'utente può rinunciare. Notiamo infine come si tratti di un suggerimento che il sistema fornisce in corrispondenza alla perdita del focus.

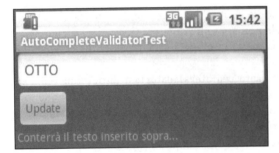

Figura 6.15 Progetto AutoCompleteValidatorTest in esecuzione.

MultiAutoCompleteTextView

Osservando l'utilizzo gli esempi realizzati a proposito della classe `AutoCompleteTextView` è possibile notare come essa permetta il suggerimento di una singola parola. Nel caso in cui si avesse la necessità di ottenere dal dispositivo un suggerimento in ciascuna parola che si sta inserendo, la soluzione è l'utilizzo della classe `MultiAutoCompleteTextView` che non è altro che un'ulteriore specializzazione della precedente. In questo caso si ha però la necessità di definire un meccanismo che permetta al componente di capire quando finisce una parola e ne inizia un'altra. A tale proposito è stata definita l'interfaccia `MultiAutoCompleteTextView.Tokenizer`, di cui è necessario fornire un'implementazione passandola poi al componente attraverso il metodo

```
public void setTokenizer (MultiAutoCompleteTextView.Tokenizer t)
```

Fortunatamente, come spesso accade, oltre alla definizione dell'interfaccia vi è la creazione delle principali implementazioni, che nel nostro caso sono descritte dalla classe `MultiAutoCompleteTextView.CommaTokenizer` la quale permette di distinguere una parola dalla successiva attraverso l'utilizzo del carattere virgola o di spazi.
Come esempio di utilizzo di questo componente esaminiamo il progetto `MultiAutoCompleteTest`, che non è altro che lo stesso progetto `AutoCompleteTest` in cui è stato sostituito il componente `AutoCompleteTextView` con la sua specializzazione `MultiAutoCompleteTextView`. La riga di codice per l'assegnazione del particolare `Tokenizer` è quindi la seguente:

```
acTextView.setTokenizer(new MultiAutoCompleteTextView.CommaTokenizer());
```

Lasciamo al lettore la verifica dell'effettivo funzionamento del componente nel caso multiplo attraverso l'esecuzione del progetto `MultiAutoCompleteTest`.

Button

Dopo aver esaminato nel dettaglio tutti i componenti di gestione testuale iniziamo lo studio dei componenti di selezione che hanno come generalizzazione quella descritta dalla classe `Button` del package `android.widget`. Si tratta di uno dei componenti da noi più utilizzati, per cui non ci dilungheremo in concetti già visti sia in quanto specializzazione di `View` sia come oggetto sorgente di eventi.

> **Button e Image**
>
> Un'osservazione degna di nota riguarda il fatto che la classe `ImageButton`, che descriveremo successivamente, non è una specializzazione di `Button` ma invece una specializzazione di `ImageView`.

CompoundButton e Checkable

Osservando la documentazione, possiamo notare come la classe `Button` in realtà non aggiunga molto alla classe `TextView` che estende direttamente. Le differenze risiedono sostanzialmente nella possibilità di generare una serie di eventi nel momento in cui il pulsante è selezionato o premuto. La classe `CompoundButton` aggiunge al `Button` la possibilità di essere `Checkable` ovvero di poter assumere lo stato di selezionato (checked) o non selezionato (unchecked) e di gestire in modo automatico gli eventi associati. In relazione a questa sua caratteristica, attraverso il metodo

`public void setChecked (boolean checked)`

è possibile modificare il suo stato in base al valore del parametro `boolean` passato. Attraverso il metodo

`public void toggle ()`

è invece possibile selezionare il componente se non selezionato o viceversa, secondo il classico meccanismo `toggle`. Ciò che un `CompoundButton` lascia indefinita è quindi la modalità con cui lo stato viene rappresentato graficamente e la modalità di interazione. A tale proposito sono state definite tre specializzazioni principali, descritte dalle classi `CheckBox`, `RadioButton` e `ToggleButton` che ci accingiamo a descrivere nel dettaglio.

CheckBox

Non dedicheremo molto spazio a questo componente, che sappiamo permetterci di indicare se un particolare valore è selezionato o meno. Come esempio di questo componente creiamo quindi il progetto `CheckBoxTest` il quale visualizza le tre componenti R, G e B di un colore permettendoci di selezionare la corrispondente componente, che verrà impostata come sfondo. Il valore della componente verrà inserito all'interno di una `EditText` i cui valori potranno essere compresi tra 0 e 255, ovviamente interi. Il lettore può consultare il codice disponibile online, che a questo punto dovrebbe essere perfettamente comprensibile. Qui descriviamo brevemente solo il seguente frammento:

Listato 6.20 Gestione degli eventi di una CheckBox

```
CompoundButton.OnCheckedChangeListener checkedListener = new CompoundButton.
OnCheckedChangeListener() {

    @Override
    public void onCheckedChanged(CompoundButton button, boolean checked) {
```

```
        if (button == redBox) {
          red = (redBox.isChecked()) ? getColorComponent(redText) : 0;
        } else if (button == greenBox) {
          green = (greenBox.isChecked()) ? getColorComponent(greenText):0;
        } else if (button == blueBox) {
          blue = (blueBox.isChecked()) ? getColorComponent(blueText): 0;
        } else {
                Log.w(CHECK_BOX_TEST_TAG,"No checkBox selected. Check the code!");
        }
        container.setBackgroundColor(Color.argb(0x88, red, green, blue));
      }

    };
```

che contiene l'implementazione del listener relativo all'evento di cambio di stato della CheckBox descritto dall'interfaccia interna `CompoundButton.OnCheckedChangeListener`. All'interno di questo metodo non facciamo altro che verificare qual è la sorgente dell'evento e leggere il valore contenuto nella corrispondente `EditText`. Notiamo come non vengano gestiti gli eventi relativi al cambio dei valori nei campi di testo ma solamente quelli associati ai `CheckBox`. Il risultato è quindi quello di Figura 6.16.
Il lettore può notare come la modalità di input visualizzata dal dispositivo sia quella impostata attraverso il relativo attributo `android:inputType` dell'elemento `EditText` nel layout.

Figura 6.16 Utilizzo di CheckBox.

RadioButton

Un'altra specializzazione di un `CompoundButton` è quella descritta dalla classe `RadioButton`. Si tratta di un componente simile a quello descritto in precedenza, nel senso che può assumere gli stessi stati di checked e unchecked. La principale differenza riguarda il fatto che l'utente può selezionare un `RadioButton` ma non può deselezionarlo. Il caso d'uso più comune di questo componente prevede infatti la presenza di un `RadioGroup` all'interno del quale solamente un `RadioButton` potrà essere nello stato checked. Se andiamo a vedere la documentazione notiamo come un `RadioGroup` non sia altro che una specializzazione di un `LinearLayout`; potrà quindi contenere una serie di componenti `RadioButton` come nell'esempio descritto dal progetto `RadioButtonTest` disponibile online. Si tratta di un semplice esempio di selezione di `RadioButton` che anche questa volta permettono la modifica dello sfondo del layout.

È da notare come nel layout sia stato utilizzato l'elemento `<RadioGroup/>` come contenitore degli elementi `<RadioButton/>` associati ai tre colori fondamentali. Notiamo poi come sia gestito nuovamente l'evento di modifica dello stato non su ciascun `RadioButton` ma sul solo `RadioGroup`. Il codice di riferimento è infatti il seguente:

Listato 6.21 Utilizzo di RadioGroup e RadioButton

```
RadioGroup.OnCheckedChangeListener listener = new RadioGroup.OnCheckedChangeListener() {
    @Override
    public void onCheckedChanged(RadioGroup radiogroup, int checkedId) {
        // A seconda del checkId cambiamo il colore di sfondo del container
        if(checkedId == R.id.redRadio){
            radioGroup.setBackgroundColor(Color.RED);
        }else if(checkedId == R.id.greenRadio){
            radioGroup.setBackgroundColor(Color.GREEN);
        }else if(checkedId == R.id.blueRadio){
            radioGroup.setBackgroundColor(Color.BLUE);
        }else{
            Log.w(RADIO_BUTTON_TEST_TAG, "Source not correct. Check code!");
        }


    }
};
radioGroup.setOnCheckedChangeListener(listener);
```

Notiamo come all'interno del metodo di gestione dell'evento venga confrontato il valore del secondo parametro `checkedId` con l'identificatore dei vari `RadioButton`. Eseguendo l'applicazione si ottiene quanto visualizzato in Figura 6.17.

Inizialmente non è selezionato alcun elemento. Al check di un componente si ha l'uncheck di quello eventualmente selezionato in precedenza. Notiamo come, selezionando nuovamente un `RadioButton` selezionato, il relativo stato non cambi.

Figura 6.17 Utilizzo di RadioGroup e RadioButton.

ToggleButton

L'ultima specializzazione di CompoundButton che andiamo a esaminare è quella descritta dalla classe ToggleButton, la quale implementa un pulsante con il significato di un on/off. Si tratta ancora di un componente che può assumere lo stato checked e unchecked, con un comportamento vicino a quello di un CheckBox ma con un aspetto molto vicino a quello di un normale Button.
A scopo dimostrativo creiamo il semplice esempio ToggleButtonTest, il quale utilizza un ToggleButton cui vengono associate label diverse a seconda dello stato on oppure off. Lo stato del bottone ci permetterà poi di modificare lo sfondo del contenitore. Il codice di interesse è a questo punto molto semplice:

Listato 6.22 Utilizzo di un ToggleButton

```
toggle.setOnCheckedChangeListener(new OnCheckedChangeListener(){

    @Override
    public void onCheckedChanged(CompoundButton button, boolean checked) {
        if(checked){
            // Colore giallo
            container.setBackgroundColor(Color.YELLOW);
        }else{
            // Colore blue
            container.setBackgroundColor(Color.BLUE);
        }
    }

});
```

e prevede la gestione dello stato del ToggleButton attraverso il secondo parametro checked del metodo di callback associato.
È importante infine notare come l'interfaccia OnCheckedChangeListener non sia quella della classe CompoundButton e non la RadioGroup come nel caso precedente.

Figura 6.18 Utilizzo di un ToggleButton.

Il risultato è quindi quello di Figura 6.18, dove notiamo la visualizzazione di label diverse a seconda dello stato. Per fare questo è possibile utilizzare gli attributi `android:textOn` e `android:textOff` nel documento di layout, come fatto nel nostro esempio.

CheckedTextView e ListView

Abbiamo visto che la classe `CompoundButton` non è altro che una specializzazione di `Button` che implementa l'interfaccia `Checkable`. La classe `CheckedTextView` è invece la versione `Checkable` di una `TextView`, come è possibile vedere nel diagramma in Figura 6.3. L'utilizzo di componenti di questo tipo si ha prevalentemente nella gestione delle `View` di una `ListView`. È importante notare come l'utilizzo di una `CheckedTextView` abbia senso se la `ListView` permette una modalità di selezione diversa da quella di default, che è possibile modificare attraverso il suo metodo

```
public void setChoiceMode (int choiceMode)
```

I possibili valori di `choiceMode` sono infatti quelli descritti dalle costanti `CHOICE_MODE_NONE`, `CHOICE_MODE_SINGLE` e `CHOICE_MODE_MULTIPLE` della classe `ListView`. Il primo valore rappresenta la modalità di scelta di default. Il secondo permette la selezione di un solo valore, la terza di un insieme di valori. Nei casi `CHOICE_MODE_SINGLE` e `CHOICE_MODE_MULTIPLE`, le `View` ottenute dagli `Adapter` associati dovranno avere la caratteristica di essere `Checkable`; ne segue che un utilizzo di una `CheckedTextView` potrebbe fare comodo.
A tale scopo abbiamo creato il semplice esempio `CheckedTextViewTest` il quale utilizza un layout di default di Android per realizzare una lista a selezione singola o multipla a seconda del valore che impostiamo attraverso il metodo `setChoiceMode()` descritto sopra. Il lettore potrà quindi verificare come sia possibile la selezione singola o multipla di un elemento della lista e come questi appaiano a seguito della selezione. Si tratta ovviamente dell'utilizzo del layout standard associato alla costante `android.R. layout.simple_list_item_checked`, ma è possibile crearne una custom, come visto in modo approfondito nel capitolo precedente. Nel caso di selezione multipla il risultato è mostrato in Figura 6.19.
Osservando il codice disponibile online, il lettore potrà notare come sia stata realizzata una specializzazione dell'`ArrayAdapter` con il solo scopo di indicare nel log se la `View` utilizzata è effettivamente una `CheckedTextView` o meno. Lasciamo al lettore la semplice verifica.
Ovviamente quello descritto è un utilizzo indiretto di un `CheckedTextView` ma, in quanto particolare `TextView`, potrà venire utilizzata anche direttamente in altri contesti.
A questo punto è interessante vedere come sia possibile conoscere l'insieme degli elementi selezionati.

Figura 6.19 Lista a selezione multipla.

A tale scopo la classe ListView mette a disposizione i seguenti metodi:

```
public long[] getCheckItemIds ()
public int getCheckedItemPosition ()
public SparseBooleanArray getCheckedItemPositions ()
```

che andiamo quindi a descrivere brevemente.

Il metodo getCheckItemIds() permette di ottenere un array di identificatori degli elementi selezionati. Notiamo come esso abbia senso nel caso di selezione multipla e come si tratti comunque degli id associati alle View selezionate.

Il metodo getCheckedItemPosition() ha invece senso solamente nel caso di selezione singola e ritorna la posizione dell'elemento selezionato. Nel caso in cui non venga selezionato alcun elemento, il valore di ritorno sarà quello associato alla costante ListView. INVALID_POSITION. Attenzione al fatto che la position è quella che abbiamo imparato a conoscere attraverso la definizione di Adapter.

Un metodo interessante è invece quello che ritorna un oggetto di tipo SparseBooleanArray; questo altro non è che un modo più efficiente di una Map di associare un valore booleano a un intero. In sintesi, attraverso un oggetto di questo tipo saremo in grado di conoscere lo stato di ciascun elemento della lista.

Un altro aspetto interessante riguarda la possibilità di intercettare gli eventi di click e selezione di un item nella lista attraverso l'implementazione di opportune interfacce, di cui la `ListView` eredita la definizione dalla classe `AdapterView`. In questo caso dobbiamo comunque fare attenzione, perché stiamo utilizzando una `ListActivity`. Per ascoltare l'evento di selezione di un item sarà quindi sufficiente fare l'override del metodo

```
protected void onListItemClick(ListView l, View v, int position, long id)
```

i cui parametri sono un riferimento alla `ListView`, alla `View` selezionata e alla posizione e `id` dell'elemento selezionato. Questo è anche il meccanismo utilizzato nell'esempio allegato online.

> **Notazione NomeClasse<?>**
>
> Le API di Android fanno un elevato utilizzo delle generics che Java ha introdotto a partire dalla versione 5. Come accennato in una nota precedente, si tratta di un meccanismo che permette di spostare in fase di compilazione errori che altrimenti si sarebbero verificati solamente in fase di esecuzione e che riguardano l'utilizzo di strutture dati in modo type safe. Molto brevemente, una struttura dati `List` in Java, nella versione che chiamiamo raw, deve poter contenere oggetti di tipo qualunque che quindi essa considera come `Object`. Questo significa che se si inserisce un'istanza di `Integer` in una `List` essa verrà considerata come `Object` anche in fase di estrazione. Questo porta alla necessità di utilizzare un'operazione di `cast` che permette la compilazione del codice ma che non assicura il corretto funzionamento in esecuzione in quanto mentre un `Integer` IS-A `Object`, un `Object` non è detto sia un `Integer`. Le generics ci hanno dato la possibilità di definire una `List` (ma lo stesso vale qualunque classe generica) in modo più accurato ovvero come `List` di `Integer` attraverso la notazione `List<Integer>`. In questo modo il compilatore ci assicura che in una lista di questo tipo si possano inserire solo `Integer` e, soprattutto, che qualunque cosa si estragga si tratterà comunque di `Integer`. Oltre che evitare operazioni di cast questo ci permette di controllare il tipo di elementi già in fase di compilazione. La precedente notazione, che nel nostro esempio sarebbe `List<?>`, sta a indicare una lista di "non si sa cosa" ovvero di unknown. Si tratta di un modo per poter referenziare una qualunque `List` qualunque sia il tipo di oggetti in essa contenuta. Ovviamente, se non si conosce il tipo degli oggetti contenuti non sarà possibile inserire ma si potrà solamente estrarre in quanto, qualunque sia il tipo di oggetti contenuti, si tratterà comunque di `Object`.

Sempre nell'esempio allegato abbiamo creato una semplice implementazione dell'interfaccia `AdapterView.OnItemSelectedListener` che non fa altro che visualizzare un messaggio di log.

Altri controlli

Fino a questo momento abbiamo descritto le principali specializzazioni della classe `View` e abbiamo visto come sia possibile gestire gli eventi di interazione con l'utente. Di seguito ci occupiamo invece della descrizione di altre specializzazioni di `View` che è possibile utilizzare, così come sono, all'interno delle nostre applicazioni e che spesso vengono associate al nome di controlli. Ovviamente non tratteremo ciascun componente di questo tipo, rimandando il lettore alla documentazione ufficiale; ci occuperemo invece dei principali.

ImageView e ImageButton

La classe `ImageView` del package `android.widget` permette la visualizzazione di un'immagine all'interno di una `View` secondo tutte le regole viste in precedenza in relazione alla gestione del layout in un particolare container. Si tratta di una classe che permette il caricamento dell'immagine da diverse fonti, tra cui Content Provider e ovviamente risorse tipicamente contenute nella cartella `res/drawable`.

Quando un'immagine viene inserita in un layout insieme ad altri componenti dovrà rispettare il contratto, descritto ampiamente nel capitolo precedente, per quello che riguarda le proprie dimensioni. Ovviamente un'immagine, per fare questo, dovrà subire un ridimensionamento, che è possibile gestire attraverso il metodo

```
public void setScaleType (ImageView.ScaleType scaleType)
```

che accetta come parametro un valore della `enum java ImageView.ScaleType` che definisce appunto l'algoritmo di scaling o resize. Lo stesso effetto lo possiamo ottenere attraverso l'utilizzo dell'attributo `android:scaleType`. Per capirne il funzionamento abbiamo creato il progetto `ImageViewTest` il quale permette di creare un'interfaccia che necessita di una distribuzione degli elementi contenuti, tra cui una `ImageView` che abbisogna di uno scaling. L'interfaccia è quella di Figura 6.20; essa prevede, come possiamo notare, anche uno `Spinner` per la scelta dello `ScaleType` da utilizzare oltre che un `Button` di solo ingombro. Dalla figura possiamo notare come la modalità associata alla costante `ScaleType.FIT_XY` sia tale per cui l'immagine viene deformata al fine di occupare tutto lo spazio a disposi-

Figura 6.20 Modalità FIT_XY.

Figura 6.21 Modalità CENTER_INSIDE.

zione. Un'altra modalità è invece quella associata alla costante ScaleType.CENTER_INSIDE, la quale permette di visualizzare l'immagine nello spazio disponibile mantenendo lo stesso rapporto tra le dimensioni (Figura 6.21).
Si lascia al lettore il test sul funzionamento delle altre modalità al fine di comprendere i diversi algoritmi di scaling che questa classe mette a disposizione.
Un'altra funzionalità è poi quella che va sotto il nome di tint, che possiamo gestire attraverso l'attributo android:tint o con uno dei seguenti metodi:

```
public void setColorFilter (ColorFilter cf)
public final void setColorFilter (int color, PorterDuff.Mode mode)
```

Si tratta della possibilità di applicare dei filtri all'immagine secondo particolari algoritmi. A parte l'utilizzo dell'attributo, che lasciamo al lettore, è interessante vedere il funzionamento della classe ColorFilter o meglio di sue specializzazioni. Se andiamo a vedere le API notiamo infatti come l'unico metodo definito da questa classe sia il metodo finalize(), che sappiamo essere quel metodo che il Garbage Collector invoca sulle istanze prima di liberarne le risorse. Osservando il sorgente di questa classe si nota come questo corrisponda all'invocazione di un metodo implementato in modo nativo al fine di ottimizzarne le performance. .
Ciò che ci può interessare di più sono invece le specializzazioni disponibili nell'ambiente descritte dalle classi ColorMatrixColorFilter, LightingColorFilter e PorterDuffColorFilter. A tale proposito creiamo il progetto FilterImageTest che non fa altro che applicare un filtro di tipo LightingColorFilter alla precedente immagine. Si tratta del filtro più

semplice, il quale permette di aumentare la luminosità di un'immagine specificando un moltiplicatore e un valore da aggiungere a ciascuna componente di colori. Attraverso le seguenti poche righe di codice:

Listato 6.23 Utilizzo di un ColorFilter

```
ImageView imageView = (ImageView) findViewById(R.id.imageView);
int multiplyValue = 0xFFFFFFFF;
int addValue = 0x000000FF;
LightingColorFilter filter = new LightingColorFilter(multiplyValue,addValue);
imageView.setColorFilter(filter);
```

abbiamo fatto in modo che il risultato fosse quello di Figura 6.22, dove è stata risaltata la componente blu di ogni colore.

Attraverso l'utilizzo delle altre specializzazioni di ColorFilter è possibile applicare filtri più complessi. Molto interessante è, per esempio, l'utilizzo di una ColorMatrixColorFilter, la quale permette di applicare delle trasformazioni matriciali alle componenti A, R, G e B di un colore descritte da un'istanza della classe ColorMatrix che Android mette a disposizione nel package android.graphics. Nello stesso esempio FilterImageTest il lettore potrà trovare il sorgente per l'utilizzo di questo tipo di filtro al fine di aumentare il contrasto dell'immagine.

Infine, il filtro descritto dalla classe PorterDuffColorFilter permette l'applicazione di composizioni di tipo Porter-Duff nella gestione della componente alfa di un colore. Per questo tipo di filtri si rimanda al vasto materiale in Rete. Il secondo overload del metodo setFilter() fa riferimento proprio a questo tipo di filtri.

Figura 6.22 Esempio di utilizzo di un LightingColorFilter.

Abbiamo quindi visto come una `ImageView` permetta la visualizzazione e gestione di un'immagine all'interno di una `View`. Una sua specializzazione è rappresentata dalla classe `ImageButton`, la quale non fa altro che aggiungere alla classe padre le funzionalità di bottone permettendo la visualizzazione di `Drawable` diversi a seconda del corrispondente stato.

AnalogClock e DigitalClock

Concludiamo l'elenco dei principali controlli con due componenti molto semplici da utilizzare, e che rappresentano un semplice orologio nella versione analogica e digitale. A tale proposito abbiamo creato il progetto `ClockTest` per la visualizzazione dei due tipi di orologi all'interno di due diversi tab, ottenendo il risultato in Figura 6.23. Lasciamo anche in questo caso al lettore l'esame del semplice codice allegato online, da estendere come esercizio nell'utilizzo del componente `Chronometer`.

Figura 6.23   Utilizzo di AnalogClock e DigitalClock.

Realizzare custom View

In questo capitolo abbiamo descritto la maggior parte dei componenti che Android ci mette a disposizione e abbiamo visto come si tratti di particolari specializzazioni della classe `View`. In determinate situazioni, però, l'insieme dei widget disponibili non basta e si rende necessaria la creazione di quelle che chiameremo *custom View*. Le motivazioni sono diverse. Innanzitutto il widget o controllo necessario potrebbe non esistere, per cui è richiesta la realizzazione di qualcosa *ad hoc*. Un'altra ragione potrebbe essere la necessità di creare un componente riutilizzabile in più punti di un'applicazione, senza magari dover ripetere strutture complesse di layout. In questi casi è consigliabile dedicare un po' di tempo allo studio del tipo di componente ovvero se non si tratti di qualcosa che si discosta di poco da componenti esistenti.

In precedenza abbiamo studiato a fondo gli oggetti `Drawable` e abbiamo visto come essi possano dipendere dallo stato della `View` di cui rappresentano il background. In molti casi la customizzazione consiste in una diversa visualizzazione del componente a seconda dello stato, per cui si traduce nella semplice definizione di un documento XML.

Se non esiste alternativa non resta quindi che creare un custom view, facendo attenzione ai seguenti aspetti che avevamo già visto in parte nella realizzazione di un layout custom:

- identificazione dell'eventuale specializzazione di `View` esistente
- identificazione degli eventuali attributi e `inflating`

268 Capitolo 6

- customizzazione dell'eventuale Drawable
- definizione delle operazioni del componente
- customizzazione degli eventuali eventi
- definizione fase di measuring
- definizione della modalità di rappresentazione

Ovviamente non è detto che la realizzazione di una custom view porti alla definizione di ognuno dei precedenti punti.

Come esempio di realizzazione di un componente custom vogliamo quindi realizzare un ColorChooser, ovvero qualcosa che permetta la selezione di un colore attraverso la scelta delle quattro componenti R, G, e B. L'esempio che andremo a realizzare è quello di Figura 6.24, che si compone quindi di un ColorChooser nella parte alta e di una View nella parte inferiore la quale modifica il suo colore di sfondo a mano a mano che le componenti del colore vengono modificate. Ovviamente il componente che andremo a creare sarà il ColorChooser, mentre quella in figura è il risultato di una Activity di test. Possiamo inizialmente notare come il componente che ci accingiamo a realizzare sia composto da tre barre simili, ciascuna associata a una componente di colore. Come prima cosa creeremo quindi una di questa barre come custom view per poi riutilizzarne tre istanze nella composizione del componente ColorChooser. Il codice è allegato al progetto CustomViewTest; qui ne descriviamo le parti fondamentali relative ai precedenti punti.

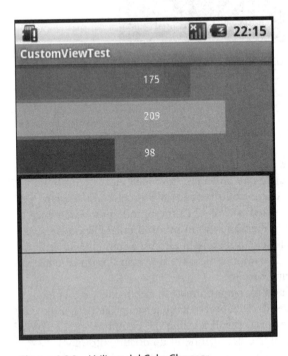

Figura 6.24 Utilizzo del ColorChooser.

Identificazione dell'eventuale specializzazione di View esistente

Il primo passo nella realizzazione di una custom View prevede di verificare la presenza di componenti simili a quello che si vuole realizzare, in modo da crearne una specializzazione attraverso la definizione delle sole differenze. Nel nostro caso non seguiremo alla lettera questo punto in quanto, per scopi didattici, vogliamo affrontare tutti gli aspetti che una custom View deve gestire. Per questo motivo la classe IntegerInputTouch che descrive ciascuna barra non estende la classe ProgressBar presente nelle API standard di Android e che vedremo nei capitoli successivi, ma direttamente la classe View. Lo stesso non varrà invece per la classe ColorChooser, che implementerà il componente di scelta del colore. In questo caso abbiamo creato una specializzazione della classe LinearLayout, ottenendo quella che si chiama *compound view* ovvero una custom view che aggrega un insieme di componenti diversi; nel nostro caso saranno IntegerInputTouch.

Identificazione degli eventuali attributi e inflating

Un componente custom potrà disporre di particolari attributi da applicare attraverso il layout XML. Nel capitolo relativo ai layout abbiamo già visto come questo possa avvenire. In questo esempio non abbiamo fatto altro che ripetere il procedimento descritto definendo inizialmente il documento XML degli attributi. Nel nostro caso abbiamo creato il seguente documento attrs.xml nella cartella res/values:

Listato 6.24 Definizione degli attributi custom in attrs.xml

```xml
<?xml version="1.0" encoding="utf-8"?>
<resources>
    <declare-styleable name="IntegerInputTouch">
        <attr name="minValue" format="integer" />
        <attr name="maxValue" format="integer" />
        <attr name="barDrawable" format="reference" />
        <attr name="textColor" format="color" />
    </declare-styleable>
    <declare-styleable name="ColorChooser">
        <attr name="startColor" format="color" />
    </declare-styleable>
</resources>
```

Per quello che riguarda il componente IntegerInputTouch, abbiamo definito il range dei valori possibili, il colore del testo per la visualizzazione del valore corrente e infine il riferimento al Drawable da utilizzare per la barra. Per quanto visto nel capitolo relativo alle risorse, abbiamo quindi deciso di creare un ClipDrawable il quale, ricordiamo, permette di ottenere una sezione di un Drawable proporzionale al valore della grandezza chiamata livello. Per quello che riguarda il componente ColorChooser abbiamo solamente specificato l'attributo per la definizione del valore per il colore iniziale. L'utilizzo di queste informazioni avviene sia nel documento XML di layout sia nel codice Java.

Un esempio di utilizzo è quello che il lettore può trovare nel documento di layout chooser_layout.xml che contiene la definizione del layout dell'intero ColorChooser attraverso la composizione dei tre IntegerInputTouch.

Listato 6.25 Esempio di utilizzo degli elementi custom nella definizione del layout

```xml
<?xml version="1.0" encoding="utf-8"?>
<LinearLayout xmlns:android="http://schemas.android.com/apk/res/android"
    xmlns:custom="http://schemas.android.com/apk/res/it.apogeo.android.cap06.
    customviewtest"
    android:orientation="vertical" android:layout_width="fill_parent"
    android:layout_height="wrap_content" android:background="@color/dark_gray">
    <it.apogeo.android.cap06.customviewtest.IntegerInputTouch
        android:layout_width="fill_parent" android:layout_height="wrap_content"
        custom:minValue="0" custom:maxValue="255" custom:barDrawable="@drawable/
        red_transp_rect"
        custom:textColor="#FFFFFFFF" android:id="@+id/redBar"
        android:layout_marginTop="2px" android:layout_marginBottom="2px" />
    <it.apogeo.android.cap06.customviewtest.IntegerInputTouch
        android:layout_width="fill_parent" android:layout_height="wrap_content"
        custom:minValue="0" custom:maxValue="255" custom:barDrawable="@drawable/
        green_transp_rect"
        custom:textColor="#FFFFFFFF" android:id="@+id/greenBar"
        android:layout_marginTop="2px" android:layout_marginBottom="2px" />
    <it.apogeo.android.cap06.customviewtest.IntegerInputTouch
        android:layout_width="fill_parent" android:layout_height="wrap_content"
        custom:minValue="0" custom:maxValue="255" custom:barDrawable="@drawable/
        blue_transp_rect"
        custom:textColor="#FFFFFFFF" android:id="@+id/blueBar"
        android:layout_marginTop="2px" android:layout_marginBottom="2px" />
</LinearLayout>
```

Per quello che riguarda il codice Java, descriviamo brevemente quanto fatto nei costruttori del componente IntegerInputTouch che abbiamo raccolto all'interno del metodo di utilità readAttributes():

Listato 6.26 Metodo di lettura degli attributi custom

```java
private final void readAttributes(Context context, AttributeSet attrs) {
    TypedArray values = context.obtainStyledAttributes(attrs,
        R.styleable.IntegerInputTouch);
    minValue = values.getInt(R.styleable.IntegerInputTouch_minValue,
        MIN_DEFAULT_VALUE);
    maxValue = values.getInt(R.styleable.IntegerInputTouch_maxValue,
        MAX_DEFAULT_VALUE) + 1;
    Drawable drawable = values
        .getDrawable(R.styleable.IntegerInputTouch_barDrawable);
    barDrawable = new ClipDrawable(drawable, Gravity.LEFT,
```

```
            ClipDrawable.HORIZONTAL);
    if (barDrawable == null) {
        Log.e(LOG_TAG,
            "A Drawable must be present as barDrawable. Check layout");
        throw new IllegalStateException(
            "A Drawable must be present as barDrawable. Check layout");
    }
    setBackgroundDrawable(barDrawable);
    textColor = values.getColor(R.styleable.IntegerInputTouch_textColor,
            DEFAULT_TEXT_COLOR);
    values.recycle();
}
```

Come già visto per il custom layout, è importante notare come all'interno dei costruttori vi sia la chiamata ai costruttori della classe padre, che in questo caso è la stessa `View`. Ciò permette l'inizializzazione delle proprietà ereditate. Nel metodo `readAttributes()`, attraverso le costanti della classe `R.styleable` generate a seguito della definizione degli attributi custom, andiamo a leggere i valori eventualmente inseriti nel layout.

È importante ricordarsi di richiamare il metodo `recycle()` sull'oggetto ottenuto di tipo `TypedArray` al fine di permetterne un'ulteriore elaborazione. Lasciamo al lettore la visione dei costruttori della classe `ColorChooser`, molto più semplici.

Customizzazione dell'eventuale Drawable

Nel precedente paragrafo abbiamo accennato alla presenza di componenti `Drawable`. Dovendo infatti visualizzare una barra di lunghezza proporzionale al valore selezionato, la scelta è andata sulla realizzazione di una `ClipDrawable` a partire da una `Drawable` passata attraverso un particolare attributo custom. Nel metodo `readAttributes()` visto in precedenza, possiamo notare le istruzioni di accesso al `Drawable` passato come parametro e il conseguente wrapping all'interno di un `ClipDrawable`. Per gestire la lunghezza della barra non abbiamo fatto altro che impostare una proporzione tra il range di livelli e quello di valori attraverso il seguente metodo privato `manageXValue()`:

Listato 6.27 *Gestione del livello del ClipDrawable*

```
private void manageXValue(float xValue) {
    int level = (int) (10000 * xValue) / getWidth();
    barDrawable.setLevel(level);
    int oldValue = selectedValue;
    selectedValue = (int) ((maxValue - minValue) * xValue) / getWidth();
    if (selectedValue != oldValue) {
        dispatchOnInputTouchEvent();
    }
}
```

Attraverso questo metodo abbiamo semplicemente calcolato la proporzione tra l'ascissa del punto cliccato e la lunghezza della barra.

Definizione delle operazioni del componente

Ciascuna `View` del tipo descritto dovrà mettere a disposizione delle operazioni che permettono l'accesso alle informazioni che le stesse gestiscono. Il `ColorChooser` dovrà permettere di conoscere il valore del colore selezionato. La classe `IntegerInputTouch` dovrà avere delle operazioni che permettono di conoscere il valore selezionato. Nel nostro caso abbiamo risolto attraverso l'implementazione dei corrispondenti metodi `get`, ovvero il seguente metodo:

Listato 6.28 Metodo per l'accesso al valore selezionato in una `IntegerInputTouch`

```
public int getSelectedValue() {
    return selectedValue;
}
```

per il componente `IntegerInputTouch` e il seguente metodo:

Listato 6.29 Metodo per l'accesso al colore selezionato in un ColorChooser

```
public int getSelectedColor() {
    return Color.rgb(red, green, blue);
}
```

per il `ColorChooser`. Ovviamente ciascun componente metterà a disposizione degli altri i metodi relativi alle informazioni che lo stesso gestisce.

Customizzazione degli eventuali eventi

Un aspetto fondamentale nella definizione di componenti di questo tipo riguarda la gestione degli eventi. Nel nostro caso i componenti creati sono entrambi sorgenti di particolati eventi di selezione. Nel caso dell'`IntegerInputTouch` notiamo come sia stata definita la seguente interfaccia interna:

Listato 6.30 Interfaccia degli ascoltatori del `IntegerInputTouch`

```
public interface OnInputTouchValueListener {
    public void onValueChanged(IntegerInputTouch src, int value);
}
```

Osserviamo come essa definisca l'operazione che gli eventuali ascoltatori dovranno implementare, la quale prevede il passaggio delle informazioni relative alla sorgente dell'evento e al nuovo valore. Per la sorgente è importante rendere disponibile un metodo per la registrazione, che in questo caso è il seguente:

Listato 6.31 Metodo di registrazione alla sorgente dell'evento

```
public void setOnInputTouchValueListener(OnInputTouchValueListener listener) {
    this.listener = listener;
```

oltre a un metodo di utilità per la notifica dell'evento stesso:

Listato 6.32 Metodo di notifica dell'evento agli eventuali listener

```
public void dispatchOnInputTouchEvent() {
    if (listener != null) {
        listener.onValueChanged(this, selectedValue);
    }
}
```

Il lettore potrà verificare come sia stato utilizzato un meccanismo analogo per gli eventi del componente ColorChooser.

Definizione fase di measuring

Uno degli aspetti più complessi nella definizione di un componente custom è quello relativo alle dimensioni e al layout. Nel nostro caso non abbiamo avuto necessità di gestioni particolari, se non la definizione della fase di measuring per il componente IntegerInputTouch attraverso il seguente override:

Listato 6.33 Override del metodo onMeasure() per la definizione delle dimensioni

```
protected void onMeasure(int widthMeasureSpec, int heightMeasureSpec) {
    // Gestione della larghezza.
    int widthValue = MeasureSpec.getSize(widthMeasureSpec);
    int widthMode = MeasureSpec.getMode(widthMeasureSpec);
    int measuredWidth = widthValue;
    if (widthMode != MeasureSpec.EXACTLY) {
        measuredWidth = maxValue - minValue;
    }
    // Per l'altezza invece abbiamo una dimensione definita
    int heightValue = MeasureSpec.getSize(heightMeasureSpec);
    int heightMode = MeasureSpec.getMode(heightMeasureSpec);
    int measureHeight = heightValue;
    if (heightMode != MeasureSpec.EXACTLY) {
        measureHeight = DEFAULT_MEASURE_HEIGHT;
    }
    // La ritorniamo come misura preferita
    setMeasuredDimension(measuredWidth, measureHeight);
}
```

Notiamo come non si sia fatto molto di più che gestire le dimensioni del componente in base alle richieste da parte del container. Nel caso di un mode di tipo EXACTLY abbiamo fatto in modo di ritornare le stesse size fornite in input. Nel caso di valori di mode diversi abbiamo calcolato le dimensioni in base al range di valori da rappresentare. Per la classe `ColorChooser` non abbiamo avuto la necessità di ridefinire questi aspetti: abbiamo accettato quelli ereditati dal `LinearLayout`.

Definizione modalità di rappresentazione

L'ultimo aspetto trattato è quello relativo alla visualizzazione dei componenti. Come detto, per il componente `IntegerInputTouch` avremmo potuto estendere una classe più vicina alle nostre necessità. Anche la `TextView` avrebbe semplificato la visualizzazione del valore selezionato, in quanto avremmo potuto semplicemente invocare il metodo `setText()` oltre che ereditare una serie di attributi di vario genere. Abbiamo invece esteso la classe `View` per poter fare l'overriding del metodo `onDraw()` responsabile del disegno del componente.

Listato 6.34 Override del metodo onDraw() per il disegno del componente

```
protected void onDraw(Canvas canvas) {
    super.onDraw(canvas);
    Paint paint = new Paint();
    paint.setColor(textColor);
    float y = (paint.getFontMetrics().bottom+getHeight())/2;
    canvas.drawText(""+getSelectedValue(), getWidth()/2, y, paint);
}
```

È importante notare come la prima istruzione consista nel disegno della `View` in quanto tale. Questo ci ha permesso di gestire in modo semplice gli aspetti legati al `ClipDrawable` associato al componente. Notiamo poi l'utilizzo dell'oggetto `Paint` cui avevamo accennato in occasione della gestione dei `Drawable`. Si tratta di un oggetto che permette di gestire le caratteristiche del tratto di disegno tra cui il colore, il font e altro ancora. Attraverso il `Canvas`, ottenuto come parametro del metodo, abbiamo poi potuto scrivere il testo voluto.

Conclusioni

In questo capitolo abbiamo terminato la descrizione degli aspetti relativi alle diverse specializzazioni di `View` che è possibile utilizzare all'interno di una `Activity`. Dopo aver esaminato nel dettaglio le modalità di gestione degli eventi, attraverso sia l'utilizzo di particolari listener sia di quelli che abbiamo chiamato event handler, abbiamo fatto una panoramica sui principali widget. Abbiamo quindi concluso con la realizzazione di una custom view.

Nel prossimo capitolo ci occuperemo di altri componenti grafici molto importanti nell'interazione con l'utente, ovvero i menu e le finestre di dialogo.

Capitolo 7

Animation, Menu, Dialog e Toast

Dopo aver visto nel dettaglio le specializzazioni della classe View, ci dedichiamo allo studio di altre API molto importanti per le modalità di interazione con l'utente. Dedicheremo infatti la prima parte del capitolo alle animazioni che ci permetteranno, attraverso l'utilizzo di particolari View o la definizione di risorse, di rendere le nostre interfacce più accattivanti. Ci occuperemo poi di quelli che si chiamano Toast, che non sono oggetti commestibili ma strumenti molto utili per inviare all'utente informazioni brevi nella modalità "mostra e sparisci". Concluderemo quindi il capitolo con il framework che Android mette a disposizione per la creazione di menu e le classiche finestre di dialogo.

In questo capitolo

- **Animation**
- **Menu**
- **Toast**
- **Dialog**
- **Conclusioni**

Animation

Per "animazione" si intende una qualunque modifica nel tempo, colore, posizione, dimensione e orientamento di un componente nel display.

Intuitivamente, possiamo realizzare un qualunque tipo di animazione in due modi diversi. Il primo è quello tipico del "vecchio" cinema, il quale permette di sfruttare le capacità di interpolatore dell'occhio umano per creare animazioni a partire da una successione di immagini riprodotte in istanti molto vicini tra loro. Il secondo è invece quello, forse più complesso, che permette di specificare un'animazione descrivendo lo stato iniziale di un componente, lo stato finale, la durata e la modalità di passaggio dallo stato iniziale a quello finale.

Supponiamo di dover animare un'immagine nel suo movimento da un punto A a un punto B del display.

Se decidiamo di adottare il primo approccio dobbiamo creare una serie di immagini, denominate *frame*, che rappresentano l'oggetto da animare nelle diverse posizioni dal punto A al punto B. Questo tipo di animazioni viene chiamato *frame-by-frame*; in Android sono descritte da una particolare specializzazione della classe Drawable che si chiama AnimationDrawable, contenuta nello stesso package android.graphics.drawable. Da quanto visto nel Capitolo 3, è infatti abbastanza intuitivo che i diversi frame debbano essere descritti da oggetti Drawable, i quali dovranno poi essere assegnati alla particolare View come si fa normalmente con oggetti di questo tipo, ovvero come background.

Se invece decidiamo di adottare il secondo approccio, dovremo descrivere la posizione iniziale dell'immagine, la posizione finale, la durata dell'animazione e soprattutto la modalità di passaggio dal punto A al punto B; quest'ultima può variare molto a seconda del tipo di animazione. Si potrebbe andare da A a B in modo veloce o lentamente all'inizio per poi accelerare, e così via. Vedremo quindi come questo concetto venga astratto attraverso la definizione del cosiddetto interpolatore, descritto da particolari specializzazioni dell'interfaccia Interpolator. Ciascuna animazione di questo tipo viene poi rappresentata da particolari specializzazioni della classe astratta Animation del package android.view.animation, che è possibile applicare a una View attraverso il seguente metodo:

```
public void setAnimation (Animation animation)
```

Questa tipologia di animazioni è chiamata *tween* in quanto permette una descrizione di ciò che avviene "tra" (*between*) due punti. Nei prossimi paragrafi vedremo poi come, in questa categoria, si possa fare un'ulteriore classificazione tra animazioni di layout e animazioni di View. Le prime permettono di specificare, in modo anche dichiarativo, come un insieme di componenti vengono animati all'interno di un proprio container descritto da una particolare ViewGroup. Le seconde sono invece quelli più complesse; permettono l'applicazione di trasformazioni matriciali alla matrice dei punti rappresentativa di come una particolare View viene visualizzata nel display.

Iniziamo quindi lo studio delle animazioni più semplici, quelle *frame-by-frame*.

Animazioni frame-by-frame

Come accennato, questa tipologia di animazioni è quella che prevede la definizione di un insieme di *frame* specificando la modalità con cui questi dovranno essere visualizzati. È un meccanismo simile a quello del vecchio cinema in cui l'animazione era prodotta dalla visualizzazione di sequenze di immagini molto vicine tra loro. Come è facile intuire, si tratta di animazioni molto semplici da creare. poiché non si dovrà fare altro che definire i diversi frame e in qualche modo dichiararli ad Android, specificando poi come dovranno essere riprodotti nel tempo. In realtà questo tipo di animazione non avviene attraverso la creazione di una specializzazione della classe Animation bensì attraverso la classe AnimationDrawable che, come suggerisce il nome stesso, è una particolare specializzazione di Drawable. Se ci pensiamo, un'animazione frame-by-frame può in effetti essere considerata come la visualizzazione in sequenza di un insieme di Drawable.

Come esempio di questo tipo di animazioni abbiamo creato il progetto FrameAnimationTest il cui codice è disponibile online. Come prima cosa abbiamo definito i frame attraverso una serie di immagini relative al movimento di un pallino colorato da sinistra a destra, che abbiamo inserito all'interno della cartella /res/drawable. Il lettore potrà notare come si tratti di oggetti comunque `Drawable`. Il passo successivo consiste quindi nella definizione dell'animazione attraverso un documento XML, che abbiamo chiamato `animation_frame.xml` e che abbiamo inserito nella stessa cartella delle immagini. Come si può notare nel listato che segue, la definizione dell'animazione è avvenuta attraverso l'utilizzo dell'elemento `<animation-list>` all'interno del quale sono stati specificati tanti `<item/>` quanti i frame, associando a ciascuno la relativa durata di visualizzazione mediante l'attributo `android:duration`.

Listato 7.1 Definizione di un'animazione frame-by-frame

```xml
<?xml version="1.0" encoding="utf-8"?>
<animation-list xmlns:android="http://schemas.android.com/apk/res/android"
    android:id="@+id/movingBall" android:oneshot="false">
    <item android:drawable="@drawable/frame_1" android:duration="40" />
    <item android:drawable="@drawable/frame_2" android:duration="38" />
. . . .
    <item android:drawable="@drawable/frame_17" android:duration="38" />
    <item android:drawable="@drawable/frame_18" android:duration="40" />
</animation-list>
```

Nell'esempio creato abbiamo fatto in modo che l'animazione proceda leggermente più veloce al centro e rallenti ai bordi. Una caratteristica di una `AnimationDrawable` è quella descritta con l'attributo `android:oneshot`, il quale indica se l'animazione dovrà essere eseguita una sola volta o se dovrà essere ripetuta. Nel nostro caso abbiamo fatto in modo che venisse ripetuta più volte.

Il passo conclusivo è quello relativo all'utilizzo di questa particolare risorsa attraverso il seguente codice:

Listato 7.2 Utilizzo di un AnimationDrawable in una Activity

```java
public class FrameAnimationTestActivity extends Activity {
    private AnimationDrawable animationDrawable;

    public void onCreate(Bundle savedInstanceState) {
        super.onCreate(savedInstanceState);
        setContentView(R.layout.main);
        ImageView imageView = (ImageView) findViewById(R.id.animationView);
        animationDrawable = (AnimationDrawable) imageView.getBackground();
    }

    public void startAnimation(View src) {
        if(!animationDrawable.isRunning()){
            animationDrawable.start();
        }
    }

    public void stopAnimation(View src) {
```

```
        if(!animationDrawable.isRunning()){
            animationDrawable.stop();
        }
    }
}
```

Notiamo come nel metodo onCreate() si sia ottenuto il riferimento alla AnimationDrawable come background di una ImageView definita all'interno del seguente file di layout.

Listato 7.3 Documento di Layout dell'applicazione FrameAnimationTest

```xml
<?xml version="1.0" encoding="utf-8"?>
<LinearLayout xmlns:android="http://schemas.android.com/apk/res/android"
    android:orientation="vertical" android:layout_width="fill_parent"
    android:layout_height="fill_parent">
    <ImageView android:id="@+id/animationView"
        android:layout_height="wrap_content" android:background="@drawable/animation_frame"
        android:layout_width="fill_parent">
    </ImageView>
    <LinearLayout android:id="@+id/LinearLayout01"
        android:layout_height="wrap_content" android:layout_width="fill_parent">
        <Button android:layout_width="wrap_content"
            android:layout_height="wrap_content" android:id="@+id/startButton"
            android:onClick="startAnimation"
            android:text="@string/start_label"></Button>
        <Button android:layout_width="wrap_content"
            android:layout_height="wrap_content" android:id="@+id/stopButton"
            android:onClick="stopAnimation"
            android:text="@string/stop_label"></Button>
    </LinearLayout>
</LinearLayout>
```

Il riferimento ottenuto è poi stato utilizzato all'interno dei metodi startAnimation() e stopAnimation() associati ai due pulsanti mediante l'attributo android:onClick. Una volta ottenuto il riferimento all'oggetto AnimationDrawable abbiamo la possibilità di avviare o fermare l'animazione utilizzando i metodi:

```
public void start ()
public void stop ()
```

Nella nostra implementazione abbiamo utilizzato anche il metodo isRunning() per conoscere lo stato dell'animazione al momento della pressione di ciascun Button. Il risultato è quindi quello mostrato in Figura 7.1.

Eseguendo l'applicazione, il lettore potrà notare come il pallino si muova da sinistra verso destra ricominciando ogni volta l'animazione da sinistra. Nel caso avessimo voluto fare in modo che il pallino oscillasse, avremmo dovuto inserire altri frame relativi al moto di

Figura 7.1 Applicazione FrameAnimationTest in esecuzione.

ritorno riutilizzando, ovviamente, lo stesso insieme di Drawable. La classe AnimationDrawable non ci permette infatti, a differenza di quello che accade per le specializzazioni di Animation, di decidere la modalità di ripetizione.

Animazioni dei layout

Le animazioni frame-by-frame vengono gestite attraverso l'utilizzo di particolari oggetti Drawable che è possibile impostare come background di una qualunque View, con i risultati visti nel paragrafo precedente. Nell'introduzione avevamo però accennato alla presenza del metodo setAnimation() che permette di associare a una View una particolare specializzazione della classe Animation, caratteristica di una determinata animazione tween. Si tratta di classi che descrivono, tra le altre cose, l'animazione in termini di uno stato iniziale, uno stato finale, una durata e un modo per mappare i vari passi dell'animazione nel tempo. Nel caso di una ViewGroup, oltre alla possibilità di utilizzare una Animation come ereditato dalla classe View, è possibile gestire il cosiddetto *layout animation*, assegnato attraverso l'invocazione del metodo

```
public void setLayoutAnimation (LayoutAnimationController controller)
```

oppure con l'utilizzo dell'attributo android:layoutAnimation. Si tratta di un modo per descrivere come una animazione dovrà essere applicata alle View contenute in un ViewGroup. È da notare come il parametro passato sia un oggetto di tipo LayoutAnimationController il cui ruolo è di Mediator, ovvero di decidere come le eventuali animazioni dovranno essere applicate a ciascuna View contenuta all'interno del ViewGroup.

> **Mediator**
> Il Mediator è un altro Design Pattern GoF di tipo comportamentale che permette di semplificare l'interazione tra oggetti diversi nel caso in cui il numero di questi ultimi possa aumentare in modo tale da renderne molto difficile la gestione. Nel nostro caso la "mediazione" del LayoutAnimationController è quella esistente tra l'insieme delle View di un ViewGroup e l'animazione da applicare.

L'implementazione di default di questo componente è quella che permette di avviare l'animazione associata a una View di una ViewGroup con un ritardo proporzionale all'indice che la View ha nella ViewGroup. Il lettore potrà verificare come sia possibile creare specializzazioni di questa classe definendo regole eventualmente diverse nel calcolo del delay. Molto importante è invece la modalità con cui è possibile definire un `LayoutAnimationController` in modo dichiarativo. Come vedremo nel prossimo esempio, sarà possibile creare un componente di questo tipo attraverso l'utilizzo di un elemento `<layoutAnimation/>`.

Tipi di animazioni tween

Android mette a disposizione una serie di animazioni che possono essere composte in modi diversi e che permettono l'esecuzione di:

- ridimensionamenti
- rotazioni
- traslazioni
- modifiche della componente `alpha`

Ciascuna di queste animazioni è caratterizzata da una condizione iniziale (`from`), da una condizione finale (`to`), da una durata e da un `Interpolator` che ha la responsabilità di indicare la velocità e la modalità per andare da `from` a `to` nel tempo specificato.

Anche in questo caso le animazioni vengono descritte in modo dichiarativo mediante l'utilizzo di opportuni documenti XML che ora sono contenuti all'interno della cartella `res/anim`. Per la loro creazione possiamo sfruttare le funzionalità dell'editor in Figura 7.2. Tra gli elementi che è possibile utilizzare all'interno dell'XML notiamo:

- `set`
- `scale`
- `rotate`
- `translate`
- `alpha`

dove, insieme a quelli corrispondenti alle operazioni descritte in precedenza, notiamo l'elemento `<set/>` che ci permetterà di comporre più tipi di animazioni in una unica, applicando ancora una volta il Composite Pattern.

Durata e startOffset

A ciascuna animazione viene associata una durata attraverso l'attributo `android:duration` o l'invocazione del metodo

```
public void setDuration (long durationMillis)
```

Il valore viene espresso in millisecondi, non può essere negativo e ha 0 come valore di default. Questo significa che se non viene specificato l'animazione non ha effetto. Come le altre grandezze che andiamo a scrivere si tratta di un valore che possiamo esprimere direttamente o attraverso il riferimento a una risorsa o proprietà di un particolare tema. Specialmente nel caso in cui si compongano diverse tipologia di animazione attraverso l'elemento `<set/>`, è possibile ritardare l'inizio di una particolare animazione rispetto al tempo di start stabilito. Per fare questo è possibile utilizzare l'attributo `android:startOffset` oppure il seguente metodo

```
public void setStartOffset (long startOffset)
```

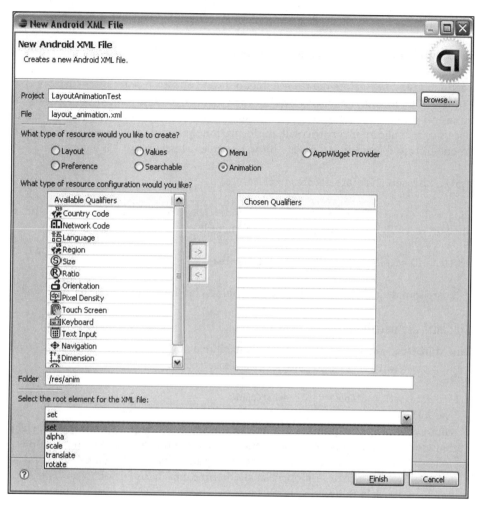

Figura 7.2 Creazione di un documento XML per le animazioni di layout.

Come nel caso della durata, il valore inserito è in millisecondi.

Tempo di applicazione della trasformazione

Come vedremo successivamente, a ciascuna View è possibile applicare delle trasformazioni attraverso la definizione di opportune matrici descritte da istanze della classe Matrix che abbiamo già incontrato in occasione dei filtri da applicare alla ImageView. Il riferimento a tali matrici ci verrà fornito da un oggetto di tipo Transformation passato come parametro del metodo

```
protected void applyTransformation (float interpolatedTime, Transformation t)
```

che ogni Animation implementa. Quando un'animazione viene applicata a una View possiamo scegliere se renderla o meno persistente. Nel caso si intendesse mantenere come stato della View quello finale dell'animazione è possibile utilizzare il seguente metodo:

```
public void setFillAfter (boolean fillAfter)
```

passando true come valore del parametro. Lo stesso risultato si potrà ottenere attraverso l'utilizzo dell'attributo android:fillAfter. Nel caso in cui si gestissero più animazioni attraverso un elemento <set/> o la creazione di una AnimationSet, si potrebbe avere la necessità di applicare una particolare trasformazione prima dell'istante effettivo di start. In questo caso il metodo cui passare un valore true del parametro è il seguente:

```
public void setFillBefore (boolean fillBefore)
```

mentre il corrispondente attributo sarà android:fillBefore. L'utilizzo di questi metodi o attributi è poi abilitato o meno mediante il metodo

```
public void setFillEnabled (boolean fillEnabled)
```

o il corrispondente attributo android:fillEnabled, che di default è a false.

Modalità di ripetizione

Una volta creata un'animazione è possibile stabilire il numero di volte che la stessa dovrà essere ripetuta attraverso l'attributo android:repeatCount oppure il metodo

```
public void setRepeatCount (int repeatCount)
```

Il valore del parametro pari a Animation.INFINITE (che corrisponde a −1) indica che l'animazione viene ripetuta continuamente. In caso contrario verrà ripetuta il numero di volte specificato. È bene fare attenzione che il valore 0 indica "nessuna ripetizione". Oltre a questo, è possibile impostare anche la modalità di ripetizione con l'attributo android:repeatMode o il metodo

```
public void setRepeatMode (int repeatMode)
```

dove il parametro può assumere uno dei valori descritti dalle costanti Animation.RESTART o Animation.REVERSE; nel primo caso l'animazione viene ripetuta dall'inizio, nel secondo viene ripetuta in ordine inverso per ritornare dalla condizione finale a quella iniziale.

Gestione asse Z

Mediante l'attributo android:zAdjustment è possibile indicare dove il risultato dell'animazione verrà visualizzato rispetto al resto del contenuto della View alla quale l'animazione è stata applicata. Lo stesso risultato si ottiene con il metodo

```
public void setZAdjustment (int zAdjustment)
```

dove i possibili valori sono quelli descritti dalle costanti Animation.ZORDER_NORMAL, Animation.ZORDER_TOP e Animation.ZORDER_BOTTOM. Il primo valore indica che l'animazione viene visualizzata secondo il suo implicito valore di z, mentre gli altri permettono rispettivamente di visualizzare l'animazione al di sopra o al di sotto di quanto relativo alla View. È importante specificare che questo attributo non permette una gestione dinamica dell'animazione lungo l'asse z, cosa che sarà possibile successivamente tramite la realizzazione di particolari trasformazioni custom.

Interpolator

È bene precisare che un Interpolator non è un modo per descrivere la modalità per muovere un'immagine da un punto A a un punto B secondo tragitti diversi. Si tratta invece di un modo per indicare la velocità con cui è possibile raggiungere uno stato finale B a partire da uno stato iniziale A.

Se andiamo a vedere l'interfaccia Interpolator, notiamo come l'unica operazione definita sia la seguente:

```
abstract float  getInterpolation(float input)
```

che descrive un modo per mappare un instante in input nel corrispondente istante in output. Possiamo infatti pensare al valore di input come un indicatore del percorso dall'istante iniziale, corrispondente al valore 0.0, all'istante finale, corrispondente al valore 1.0. È quindi semplice comprendere come un Interpolator che permetta di muoversi velocemente all'inizio dell'animazione e lentamente alla fine sia un qualcosa che applica un moltiplicatore più elevato all'invio e inferiore alla fine.

Android mette a disposizione diversi tipi di Interpolator, elencati in Tabella 7.1.

Tabella 7.1 Interpolator standard di Android

Interpolator	Descrizione
AccelerateDecelerateInterpolator	L'animazione accelera all'inizio e alla fine rallentando nel mezzo.
AccelerateInterpolator	L'animazione parte piano e poi accelera.
AnticipateInterpolator	L'animazione inizia all'indietro per un tempo dipendente dal valore di tension per poi proseguire come fosse un AccelerateInterpoator.
AnticipateOvershootInterpolator	L'animazione inizia all'indietro come per l'AnticipateInterpolator e poi prosegue oltre la posizione finale di una entità legata al valore dell'attributo extraTension per poi raggiungere la posizione finale.
BounceInterpolator	L'animazione raggiunge lo stato finale da quello iniziale con un movimento oscillatorio.
CycleInterpolator	Permette di eseguire l'animazione un numero di volte specificato dal valore dell'attributo cycles con un andamento oscillatorio.
DecelerateInterpolator	L'animazione parte forte per poi decelerare secondo un fattore specificato dall'attributo factor.
LinearInterpolator	L'animazione è costante dall'inizio alla fine.
OvershootInterpolator	L'animazione parte come fosse quella di un AccelerateInterpolator per poi proseguire oltre la posizione finale di una quantità legata all'attributo tension e ritornare su questa successivamente.

La definizione del particolare `Interpolator` può avvenire in modo dichiarativo mediante l'utilizzo di elementi che riprendono il nome delle classi in tabella. Questo significa, per esempio, che la definizione di un `AnticipateInterpolator` che utilizza un valore di `tension` pari a 0.5 può essere dichiarato in un documento XML o all'interno di un elemento `<set/>` nel seguente modo:

Listato 7.4 Esempio di definizione di un AnticipateInterpolator

```xml
<?xml version="1.0" encoding="utf-8"?>
<anticipateInterpolator xmlns:android="http://schemas.android.com/apk/res/android"
    android:tension="0.5" />
```

Sarà poi possibile utilizzare l'attributo `android:interpolator` della particolare animazione oppure uno dei seguenti due metodi:

```
public void setInterpolator (Interpolator i)
public void setInterpolator (Context context, int resID)
```

dove il primo necessita di un riferimento all'`Interpolator` mentre il secondo usa solo il riferimento alla risorsa definita in precedenza.

Utilizzo di una ScaleAnimation

Non ci resta che vedere degli esempi di utilizzo di questi strumenti per animare un layout, che nel nostro caso sarà una `GridView` ma che potrà ovviamente essere una qualunque altra specializzazione di `ViewGroup`. Abbiamo quindi creato il progetto `LayoutAnimationTest` il quale è rappresentato da diversi tab, ciascuno per tipo di animazione. L'ultimo tab sarà quello comprendente l'insieme di tutte le animazioni contemporaneamente. Il risultato dell'applicazione in esecuzione sarà quello di Figura 7.3; non possiamo ovviamente descrivere il tipo di animazione riferendoci a una semplice figura.
Come primo tipo di animazione utilizziamo quella associata all'elemento `<scale/>`, che permette di ridimensionare una `View` da una dimensione iniziale a una finale. Consideriamo quindi il seguente file `scale_animation.xml`, che abbiamo inserito nella cartella `res/anim`:

Listato 7.5 Definizione di una ScaleAnimation

```xml
<?xml version="1.0" encoding="utf-8"?>
<scale xmlns:android="http://schemas.android.com/apk/res/android"
    android:fromXScale="0.5" android:toXScale="1.0"
    android:fromYScale="0.5" android:toYScale="1.0"
    android:pivotX="50%" android:pivotY="50%"
    android:duration="1000" android:startOffset="50"
    android:interpolator="@anim/bounce_interpolator"
    />
```

Notiamo innanzitutto come lo stato iniziale venga rappresentato dall'insieme dei seguenti attributi:

Figura 7.3 Applicazione LayoutAnimationTest in esecuzione.

```
android:fromXScale
android:toXScale
android:fromYScale
android:toYScale
```

i quali permettono di specificare la percentuale di ridimensionamento iniziale e finale della View rispetto alle dimensioni totali. Un valore pari a 1.0 lascia inalterata la View. Nell'esempio i valori indicati permettono di specificare come dimensione di partenza quella che prevede un resize del 50% e come dimensione finale quella disponibile nel display.
Molto importanti sono anche gli attributi

```
android:pivotX
android:pivotY
```

i quali permettono di specificare le coordinate del punto da considerare come centro per il ridimensionamento. Se non specificate, come punto di riferimento verrà presa l'origine degli assi, che nel display è in alto a sinistra. In quel caso vedremmo la View ridimensionarsi mantenendo inalterato il punto in alto a sinistra. Nel nostro esempio abbiamo utilizzato un valore di 50% per entrambe le coordinate. Ciò comporta considerare come punto di riferimento il punto centrale. In questo caso è comunque bene fare attenzione ai valori impostati: mentre un valore di 50% indica la metà della View stessa, un valore 50%p (con la p dopo %) indicherebbe il 50% rispetto al contenitore. Un valore senza la % indica invece una quantità assoluta.
Nel caso in cui si debbano impostare in modo programmatico queste informazioni, la classe ScaleAnimation introduce il concetto di pivotType, ovvero un modo per esprimere

il significato del valore impostato a ciascuna dimensione di pivot. Un tipo associato alla costante Animation.ABSOLUTE permette di specificare un valore assoluto. Attraverso le costanti Animation.RELATIVE_TO_SELF e Animation.RELATIVE_TO_PARENT è invece possibile indicare che le dimensioni specificate sono relative all'elemento stesso o al parent, rispettivamente.

Gli altri attributi del nostro esempio sono quelli generici di ciascuna Animation e ci permettono, nello specifico, di descrivere un'animazione della durata di 1 secondo, che viene avviata dopo 50 millisecondi dal tempo di start e che utilizza come Interpolator quello descritto all'interno del file bounce_interpolator.xml in res/anim.

Dopo la definizione del documento XML che descrive l'animazione, dobbiamo definire il particolare layout animation attraverso il documento che abbiamo inserito all'interno del file scale_controller.xml, sempre in res/anim.

Listato 7.6 Definizione del layout animation

```
<?xml version="1.0" encoding="utf-8"?>
<layoutAnimation xmlns:android="http://schemas.android.com/apk/res/android"
    android:animation="@anim/scale_animation"
    android:animationOrder="normal"
    android:delay="30%" android:startOffset="50"
/>
```

Notiamo come esso venga definito attraverso un elemento <layoutAnimation/> con una serie di attributi tra cui android:animation per il riferimento alla particolare animazione da utilizzare. Con l'attributo android:animationOrder è infatti possibile indicare se le animazioni, eventualmente contenute nell'elemento <set/> accennato in precedenza, debbano essere eseguite nell'ordine indicato, in ordine inverso o in modo casuale. Se impostato programmaticamente attraverso il metodo

```
public void setOrder (int order)
```

i possibili valori sono rispettivamente quelli definiti dalle costanti ORDER_NORMAL, ORDER_REVERSE e ORDER_RANDOM della classe LayoutAnimationController.

Oltre a queste informazioni è poi possibile specificare il ritardo con cui ciascuna animazione verrà applicata alle diverse View del ViewGroup. Nel nostro esempio un valore del 30% indica che a ciascuna View verrà applicata l'animazione con un ritardo del 30% rispetto alla durata complessiva della stessa. L'attributo relativo all'offset ha lo stesso significato di quello visto nel caso dell'animazione. Un aspetto interessante riguarda invece la possibilità di specificare anche per il LayoutAnimationController un particolare Interpolator tramite l'attributo android:interpolator. In questo caso il significato è quello di Interpolator per la definizione dei ritardi delle diverse View in modo, per esempio, da far partire le animazioni molto vicine tra loro per le prime View, rallentando successivamente nel caso di un DecelerateInterpolator.

Una volta definito il LayoutAnimationController che fa riferimento alla particolare animazione, non ci resta che applicarla alla nostra ViewGroup, ovvero a una GridView come descritto nel seguente documento di layout presente nel file scale_layout.xml.

Listato 7.7 Definizione di un layout con l'utilizzo di un layout animation

```xml
<?xml version="1.0" encoding="utf-8"?>
<LinearLayout xmlns:android="http://schemas.android.com/apk/res/android"
    android:orientation="vertical" android:layout_width="fill_parent"
    android:layout_height="fill_parent">
    <GridView android:id="@+id/animatedView"
        android:layout_height="fill_parent" android:layout_width="fill_parent"
        android:layoutAnimation="@anim/scale_controller"
        android:persistentDrawingCache="animation|scrolling"
        android:numColumns="2">
    </GridView>
</LinearLayout>
```

Notiamo come il `LayoutAnimationController` sia stato assegnato alla `GridView` attraverso l'attributo `android:layoutAnimation` corrispondente al metodo `setLayoutAnimation()` della classe `ViewGroup` descritto in precedenza.

Un'ultima considerazione prima di testare l'esecuzione dell'applicazione riguarda l'utilizzo dell'attributo `android:persistentDrawingCache`, il quale permette l'impostazione di una cache del risultato di un'animazione o di uno scrolling per l'ottimizzazione delle prestazioni. Ovviamente nulla è gratis, per cui una cache presuppone l'utilizzo di una quantità di memoria superiore, la quale però porta al vantaggio di non dover subire eventi di `garbage collection` troppo frequenti. Nell'esempio abbiamo impostato come cache quella relativa allo scrolling (il default) e alla gestione delle animazioni.

Per le successive tipologie di animazioni descriveremo solamente i corrispondenti documenti XML senza ripetere i dettagli relativi alle impostazioni descritte finora. Prima di fare questo diamo comunque un'occhiata al codice Java relativo alle Activity di test che, per come sono organizzate le risorse relative alle animazioni, si differenzieranno solamente per il layout da visualizzare. A tale scopo abbiamo creato la classe astratta `AbstractAnimationActivity` che definisce tutto ciò che riguarda la gestione dell'Adapter della `GridView` lasciando indefinito proprio l'identificatore del layout.

Listato 7.8 Definizione della parte generica delle Activity di test delle animazioni

```java
public abstract class AbstractAnimationActivity extends Activity{

    protected void onCreate(Bundle savedInstanceState) {
        super.onCreate(savedInstanceState);
        setContentView(getLayoutId());
        String[] data = getResources().getStringArray(R.array.months);
        ArrayAdapter<String> adapter = new ArrayAdapter<String>(this,
                android.R.layout.simple_list_item_1, data);
        GridView gridView = (GridView) findViewById(R.id.animatedView);
        gridView.setAdapter(adapter);
    }
```

```
    public abstract int getLayoutId();
}
```

Per testare una particolare animazione basterà quindi creare una specializzazione di `AbstractAnimationActivity` definendo come valore di ritorno del metodo `getLayoutId()` l'identificatore del corrispondente documento XML di layout. Per quanto descritto in precedenza l'attività relativa al test della `ScaleAnimation` risulta quindi banale, come è possibile vedere dal seguente codice:

Listato 7.9 Activity di test della ScaleAnimation

```
public class ScaleTestActivity extends AbstractAnimationActivity {

    public int getLayoutId() {
        return R.layout.scale_layout;
    }

}
```

Nel nostro esempio le `Activity` di test vengono comunque visualizzate all'interno di una struttura a tab di cui non commentiamo nuovamente il codice. Da non dimenticare, ovviamente, il fatto che tutte le attività, per poter essere utilizzate, dovranno comunque essere registrate all'interno dell'`AndroidManifest.xml`.

RotateAnimation

Un'animazione di questo tipo permette invece di eseguire delle rotazioni da una posizione iniziale a una posizione finale attraverso la definizione di un documento XML all'interno del quale viene usato l'elemento `<rotate/>` che già avevamo visto in riferimento alle `Drawable`. Oltre agli attributi comuni a tutte le `Animation`, una `RotateAnimation` può essere specificata nel seguente modo:

Listato 7.10 File rotate_animation.xml in res/animation

```
<?xml version="1.0" encoding="utf-8"?>
<rotate xmlns:android="http://schemas.android.com/apk/res/android"
    android:fromDegrees="0" android:toDegrees="360" android:pivotX="30%"
    android:duration="1000"
    android:pivotY="30%" android:interpolator="@anim/anticipate_interpolator" />
```

Notiamo come questa volta l'animazione corrisponda a una rotazione da un angolo di partenza a un angolo di arrivo espressi attraverso gli attributi `android:fromDegrees` e `android:toDegrees` rispettivamente. È importante ricordare che si tratta di angoli espressi in gradi.
Il significato degli altri attributi è lo stesso del caso precedente. Per variare abbiamo solamente modificato il punto di riferimento dell'animazione e l'interpolatore utilizzato. Anche in questo caso serve un `LayoutAnimationController`, che abbiamo descritto all'interno del file `rotate_controller.xml`, analogo nella forma a quello del caso precedente.

Listato 7.11 LayoutAnimationController per la RotateAnimation

```xml
<?xml version="1.0" encoding="utf-8"?>
<layoutAnimation xmlns:android="http://schemas.android.com/apk/res/android"
    android:animation="@anim/rotate_animation"
    android:animationOrder="random"
    android:delay="20%" android:startOffset="50"
/>
```

Ovviamente il riferimento all'animazione sarà relativo alla rotazione. Il layout è ora contenuto nel file `rotate_layout.xml` in res/layout e sarà analogo a quello del caso precedente, in cui abbiamo modificato il riferimento al `LayoutAnimationController`. Lasciamo al lettore la descrizione della classe `RotateTestActivity`, a questo punto banale.

TranslateAnimation

Mediante una `TranslateAnimation` è possibile eseguire animazioni che consistono nel traslare una particolare `View` da una posizione iniziale a una posizione finale. Anche in questo caso abbiamo realizzato il seguente documento XML all'interno del file `translate_animation.xml` in res/anim.

Listato 7.12 Definizione di una TranslateAnimation

```xml
<?xml version="1.0" encoding="utf-8"?>
<translate xmlns:android="http://schemas.android.com/apk/res/android"
    android:fromXDelta="100%" android:toXDelta="100%"
    android:fromYDelta="0.0" android:toYDelta="0.0"
    android:pivotX="50%" android:pivotY="50%"
    android:duration="1000" android:startOffset="50"
    android:interpolator="@anim/accelerate_decelerate_interpolator"
/>
```

Notiamo come gli attributi che caratterizzano questo tipo di animazione siano quelli relativi alla posizione iniziale e finale degli elementi. Un'importante considerazione riguarda la modalità di rappresentazione dei valori. Nel caso in cui si utilizzi una notazione con la percentuale, come nel caso della coordinata X dell'esempio, il significato è quello di grandezza relativa al componente stesso. Un valore del tipo %p indica invece una percentuale relativa al componente parent. Infine, un valore senza %, come nel nostro esempio per le Y, ha il significato di valore assoluto.

AlphaAnimation

Un ultimo tipo di animazione tween che intendiamo gestire à la `AlphaAnimation`, la quale permette di modificare il valore della componente alpha di uno o più componenti. Nel nostro caso abbiamo creato il seguente documento `alpha_animation.xml` nella cartella res/anim.

Listato 7.13 Definizione di una AlphaAnimation

```xml
<?xml version="1.0" encoding="utf-8"?>
<alpha xmlns:android="http://schemas.android.com/apk/res/android"
    android:fromAlpha="0.0" android:toAlpha="1.0"
    android:duration="800" android:startOffset="50"
    android:interpolator="@anim/bounce_interpolator"
/>
```

Possiamo notare come in questo caso vengano utilizzati gli attributi android:startAlpha e android:toAlpha per specificare il valore iniziale e finale della componente alpha della View da animare. Un valore pari a 0.0 indica la completa trasparenza, a differenza di un valore pari a 1.0 che indica invece la completa opacità. Notiamo che non si tratta di una vera e propria animazione, perché non c'è alcun movimento di componenti. Si è comunque pensato di inserire questo tipo di trasformazione in questo package come particolare implementazione di Animation.

SetAnimation

Abbiamo dunque visto che un'animazione descrive una tecnica per applicare in modo progressivo nel tempo una serie di trasformazioni: traslazione, rotazione, resize di un componente, oltre alla variazione della componente alpha ovvero della trasparenza.
Mediante un oggetto di tipo SetAnimation è possibile comporre una o più animazioni in un elemento trattandolo come se fosse una singola animazione. Per fare questo è sufficiente utilizzare l'elemento <set/> inserendo al suo interno l'insieme di definizioni di animazioni come visto in precedenza. Un aspetto molto importante in questi casi riguarda l'ordine di esecuzione delle animazioni definite all'interno di un elemento <set/>. Se non specificato attraverso l'attributo di offset, tutte le animazioni di una SetAnimation partono contemporaneamente per cui, nel caso non si ottenga il risultato desiderato, bisognerà fare in modo che un'animazione parta dopo che un'altra ha concluso la propria esecuzione. Per fare questo è necessario utilizzare gli strumenti visti relativamente al ritardo nella partenza e alla durata di ciascuna animazione. Nel nostro esempio non abbiamo fatto altro che inserire tutte le precedenti definizioni all'interno di un unico elemento <set/> nel file set_animation.xml in res/anim.

Listato 7.14 Definizione di una SetAnimation

```xml
<?xml version="1.0" encoding="utf-8"?>
<set xmlns:android=http://schemas.android.com/apk/res/android
    android:interpolator="@anim/bounce_interpolator"
    android:shareInterpolator="true">
    <translate android:fromXDelta="100%" android:toXDelta="100%"
        android:fromYDelta="0.0" android:toYDelta="0.0" android:pivotX="50%"
        android:pivotY="50%" android:duration="1000" android:startOffset="50" />
    <scale android:fromXScale="0.5" android:toXScale="1.0"
        android:fromYScale="0.5" android:toYScale="1.0" android:pivotX="50%p"
        android:pivotY="50%p" android:duration="1000" android:startOffset="50" />
    <rotate android:fromDegrees="0" android:toDegrees="360"
```

```
        android:pivotX="30%" android:duration="1000" android:pivotY="30%" />
    <alpha android:fromAlpha="0.0" android:toAlpha="1.0"
        android:duration="800" android:startOffset="50" />
</set>
```

Notiamo come sia possibile specificare un `Interpolator` anche per una `SetAnimation` in quanto specializzazione di `Animation`. Lo si può fare utilizzando l'attributo `android:interpolator` presente: si tratta comunque di una specializzazione di `Animation`. Molto interessante è poi l'uso dell'attributo `android:shareInterpolator` per fare in modo che tutte e animazioni nel `<set/>` condividano con esso lo stesso interpolatore. Nel caso in cui ciascuna animazione specifichi il proprio `Interpolator`, il valore di tale attributo sarà ovviamente `false`.

Animazioni delle View

Nel paragrafo precedente abbiamo utilizzato una serie di specializzazioni della classe `Animation` per la realizzazione di animazioni che abbiamo definito di layout. Si è comunque trattato di componenti in grado di applicare delle trasformazioni alla matrice di visualizzazione di una `View` data dall'insieme delle informazioni di colore (`ARGB`) e di posizione di ciascun pixel. Attraverso l'applicazione di opportune trasformazioni matriciali è possibile eseguire ciascuna delle animazioni viste in precedenza. Il punto di estensione che Android fornisce per la realizzazione di animazioni custom è contenuto all'interno della classe `Animation` e si esprime attraverso l'implementazione della seguente operazione:

```
protected void applyTransformation (float interpolatedTime, Transformation t)
```

Ciascuna particolare `Animation` implementerà l'operazione `applyTransformation()` per eseguire delle trasformazioni matriciali all'insieme dei punti della `View` cui viene applicata. Il parametro `interpolatedTime` è un valore di tipo `float` che vale `0.0` all'inizio dell'animazione e `1.0` alla fine. L'insieme dei valori possibili dipende dal particolare `Interpolator` utilizzato. Ai fini della trasformazione che l'`Animation` vuole creare è di fondamentale importanza il secondo parametro di tipo `Transformation` che incapsula le informazioni di una trasformazione mantenendo un riferimento a un oggetto di tipo `Matrix`. Per realizzare delle animazioni custom dovremo quindi semplicemente creare delle specializzazioni della classe `Animation` implementando la logica di trasformazione all'interno del metodo `applyTrasformation()`.

Senza entrare nel dettaglio di trasformazioni complesse, vediamo un semplice esempio di creazione di una animazione custom che utilizza l'oggetto `Matrix` per l'applicazione di semplici trasformazioni. Abbiamo quindi creato il progetto `CustomAnimationTest` il cui codice è disponibile online, il quale permette di animare una `GridView` ruotandola di 180°. La nostra animazione è descritta attraverso la classe `MyAnimation`, di cui riportiamo di seguito i metodi di interesse:

Listato 7.15 Inizializzazione di un'animazione

```
    @Override
    public void initialize(int width, int height, int parentWidth, int parentHeight) {
```

```
        super.initialize(width, height, parentWidth, parentHeight);
        // Salviamo le dimensioni del pivot centrale rispetto al componente stesso
        pivotX = width / 2;
        pivotY = height / 2;
        // Impostiamo la durata a 1 secondo
        setDuration(1000L);
        // Facciamo in modo che persista
        setFillAfter(true);
    }
```

Quando un'animazione viene assegnata a una particolare View, ne viene invocato il metodo initialize() per la comunicazione delle dimensioni della View stessa e del relativo container. Si tratta quindi di un metodo che possiamo facilmente utilizzare come callback di inizializzazione delle caratteristiche dell'animazione. Nel nostro caso occorre specificare il punto rispetto al quale eseguire una rotazione, la durata ed eventualmente (questo lo lasciamo al lettore) un particolare Interpolator.

Molto interessante è l'utilizzo del metodo setFillAfter() che ci permetterà di mantenere attivo lo stato finale della View al termine dell'animazione. Il lettore potrà verificare come nel caso di un valore true lo stato finale dell'animazione sia la visualizzazione della GridView ruotata di 180°, a differenza di quanto accadrebbe nel caso in cui il valore passato fosse false.

Il secondo passo nella definizione della nostra animazione è l'override del metodo che ne implementa la logica, ovvero:

Listato 7.16 Logica della particolare trasformazione

```
    protected void applyTransformation(float interpolatedTime, Transformation t) {
        // Otteniamo il riferimento alla matrice di trasformazione
        Matrix matrix = t.getMatrix();
        // Applichiamo una trasformazione
        float rotateValue = interpolatedTime * 180f * rate;
        rotateValue = (rotateValue < 180f) ? rotateValue : 180f;
        matrix.setRotate(rotateValue, pivotX, pivotY);
    }
```

Notiamo come sia stato possibile ottenere il riferimento alla matrice attraverso il riferimento Transformation passato come parametro. La matrice ottenuta inizialmente è quella particolare matrice detta unità, che non produce alcuna modifica. Senza necessariamente andare a modificare ciascun elemento della matrice, la classe Matrix ci mette a disposizione i seguenti metodi set per l'esecuzione delle ormai classiche operazioni di:

- rotate
- scale
- translate

cui vengono aggiunte quelle di:

- reset
- skew

Attraverso l'operazione di reset è infatti possibile riportare la matrice nello stato iniziale di matrice identità. Il metodo `skew` permette invece di applicare una trasformazione che, in sostanza, mette in obliquo ciò che è visualizzato. Nell'esempio che abbiamo creato abbiamo utilizzato una semplice operazione di rotazione di una quantità dipendente dall'istante dell'animazione ottenuto come primo parametro.

Per quello che riguarda l'`Activity` non abbiamo fatto altro che creare un'istanza della classe `MyAnimation` impostandola poi come animazione della `GridView`. È da notare come sia stato utilizzato l'attributo `android:onClick` per l'esecuzione del metodo `startAnimation()` nella `Activity`. Il risultato è quindi quello mostrato in Figura 7.4. Lasciamo al lettore la verifica di che cosa succede nel caso in cui il metodo `setFillAfter()` non venga invocato con un valore `true` del parametro.

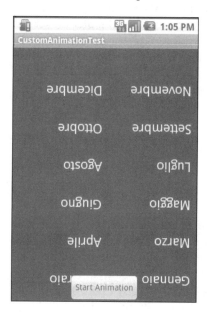

Figura 7.4 Applicazione CustomAnimationTest in esecuzione.

Da quanto realizzato ci accorgiamo che le animazioni utilizzate nel caso dei layout non sono altro che specializzazioni di `Animation` create nel modo descritto, con la sola differenza di permetterne la definizione attraverso opportuni documenti XML.

Un'importante osservazione in relazione all'utilizzo della classe `Matrix` riguarda la presenza di diversi metodi del tipo `pre` e `post`. Supponiamo di avere due matrici, che chiamiamo m1 e m2, relative a particolari trasformazioni. Se indichiamo con * l'operazione di moltiplicazione righe/colonne possiamo affermare che in generale

```
m1 * m2 ≠ m2 * m1
```

ovvero che non vale la proprietà commutativa. La classe `Matrix` ci permette di eseguire le precedenti operazioni nel seguente modo:

```
m1 * m2 = m1.preConcat(m2) = m2.postConcat(m1)
m2 * m1 = m1.postConcat(m2) =m2.preConcat(m1)
```

Lo stesso è possibile nel caso delle altre tipologie di animazioni. Consideriamo le seguenti righe di codice:

Listato 7.17 Esempio di applicazione di più trasformazioni

```
matrix = tranformation.getMatrix();    // matrix è l'identity m1
matrix.setRotate(0.5);                 // matrix = m2   dove m2 è la rotazione
matrix.preTranslate(10,20);            // matrix = m3 *matrix dove m3 è il translate
matrix.postScale(2,2);                 // matrix = matrix * m4 dove m4 è lo scale
```

Inizialmente otteniamo il riferimento alla matrice unità mediante l'oggetto Transformation passato come parametro dal metodo applyTransformation(). Poi applichiamo la matrice m2 che permette di eseguire una rotazione. Avendo utilizzato il prefisso set ora la matrice referenziata è quella di rotazione.
Il passo successivo cobnsiste nell'applicare una traslazione usando un metodo con prefisso pre. Ciò significa che se m3 è la matrice che contiene i dati della traslazione, la moltiplicazione con quella corrente avviene mettendo m3 come primo operando.
Infine viene applicato uno scale con il prefisso post, per cui se m4 è la matrice della traslazione, essa viene usata come secondo operando.
In sintesi la matrice applicata sarà la seguente:

```
matrix = (m3 *m2)*m4
```

Utilizzo della Camera

Una classe del package android.graphics che può essere utilizzata nell'implementazione delle animazioni viste finora è sicuramente quella di nome Camera, la quale non deve essere confusa con lo strumento che i dispositivi Android solitamente hanno per l'acquisizione di immagini. Si tratta di una classe, molto poco documentata, che permette di applicare alle View delle trasformazioni simili a quelle che si otterrebbero guardando la View attraverso una telecamera che è possibile muovere nello spazio. La possibilità di gestire anche la dimensione z è forse la sua caratteristica principale.
Per dimostrarne il funzionamento creiamo quindi il progetto CameraAnimationTest il cui sorgente è disponibile online, e di cui descriviamo solamente il metodo di trasformazione.

Listato 7.18 Esempio di utilizzo dell'oggetto Camera del package android.graphics

```
Camera camera =new Camera();
protected void applyTransformation(float interpolatedTime, Transformation t) {
    Matrix matrix = t.getMatrix();
    camera.save();
    camera.rotateX(interpolatedTime*60);
    camera.getMatrix(matrix);
    matrix.preTranslate(-pivotX,-pivotY);
    matrix.postTranslate(pivotX,pivotY);
    camera.restore();
}
```

Notiamo innanzitutto la presenza della variabile d'istanza camera cui è stato assegnato il riferimento a un oggetto `Camera` che andremo a riutilizzare nelle diverse invocazioni del metodo di trasformazione. Dopo aver ottenuto il riferimento alla matrice corrente abbiamo invocato il metodo `save()` sull'oggetto camera. Questo permette in sintesi di catturare lo stato corrente della `View` come se fosse una foto. A questo punto è possibile muoversi come se si avesse in mano una telecamera. Nel nostro caso abbiamo semplicemente eseguito una rotazione che al termine dell'animazione raggiunge i 60° rispetto all'asse delle ascisse. Al termine della rotazione andiamo a chiedere alla camera qual è la matrice che dovremo applicare alla `View` per ottenere ciò che la stessa vedrebbe in quel momento. Per fare questo utilizziamo il metodo `getMatrix()`. Al termine dell'elaborazione non ci resta che richiamare il metodo `restore()` per portare la camera nello stato iniziale.

Un'ultima considerazione riguarda l'utilizzo di due metodi di traslazione in `pre` e `post` rispetto a quello di applicazione della trasformazione della camera. Infatti, se non specificato diversamente, il punto di riferimento è l'origine degli assi in alto a sinistra. Nel nostro caso vogliamo invece utilizzare come punto di riferimento quello centrale dello schermo. Avviando l'animazione si ottiene il risultato finale di Figura 7.5.

Figura 7.5 Esempio di utilizzo della Camera per le animazioni.

Animator

Concludiamo l'argomento animazioni descrivendo brevemente alcuni componenti che avevamo tralasciato nel capitolo relativo ai layout, in particolare in relazione al `FrameLayout`. Come ricordiamo, si tratta di una particolare `ViewGroup` che permette di visualizzare o nascondere alcune delle `View` invocando su di esse il metodo `setVisibility()`. La classe `ViewAnimator` permette di aggiungere al `FrameLayout` anche la possibilità di applicare delle animazioni sia durante il passaggio di una View dallo stato visibile a quello non visibile (gone) sia viceversa. Per fare questo è sufficiente utilizzare i seguenti metodi:

```
public void setInAnimation (Animation inAnimation)
public void setInAnimation (Context context, int resourceID)
public void setOutAnimation (Animation outAnimation)
public void setOutAnimation (Context context, int resourceID)
```

per applicare una particolare animazione al processo di visualizzazione (in) o di non visualizzazione (out) di una particolare View. Notiamo come esistano due metodi diversi a seconda della modalità con cui l'animazione viene referenziata.

Si tratta di specializzazioni della classe ViewAnimator, che è un'estensione del FrameLayout cui aggiunge le animazioni da applicare al passaggio tra le diverse View in esso contenute. Abbiamo infatti visto che un FrameLayout permette di visualizzare o nascondere le View in esse contenute agendo semplicemente sulla proprietà di visibilità. La classe ViewAnimator permette quindi di specificare un'eventuale animazione da applicare nel caso di ingresso o di uscita da una particolare View.

Della classe ViewAnimator esistono poi due specializzazioni che si chiamano ViewFlipper e ViewSwitcher.

La prima permette semplicemente di visualizzare una delle View in essa contenute e poi passare alla visualizzazione delle seguenti in modo automatico, a intervalli regolari specificati dal valore della proprietà flipInterval; è possibile assegnare quest'ultima sia attraverso l'omonimo attributo sia mediante il relativo metodo set, come si può vedere nelle corrispondenti API. Si tratta quindi di un componente che permette di implementare una sorta di gallery automatica.

Attraverso uno ViewSwitcher è invece possibile gestire solamente una coppia di View di cui si può ottenere un riferimento sia passandole attraverso il metodo addView() sia fornendo l'implementazione dell'interfaccia ViewSwitcher.ViewFactory. Se poi le View da gestire attraverso lo switcher sono delle immagini o del testo sarà sufficiente utilizzare le ulteriori specializzazioni descritte dalle classi ImageSwitcher e TextSwitcher. Data la semplicità dei componenti, si lascia al lettore la creazione di un esempio.

Menu

Se prendiamo come riferimento una tipica applicazione desktop, notiamo come essa sia caratterizzata dalla presenza di menu di vario genere. Esistono menu di sistema ovvero i classici con le voci *File*, *Edit* e *View*, ciascuno dei quali contiene altri item più specifici. Per esempio il menu *File* contiene le opzioni relative al *Save*, al *SaveAs*, *Print* e così via. Ci sono poi dei menu meno generici e specifici della particolare funzionalità dell'applicazione. Solitamente questi sono collegati alla particolare finestra attiva in quel momento. Questa tipologia di menu si chiama *Option Menu* e, come detto, è legata alla particolare finestra in quanto permette di eseguire delle operazioni sugli elementi in essa contenuti.

Infine, abbiamo dei menu contestuali o di contesto. Si tratta di menu cui solitamente accediamo attraverso la pressione del tasto destro del mouse (o azione equivalente nel caso del Mac o di altre macchine) ed è dipendente dall'oggetto selezionato in quel momento.

Sebbene un'applicazione Android non sia un'applicazione desktop, gli strumenti a disposizione ci permettono di fare la stessa classificazione in relazione alle tipologie di menu e in particolare in relazione agli Option Menu e i Context Menu. È invece responsabilità del dispositivo fornire l'implementazione degli eventuali menu di sistema.

Option Menu

A ciascuna `Activity` può essere associato un Option Menu, il quale viene rappresentato da una particolare specializzazione dell'interfaccia `Menu` del package `android.view`. Notiamo come le uniche implementazioni pubbliche siano quelle descritte dalle classi `ContextMenu`, che vedremo successivamente, e `MenuItem`. Per creare un Option Menu è infatti necessario fare l'override del seguente metodo della classe `Activity`:

`public boolean onCreateOptionsMenu (Menu menu)`

il quale notiamo avere come unico parametro proprio il riferimento al menu contenente gli eventuali item di sistema. Il valore di ritorno di tipo `boolean` permette di specificare se il menu creato dovrà essere visualizzato (`true`) oppure no (`false`). All'interno di questo metodo si dovrà quindi creare il particolare menu delle opzioni associate alla corrispondente `Activity`. È importante sottolineare come l'invocazione di questo metodo avvenga solamente la prima volta che viene richiesta la visualizzazione del menu selezionando il tasto Menu del dispositivo. Nel caso in cui si avesse la necessità di modificare dinamicamente le voci del menu delle opzioni sarà sufficiente fare l'override di questo secondo metodo:

`public boolean onPrepareOptionsMenu (Menu menu)`

il quale viene invocato subito prima di ciascuna visualizzazione del menu. Anche in questo caso il valore di ritorno permette di deciderne la visualizzazione. Come avviene per altri metodi di `callback` relativi al ciclo di vita di una `Activity`, anche in questo caso è sempre bene richiamare, attraverso il riferimento `super`, lo stesso metodo della classe ereditata, in modo da avere una gestione automatica delle voci di menu di sistema.

Creazione del menu

Come detto, per creare il menu associato alla particolare `Activity` dobbiamo fare l'override del metodo `onCreateOptionsMenu()` creando la struttura base del menu. Abbiamo infatti visto che nel caso di menu dinamici è possibile implementare la relativa logica all'interno dell'override del metodo `onPrepareOptionsMenu()`. Ciascuna voce di menu è rappresentata da una particolare realizzazione dell'interfaccia `MenuItem` che si ottiene invocando uno dei diversi overload del metodo `add()` del `Menu`. Ciascun item può essere poi caratterizzato da:

- un identificatore di item (`itemId`)
- un identificatore di gruppo (`groupId`)
- una label (`title`)
- un ordine

L'identificatore del `MenuItem` è ovviamente utile al fine di riconoscerlo al momento della selezione, come vedremo nel prossimo paragrafo.

Di interesse è sicuramente anche l'identificatore del gruppo, il quale permette di intervenire su più `MenuItem` come fossero un'unica voce. Per esempio, attraverso il metodo

```
public abstract void setGroupVisible (int group, boolean visible)
```

è possibile decidere se visualizzare o nascondere tutti i `MenuItem` di un particolare gruppo di `id` dato. La `label` è ovviamente quella che verrà visualizzata dal menu e potrà essere specificata direttamente o, per sfruttare le regole di I18N (Internationalization), attraverso l'identificatore di una risorsa di tipo `String`.

Infine, molto importante è l'ordine, in quanto una regola generale indica che se un `MenuItem` ha un ordine pari a 1 e un altro ha un ordine pari a 4, il primo venga visualizzato prima del secondo. Esistono comunque degli ordini di riferimento che differiscono a seconda della tipologia di azione (Tabella 7.2).

Tabella 7.2 Costanti per la definizione dell'ordine dei MenuItem di un menu

Tipologie di MenuItem	Descrizione
`Menu.CATEGORY_SYSTEM`	Valore iniziale dell'ordine dei `MenuItem` di sistema.
`Menu.CATEGORY_SECONDARY`	Valore iniziale dell'ordine dei `MenuItem secondary`.
`Menu.CATEGORY_ALTERNATIVE`	Valore iniziale dell'ordine associato ai `MenuItem` alternativi.
`Menu.CATEGORY_CONTAINER`	Vaore iniziale dell'ordine relativo a `MenuItem` associati ad azioni del container.

Per esempio, i comandi di sistema vengono fatti partire dal valore specificato dalla costante `Menu.CATEGORY_SYSTEM` mentre quelli secondari, ovvero di minore importanza, avranno un valore per l'ordine che inizia da quello della costante `Menu.SECONDARY`. Notiamo anche la presenza di una tipologia di `MenuItem` definita come alternativa, cui abbiamo accennato durante lo studio delle categorie di un `Intent` e che, come vedremo nel dettaglio successivamente, permettono l'aggiunta di opzioni non conosciute al momento del deploy dell'applicazione. Se andiamo a vedere i corrispondenti valori numerici delle precedenti costanti, notiamo come si tratti di valori alti. Gli identificatori di ordine degli elementi che andremo a creare relativamente alla particolare applicazione partiranno invece da quanto specificato attraverso la costante `Menu.FIRST` che corrisponde al valore 1.

Come primo esempio di utilizzo di un `Option Menu` abbiamo creato il progetto `OptionMenuTest`, il cui codice è disponibile online e di cui descriveremo le parti principali. Innanzitutto notiamo come una prima attività sia quella descritta dalla classe `SystemMenuActivity`, la quale non fa altro che eseguire l'override dei metodi di gestione dell'`Option Menu`, in maniera da ritornare il valore `true` che dovrebbe corrispondere alla visualizzazione del menu con le voci di sistema. Come possiamo notare in Figura 7.6, alla pressione del tasto *Menu* non si ha la visualizzazione di alcun elemento.

Questo significa che, sebbene Android sia predisposto alla gestione dei menu di sistema, al momento non ne fornisce alcuno. Attraverso dei messaggi di log abbiamo però la conferma che il metodo `onCreateOptionsMenu()` viene invocato solamente la prima volta mentre il metodo `onPrepareOptionsMenu()` viene invocato anche in corrispondenza delle successive richieste di menu.

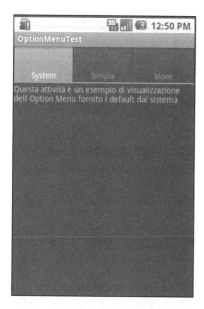

Figura 7.6 Al momento non ci sono menu di sistema.

Supponiamo ora di voler aggiungere delle opzioni al nostro menu. Per fare questo è possibile invocare, sull'oggetto Menu ottenuto attraverso il parametro, il seguente metodo:

```
public abstract MenuItem add (int groupId, int itemId, int order, int titleRes)
```

Notiamo come i parametri corrispondano, nell'ordine, a un identificatore del gruppo, un identificatore dell'item stesso, l'ordine, e alla risorsa da utilizzare come titolo ovvero come testo da visualizzare nel menu. Nessuna delle informazioni relative ai parametri è obbligatoria ed è possibile passare come valore quello indicato dalla costante Menu. NONE. Il gruppo non è obbligatorio in quanto potremmo non avere la necessità di gestire gruppi di voci di menu come se fossero un unico item. L'identificatore dell'item può non essere specificato nel caso in cui ve ne sia uno solo, quindi non vi sia la necessità di distinguerlo da altri in caso di selezione. L'ordine può non essere importante e il titolo può non essere specificato in quanto a un MenuItem a questo livello è possibile associare anche un'icona attraverso uno dei seguenti metodi:

```
public abstract MenuItem setIcon (Drawable icon)
public abstract MenuItem setIcon (int iconRes)
```

Il primo permette di associare a un MenuItem un'icona descritta da un oggetto di tipo Drawable. Il secondo ci permette di fare la stessa cosa, specificando però l'identificatore della relativa risorsa. È importante sottolineare come l'icona possa essere visualizzata solo se assegnata a MenuItem a questo livello e non a MenuItem a livelli inferiori, come potrebbe accadere nel caso di utilizzo di sottomenu descritti da istanze della classe SubMenu (lo vedremo successivamente). Se poi un MenuItem contiene un'immagine, il dispositivo potrebbe decidere di visualizzare una versione della label ridotta, che prende il nome di title condensed (titolo condensato).

È importante sottolineare come i `MenuItem` di un Option Menu non possano essere checkable ovvero assumere lo stato di selezionato o non selezionato. Stiamo parlando delle opzioni visibili al momento della pressione del tasto Menu, ovvero quelle che compongono l'*icon menu* che contiene al massimo sei `MenuItem`.

> **Checkable Icon Menu**
>
> Abbiamo chiamato *icon menu* quel particolare menu composto da al massimo sei voci che compare al momento della pressione del tasto Menu del dispositivo. Questo menu non può contenere elementi checkable nel senso che non è responsabilità del dispositivo aggiungere il simbolo di selezione. Questo non significa che non si possa rendere **checkable** la voce: è possibile gestirne lo stato modificando, per esempio, in modo programmatico l'icona corrispondente, a seguito dell'evento di selezione.

In realtà i `MenuItem` dell'icon menu sono gli unici a non poter essere checkable e gli unici a supportare l'utilizzo di un'icona.

Consideriamo quindi la classe `SimpleMenuActivity`, la quale descrive la creazione di sei `MenuItem` suddivisi in tre gruppi di due. Il secondo gruppo sarà composto da `MenuItem` che abbiamo impostato come checkable attraverso il metodo `setCheckable()`, mentre al primo elemento del terzo gruppo abbiamo assegnato un'icona attraverso il metodo `setIcon()`. Il codice utilizzato è infatti il seguente:

Listato 7.19 Creazione di un Option Menu

```
public boolean onCreateOptionsMenu(Menu menu) {
    super.onCreateOptionsMenu(menu);
    int order = Menu.FIRST;
    // Creiamo il primo gruppo di MenuItem
    int GROUPA = 0;
    menu.add(GROUPA, 0, order++, "ItemA1");
    menu.add(GROUPA, 1, order++, "ItemA2");
    // Creiamo il secondo gruppo che è checkable. NOTIAMO COME MenuItem di questo
    // tipo non possano essere checkable e quindi tale impostazione venga ignorata
    int GROUPB = 1;
    menu.add(GROUPB, 2, order++, "ItemB1").setCheckable(true);
    menu.add(GROUPB, 3, order++, "ItemB2").setCheckable(true);
    // Creiamo il terzo gruppo
    int GROUPC = 2;
    menu.add(GROUPC, 4, order++, "ItemC1").setIcon(R.drawable.icon);
    menu.add(GROUPC, 5, order++, "ItemC2");
    // Visualizziamo il Menu
    return true;
}
```

Notiamo come il valore relativo all'ordine inizi da quello della costante `Menu.FIRST` mentre per i successivi tale valore sia stato incrementato. Per i gruppi sono state poi create delle variabili al solo fine di migliorare la leggibilità del codice.

Se eseguiamo l'applicazione e selezioniamo il tasto *Menu* otteniamo il risultato di Figura 7.7, in cui notiamo l'assenza del simbolo di selezione negli item **checkable**. Questo perché,

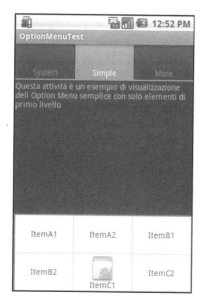

Figura 7.7 Esempio di creazione di un semplice Option Menu.

come detto, gli item del menu costituito dalle prime sei voci dell'Option Menu, che abbiamo chiamato icon menu, sono gli unici a non poter essere checkable. Allo stesso tempo sono gli unici in grado di contenere un'immagine.

Nel caso in cui il numero di MenuItem sia maggiore di sei, il dispositivo introduce una voce che si chiama More selezionando la quale si ha la visualizzazione degli item rimasti precedentemente nascosti all'interno di un menu, chiamato *expanded menu*. A tale proposito abbiamo creato la classe MoreMenuActivity, simile alla precedente ma che aggiunge al menu altre quattro voci contenenti le diverse combinazioni di presenza o meno di un'icona o della caratteristica di essere checkable.

Notiamo in Figura 7.8 come in effetti l'ultima posizione venga sostituita dalla voce *More*, che indica la disponibilità di nuove opzioni.

Se la selezioniamo, notiamo (Figura 7.9) come le voci in eccesso vengano visualizzate secondo la modalità a lista dell'expanded menu, e come le immagini vengano ignorate. Osserviamo per contro come le voci definite checkable vengano visualizzate con il relativo simbolo di selezione. In questo caso è importante fare due osservazioni.

La prima riguarda il fatto che la gestione della selezione non è automatica ma deve essere implementata a livello di codice attraverso un meccanismo di gestione degli eventi; lo descriveremo nel prossimo paragrafo, ma lo abbiamo comunque implementato nell'ultimo esempio. Si tratta in sintesi di invertire lo stato di checked dell'item selezionato. La seconda osservazione riguarda il fatto che i simboli di selezione visualizzati siano due checkbox che permettono di gestire anche selezioni multiple degli item. Nel caso in cui si avesse la necessità di rendere mutuamente esclusiva la scelta, ovvero si intendesse visualizzare dei radio button come simboli di selezione, basterà impostare come checkable non i singoli MenuItem ma il corrispondente gruppo attraverso il seguente metodo, che nell'esempio avevamo in precedenza commentato:

```
public abstract void setGroupCheckable (int group, boolean checkable, boolean exclusive)
```

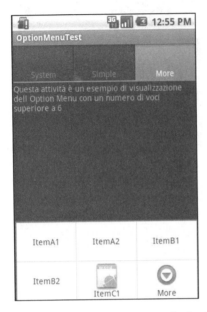

Figura 7.8 Option Menu con più di sei item.

specificando l'identificatore del gruppo, se impostarlo come checkable e se utilizzare una selezione esclusiva. Invocando il precedente metodo, nel nostro esempio si otterrà il risultato di Figura 7.10.
Anche in questo caso la gestione non è completamente automatica ma l'impostazione dello stato checkable a un MenuItem provoca il passaggio allo stato unchecked degli altri.

Figura 7.9 Visualizzazione dell'expanded menu.

Figura 7.10 MenuItem checkable esclusive.

Selezione di un MenuItem

Ovviamente un menu che non esegue alcuna operazione a seguito della selezione delle voci in esso contenute non serve a nulla. Android ci permette di gestire la selezione di un MenuItem in tre modi diversi:

- con l'associazione di un Intent
- con l'utilizzo di un OnMenuClickListener
- con l'utilizzo del metodo di callback onOptionsItemSelected()

i quali, come vedremo, non sono completamente indipendenti tra loro.
Il primo modo di gestione delle selezioni, migliore dal punto di vista delle performance, è quello di fare l'override del seguente metodo della classe Activity:

```
public boolean onOptionsItemSelected (MenuItem item)
```

il quale mette a disposizione, attraverso il parametro item, un riferimento al MenuItem selezionato. Nella sua implementazione sarà quindi possibile controllarne l'identificatore al fine di riconoscere l'azione associata. Anche in questo caso è importante considerare il valore di ritorno che indica se il particolare evento è da considerarsi esaurito (true) o debba essere elaborato nel modo standard (false). L'implementazione di default del metodo ritorna infatti semplicemente il valore false. È importante che le implementazioni di questa operazione richiamino il corrispondente metodo della classe padre, attraverso il riferimento super, per quelle opzioni non gestite. Il mancato ritorno del valore false precluderebbe una gestione degli item per il lancio di un eventuale Intent associato, come descritto successivamente.
La seconda modalità di gestione della selezione di un MenuItem è quella classica degli eventi, ovvero attraverso l'implementazione di un'interfaccia listener che in questo

caso è l'interfaccia `MenuItem.OnMenuClickListener`, la quale prevede la definizione della seguente operazione:

`public abstract boolean onMenuItemClick (MenuItem item)`

dove, ancora, il parametro è un riferimento al `MenuItem` selezionato e il valore di ritorno permette di decidere se l'evento è stato consumato (`true`) oppure no (`false`). È importante sottolineare come questa modalità sia prioritaria rispetto alla precedente, in quanto un valore di ritorno pari a `true` comporterebbe la non invocazione del metodo di callback `onOptionsItemSelected()` descritto sopra. Ovviamente, in accordo con quanto descritto in occasione della gestione degli eventi, il particolare ascoltatore dovrà registrarsi al `MenuItem` attraverso l'invocazione del suo metodo

`public abstract MenuItem setOnMenuItemClickListener (MenuItem.OnMenuItemClickListener menuItemClickListener)`

Come sappiamo, il concetto di `Intent` è di fondamentale importanza nell'architettura di Android, per cui la possibilità di lanciarne uno a seguito della selezione di un `item` era cosa obbligata. A tale proposito l'interfaccia `MenuItem` prevede la definizione del metodo

`public abstract MenuItem setIntent (Intent intent)`

che permette appunto di registrare un particolare `Intent` a una voce del menu che, se selezionata, verrà lanciato attraverso l'esecuzione del metodo `startActivity()`. È importante sottolineare come questa modalità funzioni solamente nel caso in cui la particolare voce non è gestita diversamente, per esempio attraverso un `listener` la cui implementazione ritorna `true` come risultato del metodo di callback. Il lancio dell'eventuale `Intent` impostato in corrispondenza della selezione di un `MenuItem` è infatti il comportamento di default che la classe `Activity` mette a disposizione.
Come esempio delle possibili modalità di gestione delle selezioni di un `MenuItem` abbiamo realizzato il progetto `OptionMenuSelectionTest`, il cui codice è disponibile online.

Listato 7.20 Creazione di un Option Menu con gestione degli eventi associati

```
public boolean onCreateOptionsMenu(Menu menu) {
    // Accediamo agli eventuali MenuItem di sistema
    super.onCreateOptionsMenu(menu);
    // Creiamo un Intent di test
    Intent intent = new Intent(this, TestActivity.class);
    Log.i(LOG_TAG, "onCreateOptionsMenu");
    // Impostiamo l'ordine iniziale
    int order = Menu.FIRST;
    // Creiamo il primo gruppo di MenuItem
    int GROUPA = 0;
    menu.add(GROUPA, order, order++, "ItemA1").setIntent(intent);
    menu.add(GROUPA, order, order++, "ItemA2").setIntent(intent);
    // Esempio di gestione degli eventi con Listener
```

```
            menu.add(GROUPA, order, order++, "ItemA3").setOnMenuItemClickListener(
                new OnMenuItemClickListener() {

                    @Override
                    public boolean onMenuItemClick(MenuItem menuItem) {
                        Log.i(LOG_TAG, "onMenuItemClick "+ menuItem.getTitle());
                        // Ritorniamo true
                        return true;
                    }

                }).setIntent(new Intent());
        menu.add(GROUPA, order, order++, "ItemA4").setOnMenuItemClickListener(
                new OnMenuItemClickListener() {

                    @Override
                    public boolean onMenuItemClick(MenuItem menuItem) {
                        Log.i(LOG_TAG, "onMenuItemClick "+ menuItem.getTitle());
                        // Ritorniamo false
                        return false;
                    }

                }).setIntent(new Intent());
        // Visualizziamo il Menu
        return true;
    }
```

Si tratta di una normale attività con un Option Menu dotato di alcuni MenuItem con caratteristiche diverse. Le prime due voci di menu sono state gestite attraverso l'override del metodo onOptionsItemSelected(), solamente che nel primo caso il valore di ritorno è stato true e nel secondo è stato false. Questo sta a indicare che la gestione dell'Intent associato sarà abilitata nel secondo caso ma non nel primo, come il lettore potrà verificare eseguendo l'applicazione.

Listato 7.21 Metodo di callback per la gestione degli eventi

```
public boolean onOptionsItemSelected(MenuItem item) {
    Log.i(LOG_TAG, "onOptionsItemSelected Called!");
    if (item.getItemId() == Menu.FIRST) {
        Log.i(LOG_TAG, "ItemA1 Selected");
        return true;
    } else if (item.getItemId() == Menu.FIRST + 1) {
        Log.i(LOG_TAG, "ItemA2 Selected");
        return false;
    }
    // Importante richiamare l'implementazione padre nel caso
    // di item non gestiti
    return super.onOptionsItemSelected(item);
}
```

Le successive due voci di menu sono invece gestite attraverso la modalità con ascoltatori, solamente che nel primo caso il valore di ritorno del metodo di callback è **true** mentre è **false** nel secondo. Questo significa che nel primo caso il metodo onOptionsItemSelected() non viene invocato, come è facile verificare attraverso i messaggi di log.

Gestione dei SubMenu

Dalla documentazione possiamo notare come l'interfaccia Menu preveda la definizione di alcune operazioni del tipo addSubMenu(), le quali permettono la creazione di sottomenu con caratteristiche descritte dall'interfaccia SubMenu. Si tratta di una specializzazione dell'interfaccia Menu che permette appunto la visualizzazione e gestione di alcune funzioni di secondo livello. In questo contesto è comunque bene precisare che sebbene un SubMenu sia una specializzazione dell'interfaccia Menu, anch'essa dotata delle operazioni di aggiunta di un SubMenu, la loro invocazione provocherebbe un'eccezione a runtime. In pratica non è possibile aggiungere dei SubMenu ad altri SubMenu. Le caratteristiche che un SubMenu aggiunge a quelle di un normale Menu riguardano la gestione dell'header della finestra che si viene a creare in caso di selezione.
Per chiarire, consideriamo l'esempio SubMenuTest il cui codice è come sempre disponibile online.

Listato 7.22 Esempio di creazione di un SubMenu

```
public boolean onCreateOptionsMenu(Menu menu) {
    int order = Menu.FIRST;
    int myGroupId = 0;
    menu.add(myGroupId, order, order++, "Normal");
    int subGroupId = 10;
    SubMenu subMenu = menu
                .addSubMenu(subGroupId, order, order++, "SubMenu");
    subMenu.add(subGroupId + 1, order, order++, "Prima Multipla")
                .setCheckable(true);
    subMenu.add(subGroupId + 1, order, order++, "Seconda Multipla")
                .setCheckable(true);
    subMenu.add(subGroupId + 2, order, order++, "Prima Exclusive");
    subMenu.add(subGroupId + 2, order, order++, "Seconda Exclusive");
    subMenu.setGroupCheckable(subGroupId + 2, true, true);
    subMenu.setHeaderTitle(R.string.sub_title);
    subMenu.setHeaderIcon(R.drawable.icon);
    subMenu.setIcon(R.drawable.icon);
    return true;
}
```

Notiamo come sia stato inizialmente aggiunto un normale MenuItem attraverso il metodo add(), e un SubMenu attraverso il corrispondente metodo addSubMenu(). Osserviamo come al SubItem siano poi stati aggiunti dei MenuItem così come viene fatto per un normale Menu. Questo è conseguenza del fatto che un SubMenu è una specializzazione di un Menu, quindi ne contiene tutte le operazioni. Notiamo poi come le ultime istruzioni abbiano

Figura 7.11 Utilizzo di un SubMenu.

permesso l'impostazione di un titolo e un'icona all'header della finestra che andrà a contenere questo sottomenu (Figura 7.11).
Come è possibile notare dal codice sorgente disponibile online, la gestione delle selezioni dei SubMenu è analoga a quella vista in precedenza per i MenuItem.

Utilizzo di shortcut

Al momento della visualizzazione di un Option Menu, l'utente può selezionarne una voce sia attraverso l'evento di click sia mediante la pressione di un particolare tasto detto *shortcut*, il quale può essere un carattere o un numero. Ovviamente la distinzione è valida per quei dispositivi con tasti dei due tipi. A livello di codice, l'interfaccia MenuItem mette a disposizione le seguenti operazioni:

```
public abstract MenuItem setAlphabeticShortcut (char alphaChar)
public abstract MenuItem setNumericShortcut (char numericChar)
public abstract MenuItem setShortcut (char numericChar, char alphaChar)
```

di ovvio significato. È da notare come, sebbene si tratti di caratteri, la selezione non tiene conto dell'eventuale case, per cui è indifferente se il carattere selezionato è nella versione maiuscola o minuscola. Un'ultima osservazione riguarda il fatto che si tratta di una caratteristica del MenuItem non presente nel SubMenu.

ContextMenu

Un ultimo tipo di menu gestiti da Android è quello definito *di contesto*. Mentre il menu delle opzioni è associato a una Activity, un menu di contesto à associato a ciascuna View ed è descritto da un'altra specializzazione dell'interfaccia Menu che si chiama appunto ContextMenu. Se andiamo a vedere le relative API, ci accorgiamo che si tratta di un qualcosa di molto simile, dal punto di vista della visualizzazione, a un SubMenu in quanto viene rappresentato come una finestra di dialogo che diventa attiva nel display di cui è possibile gestire l'header. A differenza del SubMenu, però, un ContextMenu non permette l'utilizzo di un particolare shortcut. Mentre la visualizzazione del menu delle opzioni si ha attraverso la selezione del tasto Menu, la visualizzazione del menu di contesto avviene attraverso l'evento che abbiamo chiamato *long click*. Per richiedere la visualizzazione dell'eventuale ContextMenu associato a una particolare View è infatti necessario generare su di essa un evento long click. Non si tratta però di un evento sufficiente, poiché la View dovrà prima registrarsi all'Activity attraverso il seguente metodo:

`public void registerForContextMenu (View view)`

È interessante notare come sebbene il menu di contesto sia legato a una particolare View, la sua gestione sia di competenza dell'Activity. La registrazione della View all'Activity permette di abilitare l'invocazione del seguente metodo di callback:

`public void onCreateContextMenu (ContextMenu menu, View v, ContextMenu.ContextMenuInfo menuInfo)`

in corrispondenza di un evento di long click sulla View stessa. Si tratta di un metodo che, a differenza del metodo onCreateOptionsMenu() viene invocato in corrispondenza a ogni evento di selezione e non solamente al primo di essi. Notiamo come il primo parametro sia un riferimento al ContextMenu che andremo quindi a utilizzare per la creazione del menu associato utilizzando le API viste in precedenza. Come già detto, gli item di questo menu saranno in grado di gestire lo stato checkable ma non di contenere delle icone.

Il secondo parametro è il riferimento alla View sorgente dell'evento mentre il terzo è molto importante ed è rappresentato da una particolare specializzazione dell'interfaccia interna ContextMenu.ContextMenuInfo; quest'ultima non definisce alcuna operazione ma permette semplicemente di marcare l'oggetto ritornato come un oggetto che incapsula informazioni supplementari sulla View selezionata. Si tratta ovviamente di informazioni che dipendono dal tipo di View, la quale fornirà la propria implementazione attraverso il metodo

`protected ContextMenu.ContextMenuInfo getContextMenuInfo ()`

Il caso tipico di utilizzo di un menu di contesto è quello di selezione di una particolare View da un elenco descritto da una ListView. Come sappiamo, la ListView delega a un particolare Adapter la creazione delle View contenute. Se l'Adapter utilizzato è una specializzazione della classe AdapterView, il riferimento al particolare oggetto ContextMenuInfo ritornato è un'istanza della classe AdapterView.AdapterContextMenuInfo, la quale permette di specificare l'identificatore della riga, della position del corrispondente elemento oltre che un riferimento alla corrispondente View selezionata.

All'interno del metodo onCreateContextMenu() dovremo quindi fare il cast dell'oggetto ottenuto con il tipo specificato in modo da poterne invocare le operazioni. Nel caso descritto in precedenza dovremo dunque utilizzare codice del tipo:

Listato 7.23 Esempio di utilizzo di un ContextMenuInfo

```
AdapterView.AdapterContextMenuInfo ctx = (AdapterView.AdapterContextMenuInfo)
menuInfo;
int index = ctx.id;
int position = ctx.position;
View targetView = ctx.targetView;
```

È da notare come le informazioni dell'oggetto ottenuto siano accessibili direttamente quali attributi pubblici e non attraverso i classici metodi get.
Un ultimo passo è quello relativo alla gestione dell'evento di selezione, il quale avviene, analogamente al caso del menu delle opzioni, attraverso l'override del seguente metodo della classe `Activity`:

```
public boolean onContextItemSelected(MenuItem item)
```

Esso ci fornisce il riferimento al particolare `MenuItem` selezionato. Anche in questo caso il valore di ritorno indica se la gestione dell'evento debba considerarsi conclusa (valore `true`) oppure debba continuare (`false`) nel modo di default. È interessante come le precedenti informazioni di contesto possano essere ottenute in questa fase dal `MenuItem` attraverso l'operazione:

```
public abstract ContextMenu.ContextMenuInfo getMenuInfo ()
```

A questo punto non ci resta che realizzare un semplice esempio di creazione di un menu contestuale relativo a un elenco di valori visualizzati da una `ListView`, verificando che cosa succede aggiungendo dei `SubMenu` o rendendo alcune opzioni checkable. Descriviamo quindi il progetto `ContextMenuTest`, il codice è disponibile online, iniziando dal metodo `onCreate()` che contiene la definizione dell'`Adapter`, l'assegnazione dello stesso alla `ListView` ma soprattutto l'utilizzo del metodo `registerForContextMenu()` per l'abilitazione della creazione del menu di contesto.

Listato 7.24 Registrazione della ListView alla gestione del menu di contesto

```
public void onCreate(Bundle savedInstanceState) {
    super.onCreate(savedInstanceState);
    String[] months = getResources().getStringArray(R.array.month_array);
    ArrayAdapter<String> adapter = new ArrayAdapter<String>(this,
            android.R.layout.simple_list_item_1, months);
    setListAdapter(adapter);
    registerForContextMenu(getListView());
}
```

Il metodo di creazione del menu di contesto invocato a seguito di un evento di long click è quindi il seguente:

Listato 7.25 Implementazione del metodo onCreateContextMenu()

```
public void onCreateContextMenu(ContextMenu menu, View v, ContextMenuInfo menuInfo) {
    AdapterContextMenuInfo adapterMenuInfo = (AdapterContextMenuInfo) menuInfo;
    TextView selectedView = (TextView) adapterMenuInfo.targetView;
    CharSequence value = selectedView.getText();
    int itemId = Menu.FIRST;
    if ((adapterMenuInfo.id % 2) == 0) {// pari
        menu.add(0, itemId, itemId++, "Aggiorna " + value).setIcon(
                R.drawable.icon);
        menu.setHeaderTitle(R.string.even_title);
    } else { // dispari
        menu.add(0, itemId, itemId++, "Sostituisci " + value).setIcon(
                R.drawable.icon);
        menu.setHeaderTitle(R.string.odd_title);
    }
    menu.add(0, itemId, itemId++, "Cancella " + value);
    SubMenu subMenu = menu.addSubMenu(1, itemId, itemId++, "SottoMenu");
    subMenu.add(1, itemId, itemId++, "SottoMenu 1").setCheckable(true);
    subMenu.add(1, itemId, itemId++, "SottoMenu 2").setCheckable(true);
    subMenu.add(2, itemId, itemId++, "SottoMenu 3");
    subMenu.add(3, itemId, itemId++, "SottoMenu 4");
    subMenu.add(3, itemId, itemId++, "SottoMenu 5");
    subMenu.setGroupCheckable(3, true, true);
    menu.setHeaderIcon(R.drawable.icon);
}
```

La prima istruzione, che abbiamo evidenziato, è molto importante in quanto permette di eseguire un'operazione di cast tra il riferimento ottenuto di tipo ContextMenuInfo e l'AdaperContextMenuInfo, che sappiamo essere quello gestito da un AdapterView. La proprietà targetView dell'oggetto ottenuto ci permette di accedere alla View, che sappiamo essere una TextField. Ciò perché il layout passato all'adapter è stato quello identificato dalla costante android.R.layout.simple_list_item_1. Questo ci ha permesso di accedere al testo selezionato. Ovviamente il riferimento all'informazione selezionata dipenderà dal tipo di layout impostato e dal tipo di informazione che lo stesso visualizza.

Le istruzioni seguenti sono quelle di gestione di un normale Menu. Notiamo la presenza di MenuItem checkable, altri con associata un'icona oltre alla presenza di un SubMenu. Eseguendo l'applicazione notiamo innanzitutto la visualizzazione di un menu contestuale in corrispondenza della pressione prolungata su una delle voci. In Figura 7.12 possiamo notare come il menu contenga anche la voce relativa al SubMenu, che quindi può essere gestito anche in menu di tipo contestuale. Notiamo come si tratti comunque di MenuItem che non possono contenere delle icone, che possono essere gestite solamente in un icon menu.

Selezionando il SubMenu si ottiene quanto visualizzato in Figura 7.13; tale menu può contenere, allo stesso modo di un expanded menu, anche elementi checkable esclusivi e non. Anche in questo caso la gestione delle selezioni è di responsabilità dello sviluppatore attraverso un'opportuna implementazione del metodo onContextItemSelected(), che merita qualche approfondimento.

Figura 7.12 ContextMenu con SubMenu.

Figura 7.13 SubMenu di un ContextMenu.

Listato 7.26 Gestione delle selezioni di un ContextMenu

```
public boolean onContextItemSelected(MenuItem item) {
    AdapterContextMenuInfo adapterMenuInfo = (AdapterContextMenuInfo) item
            .getMenuInfo();
```

```
        if (adapterMenuInfo == null) {
            item.setChecked(!item.isChecked());
        } else {
            TextView selectedView = (TextView) adapterMenuInfo.targetView;
            CharSequence value = selectedView.getText();
        }
        return super.onContextItemSelected(item);
    }
}
```

Notiamo infatti come il riferimento al particolare `ContextMenuInfo` ottenuto attraverso il metodo getMenuInfo() sul MenuItem può essere null. Si tratta del caso in cui vengono selezionati degli item che non sono figli della selezione di una View fornita dall'adapter ma creati all'interno del metodo onCreateContextMenu().

> **Ritornare al ContextMenu dal SubMenu**
>
> Il lettore potrà verificare come non sia possibile, una volta visualizzato il sottomenu, ritornare al menu di contesto precedente attraverso la selezione del pulsante Back o altro. L'unico modo per ritornare è ripetere l'evento di long click.

Un ultimo aspetto da sottolineare è conseguenza dell'invocazione del metodo onCreateContextMenu() a ogni evento di long click. Questo significa che, a differenza di quanto avveniva per il menu delle opzioni, lo stato checkable dei diversi item deve essere memorizzato in oggetti diversi dai MenuItem.

Menu alternativi

Quando ci siamo occupati di gestione delle Intent abbiamo accennato alla presenza di due particolari categorie associate alle costanti Intent.ALTERNATIVE_CATEGORY e Intent.SELECTED_ALTERNATIVE attraverso le quali Android permette a una Activity di accedere a funzionalità che non sono note, e in alcuni casi neanche presenti, al momento dell'installazione.
Supponiamo quindi di creare un'applicazione che, tra le altre cose, gestisce le informazioni relative ai diversi contatti, che abbiamo visto essere associati a un URI del tipo content://contacts/people (lo esamineremo nel dettaglio nel capitolo dedicato ai Content Provider). Si vuole includere, tra le attività dell'applicazione, anche quelle di altre applicazioni che agiscono sulla stessa tipologia di dato cui accedere attraverso voci di menu. A tale scopo abbiamo quindi creato il progetto UseAlernativeTest il quale descrive semplicemente una Activity che definisce un Option Menu nel modo che ci accingiamo a descrivere.

Listato 7.27 Gestione dei menu alternativi

```
public boolean onCreateOptionsMenu(Menu menu) {
    int order = Menu.FIRST;
    menu.add(0, order, order++, "Voce1");
    Intent intent = new Intent(Intent.ACTION_VIEW);
```

```
        intent.setData(Uri.parse("content://contacts/people"));
        intent.addCategory(Intent.CATEGORY_ALTERNATIVE);
        menu.addIntentOptions(1, 1, Menu.CATEGORY_ALTERNATIVE, this.getComponentName(), null,
            intent, 0, null);
        return true;
}
```

Notiamo come, insieme alla creazione di un `MenuItem` semplice, abbiamo utilizzato il seguente metodo della classe `Menu`:

```
public abstract int addIntentOptions (int groupId, int itemId, int order, ComponentName
caller, Intent[] specifics, Intent intent, int flags, MenuItem[] outSpecificItems)
```

il quale permette di creare e aggiungere al `Menu` un insieme di `MenuItem` per il lancio di un `Intent` specificato. Si tratta di opzioni alternative, per cui la relativa categoria dovrà essere una delle due viste in precedenza. Per comprenderne il funzionamento diamo una descrizione dei parametri.
Oltre a quelli classici di ogni `MenuItem` come l'identificatore di gruppo, di item e di ordine, abbiamo la definizione dei primi due parametri del metodo

```
public abstract List<ResolveInfo> queryIntentActivityOptions (ComponentName caller,
Intent[] specifics, Intent intent, int flags)
```

del `PackageManager` che abbiamo già visto nel Capitolo 3. Si tratta del metodo che permette di conoscere quali attività installate nel dispositivo sono in grado di soddisfare un particolare `Intent`.
Il `caller` è il riferimento al componente che sta eseguendo la richiesta e che solitamente è una `Activity`. Nel nostro caso abbiamo utilizzato il metodo di utilità `getComponentName()`.
Il parametro `specifics` è un array di `Intent` che viene utilizzato come criterio di ordinamento delle attività in grado di soddisfare l'`Intent` passato attraverso l'omonimo parametro. Questo significa che se esistono più `Activity` in grado di soddisfare un `Intent`, esse vengono ordinate in base all'elenco degli eventuali `Intent` specificati attraverso l'attributo `specifics`. Nella maggior parte dei casi, come nel nostro, il valore del parametro passato è null.
Il successivo parametro `flags` non ha lo stesso significato nei due metodi precedenti. Nel caso del menu si tratta di un modo per indicare se le eventuali voci debbano sostituirsi a quelle dello stesso gruppo oppure appendersi a esse. Il valore 0 specificato indica che gli eventuali `MenuItem` si sostituiscono a quelli esistenti nello stesso gruppo. Un valore pari a quello della costante `Menu.FLAG_APPEND_TO_GROUP` permette invece alle nuove opzioni di appendersi a quelle esistenti, eventualmente divise da un separatore.
L'ultimo parametro, di nome `outSpecificItems`, è il riferimento a un array di `MenuItem[]` in cui eventualmente inserire le item create, per una successiva elaborazione. Una volta installata l'applicazione, selezioniamo il tasto Menu ottenendo quanto mostrato in Figura 7.14. Notiamo come l'unico item presente sia quello inserito esplicitamente ovvero, al momento, non sia presente alcuna attività disponibile come alternativa nella gestione dell'`Intent` cercato.

Figura 7.14 Prima esecuzione dell'applicazione UseAlternativeTest.

A tale scopo, supponiamo allora di creare l'applicazione `DataIntentTest` (il cui codice è disponibile online). Se osserviamo la definizione dell'`Activity` nel file `AndroidManifest.xml`, notiamo come uno degli `Intent Filter` associati sia il seguente:

Listato 7.28 Definizione di un Intent Filter con categorie alternative

```
<intent-filter android:label="AlternativeData">
    <action android:name="android.intent.action.VIEW"></action>
    <category android:name="android.intent.category.ALTERNATIVE"></category>
    <category android:name="android.intent.category.SELECTED_ALTERNATIVE">
    </category>
    <category android:name="android.intent.category.DEFAULT"></category>
    <data android:mimeType="vnd.android.cursor.dir/person"></data>
</intent-filter>
```

L'attività si candida quindi come componente in grado di gestire un URI relativo ai contatti come nel caso dell'applicazione precedente. Non dobbiamo quindi fare altro che installare questa nuova attività e rieseguire la precedente applicazione ottenendo, dopo aver premuto il tasto Menu, quanto mostrato in Figura 7.15.
Notiamo come, senza alcuna modifica nell'applicazione `UseAlternativeTest`, nel suo menu sia ora disponibile l'opzione relativa al lancio della nuova attività installata attraverso l'applicazione `DataIntentTest`. Non ci resta quindi che selezionare l'opzione e notare, in Figura 7.16, come il relativo `Intent` venga lanciato con conseguente visualizzazione dell'attività associata.
Abbiamo quindi dimostrato come il meccanismo degli `Intent`, unito alla semplicità dei `Menu`, permetta una perfetta estensibilità della piattaforma. Nell'esempio abbiamo

Figura 7.15 Utilizzo di un menu alternativo.

Figura 7.16 Activity lanciata attraverso un menu alternativo.

utilizzato un Option Menu, ma avremmo potuto utilizzare anche un menu di contesto; in questo caso però la categoria più idonea sarebbe stata quella descritta dalla costante `Intent.CATEGORY_SELECTED_ALTERNATIVE`.

Definizione dichiarativa dei menu

Come accennato nel capitolo dedicato alle risorse, Android permette la configurazione dei menu attraverso una serie di documenti XML contenuti all'interno della cartella `/res/menu`. Di questi documenti si dovrà quindi eseguire un'operazione di inflating il cui risultato non sarà, come nel caso dei layout, una `View` ma un `Menu`. L'oggetto per fare questo è descritto dalla classe `MenuInflater` del package `android.view`. A tale scopo abbiamo creato il progetto `MenuInflateTest` il cui codice è disponibile online. Per creare il documento XML con il menu ci facciamo aiutare dall'ADT attraverso il noto editor in Figura 7.17.

Notiamo come `<menu/>` sia l'unico elemento possibile come root del documento, che nel nostro caso è il seguente:

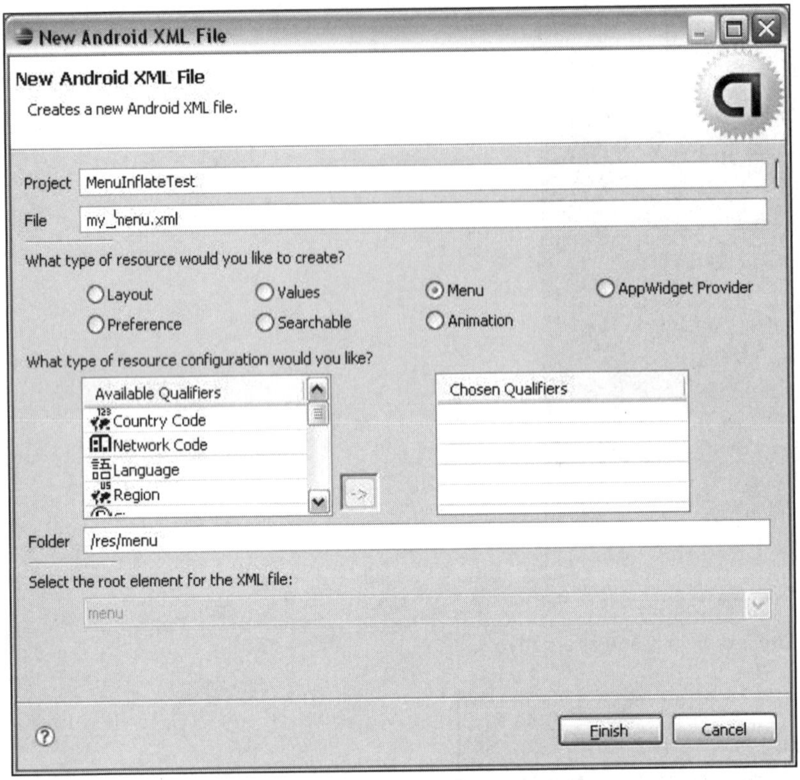

Figura 7.17 Creazione di una risorsa di menu.

Listato 7.29 Esempio di definizione di una risorsa per il menu

```xml
<?xml version="1.0" encoding="utf-8"?>
<menu xmlns:android="http://schemas.android.com/apk/res/android">
    <item android:id="@+id/simpleItem" android:title="Simple Item"
        android:icon="@drawable/icon" android:orderInCategory="1" />
    <group android:id="@+id/simpleGroup">
        <item android:id="@+id/groupItem1" android:title="GroupItem1"
            android:icon="@drawable/icon" android:orderInCategory="2" />
        <item android:id="@+id/groupItem2" android:title="GroupItem2"
            android:icon="@drawable/icon" android:orderInCategory="2" />
    </group>
    <item android:id="@+id/subMenu" android:title="@string/subMenu"
        android:orderInCategory="3">
        <menu>
            <group android:checkableBehavior="all">
                <item android:id="@+id/subItem1" android:title="@string/subItem1"
                    android:checked="true" />
                <item android:id="@+id/subItem2" android:title="@string/subItem2" />
            </group>
            <group android:checkableBehavior="single">
```

```xml
                    <item android:id="@+id/subItem3" android:title="@string/subItem3"
                        android:checkable="true" />
                    <item android:id="@+id/subItem4" android:title="@string/subItem4"
                        android:checkable="true" />
                </group>
                <item android:id="@+id/subItem3" android:title="@string/subItem5"
                    android:checkable="true" />
            </menu>
        </item>
</menu>
```

Attraverso il primo elemento <item/> abbiamo creato una normale voce di menu impostandone l'identificatore, il titolo, l'icona e l'ordine in analogia con quanto fatto attraverso il codice Java.

Mediante l'elemento <group/> abbiamo raggruppato altri due item in esso contenuti. Notiamo come del gruppo, in questa fase, si sia specificato solamente un identificatore. Per l'implementazione di un SubMenu abbiamo quindi definito un item con all'interno un altro elemento <menu/> che notiamo non avere attributi. Il nome e le caratteristiche del SubMenu sono infatti quelle dell'item che ne contiene la definizione. Infine notiamo come all'interno del sottomenu siano stati definiti due gruppi, per i quali è stato utilizzato l'attributo android:checkableBehavior che permette di specificare se esiste una relazione di esclusività o meno tra gli item contenuti. Nel primo caso abbiamo impostato un valore all che indica una relazione di esclusività tra gli item contenuti. Nel secondo caso, invece, è stato impostato il valore single, che indica la non esclusività. Nel caso in cui non esista alcuna relazione tra gli item il valore poteva anche essere none. All'interno del SubMenu abbiamo quindi inserito un ultimo item che ci permette di esaminare la presenza dell'attributo android:checkable. Senza entrare in dettagli che il lettore può trovare nella documentazione ufficiale, notiamo come sia semplice, anche attraverso il corrispondente editor dell'ADT, creare i menu in modo dichiarativo attraverso la definizione di un opportuno documento XML. Come ultimo passo non ci resta che descrivere come questo documento venga gestito all'interno delle diverse Activity. Nel nostro esempio abbiamo implementato il metodo di creazione del menu delle opzioni nel seguente modo:

Listato 7.30 Creazione del menu attraverso inflate

```java
public boolean onCreateOptionsMenu(Menu menu) {
    // Otteniamo il riferimento all'Inflater del Menu
    MenuInflater inflater = getMenuInflater();
    // Eseguamo l'inflate del file di menu sull'oggetto menu
    inflater.inflate(R.menu.my_menu, menu);
    // Visualizziamo il Menu
    return true;
}
```

Notiamo l'utilizzo di un MenuInflater di cui si ottiene un riferimento attraverso il metodo getMenuInflater() dell'Activity.

Sarà sufficiente quindi invocare su di esso il metodo:

```
public void inflate (int menuRes, Menu menu)
```

per caricare, all'interno del menu passato come secondo parametro, quello definito nella risorsa XML individuata dal primo.
Concludiamo sottolineando come la gestione degli eventi associati sia la stessa di quella vista in precedenza, con in più la possibilità di individuare i vari elementi selezionati in base a identificatori che ora sono rappresentati da altrettante costanti della classe `R.id`.

Toast

Come accennato nell'introduzione, un `Toast` è il meccanismo con il quale Android mostra messaggi temporanei sul display attraverso la visualizzazione di un componente che non può acquisire. Osservando le relative API, possiamo notare come l'unico modo per ottenerne un riferimento sia con uno dei seguenti due `static factory method`:

```
public static Toast makeText (Context context, int resId, int duration)
public static Toast makeText (Context context, CharSequence text, int duration)
```

da cui è possibile partire per personalizzarlo in relazione a:
- contenuto
- durata
- posizione
- margini
- testo

Da quanto si deduce nei precedenti metodi, non appena creato un `Toast` contiene una `TextView` di cui è possibile specificare il testo in modo esplicito oppure attraverso il riferimento a una risorsa di tipo `String`. Notiamo poi come al momento della creazione si debba necessariamente specificare una durata che può assumere anche i valori descritti dalle costanti statiche `LENGTH_SHORT` e `LENGTH_LONG` della stessa classe `Toast` del package `android.widget`. Oltre alle informazioni sulla posizione e sui margini, è interessante la possibilità di specificare una custom View con il metodo

```
public void setView (View view)
```

Una volta ottenuto il riferimento al `Toast`, sarà sufficiente invocare il suo metodo

```
public void show()
```

per vederlo visualizzare sul display. Si tratta quindi di un componente molto semplice da creare e gestire. A scopo esemplificativo abbiamo creato il progetto `ToastTest` che permette appunto la visualizzazione di un `Toast` con durata breve, uno con una maggiore durata e uno di `View` personalizzata, attraverso la selezione di altrettanti `Button`. È bene precisare come, nel caso di una personalizzazione, la `View` dovrà contenere solamente componenti con cui non è possibile interagire, poiché un Toast non potrà mai ottenere il focus. Nel layout principale, con l'utilizzo dell'attributo android:onClick abbiamo associato la pressione dei pulsanti ad altrettanti metodi della nostra Activity, che andiamo a descrivere.

Notiamo come la visualizzazione di un Toast di diversa durata sia cosa molto semplice:

Listato 7.31 Creazione e visualizzazione di un Toast di breve durata

```java
public void showShortToast(View view) {
    Toast toast = Toast.makeText(this, R.string.short_label, Toast.LENGTH_SHORT);
    toast.show();
}
```

Listato 7.32 Creazione e visualizzazione di un Toast di lunga durata

```java
public void showLongToast(View view) {
    Toast toast = Toast.makeText(this, R.string.long_label, Toast.LENGTH_LONG);
    toast.show();
}
```

Per quello che riguarda la personalizzazione della View abbiamo semplicemente creato un layout con un'immagine e un testo di cui abbiamo eseguito l'inflate prima di assegnare l'oggetto così ottenuto al Toast.

Listato 7.33 Creazione e visualizzazione di un Toast con View personalizzata

```java
public void showCustomToast(View view) {
    LayoutInflater inflater = LayoutInflater.from(this);
    View toastView = inflater.inflate(R.layout.toast_view, null);
    Toast toast = Toast.makeText(this, R.string.custom_label, Toast.LENGTH_LONG);
    toast.setView(toastView);
    toast.show();
}
```

Eseguendo l'applicazione e selezionando uno dei pulsanti otteniamo la visualizzazione dei diversi Toast (Figura 7.18).
Con l'applicazione realizzata possiamo fare alcune considerazioni. Innanzitutto la durata di un Toast non può essere impostata a un qualunque valore in millisecondi ma può essere solamente uno dei valori descritti attraverso le precedenti costanti. Ancora più interessante è notare quale sia il comportamento nel caso della pressione di più pulsanti uno dopo l'altro prima che ciascun Toast abbia terminato la sua visualizzazione. Il lettore potrà verificare come, in questo caso, le diverse richieste vengano accodate ed esaudite una dopo l'altra in base alle diverse durate impostate. La scelta è anche la più logica, perché il compito di un Toast è di fornire delle informazioni all'utente che quindi si pensa, prima o poi, debbano essere presentate e non soppresse da altre comunicazioni successive. Si tratta di un comportamento asincrono abbastanza comune in Android, che vedremo caratterizzare anche le finestre di dialogo, argomento del prossimo paragrafo.

Figura 7.18 Visualizzazione di un Toast con View custom.

Dialog

La caratteristica principale di un Toast è quindi quella di non essere in alcun modo interattivo e di permettere la visualizzazione di brevi informazioni per un tempo solitamente breve. Durante l'utilizzo di una qualunque applicazione, capita spesso di avere la necessità di inserire una serie di informazioni, molto brevi, utili all'applicazione stessa per proseguire. Questo avviene attraverso delle finestre, di dimensioni ridotte rispetto al display, che prendono il nome di *finestre di dialogo* e che in Android sono rappresentate da particolari specializzazioni della classe Dialog del package android.app. Con Android vedremo che è possibile gestire le seguenti finestre di dialogo:

- *alert*
- *progress*
- *date* e *time picker*

Le prime permettono la visualizzazione all'utente di informazioni relative a errori, a warning, al termine di una particolare operazione e così via. Con questo tipo di Dialog, solitamente l'utente interagisce semplicemente selezionando un pulsante *Ok* per indicare di aver recepito l'informazione stessa.

Quelle *progress* sono invece finestre di dialogo contenenti solitamente delle animazioni che indicano che l'applicazione sta svolgendo qualche attività per cui l'utente dovrà semplicemente attendere.

Infine esistono finestre di dialogo di input relativamente a informazioni su date o particolari orari. L'aspetto interessante delle Dialog di Android è che si tratta comunque di componenti perfettamente personalizzabili sia nel layout sia nelle possibili interazioni. Dopo aver descritto la modalità di utilizzo di un Dialog ci dedicheremo allo studio delle sue principali realizzazioni.

Utilizzo di un Dialog

Il lettore avrà notato come la classe `Dialog` appartenga allo stesso package della classe `Activity` ma non abbia con essa alcun legame di ereditarietà. In effetti la relazione esistente tra questi due componenti è quella relativa al fatto che una `Dialog` è sempre associata a una `Activity` da cui acquisisce alcune informazioni, come per esempio i menu delle operazioni visti in precedenza e visualizzabili attraverso il tasto Menu del dispositivo. Le operazioni per la gestione delle finestre di dialogo sono poi definite all'interno della classe `Activity` in quanto, per gestire in modo ottimizzato le risorse, Android mette a disposizione un meccanismo che permette di riutilizzare i `Dialog` più volte all'interno di una stessa applicazione. Per la visualizzazione di una particolare finestra di dialogo è infatti sufficiente invocare il seguente metodo della classe `Activity`:

```
public final void showDialog (int id)
```

dove il parametro passato è un identificatore del componente da visualizzare. A questo punto il sistema verifica se il componente richiesto è già stato creato oppure no. Nel caso si tratti della prima richiesta relativa all'identificatore passato, il sistema prevede l'invocazione del metodo

```
protected Dialog onCreateDialog (int id)
```

all'interno del quale vi dovrà essere la logica di costruzione dell'oggetto `Dialog` nel modo che vedremo nel dettaglio successivamente. Si tratta quindi di un meccanismo di creazione lazy di oggetti `Dialog`, i quali possono in effetti essere riutilizzati più volte all'interno di un'applicazione. Se comunque la `Dialog` differisce per il valore di qualche sua proprietà, possiamo sfruttare il fatto che, in corrispondenza a ciascuna richiesta di visualizzazione, venga sempre invocato il seguente metodo:

```
protected void onPrepareDialog (int id, Dialog dialog)
```

il quale ci fornisce un'opportunità per preparare la `Dialog` alla nuova visualizzazione. In questo caso i parametri sono relativi all'identificatore della particolare finestra di dialogo oltre che un riferimento alla stessa per applicare le eventuali modifiche.

> ### Utilizzo classico delle Dialog
> Una modalità classica di utilizzo di questo meccanismo prevede la definizione delle costanti intere relative alle diverse finestre di dialogo dell'applicazione e l'utilizzo delle stesse come possibili valori dell'`id` valutati attraverso uno `switch/case` all'interno delle specializzazioni dei metodi `onCreateDialog()` e `onPrepareDialog()`. Il metodo `showDialog()` non dovrebbe quasi mai essere ridefinito.

Un `Dialog` che ha terminato il proprio compito dovrà poi essere nascosto e questo sarà, a seconda dei casi, responsabilità della finestra di dialogo stessa o dell'attività che la gestisce. Nel primo caso la `Dialog` dovrà semplicemente invocare il metodo

```
public void dismiss ()
```

mentre nel secondo caso sarà sufficiente eseguire il metodo

```
public final void dismissDialog (int id)
```

della classe `Activity` che si preoccuperà dihiamare il metodo `dismiss()` della `Dialog` associata all'id passato. Si tratta di metodi che, oltre che nascondere il `Dialog`, ne mantengono il riferimento in una specie di pool per poi ripristinarlo alla successiva richiesta di visualizzazione. Infine, nel caso in cui si trattasse di un componente non più utilizzato, sarà sufficiente eseguire il metodo:

```
public final void removeDialog (int id)
```

per eliminare la `Dialog` dal pool liberandone quindi le risorse.
Nel caso in cui siaile eseguire determinate operazioniin corrispondenza dell'evento di chiusura, è possibile implementare l'interfaccia `DialogInterface.OnDismissListener`, la quale prevede la definizione dell'operazione:

```
public abstract void onDismiss (DialogInterface dialog)
```

invocata al momento dell'invocazione del `dismiss()` di una finestra di dialogo. In alcuni casi è però necessario distinguere il caso in cui la chiusura della finestra sia avvenuta a seguito della pressione del tasto Canc, quindi corrisponda a una esplicita azione dell'utente. Per situazioni come questa è possibile implementare l'interfaccia `DialogInterface.OnCancelListener` che prevede la definizione dell'operazione:

```
public abstract void onCancel (DialogInterface dialog)
```

In entrambi i casi il parametro è un riferimento di tipo `DialogInterface` che permette di astrarre la `Dialog` dal fatto che questa sia un componente che può essere chiuso (operazione `dismiss()`) o annullato (`cancel()`).
Si tratta quindi di un meccanismo molto semplice, che potrà essere visualizzato per ciascuna delle tipologie di `Dialog` che vedremo nei successivi paragrafi.

Alert Dialog

In questa categoria, rappresentata dalla classe `AlertDialog`, possiamo inserire tutte quelle finestre di dialogo che permettono all'utente di eseguire delle scelte immediate attraverso la pressione di un tasto o la selezione di un'opzione tra alcune disponibili.
In generale si tratta di finestre che possono contenere le seguenti informazioni:

- un titolo
- un messaggio
- fino a 3 pulsanti
- una lista di elementi selezionabili nelle diverse modalità (implicita, con `checkbox` o `radio button`)

Siccome si tratta di componenti che possono o meno disporre di alcuni elementi, il pattern utilizzato è stato il `Builder` che, in questo caso, è stato implementato dalla classe

`AlertDialog.Builder`. Se osserviamo le API di questa classe notiamo come sia possibile, attraverso alcuni metodi set, impostare le seguenti informazioni:

- un titolo
- un messaggio
- un'icona
- dei pulsanti di conferma, negazione o cancellazione
- una `View` custom per il contenuto e per il titolo
- un insieme di item tra cui fare delle scelte in modo esclusivo o multiplo, i quali vengono passati come array, `ListAdapter` o `Cursor` (per l'accesso a dati in `SQLite`)

La finestra di dialogo si configurerà in base alle informazioni impostate e potrà essere creata attraverso l'invocazione del metodo:

```
public AlertDialog create ()
```

che ritornerà appunto il riferimento alla finestra creata. Come esempio di utilizzo di un `AlertDialog` abbiamo realizzato il progetto `AlertDialogTest`, il quale permette di testare la creazione di questo componente nella modalità più semplice di visualizzazione di un messaggio con i tasti di conferma e annullamento, e il caso di selezione singola tra un elenco di valori ottenuti da una risorsa di tipo string array. Per quello che riguarda la visualizzazione delle finestre di dialogo nei due casi, abbiamo semplicemente fatto l'override del metodo `onCreateDialog()` nel seguente modo:

Listato 7.34 Metodo onCreateDialog() per la creazione delle finestre di dialogo

```java
protected Dialog onCreateDialog(int id) {
    switch (id) {
    case YES_NO_DIALOG:
        return createYesNoDialog();
    case SINGLE_CHOICE_DIALOG:
        return createSigleChoiceDialog();
    default:
        return null;
    }
}
```

Notiamo come vi sia semplicemente un controllo sull'identificatore del tipo di dialogo, quindi la chiamata ai corrispondenti metodi di creazione che andiamo a descrivere di seguito.

Listato 7.35 Creazione del AlertDialog.Builder

```java
AlertDialog.Builder builder = new AlertDialog.Builder(this);
builder.setTitle(R.string.yes_no_alert_label);
builder.setIcon(R.drawable.icon);
builder.setMessage(R.string.yes_no_alert_message);
```

In questa prima parte abbiamo semplicemente creato un'istanza del builder, quindi impostato le informazioni relative al titolo, icona e messaggio. La parte più interessante riguarda la gestione dei pulsanti attraverso il seguente codice:

Listato 7.36 Definizione di un pulsante in un AlertDialog.Builder

```
builder.setPositiveButton(R.string.yes_label,
        new DialogInterface.OnClickListener() {

            @Override
            public void onClick(DialogInterface dialog, int id) {
                Toast.makeText(AlertDialogTestActivity.this,
                    R.string.yes_label, Toast.LENGTH_SHORT).show();
            }

        });
```

Notiamo l'utilizzo del metodo setPositiveButton() il quale accetta come parametri il riferimento alla label del pulsante e soprattutto il riferimento all'implementazione dell'interfaccia DialogInterface.OnClickListener che dovrà gestire l'evento di selezione. Nel nostro caso abbiamo semplicemente visualizzato un Toast con un messaggio relativo all'opzione scelta. Una cosa analoga è poi stata fatta per il pulsante *No*, questa volta attraverso l'invocazione del metodo setNegativeButton(). La creazione dell'alert avviene quindi attraverso l'invocazione del metodo create() sul builder.

Eseguendo l'applicazione e selezionando il primo pulsante il lettore potrà ottenere il risultato mostrato in Figura 7.19. Una prima interessante osservazione riguarda il fatto che la selezione di uno dei due pulsanti ha come conseguenza il dismiss() della finestra

Figura 7.19 Creazione di un AlertDialog del tipo Yes/No.

di dialogo, cosa che invece non avviene nel secondo esempio relativo a un `AlertDialog` per la selezione di una voce tra quelle di un elenco.

Nel secondo esempio l'aspetto interessante riguarda l'utilizzo del metodo che permette l'impostazione delle possibili scelte per la selezione singola.

Listato 7.37 Selezione singola in una AlertDialog

```
final String[] months = getResources().getStringArray(
        R.array.months_array);
builder.setSingleChoiceItems(months, -1,
        new DialogInterface.OnClickListener() {

            @Override
            public void onClick(DialogInterface dialog, int which) {
                Toast.makeText(AlertDialogTestActivity.this,
                        "Selected: " + months[which],
                        Toast.LENGTH_SHORT).show();
                dialog.dismiss();
            }

        });
```

Il risultato in questo caso è quello di Figura 7.20.

In queste situazioni è molto importante eseguire il `dismiss()` all'interno del metodo di gestione dell'evento, cosa che non dovrà avvenire, per esempio, nel caso di selezione multipla: si renderebbe quindi necessario l'utilizzo di un pulsante di conferma, come fatto nel caso precedente.

Figura 7.20 AlertDialog con selezione singola.

Progress Dialog

La classe `ProgressDialog` descrive una specializzazione di `AlertDialog` che permette di fornire l'indicazione di un processo in esecuzione. Questo può avvenire sia attraverso la visualizzazione di un'animazione corrispondente a un cerchio che ruota, sia attraverso una barra la cui lunghezza dipende dallo stato del processo stesso. Nel primo caso la sua visualizzazione è molto semplice e consiste nella sola invocazione del metodo statico

```
public static ProgressDialog show (Context context, CharSequence title, CharSequence
message, boolean indeterminate, boolean cancelable, DialogInterface.OnCancelListener
cancelListener)
```

che abbiamo riportato nella sua versione più completa. Oltre al riferimento al solito `Context`, esso permette la definizione del titolo e del messaggio da visualizzare. Il parametro `indeterminate` permette di specificare se l'animazione dovrà prevedere una fine come nel caso di una barra di caricamento oppure no. Attraverso il parametro `cancelable` possiamo specificare se il processo che si vuole rappresentare possa essere interrotto attraverso la pressione del tasto Back, fornendo eventualmente un'implementazione dell'interfaccia `DialogInterface.OnCancelListener` per una gestione del corrispondente evento.
Nel nostro caso abbiamo realizzato il progetto `ProgressDialogTest`, dove abbiamo utilizzato il seguente codice per la visualizzazione di una `ProgressDialog` di tipo `indeterminate` il cui risultato è quello di Figura 7.21.

Figura 7.21 Esempio di ProgressDialog di tipo Indeterminate.

Listato 7.38 Creazione di un ProgressDialog Indeterminate

```
ProgressDialog.show(this, "Indeterminate","Indeterminate Message", true,true,
        new DialogInterface.OnCancelListener() {
            @Override
            public void onCancel(DialogInterface dialog) {
                Toast.makeText(ProgressDialogTestActivity.this, "Interrupted",
                Toast.LENGTH_LONG).show();
            }
        });
```

Nel caso in cui si intendesse rappresentare la classica barra di caricamento o di completamento di un'attività di cui si può dedurre la durata totale, sarà possibile utilizzare il seguente codice:

Listato 7.39 Creazione di una ProgressDialog

```
private ProgressDialog createProgressDialog() {
    progressDialog = new ProgressDialog(this);
    progressDialog.setProgressStyle(ProgressDialog.STYLE_HORIZONTAL);
    progressDialog.setMessage("Caricamento...");
    progressDialog.setOnCancelListener(new OnCancelListener() {

        @Override
        public void onCancel(DialogInterface dialog) {
            // Fermiamo il Thread
            workerThread.stop();
        }

    });
    workerThread = new CustomThread(myHandler);
    return progressDialog;
}
```

Il lettore potrà notare come sia stata simulata l'esecuzione di un particolare processo attraverso l'utilizzo di un Thread e di un meccanismo per l'interazione con la GUI che prevede l'impiego di un Handler. Approfondiremo questo e altri concetti relativi al multithreading quando ci occuperemo di Thread e servizi.

È importante notare come l'avvio del Thread sia avvenuto all'interno del metodo onPrepareDialog() in quanto si vuole che venga eseguito a ogni pressione del pulsante e non solamente la prima volta. Nel nostro caso notiamo come sia stato gestito l'evento di cancel fermando anche il Thread associato. Il risultato è quindi quello di Figura 7.22.

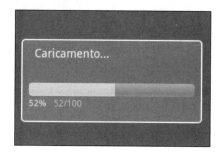

Figura 7.22 ProgressDialog in azione.

È da notare come la ProgressDialog permetta, attraverso uno dei seguenti metodi:

```
public void setProgressDrawable (Drawable d)
public void setIndeterminateDrawable (Drawable d)
```

di associare un oggetto Drawable come elemento da utilizzare per la barra, analogamente a quanto visto in precedenza per gli elementi ClipDrawable.

Custom Dialog

Per quanto visto in precedenza, risulta possibile associare a una qualunque finestra di dialogo una `View` personalizzata creata in modo programmatico oppure attraverso un opportuno documento XML di layout. Una volta creata la `View` è infatti possibile assegnarla alla finestra di dialogo con uno dei seguenti metodi:

```
public void setContentView (View view)
public void setContentView (int layoutResID)
```

Anche in questo caso, si potrà decidere se utilizzare direttamente la classe `Dialog` o se sfruttare le specializzazioni presenti ovvero le classi `AlertDialog` o `ProgressDialog`. Nel nostro caso abbiamo creato il progetto `CustomDialogTest` il quale permette la visualizzazione di un semplice layout specificato attraverso il documento XML contenuto nel file `my_dialog.xml`. Abbiamo quindi utilizzato il seguente frammento di codice:

Listato 7.40 Creazione di una finestra di dialogo Custom

```
private Dialog createCustomDialog() {
    Dialog customDialog = new Dialog(this);
    customDialog.setTitle(R.string.custom_label);
    customDialog.setContentView(R.layout.my_dialog);
    return customDialog;
}
```

Il risultato ottenuto è mostrato in Figura 7.23.

Figura 7.23 Finestra di dialogo custom.

Conclusioni

In questo capitolo ci siamo occupati di alcune API molto importanti nella gestione della GUI di un'applicazione per Android. Dopo aver imparato come animare le nostre interfacce, abbiamo visto nel dettaglio il framework di gestione dei menu, sia delle opzioni sia di contesto, per poi dedicarci allo studio delle finestre di dialogo. Si è trattato prevalentemente di strumenti per la visualizzazione di informazioni all'utente. Nel prossimo capitolo inizieremo a occuparci di un altro aspetto fondamentale: la gestione dei dati.

Capitolo 8

Gestione dei dati

Nei precedenti capitoli ci siamo occupati della gestione dell'interfaccia grafica attraverso la descrizione dei diversi componenti, spiegando come questi possono essere utilizzati all'interno di una Activity. Si tratta comunque di componenti che hanno come scopo principale quello di presentare all'utente delle informazioni di varia natura.

In questo capitolo ci occuperemo di tutto ciò che riguarda la gestione dei dati relativamente ai diversi meccanismi di persistenza. Inizieremo con lo studio delle API per la gestione delle preferenze, ovvero di quell'insieme di configurazioni che l'utente può gestire e al quale le diverse applicazioni possono accedere. Di seguito vedremo le API per la gestione dei file, che scopriremo essere molto simili a quelle disponibili per la J2SE, quindi la gestione delle informazioni attraverso un database relazionale di piccole dimensioni di nome SQLite. Quelli elencati fino a qui sono comunque meccanismi di gestione delle informazioni legate alle sole applicazioni che le hanno create. La seconda parte del capitolo sarà pertanto dedicata all'utilizzo e alla creazione dei Content Provider, ovvero di quei componenti che Android mette a disposizione per la condivisione di informazioni e che, come abbiamo accennato in precedenza, assumono un'importanza fondamentale nel processo di Intent Resolution.

In questo capitolo

- Preference
- Gestione di file
- SQLite
- Content Provider
- Live Folder
- Conclusioni

Preference

Come spesso accade, un'applicazione dispone di un insieme di informazioni di configurazione. Pensiamo per esempio a un'applicazione che esegue delle ricerche per le quali è possibile specificare il numero di risultati da visualizzare o i criteri di ordinamento. Altre informazioni possono riguardare aspetti di layout come il colore di sfondo o i tipi di carattere. A tale proposito Android mette a disposizione un piccolo framework che permette sia la gestione della persistenza sia quella di presentazione dell'interfaccia per la modifica dei dati di configurazione.

Il modo più semplice di interagire con questi dati consiste nell'utilizzare il seguente metodo che la classe `Activity` eredita dalla classe `Context`:

```
public abstract SharedPreferences getSharedPreferences (String name, int mode)
```

la quale permette di accedere a un'istanza della classe `SharedPreferences` associata a un particolare nome e a un identificatore dei permessi di accesso da parte delle altre applicazioni. Il valore di default del `mode` è quello descritto dalla costante statica `Context.MODE_PRIVATE`; esso indica che le informazioni sono accessibili solamente ai componenti di una stessa applicazione. Nel caso in cui si vogliano rendere queste informazioni accessibili anche alle altre applicazioni in lettura, la costante da utilizzare è `Context.MODE_WORLD_READABLE`, mentre per l'accesso in scrittura basterà specificare il valore di mode `Context.MODE_WORLD_WRITEABLE`. In ogni caso le informazioni saranno associate a un nome; se invece le si vuole rendere private rispetto a una particolare attività, il metodo da utilizzare (questa volta della classe `Activity`) è il seguente:

```
public SharedPreferences getPreferences (int mode)
```

la quale non fa altro che richiamare la precedente passando come `mode` il valore del parametro passato e come `name` il nome della classe dell'attività stessa.

Molto interessante è invece a modalità con cui le informazioni vengono accedute e modificate. A tale scopo la classe `SharedPreferences` non mette a disposizione direttamente dei metodi get e set relativi a ciascun tipo di dato, ma funge da Factory di implementazioni dell'interfaccia `SharedPreferences.Editor` la quale permette di gestire l'aggiornamento delle informazioni in un modo che assomiglia molto alla gestione di una transazione; è èrevista l'esecuzione di un'operazione di `commit()` al fine di rendere effettive le modifiche impostate. A tale proposito abbiamo realizzato un semplice progetto di nome SimplePreferencesTest, il quale permette di salvare un'informazione testuale di configurazione per poi ritrovarla al momento delle esecuzioni successive dell'applicazione stessa. Per quello che riguarda la lettura delle informazioni di configurazione al momento dell'avvio dell'applicazione abbiamo implementato il seguente codice:

Listato 8.1 Lettura delle preferenze all'avvio dell'applicazione

```java
public void onCreate(Bundle savedInstanceState) {
    super.onCreate(savedInstanceState);
    setContentView(R.layout.main);
    SharedPreferences prefs = getSharedPreferences(MY_PREFERENCES,
        Context.MODE_PRIVATE);
    String textData = prefs.getString(TEXT_DATA_KEY, "No Preferences!");
    TextView outputView = (TextView) findViewById(R.id.outputData);
```

```
            outputView.setText(textData);
    }
```

Nella parte evidenziata, notiamo come si sia utilizzato il metodo `getSharedPreferences()` per accedere alle preferenze private dell'applicazione da cui si è tentata la lettura del valore di chiave memorizzata nella costante `TEXT_DATA_KEY` da noi definita. Nell'esempio abbiamo visualizzato il valore letto in una `TextView` che, alla prima esecuzione, visualizzerà un messaggio esplicativo del fatto che le informazioni sono assenti. Nell'esempio abbiamo poi fatto in modo che l'utente potesse inserire un testo attraverso una `EditText` e salvarlo nelle preferenze con la selezione di un `Button` cui corrisponde il seguente codice:

Listato 8.2 Codice di aggiornamento delle preferenze di un'applicazione

```
    public void savePreferencesData(View view) {
        SharedPreferences prefs = getSharedPreferences(MY_PREFERENCES,
                Context.MODE_PRIVATE);
        SharedPreferences.Editor editor = prefs.edit();
        EditText outputView = (EditText) findViewById(R.id.inputData);
        CharSequence textData = outputView.getText();
        if (textData != null) {
            editor.putString(TEXT_DATA_KEY, textData.toString());
            editor.commit();
        }
    }
```

In questo caso abbiamo evidenziato la parte relativa alla creazione della particolare realizzazione dell'`Editor` e il suo utilizzo per il salvataggio di un valore testuale associandolo alla stessa chiave precedente. Notiamo l'esecuzione del metodo `commit()` sull'`Editor` per rendere effettive le modifiche fatte attraverso gli opportuni metodi `set`. Eseguendo l'applicazione per la prima volta, noteremo come non vi sia alcuna informazione di configurazione. Basterà quindi inserire un testo nella `EditText` e selezionare il `Button` per eseguire il salvataggio delle informazioni di configurazione. A questo punto si dovrà chiudere l'applicazione e riaprirla per verificare come, in effetti, l'informazione inserita venga subito visualizzata nella `TextView` di output come in Figura 8.1, dove il testo precedentemente inserito è stato "Ciao Mondo!".
Ovviamente la modalità utilizzata non è sufficiente alla gestione di un numero elevato di preferenze, per le quali servirebbe anche un'interfaccia grafica idonea. A tale propo-

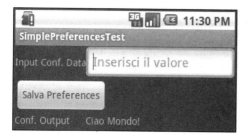

Figura 8.1 Visualizzazione delle informazioni relative alle Preferences.

sito il framework messo a disposizione da Android prevede la definizione di una serie di componenti con la precisa responsabilità di permettere la modifica delle preferenze gestendone in modo trasparente la persistenza all'interno dell'oggetto `SharedPreferences`. Si tratta dell'insieme di classi definite all'interno del package `android.preference`, a ciascuna delle quali corrisponde un elemento da utilizzare all'interno di un opportuno documento XML. A tale proposito, Android prevede che i componenti di gestione delle preferenze siano contenuti all'interno di una particolare specializzazione della classe `Activity`, descritta dalla classe `PreferenceActivity`, il cui layout dovrà essere un documento avente come root un elemento di tipo `<PreferenceScreen/>` le cui caratteristiche sono descritte da una classe omonima. All'interno di questo elemento ci possono poi essere altri elementi corrispondenti a specializzazioni della classe `Preference`, che descriviamo brevemente in Tabella 8.1. Notiamo la presenza di specializzazioni che permettono la gestione di preferenze attraverso checkbox, finestre di dialogo, inserimento di informazioni testuali o selezione di uno o più elementi da una lista.

Tabella 8.1 Particolari Preference per la gestione delle preferenze

Specializzazione Preference	Descrizione
`CheckBoxPreference`	Permette la scelta di una o più opzioni tra alcune disponibili.
`DialogPreference`	Implementazione di base per quelle `Preference` che utilizzano una finestra di dialogo.
`EditTextPreference`	Permette l'inserimento di un'informazione testuale.
`ListPreference`	Permette la visualizzazione di un insieme di opzioni all'interno di una finestra di dialogo.
`RingtonePreference`	Permette la scelta di una suoneria tra quelle disponibili nel dispositivo.

Molto interessanti sono anche le implementazioni che permettono di legare un insieme di `Preference` all'interno di un gruppo o di una categoria attraverso elementi di tipo `PreferenceGroup` e `PreferenceCategory` rispettivamente. Prima di realizzare un semplice esempio, è interessante descrivere, con la Tabella 8.2, le proprietà di ciascun componente `Preference`.

Tabella 8.2 Attributi configurabili di ciascuna specializzazione di Preference

Attributo	Descrizione
`android:key`	La chiave della preferenza nello `SharedPreferences`.
`android:defaultValue`	Valore di default per la particolare preferenza.
`android:title`	Il titolo da visualizzare associato alla preferenza.
`android:enabled`	Indica se la preferenza è abilitata o disabilitata.
`android:dependency`	Riferimento di un'altra preferenza da cui questa dipende. Nel caso quest'ultima non fosse abilitata anche questa verrebbe disabilitata.
`android:summary`	Descrizione della particolare Preferenza all'interno della `PreferenceActivity`.
`android:order`	L'ordine di visualizzazione della preferenza. I valori più bassi vengono visualizzati per primi.

android:persistent	Indica se il corrispondente valore debba essere salvato nello `SharedPreferences` oppure no.
android:selectable	Indica se la corrispondente preferenza è selezionabile oppure no.
android:layout	L'eventuale layout custom della preferenza nella `PreferenceActivity`.
android:widgetLayout	Permette di specificare il layout della sola parte controllabile della preferenza.
android:shouldDisableView	Indica se la `View` contenuta debba essere disabilitata nel caso di disabilitazione della preferenza.

Si tratta di proprietà che vedremo essere configurabili in ciascuno degli elementi che andremo a descrivere attraverso i relativi attributi.

Per mostrare l'utilizzo di questo framework supponiamo di voler gestire le configurazioni relativamente alla possibilità di inserire un testo, selezionare un'opzione mediante una checkbox e quindi un elemento da una lista. A tale scopo abbiamo creato il progetto `CompletePreferencesTest`, disponibile tra gli esempi online. Utilizzando il classico editor per la creazione delle risorse XML abbiamo creato un documento relativo alle preferences all'interno del file di nome `my_preferences.xml` il quale viene messo all'interno della cartella `res/xml`. Notiamo innanzitutto come la root di questo componente sia descritta dall'elemento `<PreferenceScreen/>`.

Listato 8.3 Documento XML di definizione della GUI per le Preference

```xml
<?xml version="1.0" encoding="utf-8"?>
<PreferenceScreen xmlns:android="http://schemas.android.com/apk/res/android"
    android:orderingFromXml="true">
    <EditTextPreference android:order="1" android:key="textData"
        android:title="TextData Example"></EditTextPreference>
    <CheckBoxPreference android:key="enabledData"
        android:title="CheckBox Example" android:order="2">
    </CheckBoxPreference>
    <PreferenceCategory android:title="@string/category_label"
        android:order="3">
        <ListPreference android:entryValues="@array/months_value"
            android:entries="@array/months_name" android:title="@string/month_label"
            android:order="3" android:key="month"></ListPreference>
    </PreferenceCategory>
</PreferenceScreen>
```

All'interno vediamo la presenza di un elemento di tipo `<EditTextPreference/>` il quale permette l'editazione della preferenza associata alla chiave specificata con l'attributo `android:key`. Attraverso un elemento `<CheckBoxPreference/>` abbiamo inserito la possibilità di specificare un valore booleano associato alla chiave `enabledData`. Infine abbiamo usato un `<ListPreference/>` per permettere la scelta di un valore tra quelli specificati mediante una risorsa di tipo array. Notiamo come siano stati utilizzati alcuni degli attributi descritti in precedenza e comuni a tutte le `Preference`. Tramite l'elemento `<PreferenceCategory/>` abbiamo infine aggiunto un titolo alla `ListPreference`.

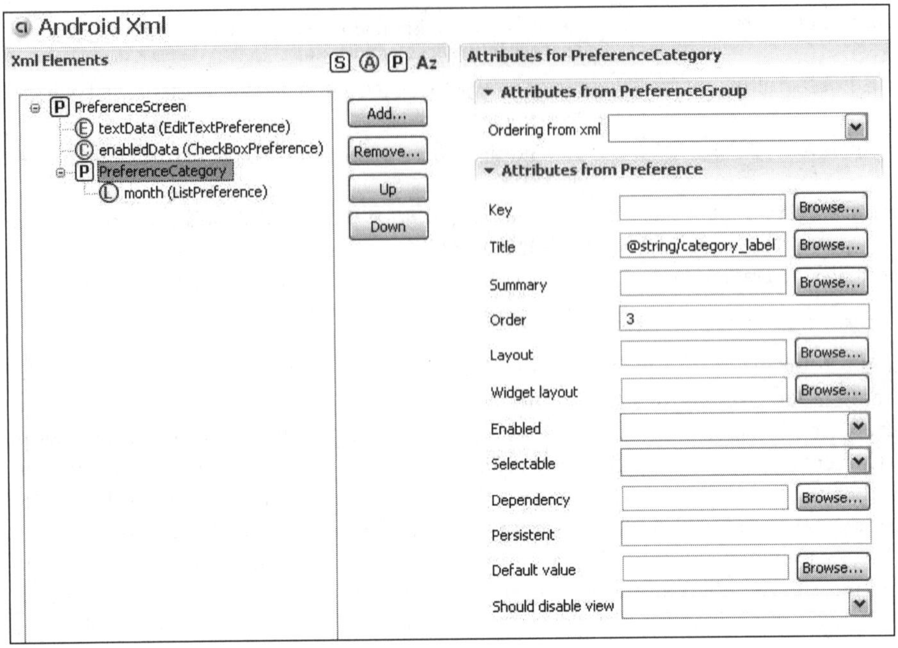

Figura 8.2 Editor per i documenti XML relativi alla gestione delle Preference.

Con l'editazione di questo file XML è quindi molto semplice impostare l'insieme delle informazioni relative alle preferenze e l'interfaccia per poterle editare con semplicità. In questa fase ci viene in aiuto l'editor in Figura 8.2, che è possibile utilizzare in fase di creazione e modifica dei documenti XML mediante l'ADT.
Una volta definite in modo dichiarativo le proprietà relative alle varie preferenze da gestire, è necessario creare l'`Activity` che le dovrà contenere. Come detto, si tratta semplicemente di una specializzazione della classe `PreferenceActivity` che contiene, nel proprio metodo `onCreate()`, il seguente semplice codice:

Listato 8.4 Utilizzo del documento XML di definizione delle Preference

```
public void onCreate(Bundle savedInstanceState) {
    super.onCreate(savedInstanceState);
    addPreferencesFromResource (R.xml.my_preferences);
}
```

dove l'operazione di inflate viene fatta automaticamente attraverso l'invocazione del metodo

```
public void addPreferencesFromResource (int preferencesResId)
```

cui si passa semplicemente il riferimento della corrispondente risorsa.
L'ultimo passo consiste nell'utilizzo delle informazioni salvate in automatico mediante l'attività delle preferenze che, nel nostro caso, visualizziamo con un'opportuna voce del menu delle opzioni.

Listato 8.5 Accesso alle informazioni di Preference gestite in modo automatico

```
SharedPreferences prefs = PreferenceManager.getDefaultSharedPreferences(this);
String textValue = prefs.getString("textData", "No Text Value");
boolean checkedValue = prefs.getBoolean("enabledData", false);
String listValue = prefs.getString("month", "No List value");
// Lo scriviamo nella TextView
TextView outputView = (TextView) findViewById(R.id.output);
outputView.setText(textValue + " checked:" + checkedValue
        + " listValue:" + listValue);
```

Notiamo come l'accesso alle proprietà avvenga allo stesso modo descritto in precedenza. Ciò che invece è diverso riguarda la modalità con cui si è ottenuto il riferimento alle SharedPreferences attraverso un oggetto di tipo PreferenceManager il quale comprende diversi metodi di utilità per la gestione delle preferenze in genere. Non ci resta che eseguire l'applicazione osservando come le informazioni gestite mediante l'attività delle preferenze vengano effettivamente salvate e quindi ripristinate nelle successive esecuzioni dell'applicazione stessa.

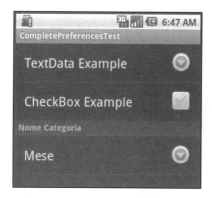

Figura 8.3 Attività delle Preference dell'esempio CompletePreferencesTest.

Gestione di file

Come accennato in precedenza, Android permette la scrittura e lettura di file sia sul file system locale sia su un eventuale supporto esterno o SD card. È importante sottolineare come si tratti di file accessibili solamente all'applicazione che li ha creati. I casi d'uso in questo caso sono principalmente i seguenti:

- lettura o scrittura di un'informazione su file system locale
- lettura o scrittura di un'informazione su SD card
- lettura di un file statico dal file apk dell'applicazione

Li esamineremo quindi nel dettaglio.

Accesso a file system locale

Sebbene esistano, come vedremo, dei modi più efficaci per la memorizzazione di informazioni, Android permette di gestire i file con gli stressi strumenti messi a disposizione da Java Standard, ovvero gli stream. Da una `Activity`, è possibile ottenere il riferimento agli stream di lettura e scrittura a un file attraverso i seguenti metodi che la stessa eredita dalla classe `Context`:

```
public abstract FileInputStream openFileInput (String name)
public abstract FileOutputStream openFileOutput (String name, int mode)
```

specificando il nome del file e, nel caso della scrittura, anche il `mode` che, a seconda del valore, permette di deciderne la visibilità da parte delle altre applicazioni. Un valore corrispondente alla costante `MODE_PRIVATE` della classe `Context`, che è il default, permette di specificare che il file è accessibile solamente alla sola applicazione che lo ha creato. Il valore corrispondente alle costanti `MODE_WORLD_READABLE` permette di dare alle altre applicazioni la possibilità di accedere in lettura, con estensione al permesso in scrittura attraverso il valore `MODE_WORLD_WRITEABLE`. Oltre a questi valori, già incontrati nel caso delle `SharedPreferences`, esiste quello associato alla costante `MODE_APPEND` che permette, in fase di scrittura, di appendere informazioni al file nel caso in questo sia già esistente, invece che sovrascriverlo completamente.

> **Java NIO**
>
> Come sappiamo, dalla versione 1.4 di Java, oltre a una gestione attraverso il concetto di stream, è stata aggiunta la possibilità di lavorare attraverso dei buffer. Mediante le cosiddette Java NIO (New I/O) è infatti possibile leggere e scrivere informazioni da e verso fonti dati in modo più efficiente. Android dispone di queste API, contenute all'interno di package del tipo `java.nio`; non saranno tuttavia argomento del presente libro.

Come esempio di utilizzo delle API per la gestione dei file abbiamo creato due applicazioni molto simili, che differiscono, oltre che per il nome e per il package di appartenenza, per la modalità di accesso a uno stesso file.
L'applicazione `FileOutputTest` permette di salvare e caricare un file scegliendo anche il `mode` associato alla scrittura tra quelli disponibili attraverso uno `Spinner`. La sua interfaccia è quella mostrata in Figura 8.4; essa prevede un `EditText` all'interno del quale inserire del testo che si vuole salvare su file system utilizzando un `mode` selezionato attraverso uno `Spinner`. Le operazioni possibili, associate ad altrettanti pulsanti, sono quelle che permettono il salvataggio del file, la sua cancellazione e la sua lettura. Nella parte inferiore abbiamo poi messo una `TextView` per la visualizzazione degli eventuali messaggi di errore o di successo delle varie operazioni, ciascuno con il proprio colore.
In particolare, la Figura 8.4 descrive l'applicazione `FileOutputTest` nella quale abbiamo semplicemente inserito del testo e selezionato il pulsante *Salva* dopo aver impostato come mode quello identificato dalla costante `MODE_PRIVATE`. L'altra applicazione, di nome `FileInputTest`, avrà l'interfaccia di Figura 8.4 e permetterà il caricamento e il salvataggio delle informazioni sullo stesso file gestito dall'applicazione precedente.

Figura 8.4 Interfaccia di gestione di un file con Android.

Osservando il codice disponibile online, il lettore potrà verificare come nel primo caso la scrittura al file avviene attraverso le seguenti righe di codice:

Listato 8.6 Scrittura di un file da una Activity

```
try {
    FileOutputStream fos = openFileOutput(FILE_PATH, mode);
    DataOutputStream dos = new DataOutputStream(fos);
    dos.writeUTF(inputData.toString());
    dos.close();
    output.setTextColor(SUCCESS_COLOR);
    output.setText(R.string.ok_message);
} catch (IOException e) {
    e.printStackTrace();
    output.setTextColor(ERROR_COLOR);
    output.setText(e.getMessage());
}
```

dove possiamo notare l'utilizzo del metodo openFileOutput(). Da notare anche come nell'applicazione FileOutputTest il nome del file sia stato specificato in modo semplice, ovvero utilizzando la costante FILE_PATH con il seguente valore:

```
private final static String FILE_PATH = "myFile";
```

Nel caso dell'applicazione FileInputTest il codice utilizzato per la lettura dello stesso file è stato invece il seguente:

Listato 8.7 Codice di lettura del file

```
try {
    FileInputStream fis = new FileInputStream(new File(FILE_PATH));
```

```
        DataInputStream dis = new DataInputStream(fis);
        String text = dis.readUTF();
        dis.close();
        output.setTextColor(SUCCESS_COLOR);
        editText.setText(text);
        output.setText(R.string.ok_message);
    } catch (IOException e) {
        e.printStackTrace();
        output.setTextColor(ERROR_COLOR);
        output.setText(e.getMessage());
    }
}
```

dove l'accesso al file è stato diretto attraverso la creazione di un `FileInputStream` cui è stato passato un riferimento a un file questa volta di path descritto dalla costante `FILE_PATH` di valore:

```
private final static String FILE_PATH = "/data/data/it.apogeo.android.cap08.
fileouputtest/files/myFile";
```

Questo ci permette di osservare come la creazione di un file, come avveniva nell'applicazione `FileOutputTest`, faccia riferimento alla cartella di path costruito nel seguente modo:

`/data/data/<package applicazione>/files/<nome file>`

Ecco che la seconda applicazione dovrà accedere al file di proprietà della prima specificandone il path completo. A questo punto lasciamo al lettore la verifica del fatto che la creazione di un file con mode `MODE_PRIVATE` da parte della prima applicazione non ne permette la lettura e tantomeno la modifica da parte della seconda. Nel caso di creazione di un file con mode `MODE_WORLD_WRITEABLE` da parte della prima si potrà quindi dimostrare come il secondo potrà accedere in scrittura. Attraverso le stesse applicazioni si potrà dunque verificare l'effettivo funzionamento delle diverse modalità.

La gestione dei file ci da invece l'opportunità per descrivere brevemente un altro tool fornito dall'ADT che permette appunto di visionare il file system del dispositivo. Si chiama File Explorer ed è accessibile come possibile vista di eclipse. In Figura 8.5 notiamo come, attraverso questo tool, sia possibile visionare il file system del dispositivo.

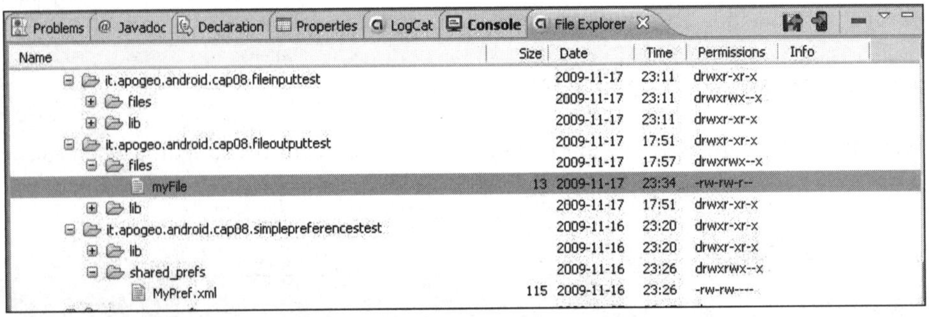

Figura 8.5 Utilizzo del File Explorer per la visione del file system del dispositivo.

Approfittiamo di questo tool per verificare la presenza del file `myFile` nella cartella specificata ma anche per notare come le informazioni di `preferences` specificate con il relativo framework siano anch'esse contenute in una cartella, questa volta di nome `share_prefs`, all'interno della cartella associata alla particolare applicazione.

> **Condivisione di informazioni tra più applicazioni?**
>
> In precedenza abbiamo indicato il Content Provider come l'unico meccanismo di condivisione di informazioni tra applicazioni diverse. Nel precedente esercizio abbiamo visto come invece sia possibile far condividere le stesse informazioni a più applicazioni semplicemente condividendo un file. In effetti si tratta di una contraddizione. È comunque bene dire che il Content Provider, come vedremo, garantirà un'interfaccia molto più pulita e ordinata e avrà responsabilità che vanno oltre quelle di fornire semplici dati.

Un'ultima nota interessante riguarda la possibilità, attraverso le icone in alto a destra del File Explorer raffiguranti un dischetto e un dispositivo, di caricare un file sul dispositivo dal file system della nostra macchina o viceversa scaricarlo in locale. Vedremo come questa opzione ci sarà utile nel caso di accesso ai diversi DB SQLite configurabili per un'applicazione in modo da valutarli attraverso dei tool esterni.

File su SD Card

Come sappiamo, la maggior parte dei dispositivi è dotato di una memoria esterna spesso indicata con il termine SD Card. Si tratta di memorie che ormai hanno raggiunto dimensioni fino a 32 GB e che possono essere aggiunte o tolte dal dispositivo attraverso l'apposito slot.

> **SD Card**
>
> Il nome SD Card deriva da Secure Digital e rappresenta un modo veloce per descrivere dei chip di memoria flash utilizzati non solo nei dispositivi cellulari ma soprattutto in dispositivi come le macchine fotografiche.

Il procedimento di lettura e scrittura di file dalla SD Card non è molto diverso da quanto visto nel paragrafo precedente. Vedremo che la sola differenza sta nella directory in cui tali memorie vengono "montate", termine con cui si indica che la memoria è visibile al dispositivo come se fosse una cartella all'interno del file system. In questo caso la cartella dedicata alla SD Card si chiama `/sdcard` ed è presente nella root del dispositivo. Prima di modificare il precedente progetto `FileOutputTest` per la lettura e scrittura su SD Card vediamo come sia possibile crearne una con gli strumenti dell'ambiente Android.

Creazione di una SD Card attraverso AVD

Il modo più semplice di simulare la presenza di una SD Card è quello di utilizzare il tool `android` che, come abbiamo visto, permette di creare degli `Android Virtual Device`. È sufficiente infatti creare un nuovo AVD specificando la dimensione della SD Card come in Figura 8.6, dove ne abbiamo specificato una dimensione di 2 GB.

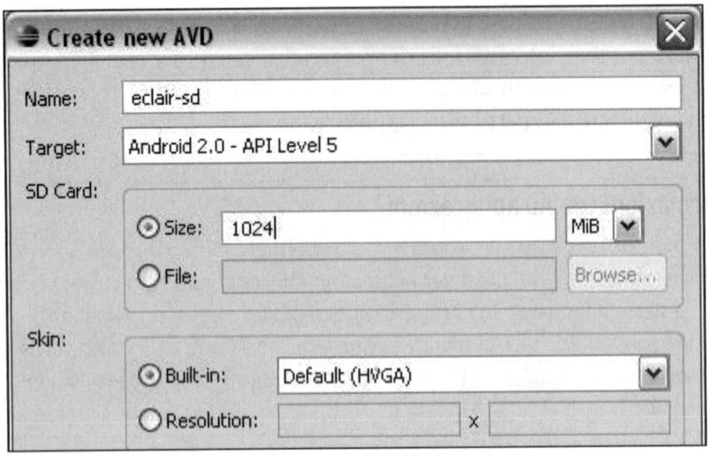

Figura 8.6 Simulazione della presenza della SD Card attraverso la creazione di un AVD.

Dalla figura possiamo poi notare come sia possibile specificare il supporto esterno con la selezione di un file di cui è l'immagine.

Creazione SD Card attraverso mksdcard

Per creare un'immagine della memoria esterna da utilizzare all'interno dell'emulatore è possibile utilizzare il tool

```
mksdcard
```

presente nella cartella tools dell'SDK di Android, specificando la dimensione e il nome del file relativo all'immagine creata. Se volessimo quindi creare l'immagine della stessa SD Card definita mediante l'AVD basterà eseguire il seguente comando:

```
mksdcard 2048M sdcard.img
```

dove il secondo parametro indica il nome del file cui sarà poi possibile fare riferimento nel tool precedente per la definizione della memoria esterna.

Utilizzo della SD Card nell'emulatore

Come visto, il modo più semplice di utilizzare una SD Card all'interno dell'emulatore prevede di specificarla nella creazione dell'AVD che andremo a utilizzare. Nel caso in cui si volesse far partire l'emulatore con il comando `emulator`, è sufficiente specificare la presenza della SD Card con l'opzione `-sdcard`. L'utilizzo della SD Card corrispondente al precedente file potrà quindi avvenire tramite il seguente comando:

```
emulator -sdcard sdcard.img
```

dove il nome del file potrebbe essere specificato anche in modo assoluto. Facendo partire l'emulatore e osservando il relativo file system attraverso il tool `File Explorer` notiamo come ora sia possibile inserire dei file nella cartella /sdcard con gli strumenti del tool stesso oppure con il comando adb. È infatti possibile inserire un file dalla nostra macchina al dispositivo usando il comando

```
adb push <local file> <file device>
```

e, viceversa, dal dispositivo al nostro PC usando il comando

```
adb pull <file device> <local file>
```

Un esempio

Per ottenere un esempio di scrittura e lettura di un file su SD Card non dobbiamo fare altro che prendere il progetto FileOutputTest e modificare la modalità di accesso al file all'interno della SD Card. Evitiamo di riproporre lo stesso codice, il lettore potrà osservare quello disponibile online e il relativo al progetto di nome SDCardTest. È da notare solamente l'utilizzo del seguente codice:

Listato 8.8 Accesso alla file nella SD Card

```
File sdcardDir = Environment.getExternalStorageDirectory();
File file = new File(sdcardDir,FILE_PATH);
```

con il quale abbiamo ottenuto il riferimento alla directory associata alla memoria esterna per poi utilizzarla come cartella per il nostro file.

> **Gestione dei permessi**
>
> A differenza per quello che accade in fase di lettura di un file dalla SD Card, nel caso della scrittura l'applicazione dovrà richiedere un particolare permesso, associato al valore android.permission.WRITE_EXTERNAL_STORAGE, attraverso l'utilizzo dell'elemento <uses-permission/> nell'AndroidManifest.xml. In generale, come vedremo successivamente, l'esecuzione di operazioni potenzialmente dannose richiede la dichiarazione del relativo permesso. Si tratta di informazioni che vengono presentate all'utente al momento dell'installazione dell'applicazione al fine di poter richiedere consenso esplicito all'installazione stessa.

Nell'esecuzione, il lettore non dovrà ovviamente dimenticarsi di utilizzare l'AVD relativo all'emulatore dotato di SD Card che noi abbiamo chiamato eclair-sd.

Lettura di file statico da apk

Come sappiamo sia il codice che le risorse associate a una applicazione Android sono contenute all'interno di un pacchetto apk. Nel caso in cui si intendesse inserire al suo interno dei file cui accedere attraverso una particolare costante della classe R.id ma senza applicare a essi alcun processo di ottimizzazione, abbiamo visto che è sufficiente inserirli nella cartella /res/raw. Il caso più tipico è quello di alcuni file, magari XML, di configurazione a cui l'applicazione ha la necessità di accedere solamente in lettura.

Per accedere a queste risorse è sufficiente utilizzare il seguente metodo:

```
public InputStream openRawResource (int id)
```

della classe `Resources` di cui otteniamo un'istanza con il metodo `getResources()` visibile all'interno di una `Activity`. Una volta ottenuto il riferimento all'`InputStream` possiamo leggere ed eventualmente elaborare il corrispondente file. Nel capitolo dedicato alle risorse abbiamo utilizzato questo tipo di risorse per la gestione di un font custom e per il parsing di un documento XML.

SQLite

Una delle caratteristiche più importanti di Android nella gestione dei dati riguarda la disponibilità di un DB relazionale. Si tratta di SQLite, ovvero di un DBMS che ha tra le sue caratteristiche principali quella di essere molto piccolo (intorno ai 500 KB), molto veloce, semplice e portabile, quindi adatto a dispositivi a risorse limitate. Essendo uno strumento utilizzato anche in altri ambienti, è possibile usufruire di un buon numero di tool per la creazione e la gestione dei database.
In Android gli strumenti per la gestione di SQLite si possono suddividere in due parti, ciascuna corrispondente a uno dei seguenti package:

- android.database
- android.database.sqlite

Il primo contiene una serie di classi per la gestione dei classici cursori verso un insieme di record provenienti da una base dati generica. Si tratta di un insieme di implementazioni dell'interfaccia `Cursor` che, unite ad alcune classi di utilità, permettono una gestione semplificata delle informazioni persistenti. Il secondo package contiene invece classi più specifiche per la gestione delle informazioni attraverso SQLite.

Gestione di un DB SQLite

A ciascuna applicazione Android è possibile associare un insieme di DB SQLite privati rispetto all'applicazione stessa. Ciascuno di questi è rappresentato da un'istanza della classe `SQLiteDatabase`, la quale espone una serie di operazioni che permettono non solo l'esecuzione di query ma anche di gestire la creazione, l'aggiornamento e la cancellazione del DB associato.

Ciclo di vita di un DB SQLite

Per creare un DB SQLite associato a un'applicazione è possibile utilizzare il seguente metodo statico della classe `SQLiteDatabase`:

```
public static SQLiteDatabase openDatabase (String path, SQLiteDatabase.CursorFactory factory, int flags)
```

Il parametro path indica il nome del file, di estensione .db, che conterrà il database il cui nome viene creato attraverso la seguente convenzione:

/data/data/<nome package applicazione>/database/<path>.db

Per questo motivo si tratta di un nome che deve essere unico all'interno di una singola applicazione. Ovviamente, database di applicazioni diverse vengono creati in directory diverse, quindi possono anche avere lo stesso nome.

Il secondo parametro è un riferimento a un'implementazione dell'interfaccia SQLiteDatabase.CursorFactory che è responsabile della creazione della particolare implementazione di Cursor che andremo a utilizzare per l'accesso ai risultati delle varie query. Si tratta di un parametro opzionale al quale spesso si associa il valore null, corrispondente all'utilizzo dell'implementazione di default.

Molto importante è poi il parametro flags che permette di specificare la modalità di accesso al DB aperto o creato. Attraverso il flag descritto dalla costante CREATE_IF_NECESSARY è possibile specificare se creare il database prima di aprirlo nel caso in cui non esistesse. Questo permette di creare il database, per esempio, alla prima esecuzione di un'applicazione e di aprirlo solamente nelle esecuzioni successive.

Attraverso la costante OPEN_READONLY è possibile aprire il DB solamente in lettura, a differenza del valore OPEN_READWRITE che permette, invece, di accedervi anche in scrittura. L'ultima opzione è associata alla costante NO_LOCALIZED_COLLATORS e permette di non utilizzare i Collator associati a una particolare lingua nei confronti fra contenuti testuali.

> **SQLite e Collator**
>
> Come sappiamo, ordinare o semplicemente confrontare due testi è un'operazione che dipende dalla particolare lingua utilizzata. Se pensiamo, per esempio, ai caratteri presenti nella lingua tedesca o spagnola oppure in alcune lingue orientali capiamo come sia utile poter gestire diverse modalità a seconda del particolare locale. Android sfrutta quindi una caratteristica di SQLite che si chiama *collection* e che permette appunto di far dipendere dal locale i criteri di confronto e ordinamento delle informazioni testuali. Attraverso la costante **NO_LOCALIZED_COLLATORS** si intende quindi specificare come le funzionalità di ricerca testuali non dipendano dal locale, quindi non vengano influenzate dall'esecuzione del metodo **setLocale()**.

Abbiamo visto che la creazione di un DB si traduce nella creazione di un file di estensione .db. Nel caso in cui si intendessero sfruttare le caratteristiche relazionali di un DB per l'accesso a informazioni in modo efficiente, è possibile creare un database in memoria, quindi senza la creazione del corrispondente file. Per fare questo è sufficiente utilizzare il metodo:

public static SQLiteDatabase create (SQLiteDatabase.CursorFactory factory)

Ovviamente si tratta di un metodo per la creazione di un DB nuovo e non l'apertura di qualcosa di esistente; per sua stessa natura il DB verrà perciò completamente eliminato al momento della chiusura. Anche questo metodo prevede la definizione di una factory, che nella maggior parte dei casi è null.

Una proprietà molto importante di un DB è la corrispondente versione. Si tratta semplicemente di un valore numerico associato a un database che permette, per esempio, di decidere se apportare determinate modifiche nel caso di aggiornamenti dell'applicazione che lo ha creato. L'accesso a questa informazione è possibile attraverso il metodo:

```
public int getVersion ()
```

mentre è possibile verificare se esiste la necessità o meno di un aggiornamento con l'invocazione del seguente metodo di utilità:

```
public boolean needUpgrade (int newVersion)
```

cui è sufficiente passare l'identificatore dell'eventuale nuova versione disponibile ottenendo in risposta il corrispondente valore booleano. Nel caso, sarà responsabilità del programmatore eseguire le opportune query di aggiornamento dei dati o dello schema conseguenti alla modifica di versione.
Se si intende cancellare il database esistono diverse possibilità. La più complessa consiste nella cancellazione del corrispondente file mentre la modalità più semplice è quella che prevede l'invocazione del seguente metodo che la classe `Activity` eredita dalla classe `ContextWrapper`:

```
public boolean deleteDatabase (String name)
```

Il parametro indica il nome del DB mentre il valore di ritorno indica se l'operazione di cancellazione è avvenuta con successo o meno. Altra possibilità è l'esecuzione di un'istruzione di `DROP` attraverso le Api di esecuzione delle query, che vedremo nel prossimo paragrafo.
È interessante come la stessa classe `ContextWrapper` metta a disposizione di ogni `Activity` anche altri metodi di utilità per la gestione di un database. Se si vogliono elencare i database privati disponibili per una particolare applicazione è sufficiente invocare il seguente metodo:

```
public String[] databaseList ()
```

mentre per conoscere il `path` esatto del file associato il metodo da utilizzare è il seguente:

```
public File getDatabasePath (String name)
```

La classe `Activity` eredita poi anche il metodo

```
public SQLiteDatabase openOrCreateDatabase (String name, int mode, SQLiteDatabase.CursorFactory factory)
```

con funzionalità leggermente diverse rispetto a quelle viste in precedenza per la classe `SQLiteDatabase`. In questo caso si tratta infatti di un modo per aprire il database di nome dato e, implicitamente, prima crearlo nel caso in cui non esista. Il parametro `mode` ha un

significato diverso rispetto ai precedenti flags e permette di specificare la visibilità del corrispondente file analogamente a quanto visto in precedenza.
Una volta che il database è stato utilizzato, bisogna chiuderlo invocando sull'oggetto SQLiteDatabase il metodo:

```
public void close ()
```

Quelli descritti sono gli strumenti che la classe SQLiteDatabase ci mette a disposizione per la gestione di un database SQLite. Vedremo successivamente l'esistenza di alcune classi di utilità che ne semplificheranno la gestione del ciclo di vita.

Creazione delle tabelle

Una volta creato il file associato a un database è possibile crearne lo schema mediante l'esecuzione delle classiche istruzioni SQL del tipo CREATE TABLE, creando quindi i relativi indici con istruzioni del tipo CREATE INDEX. Il lettore potrà fare riferimento alla versione di SQL utilizzata da SQLite sul sito ufficiale in http://www.sqlite.org. Se volessimo infatti creare una tabella di nome TEAM contenente alcune informazioni relative a un insieme di squadre di calcio, ci basterà eseguire lo script SQL che segue, nella modalità che vedremo nel prossimo paragrafo.

Listato 8.9 Script SQL per la creazione di una tabella

```
CREATE TABLE "TEAM" (
    "_id" INTEGER PRIMARY KEY AUTOINCREMENT,
    "name" TEXT NOT NULL,
    "city" TEXT NOT NULL,
    "country" TEXT NOT NULL,
    "web_site" TEXT
)
```

Anche nella fase di creazione dello schema del DB, quindi di generazione degli script, è bene utilizzare dei tool idonei. Nel nostro caso abbiamo deciso di utilizzare uno strumento che si chiama Sqliteman e che può essere scaricato liberamente all'indirizzo http://sqliteman.com/. Si tratta di un tool visuale con il quale è possibile gestire anche i file di estensione .db creati da Android. Questo è uno dei principali vantaggi nell'utilizzo di un DBMS open source con la disponibilità di diversi tool.
La modalità più semplice di creazione dello schema può essere quella di creare il DB con Sqliteman e generare in automatico il corrispondente script. Per esempio, eseguendo il tool e selezionando l'opzione *Nuovo* dal menu *File*, otteniamo quanto mostrato in Figura 8.7, dove abbiamo specificato un nome pari a soccer_team.db.
A questo punto selezioniamo con il tasto destro del mouse il nodo relativo alle tabelle sulla sinistra, inizialmente vuoto. Scegliendo quindi l'unica opzione disponibile, relativa alla creazione di una nuova tabella, il tool ci mostrerà una finestra per l'inserimento delle varie colonne. Nel nostro caso arriviamo alla creazione della tabella TEAM contenente alcuni campi tra cui la chiave id, un nome, una città e una nazione, come possiamo vedere in Figura 8.8.

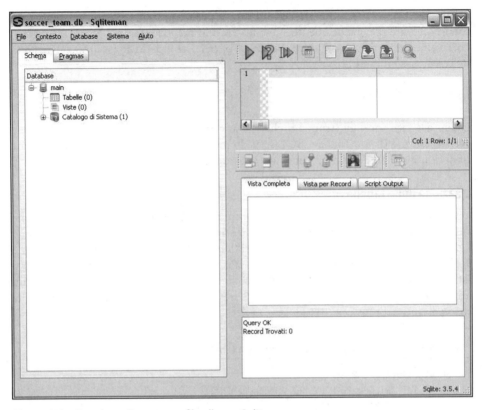

Figura 8.7 Creazione di un nuovo file .db con Sqliteman.

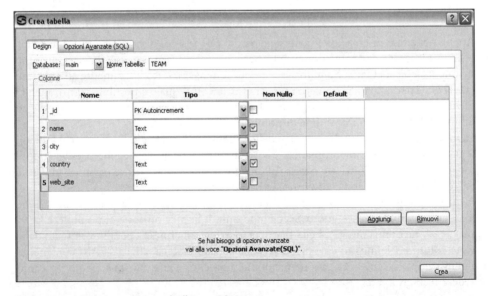

Figura 8.8 Creazione di una tabella con SQLiteman.

Selezionando il pulsante *Crea* si ha la definizione della corrispondente tabella nel DB. Se ora, sempre sulla sinistra, facciamo clic con il tasto destro sulla tabella appena creata, si apre un menu che prevede, tra le sue voci, quella di descrizione. Se la selezioniamo, verrà visualizzato, nella parte in basso a destra, lo script di generazione della tabella, come in Figura 8.9, che è esattamente quello descritto in precedenza.

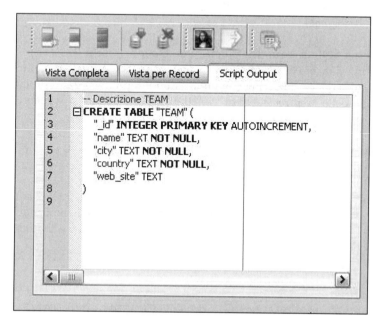

Figura 8.9 Script di generazione della tabella.

Il tool appena descritto può anche essere utilizzato per la gestione del database e non solo per la sua creazione. Possiamo infatti scaricare il corrispondente file attraverso `adb` o i relativi comandi del File Explorer, quindi usare Sqliteman per esaminarlo e/o modificarlo.
Una volta che si ha lo script a disposizione, si può eseguire una serie di query sul DB per l'inserimento o l'estrazione di informazioni, come vedremo nel prossimo paragrafo.

Esecuzione delle query di update

Ovviamente un DB serve per poter eseguire delle query che permettono l'inserimento, ma soprattutto l'estrazione, di informazioni. A tale scopo la classe `SQLiteDatabase` mette a disposizione diversi metodi, che si differenziano a seconda della tipologia di operazione, e che possiamo classificare in:

- execSQL
- delete
- insert
- update
- replace
- query

In questo paragrafo ci occuperemo quindi degli script SQL di *update*, ovvero quelli che possono modificare le informazioni contenute nel DB, rimandando al successivo la gestione delle query per l'estrazione delle informazioni.
Attraverso i seguenti metodi:

```
public void execSQL (String sql, Object[] bindArgs)
public void execSQL (String sql)
```

è possibile eseguire script SQL di vario tipo purché non di query (non select, per intenderci). Notiamo come il primo overload disponga di un secondo parametro di nome bindArgs. È il caso in cui la query è descritta con un meccanismo parametrizzato simile a quello di definizione delle PreparedStatement con JDBC. Per esempio, la seguente istruzione:

```
db.execSQL("INSERT INTO TEAM (name,city,country) VALUES (?,?,?)",new Object[]
{"Spal","Ferrara","Italia"});
```

permette la definizione di una query parametrizzata attraverso il primo parametro, cui vengono assegnati dei valori contenuti nel secondo parametro come array. Esaminando nel dettaglio le API del package android.database, il lettore potrà notare come si tratti di un'operazione che avviene in più passi e che possiamo riassumere in:

Listato 8.10 Compilazione ed esecuzione di uno script SQL

```
SQLiteStatement st = db.compileStatement("INSERT INTO TEAM (name,city,country)
VALUES (?,?,?)");
st.bindString(1,"Spal");
st.bindString(2,"Ferrara");
st.bindString(3,"Italia");
st.execute();
```

L'esecuzione di uno script SQL del tipo DELETE può avvenire con il seguente metodo:

```
public int delete (String table, String whereClause, String[] whereArgs)
```

dove i parametri ci permettono di specificare, rispettivamente, il nome della tabella, l'eventuale clausola where con i corrispondenti valori. Se volessimo, per esempio, cancellare i team italiani dovremmo eseguire la seguente istruzione:

```
db.delete("team","country=?",new String[]{"Italia"});
```

Un valore null per il parametro whereClause indica la volontà di cancellare tutti i record. In accordo con quanto accade nelle query di update in JDBC, il valore di ritorno rappresenta il numero di record influenzati dall'operazione, ma è valido solo nel caso in cui sia stata impostata una clausola where. In caso contrario il valore di ritorno sarà sempre 0.
Nel caso di uno script SQL di INSERT, i metodi a disposizione sono i seguenti:

```
public long insert (String table, String nullColumnHack, ContentValues values)
public long insertOrThrow (String table, String nullColumnHack, ContentValues values)
```

Essi introducono un nuovo tipo descritto dalla classe `ContentValues` del package `android.content`. Si tratta di una specie di `Map` in cui è possibile inserire una serie di valori assegnandoli a una particolare chiave di tipo `String`, che in questo caso rappresenta il nome di una colonna. Si tratta di una classe, che incontreremo anche nella gestione dei Content Provider, che ci mette a disposizione una serie di metodi `getAsXXX()` che semplificano l'utilizzo delle informazioni inserite nella gestione con i DB.

Un altro concetto importante è quello di `NULL COLUMN HACK`, che rappresenta il nome di una colonna che può assumere `NULL` come possibile valore. Si tratta di una colonna che Android utilizza per gestire l'eventualità che il parametro `values` sia vuoto senza incorrere in errori.

L'inserimento di un nuovo team all'interno della tabella che abbiamo creato diventerebbe quindi:

Listato 8.11 Codice per l'inserimento di un record nella tabella team

```
ContentValues cValues = new ContentValues();
cValues.put("name","Juve");
cValues.put("city","Torino");
cValues.put("country","Italia");
db.insert("team","web_site",cValues);
```

In questo caso il valore di ritorno indica il valore della chiave dell'elemento appena inserito. La differenza tra i due metodi risiede nella possibilità o meno nel lancio di un'eccezione `SQLException` in caso di errore.

Nel caso di uno script SQL del tipo `UPDATE` il metodo a disposizione è il seguente:

```
public int update (String table, ContentValues values, String whereClause, String[] whereArgs)
```

Esso prevede, oltre al nome della tabella, un oggetto di tipo `ContentValues` con i nuovi valori da aggiornare, quindi le eventuali informazioni relative alla clausola `where` da gestire come nel caso precedente. Se, per esempio, volessimo aggiornare il valore della colonna `name` relativamente al record inserito in precedenza, dovremmo semplicemente scrivere le seguenti righe di codice:

Listato 8.12 Codice per l'update di un record nella tabella team

```
ContentValues cValues = new ContentValues();
cValues.put("name","Juventus");
db.update("team", cValues,"name=?",new String[]{"Juve"});
```

Anche qui il valore di ritorno indica il numero di record influenzati dallo script SQL.

Nel caso in cui si abbia la necessità di sostituire completamente i valori di un insieme di righe, è possibile utilizzare uno dei seguenti metodi:

```
public long replace (String table, String nullColumnHack, ContentValues initialValues)
public long replaceOrThrow (String table, String nullColumnHack, ContentValues initialValues)
```

Notiamo come la firma sia la stessa del metodo insert() e come si tratti di un modo veloce per rimpiazzare i valori di un particolare record mediante una singola istruzione.

Estrazione dei dati

Nel paragrafo precedente abbiamo visto come eseguire degli script SQL per l'esecuzione di query dette di update, ovvero che producano delle variazioni nei dati del DB. In questo paragrafo ci occuperemo invece delle API per l'estrazione delle informazioni. A tale proposito prendiamo come riferimento la versione più complessa dei metodi della classe SQLiteDatabase, ovvero il seguente:

```
public Cursor query (boolean distinct, String table, String[] columns, String selection, String[] selectionArgs, String groupBy, String having, String orderBy, String limit)
```

Mediante il parametro distinct non facciamo altro che specificare se la query da eseguire dovrà essere del tipo SELECT DISTINCT oppure semplicemente SELECT.
Attraverso table specifichiamo ovviamente il nome della tabella da leggere mentre il parametro colums è un array dei nomi delle colonne che intendiamo estrarre.
I parametri selection e selectionArgs permettono di impostare le informazioni relative alla clausola where secondo le stesse modalità viste in precedenza.
I parametri successivi sono quindi abbastanza ovvi e permettono di specificare se inserire all'interno della query dei comandi di GROUP BY, HAVING e ORDER BY rispettivamente, specificando i nomi delle corrispondenti colonne.
Come ultimo parametro è invece possibile specificare il valore di LIMIT, ovvero delle informazioni spesso utili al fine della paginazione dei risultati. Osservando le API nella documentazione ufficiale, possiamo notare come vi siano diverse versioni di questo metodo, tutte caratterizzate da un valore di ritorno di tipo Cursor. Come accennato in precedenza, Cursor è un'interfaccia del package android.database, che permette di astrarre il concetto di cursore per l'accesso ai risultati di una query. È interessante come il cursore ritornato sia posizionato nella posizione precedente a quella relativa all'eventuale primo elemento disponibile.

Utilizzo di un Cursor

Nel paragrafo precedente abbiamo visto come il risultato di un'operazione di query sia rappresentato da un riferimento a una particolare implementazione dell'interfaccia Cursor. Si tratta dell'implementazione del pattern GoF Iterator che permette di scorrere tra un insieme di informazioni in modo indipendente da come e dove queste vengono gestite all'interno di uno store generico.

Esaminando nel dettaglio le API nella documentazione ufficiale, si nota come l'interfaccia Cursor definisca un insieme di operazioni, che possiamo classificare in:

- operazioni di movimento
- operazioni di controllo
- operazioni di accesso ai dati

Al primo gruppo appartengono le operazioni che permettono di posizionare il cursore in varie posizioni. Alcune di queste operazioni sono le seguenti:

Listato 8.13 Operazioni di Cursor per il movimento

```
public abstract int getPosition ()
public abstract boolean move (int offset)
public abstract boolean moveToFirst ()
public abstract boolean moveToLast ()
public abstract boolean moveToNext ()
public abstract boolean moveToPosition (int position)
public abstract boolean moveToPrevious ()
public abstract boolean isAfterLast ()
public abstract boolean isBeforeFirst ()
public abstract boolean isFirst ()
public abstract boolean isLast ()
```

di ovvio significato. Altre operazioni che permettono di fare dei test sui dati estratti sono invece le seguenti:

Listato 8.14 Operazioni per il controllo sullo stato del cursore

```
public abstract boolean isClosed ()
public abstract boolean isNull (int columnIndex)
public abstract int getColumnCount ()
public abstract String[] getColumnNames ()
public abstract int getCount ()
```

Infine ogni Cursor dispone di una serie di operazioni getXXX() che permettono la lettura dei dati contenuti. Alcuni di questi sono i seguenti:

Listato 8.15 Qualche operazione di lettura delle informazioni puntate da un Cursor

```
public abstract byte[] getBlob (int columnIndex)
public abstract double getDouble (int columnIndex)
public abstract int getInt (int columnIndex)
ublic abstract String getString (int columnIndex)
```

Come avviene per le diverse implementazioni di Iterator, la modalità di scorrimento delle informazioni segue un procedimento che può essere descritto brevemente attraverso le seguenti righe di codice:

Listato 8.16 Accesso alle informazioni di un Cursor

```
// Leggiamo gli indici corrispondenti alle colonne
int nameIndex = cursor.getColumnIndex("name");
int cityIndex = cursor.getColumnIndex("city");
int countryIndex = cursor.getColumnIndex("country");
while(cursor.moveToNext()){
    String name = cursor.getString(nameIndex);
    String city = cursor.getString(cityIndex);
    String country = cursor.getString(countryIndex);
    // Uso le informazioni lette
}
// Chiudiamo il cursore
cursor.close();
```

Notiamo come l'accesso al valore di un campo avvenga attraverso il corrispondente metodo getXXX() che accetta come parametro la posizione della colonna corrispondente. Si tratta comunque di un'informazione disponibile attraverso il metodo getColumnIndex(), il quale ci fornisce l'indice di una colonna dato il relativo nome. L'esempio precedente ha quindi estratto le informazioni accessibili dal Cursor per poi elaborarle in qualche modo.

Notiamo infine come l'invocazione del metodo moveToNext() sia stata utilizzata all'interno del ciclo while. Ciascuno dei metodi di movimento ritorna infatti un valore boolean che indica se il cursore è arrivato al termine dei dati disponibili oppure no. Ecco che un valore di ritorno pari a false indica che non sono più disponibili dati e il ciclo può terminare. Notiamo come si tratti di un meccanismo molto simile a quello utilizzato con JDBC con il ResultSet. Non si deve dimenticare la liberazione delle risorse associate al cursore attraverso l'invocazione del suo metodo close().

Un'ultima osservazione riguarda la presenza in diversi metodi di un parametro di nome editTable. Nel caso in cui una particolare implementazione di Cursor permetta anche la modifica delle informazioni e non solo l'accesso in lettura alle stesse, editTable indica il nome della tabella che verrà modificata.

Esecuzione di query raw

Nel caso in cui si intenda eseguire direttamente una SELECT, la classe SQLiteDatabase ci mette a disposizione le seguenti operazioni:

```
public Cursor rawQuery (String sql, String[] selectionArgs)
public Cursor rawQueryWithFactory (SQLiteDatabase.CursorFactory cursorFactory,
String sql, String[] selectionArgs, String editTable)
```

dove esiste la possibilità di utilizzare dei placeholder ? all'interno della query assegnando poi a essi dei valori con il parametro selectionArgs, ottenendo in risposta sempre un riferimento a un'implementazione di Cursor.

Gestione delle transazioni

SQLite è un database molto compatto che però mette a disposizione molti degli strumenti di un normale DBMS, prima fra tutti la gestione delle transazioni. A tale proposito notiamo, nella classe `SQLiteDatabase`, la presenza della seguente operazione:

```
public void beginTransaction ()
```

la quale permette l'inizio di una transazione che si concluderà invece attraverso l'esecuzione di

```
public void endTransaction ()
```

È importante sottolineare come il successo o il fallimento di una transazione siano determinati dal seguente metodo:

```
public void setTransactionSuccessful ()
```

che permette di indicare come le operazioni nella transazione siano state eseguite correttamente; in tal caso ci si attende un COMMIT al termine della stessa. In caso contrario, al momento della sua conclusione, la transazione fallirà con conseguente ROLLBACK. È importante sottolineare come, in Android, sia possibile gestire delle transazioni innestate una con l'altra. A tale proposito possiamo dire che la transazione esterna fallirà se solo una delle transazioni contenute non verrà conclusa con successo, ovvero se per ciascuna di esse non sia stato invocato il metodo `setTransactionSuccessful()`. Tipicamente, il codice utilizzato è:

Listato 8.17 Codice di gestione di una transazione

```
// Iniziamo la transazione
db.beginTransaction();
try {
    // Eseguiamo le operazioni della transazione
    // Transazione con successo
    db.setTransactionSuccessful();
} finally {
  // Definiamo conclusa la transazione
    db.endTransaction();
}
```

All'inizio si apre la transazione e successivamente si eseguono le relative operazioni all'interno di un blocco try/catch dove l'ultima istruzione è quella che notifica il successo della transazione. Nel caso di eccezioni tale conferma non viene eseguita, per cui la conseguente terminazione della transazione porta al ROLLBACK della stessa. Nel caso tutto proceda correttamente, l'istruzione di transazione eseguita con successo viene eseguita con conseguente COMMIT. È importante notare come la transazione venga considerata eseguita con successo anche se tra l'esecuzione del metodo `setTransactionSuccessful()` e `endTransaction()` vengono generati degli errori. È quindi buona norma fare in modo che la seconda venga eseguita, in caso di successo, subito dopo la prima, senza altre istruzioni intermedie.

> **Transazioni e thread**
> Il lettore potrà consultare le API della classe **SQLiteDatabase** per notare la presenza di alcuni metodi del tipo `yieldIfContendedSafely()` i quali permettono di sospendere temporaneamente una transazione al fine dell'esecuzione di un particolare thread.

Sempre in questo contesto possiamo notare la presenza del metodo:

```
public void beginTransactionWithListener (SQLiteTransactionListener
transactionListener)
```

il quale permette di iniziare la transazione specificando un'implementazione dell'interfaccia `SQLiteTransactionListener` con cui notificare gli eventi di inizio, commit e rollback all'eventuale ascoltatore.
Per concludere, notiamo la presenza dell'operazione

```
public boolean inTransaction ()
```

per la verifica dell'esistenza o meno di una transazione in atto.

Utilizzare un SQLiteQueryBuilder

Specialmente nella gestione dei Content Provider, che vedremo più avanti nel capitolo, si ha spesso la necessità di creare delle query dinamiche, il cui insieme di colonne, di clausole where o criteri di ordinamento non sono noti al momento della compilazione del codice ma dipendono, per esempio, da alcuni parametri di ingresso. In particolare, in un Content Provider, la query dipende da un URI.
In casi come questi ci viene in aiuto la classe **SQLiteQueryBuilder** del package **android.database.sqlite** che, come dice il nome stesso, implementa il pattern GoF Builder permettendo di incapsulare, in un unico oggetto, la logica di creazione delle diverse query. Senza un oggetto di questo tipo avremmo dovuto infatti comporre lo script SQL mediante la concatenazione di stringhe, che sappiamo essere spesso un'operazione onerosa oltre che ripetitiva. Si tratta poi di una classe che ci permette di semplificare l'utilizzo di **SQLiteDatabase** per l'esecuzione delle query create.
Supponiamo, per esempio, di eseguire la seguente SELECT che estrae i campi _id, name e web_site dalla tabella creata in precedenza:

```
SELECT _id,name,web_site FROM team
```

Come abbiamo visto nel precedente paragrafo, possiamo eseguire la query con uno dei metodi messi a disposizione dalla classe **SQLiteDatabase**. Attraverso la classe **SQLiteQueryBuilder** avremmo potuto ottenere lo stesso risultato in due modi diversi. Il primo consiste nell'utilizzo del seguente metodo statico:

```
public static String buildQueryString (boolean distinct, String tables, String[]
columns, String where, String groupBy, String having, String orderBy, String limit)
```

di cui riusciamo facilmente a intuire il significato dei parametri. Nel nostro caso, l'esecuzione della SELECT si tradurrebbe nella seguente istruzione:

```
String query = SQLiteQueryBuilder.buildQueryString(false,"team",new String[]
{"_id","name","web_site"}, null, null, null,null, null);
```

in cui abbiamo specificato solamente il nome della tabella e l'insieme dei campi che si vogliono estrarre.

Il secondo procedimento è probabilmente più laborioso all'inizio ma permette poi di eseguire molto semplicemente query che si differenziano solo per alcune proprietà. In questo caso è possibile, dopo avere opportunamente configurato il SQLiteQueryBuilder, eseguire il seguente metodo:

```
public Cursor query (SQLiteDatabase db, String[] projectionIn, String selection,
String[] selectionArgs, String groupBy, String having, String sortOrder, String
limit)
```

di cui esiste un overload che non prevede la definizione del parametro limit. Rispetto ai metodi visti in precedenza, notiamo la presenza del parametro projectionIn il quale contiene un array delle colonne che si intendono estrarre attraverso la query.

È bene precisare che i parametri passati al precedente metodo devono essere considerati come variazioni rispetto alle corrispondenti grandezze definite sull'oggetto SQLiteQueryBuilder su cui vengono invocati. Ecco che solitamente si crea un'istanza del SQLiteQueryBuilder su cui si impostano alcune caratteristiche di default, andando poi a specificare le differenze nei vari casi. In questo caso la prima istruzione da eseguire è la creazione dell'istanza con il seguente codice:

```
SQLiteQueryBuilder builder = new SQLiteQueryBuilder();
```

Il passo successivo è quasi sempre l'impostazione della tabella su cui le diverse query dovranno intervenire, mediante la seguente istruzione:

```
builder.setTables("TEAM");
```

Sottolineiamo come il valore passato a questo metodo possa essere, come nel nostro caso, il nome di una singola tabella ma anche qualcosa di più complesso, come un elenco di tabelle divise da virgola (,) o addirittura la dichiarazione di una JOIN. Per comprenderne il significato, possiamo pensare al valore passato come a quella parte della SELECT che segue la parola FROM.

Un parametro molto interessante è invece quello che possiamo impostare attraverso il seguente metodo:

```
public void setProjectionMap (Map<String, String> columnMap)
```

dove il significato della `Map` passata come parametro è quello di associare a ciascun nome della colonna del DB che si vuole estrarre il corrispondente nome dell'alias.
In sintesi, le seguenti istruzioni:

Listato 8.18 Creazione di una ProjectionMap

```
Map<String,String> projectionMap = new HashMap<String.String>();
projectionMap.put("id","_id");
projectionMap.put("nome","name");
projectionMap.put("web","web_site");
builder.setProjectionMap(projectionMap);
```

permettono di estrarre dal DB i valori delle colonne `_id`, `name` e `web_site` rispettivamente attraverso i nomi `id`, `nome` e `web`. Un aspetto non molto chiaro riguarda il fatto che questi alias vengono utilizzati in caso di esecuzione delle query come valori del parametro `projectionIn` ma non vanno a influire sui nomi delle relative colonne estratte dal `Cursor` risultato. Questo significa che dal cursore andremo comunque a leggere le colonna di nome `_id`, `name` e `web_site`. Si tratta comunque di un meccanismo che permette di distinguere, specialmente in operazioni di `JOIN`, colonne di tabelle diverse con lo stesso nome. È importante sottolineare come queste informazioni vengano utilizzate sia nel caso in cui si specifichi il parametro `projectionIn` nel metodo di esecuzione delle query, sia nel caso in cui questo sia `null`. Nel primo caso, infatti, verrà eseguito il mapping tra i campi specificati nel parametro e quelli presenti nella `Map`. Nel caso in cui il parametro passato sia `null`, i campi estratti saranno invece quelli di default specificati attraverso il metodo `setProjectionMap()`.
Lasciamo al lettore la consultazione delle API relative agli altri metodi di questa classe che, come vedremo, ci potrà essere utile nella gestione dei Content Provider.

La classe SQLiteOpenHelper

Se pensiamo a una classica applicazione che utilizza un proprio database privato per la gestione dei propri dati, è semplice comprendere come ci si possa trovare di fronte a problematiche abbastanza ricorrenti relative alla modalità di creazione e aggiornamento del database stesso. La prima volta che l'utente esegue l'applicazione si avrà la necessità di creare il DB se non esiste, mentre nelle esecuzioni successive la necessità sarà quella di verificare la disponibilità di eventuali aggiornamenti ed applicarli. A tale scopo Android mette a disposizione la classe `SQLiteOpenHelper` la quale prevede appunto di gestire le situazioni di creazione e aggiornamento di un database SQLite.
Per comprenderne il funzionamento ne descriviamo velocemente il costruttore e le operazioni principali. Per creare un oggetto di questo tipo è sufficiente utilizzare quindi il costruttore

```
public SQLiteOpenHelper (Context context, String name, SQLiteDatabase.CursorFactory factory, int version)
```

il quale contiene, oltre agli ormai noti parametri, un identificatore di versione. Si tratta di un valore intero che ci permetterà di capire se il database è da aggiornare oppure no. È bene sottolineare come l'utilizzo classico di un `SQLiteOpenHelper` consista nella creazione di una sua estensione la quale esegue l'override di alcuni metodi di callback chiamati in corrispondenza della necessità di creare o aggiornare il database. I controlli vengono fatti in corrispondenza dell'esecuzione di alcuni metodi che permettono di ottenere il riferimento al database. Il primo di questi è:

```
public synchronized SQLiteDatabase getWritableDatabase ()
```

Esso permette di ottenere il riferimento all'oggetto di tipo `SQLiteDatabase` per l'accesso, sia in lettura sia in scrittura, al corrispondente database. È da notare come si tratti di un metodo `synchronized` per impedire problematiche relative alla creazione del DB da parte di più thread.
Nel caso in cui si intendesse ottenere il riferimento al database solamente in lettura, il metodo da invocare sarebbe invece il seguente:

```
public synchronized SQLiteDatabase getReadableDatabase ()
```

L'aspetto interessante della classe `SQLiteOpenHelper`, che ne giustifica l'utilità, riguarda la possibilità di gestire la creazione e l'aggiornamento del database semplicemente facendo l'override di alcune operazioni. Nel caso in cui il database non sia presente, questa classe invocherà automaticamente il proprio metodo

```
public abstract void onCreate (SQLiteDatabase db)
```

mentre nel caso di necessità di aggiornamento il metodo invocato sarà il seguente:

```
public abstract void onUpgrade (SQLiteDatabase db, int oldVersion, int newVersion)
```

È quindi chiaro come la logica della creazione e dell'aggiornamento di un DB dovrà essere inserita all'interno degli override dei relativi metodi.
La classe `SQLiteOpenHelper` mette a disposizione anche un metodo di callback chiamato in corrispondenza dell'apertura del DB come punto di estensione per l'aggiunta di eventuali operazioni da eseguire in corrispondenza di quell'evento.
Si tratta quindi di una classe che si utilizza molto spesso nella gestione dei database da parte di un'applicazione.

Un esempio di CRUD

Nei precedenti paragrafi abbiamo visto molti concetti e molte API per la gestione dei database. Per dimostrarne l'utilizzo abbiamo creato una semplice applicazione che permette di eseguire le classiche operazioni CRUD (Create, Read, Update e Delete) su un'entità che, in relazione alla tabella descritta in precedenza, riguarda alcune informazioni relative a una squadra di calcio. Facendo un minimo di analisi, capiamo che le attività da realizzare sono quelle che ci permettono di:

- elencare le squadre nel database
- creare una nuova squadra

- editare una squadra presente
- cancellare una squadra

Descriviamo quindi l'applicazione `TeamManager` nelle parti più interessanti dal punto di vista della gestione dei dati nel DB.
Come punto di partenza esaminiamo la classe `Team` che descrive l'entità di cui abbiamo intenzione di gestire la persistenza. Una prima osservazione riguarda la presenza di una classe statica interna, di nome `TeamMetaData`, che contiene alcune costanti utili nella gestione dei vari campi della tabella associata.

Listato 8.19 Classe che descrive i metadati della entità Team

```java
public static class TeamMetaData {
    public static String ID = "_id";
    public static String NAME = "name";
    public static String CITY = "city";
    public static String COUNTRY = "country";
    public static String WEB_SITE = "web_site";

    public static String TABLE_NAME = "Team";

    public static String[] COLUMNS = new String[] { ID, NAME, CITY,
        COUNTRY, WEB_SITE };
}
```

Notiamo, per esempio, la presenza della costante `TABLE_NAME` oltre a quelle dei nomi delle diverse colonne.
Altra importante caratteristica della classe `Team` riguarda il fatto che essa implementa l'interfaccia `Parcelable` la quale permette di implementare una sorta di serializzazione per il trasferimento di un insieme di dati tra attività diverse. Osservando il codice si nota come si tratti di un meccanismo per scrivere le informazioni dell'entità su un oggetto di tipo `Parcel` per poi recuperarle successivamente. Questo meccanismo ci permetterà di incapsulare all'interno di un unico oggetto di tipo `Team` le informazioni che l'attività di editazione/creazione dovranno scambiarsi.
Il progetto si compone infatti di un'attività di visualizzazione dell'elenco dei dati e di una di editazione/creazione. La prima è descritta dalla classe `TeamManagerActivity`, che si occupa della gestione di diversi aspetti. Ovviamente ci concentriamo su quello di gestione della persistenza, ma notiamo come essa debba gestire anche i menu delle opzioni e quelli di contesto. I primi servono per invocare la funzione di inserimento di un nuovo `Team` mentre i secondi ci permettono di accedere al menu contestuale per la cancellazione o modifica dell'elemento selezionato.
In ogni applicazione che preveda la creazione di un database locale è bene definire una specializzazione della classe `SQLiteOpenHelper` descritta in precedenza, al fine di gestire la prima creazione del DB e gli eventuali aggiornamenti. Nel nostro caso abbiamo quindi creato la seguente specializzazione.

Listato 8.20 Creazione del SQLiteOpenHelper

```java
private final SQLiteOpenHelper dbHelper = new SQLiteOpenHelper(this,
        "TEAM_DB", null, DB_VERSION) {

    @Override
    public void onCreate(SQLiteDatabase db) {
        Log.i(TAG_LOG, "Inizio Creazione DB");
        StringBuilder createQuery = new StringBuilder();
        createQuery.append("CREATE TABLE \"TEAM\" (");
        createQuery
                .append("          \"_id\" INTEGER PRIMARY KEY AUTOINCREMENT,");
        createQuery.append("      \"name\" TEXT NOT NULL,");
        createQuery.append("      \"city\" TEXT NOT NULL,");
        createQuery.append("      \"country\" TEXT NOT NULL,");
        createQuery.append("      \"web_site\" TEXT");
        createQuery.append(")");
        db.execSQL(createQuery.toString());
    }

    @Override
    public void onUpgrade(SQLiteDatabase db, int oldVersion, int newVersion) {
        // Nope
        Log.i(TAG_LOG, "Aggiornamento non implementato");
    }

};
```

L'implementazione del metodo onCreate() è quella che contiene le istruzioni per la creazione dello schema del DB. Notiamo come sia stato utilizzato l'oggetto di tipo SQLiteDataBase passato come parametro per la creazione della tabella TEAM. Nel nostro esempio non abbiamo invece gestito gli eventuali aggiornamenti. La variabile dbHelper così inizializzata viene quindi utilizzata all'interno del metodo onCreate(), che riportiamo di seguito, per ottenere un riferimento all'oggetto SQLiteDataBase che utilizzeremo nei passi successivi:

Listato 8.21 Metodo onCreate() dell'applicazione TeamManager

```java
public void onCreate(Bundle savedInstanceState) {
    super.onCreate(savedInstanceState);
    setContentView(R.layout.main);
    db = dbHelper.getWritableDatabase();
    cursor = db.query(TeamMetaData.TABLE_NAME, TeamMetaData.COLUMNS, null,
            null, null, null, null);
    adapter = new SimpleCursorAdapter(this, R.layout.row_layout, cursor,
            FROMS, TOS);
    getListView().setAdapter(adapter);
```

```
        registerForContextMenu(getListView());
    }
```

Notiamo poi come venga utilizzato il metodo di query() per l'esecuzione della SELECT che ritorna tutti i record inseriti che andiamo poi a visualizzare nella ListView attraverso un adapter di tipo SimpleCursorAdapter. Come è facile intuire, si tratta di una Adapter che permette l'estrapolazione delle informazioni da visualizzare a partire da un'implementazione di Cursor.

> **La colonna _id**
> È importante sottolineare come il SimpleCursorAdapter richieda entità con una colonna di nome _id come identificatore.

Il costruttore prevede, oltre al noto Context, l'identificatore del layout e le informazioni necessarie al mapping tra i campi nel Cursor e i relativi elementi nel layout stesso. Avendo utilizzato una ListActivity, abbiamo ottenuto il riferimento alla ListView associata per poi assegnare l'Adapter per la visualizzazione dei dati. Notiamo poi come l'ultima istruzione sia quella che abilita, sulla stessa ListView, il menu contestuale.

A parte considerazioni relative allo scambio di informazioni tra le attività che il lettore può vedere nel corrispondente listato, è interessante notare il legame che esiste tra la gestione del cursore e lo stato dell'Activity principale. Notiamo infatti come il Cursor sia stato creato in corrispondenza del metodo onCreate() ed eliminato in corrispondenza del metodo onDestroy().

Listato 8.22 Metodo onDestroy() per la liberazione delle risorse

```
    @Override
    protected void onDestroy() {
        super.onDestroy();
        cursor.close();
        db.close();
    }
```

Interessante è anche la modalità di aggiornamento delle informazioni che abbiamo descritto all'interno del seguente metodo updateListView():

Listato 8.23 Metodo per l'aggiornamento delle informazioni della ListView

```
    private void updateListView() {
        cursor.requery();
        adapter.notifyDataSetChanged();
    }
```

Abbiamo infatti rieseguito la query invocando il metodo requery() sul cursore, quindi abbiamo informato la ListView che le informazioni visualizzate dovevano essere aggiornate. Si tratta di un metodo richiamato a seguito di un'operazione di cancellazione ma anche in corrispondenza della chiamata al metodo `onStart()`, che ricordiamo indicare la visualizzazione dell'attività.

A questo punto il lettore potrà verificare il funzionamento dell'applicazione esaminandone poi il codice nelle parti fondamentali descritte in precedenza.

Content Provider

Finora abbiamo visto diversi modi di gestire la persistenza dei dati, ricordando più volte come si tratti di informazioni private di ciascuna applicazione. Esistono però determinati tipi di risorse che, per la natura stessa di Android, dovrebbero essere condivise: per esempio, l'insieme dei contatti, dei media o dei bookmark. A tale proposito sono stati definiti quelli che si chiamano Content Provider e che rappresentano dei veri e propri repository di informazioni accessibili da applicazioni diverse attraverso una modalità standard che, come vedremo, è molto simile a quella dei web service di tipo REST.

A ciascun Content Provider sono associati uno o più URI del tipo:

`content://<authority>/path`

dove la parte `authority` è appunto quella che permette l'individuazione del particolare provider mentre il `path` permette di individuare l'insieme di risorse o la singola risorsa. Nel caso di un Content Provider per la gestione dei TEAM dell'esempio realizzato in precedenza, l'URI potrebbe essere del tipo

`content://www.massimocarli.it/team/`

per l'elenco di tutti i TEAM e

`content://www.massimocarli.it/team/<id>`

nel caso di accesso al singolo elemento di id dato. Per esempio, l'URI associato all'elemento di _id pari a 3 sarà il seguente:

`content://www.massimocarli.it/team/3`

> **Nome dell'authority**
>
> Vedremo successivamente come sia conveniente utilizzare come authority qualcosa di più significativo, come per esempio il package dell'applicazione che lo definisce.

Come abbiamo visto in occasione del meccanismo di intent resolution, i Content Provider sono fondamentali per l'associazione tra un URI e il `mime-type` dei corrispondenti elementi. In accordo con la RFC-2046, ciascun `mime-type` si compone di due parti, che possiamo chiamare `type` e `subtype`. Pensiamo, per esempio al classico `mime-type` `text/html` associato a una pagina HTML o a quello `application/pdf` associato a un documento PDF. Notiamo come la prima parte sia un'espressione del tipo di contenuto mentre la seconda, che dipende dalla prima, sia una descrizione della modalità con cui il dato viene rappresentato. Sono informazioni gestite in modo standard da un ente che si chiama IANA (Internet Assigned Numbers Authority). Nel caso dei Content Provider non si tratta però, come dimostra il nostro caso, sempre di informazioni di tipo standard. In questi casi, le RFC permettono di definire delle rappresentazioni custom attraverso la definizione di particolari subtype. Alcuni di questi sono riservati e caratterizzati dal prefisso .vnd. Un esempio è quello dei mime-type di Microsoft Office, dove ai documenti PowerPoint è associato application/vnd.ms-powerpoint. Altro esempio è quello dei documenti XUL di Mozilla, rappresentati dal valore application/vnd.mozilla.xul+xml. Sono quindi rappresentazioni custom registrate allo IANA come riservate.

Altre rappresentazioni sono invece completamente personalizzabili e caratterizzate da un subtype del tipo x-. Un esempio su tutti è quello relativo ai file di estensione .tar cui viene associato il mime-type application/x-tar.

Nel caso dei Content Provider i mime-type sono di due tipi e permettono di individuare un elenco di risorse attraverso un valore del tipo

vnd.android.cursor.dir/vnd.<custom dell'applicazione>

oppure una risorsa singola con il valore

vnd.android.cursor.item/vnd.<custom dell'applicazione>

Notiamo come si tratti di valori il cui type è riservato mentre il subtype è definito solo per la prima parte. Nel caso della base dati relativa ai diversi TEAM potremmo quindi impostare

vnd.android.cursor.dir/vnd.teamprovider.team

come mime-type identificativo dell'elenco di informazioni relative alle entità Team, e

vnd.android.cursor.item/vnd.teamprovider.team

come mime-type associato alla singola informazione.

Prima di implementare un Content Repository relativo alla gestione dei Team realizzata nel precedente esempio, facciamo un breve riassunto dei concetti legati a questo nuovo tipo di componente. Esso ci permette, da una qualunque applicazione, di accedere a un insieme di informazioni identificate da un particolare URI, di cui la parte definita come authority assume una importanza fondamentale. Si tratta della parte dell'URI che permette di identificare il particolare Content Provider che ne dovrà gestire i dati. È bene sottolineare che a una authority può corrispondere al più un solo Content Provider. Questo non significa, come vedremo, che i mime-type delle informazioni in esso contenute siano tutti dello stesso tipo; dipenderanno, probabilmente, dal particolare path.

Realizzazione di un Content Provider

Prima di descrivere come si utilizzano i Content Provider esistenti nella piattaforma Android, vogliamo realizzarne uno nostro che permetta l'accesso alle informazioni relative ai diversi Team che abbiamo utilizzato come esempio di creazione e gestione di un database locale. Questo ci permetterà di esaminare nel dettaglio le responsabilità di un Content Provider la cui realizzazione richiede un lavoro non indifferente, anche se abbastanza ripetitivo, che si può riassumere nei seguenti passi:

- definizione della base dati
- definizione delle informazioni relative ai metadati
- creazione di una realizzazione della classe astratta `ContentProvider` del package `android.content`
- implementazione della operazione `getType()` per l'associazione dei `mime-type`
- implementazione delle operazioni di `query()`, `insert()`, `update()` e `delete()`
- registrazione del Content Provider nell'`AndroidManifest.xml`

Li descriveremo attraverso il progetto `TeamContentProvider` il cui sorgente è disponibile online.

Per quello che riguarda il primo passo, possiamo utilizzare ciò che avevamo definito relativamente alla creazione del DB con SQLite.

> **Content Provider e database**
>
> È bene precisare che la realizzazione di un ContentProvider non è strettamente legata alla definizione di un database. Un Content Provider definisce infatti una modalità standard per accedere a informazioni condivise che potrebbero comunque essere gestite in modi diversi.

Definizione dei MetaData

Se osserviamo la realizzazione della classe `Team` del progetto `TeamManager`, notiamo che qualcosa è stato fatto anche in relazione al secondo punto, ovvero quello della definizione dei `MetaData`. Nel caso del Content Provider esistono comunque delle convenzioni che prevedono la definizione di alcune costanti relative alla particolare authority, in questo caso al nome del database, alla relativa versione, oltre che un insieme di costanti relative ai vari URI e corrispondenti `content-type`.

A tale scopo abbiamo realizzato la classe `TeamProviderMetaData`, che notiamo essere divisa in due parti. La prima contiene la definizione di un insieme di costanti relative all'intero Content Provider.

Listato 8.24 MetaData relativi all'intero Content Provider

```java
public class TeamProviderMetaData {

    public final static String AUTHORITY = "it.apogeo.android.cap08.teamcontentprovider.TeamContentProvider";

    public final static String DATABASE_FILENAME = "TEAM_DB.db";
    public final static int DATABASE_VERSIONE = 1;
    public final static String TEAM_TABLE_NAME = "TEAM";
```

```
        // DEFINIZIONE METADATI PER LE SINGOLE TABELLE

    }
```

Innanzitutto notiamo la definizione della costante AUTHORITY che permette di definire l'omonima informazione relativamente al Content Provider descritto. Notiamo come il valore contenga il nome del package dell'applicazione che stiamo definendo. Un valore troppo generico potrebbe non fornire indicazioni sulla tipologia di informazioni contenute.

Di seguito abbiamo la descrizione delle informazioni relative al database che abbiamo deciso di utilizzare.

Altre implementazioni del Content Provider potrebbero invece descrivere costanti diverse relative, per esempio, ai nomi dei file utilizzati per la persistenza delle informazioni. Nel nostro caso abbiamo un'unica tabella, per cui l'informazione associata alla costante TEAM_TABLE_NAME potrebbe risultare ridondante con quelle che descriviamo di seguito, riguardanti invece i metadati di ciascuna singola tabella, o meglio, di ciascuna tipologia di dato gestito dal Content Provider. Per ognuno di questi si definisce infatti una classe interna statica, che nel nostro caso abbiamo chiamato TeamTableMetaData.

Listato 8.25 MetaData relativi a un tipo di informazione del Content Provider

```
public class TeamProviderMetaData {

    // DEFINIZIONE METADATI GENERALI DEL CONTENT PROVIDER

    public static final class TeamTableMetaData implements BaseColumns{

        public final static String TABLE_NAME = "TEAM";

        public static final Uri CONTENT_URI = Uri.parse("content://"
                + AUTHORITY + "/team");

        public static final String CONTENT_TYPE = "vnd.android.cursor.dir/vnd.teamprovider.team";

        public static final String CONTENT_ITEM_TYPE = "vnd.android.cursor.item/vnd.teamprovider.team";

        public static String NAME = "name";
        public static String CITY = "city";
        public static String COUNTRY = "country";
        public static String WEB_SITE = "web_site";

    }

}
```

Notiamo la presenza dell'informazione ridondante relativa al nome della tabella ma soprattutto le costanti relative al tipo di URI che il Content Provider è in grado di gestire, il cui valore è stato ottenuto a partire dal valore della costante AUTHORITY definita in precedenza. La costante CONTENT_URI conterrà il riferimento a un oggetto di tipo Uri relativo all'insieme di informazioni relative ai vari Team. Questa informazione è stata gestita attraverso un oggetto di tipo URI e non una String, in quanto la precedente classe dispone di diversi metodi di utilità che ci permetteranno di definire anche gli URI relativi alle singole entità appendendo le informazioni relative al particolare _id.

Di seguito abbiamo poi definito due costanti relative ai diversi Content Type relativi alla entità Team come indicato in precedenza.

L'ultima parte riguarda la definizione delle costanti relative ai diversi campi. A tale proposito è bene notare come la classe TeamTableMetaData implementi l'interfaccia android.provider.BaseColumns, la quale definisce le costanti relative alle colonne ID e COUNT che ogni tabella di una entità gestita da un Content Provider dovrebbe gestire.

Realizzazione della classe ContentProvider

Dal punto di vista della programmazione a oggetti, un Content Provider è una realizzazione della classe astratta ContentProvider del package android.content. Nel nostro caso abbiamo creato la classe TeamContentProvider e implementato i diversi metodi astratti che andiamo a descrivere nel dettaglio partendo dal seguente:

```
public abstract boolean onCreate ()
```

il quale viene invocato al momento dell'avvio del Content Provider e ha una responsabilità molto chiara: quella di creare la base per la memorizzazione delle informazioni, che nel nostro caso è un database. In questa fase si dovrà anche gestire l'eventuale aggiornamento a seguito di un nuovo valore di versione. Abbiamo già visto come implementare questa logica con l'utilizzo di una specializzazione della classe SQLiteOpenHelper. Nel nostro caso l'implementazione dell'operazione onCreate() è molto simile a quella utilizzata nell'esempio relativo all'utilizzo del DB.

Listato 8.26 Inizializzazione del Content Provider attraverso la gestione del DB

```
private TeamProviderSQLiteOpenHelper teamOpenHelper;

public boolean onCreate() {
    teamOpenHelper = new TeamProviderSQLiteOpenHelper(getContext());
    return true;
}

private static class TeamProviderSQLiteOpenHelper extends SQLiteOpenHelper {

    TeamProviderSQLiteOpenHelper(Context context) {
        super(context, TeamProviderMetaData.DATABASE_FILENAME, null,
                TeamProviderMetaData.DATABASE_VERSION);
    }
```

```
    public void onCreate(SQLiteDatabase db) {
        StringBuilder createQuery = new StringBuilder();
        createQuery.append("CREATE TABLE ");
        createQuery.append(TeamTableMetaData.TABLE_NAME);
        createQuery.append(" (").append(TeamTableMetaData._ID);
        createQuery.append(" INTEGER PRIMARY KEY AUTOINCREMENT,");
        createQuery.append(TeamTableMetaData.NAME);
        createQuery.append(" TEXT NOT NULL,");
        createQuery.append(TeamTableMetaData.CITY);
        createQuery.append(" TEXT NOT NULL,");
        createQuery.append(TeamTableMetaData.COUNTRY);
        createQuery.append(" TEXT NOT NULL,");
        createQuery.append(TeamTableMetaData.WEB_SITE);
        createQuery.append(" TEXT)");
        db.execSQL(createQuery.toString());                    }

    public void onUpgrade(SQLiteDatabase db, int oldVersion, int newVersion) {
        StringBuilder createQuery = new StringBuilder();
        createQuery.append("DROP TABLE IF EXISTS ");
        createQuery.append(TeamProviderMetaData.TeamTableMetaData.TABLE_NAME);
        db.execSQL(createQuery.toString());
        onCreate(db);
    }

};
```

Notiamo come il valore di ritorno del metodo indichi se l'inizializzazione del Content Provider è andata a buon fine oppure no. All'interno del metodo onCreate() non abbiamo fatto altro che creare un'istanza della classe TeamProviderSQLiteOpenHelper che non è altro che una specializzazione di SQLiteOpenHelper che implementa i metodi di creazione e aggiornamento del DB. Rispetto a quanto fatto nell'esempio TeamManager, abbiamo implementato anche l'operazione onUpdate() in modo da cancellare la tabella esistente ricreandola nuova secondo quanto descritto all'interno del metodo onCreate() del SQLiteOpenHelper.

Abbiamo quindi visto come l'inizializzazione del Content Provider non sia poi cosi diversa da quella di inizializzazione del database esaminata in precedenza.

Associazione tra URI e mime-type

Abbiamo più volte sottolineato come una delle principali responsabilità di un Content Provider sia quella di saper associare un URI al mime-type delle informazioni associate, operazione utile soprattutto in fase di intent resolution. Questa responsabilità si riflette nell'implementazione della corrispondente operazione

```
public abstract String getType (Uri uri)
```

che ritorna appunto il mime-type associato all'URI passato come parametro. È facile intuire come in questa fase sia importante disporre di un meccanismo che ci permetta di riconoscere facilmente i diversi URI passati come parametro. Nel nostro caso il Content Provider gestisce solo un tipo di risorse associato, oltre che all'authority, al particolare path che può essere del tipo /team, nel caso di un elenco di valori, o /team/<id>, nel caso di un valore specifico. Potremmo avere anche altri path relativi ad altre informazioni all'interno dello stesso provider. A tale scopo Android mette a disposizione la classe di utilità UriMatcher che permette appunto di riconoscere in maniera efficiente le tipologie di URI che un Content Provider è in grado di gestire. In poche parole, si tratta di un meccanismo che permette di associare dei valori numerici a un insieme di pattern che un particolare URI può soddisfare. Il suo utilizzo avviene in due passi. Il primo è quello di creazione dell'istanza di UriMatcher e dell'associazione dei valori numerici ai possibili pattern che un URI può soddisfare. Un esempio è proprio relativo al nostro caso, dove si ha l'inizializzazione di un'istanza dello UriMatcher nel seguente modo:

Listato 8.27 Inizializzazione dell'UriMatcher

```
private final static UriMatcher uriMatcher = new UriMatcher(UriMatcher.NO_MATCH);

private final static int TEAM_COLLECTION_URI_INDICATOR = 1;

private final static int TEAM_URI_INDICATOR = 2;
static{
    uriMatcher.addURI(TeamProviderMetaData.AUTHORITY, "team",
        TEAM_COLLECTION_URI_INDICATOR);
    uriMatcher.addURI(TeamProviderMetaData.AUTHORITY, "team/#", TEAM_URI_INDICATOR);
}
```

Innanzitutto viene creata un'istanza dello UriMatcher cui viene passata la sua costante NO_MATCH che rappresenta il valore che lo stesso oggetto ritornerà nel caso in cui venga confrontato un URI che non soddisfa ad alcuna delle regole registrate. Di seguito, attraverso un inizializzatore statico, abbiamo associato a ciascun pattern un valore numerico definito attraverso delle costanti intere. In sintesi, nel caso in cui l'URI sia del tipo

content://it.apogeo.android.cap08.teamcontentprovider.TeamContentProvider/team/23

il valore ritornato dallo UriMatcher dovrà essere quello associato alla costante TEAM_URI_INDICATOR.
Il confronto avviene attraverso il seguente metodo:

public int match (Uri uri)

Esso rappresenta quindi un meccanismo per incapsulare all'interno di un unico oggetto le logiche di confronto tra i diversi URI che un Content Provider riceve come parametri delle proprie operazioni. In questo modo è quindi possibile gestire i vari casi attraverso un semplice switch piuttosto che attraverso una successione di blocchi if/else/if.

Con l'inizializzazione del `UriMatcher` e la definizione delle costanti nelle classi relative ai metadata, il metodo `getType()` diventa a questo punto banale, ovvero:

Listato 8.28   Implementazione del metodo getType() del Content Provider

```
public String getType(Uri uri) {
    switch (uriMatcher.match(uri)) {
    case TEAM_URI_INDICATOR:
        return TeamTableMetaData.CONTENT_ITEM_TYPE;
    case TEAM_COLLECTION_URI_INDICATOR:
        return TeamTableMetaData.CONTENT_TYPE;
    default:
        throw new IllegalArgumentException("Uri " + uri + " is notvalid");
    }
}
```

Esso si traduce quindi in un semplice `switch` che ritorna i valori delle costanti definite dai `MetaData` in corrispondenza del tipo di URI passato come parametro di input.

Implementazione dell'operazione di query()

L'operazione più importante tra quelle esposte da un Content Provider è sicuramente quella di query, che sappiamo essere associata a una specie di SELECT. L'operazione da implementare è la seguente:

```
public abstract Cursor query (Uri uri, String[] projection, String selection,
String[] selectionArgs, String sortOrder)
```

che notiamo avere tra i propri parametri un URI identificativo della risorsa da estrarre, un parametro chiamato `projection` che rappresenta l'insieme dei campi da estrarre, una `selection` relativa alla gestione della clausola `where` con i corrispondenti valori e infine un'opzione relativa alla modalità di ordinamento.
Come nel caso del metodo `getType()`, anche qui il risultato e la particolare operazione da eseguire dipenderanno dal tipo di URI e dalle informazioni relative alle `selection`. Se si tratta di un URI relativo a un elenco dovremo semplicemente estrarre tutti i record. Se invece si tratta di un URI che identifica un preciso elemento dovremo estrarre da esso le informazioni relative all'id per poterlo utilizzare come `selection`. Notiamo poi come il risultato sia un riferimento a un'implementazione dell'interfaccia `Cursor`, analogamente al caso di accesso al DB.
Il tipo di ritorno delle operazioni di un Content Provider è la principale ragione per cui nella maggior parte dei casi esso viene implementato con l'utilizzo di un database. Senza addentrarci in troppi dettagli, l'implementazione del metodo di query() relativa al nostro Content Provider è la seguente.

Listato 8.29   Implementazione dell'operazione di query() di un Content Provider

```
public Cursor query(Uri uri, String[] projection, String selection,
        String[] selectionArgs, String sortOrder) {
```

```java
        SQLiteQueryBuilder builder = new SQLiteQueryBuilder();
        builder.setTables(TeamTableMetaData.TABLE_NAME);
        builder.setProjectionMap(PROJECTION_MAP);
        switch (uriMatcher.match(uri)) {
        case TEAM_URI_INDICATOR:
            String idValue = uri.getPathSegments().get(1);
            builder.appendWhere(TeamTableMetaData._ID + "=" + idValue);
        case TEAM_COLLECTION_URI_INDICATOR:
            break;
        default:
            throw new IllegalArgumentException("Uri " + uri + " is notvalid");
        }
        String orderBy = null;
        if (sortOrder != null) {
            orderBy = sortOrder;
        }
        SQLiteDatabase db = teamOpenHelper.getReadableDatabase();
        Cursor cursor = builder.query(db, projection, selection, selectionArgs,
                null, null, orderBy);
        cursor.setNotificationUri(getContext().getContentResolver(), uri);
        return cursor;
}
```

Innanzitutto notiamo come si utilizzi un `SQLiteQueryBuilder` nella modalità ormai nota. L'unica considerazione riguarda l'utilizzo della costante `PROJECTION_MAP` all'interno della quale abbiamo memorizzato l'insieme dei campi con il relativo mapping. Molto interessante è invece la parte messa in evidenza, che permette di estrarre dall'URI l'identificativo della risorsa da leggere. Notiamo come la classe `Uri` metta a disposizione il metodo `getPathSegments()` il quale ritorna, come array, le varie parti che compongono il path che segue l'authority nell'URI stesso. Nel caso di URI relativo alla definizione di una sola risorsa, il valore dell'id è infatti quello di posizione 1. Attraverso il metodo `appendWhere()` del builder abbiamo poi utilizzato tale valore come filtro. Dopo aver gestito anche il parametro relativo all'ordinamento abbiamo eseguito la query nel modo ormai noto. Un'ulteriore considerazione riguarda l'ultima istruzione messa in evidenza, la quale permette di fare in modo che un particolare oggetto di tipo `ContentResolver` venga notificato delle eventuali variazioni sui dati relativi all'URI passato. Vedremo l'importanza del `ContentResolver` quando impareremo ad accedere al Content Provider da un'attività.

Implementazione dell'operazione di insert()

Un'altra interessante operazione messa a disposizione dal Content Provider è quella che permette l'inserimento di un dato attraverso l'implementazione del metodo:

```java
public abstract Uri insert (Uri uri, ContentValues values)
```

È importante notare la presenza di un parametro di tipo `Uri` il quale però dovrà essere relativo all'elenco di informazioni. L'oggetto `ContentValues` dovrà invece contenere le informazioni da inserire come fatto nel caso dell'accesso al DB visto in precedenza. È importante infine notare come il valore di ritorno sia l'URI relativo alla nuova informazione inserita. Nel nostro caso il codice utilizzato è quindi il seguente.

Listato 8.30 Implementazione del metodo insert() del TeamProvider

```
public Uri insert(Uri uri, ContentValues values) {
    if(uriMatcher.match(uri)!= TEAM_COLLECTION_URI_INDICATOR){
        throw new IllegalArgumentException("Uri not Valid "+uri);
    }
    if(!values.containsKey(TeamTableMetaData.NAME)){
        throw new IllegalArgumentException(TeamTableMetaData.NAME+" is mandatory");
    }
    if(!values.containsKey(TeamTableMetaData.CITY)){
        throw new IllegalArgumentException(TeamTableMetaData.CITY+" is mandatory");
    }
    if(!values.containsKey(TeamTableMetaData.COUNTRY)){
        throw new IllegalArgumentException(TeamTableMetaData.COUNTRY+" is mandatory");
    }
    SQLiteDatabase db = teamOpenHelper.getWritableDatabase();
    long newTeamId = db.insert(TeamTableMetaData.TABLE_NAME,
    TeamTableMetaData.WEB_SITE, values);
    if(newTeamId>0){
        Uri newTeamUri = ContentUris.withAppendedId(TeamTableMetaData.CONTENT_URI,
        newTeamId);
        getContext().getContentResolver().notifyChange(newTeamUri, null);
        return newTeamUri;
    }
    throw new IllegalStateException("Insert failed! ");
}
```

A parte i diversi controlli fatti inizialmente per verificare la presenza delle informazioni obbligatorie, la parte più importante è comunque quella finale, dove abbiamo utilizzato l'oggetto SQLiteDatabase per l'inserimento delle informazioni. Notiamo come il valore di ritorno sia poi stato utilizzato per la composizione dell'URI attraverso la classe di utilità ContentUris. Infine, notiamo come l'URI relativo al nuovo elemento inserito sia stato notificato agli eventuali Content Resolver in ascolto.

Implementazione dell'operazione di update()

L'operazione forse più complessa è quella relativa all'aggiornamento, che viene implementata con il seguente metodo:

```
public abstract int update (Uri uri, ContentValues values, String selection,
String[] selectionArgs)
```

Essa permette di aggiornare, con i valori contenuti nel parametro values, i record individuati attraverso le selection. Il valore di ritorno rappresenta, come spesso accade nelle operazioni di update, il numero di record aggiornati. Nel nostro caso il metodo è il seguente.

Listato 8.31 Implementazione del metodo di update() del teamProvider

```java
public int update(Uri uri, ContentValues values, String selection,String[] 
selectionArgs) {
    SQLiteDatabase db = teamOpenHelper.getWritableDatabase();
    int updatedNumber = 0;
    switch (uriMatcher.match(uri)) {
    case TEAM_URI_INDICATOR:
        String idValue = uri.getPathSegments().get(1);
        StringBuilder whereClause = new StringBuilder();
        whereClause.append(TeamTableMetaData._ID).append("=").append(
            idValue);
        if (!TextUtils.isEmpty(selection)) {
            whereClause.append(" AND (").append(selection).append(" )");
        }
        updatedNumber = db.update(TeamTableMetaData.TABLE_NAME, values,
            whereClause.toString(), selectionArgs);
        break;
    case TEAM_COLLECTION_URI_INDICATOR:
        db.update(TeamTableMetaData.TABLE_NAME, values, selection,
            selectionArgs);
        break;
    default:
        throw new IllegalArgumentException("Uri " + uri + " is notvalid");
    }
    getContext().getContentResolver().notifyChange(uri, null);
    return updatedNumber;
}
```

Il tutto dovrebbe ormai risultare chiaro al lettore. È da notare solamente la modalità con cui è stata composta la clausola where da utilizzare nel caso in cui l'URI sia relativo a un singolo elemento.

Implementazione dell'operazione di delete()

Per completare le funzionalità di CRUD non ci resta che implementare la seguente operazione:

```
public abstract int delete (Uri uri, String selection, String[] selectionArgs)
```

che permette appunto la cancellazione delle informazioni associate all'URI passato come parametro, eventualmente filtrate attraverso le selection. È semplice intuire come si tratti di un metodo molto simile al precedente, che utilizza l'operazione di delete() al posto di quella di update(). Per questo motivo non ne riportiamo il codice.

Registrazione del Content Provider nell'AndroidManifest.xml

L'ultimo passo di questo lungo lavoro è la registrazione del Content Provider nel file AndroidManifest.xml attraverso l'utilizzo dell'elemento <provider/>, nel seguente modo:

Listato 8.32 Registrazione del ContentProvider

```
<provider android:name="TeamContentProvider"
android:authorities="it.apogeo.android.cap08.teamcontentprovider.
TeamContentProvider">
</provider>
```

dove notiamo l'utilizzo degli attributi `android:name` e `android:authorities` per l'associazione delle corrispondenti informazioni. Si noti come il progetto realizzato non contenga alcuna Activity ma solamente la definizione del Content Provider che andremo a utilizzare nel prossimo paragrafo.

Utilizzo di un Content Provider

Dopo aver descritto nel dettaglio le responsabilità di un Content Provider, ci occupiamo degli strumenti che Android mette a disposizione per potervi accedere.
Come più volte ricordato, la modalità di accesso prevede la definizione di particolari URI per l'identificazione di risorse singole o multiple. Per definizione, un Content Provider è una risorsa condivisa tra applicazioni diverse; ciò introduce problematiche di consistenza delle informazioni, che fortunatamente ci vengono risparmiate da particolari API. Descriviamo queste ultime, prima fra tutte la classe `ContentResolver` cui abbiamo accennato in precedenza. Essa ci permette di accedere alle informazioni di un Content Provider senza sapere esattamente quale sia ma semplicemente passando un URI come parametro alle diverse operazioni. Per dimostrare come avviene ciò riscriviamo l'applicazione `TeamManager` utilizzando non un database locale ma il Content Provider realizzato in precedenza. Il tutto è descritto nel progetto `TeamManagerCP` disponibile tra gli esempi online. Innanzitutto notiamo come le informazioni relative al DB siano completamente scomparse. Il Content Provider infatti ci nasconde il fatto che le informazioni gestite attraverso di esso siano contenute in un DB SQlite o altra struttura dati. Molto interessante è la nuova versione del metodo `onCreate()` dell'atttività, che riportiamo di seguito:

Listato 8.33 Utilizzo del ContentResolver per l'accesso ai dati

```
public void onCreate(Bundle savedInstanceState) {
    super.onCreate(savedInstanceState);
    setContentView(R.layout.main);
    cursor = getContentResolver().query(LIST_TEAM_URI, null, null, null,
        null);
    adapter = new SimpleCursorAdapter(this, R.layout.row_layout, cursor,
        FROMS, TOS);
    getListView().setAdapter(adapter);
    registerForContextMenu(getListView());
}
```

L'unica differenza riguarda l'utilizzo del Content Resolver, ottenuto attraverso il metodo `getContentResolver()`, che ci mette a disposizione un metodo `query()` analogo a quello che abbiamo conosciuto in occasione della gestione del DB. Questa volta, però, l'unico identificativo del tipo di informazioni è rappresentato dalla costante LIST_TEAM_URI che abbiamo definito nel seguente modo:

```
private final static Uri LIST_TEAM_URI = Uri.parse("content://it.apogeo.android.
    cap08.teamcontentprovider.TeamContentProvider/team");
```

e che fa riferimento all'elenco di informazioni di tipo Team. Il fatto che il Content Provider utilizzato sia quello da noi creato è definito dalla sola authority ed è responsabilità del Content Resolver gestirne il riferimento.

Altro punto degno di interesse è quello relativo alla costruzione dell'Intent relativo alla operazione di update() che abbiamo utilizzato nel metodo onContextItemSelected():

Listato 8.34 Utilizzo dell'Uri per la costruzione dell'Intent

```
Uri uriToUpdate = Uri.withAppendedPath(LIST_TEAM_URI, "" + teamId);
Intent updateIntent = new Intent(this, EditTeamActivity.class);
updateIntent.setData(uriToUpdate);
startActivityForResult(updateIntent, UPDATE_ACTIVITY_RESULT);
```

All'attività di modifica non arriveranno quindi tutte le informazioni relative al Team ma solamente un riferimento al particolare URI, che quindi andrà a utilizzare per l'estrazione dei dati. Come è possibile vedere nella classe EditTeamActivity, l'URI contenuto nell'Intent in ingresso è stato utilizzato per l'accesso alle informazioni attraverso lo stesso meccanismo del ContentResolver, come è possibile vedere nel seguente frammento di codice.

Listato 8.35 Accesso ai dati del Content Provider dato l'URI del Team

```
Uri uriToUpdate = getIntent().getData();
team = new Team();
if (uriToUpdate != null) {
    Cursor cursor = getContentResolver().query(uriToUpdate, null, null,
            null, null);
    if (cursor.moveToNext()) {
        String idValue =uriToUpdate.getPathSegments().get(1);
        team.id = Integer.parseInt(idValue);
        nameEdit.setText(cursor.getString(cursor
                .getColumnIndex(TeamMetaData.NAME)));
        cityEdit.setText(cursor.getString(cursor
                .getColumnIndex(TeamMetaData.CITY)));
        countryEdit.setText(cursor.getString(cursor
                .getColumnIndex(TeamMetaData.COUNTRY)));
        websiteEdit.setText(cursor.getString(cursor
                .getColumnIndex(TeamMetaData.WEB_SITE)));
    }
}
```

Eseguendo l'applicazione, il lettore potrà notare come il funzionamento sia analogo a quello del progetto `TeamManager`, solamente che ora le informazioni relative ai `Team` sono contenute in un Content Provider, quindi possono essere condivise con altri componenti.

Un aspetto sicuramente migliorabile riguarda la gestione del ciclo di vita del `cursor` in relazione al ciclo di vita dell'`Activity` che ne fa uso. Nell'esempio precedente, tale gestione è stata esplicitata attraverso un override degli ormai noti metodi di calback. Fortunatamente Android ci mette a disposizione delle API anche per la gestione di questo aspetto. Attraverso il seguente metodo della classe `Activity`:

```
public final Cursor managedQuery (Uri uri, String[] projection, String selection, String[] selectionArgs, String sortOrder)
```

è infatti possibile ottenere il riferimento a un'implementazione di `Cursor` detta *managed* per la quale la gestione del ciclo di vita è automatica. Lo stesso risultato lo avremmo potuto ottenere applicando al `Cursor` ottenuto dal `ContentResolver` il seguente metodo:

```
public void startManagingCursor (Cursor c)
```

il quale permette di invocare in modo automatico il `deactivate()` nel caso di passaggio dell'`Activity` nello stato `STOPPED` e successivamente il `requery()` nel passaggio allo stato `RUNNING`.

I Content Provider di Android

A questo punto l'utilizzo di uno dei Content Provider di Android risulta molto semplice non appena sono noti i corrispondenti URI e la tipologia delle informazioni in essi contenute. Si tratta di informazioni che il lettore può trovare all'interno della documentazione relativa al package `android.provider` e che sono rappresentate da un insieme di costanti relative appunto ai diversi URI per l'interrogazione.

Supponiamo per esempio di voler accedere ai contatti del dispositivo. A tale proposito esiste la classe `ContactsContract.Contacts` che contiene tra le sue costanti quella di nome `CONTENT_URI` che ci permette di accedere a tutte le informazioni, analogamente a quanto abbiamo fatto con il nostro provider. Sempre osservando la documentazione, notiamo come si tratti di una classe che implementa una serie di interfacce, tra cui la `ContactsContract.ContactsColumns` che elenca l'insieme delle informazioni che è possibile trovare all'interno dei contatti. Notiamo infatti la presenza delle informazioni relative al `DISPLAY_NAME`, `PHOTO_ID` e altro ancora. Lasciamo al lettore come esercizio la lettura delle informazioni relative ad alcuni dei Content Provider di Android; occorre prestare attenzione al fatto che alcune query richiedono comunque dei permessi per l'interrogazione.

Live Folder

Dalla versione 1.5 dell'SDK è stata introdotta un nuova funzionalità con il nome di *Live Folder*. Si tratta di un modo per accedere alle informazioni fornite da un Content Provider direttamente attraverso un collegamento nella home del dispositivo. Prima di esaminare nel dettaglio come sia possibile esportare le informazioni relative ai nostri Team con questa nuova modalità, vediamo come utilizzare le implementazioni già presenti nella piattaforma. Andiamo quindi nella Home del dispositivo e generiamo su di essa un evento di long click, ottenendo il risultato di Figura 8.10.

Figura 8.10 Menu di contesto relativo alla Home.

Oltre alla presenza dell'opzione relativa ai *Widget*, che esamineremo in un capitolo successivo, notiamo la presenza di un'opzione di nome *Cartelle* (*Folder* in inglese), che andiamo a selezionare ottenendo quanto mostrato in Figura 8.11: un elenco dei diversi Live Folder disponibili nel dispositivo. Selezionando per esempio quello relativo a tutti i contatti notiamo la creazione di una cartella nella home (Figura 8.11).

Figura 8.11 Elenco dei Live Folder disponibili.

Selezionando tale cartella notiamo la visualizzazione di una finestra con l'elenco dei contatti contenuti nel corrispondente Content Provider come in Figura 8.12.
Se poi seleziona uno di questi, il lettore potrà verificare il lancio di un Intent associato al corrispondente URI. Nel caso dei contatti vi sarà la visualizzazione delle informazioni del contatto stesso.

Figura 8.12 Live Folder relativo ai diversi contatti.

Una volta capito il funzionamento di questa nuova opzione, descriviamo nel dettaglio come crearne uno nostro attraverso il progetto TeamLiveFolder che ha come obiettivo di pubblicare le informazioni contenute all'interno del TeamContentProvider realizzato in precedenza.

Innanzitutto serve un meccanismo per fare in modo che il nostro Live Folder venga proposto tra quelli disponibili per la selezione in Figura 8.11. In corrispondenza dell'evento di long click sulla Home del dispositivo si ha l'invio di un particolare Intent cui l'Activity responsabile della configurazione del Live Folder dovrà interessarsi. Questo significa che dovremo creare un'attività che ha tra i suoi Intent Filter quelli relativi alla creazione di un Live Folder. Questo è il ruolo della classe TeamLiveFolderActivity, di cui riportiamo il metodo onCreate():

Listato 8.36 Registrazione di un Live Folder

```
public void onCreate(Bundle savedInstanceState) {
    super.onCreate(savedInstanceState);
    setContentView(R.layout.main);
    final Intent intent = getIntent();
    final String action = intent.getAction();
    if (LiveFolders.ACTION_CREATE_LIVE_FOLDER.equals(action)) {
        final Intent folderIntent = new Intent();
        String folderName = getResources().getString(R.string.folder_name);
        folderIntent.putExtra(LiveFolders.EXTRA_LIVE_FOLDER_NAME, folderName);
        folderIntent.putExtra(LiveFolders.EXTRA_LIVE_FOLDER_ICON,
                Intent.ShortcutIconResource.fromContext(this, R.drawable.icon));
        folderIntent.setData(LIST_TEAM_URI);
        folderIntent.putExtra(LiveFolders.EXTRA_LIVE_FOLDER_DISPLAY_MODE,
                LiveFolders.DISPLAY_MODE_LIST);
```

```
            setResult(RESULT_OK, folderIntent);
        } else {
            setResult(RESULT_CANCELED);
        }
        finish();
    }
```

Notiamo come si tratti di un'attività che ha come funzione quella di rispondere a un Intent caratterizzato da una Action relativa al valore della costante ACTION_CREATE_LIVE_FOLDER prima di terminare la propria esecuzione attraverso il metodo finish().
Questa attività crea un Intent con diverse informazioni del tipo EXTRA caratteristiche dei Live Folder come per esempio il nome, l'icona e la modalità con cui le informazioni dovranno poi essere visualizzate (attraverso una lista o una griglia). L'informazione più importante è comunque quella relativa all'URI delle risorse che il Live Folder dovrà visualizzare e che identificheranno il particolare Content Provider. Nell'istruzione evidenziata abbiamo quindi associato all'Intent un URI relativo al Content Provider che vedremo fungere da Adapter (nel senso Pattern GoF) tra le informazioni che un qualunque Live Folder si aspetta e quelle che invece sono fornite dal Content Provider che abbiamo creato in precedenza relativamente alle informazioni sui diversi Team. Queste istruzioni si concluderanno, se eseguite con successo, con l'invio dell'Intent come risposta del tipo RESULT_OK. Ovviamente, per l'attività creata, dovrà essere specificato il seguente Intent Filter nel documento AndroidManifest.xml.

Listato 8.37 Definizione dell'IntentFilter relativo alla creazione di un LiveFolder

```xml
<activity android:name=".TeamLiveFolderActivity"
    android:label="@string/app_name">
    <intent-filter>
        <action android:name="android.intent.action.MAIN" />
        <category android:name="android.intent.category.LAUNCHER" />
    </intent-filter>
    <intent-filter>
        <action android:name="android.intent.action.CREATE_LIVE_FOLDER"></action>
        <category android:name="android.intent.category.DEFAULT"></category>
    </intent-filter>
</activity>
```

Il passo successivo consiste nella creazione del Content Provider con la responsabilità di esportare le informazioni del TeamContentProvider nel formato che i Live Folder si aspettano e che prevede i campi che abbiamo definito attraverso la seguente costante nella classe TeamFolderProvider:

Listato 8.38 Costante che elenca i campi di un Live Folder

```java
private static final String[] LIVE_FOLDER_COLUMNS = new String[] {
    BaseColumns._ID, LiveFolders.NAME, LiveFolders.DESCRIPTION,
    LiveFolders.INTENT, LiveFolders.ICON_PACKAGE,
    LiveFolders.ICON_RESOURCE };
```

Lasciamo al lettore la descrizione delle singole operazioni della classe `TeamContentProvider` opportunamente commentate nel codice disponibile online, concentrandoci solamente sull'operazione di query() che presenta diversi spunti interessanti.

Listato 8.39 Metodo query() del Content Provider associato al Live Folder

```
public Cursor query(Uri uri, String[] projection, String selection,String[]
selectionArgs, String sortOrder) {
    int uriIndicator = uriMatcher.match(uri);
    if (uriIndicator == UriMatcher.NO_MATCH) {
        throw new IllegalArgumentException(
                "Uri not valid for this ContentProvider " + uri);
    }
    MatrixCursor newCursor = loadNewData(this);
    newCursor.setNotificationUri(getContext().getContentResolver(),
            TEAM_CONTENT_URI);
    UpdateableCrossCursor cursorWrapper = new UpdateableCrossCursor(newCursor,this);
    return cursorWrapper;
}
```

A parte il solito controllo iniziale sulla regolarità dell'URI passato come parametro, notiamo la presenza di una particolare implementazione dell'interfaccia `Cursor` di nome `MatrixCursor`. Si tratta di un'implementazione che permette di mantenere in memoria (una specie di cache) le informazioni associate. Questo fa sì che questa implementazione sia trasferibile tra processi diversi, caratteristica descritta dall'interfaccia `android.database.CrossProcessCursor`. In sintesi, si tratta di un modo per rendere un `Cursor` utilizzabile da processi diversi, come accade nel caso dei Content Provider che sappiamo essere in esecuzione in processi diversi da quelli dei rispettivi client.

Nel caso specifico, l'oggetto `MatrixCursor` viene creato attraverso un procedimento che abbiamo incapsulato all'interno di un metodo statico chiamato `loadNewData()`, che descriveremo di seguito. Per il momento notiamo come il cursore ottenuto venga poi *wrappato* all'interno di un oggetto di tipo `UpdateableCrossCursor` che non appartiene all'ambiente standard ma che abbiamo realizzato completamente. Il lettore potrà verificare come il cuore di questa classe sia rappresentato dal seguente metodo:

Listato 8.40 Implementazione del requery() da parte del `UpdateableCrossCursor`

```
public boolean requery() {
    MatrixCursor matrixCursor = TeamFolderProvider.loadNewData(contentProvider);
    this.delegateCursor = matrixCursor;
    return delegateCursor.requery();
}
```

il quale non fa altro che aggiornare il riferimento a un oggetto di tipo `MatrixCursor` attraverso lo stesso metodo `loadNewData()` del nostro Content Provider. Si tratta di un `Cursor` cui l'oggetto `UpdateableCrossCursor` delega ogni operazione. In sintesi, è un'implementazione dell'interfaccia `CrossProcessCursor` aggiornabile con gli strumenti del nostro

Content Provider. Essa è quindi aggiornabile e allo stesso tempo può essere utilizzata da processi distinti.

Infine, il metodo `loadNewData()` non fa altro che eseguire il mapping accennato precedentemente fra i campi del nostro `TeamContentProvider` e quelli che si aspetta il Live Folder. Notiamo infatti come prima venga eseguita una query sul `TeamContentProvider` e come successivamente siano stati creati i diversi record da inserire nel `MatrixCursor`. Lasciamo quindi al lettore la consultazione del codice relativo al seguente metodo opportunamente commentato.

Prima di verificare il funzionamento del Live Folder creato, eseguiamo una piccola modifica al progetto `TeamManagerCP` aggiungendo all'attività di modifica delle informazioni di un `Team` descritta dalla classe `EditTeamActivity` anche un `Intent Filter` per la gestione dell'URI relativo a un singolo `Team`, ovvero le seguenti definizioni nel corrispondente `AndroidManifest.xml`.

Listato 8.41 Associazione dell'IntentFilter alla EditTeamActivity

```xml
<activity android:name="EditTeamActivity">
    <intent-filter>
            <action android:name="android.intent.action.VIEW"></action>
        <category android:name="android.intent.category.DEFAULT"></category>
        <data android:mimeType="vnd.android.cursor.item/vnd.teamprovider.team"></data>
    </intent-filter>
</activity>
```

Questo ci permetterà di lanciare l'attività `EditTeamActivity`, una volta selezionata una voce nel `Live Folder`.

Proviamo a generare un evento di long click sulla home ottenendo, dopo aver selezionato l'opzione relativa ai folder o cartelle, il risultato di Figura 8.13.

Notiamo la presenza del Live Folder di nome `TeamLiveFolder`, che andiamo quindi a selezionare ottenendo la creazione di una cartella nella home (Figura 8.14).

Figura 8.13 Installazione del Live Folder relativo ai Team.

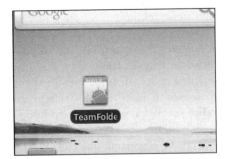

Figura 8.14 Creazione dell'icona del Live Folder per i Team.

Non ci resta quindi che selezionarlo, osservando la visualizzazione delle informazioni volute (Figura 8.15). Selezionando poi una delle voci si avrà effettivamente il lancio dell'attività di editazione, attraverso la quale non sarà comunque possibile editare le informazioni; verrà utilizzata, in questo caso, solamente in visualizzazione.

Figura 8.15 Visualizzazione delle informazioni dei Team nel Live Folder.

Abbiamo dunque visto come creare un Live Folder associato a un particolare Content Provider.

Conclusioni

In questo capitolo abbiamo finalmente affrontato tutti gli aspetti relativi alla gestione dei dati in Android. Abbiamo iniziato con la descrizione delle Preferences, ovvero di quel framework per la memorizzazione e modifica di informazioni da associare alle singole applicazioni. Siamo poi passati alla gestione dei file, verificando come si tratti di API molto simili a quelle di Java standard. Molto interessante è stata la discussione relativamente all'utilizzo di un database locale, che in Android è realizzato con SQLite; ne abbiamo studiato le principali caratteristiche e strumenti. Abbiamo quindi descritto in grande dettaglio come sia possibile condividere delle informazioni, che nel caso dei DB SQLite sono private di ciascuna applicazione, tra più componenti. Abbiamo infatti studiato i Content Provider realizzandone uno custom, descrivendone le modalità di utilizzo fino alla pubblicazione delle informazioni attraverso la feature dei Live Folder. Nel prossimo capitolo descriveremo un altro importantissimo insieme di API, che ci permetteranno di gestire nel migliore dei modi delle attività in background secondo diverse modalità.

Capitolo 9

Multithreading e servizi

Dopo aver esaminato nel dettaglio l'architettura di Android relativamente alla gestione dell'interfaccia grafica e della persistenza delle informazioni, in questo capitolo ci occupiamo di altri due aspetti fondamentali: multithreading e servizi. Abbiamo infatti visto come il dispositivo debba garantire un elevato grado di interazione con l'utente. È quindi necessario che l'esecuzione di operazioni "pesanti" non influenzino la gestione dell'interfaccia grafica. Questo si traduce nel fatto che la gestione degli eventi e delle informazioni visualizzate nel display devono avvenire in processi, o meglio thread, separati.

Dopo un'introduzione sui concetti base della programmazione concorrente in Java, ci occuperemo di *handler* e *looper*, ovvero del meccanismo che permette a una applicazione di interagire con il thread responsabile della gestione grafica cui abbiamo già accennato precedentemente. Vedremo poi il cosiddetto *Notification Service*, che permette a un servizio in background di comunicare delle informazioni all'utente.

La seconda parte del capitolo sarà invece dedicata all'utilizzo e all'implementazione dei Service che permettono l'esecuzione in background di particolari operazioni private di un'applicazione o condivise tra più processi.

Concluderemo il capitolo con la descrizione dei Broadcast Receiver, quei componenti che si attivano in corrispondenza della ricezione di un particolare Intent lanciato secondo la modalità broadcast.

In questo capitolo

- **Thread: concetti di base**
- **Handler e looper**
- **Notification Service**
- **I componenti Service**
- **Broadcast Receiver**
- **Conclusioni**

Thread: concetti di base

Osservando le API di Android possiamo notare come siamo presenti non solo le normali classi per la realizzazione di thread ma anche le concurrent API introdotte in Java dalla versione 1.4. Qui non ci occuperemo di concetti avanzati di programmazione concorrente, per i quali rimandiamo alla documentazione ufficiale di Sun, ma dei principali meccanismi utilizzati dalle applicazioni Android per l'esecuzione di attività in background.

Per descrivere che cosa sia un thread (thread of control) possiamo partire da lontano, definendo un algoritmo come un insieme di operazioni, spesso descritte con linguaggio naturale, che permettono la risoluzione di un particolare problema. Un algoritmo può essere scritto utilizzando diversi linguaggi di programmazione, dando origine a quello che si chiama *programma*. Per esempio, l'algoritmo del Quick Sort per l'ordinamento può essere implementato in Java, in C++, in Fortran e così via. Molto più importante è comunque il concetto di *processo*, ovvero di esecuzione di un particolare programma. Due processi, esecuzione di uno stesso programma, sono caratterizzati dal fatto di utilizzare ciascuno una propria area di memoria; per questo motivo li si può considerare indipendenti uno dall'altro anche se in esecuzione nello stesso momento.

In diversi ambiti può essere utile estendere il concetto di "esecuzione simultanea" anche alle diverse parti di una stessa applicazione. Pensiamo per esempio al caso in cui si ha la necessità di leggere delle informazioni da uno stream, operazione che sappiamo essere bloccante nel caso di mancanza di informazioni. Per non bloccare l'intera applicazione, è bene che l'attività di lettura dallo stream avvenga in un thread diverso da quello di gestione, per esempio, della GUI. In questo caso non si parla di processo ma di *thread*, il quale è caratterizzato dal fatto di condividere con altri delle stesse locazioni di memoria richiedendo quindi degli strumenti che permettano di mantenere l'integrità dei dati condivisi.

Java è un linguaggio nativamente multithreading in quanto mette a disposizione di ogni oggetto, attraverso la classe `Object`, i tipici strumenti di sincronizzazione, ovvero i metodi `wait()` e `notify()` oltre che disporre del noto costrutto `synchronized`.

> **Thread of Control**
> Il nome Thread of Control rappresenta l'insieme dei fili che è possibile utilizzare per muovere parti diverse di una marionetta. L'analogia informatica si basa sul fatto che vengono gestite in modo indipendente parti diverse di uno stesso oggetto.

La creazione di un normale thread in Android non si discosta di molto da quello che avviene in Java standard. Anche in questo caso è possibile utilizzare due modi diversi:

- estendendo la classe `Thread`
- implementando l'interfaccia `Runnable`

Nel primo caso è sufficiente infatti estendere la classe `Thread` facendo l'override del metodo `run()`, il quale contiene la logica relativa alle operazioni che dovranno essere eseguite in modo concorrente in corrispondenza dell'esecuzione del metodo `start()`. A tale proposito è bene ricordare come un thread termini la propria esecuzione nel momento in cui il metodo `run()` giunge a completamento, in quanto il metodo `stop()` è stato da tempo deprecato. Terminata l'esecuzione, un thread diventa una normale istanza che può mantenere il proprio stato, eseguire delle operazioni ma non potrà più essere riavviata attraverso una nuova esecuzione di start(); per questa si rende necessaria la creazione di un nuovo oggetto.

Listato 9.1 Esempio di creazione di un tipico thread estendendo la classe Thread

```java
public class MyThread extends Thread {

    private boolean running = false;

    public MyThread(){
        super("MyThread");
    }

    public void start(){
        running = true;
        super.start();
    }

    @Override
    public void run() {
        while(running){
            // CORPO DEL THREAD
        }
    }

    public void stopThread(){
        running = false;
    }

}
```

Nel precedente listato, sebbene non sia necessario, notiamo la presenza di un costruttore che richiama quello della classe Thread passando una String utile in fase di debug per riconoscere il thread tra altri. Il corpo del thread, ovvero le operazioni da eseguire in modo concorrente, vengono implementate all'interno del metodo run().

> **Esecuzione di un thread e metodo run()**
>
> Sebbene sembri ovvio, è bene sottolineare come il metodo run() possa essere eseguito come un qualunque altro metodo nello stesso thread del chiamante. Per eseguirlo in un nuovo thread è necessario invocare il metodo start().

Notiamo poi l'utilizzo della variabile booleana di nome running, la quale ci serve per interrompere l'esecuzione del metodo run() facendo terminare il ciclo while che solitamente è presente in oggetti di questo tipo.

L'ereditarietà, specialmente in Java, è comunque un livello troppo forte di dipendenza. Se la classe che contiene la logica da eseguire in modo concorrente estende già una particolare classe, la mancanza dell'ereditarietà multipla delle classi ci impedisce di estendere anche la classe Thread. Per questo motivo il secondo meccanismo utilizzato per la creazione di un thread consiste nella creazione di un'istanza della classe Thread, cui viene però passata un'implementazione dell'interfaccia Runnable che descrive proprio l'unica operazione che interessa, ovvero la seguente:

```
public abstract void  run()
```

È quindi possibile creare un'istanza della classe Thread nel modo descritto dal seguente codice.

Listato 9.2 Creazione di un thread attraverso un'implementazione di Runnable

```java
public class MyRunnableThread implements Runnable {

    private Thread thread;

    private boolean running;

    public void run() {
        while(running){
            // CORPO DEL THREAD
        }
    }

    public void start(){
        if(!running){
            running = true;
            thread = new Thread(this," MyRunnableThread");
            thread.start();
        }
    }

    public void stop(){
        if(running){
            running = false;
            thread = null;
        }
    }

}
```

Notiamo come l'implementazione dei metodi start() e stop() permetta alla stessa istanza di essere riavviata più volte. Essa infatti nasconde il fatto di realizzare a ogni start() una nuova istanza della classe Thread attraverso un costruttore che prevede come parametro il riferimento all'oggetto `Runnable` di cui eseguire il metodo `run()`. Ovviamente, al costruttore del tipo:

```
public Thread (Runnable runnable)
```

è possibile passare il riferimento a una qualunque classe purché implementi l'interfaccia `Runnable`.

Da questo punto di vista, quindi, la realizzazione di un thread in Android non si discosta molto da quello che avviene in ambiente Java standard. In questo ambiente dobbiamo però considerare diversi aspetti, tra cui il fatto che i thread di questo tipo siano i primi a essere eliminati dall'ambiente stesso in caso di bisogno di risorse. Se non si ha la necessità di eseguire delle operazioni in background per lungo tempo, Android mette a disposizione i *Service*, componenti per i quali l'ambiente riserva un trattamento e un ciclo di vita particolare, che esamineremo nel dettaglio più avanti.

Un secondo aspetto molto importante riguarda il fatto che spesso i thread di un'applicazione vengono utilizzati per accedere a risorse esterne per l'acquisizione di informazioni che poi dovranno essere visualizzate attraverso la UI o comunque interagire con essa. Serve quindi un meccanismo che permetta l'invio di informazioni alla UI in modo che questa le possa utilizzare all'interno del proprio thread di esecuzione. Questo meccanismo sarà argomento del prossimo paragrafo.

Handler e looper

Nel precedente paragrafo abbiamo visto come la creazione di un thread sia un'operazione molto semplice anche in Android. I problemi si hanno però quando si tratta di thread con la responsabilità di procurare delle informazioni da visualizzare all'interno di componenti grafici contenuti in una `Activity`; questo perché l'aggiornamento dei componenti visuali è di responsabilità di un thread particolare che si chiama *main thread*, cui è affidata anche la gestione dei componenti principali di un'applicazione, come le note `Activity` o gli `Intent Receiver` che invece impareremo a utilizzare più avanti nel capitolo. Per risolvere questo problema Android ci mette a disposizione un piccolo framework che semplifica l'interazione tra thread diversi di una stessa applicazione, quindi anche l'interazione tra il main thread e un thread da noi creato, che si indica spesso come *worker thread*. Alla base di queste API esistono le seguenti classi:

- Handler
- MessageQueue
- Message

tutte del package `android.os`, che andiamo a descrivere nel dettaglio. A ciascun thread, quindi anche al main thread, Android associa una particolare `MessageQueue` che, come dice il nome stesso, non è altro che una coda di messaggi descritti da istanze della classe `Message`. Osservando le API, notiamo come un `Message` sia semplicemente una specie di Transfert Object, ovvero di un oggetto in grado di memorizzare delle informazioni per poterle trasferire in una unica chiamata. Notiamo anche che si tratta di una classe che implementa l'interfaccia `Parcelable`; ricordiamo che quest'ultima descrive una funzionalità simile a quella di serializzazione ma in ambito di comunicazione tra processi.

Da quanto detto il lettore potrà intuire che per poter eseguire una particolare azione all'interno di un determinato thread basterà inserire nella corrispondente coda un messaggio che ne incapsula le informazioni. Ci manca però ancora un meccanismo per creare, inviare e soprattutto consumare i messaggi.

È abbastanza evidente che l'oggetto responsabile della ricezione dei messaggi dovrà essere un oggetto associato al thread di destinazione. Si tratta di una particolare istanza della classe Handler che riceve e consuma i messaggi della MessageQueue associati allo stesso thread nel quale l'Handler è stato creato. In pratica, la ricezione dei messaggi contenenti le informazioni da utilizzare per l'aggiornamento dei componenti della UI dovrà essere fatta da un'istanza della classe Handler creata all'interno del main thread.

Ci manca quindi solo l'ultimo passo, relativo alla creazione e all'invio del Message da parte di un worker thread. Vedremo che è sufficiente che quest'ultimo abbia il riferimento all'Handler per chiedergli un'istanza del Message relativo alla sua coda.

Come esempio di questo meccanismo all'apparenza complesso riprendiamo l'applicazione relativa all'utilizzo della ProgressBar descritta nel Capitolo 7. In quel caso abbiamo creato un worker thread per simulare il caricamento di un particolare insieme di informazioni. Il livello di caricamento è stato rappresentato da un contatore, il cui valore doveva però essere rappresentato attraverso la barra di caricamento. Si tratta quindi del tipico caso di un worker thread che produce informazioni da visualizzare all'interno di un componente grafico gestito dal main thread.

Il primo passo consiste nella creazione dell'Handler che dovrà elaborare le eventuali informazioni, provenienti dal worker thread, contenute all'interno di un oggetto di tipo Message.

A tale proposito riprendiamo il seguente codice.

Listato 9.3 Definizione dell'Handler per la gestione della ProgressBar

```
final Handler myHandler = new Handler() {
    public void handleMessage(Message msg) {
        int currentValue = msg.getData().getInt("currentValue");
        progressDialog.setProgress(currentValue);
        if (currentValue >= 100) {
            dismissDialog(PROGRESS_DIALOG);
            workerThread.stop();
        }
    }
};
```

Avendo creato l'Handler all'interno della Activity, abbiamo fatto in modo che esso venisse definito nel main thread e che quindi fosse in grado di consumare Message inseriti nella corrispondente coda. Nel caso specifico abbiamo creato un Handler facendo l'override del metodo:

```
public void handleMessage (Message msg)
```

che notiamo avere un unico parametro di tipo Message. Si tratta del metodo che viene invocato in corrispondenza della ricezione di un Message precedentemente inserito nella `MessageQueue` associata allo stesso thread. Notiamo come, nell'esempio, vi siano le istruzioni di aggiornamento della barra di caricamento, che verranno eseguite nel thread corretto, ovvero il main thread.

L'altro aspetto interessante riguarda la creazione del worker thread e la modalità con cui questo interagisce con la `MessageQueue` del main thread. Dal codice di esempio notiamo come il metodo `run()` del worker thread sia molto semplice, in quanto contiene solamente la logica di incremento del valore da visualizzare e la chiamata al nostro metodo privato `notifyValue()`; descriviamo quest'ultimo nel dettaglio.

Listato 9.4 Interazione tra un worker thread e il main thread

```
public void run() {
    while (running) {
        try {Thread.sleep(50);} catch (InterruptedException ie) {}
        progressValue += INC;
        notifyValue(progressValue);
    }

}

private void notifyValue(int value) {
    Message msg = myHandler.obtainMessage();
    Bundle b = new Bundle();
    b.putInt("currentValue", value);
    msg.setData(b);
    myHandler.sendMessage(msg);
}
```

Esso dovrà ottenere il riferimento al `Message` da inviare alla coda relativa al main thread, quindi non fa altro che utilizzare l'`Handler` creato in precedenza, che sappiamo essere associato alla `MessageQueue` voluta. Il metodo dell'`Handler` invocato è il seguente:

`public final Message obtainMessage ()`

Esso, dal punto di vista funzionale, è equivalente alla creazione di un'istanza di `Message` ma dal punto di vista delle prestazioni è sicuramente migliore, poiché permette l'implementazione, da parte dell'ambiente Android, di un meccanismo di pool e quindi di riutilizzo delle istanze. All'interno del `Message` possono quindi essere inserite diverse informazioni, che nell'esempio abbiamo incapsulato all'interno di un oggetto di tipo `Bundle`.

Un altro passo fondamentale è quello corrispondente alla chiamata del metodo

`public final boolean sendMessage (Message msg)`

il quale permette di accodare il messaggio passato come parametro alla `MessageQueue` associata al thread relativo al particolare `Handler` su cui la stessa viene invocata. Il valore di ritorno indica se il messaggio è stato correttamente accodato oppure no. Nell'esempio abbiamo infatti utilizzato l'`Handler` creato in precedenza per inviare il messaggio voluto alla corrispondente coda.

Osservando le API relative alla classe `Handler`, notiamo la presenza di diversi tipi di metodi `sendMessage()` i quali permettono di specificare anche delle informazioni temporali sull'istante di consumazione del messaggio inviato. Per esempio, il metodo

`public boolean sendMessageAtTime (Message msg, long uptimeMillis)`

permette di accodare il messaggio passato come parametro in un istante preciso. Notiamo come si tratti dell'istante di accodamento e non di consumo da parte dell'eventuale `Handler`. Osserviamo poi come l'istante sia rappresentato attraverso un valore di tipo `long` corrispondente all'orologio interno del dispositivo. Tale valore si può ottenere con il metodo statico

`public static long uptimeMillis ()`

della classe `android.os.SystemClock`. A tale proposito, un metodo molto simile al precedente è il seguente:

`public final boolean sendMessageDelayed (Message msg, long delayMillis)`

Esso permette l'inserimento di un messaggio specificando un delay rispetto all'istante attuale piuttosto che un valore assoluto.

Concludiamo il paragrafo osservando come un `Message` contenga una serie di attributi di convenienza nel caso di tipi di informazioni frequenti. Notiamo come disponga dell'attributo `what`, che permette di assegnare un valore intero al messaggio indicativo del tipo di informazioni in esso contenute. Si tratta di un'informazione utile nel caso in cui l'`Handler` dovesse trattare ciascun tipo di messaggio in modo diverso. Se le informazioni contenute sono semplici, è possibile utilizzare gli attributi di nome `arg1` e `arg2` di tipo intero oppure l'attributo `obj` di tipo `Object` che rappresenta, in sintesi, il payload del messaggio.

Un'ultima osservazione riguarda la presenza dell'attributo `replyTo`, il quale non è altro che un modo per fare riferimento a un `Handler` in grado di ricevere un messaggio come risposta a quello inviato inizialmente.

Schedulazione di task

Nel precedente paragrafo abbiamo visto come la classe `Handler` venga utilizzata per poter eseguire delle operazioni a seguito della ricezione di un messaggio da parte di thread anche diversi da quello in cui lo stesso `Handler` è stato creato. Un'altra importante funzionalità di questa classe è quella di permettere la schedulazione di attività descritte da particolari implementazioni dell'interfaccia `Runnable` vista in precedenza, anch'esse eseguite all'interno del corrispondente thread. Come nel caso dei messaggi, anche per gli oggetti `Runnable` esistono diverse possibilità. Attraverso il metodo:

`public final boolean post (Runnable r)`

è possibile inserire l'elemento `Runnable` nella coda corrispondente all'`Handler` su cui lo stesso metodo viene invocato. Ovviamente il metodo `run()` dell'oggetto `Runnable` verrà eseguito all'interno del thread associato all'`Handler`. Analogamente al caso dei messaggi, anche per gli oggetti `Runnable` esiste la possibilità di accodarli in un determinato istante oppure dopo un particolare delay, rispettivamente con i seguenti metodi:

```
public final boolean postAtTime (Runnable r, long uptimeMillis)
public final boolean postDelayed (Runnable r, long delayMillis)
```

Si tratta quindi di strumenti che permettono la schedulazione nell'esecuzione di particolari operazioni all'interno di uno specifico thread.

Looper

Sebbene sia stato utilizzato per mettere in comunicazione il main thread di gestione della UI con un worker thread da noi realizzato, quello degli `Handler` è un meccanismo generale. È possibile quindi fare in modo che un qualunque thread consumi, attraverso un `Handler` creato al suo interno, messaggi inviati da altri thread con la stessa modalità vista in precedenza. Nel caso in cui però il thread che consuma il messaggio sia un worker thread, l'inizializzazione del corrispondente `Handler` prevede un accorgimento importante, che descriviamo attraverso il progetto `LooperTest` disponibile tra gli esempi online. Si tratta di un'applicazione molto semplice che permette di gestire la comunicazione tra una coppia di thread che simulano il classico sistema Produttore/Consumatore. Nello specifico, abbiamo creato un Producer relativo a messaggi da inviare alla coda del main thread, descritto dalla classe `MainProducer`, e uno relativo a un'altra coda associata a un nostro worker thread descritto dalla classe `Consumer`. La coppia associata al main thread riproduce quanto visto nel caso della `ProgressBar`, solamente che modifica il valore visualizzato nella `TextView` nell'`Activity`. Dal codice riportato notiamo come il Producer relativo al main thread non faccia altro che utilizzare un `Handler`, che abbiamo chiamato `mainHandler`, definito nello stesso processo dell'applicazione, per l'invio dei messaggi a intervalli regolari. In questo caso l'elaborazione dei messaggi consiste nella semplice scrittura di un log e nella visualizzazione a video del corrispondente messaggio. Notiamo anche come sia stata utilizzata la proprietà pubblica `obj` del messaggio per una più semplice gestione dello stesso.

Listato 9.5 Gestione dei messaggi per il main thread

```
private final Handler mainHandler = new Handler() {

    @Override
    public void handleMessage(Message msg) {
        Log.i(LOG_TAG, "mainHandler-> " + msg.obj);
        output.setText("mainHandler-> " + msg.obj);
    }

};

private final class MainProducer extends Thread {
```

```
    public boolean running;
    public void run() {
        int i = 0;
        while (running) {
            // Creiamo la STRing
            String data = "Producer_" + i++;
            try {
                Thread.sleep(400);
            } catch (InterruptedException ie) {
            }
            Message msg = mainHandler.obtainMessage();
            msg.obj = data;
            mainHandler.sendMessage(msg);
        }
    }
}
```

In questo caso non esiste la definizione esplicita di Consumer, che risulta quindi essere l'attività stessa.

Passiamo ora alla descrizione della gestione dei messaggi che dovranno essere consumati da un worker thread. Come possiamo notare dal codice di esempio disponibile online, il worker producer utilizza un riferimento alla proprietà consumerHandler che vedremo essere il particolare Handler associato al thread del Consumer che descriveremo di seguito.

Listato 9.6 Classe WorkerProducer

```
private final class WorkerProducer extends Thread {
  public boolean running;
  public void run() {
    int i = 0;
    while (running) {
      if (consumer.consumerHandler == null) {
        Log.i(LOG_TAG, "Waiting for consumerHanlder");
        try {Thread.sleep(400);}catch (InterruptedException ie) {}
        continue;
      }
      String data = "Producer_" + i++;
      try {Thread.sleep(400);} catch (InterruptedException ie) {}
      if (consumer != null) {
        Message msg = consumer.consumerHandler.obtainMessage();
        msg.obj = data;
        consumer.consumerHandler.sendMessage(msg);
      }
    }
  }
}
```

Questo riferimento è infatti necessario al fine di inviare i messaggi a quel thread. L'attesa iniziale e il test finale messi in evidenza si sono resi necessari per garantire che le risorse utilizzate, Consumer e relativo Handler, siano in quel momento disponibili.

Molto interessante è invece il seguente codice relativo alla classe Consumer.

Listato 9.7   Consumer del worker thread

```
private final class Consumer extends Thread {

    public boolean running;
    public Handler consumerHandler;

    public void run() {
        Looper.prepare();
        consumerHandler = new Handler() {
            @Override
            public void handleMessage(Message msg) {
                Log.i(LOG_TAG, "Consumer-> " + msg.obj);
            }
        };
        Looper.loop();
    }
}
```

Notiamo infatti l'utilizzo di alcuni metodi statici della classe Looper i quali permettono di associare un particolare loop al thread di gestione dell'Handler definito al suo interno. Si tratta, in sintesi, di un modo per permettere all'Handler di gestire gli eventuali messaggi che gli dovessero arrivare. La dichiarazione esplicita di un contesto di loop attraverso il metodo Looper.prepare() e il conseguente Looper.loop() hanno impedito la creazione di un particolare meccanismo di gestione degli Handler anche per thread che non ne fanno uso.

Notification Service

Nel prossimo paragrafo studieremo a fondo i Service, ovvero quei componenti che l'ambiente Android mette a disposizione per l'esecuzione di attività in background e che non sono dotati di una UI. Questo comporta la necessità di un meccanismo alternativo per la notifica all'utente della disponibilità di particolari informazioni che non possono essere direttamente visualizzate in una Activity. Sebbene sia possibile, sarebbe infatti sbagliato che un particolare servizio attivasse una Activity senza un'esplicita azione dell'utente. A tale scopo Android ha definito quello che si chiama Notification Service e che permette la visualizzazione di alcuni messaggi di notifica nella parte alta del display detta *status bar*. L'esempio tipico è quello relativo alla ricezione di un SMS, di una mail o di un messaggio di chat come in Figura 9.1.

Si tratta di un meccanismo di notifica che permette di non disturbare l'eventuale attività dell'utente il quale, nel caso volesse ottenere maggiori informazioni, non farà altro che trascinare verso il basso la barra ottenendo quanto mostrato in Figura 9.2.

Figura 9.1 Notifica sulla status bar.

Figura 9.2 Visualizzazione estesa dei messaggi nella status bar.

Selezionando poi la corrispondente voce è possibile lanciare un Intent per l'esecuzione di una particolare attività, che nel caso dell'esempio è quella di gestione dei messaggi. Il meccanismo descritto viene spesso utilizzato da un Service per la notifica di informazioni all'utente.

Creazione di una Notification

Le informazioni relative alla singola notifica vengono incapsulate all'interno di un oggetto di tipo Notification descritto dall'omonima classe del package android.app. Ciascuna Notification dovrà necessariamente specificare le seguenti informazioni:

- un'icona
- il messaggio da visualizzare nella versione breve e in quella espansa
- l'Intent da lanciare nel caso di selezione nella forma di un PendingIntent

mentre le informazioni opzionali possono fare riferimento a:

- un messaggio stile Ticker da visualizzare nella status bar
- un suono di alert
- modalità di vibrazione
- modalità di lampeggio dei LED

Alcune di queste informazioni possono essere specificare direttamente attraverso il costruttore

```
public Notification (int icon, CharSequence tickerText, long when)
```

che prevede appunto la definizione dell'identificativo dell'icona, del testo nella modalità ticker e dell'istante della notifica. Come in precedenza, il valore del parametro when fa riferimento al clock del dispositivo. Altre informazioni possono poi essere impostate attraverso l'utilizzo del seguente metodo:

```
public void setLatestEventInfo (Context context, CharSequence contentTitle, CharSequence contentText, PendingIntent contentIntent)
```

che notiamo avere come parametri, oltre al classico riferimento al Context, anche il titolo e il testo della versione espansa, più il riferimento a un oggetto di tipo PendingIntent che descrive il particolare Intent da lanciare al momento della selezione. Si tratta di un tipo speciale di Intent che può essere lanciato in un momento successivo e da un componente diverso rispetto a quello che lo ha creato, mantenendo però le stesse caratteristiche di quello originale.

> **Ticker**
>
> Quando parliamo di ticker facciamo riferimento a un effetto simile a quello che si ha nelle MIDP relativamente al testo scorrevole. Nel caso di Android, il testo specificato non scorre orizzontalmente ma verticalmente e viene visualizzato all'arrivo della notifica.

Consideriamo per esempio il caso tipico di un Service che vuole notificare la disponibilità di alcune informazioni. Un approccio potrebbe essere quello di lanciare un Intent per la visualizzazione della corrispondente Activity. Come detto in precedenza, si tratterebbe di un approccio sbagliato in quanto l'attività lanciata potrebbe disturbare le azioni dell'utente. La soluzione prevede quindi di creare un PendingIntent, che potrà essere lanciato anche successivamente ma soprattutto anche da un componente diverso da quello che lo ha creato. Ecco che il servizio invierà, nella modalità che vedremo, la particolare Notification al dispositivo specificando il PendingIntent che verrà lanciato non dal servizio ma in corrispondenza di un'esplicita azione da parte dell'utente.
Da quanto descritto si intuisce come il riferimento a un PendingIntent si ottenga a partire da una Activity, un Service o, come impareremo più avanti, anche da un BroadcastReceiver, attraverso degli opportuni static factory method. Nel caso di una Activity, come vedremo anche nell'esempio che segue, è possibile invocare il metodo della classe PendingIntent:

```
public static PendingIntent getActivity (Context context, int requestCode, Intent intent, int flags)
```

dove il parametro requestCode è un identificativo del particolare PendingIntent che nella versione attuale non viene utilizzato. Il parametro intent è il riferimento all'omonimo oggetto da lanciare, mentre attraverso flags è possibile specificare diverse configurazioni; si veda al proposito la Tabella 9.1.

Tabella 9.1 Flag nella creazione di un PendingIntent

Costante Flag	Descrizione
FLAG_ONE_SHOT	Indica che il particolare PendingIntent può essere utilizzato solamente una volta. Ogni ulteriore tentativo porta alla generazione di un errore.
FLAG_NO_CREATE	Se il corrispondente PendingIntent non esiste già, il metodo i creazione ritorna null.
FLAG_CANCEL_CURRENT	Se il corrispondente PendinIntent esiste già, viene eliminato a favore di uno nuovo,
FLAG_UPDATE_CURRENT	Se il corrispondente PendingIntent esiste già, viene mantenuto e ne vengono aggiornate solamente le informazioni relative all'Extra.

Notiamo in particolare la presenza del flag FLAG_UPDATE_CURRENT, il quale permette di aggiornare le informazioni associate a una Notification. Pensiamo per esempio, al caso in cui vi sia la necessità di notificare l'arrivo di un SMS o di una mail quando è già presente una notifica simile. In quel caso si dovranno semplicemente modificare le informazioni della notifica attraverso l'utilizzo del metodo setLatestEventInfo() specificando poi che le informazioni inserite nell'Intent vanno a modificare quella della notifica esistente.

Aggiunta di un suono

Oltre a queste informazioni obbligatorie, esiste la possibilità di associare a una notifica un particolare suono. Per fare questo si può modificare il valore dell'attributo pubblico chiamato defaults della particolare Notification attraverso la seguente istruzione

```
notification.defaults = notification.defaults|Notification.DEFAULT_SOUND
```

la quale abilita come suono quello di default. Nel caso in cui si voglia specificare un suono diverso sarà sufficiente valorizzare l'attributo pubblico sound, di tipo URI, il quale rappresenta un riferimento al media da riprodurre. Nel caso in cui volessimo ripetere l'esecuzione del media fino all'esplicita eliminazione della notifica da parte dell'utente, potremmo applicare anche il flag associato alla costante Notification.FLAG_INSISTENT. È bene sottolineare come l'impostazione del suono attraverso l'attributo defaults sovrascriva l'eventuale impostazione dell'attributo sound.

Utilizzo della vibrazione

Analogamente a quanto visto per il suono, è possibile impostare alcune grandezze relativamente all'eventuale vibrazione del dispositivo come conseguenza della ricezione della notifica. Anche in questo caso si può agire sull'attributo defaults, nel seguente modo:

```
notification.defaults |= Notification.DEFAULT_VIBRATE
```

che abbiamo questa volta espresso nella forma sintetica utilizzando l'operatore |=. Questa volta l'attributo pubblico per la personalizzazione delle informazioni di vibrazione si chiama vibrate e il corrispondente valore è un array di long i quali rappresentano, espressi in millisecondi, il delay relativo alla prima vibrazione, la sua durata, quindi eventuali coppie di informazioni dello stesso tipo relativamente a delay e durata di vibrazioni successive. Per esempio, le seguenti istruzioni:

```
long[] vibrateData = {100,100,200,200};
notification.vibrate = vibrateData;
```

permettono di far vibrare per 200 millisecondi il dispositivo 100 millisecondi dopo la notifica, attendere 200 millisecondi, quindi far vibrare il dispositivo per altri 200. Si tratta di informazioni che possono essere lunghe a piacere, anche se ovviamente vanno utilizzate con criterio. Anche in questo caso è bene ricordare che la vibrazione di default impostata attraverso il flag DEFAULT_VIBRATE, si sovrappone a quella fatta attraverso l'attributo vibrate.

Utilizzo dei LED

Nel caso del lampeggio dei LED, il flag relativo alle impostazioni di default è il seguente:

```
notification.defaults |= Notification.DEFAULT_LIGHTS
```

Nel caso di una configurazione custom, gli attributi possibili da impostare sono invece:

```
notification.ledARGB = 0xff00ff00;
notification.ledOnMS = 500;
notification.ledOffMS = 800;
notification.flags |= Notification.FLAG_SHOW_LIGHTS;
```

i quali indicano, rispettivamente, il colore da utilizzare, la durata relativa all'accensione e quella relativa allo spegnimento dei LED durante il lampeggiamento abilitato attraverso il flag FLAG_SHOW_LIGHTS. Oltre che fare la stessa considerazione precedente sulle priorità dei flag, è bene precisare come non tutti i dispositivi siano in grado di fornire ogni tonalità di colore richiesta.

Altre configurazioni

Oltre a quelli visti, esistono altri flag, descritti in Tabella 9.2, che si possono applicare con l'utilizzo dell'attributo pubblico flags di una particolare Notification.

Tabella 9.2 Flag aggiuntivi

Costante Flag	Descrizione
FLAG_AUTO_CANCEL	Permette la cancellazione automatica della notifica quando selezionata da parte dell'utente.
FLAG_FOREGROUND_SERVICE	Indica che la notifica proviene da un servizio ancora in esecuzione.
FLAG_NO_CLEAR	Permette di non cancellare la notifica nel momento in cui l'utente seleziona il pulsante di cancellazione di tutte notifiche.
FLAG_INSISTENT	Permette la riproduzione del suono fino alla cancellazione della relativa notifica.
FLAG_ONGOING_EVENT	Permette di indicare che la notifica fa riferimento a qualcosa che è ancora in svolgimento, per esempio una telefonata.
FLAG_ONLY_ALERT_ONCE	Permette di riprodurre l'eventuale suono o vibrazione ogni volta che la notifica viene inviata.

Tra questi notiamo il flag `FLAG_AUTO_CANCEL` che permette la cancellazione automatica della notifica nel momento in cui l'utente la seleziona.

Osservando le API notiamo anche la presenza di un attributo pubblico di nome `number` il quale permette di indicare il numero di eventi che una particolare notifica intende rappresentare, come per esempio il numero di messaggi ricevuti. Esso verrà visualizzato nella status bar al momento della notifica. .

Infine, attraverso l'attributo `iconLevel` è possibile fare riferimento a una `LevelListDrawable`, che ricordiamo essere una particolare implementazione di `Drawable` che assume un aspetto diverso a seconda del valore della sua proprietà `level`. È possibile quindi associare a ciascuna notifica un'immagine dinamica in relazione a una particolare grandezza.

Invio della notifica con il NotificationManager

La responsabilità dell'invio della `Notification` con le informazioni descritte in precedenza è di un particolare componente descritto dalla classe `NotificationManager` dello stesso `package android.app`. Le principali operazioni messe a disposizione da questo componente sono quelle che permettono l'invio o la cancellazione di una notifica. Attraverso il seguente metodo:

```
public void notify (int id, Notification notification)
```

è possibile inviare una notifica specificandone anche un identificatore, che poi potremo eventualmente utilizzare per la sua cancellazione tramite il metodo:

```
public void cancel (int id)
```

a meno che non sia stato utilizzato il flag `FLAG_AUTO_CANCEL`.

È interessante notare come sia possibile ottenere il riferimento al `NotificationManager` con la seguente istruzione:

```
NotificationManager mNotificationManager = (NotificationManager)
getSystemService(Context.NOTIFICATION_SERVICE);
```

Ciò avviene invocando il metodo `getSystemService()` del `Context` passando come parametro il valore della costante `Context.NOTIFICATION_SERVICE`.

Come dimostrazione dell'utilizzo delle `Notification` abbiamo realizzato il progetto di nome `NotificationTest`, disponibile online. Si tratta di una semplice applicazione che permette l'invio e la cancellazione di alcune notifiche a seguito della selezione di particolari pulsanti. Il lettore potrà verificare il funzionamento delle diverse combinazioni tra i diversi flag. Nel caso più semplice, il codice per il lancio di una notifica è il seguente:

Listato 9.8 Invio di una Notification

```
public void simpleNotification(View button) {
    Notification notification = new Notification(R.drawable.icon,
        "Simple Notification", System.currentTimeMillis());
```

```
        notification.flags |= Notification.FLAG_AUTO_CANCEL;
        Intent intent = new Intent(this, NotificationActivity.class);
        intent.putExtra("notificationType", "Simple Notification");
        PendingIntent pIntent = PendingIntent.getActivity(this, 0, intent,
                PendingIntent.FLAG_CANCEL_CURRENT);
        notification.setLatestEventInfo(this, "Simple Notification",
                "Simple Notification Extended", pIntent);
        notificationManager.notify(SIMPLE_NOTIFICATION_ID, notification);
    }
```

Possiamo notare, nella parte in evidenza, l'utilizzo del flag FLAG_AUTO_CANCEL per la cancellazione della notifica nel momento di selezione da parte dell'utente. Notiamo infine come l'Intent da lanciare contenga l'informazione come Extra, la quale verrà poi utilizzata dall'attività di destinazione, come il lettore potrà osservare esaminando il codice della classe NotificationActivity.

Un'ultima osservazione riguarda il fatto che l'utilizzo dei servizi di vibrazione del dispositivo prevede la richiesta del corrispondente permesso, secondo le logiche che vedremo nel corrispondente capitolo.

Layout custom per le Notification

Eseguendo l'applicazione precedente, il lettore potrà osservare come la versione espansa del messaggio di notifica sia un qualcosa di standard, come mostrato in Figura 9.3. In alcuni casi potrebbe essere utile crearne una personalizzata.

Figura 9.3   Rappresentazione espansa della Notification.

Anche in questo caso la principale problematica è relativa alla necessità di visualizzare una particolare View in un processo diverso da quello in cui la stessa viene definita. A tale scopo Android mette a disposizione la classe RemoteViews, che ha appunto questa importante caratteristica.

I passi da seguire sono molto semplici e consistono in:

- creare un'istanza di RemoteViews che utilizza il layout personalizzato;
- assegnare l'istanza creata all'attributo pubblico contentView della Notification;
- associare il PendingIntent all'attributo pubblico contentIntent.

Come possiamo notare dalle relative API, una RemoteViews può essere creata attraverso un costruttore che prevede come parametri il nome del package che contiene il layout da utilizzare e il riferimento al layout stesso:

```
public RemoteViews (String packageName, int layoutId)
```

Esso dispone poi di una serie di metodi set aventi come parametri l'identificatore di una View e il valore che la stessa dovrà visualizzare. Per esempio, per visualizzare un testo all'interno di un componente TextView di cui si conosce l'id basterà utilizzare il seguente metodo:

```
public void setTextViewText (int viewId, CharSequence text)
```

Vedremo altri dettagli di questa classe quando parleremo di widget, ovvero di viste di un'applicazione all'interno di un'altra. Una volta realizzata la RemoteViews, si andrà ad assegnarne il riferimento all'attributo pubblico contentView e quindi il PendingIntent, creato nel modo noto, all'attributo contentIntent.
Nel progetto NotificationTest abbiamo utilizzato questo procedimento per la visualizzazione di una custom View molto semplice, composta da un'immagine e due testi (Figura 9.4).

Listato 9.9 Utilizzo di una RemoteViews per le Notification

```
public void customNotification(View button) {
    Notification notification = new Notification(R.drawable.icon,
            "Custom Notification", System.currentTimeMillis());
    notification.flags |= Notification.FLAG_AUTO_CANCEL;
    Intent intent = new Intent(this, NotificationActivity.class);
    intent.putExtra("notificationType", "Custom Notification");
    PendingIntent pIntent = PendingIntent.getActivity(this, 0, intent,
            PendingIntent.FLAG_UPDATE_CURRENT);
    RemoteViews remoteView = new RemoteViews(getPackageName(),R.layout.
    remote_view_layout);
    remoteView.setTextViewText(R.id.firstText, "Primo Testo Custom View");
    remoteView.setTextViewText(R.id.secondText, "Secondo Testo Custom View");
    notification.contentView = remoteView;
    notification.contentIntent = pIntent;
    notificationManager.notify(CUSTOM_NOTIFICATION_ID, notification);
}
```

Notiamo come non si utilizzi il metodo setLatestEventInfo() ma come le informazioni siano impostate attraverso gli attributi pubblici contentView e contentIntent della particolare Notification.

Figura 9.4 Versione espansa personalizzata della notifica.

I componenti Service

Nei paragrafi precedenti abbiamo visto come eseguire delle operazioni in background attraverso la realizzazione di thread, che però sono legati alla particolare Activity all'interno della quale vengono definiti. Per quanto visto nel Capitolo 4 sappiamo che Android non garantisce che una particolare attività venga sempre mantenuta viva, specialmente se non visualizzata in un particolare momento. Questo fa sì che l'Activity non sia il luogo migliore dove descrivere operazioni da eseguire in background. A tale scopo, Android mette a disposizione un tipo particolare di componenti, anch'essi specializzazioni della classe Context, che si chiamano *Service* e che hanno un trattamento particolare che li preserva dall'essere eliminati, se non in situazioni estreme oppure nel caso in cui non siano utilizzati da alcun altro componente. È importante sottolineare come i Service non siano dei thread particolarmente robusti nei confronti dell'ambiente Android ma dei componenti all'interno dei quali i thread che descrivono le operazioni da eseguire in background possono sopravvivere. Le operazioni dei Service vengono infatti eseguite all'interno dello stesso processo che li ha invocati.

Di seguito ci occuperemo di due tipi di servizi: locali e remoti. I primi sono quelli privati di una particolare applicazione mentre i secondi sono quelli che espongono un'interfaccia utilizzabile da applicazioni diverse per i quali sono necessari, come vedremo, dei meccanismi di Inter Process Communication (IPC).

È interessante notare come in entrambi i casi si tratti di specializzazioni della stessa classe Service, che però nel primo caso vengono avviati e fermati attraverso le seguenti operazioni:

```
public abstract ComponentName startService (Intent service)
public abstract boolean stopService (Intent service)
```

mentre nel secondo l'interazione avviene con i metodi:

```
public abstract boolean bindService (Intent service, ServiceConnection conn, int flags)
public abstract void unbindService (ServiceConnection conn)
```

Vedremo successivamente nel dettaglio il significato di queste operazioni e dei relativi parametri; per il momento è importante sottolineare come nel primo caso sia possibile avviare e fermare il servizio, nel secondo ottenere un riferimento alle funzionalità dello stesso attraverso la descrizione di una particolare interfaccia. Ciò significa che è possibile ottenere un riferimento, eseguire il binding, a un servizio precedentemente avviato attraverso il metodo startService() da un'altra applicazione. Una stessa implementazione di Service potrà quindi permettere il suo avvio a particolari applicazioni e solamente il binding ad altre. A un servizio è poi data la possibilità di fermarsi autonomamente attraverso i seguenti metodi:

```
public final void stopSelf ()
public final boolean stopSelfResult (int startId)
```

il secondo dei quali permette di gestire lo stop di un servizio per il quale è pendente una richiesta di avvio.

Come nel caso delle `Activity`, anche per i `Service` esiste un ciclo di vita con dei relativi metodi di callback che, come vedremo successivamente, dipendono dal tipo di servizio.

Servizi locali

Come descritto in precedenza, la differenza tra servizi locali e remoti è legata al tipo di interazione possibile da parte di un client, aspetto che va a determinare l'insieme delle operazioni della classe `Service` di cui fare l'overriding. Quello locale è un servizio che può essere avviato attraverso l'invocazione del metodo `startService()` della classe `Context` descritto in precedenza, passando come parametro un `Intent` caratteristico del servizio stesso. A tale proposito è bene specificare quello che è il diagramma di stato di un servizio locale descritto in Figura 9.5.

Quando viene invocato il metodo `startService()`, l'ambiente verifica se il corrispondente servizio è in esecuzione. Se non è presente viene creato, quindi invocato su di esso, il metodo di callback:

```
public void onCreate ()
```

Notiamo come, a differenza del corrispondente metodo della classe `Activity`, esso non abbia alcun parametro. Successivamente il servizio viene avviato e viene invocato il metodo:

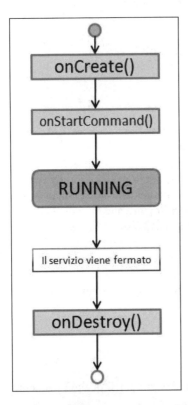

Figura 9.5 Diagramma di stato di un servizio locale.

```
public int onStartCommand (Intent intent, int flags, int startId)
```

al quale è passato il riferimento all'Intent utilizzato in startService(), dei flag relativi alla particolare richiesta e un identificatore della stessa, il quale potrà essere utilizzato successivamente per l'interruzione del servizio associato. Il valore di ritorno indica come si dovrà comportare il sistema nel caso in cui il servizio venga eliminato (killed). I possibili valori sono quelli riassunti in Tabella 9.3.

Tabella 9.3 Possibili valori di ritorno del metodo onStartCommand()

Costanti	Descrizione
START_STICKY	Il Service viene mantenuto nello stato di started ma l'Intent ricevuto non viene mantenuto. L'ambiente proverà successivamente a ricreare il servizio invocando nuovamente il metodo onStart-Command() passando però un Intent a null a meno che non ve ne siano di pendenti.
START_NOT_STICKY	Il Service, se non ci sono Intent in attesa, non viene ricreato fino a una esplicita invocazione del metodo startService(). Questo garantisce che l'Intent passato sia sempre diverso da null.
START_REDELIVER_INTENT	In questo caso viene rischedulata una nuova partenza del Service con un reinvio dello stesso Intent.
START_STICKY_COMPATIBILITY	Indica la non garanzia nella chiamata al metodo onStartCommand() nel caso di gestione con START_STICKY.

Il valore del parametro flags è solitamente 0, ma può contenere i valori associati alle costanti START_FLAG_REDELIVERY e START_FLAG_RETRY.
La prima costante indica che si tratta di un nuovo tentativo di avvio del servizio conseguente a uno precedente che aveva dato come valore di ritorno di onStartCommand() quello descritto dalla costante START_REDELIVER_INTENT. La seconda indica che si tratta di un nuovo tentativo di invio dell'Intent che in precedenza non aveva nemmeno raggiunto l'invocazione del metodo onStartCommand().

> **Il metodo onStart()**
> Il lettore deve fare attenzione al fatto che il metodo onStartCommand() è stato aggiunto in una delle ultime versioni dell'ambiente sostituendo di fatto il metodo onStart() che, per mantenere la compatibilità all'indietro, viene comunque chiamato, a patto di ricordarsi di richiamare, per ciascun metodo di callback, anche la versione ereditata attraverso il riferimento super.

A questo punto il servizio è nello stato RUNNING e vi permane, a meno di azioni dell'ambiente, fino a che non venga invocato il metodo stopService() o uno dei metodi che lo stesso servizio può invocare per terminare, tra cui stopSelf(). Questo viene comunicato al Service con l'invocazione del metodo:

```
public void onDestroy ()
```

Notiamo come non esista per i servizi l'equivalente del metodo onStop() per le Activity. Prima di descrivere un semplice esempio, è bene sottolineare come la creazione di un Service, quindi l'invocazione del metodo onCreate(), avvenga una volta sola nel ciclo di vita di un servizio. L'invocazione del metodo onStartCommand() avviene invece in corrispondenza di ogni invocazione del metodo startService(). Per questo motivo è bene inserire nell'implementazione di onCreate() quelle operazioni che devono essere eseguite una sola volta nel ciclo di vita del servizio. Vedremo nel prossimo paragrafo come questo ciclo di vita venga ampliato nel caso di servizi remoti.

Come dimostrazione dell'utilizzo di un servizio locale, abbiamo realizzato il progetto LocalServiceTest il cui codice è disponibile online. Si tratta di una semplice applicazione che contiene due pulsanti per l'avvio o la terminazione di un servizio locale che, a intervalli casuali, genera della notifiche. Per quello che riguarda l'attività descritta dalla classe LocalServiceTestActivity, il codice è molto semplice e consiste nella semplice esecuzione dei metodi startService() e stopService() in corrispondenza della pressione dei corrispondenti Button.

Listato 9.10 Gestione di un servizio locale in una Activity

```
public class LocalServiceTestActivity extends Activity {
    private Intent serviceIntent;
    public void onCreate(Bundle savedInstanceState) {
        super.onCreate(savedInstanceState);
        setContentView(R.layout.main);
        serviceIntent = new Intent(this,MyLocalService.class);
    }

    public void startLocalService(View button){
        startService(serviceIntent);
    }

    public void stopLocalService(View button){
        stopService(serviceIntent);
    }
}
```

Nel codice, startLocalService() e stopLocalService() sono i metodi associati all'evento onClick dei Button direttamente nel layout.

È interessante esaminare il codice del servizio descritto dalla classe MyLocalService. Alla pressione del pulsante di avvio, il lettore può verificare, anche attraverso la visione dei messaggi di log associati, l'esecuzione del metodo onCreate(), che nel nostro esempio non fa altro che preparare tutti i riferimenti al NotificatioManager e alla Notification da inviare.

Listato 9.11 Metodo onCreate() di un servizio locale

```
public void onCreate() {
    super.onCreate();
    // Facciamo partire il BackgroundThread
    backgroundThread = new BackgroundThread();
    backgroundThread.start();
```

```
        notificationManager = (NotificationManager) getSystemService(Context.
        NOTIFICATION_SERVICE);
        notification = new Notification(R.drawable.icon,
                "Simple Notification", System.currentTimeMillis());
        notification.flags |= Notification.FLAG_AUTO_CANCEL;
        Intent intent = new Intent(this, NotificationActivity.class);
        intent.putExtra("notificationType", "Simple Notification");
        pIntent = PendingIntent.getActivity(this, 0, intent,
                PendingIntent.FLAG_UPDATE_CURRENT);
}
```

L'aspetto più importante è comunque quello evidenziato nel listato, ovvero la creazione e l'avvio di un thread da eseguire in background, che sarà quello che effettivamente descriverà l'azione associata al servizio. Abbiamo infatti detto che il servizio viene comunque eseguito nello stesso processo dell'attività che lo esegue. Per descrivere l'attività di background abbiamo quindi bisogno di una specializzazione della classe Thread la quale, essendo creata all'interno di una specializzazione della classe Service, non corre eccessivi pericoli di eliminazione se non in casi estremi, come già descritto in precedenza. Notiamo poi come l'avvio del thread, che nel nostro caso abbiamo descritto attraverso la classe BackgroundThread, avvenga all'interno del metodo onCreate() il quale è eseguito una sola volta anche nel caso di invocazioni successive del metodo startService().

Listato 9.12 Un esempio di thread di background

```
private final class BackgroundThread extends Thread {
    private final static long MIN_DELAY = 2000L;
    private final static long MAX_RANDOM_DELAY = 10000L;
    public boolean running= true;
    public void run() {
        Random random = new Random();
        while(running && notificationNumber<MAX_NOTIFICATION_NUMBER){
            long randomDelay = MIN_DELAY + Math.abs(random.nextInt() %MAX_RANDOM_DELAY);
            Log.i(LOG_TAG, "Delay is (ms) "+randomDelay);
                try{Thread.sleep(randomDelay);}catch(InterruptedException ie){}
            sendNotification();
        }
        stopSelf();
    }
}
```

Notiamo come nel nostro esempio il thread invii delle notifiche a intervalli casuali terminando comunque dopo un numero di invii massimo indicato dalla costante MAX_NOTIFICATION_NUMBER che abbiamo valorizzato a 10.
Nell'esempio realizzato, le operazioni da eseguire in corrispondenza a ogni richiesta di avvio sono quelle descritte nel seguente metodo.

Listato 9.13 Esempio di metodo onStart() di un servizio locale

```
public int onStartCommand(Intent intent, int flags, int startId) {
  notificationNumber = 0;
  return super.onStartCommand(intent, flags, startId);
}
```

Inizialmente azzeriamo un contatore che utilizziamo come indicatore del numero di notifiche arrivate e successivamente richiamiamo, come fatto anche per il metodo onCreate(), il relativo metodo della classe padre. Sarà interessante notare come quel contatore verrà visualizzato in fase di notifica.

A questo punto il servizio potrà terminare o su esplicita richiesta dell'utente, con la pressione del corrispondente pulsante, oppure dopo aver inviato il numero massimo di notifiche. In entrambi i casi il metodo invocato sarà il seguente:

Listato 9.14 Esempio di metodo onDestroy() di un servizio locale

```
public void onDestroy() {
  backgroundThread.running = false;
  super.onDestroy();
}
```

e consisterà nella semplice interruzione del thread di background.

Prima di testare il nostro servizio non ci resta che descriverne l'esistenza all'interno del file AndroidManifest.xml mediante la seguente definizione:

```
<service android:name="MyLocalService"></service>
```

Con l'elemento <service/> abbiamo quindi definito un servizio di cui abbiamo specificato il nome tramite l'attributo android:name.

> **Service e Intent**
>
> Nel nostro esempio il servizio realizzato è molto semplice e viene utilizzato attraverso un `Intent` che fa un riferimento esplicito al nome della relativa classe. È bene comunque precisare come a ciascun Service possano essere associati degli `IntentFilter`, analogamente a quello che avviene per le `Activity`.

A questo punto il lettore potrà verificarne il funzionamento eseguendo l'applicazione e selezionando il pulsante di avvio del servizio. Anche uscendo dalla corrispondente applicazione, sarà possibile verificare l'invio delle diverse notifiche con un risultato simile a quello di Figura 9.6.

Ovviamente le operazioni da eseguire in background potranno essere di vario genere: per esempio, utilizzare gli strumenti di accesso alla rete per ottenere determinate informazioni per l'alimentazione di un Content Provider, come impareremo a fare nel prossimo capitolo.

Figura 9.6 Applicazione LocalServiceTest in esecuzione.

L'ultima osservazione suii servizi locali riguarda il fatto che essi sono spesso caratterizzati dalla seguente implementazione del metodo onBind():

Listato 9.15 Implementazione di onBind() per un servizio locale

```
public IBinder onBind(Intent intent) {
    return null;
}
```

ovvero il valore di ritorno è null. Nel prossimo paragrafo vedremo i servizi remoti per i quali il valore di ritorno sarà diverso.

Servizi remoti

Un aspetto molto importante delle implementazioni di Service viste finora riguarda il fatto che esse vengono eseguite all'interno dello stesso processo delle applicazioni in cui sono state definite. Una prima conseguenza è la necessità di creare comunque dei worker thread per la logica delle attività da eseguire in background. Il concetto di servizio che si intende ottenere è comunque un qualcosa di più generale. Si vorrebbe infatti rendere possibile la realizzazione di componenti in grado di eseguire delle operazioni, accessibili da più applicazioni, che non influenzano le eventuali azioni di un utente ovvero eseguibili in background. Sapendo che a ciascuna applicazione è associato un particolare processo, un obiettivo di quel tipo presuppone necessariamente l'utilizzo di tecniche di Inter Process Communication (IPC). Nel mondo della programmazione distribuita non si tratta di qualcosa di molto originale. È sufficiente infatti pensare a tecnologie come RMI, CORBA o DCOM per comprendere come il tutto si basi sulla definizione di un insieme di interfacce con un linguaggio neutrale da cui, attraverso l'utilizzo di particolari strumenti, ottenere le API per la suddetta comunicazione. Android definisce questo tipo di componenti come servizi remoti, caratterizzati da un ciclo di vita leggermente diverso da quello dei servizi locali visti in precedenza e che possiamo vedere nel dettaglio in Figura 9.7.

Come accennato in precedenza, per i servizi remoti la modalità di interazione da parte di un client è quella che prevede l'invocazione del metodo:

```
public abstract boolean bindService (Intent service, ServiceConnection conn, int flags)
```

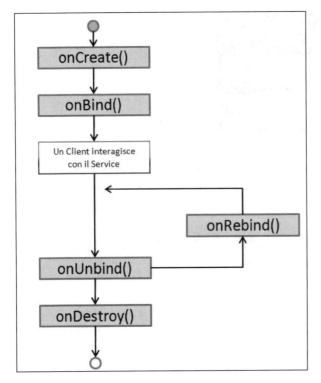

Figura 9.7 Ciclo di vita di un servizio remoto.

Il primo parametro è l'Intent associato al particolare servizio di cui si vuole ottenere un riferimento con un'implementazione dell'interfaccia ServiceConnection, la quale prevede la definizione delle seguenti operazioni:

```
public abstract void onServiceConnected (ComponentName name, IBinder service)
public abstract void onServiceDisconnected (ComponentName name)
```

invocate rispettivamente in corrispondenza della connessione verso il servizio e della relativa caduta. È importante notare come le informazioni passate al particolare ServiceConnection siano un riferimento al relativo componente ma soprattutto alla particolare interfaccia che ne descrive le funzionalità. Si tratta della stessa interfaccia cui facevamo riferimento in precedenza in relazione alle tecniche di IPC.

Il terzo parametro flags al momento può essere solamente 0 o assumere il valore corrispondente alla costante Context.BIND_AUTO_CREATE il cui significato è quello di creare il servizio in corrispondenza dell'operazione di binding oltre che un modo per legare l'esistenza del servizio a quella delle diverse attività che ne fanno uso. Il valore di ritorno permette di sapere se l'operazione di binding è andata a buon fine oppure no.

Nel caso in cui il servizio non fosse già stato creato, viene invocato il metodo onCreate() e successivamente il metodo

```
public abstract IBinder onBind (Intent intent)
```

Se il servizio lo permette, questo metodo dovrà ritornare l'implementazione dell'interfaccia per l'accesso alle funzionalità del servizio che il client andrà a utilizzare. Come per i servizi locali, anche in questo caso il metodo onCreate() viene eseguito solamente in corrispondenza della creazione del servizio mentre il metodo onBind() viene invocato in corrispondenza di ogni chiamata al metodo bindService(). A questo punto un servizio può avere un qualunque numero di client che lo stanno utilizzando. Se un client non intende più utilizzare le funzionalità di un servizio remoto, invoca il metodo

```
public abstract void unbindService (ServiceConnection conn)
```

cui viene passato come parametro il riferimento alla stessa implementazione di ServiceConnection utilizzata in fase di binding. Nel momento in cui non vi fossero più client connessi al servizio vi sarà l'invocazione del seguente metodo di callback:

```
public boolean onUnbind (Intent intent)
```

il cui valore di ritorno indica se si desidera l'invocazione del metodo

```
public void onRebind (Intent intent)
```

nel caso in cui nuovi client richiedessero la connessione al servizio. Questo meccanismo permette di liberare le eventuali risorse allocate nel caso di assenza di client per poi ripristinarle successivamente in corrispondenza del metodo onRebind().
Infine, il metodo onDestroy() verrà invocato in caso di esplicita conclusione del servizio o per iniziativa dell'ambiente nel caso di risorse limitate.
Come ultima osservazione, facciamo notare come per un servizio remoto non vi sia l'invocazione del metodo di callback onStartCommand(), il quale è associato alla sola invocazione del metodo startService() visto in precedenza.
Da quanto descritto si deduce che la parte più importante di un servizio remoto è l'interfaccia che ne descrive le funzionalità e che nelle precedenti operazioni è stata generalizzata attraverso IBinder.
Per comprendere a fondo i concetti descritti realizziamo un semplice servizio remoto con il progetto RemoteServiceTest il cui codice è disponibile online. I passi che andremo a realizzare saranno quindi i seguenti:

- definizione dell'interfaccia del servizio attraverso AIDL
- utilizzo di ADT per la generazione degli Stub
- implementazione dell'interfaccia associata al servizio
- implementazione del servizio
- definizione del servizio nell'AndroidManifest.xml

Nel caso specifico supponiamo di creare un servizio che permetta di conoscere il risultato di una partita le cui informazioni sono incapsulate all'interno di un oggetto di tipo Score, di inserire uno di questi risultati e di ottenerne l'elenco.

Definizione dell'interfaccia AIDL

In precedenza abbiamo accennato a CORBA come tecnologia per la realizzazione di applicazioni distribuite. Essa permette la definizione di un insieme di funzionalità attraverso un linguaggio che prende il nome di Interface Definition Language (IDL). È un linguaggio con una sintassi molto vicina a quella del C, che permette di descrivere l'insieme di operazioni che un insieme di componenti è in grado di mettere a disposizione di altri a essi remoti.

> **NOTA**
> Ricordiamo che due oggetti in Java sono remoti se in esecuzione in istanze diverse della virtual machine. In Android, lo stesso concetto si traduce nel dire che si tratta di oggetti in esecuzione in processi diversi.

Dalla definizione dell'interfaccia IDL si passa quindi alla generazione, attraverso opportuni tool, delle API sia per l'accesso al servizio sia per la sua implementazione. Questo permette, per esempio, di implementare l'interfaccia in C++ e successivamente generarne un client in un altro linguaggio.

In generale, nel mondo Java due oggetti si intendono remoti se sono in esecuzione in istanze diverse della JVM. Nel caso di Android il concetto è analogo, in quanto ciascuna applicazione viene eseguita all'interno di un proprio processo ottenuto attraverso l'esecuzione di una propria istanza della DVM. Come nel caso di CORBA, le operazioni che un componente remoto, in questo caso chiamato servizio, è in grado di eseguire vengono descritte tramite un linguaggio chiamato Android IDL (AIDL); come vedremo nel prossimo paragrafo, esiste il tool `aidl` che permette di generare in modo automatico tutto il codice necessario.

Un'interfaccia AIDL può descrivere più operazioni, ciascuna delle quali può avere dei parametri di tipo primitivo o di tipo complesso, sia di input sia di output. Mentre per i primi il passaggio delle informazioni avviene in modo automatico, per i secondi si richiede l'implementazione di una sorta di serializzazione, che in ambito Android viene espressa attraverso l'interfaccia `Parcelable` già vista nel precedente capitolo. In sintesi, i tipi che si possono utilizzare all'interno di un'interfaccia AIDL sono i seguenti:

- tipi primitivi
- `String` e `CharSequence`
- tipi associati a interfaccia AIDL già presenti
- tipi associati a oggetti `Parcelable`

Un aspetto molto importante riguarda la modalità del passaggio, che nel caso dei tipi generati a seguito di un'interfaccia AIDL avviene per riferimento, a differenza degli altri casi in cui il passaggio avviene per valore. Questo significa che è possibile fare in modo che il servizio chiamato riceva in input il riferimento a un oggetto su cui invocare delle operazioni. In tal modo si può perciò implementare logiche di callback dal servizio al relativo client.

Un altro importante aspetto da sottolineare riguarda il fatto che nel caso di oggetti `Parcelable` oppure generati a partire da un'interfaccia AIDL è necessario importare i corrispondenti tipi in modo esplicito anche se appartenenti al loro stesso package. Nel caso in cui questi vengano poi utilizzati come parametri, vedremo che sarà possibile specificare se di input, output o input/output, rispettivamente utilizzando le parole chiave `in`, `out` o `inout`.

> ### Analogia con RMI e serializzazione
> Il lettore avrà sicuramente riconosciuto alcune analogie del meccanismo descritto con le caratteristiche di RMI. Anche in quel caso è possibile passare a un metodo il riferimento a uno Stub generato attraverso il tool **rmic** per ottenere il passaggio di parametri per riferimento. Notiamo inoltre l'analogia tra il meccanismo di **Parcelable** e quello di serializzazione standard di Java, ritenuto probabilmente troppo dispendioso in termini di risorse.

Oltre a quelli descritti è possibile utilizzare anche i seguenti tipi complessi:

- List
- Map

con alcune limitazioni. Nel caso della List, gli elementi contenuti dovranno essere di uno dei tipi descritti in precedenza. È molto importante sottolineare come, al momento della ricostruzione di un parametro di questo tipo, l'implementazione utilizzata sia comunque un ArrayList. Anche nel caso delle Map gli elementi contenuti, sia per le chiavi sia per i valori, dovranno essere del tipo elencato sopra, mentre il tipo dell'oggetto "ricostruito" sarà HashMap. Un'ultima differenza tra questi due tipi riguarda il fatto che per le List è possibile utilizzare anche una forma generica (per esempio List<Integer>), per le Map no.
Non ci resta quindi che mettere in pratica i concetti visti descrivendo l'interfaccia di un servizio, che abbiamo chiamato SoccerService, la cui definizione è stata scritta nell'omonimo file di estensione .aidl.

Listato 9.16 File SoccerService.aidl che descrive le operazioni del servizio remoto

```
package it.apogeo.android.cap09.remoteservicetest;

import it.apogeo.android.cap09.remoteservicetest.Score;

interface SoccerService{

    Score getScore(String localTeam, String externalTeam);

    int getAllScores(out List<Score> scores);

    void registerScore(in Score score);

}
```

Come è possibile vedere nel codice descritto sopra, la prima riga definisce il package di appartenenza dell'interfaccia AIDL. Di seguito vi è poi un'informazione fondamentale, che permette di importare la definizione del tipo complesso descritto attraverso la classe Score. È bene precisare che l'import non viene fatto relativamente alla classe stessa ma al corrispondente file AIDL che, trattandosi di un tipo Parcelable, sarà la seguente:

Listato 9.17 Interfaccia AIDL per un tipo Parcelable

```
package it.apogeo.android.cap09.remoteservicetest;
parcelable Score;
```

Notiamo come l'import sia obbligatorio anche se la classe Score, e il corrispondente AIDL, stanno nello stesso package.
Di seguito abbiamo quindi descritto le tre operazioni che il nostro servizio remoto vuole esporre. La prima:

```
Score getScore(String localTeam, String externalTeam);
```

è un esempio di operazione con due parametri di tipo String e un valore di ritorno di tipo complesso (o Parcelable) Score. Nello specifico dovrà ritornare il punteggio di una partita tra due squadre.
La seconda operazione:

```
int getAllScores(out List<Score> scores);
```

è un esempio di parametro di output di tipo List<Score>.
Infine, attraverso l'operazione

```
void registerScore(in Score score);
```

abbiamo voluto descrivere un esempio di operazione con un tipo complesso in input. Una volta definite le operazioni che il nostro servizio remoto dovrà fornire, notiamo come il plug-in ADT esegua automaticamente il tool aidl nella cartella /tools dell'ambiente, generando un file Java di nome SoccerService all'interno della cartella dei file generati (Figura 9.8), che descriviamo in dettaglio nel prossimo paragrafo.
Per quello che riguarda la scrittura della classe Score, notiamo come essa contenga un insieme di attributi pubblici relativi alle diverse informazioni che la caratterizzano. È importante sottolineare come si tratti di una classe che implementa Parcelable e che dispone di un attributo di nome CREATOR specializzazione della classe interna Parcelable.

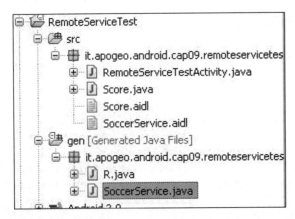

Figura 9.8 Generazione automatica delle classi associate a un file AIDL.

Creator, responsabile della creazione di uno Score a partire dai dati contenuti all'interno di un oggetto Parcel. In sintesi, un oggetto Parcelable deve essere in grado di salvare il proprio stato all'interno di un Parcel e successivamente ripristinarlo attraverso un CRE-ATOR. Possiamo pensare a un Parcel come a un contenitore di informazioni facilmente trasportabili tra un processo e l'altro. Nel caso specifico l'implementazione del Parcelable.Creator è la seguente.

Listato 9.18   Parcelable.Creator relativo alla classe Score

```
public static final Parcelable.Creator<Score> CREATOR = new Parcelable.Creator<Score>() {

    public Score createFromParcel(Parcel parcel) {
        return new Score(parcel);
    }

    public Score[] newArray(int size) {
        return new Score[size];
    }

};
```

Notiamo come la logica di ricostruzione dello Score dal Parcel sia contenuta all'interno del costruttore, mentre quella inversa sia all'interno del metodo writeToParcel() che ogni Parcelable dovrà implementare.

Listato 9.19   Metodi di parcellizzazione di uno Score

```
private Score(Parcel in) {
    localTeam = in.readString();
    externalTeam = in.readString();
    date = new Date();
    date.setTime(in.readLong());
    localScore = in.readInt();
    externalScore = in.readInt();
}

public void writeToParcel(Parcel parcel, int flags) {
    parcel.writeString(localTeam);
    parcel.writeString(externalTeam);
    parcel.writeLong(date.getTime());
    parcel.writeInt(localScore);
    parcel.writeInt(externalScore);
}
```

È importante sottolineare come l'ordine di lettura delle informazioni debba seguire quello di scrittura delle stesse sul Parcel. Nel caso specifico notiamo poi come le informazioni sulle date vengano gestite attraverso il più conveniente tipo long relativo ai corrispondenti millisecondi.

Utilizzo di ADT per la generazione di Stub

Come descritto in Figura 9.8, l'ADT ha riconosciuto la presenza di un insieme di file AIDL e ha attivato il corrispondente tool per la generazione degli strumenti che ci permetteranno sia di implementare il servizio sia di accedervi. Sebbene si tratti di un sorgente generato in modo automatico, quindi non modificabile dal programmatore, ne vediamo le diverse parti.
Notiamo innanzitutto che esso descrive un'interfaccia che si chiama come il file AIDL associato e che estende l'interfaccia IInterface del package android.os la quale definisce la seguente unica operazione:

```
public abstract IBinder asBinder ()
```

Osservando le relative API notiamo come essa indichi la capacità di fornire un'implementazione di IBinder associata al servizio stesso. Questo significa che l'interfaccia SoccerService generata in modo automatico descrive, oltre alle operazioni che abbiamo definito, anche quella che permette di ottenere l'oggetto per la loro invocazione remota. Un aspetto interessante riguarda il fatto che, nell'interfaccia generata, le operazioni del nostro servizio siano diventate le seguenti:

Listato 9.20 Operazioni definite nell'AIDL trasformate dal tool AIDL

```
public it.apogeo.android.cap09.remoteservicetest.Score getScore(
        java.lang.String localTeam, java.lang.String externalTeam)
        throws android.os.RemoteException;

public int getAllScores(
        java.util.List<it.apogeo.android.cap09.remoteservicetest.Score> scores)
        throws android.os.RemoteException;

public void registerScore(
        it.apogeo.android.cap09.remoteservicetest.Score score)
        throws android.os.RemoteException;
```

cui è stata aggiunta la gestione di un'eccezione del tipo RemoteException ma relativa al package android.os quindi, come accennato in precedenza, non al package java.rmi di Java standard.
Oltre alla definizione dell'interfaccia SoccerService appena descritta, il sorgente generato ne contiene anche un'implementazione astratta, descritta come classe interna, la quale lascia allo sviluppatore l'implementazione delle operazioni proprie del servizio implementando invece quella descritta dalla precedente interfaccia IInterface. Si tratta della classe di nome SoccerService.Stub, che andremo a specializzare per definire l'implementazione del nostro servizio. In pratica, come vedremo successivamente, è quella particolare classe astratta che andremo a specializzare definendo le operazioni del nostro servizio ed ereditando quelle di gestione della remotizzazione.

Osservando il codice generato, notiamo poi la presenza di un'ulteriore classe interna di nome Proxy la quale, implementando la stessa interfaccia del servizio, ci permetterà di accedervi lato client. Vedremo come si tratti di un oggetto cui potremo accedere attraverso il seguente metodo statico dello Stub:

```
public static it.apogeo.android.cap09.remoteservicetest.SoccerService asInterface(
        android.os.IBinder obj)
```

che ci ritornerà il riferimento all'oggetto Proxy per l'invocazione delle operazioni del servizio come se fossero locali, nascondendoci il fatto che questo comporti dell'elaborazione relativa alla comunicazione tra processi diversi.

Implementazione dell'interfaccia associata al servizio

Senza perderci in ulteriori dettagli, passiamo all'implementazione del servizio che intendiamo sviluppare. Da quanto visto nel precedente paragrafo, non dovremo fare altro che creare un'implementazione della classe SoccerService.Stub generata automaticamente dall'ADT. A tale proposito esistono alcune limitazioni. La prima riguarda la gestione delle eccezioni che non vengono propagate al client. Molto importante è il fatto che le chiamate siano sincrone; quindi è bene che i diversi client le eseguano all'interno di thread diversi da quello di gestione della UI. Inoltre, le interfacce AIDL non permettono la definizione di costanti, che quindi dovranno eventualmente essere definite localmente. Nel nostro caso l'implementazione della classe astratta SoccerService.Stub è stata definita all'interno della classe SoccerRemoteService attraverso il seguente codice.

Listato 9.21 Implementazione del servizio

```java
private final SoccerService.Stub mBinder = new SoccerService.Stub() {

    public int getAllScores(List<Score> scores) throws RemoteException {
        scores.clear();
        scores.addAll(listScores);
        return listScores.size();
    }

    public Score getScore(String localTeam, String externalTeam)
            throws RemoteException {
        Score score = new Score();
        score.date = new Date();
        score.localTeam = "Spal";
        score.localScore = 3;
        score.externalTeam = "Inter";
        score.externalScore = 0;
        return score;
    }

    @Override
    public void registerScore(Score score) throws RemoteException {
```

```
            // Lo aggiungiamo all'elenco
            listScores.add(score);
        }

    };
```

Per motivi di spazio non abbiamo fatto altro che implementare le operazioni del nostro servizio in modo molto semplice. L'aspetto fondamentale riguarda l'estensione della classe astratta SoccerService.Stub messa in evidenza e come essa venga assegnata alla variabile di istanza di nome mBinder.

Implementazione del servizio

A questo punto l'implementazione della classe Service in grado di esporre il servizio descritto in precedenza è banale e consiste nel semplice utilizzo dell'oggetto creato al punto precedente come valore di ritorno del metodo onBind():

Listato 9.22 Implementazione del metodo onBind()

```
public IBinder onBind(Intent intent) {
    return mBinder;
}
```

Nel nostro caso l'interfaccia esportata dal servizio è unica, per cui l'oggetto ritornato è sempre lo stesso. Nel caso in cui il servizio esportasse più interfacce basterà eseguire dei test sulle informazioni contenute nel corrispondente Intent passato come parametro. Nell'esempio online abbiamo implementato anche i metodi onUnbind() e onRebind() con dei messaggi di log, in modo da verificarne l'invocazione.

Definizione del servizio in AndroidManifest.xml

L'ultimo passo nella definizione del servizio è la sua dichiarazione nel file AndroidManifest.xml, analogamente a quanto fatto in precedenza per i servizi locali. In questo caso la definizione risulta la seguente:

Listato 9.23 Definizione di un servizio remoto

```
<service android:name="SoccerRemoteService">
  <intent-filter>
    <action android:name="it.apogeo.android.cap09.remoteservicetest.SoccerService" />
  </intent-filter>
</service>
```

dove notiamo la presenza di un Intent Filter con associata un'azione di nome uguale a quello dell'interfaccia che lo stesso servizio espone. Questo, come vedremo, permetterà al client di creare il corrispondente Intent in modo più semplice.

Realizzazione del client

Per descrivere la modalità di accesso al servizio remoto realizzato, abbiamo creato una nuova applicazione di nome RemoteServiceClient il cui codice è disponibile online. In base a quanto detto relativamente all'analogia tra i servizi remoti di Android e altre tecnologie simili come RMI e CORBA, il punto di partenza nella creazione del client dovrà necessariamente essere l'interfaccia AIDL. Il primo passo nella realizzazione del client che utilizza il servizio remoto prevede dunque di mettergli a disposizione lo stesso file AIDL.

Nel nostro esempio dobbiamo prestare solamente attenzione al fatto che il package dell'AIDL è diverso da quello dell'applicazione. L'interfaccia che abbiamo descritto utilizza oggetti di tipo Score, per cui dovremo importare nel client anche questa classe ottenendo, in sintesi, la struttura di Figura 9.9. Il client vero e proprio è descritto dalla classe RemoteServiceClientActivity, dove notiamo la presenza di un'implementazione dell'interfaccia ServiceConnection la quale non fa altro che memorizzare all'interno di una variabile di istanza di tipo SoccerService il riferimento al Proxy ottenuto attraverso il metodo statico asInterface() della classe SoccerService.Stub generata in automatico.

Listato 9.24 Implementazione di ServiceConnection

```
private final ServiceConnection serviceConnection = new ServiceConnection() {

    public void onServiceConnected(ComponentName name, IBinder service) {
        soccerService = SoccerService.Stub.asInterface(service);
    }

    @Override
    public void onServiceDisconnected(ComponentName name) {
    }

};
```

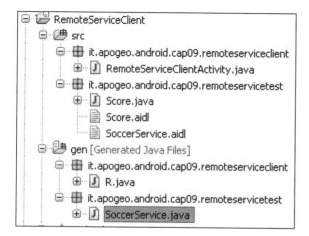

Figura 9.9 Utilizzo dell'interfaccia AIDL in un client.

Ricordiamo che il metodo onServiceConnected() viene invocato in corrispondenza di una connessione con il servizio remoto, mentre il metodo onServiceDisconnected() è invocato in corrispondenza della caduta della connessione stessa e non dell'unbinding. Le operazioni invocate in corrispondenza della pressione di due Button nell'Activity sono le seguenti.

Listato 9.25 Binding e unbinding con il servizio remoto

```
private final Intent soccerIntent = new Intent(SoccerService.class.getName());

public void bindRemoteService(View button) {
    if (soccerService == null) {
        bindService(soccerIntent, serviceConnection,Context.BIND_AUTO_CREATE);
    }
}

public void unbindRemoteService(View button) {
    if(soccerService!=null){
        unbindService(serviceConnection);
        soccerService = null;
    }
}
```

Il lettore potrà poi verificare il funzionamento delle altre operazioni del servizio remoto attraverso la visualizzazione di messaggi di Toast o di log. In Figura 9.10 è mostrato quanto si ottiene con l'invocazione dell'operazione di lettura di un risultato.

Figura 9.10 Invocazione del metodo getScore() remoto.

Abbiamo quindi visto come sia possibile prima implementare e successivamente utilizzare un servizio remoto.

Broadcast Receiver

Nella precedente parte del capitolo ci siamo occupati di componenti in grado di eseguire delle operazioni in background. Questo avviene solitamente quando si ha la necessità di eseguire delle operazioni senza disturbare il livello di interattività di un'applicazione.
In altre situazioni si ha invece la necessità opposta: attivare delle operazioni, spesso di breve durata, a seguito di particolari eventi per consumarne le relative informazioni. Pensiamo per esempio alla ricezione di un SMS che presuppone la sua registrazione all'interno di un particolare repository, oppure di una telefonata le cui informazioni dovranno essere memorizzate nel registro chiamate. A tale proposito Android mette a disposizione un tipo di componente chiamato BroadcastReceiver, le cui caratteristiche sono descritte dall'omonima classe del package android.content.

> **Push Registry e Broadcast Receiver**
>
> Possiamo pensare a questo componente come la versione per Android del PushRegistry delle MIDP 2.0, il quale permette l'attivazione di un'applicazione a seguito di un particolare evento, come appunto la ricezione di un SMS o di una chiamata.

Come nel caso del Push Registry, anche per i BroadcastReceiver la registrazione a un particolare evento, che in Android sarà ovviamente descritto da un Intent, potrà avvenire in modo dichiarativo nel file AndroidManifest.xml, oppure in modo programmatico, ovvero da codice. Nel primo caso è possibile utilizzare l'elemento <receiver/> associando quindi i relativi Intent Filter. Nel secondo è invece possibile utilizzare il metodo

```
public abstract Intent registerReceiver (BroadcastReceiver receiver, IntentFilter filter)
```

il quale permette di eseguire il BroadcastReceiver nello stesso main thread della relativa applicazione. Di solito la registrazione programmatica di un BroadcastReceiver si ha in corrispondenza del metodo onResume() mentre la de-registrazione si ha in corrispondenza del metodo onPause() per non impegnare il sistema in gestioni inutili.
È importante sottolineare come la gestione degli Intent utilizzati per le Activity non è legata in alcun modo a quella dei BroadcastReceiver. Mentre la prima permette di passare da un'attività a un'altra a seguito di un'azione dell'utente, nel caso dei BroadcastReceiver l'interazione è completamente asincrona.
Le Intent ricevute da un componente di questo tipo possono essere generate da una specializzazione di Context attraverso uno dei seguenti due metodi:

```
public abstract void sendBroadcast (Intent intent)
public abstract void sendOrderedBroadcast (Intent intent, String receiverPermission)
```

Nel primo caso l'Intent viene inviato in broadcast a tutti i componenti che si sono registrati, i quali lo ricevono in un ordine non prefissato. Nel secondo caso, invece, è possibile

dare un ordine ai BroadcastReceiver in base a una priorità impostabile con l'attributo android:priority dei corrispondenti Intent Filter. L'ambiente non garantisce un ordine particolare nei confronti di quei componenti con la stessa priorità.
Relativamente ai vari metodi di registrazione, notiamo come alcuni di questi prevedano un parametro relativo al particolare permesso.
Anche per un BroadcastReceiver esiste il concetto di ciclo di vita, il quale però corrisponde alla singola esecuzione dell'operazione:

```
public abstract void onReceive (Context context, Intent intent)
```

Ciò significa che il componente sarà considerato attivo solamente durante l'esecuzione di questo metodo, dopodiché potrà essere eliminato dal sistema. Questo impedisce a un BroadcastReceiver di ottenere il riferimento a un servizio o di aprire finestre di dialogo. Come esempio di realizzazione di un BroadcastReceiver abbiamo realizzato il progetto BroadcastReceiverTest il cui codice è disponibile online. Si tratta di una semplice implementazione in grado di ricevere degli Intent particolari relativi a eventi di sistema come quello di action associato alla costante Intent.ACTION_TIME_TICK. È un Intent lanciato in broadcast che può essere ricevuto solamente attraverso la registrazione programmatica.

Listato 9.26 Esempio di creazione di un Broadcast Receiver

```java
public class BroadcastReceiverTestActivity extends Activity {

    private final BroadcastReceiver timeBroadcastReceiver = new BroadcastReceiver(){

        public void onReceive(Context context, Intent intent) {
            Toast.makeText(BroadcastReceiverTestActivity.this, "BroadCast Intent
            Receiver", Toast.LENGTH_SHORT).show();
        }

    };

    public void onCreate(Bundle savedInstanceState) {
        super.onCreate(savedInstanceState);
        setContentView(R.layout.main);
    }

    protected void onPause() {
        super.onPause();
        unregisterReceiver(timeBroadcastReceiver);
    }

    protected void onResume() {
        super.onResume();
        registerReceiver(timeBroadcastReceiver,new IntentFilter(Intent.ACTION_TIME_TICK));
    }

}
```

Figura 9.11 Invocazione del metodo getScore() remoto.

Notiamo come nella prima parte vi sia la definizione di una semplice implementazione del `BroadcastReceiver` che visualizza un elementare messaggio di `Toast`. All'interno del metodo `onResume()` utilizziamo il metodo `registerReceiver()` per registrare il receiver all'`Intent` che il sistema lancia in corrispondenza della modifica di ciascun minuto. Nel metodo `onPause()`, poi, lo de-registriamo in modo da non ricevere notifiche nel caso in cui l'attività non sia visibile. Eseguendo l'applicazione il lettore potrà notare come, in corrispondenza della modifica di ciascun minuto, si ha la visualizzazione del corrispondente messaggio di `Toast`.
Si tratta di un esempio molto semplice, che permette comunque dimostrare l'utilità di questi componenti particolari.

Conclusioni

In questo fondamentale capitolo abbiamo descritto le diverse problematiche relative all'esecuzione di attività in background in Android. Ci siamo occupati inizialmente dell'esecuzione dei worker thread e della loro comunicazione con il main thread responsabile della GUI attraverso la definizione di opportuni `Handler`. Dopo aver descritto il funzionamento del `NotificationManager` ci siamo occupati dei servizi, sia locali sia remoti, i quali ci hanno permesso di gestire l'esecuzione di operazioni in background di lunga durata. Abbiamo infine concluso il capitolo descrivendo il funzionamento di un tipo particolare di componenti in grado di eseguire delle operazioni a seguito di particolari `Intent`, definiti di *broadcast*.

Capitolo 10

Utilizzo della Rete e sicurezza

In questo capitolo

- **Accesso ai servizi HTTP**
- **Android e sicurezza**
- **Conclusioni**

La maggior parte dei dispositivi di ultima generazione è ormai caratterizzata dalla possibilità di accedere alle funzionalità della rete con diverse modalità. Per "rete" non si intende infatti l'accesso ai soli servizi HTTP, ma a anche qualunque altro servizio esterno accessibile attraverso un determinato protocollo a vario livello, come Wi-Fi o Bluetooth. In questo capitolo ci occuperemo quindi della comunicazione di un dispositivo Android con il mondo esterno, iniziando dal tipo di servizio più classico: quello che permette l'invio di richieste HTTP a un server con l'utilizzo dei metodi GET e POST.

Le operazioni di accesso alla Rete saranno quindi il pretesto per affrontare un altro importante argomento, quello delle Permission. Si tratta infatti di operazioni che possono comportare dei costi, quindi devono poter essere eseguite solamente in determinate situazioni di consenso da parte dell'utente.

Accesso a servizi HTTP

Abbiamo più volte ricordato come Android utilizzi molte librerie open source; ciò vale anche per l'invocazione di servizi web attraverso il protocollo HTTP. Tra le API disponibili vi sono infatti quelle relative all'HttpClient di Apache, che permette di accedere a servizi HTTP in modo molto semplice, come vedremo più avanti.

Innanzitutto notiamo come HttpClient sia un'interfaccia del package org.apache.http.client; quest'ultimo ha tra le sue principali operazioni un insieme di overload di un metodo execute() che ci porta a pensare, correttamente, che si tratti di un'implementazione del pattern GoF `Command`. In pratica è un oggetto mediante il quale è possibile inviare delle richieste come se fossero dei comandi da eseguire, cui corrisponde la creazione di risposte; il riferimento di queste ultime viene ottenuto secondo diverse modalità. L'operazione più semplice tra quelle disponibili è la seguente:

`public abstract HttpResponse execute (HttpUriRequest request)`

Essa permette di eseguire un `command` le cui informazioni sono incapsulate all'interno di un oggetto di tipo `HttpUriRequest` ottenendo come risposta un insieme di informazioni incapsulate all'interno di un `HttpResponse`. Come detto, si tratta della versione più semplice che assume l'utilizzo del contesto di default e l'accesso a un host le cui informazioni sono contenute all'interno della richiesta stessa. Per "contesto http" si intende invece uno spazio condiviso tra la richiesta e la corrispondente risposta; spesso è utilizzato dall'ambiente stesso e descritto da una specializzazione dell'interfaccia `HttpContext`. Le diverse implementazioni utilizzate differiscono, per esempio, per il fatto di essere *Thread Safe* oppure no.

> **Thread Safe**
>
> Come sappiamo, il comportamento corretto di un oggetto può dipendere dal fatto che questo venga utilizzato da un unico thread o da più thread contemporaneamente. Il caso in cui il corretto funzionamento sia garantito anche in un contesto multithreading è indicato con l'espressione Thread Safe. Spesso un oggetto di questo tipo utilizza dei meccanismi di sincronizzazione, che però vanno a impattare le prestazioni. Da una parte c'è la necessità di garantire l'integrità di un dato, dall'altra la necessità di rendere un'applicazione sufficientemente performante.

La forma più complessa di operazione `execute()` è invece la seguente:

`public abstract T execute (HttpHost target, HttpRequest request, ResponseHandler<? extends T> responseHandler, HttpContext context)`

che notiamo essere descritta attraverso un metodo generico. Il primo parametro è un oggetto di tipo `HttpHost`, che in sintesi non fa altro che incapsulare le informazioni del server cui accedere: quelle che prima erano nella stessa richiesta. Esso contiene semplicemente le informazioni relative al cosiddetto `schema` e che è tipicamente `http`, al nome dell'`host` e alla relativa porta. Si tratta di una classe final, che quindi non può essere ulteriormente specializzata. Il suo significato è quello di andare in overriding rispetto alle stesse informazioni che vedremo saranno incapsulate all'interno dell'oggetto `HttpRequest` passato come secondo parametro.

Osservando le API, notiamo come si tratti di un'interfaccia che presenta diverse interessanti implementazioni, tra cui quelle descritte dalle classi `HttpGet` e `HttpPost`. Questo ci permette di dedurre come il metodo utilizzato nell'invocazione al servizio dipenderà dalla particolare implementazione dell'interfaccia `HttpRequest` che andremo a utilizzare all'interno di una delle operazioni `execute()`.

> **Altri metodi HTTP**
>
> Il lettore potrà verificare l'esistenza di implementazioni relative anche ai metodi HEAD, OPTIONS, PUT e TRACE.

Il terzo parametro è una particolare implementazione dell'interfaccia `ResponseHandler`, la quale prevede la definizione dell'unica operazione:

```
public abstract T handleResponse (HttpResponse response)
```

In pratica, un particolare `ResponseHandler` associato al tipo `T` è un oggetto in grado di creare un oggetto dello stesso tipo `T` a partire dalla `HttpResponse` ottenuta dall'invio di una particolare richiesta. Per comprendere meglio, possiamo dire che un'implementazione di `ResponseHandler<String>` è un oggetto in grado di estrarre una `String` dalla risposta ottenuta a seguito dell'invio della richiesta HTTP. Un'implementazione di `ResponseHandler<Score>` è un oggetto in grado di costruire un'istanza della classe `Score` a partire da una risposta ottenuta a seguito dell'invio di una richiesta HTTP. L'ultimo parametro è infine il riferimento al suddetto contesto.

Il lettore potrà verificare la presenza di diversi overload del metodo `execute()` che differiscono per la presenza o meno di alcuni degli oggetti descritti.

L'ultima considerazione riguarda la descrizione delle caratteristiche di una risposta descritte dall'interfaccia `HttpResponse` la quale ha tra le sue proprietà principali quelle di `entity` e `status line`. Una `entity`, che in realtà può essere associata anche a una richiesta, è appunto un tipo di informazione rappresentata in qualche modo all'interno di un messaggio HTTP. Per comprenderne il significato basta dare un'occhiata ad alcune delle implementazioni dell'interfaccia `HttpEntity`. Per esempio, la classe `StringEntity` descrive un'entità le cui informazioni provengono da un contenuto testuale, mentre la classe `FileEntity` descrive un'entità le cui informazioni provengono da un file. In generale è possibile classificare le `entity` in base a quello che le specifiche chiamano il suo `content`, ovvero l'`InputStream` da cui vengono lette le corrispondenti informazioni. A tale proposito esiste la classificazione in entità di tipo:

- streamed
- self contained
- wrapping

Le prime sono quelle il cui `content` non è ripetibile, ovvero quelle che possono essere lette una sola volta dallo stream proveniente di solito da una connessione. Quelle self contained sono ottenute da informazioni non legate a un particolare stream, quindi solitamente sono ripetibili. Le wrapping sono entità ottenute da altre. Vedremo l'importanza delle `entity` nel caso di utilizzo del metodo `POST`.

Infine, la `status line` di una risposta, le cui informazioni sono incapsulate all'interno di un oggetto di tipo `StatusLine`, non è altro che l'insieme delle stesse informazioni presenti nella prima riga di una risposta http, ovvero quelle relative a:

- codice della risposta
- versione del protocollo
- descrizione del corrispondente messaggio

Ecco che le informazioni contenute in oggetti di tipo StatusLine potrebbero essere quelli corrispondenti, per esempio, al codice 200 per una risposta corretta oppure al codice 404 per una risorsa assente.

Non ci resta che descrivere la modalità con cui è possibile eseguire delle richieste HTTP, sia con GET sia con POST, attraverso l'utilizzo di un HttpClient.

Invio di richieste in GET

Da quanto descritto nel precedente paragrafo, risulta che l'invio di una richiesta HTTP nella modalità GET a un server attraverso un HttpClient diventa cosa molto semplice. In particolare, invieremo una richiesta HTTP a un classico servizio snoop, visualizzandone poi il risultato. Lo snoop è il classico caso di pagina JSP che visualizza tutte le informazioni di una richiesta HTTP e che viene fornito come tipico esempio in ogni installazione di Apache Tomcat (http://tomcat.apache.org). Ne approfitteremo per descrivere un aspetto molto importante relativo all'utilizzo di una sola istanza per l'invio di più richieste da parte di una stessa applicazione. Non è infatti scontato che l'oggetto HttpClient sia Thread Safe. A tale proposito, abbiamo creato il progetto SimpleHttpClientTest il cui codice è disponibile online.

> **Installazione di Tomcat**
>
> L'esempio permette l'invio di una richiesta HTTP a una particolare risorsa relativa a una Servlet presente in una tipica installazione del JSP Container Apache Tomcat. Ovviamente il lettore potrà utilizzare un qualunque altro indirizzo. La procedura di installazione di Tomcat è descritta nel corrispondente sito.

Si tratta di un'applicazione in cui sono stati utilizzati diversi concetti e API visti nei capitoli precedenti. Ovviamente noi ci concentreremo solamente su quelli relativi alla gestione della connessione.

Listato 10.1 Creazione di una richiesta HTTP attraverso il metodo GET

```
public void sendHttpRequest(View button) {
    Thread workerThread = new Thread(new Runnable() {
        public void run() {
            try {
                HttpClient httpClient = new DefaultHttpClient();
                HttpGet request = new HttpGet();
                URI targetUri = new URI(TARGET_URL);
                request.setURI(targetUri);
                httpClient.execute(request, myResponseHandler);
            } catch (Exception e) {
                showMessageOnOutput(e.getMessage());
            } finally {
                dismissDialog(WAITING_PROGRESS_DIALOG_ID);
            }
        }
```

            }
        });
        showDialog(WAITING_PROGRESS_DIALOG_ID);
        workerThread.start();
    }

Innanzitutto possiamo notare come la gestione della connessione sia stata definita all'interno di un worker thread. La particolare implementazione di HttpClient utilizzata è quella descritta dalla classe DefaultHttpClient che abbiamo istanziato attraverso il suo costruttore di default. Successivamente non abbiamo fatto altro che creare un oggetto di tipo HttpGet come particolare HttpUriRequest da inviare al server. Notiamo come sia stato impostato l'URI di destinazione attraverso il metodo setURI() che, è bene sottolineare, consiste in un metodo di HttpGet e non nella sua generalizzazione HttpUriRequest. Come ultima operazione abbiamo scelto di utilizzare il metodo execute() che prevede, oltre al riferimento alla richiesta, anche quello a una particolare implementazione di ResponseHandler all'interno del quale abbiamo inserito la logica di lettura del risultato.

> **Accesso a localhost**
>
> Nel caso di utilizzo di un servizio in esecuzione sulla macchina di sviluppo, il lettore potrà verificare che nomi per l'host del tipo localhost o 127.0.0.1 non funzionano. Questo perché il dispositivo interpreta questi indirizzi come il proprio. Per testare l'applicazione è quindi possibile utilizzare il proprio IP che ricordiamo si può ottenere attraverso il comando **ipconfig** o equivalenti.

Nel nostro caso l'implementazione del ResponseHandler non fa altro che leggere dallo stream di input ottenuto come content della entity associata alla risposta nel seguente modo:

Listato 10.2   Implementazione del ResponseHandler

```java
private final ResponseHandler<String> myResponseHandler = new ResponseHandler
<String>() {

    @Override
    public String handleResponse(HttpResponse response)
            throws ClientProtocolException, IOException {
        InputStream content = response.getEntity().getContent();
        byte[] buffer = new byte[1024];
        int numRead = 0;
        ByteArrayOutputStream baos = new ByteArrayOutputStream();
        while((numRead=content.read(buffer))!=-1){
            baos.write(buffer, 0, numRead);
        }
        content.close();
        String result = new String(baos.toByteArray());
        showMessageOnOutput(result);
```

```
            return result;
    }

};
```

Il metodo showMessageOnOutput() è un metodo di utilità che permette l'invio del messaggio da visualizzare all'Handler associato al main thread. Eseguendo l'applicazione il lettore potrà ottenere quando descritto in Figura 10.1. Ovviamente quello rappresentato è l'HTML ottenuto a seguito dell'invocazione in quanto, per una visualizzazione diversa, avremmo dovuto utilizzare un componente differente, che esamineremo nel capitolo relativo alle WebView.

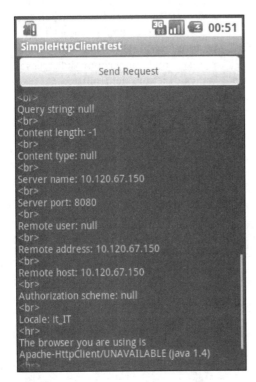

Figura 10.1 Risultato dell'invio di una richiesta HTTP.

Un'ultima considerazione riguarda la necessità di definire, nel file AndroidManifest.xml, il permesso associato ad android.permission.INTERNET.

Condivisione di uno stesso HttpClient

Come più volte ripetuto, in un'applicazione Android le performance sono molto importanti. Questo presuppone un modo di programmare basato sull'ottimizzazione delle risorse a disposizione. Nel precedente paragrafo abbiamo realizzato un'applicazione che ha, da questo punto di vista, il difetto di creare un client per ciascuna richiesta. Una possibile soluzione al problema è invece quella di creare un'unica istanza dell'implementazione di `HttpClient` e quindi condividerla tra più componenti di una stessa applicazione, la quale può essere composta, come sappiamo, da più attività. Oltre al processo all'interno delle quali vengono eseguite, se non specificato diversamente come visto nel Capitolo 4, tutte le `Activity` di un'applicazione condividono una stessa istanza di un oggetto di tipo `Application` del package `android.app`.

> **Application e ServletContext**
>
> Facendo un'analogia con quanto avviene per il Web Tier di un'applicazione enterprise, possiamo pensare all'`Application` come un qualcosa di simile al `ServletContext`, ovvero un contenitore di oggetti condiviso tra componenti diversi, in quel caso Web, il cui ciclo di vita è gestito dal container.

Come nel caso delle attività, anche una `Application` è sottoposta a un ciclo di vita da parte dell'ambiente e può essere definita con il corrispondente elemento `<application/>` nel file `AndroiManifest.xml`. La realizzazione di una particolare `Application` da associare alla nostra applicazione è quindi il luogo ideale dove inserire oggetti che possono essere condivisi dalle varie attività.

Ovviamente, se il client può essere condiviso tra thread diversi servono anche dei meccanismi che ne permettano un utilizzo corretto; fortunatamente le API di Apache ci consentono di gestire la cosa senza grossi problemi. A ciascun `HttpClient` è infatti associato un oggetto responsabile delle connessioni verso il server, descritto da un'implementazione dell'interfaccia `ClientConnectionManager`. La responsabilità di questo oggetto è di gestire le connessioni utilizzate per l'accesso ai vari server in relazione ai diversi tipi di protocollo utilizzati. Per rendere l'oggetto `HttpClient` utilizzabile in un contesto multithreading non dovremo quindi fare altro che assegnargli un'implementazione del `ClientConnectionManager` descritta dalla classe `ThreadSafeClientConnManager`.

Per descrivere tutto questo abbiamo creato il progetto `ThreadSafeHttpClientTest`. Il primo passo consiste nella realizzazione della particolare `Application`; la abbiamo descritta attraverso la classe `CustomApplication` in cui abbiamo fatto l'overriding di tre importanti metodi di callback invocati in corrispondenza della creazione dell'`Application`:

```
public void onCreate ()
```

della sua eliminazione:

```
public void onTerminate ()
```

o in situazioni di bassa disponibilità di memoria:

```
public void onLowMemory ()
```

Nella nostra implementazione abbiamo fatto in modo di creare il particolare `HttpClient` in corrispondenza del metodo `onCreate()` liberandone le risorse negli altri casi. Si tratta di logiche che abbiamo descritto all'interno di due metodi privati e che comunque, nel progetto disponibile online, sono opportunamente commentate.

Listato 10.3 Creazione di un HttpClient Thread Safe

```
private final HttpClient createHttpClient(){
    HttpParams httpParams = new BasicHttpParams();
    HttpProtocolParams.setVersion(httpParams, HttpVersion.HTTP_1_1);
    HttpProtocolParams.setContentCharset(httpParams, HTTP.DEFAULT_CONTENT_CHARSET);
    SchemeRegistry schemeRegistry = new SchemeRegistry();
    Scheme httpScheme = new Scheme("http",PlainSocketFactory.getSocketFactory(),80);
    schemeRegistry.register(httpScheme);
    Scheme httpsScheme = new Scheme("https",SSLSocketFactory.getSocketFactory(),443);
    schemeRegistry.register(httpsScheme);
    ClientConnectionManager tsConnManager = new ThreadSafeClientConnManager
    (httpParams,schemeRegistry);
    HttpClient tmpClient = new DefaultHttpClient(tsConnManager,httpParams);
    return tmpClient;
}
```

Notiamo come l'obiettivo sia di creare un'implementazione di `HttpClient` specificando il protocollo che si vuole gestire e l'oggetto responsabile delle relative connessioni.
Le prime informazioni vengono descritte attraverso un oggetto di tipo `HttpParams` nel quale abbiamo specificato di utilizzare la versione 1.1 del protocollo HTTP e una codifica di default.
Per la creazione dell'oggetto responsabile delle connessioni abbiamo registrato una serie di informazioni descritte da istanze della classe `Scheme`, la quale permette di associare a un particolare schema la corrispondente `Factory` delle connessioni `Socket` e la porta da utilizzare. Abbiamo quindi registrato queste informazioni all'interno di un oggetto di tipo `SchemeRegistry` che poi abbiamo passato all'oggetto `ThreadSafeClientConnManager` responsabile, appunto, delle connessioni.
Come possiamo notare, le API di Apache permettono un grande livello di configurabilità, che possiamo approfondire consultando la documentazione ufficiale.
Per quello che riguarda la nostra applicazione notiamo come il metodo di rilascio delle risorse sia il seguente.

Listato 10.4 Rilascio delle risorse associate a un HttpClient Thread Safe

```
    private final void releaseHttpClient(){
        if(httpClient!=null && httpClient.getConnectionManager()!=null){
            httpClient.getConnectionManager().shutdown();
        }
    }
```

Come evidenziato, notiamo la chiusura delle connessioni attraverso l'accesso all'operazione `shutdown()` del `ClientConnectionManager` associato al client.
La gestione del ciclo di vita della nostra `Application` è molto semplice e implementa quando detto in precedenza al riguardo:

Listato 10.5 Gestione ciclo di vita della CustomApplication

```
public void onCreate() {
    super.onCreate();
    httpClient = createHttpClient();
}

public void onLowMemory() {
    super.onLowMemory();
    releaseHttpClient();
}

@Override
public void onTerminate() {
    super.onTerminate();
    releaseHttpClient();
}
```

Un'ultima considerazione importante riguarda la dichiarazione della nostra Application nel documento AndroidManifest.xml attraverso l'utilizzo dell'attributo android:name dell'elemento <application/>.

Listato 10.6 Definizione della CustomApplication nel manifest

```xml
<application android:name="CustomApplication" android:icon="@drawable/icon"
android:label="@string/app_name">
    <activity android:name=".ThreadSafeHttpClientTestActivity"
            android:label="@string/app_name">
        <intent-filter>
            <action android:name="android.intent.action.MAIN" />
            <category android:name="android.intent.category.LAUNCHER" />
        </intent-filter>
    </activity>
</application>
```

Non ci resta quindi che modificare l'attività del precedente esempio in modo che utilizzi l'HttpClient ottenuto dalla CustomApplication. Si tratterà semplicemente di ottenere un riferimento al client mediante le seguenti semplici righe di codice:

Listato 10.7 Ottenere il riferimento all'HttpClient attraverso l'Application

```java
CustomApplication ca = (CustomApplication)getApplication();
HttpClient httpClient = ca.getThreadSafeHttpClient();
```

Notiamo come sia stato utilizzato il metodo getApplication() che l'attività eredita dal Context per ottenere il riferimento alla nostra CustomApplication da cui ottenere poi il riferimento al client HTTP. Senza dimenticare di specificare la permission necessaria nell'AndroidManifest.xml, lasciamo al lettore l'esecuzione della nuova applicazione.

Invio di richieste in Post

Un aspetto molto importante di cui bisogna tenere conto in un'invocazione HTTP riguarda l'utilizzo di parametri. Come sappiamo, nella modalità GET i parametri vengono appesi all'URI invocato e questo è in effetti quello che può avvenire nel caso precedente attraverso la connessione a un indirizzo del tipo:

```
http://server:port/path/resource?name=value&name2=value2
```

Sappiamo comunque che questa modalità presenta alcuni svantaggi, legati al fatto che si tratta di un'informazione con un limite nella lunghezza. Alcuni servizi, poi, non possono essere invocati se non in una modalità POST la quale permette, tra le altre cose, anche l'invio di file.
Per descrivere come questo avvenga in Android, abbiamo realizzato il progetto PostHttpClientTest, che differisce dal precedente solamente per la modalità utilizzata nell'utilizzo dell'HttpClient nell'invio di una richiesta, ora di tipo HttpPost.

Listato 10.8 Invio di una richiesta HTTP con il metodo POST

```java
try {
    CustomApplication ca = (CustomApplication)getApplication();
    HttpClient httpClient = ca.getThreadSafeHttpClient();
    HttpPost request = new HttpPost();
    URI targetUri = new URI(TARGET_URL);
    request.setURI(targetUri);
    List<NameValuePair> postParameters = new ArrayList<NameValuePair>();
    postParameters.add(new BasicNameValuePair("nome","valore"));
    postParameters.add(new BasicNameValuePair("nome2","valore2"));
    HttpEntity postEntity = new UrlEncodedFormEntity(postParameters);
    request.setEntity(postEntity);
    httpClient.execute(request, myResponseHandler);
} catch (Exception e) {
    showMessageOnOutput(e.getMessage());
} finally {dismissDialog(WAITING_PROGRESS_DIALOG_ID);}
```

La prima importante differenza rispetto al metodo GET riguarda l'utilizzo di un oggetto di tipo HttpPost cui viene assegnato un URI nella stessa modalità vista in precedenza. Segue quindi l'assegnazione dei diversi parametri impostati con una specializzazione della classe HttpEntity che si chiama UrlEncodedFormEntity, la quale permette l'invio di un insieme di informazioni nella modalità classica per una FORM. Notiamo come i parametri siano rappresentati da una lista di oggetti di tipo NameValuePair la cui unica implementazione disponibile è quella della classe BasicNameValuePair.
Capiamo quindi come l'invio di una richiesta nella modalità POST non sia molto più complessa di quella relativa al caso GET. Come accennato in precedenza, si potrebbe comunque avere la necessità di gestire delle richieste POST per l'invio di informazioni relative a dei file, per esempio quelle relative a un'immagine, che nel nostro caso è stata inserita come risorsa all'interno del progetto SendFileHttpClientTest (il codice è disponibile online). Purtroppo Android non dispone di tutti gli strumenti necessari per

l'invio di una richiesta di questo tipo, perciò è necessario andare sul sito di Apache per scaricare le corrispondenti librerie. In particolare, servono le API relative alla libreria httpmime contenuta negli HttpComponents (http://hc.apache.org/downloads.cgi) e la mime4j (http://james.apache.org/download.cgi). Una volta importati nel progetto i relativi .jar possiamo implementare la logica di invio del file nel seguente modo.

Listato 10.9   Invio di contenuti MultiPart attraverso HttpClient

```
CustomApplication ca = (CustomApplication)getApplication();
HttpClient httpClient = ca.getThreadSafeHttpClient();
HttpPost request = new HttpPost();
URI targetUri = new URI(TARGET_URL);
request.setURI(targetUri);
InputStream imageIS = getResources().openRawResource(R.drawable.hamburger);
InputStreamBody imagePart = new InputStreamBody(imageIS,"imageToUpload");
MultipartEntity mpEntity = new MultipartEntity();
mpEntity.addPart("name", new StringBody("value"));
mpEntity.addPart("name2", new StringBody("value2"));
mpEntity.addPart("imageToUpload", imagePart);
request.setEntity(mpEntity);
httpClient.execute(request, myResponseHandler);
```

Notiamo come sia stato possibile creare una specializzazione di HttpEntity descritta dalla classe MultiPartEntity relativa a un contenuto multipart, e come in esso sia stato possibile inserire le diverse Part. Nel caso di parametri di tipo String abbiamo utilizzato degli oggetti di tipo StringBody, mentre per il contenuto relativo al file abbiamo utilizzato un oggetto di tipo InputStreamBody. Il resto del metodo è quindi analogo a quello già visto negli esempi precedenti.

Android e sicurezza

Nei capitoli precedenti abbiamo più volte parlato di sicurezza che, anche in Android, rappresenta un punto fondamentale dell'architettura, avendo ripercussioni in diverse fasi del processo di sviluppo di un programma.
In primo luogo abbiamo già descritto come ciascuna applicazione venga eseguita in un proprio processo Linux caratterizzato da un particolare userID. Android in realtà mette a disposizione gli strumenti per fare in modo che applicazioni diverse utilizzino lo stesso identificatore di processo, così che siano gestite, lato sicurezza, come se fossero la medesima applicazione. Sono strumenti che si utilizzano solo in casi particolari, tuttavia si tratta di una prima, ma importante, interpretazione del concetto di sicurezza; sappiamo però che questa ha innumerevoli significati. "Sicurezza" vuol dire infatti non permettere a un'applicazione l'esecuzione di operazioni che potrebbero essere "sensibili" per il fatto di accedere a dati personali, a risorse locali, di aprire connessioni o iniziare telefonate con costi che potrebbero essere elevati per l'utente. "Sicurezza" significa non permettere l'installazione o l'aggiornamento di un'applicazione da parte di enti diversi da quelli che l'hanno sviluppata e installata la prima volta. Si tratta quindi di aspetti molto importanti, che andremo a descrivere nei prossimi paragrafi.

Gestione delle Permission

In alcune applicazioni sviluppate in questo e nei precedenti capitoli abbiamo sottolineato la necessità di definire le `Permission`, senza però fornire indicazioni precise sul loro significato. Dai precedenti esempi di accesso alla rete capiamo comunque che si tratta di modalità con cui una particolare applicazione dichiara l'utilizzo di una funzionalità che prima abbiamo definito "sensibile". In pratica, se un'applicazione necessita di accedere alla rubrica dei contatti di un dispositivo deve dichiararlo attraverso la relativa `Permission`. Lo stesso comportamento dovrà essere seguito nel caso della volontà di accedere alla rete, di attivare la videocamera o di iniziare una chiamata telefonica.

Ma dove viene poi utilizzata questa informazione? È sufficiente dichiarare la relativa `Permission` nel documento `AndroidManifest.xml` per poter utilizzare una particolare operazione sensibile? Certo che no. L'informazione così definita viene utilizzata sì a runtime per consentire l'operazione all'applicazione che ne ha fatto richiesta, ma solo dopo che, in fase di installazione, l'utente ne ha dato esplicito consenso. È interessante notare come l'eventuale consenso o negazione da parte dell'utente nei confronti di un particolare permesso decisa al momento dell'installazione non vengano più riproposte all'utente a runtime. Questo significa che se l'utente ha consentito l'installazione di un'applicazione che ha richiesto l'accesso alla rete, tale applicazione potrà sempre accedere a questa funzionalità a runtime. Se l'operazione non è consentita, viene sollevata una `SecurityException` a meno che non si tratti di un `BroadcastReceiver`, per il quale viene solamente visualizzato in messaggio di log.

Ovviamente esistono delle `Permission` definite dall'ambiente di Android e altre che è possibile definire in modo custom. Il lettore potrà consultare la documentazione ufficiale relativa alla classe statica interna `android.Manifest.permission`, per un elenco completo e aggiornato di tutti i possibili permessi predefiniti che è possibile richiedere. Possiamo invece notare come ciascun permesso sia descritto da un nome del tipo:

`android.permission.<SPECIFICA_PERMISSION>`

e venga specificato nel documento `AndroidManifest.xml` attraverso l'utilizzo dell'elemento `<uses-permission/>`. Per esempio, se volessimo dichiarare la volontà di inviare un SMS dopo un accesso all'elenco dei contatti del dispositivo, dovremmo definire le seguenti dichiarazioni:

Listato 10.10 Dichiarazione dei permessi relativi a SMS e contatti

```
<manifest xmlns:android="http://schemas.android.com/apk/res/android"
package="<package applicazione>" >
    - - -
    <uses-permission android:name="android.permission.SEND_SMS" />
    <uses-permission android:name="android.permission.READ_CONTACTS" />
    - - -
</manifest>
```

dove abbiamo messo in evidenza che l'elemento `<uses-permission/>` è figlio dell'elemento `<manifest/>` e non è contenuto in altri relativi per esempio a una `Application` o a una `Activity`.

Come esempio di utilizzo di questi permessi il lettore potrà verificare che togliendo il permesso `android.permission.INTERNET` alle precedenti applicazioni vi è la generazione di un errore (in Figura 10.2).

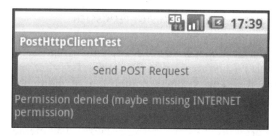

Figura 10.2 Mancanza di Permission nel progetto PostHttpClientTest.

Creazione di Permission custom

Come detto, è possibile definire le proprie `Permission` al fine di limitare l'accesso a determinate operazioni o l'utilizzo di particolari componenti. Un esempio è quello che permette di eseguire determinate `Activity` solamente da determinate applicazioni. La stessa cosa si verifica nel caso di determinati servizi o Content Provider. Anche qui il primo passo consiste nella definizione delle `Permission` all'interno del documento `AndroidManifest.xml`, utilizzando questa volta l'elemento `<permission/>`. A tale proposito notiamo come l'ADT permetta la definizione delle informazioni relative alla sicurezza attraverso il corrispondente tab nell'editor del manifest (Figura 10.3). Dalla figura notiamo come l'elemento `<permission/>` preveda una serie di attributi, il più importante dei quali è il nome della `Permission`, che osserva la seguente convenzione:

`<nome package applicazione>.permission.<NOME_PERMISSION>`

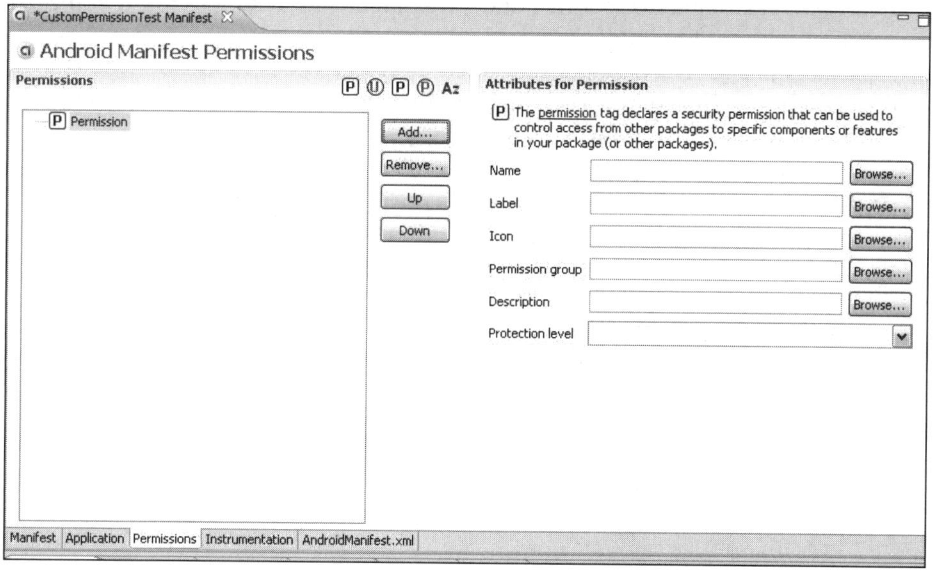

Figura 10.3 Editazione delle Permission con l'ADT.

ovvero è ottenuta concatenando il nome del package con `permission` e il nome della stessa in maiuscolo. Nell'esempio che abbiamo realizzato, descritto dal progetto `CustomPermissionTest`, abbiamo quindi definito un permesso custom di nome

`it.apogeo.android.cap10.custompermissiontest.permission.CUSTOM_PERMISSION`

A parte le scontate informazioni relative alla `label`, all'icona e alla descrizione, è importante specificare il significato degli attributi relativi al `Protection Level` e al `Permission Group`. Il primo permette di specificare come il sistema si dovrà comportare al momento dell'installazione dell'applicazione per richiedere eventualmente il consenso all'utente. Il valore di default di questo attributo è `normal` e indica un consenso automatico da parte del sistema. Si tratta comunque di un permesso che deve essere visualizzato all'utente che sta installando l'applicazione in modo che questo possa comunque interrompere l'operazione. Se a un permesso viene associato un `Protection Level` identificato dal valore `dangerous`, il sistema chiederà invece sempre conferma esplicita all'utente prima dell'installazione. Molto interessante è il valore `signature`, analogo a `normal` ma limitatamente alle sole applicazioni firmate con lo stesso certificato usato per firmare l'applicazione che ha definito il permesso. Infine, vi è il valore `signatureOrSystem` che, in più rispetto al valore precedente, permette di concedere il permesso anche alle applicazioni del sistema. Quest'ultimo è un tipo di `Permission` utilizzato più che altro dai vendor che rilasciano le immagini della piattaforma.

L'informazione relativa al `Permission Group` serve invece semplicemente per raggruppare i permessi in fase di presentazione all'utente durante il processo di installazione. A meno di casi particolari, si consiglia di utilizzare i gruppi già presenti.

Utilizzo di una Permission custom

Ovviamente le `Permission` così definite vanno utilizzare per ristringere l'utilizzo a determinate funzionalità o componenti. Per fare questo è possibile utilizzare l'attributo `android:permission` applicato al corrispondente componente, il cui valore è il nome del permesso necessario al suo utilizzo.

Se applicato a una `Activity`, quindi all'elemento `<activity/>`, il controllo viene fatto al momento del suo avvio attraverso `startActivity()` o `startActivityForResult()` generando una `SecurityException` in caso di negazione.

Per i servizi, quindi per gli elementi di tipo `<service/>`, il controllo avviene in corrispondenza dell'esecuzione delle operazioni che ne permettono l'avvio o il binding. Anche in questo caso è possibile che venga sollevata una `SecurityException`.

Come accennato in precedenza, interessante è il caso in cui l'attributo è utilizzato per un Broadcast Receiver, quindi con l'elemento `<receiver/>`. Il controllo sui permessi viene allora eseguito dopo il ritorno dal metodo `sendBroadcast()` senza generare alcuna eccezione nel caso di negazione. L'Intent non viene dunque semplicemente recapitato al componente. Questo ci permette di controllare l'insieme dei `BroadcastReceiver` che, in corrispondenza della chiamata del metodo `sendBroadcast()`, dovrà ricevere l'`Intent`. Ricordiamo infatti che la firma del metodo è la seguente:

`public abstract void sendBroadcast (Intent intent, String receiverPermission)`

Essa prevede dunque la definizione del permesso necessario come secondo parametro.
Infine, per quello che riguarda i Content Provider, esiste un meccanismo leggermente più complesso che consente di impostare i permessi necessari sia per la lettura sia per la scrittura, rispettivamente con gli attributi `android:readPermission` e `android:writePermission`.
È importante ricordare che nel caso in cui non si possieda il diritto di lettura ma solo di quello di scrittura, quest'ultimo non si sovrappone al primo, quindi sarebbe permetterebbe permessa solo la scrittura e non la lettura. A seconda del tipo di permesso negato, si avrà la generazione di una `SecurityException` nelle operazioni che permettono di ottenere un riferimento al ContentProvider oppure in corrispondenza delle operazioni stesse (per esempio `query()`).

Sempre per quello che riguarda i Content Provider, Android mette a disposizione un meccanismo di gestione dei permessi che va oltre quello descritto finora e che serve a risolvere un possibile problema verificabile in casi molto comuni di applicazioni. Consideriamo per esempio un'applicazione che accede ai contatti del telefono, tra le cui informazioni vi sono anche delle foto. L'accesso a queste informazioni dovrà richiedere il relativo permesso in quanto si tratta di informazioni legate alla privacy dell'utente. Se volessimo visualizzare le foto attraverso un'attività che non appartiene a quella applicazione, essa dovrebbe richiedere le stesse `Permission` della precedente anche se la visualizzazione di una foto non è legata all'insieme di contatti. A tale proposito, solamente per i Content Provider, Android consente una gestione dei permessi basati sul singolo URI della risorsa da leggere o scrivere.

Facendo riferimento al nostro esempio, l'applicazione che accede ai contatti e richiede il lancio dell'attività per la visualizzazione della foto potrà impostare come flag del relativo `Intent` uno o entrambi i seguenti valori: `Intent.FLAG_GRANT_READ_URI_PERMISSION` o `Intent.FLAG_GRANT_WRITE_URI_PERMISSION`. Il primo indica che l'attività di destinazione potrà accedere in lettura al contenuto associato all'URI passato attraverso l'`Intent`. Il secondo valore indica che il permesso è relativo all'operazione di scrittura.

Un'ultima nota riguarda il fatto che un Content Provider può decidere di abilitare una gestione dei permessi di questo tipo attraverso l'utilizzo dell'attributo `android:grantUriPermissions`.

Un semplice esempio

Come esempio di utilizzo di una `Permission` custom proponiamo un semplice caso, costituito dai progetti `ProtectedTest` e `CustomPermissionTest`.
Il progetto `ProtectedTest` è molto semplice e prevede la definizione di due attività. La prima definisce nel proprio `AndroidManifest.xml` una `Permission` custom nel seguente modo:

Listato 10.11 Definizione di una Permission custom

```xml
<permission android:name=" it.apogeo.android.cap10.protectedtest.permission.MY_PERMISSION"
        android:protectionLevel="dangerous" android:icon="@drawable/icon"
        android:label="@string/permission_label"
        android:description="@string/permission_description"></permission>
```

la quale è stata poi impostata come necessaria per l'accesso all'attività descritta dalla classe ProtectedActivity dello stesso progetto.

Listato 10.12 Definizione della Permission necessaria all'esecuzione di una Activity

```
<activity android:name="ProtectedActivity"
    android:permission="it.apogeo.android.cap10.protectedtest.permission.MY_PERMISSION">
        <intent-filter>
        <action android:name="it.apogeo.android.cap10.action.PROTECTED_ACTION" />
            <category android:name="android.intent.category.DEFAULT" />
        </intent-filter>
</activity>
```

Notiamo come sia stata definita una action standard per poter poi lanciare l'attività da una seconda applicazione, che abbiamo descritto nel progetto CustomPermissionTest. Essa contiene semplicemente un pulsante premendo il quale è possibile accedere alla precedente attività protetta. Il lettore potrà verificare che in assenza della richiesta del permesso la pressione del pulsante porta alla generazione dell'errore mostrato in Figura 10.4.

Figura 10.4 Errore per la mancanza di Permission.

È quindi sufficiente aggiungere il corretto elemento <uses-permission/> per rendere tale invocazione possibile.

Listato 10.13 Richiesta di un particolare permesso

```
<uses-permission android:name="it.apogeo.android.cap10.protectedtest.permission.MY_PERMISSION"></uses-permission>
```

Abbiamo quindi visto nel dettaglio come Android gestisce la sicurezza a runtime, sottolineando come il processo di deploy sia parte integrante di questo meccanismo. Nel prossimo paragrafo vedremo come firmare e deployare un'applicazione.

Processo di Deploy

Nel capitolo dedicato alla realizzazione del primo progetto con Android abbiamo visto come ciascuna singola applicazione fosse contenuta all'interno di un file di estensione .apk, sottolineando come questo fosse comunque firmato con un certificato di debug. Android richiede infatti che un'applicazione sia sempre firmata con un particolare certificato prima di poterla eseguire. Nel caso dell'emulatore il certificato fornito con l'ambiente è sufficiente, ma nel caso di dispositivi reali ciò non è più vero. Serve infatti un meccanismo che permetta di contrassegnare il particolare vendor dell'applicazione in modo che l' utente possa in qualche modo identificarlo. Un certificato contiene infatti informazioni di vario genere come nome dell'azienda e recapiti vari, che permettono all'utente di identificare il produttore dell'applicazione che intende installare. Si tratta di un'informazione che Android utilizza anche in fasi successive. Non è possibile infatti aggiornare un'applicazione con un'altra firmata con un certificato diverso.

Per ottenere un certificato esistono due opzioni. La prima consiste nell'acquistarne uno presso una Certification Authority come Verisign, Entrust o altri. Questa opzione è necessaria solamente nel caso in cui vi è la necessità di accedere a funzionalità particolari messe a disposizione dai vendor. Pensiamo per esempio a quello che avviene in ambito MIDP, dove è possibile associare a ciascun certificato di questo tipo quello che si chiama *security domain* e che descrive l'insieme delle operazioni che un'applicazione firmata con quel certificato può eseguire senza l'esplicito consenso dell'utente.

La seconda opzione è invece quella che prevede la creazione di un certificato e delle conseguenti chiavi pubbliche e private utilizzando gli strumenti del JDK di Sun, come il `keytool` e il `jarsigner`. Questa possibilità, che utilizzeremo nel nostro esempio, è cosa non da poco.

Le operazioni che andremo a fare per la firma di un'applicazione con un nostro certificato sono quindi le seguenti:

- generazione del certificato con il `keytool`
- firma dell'applicazione con il `jarsigner`

Nel primo passo andremo a creare un certificato e la corrispondente coppia di chiavi pubblica e privata, cui spesso si fa riferimento come *key pair*. Metteremo quindi queste chiavi all'interno del keystore, per il quale abbiamo creato una cartella *ad hoc* denominata `mystore` all'interno della directory `C:\workspace_cap10` del workspace di eclipse disponibile online tra gli esempi del presente capitolo. Il lettore potrà ovviamente utilizzare la directory a lui più conveniente.

Andiamo quindi nella directory sopra indicata ed eseguiamo il seguente comando:

```
keytool -genkey -v -keyalg RSA -validity 15000 -keystore C:\workspace_cap10\mystore\
android.keystore -alias apoandroid -storepass 4ndr01d
```

Descriviamo tale comando nelle sue parti. Attraverso l'opzione `-genkey` abbiamo richiesto la creazione di un nuovo certificato, specificandone poi l'algoritmo e la durata rispettivamente con le opzioni `-keyalg` e `-validity`. Per quello che riguarda la validità, Google stessa consiglia di utilizzare un tempo che comprenda l'intera vita dell'applicazione comprensiva degli eventuali aggiornamenti che, come detto, possono essere fatti solo con applicazioni firmate con lo stesso certificato. L'algoritmo utilizzato è invece un classico RSA (dai nomi Rivest, Shamir e Adleman che lo hanno ideato nel lontano 1978), basato appunto sull'utilizzo di una chiave pubblica e una privata per le operazioni di criptazione e decriptazione.

Con l'opzione -keystore abbiamo specificato il file all'interno del quale memorizzare le varie informazioni. Mediante l'opzione -alias abbiamo dato un nome al keypair all'interno dello keystore per poterlo referenziare successivamente.

Infine abbiamo specificato la password del keystore tramite l'opzione -storepass.

A seguito dell'esecuzione del comando, notiamo come venga richiesta una serie di informazioni, come nome e cognome, azienda, località e altre (Figura 10.5).

```
C:\workspace_cap10\mystore>keytool -genkey -v -keyalg RSA -validity 15000 -keyst
ore C:\workspace_cap10\mystore\android.keystore -alias apoandroid -storepass 4nd
r01d
Specificare nome e cognome
  [Unknown]:  Massimo Carli
Specificare il nome dell'unità aziendale
  [Unknown]:  Android Development
Specificare il nome dell'azienda
  [Unknown]:  Apogeo
Specificare la località
  [Unknown]:  Milano
Specificare la provincia
  [Unknown]:  MI
Specificare il codice a due lettere del paese in cui si trova l'unità
  [Unknown]:  IT
Il dato CN=Massimo Carli, OU=Android Development, O=Apogeo, L=Milano, ST=MI, C=I
T è corretto?
  [no]:  si

Generazione in corso di una coppia di chiavi RSA da 1.024 bit e di un certificat
o autofirmato (SHA1withRSA) con una validità di 15.000 giorni
        per: CN=Massimo Carli, OU=Android Development, O=Apogeo, L=Milano, ST=MI
, C=IT
Immettere la password della chiave per <apoandroid>
        (INVIO se corrisponde alla password del keystore):
Immettere nuovamente la nuova password:
[Memorizzazione di C:\workspace_cap10\mystore\android.keystore] in corso

C:\workspace_cap10\mystore>
```

Figura 10.5 Utilizzo del keytool per la generazione del certificato.

Se osserviamo la directory indicata in precedenza, notiamo come sia presente il file di nome android.keystore specificato nel comando. Non ci resta quindi che firmare l'applicazione attraverso il tool jarsigner. Per fare questo abbiamo però bisogno di una versione non firmata dell'applicazione, la quale ci viene fornita dall'ADT: sfruttiamo una delle opzioni cui si accede selezionando il progetto con il tasto destro, e scegliendo la voce *Export Unsigned Application Package* del menu *Android Tools* come in Figura 10.6.

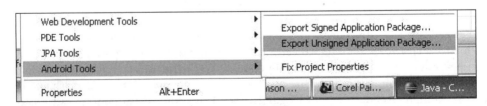

Figura 10.6 Esportare un progetto non firmato.

Nel nostro caso scegliamo di esportare l'applicazione nella stessa cartella in cui abbiamo memorizzato il keystore. Ovviamente questa operazione può essere fatta per una qualunque applicazione, che nel nostro caso è quella contenuta all'interno del file ThreadSafeHttpClientTest.apk. Notiamo come il nome non presenti alcun riferimento alla firma, che invece le applicheremo attraverso il seguente comando:

```
jarsigner -keystore ./android.keystore -storepass 4ndr01d -keypass 4ndr01d
ThreadSafeHttpClientTest.apk apoandroid
```

dalla stessa directory contenente il file apk e il keystore. Osserviamo come sia stato definito il file relativo al keystore e le password inserite in precedenza. Dopo il nome del file apk da firmare abbiamo quindi specificato l'alias della keypair.

A questo punto il file è firmato ma, dalla versione 1.6, è possibile apportare un'ottimizzazione relativa all'uso del tool zipalign cui abbiamo già accennato in precedenza. Come sappiamo, un'applicazione di Android contiene delle informazioni che vengono lette da più processi anche contemporaneamente in diverse fasi. Pensiamo per esempio alla gestione degli Intent o all'accesso ai Content Provider fino alla gestione delle risorse. Se tutte queste informazioni fossero "allineate" secondo uno schema relativo a 4 byte, Android riuscirebbe a interagire con esso in modo molto più efficiente con dei sensibili miglioramenti dell'utilizzo della memoria, quindi delle prestazioni.

Non ci resta allora che eseguire anche il seguente comando:

```
zipalign -v 4 ThreadSafeHttpClientTest.apk  ThreadSafeHttpClientTest-aligned.apk
```

il quale permette di ottenere la versione "allineata" secondo uno schema a 4 byte dell'applicazione di partenza. L'output del precedente comando è visibile in Figura 10.7.

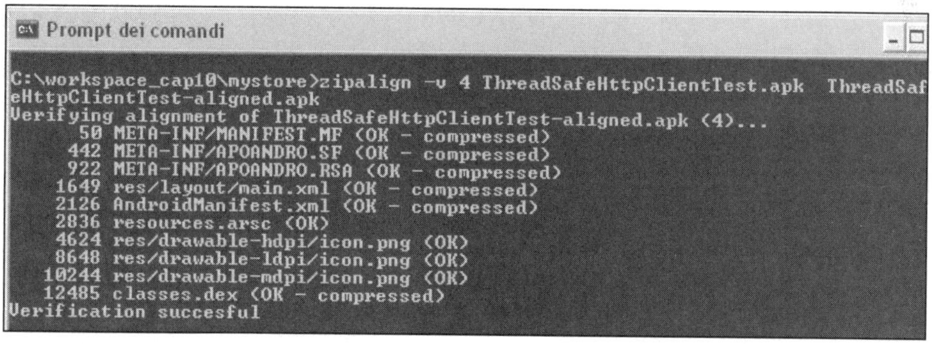

Figura 10.7 Utilizzo del comando zipalign.

Terminiamo caricando nel dispositivo, o inviando all'Android Store, la nostra applicazione "firmata e allineata". Nel primo caso basterà utilizzare il seguente comando:

```
adb install  ThreadSafeHttpClientTest-aligned.apk
```

mentre per il secondo utilizzeremo gli strumenti messi a disposizione da Google attraverso il suo sito dedicato.

Conclusioni

In questo capitolo abbiamo affrontato due argomenti molto importanti nei dispositivi di ultima generazione. Abbiamo inizialmente visto come sia possibile interagire con server esterni attraverso il protocollo HTTP sfruttando le librerie HttpClient di Apache. Abbiamo creato esempi per l'invio di richieste sia nella modalità GET sia nella modalità POST anche nel caso multipart. Abbiamo quindi dedicato la seconda parte del capitolo alla descrizione degli aspetti relativi alla sicurezza sia in fase di deploy e amministrazione di un'applicazione sia nelle situazioni di runtime attraverso la descrizione delle Permission.

Capitolo 11

WebView e MapView

Dopo aver esaminato nel dettaglio gli aspetti relativi alle connessioni e alla sicurezza, ci occupiamo di due particolari specializzazioni della classe View che Android mette a disposizione per la consultazione di contenuti web e per l'interazione con i cosiddetti servizi *Location Based*, che interagiscono con le informazioni di posizione fornite dal dispositivo attraverso GPS o altri meccanismi.

Nella prima parte del capitolo ci dedicheremo dunque alla descrizione dell'utilizzo della WebView, nella seconda parte vedremo diversi aspetti relativi all'utilizzo delle Google Maps.

In questo capitolo

- WebKit
- Visualizzazione delle mappe
- Conclusioni

WebKit

Già nel Capitolo 1 abbiamo accennato alla presenza di WebKit in Android, ovvero di un browser engine open source famoso per essere utilizzato anche come base per il browser Safari nella sua versione per Mac OS X. A tale proposito, gli strumenti che gli sviluppatori per Android hanno a disposizione sono contenuti nel package android.webkit dove è presente la classe WebView che andiamo ad approfondire.

La classe WebView

La classe WebView ha la non banale proprietà di essere una View, quindi di ereditare da questa classe una serie di caratteristiche, descritte in modo molto approfondito nei capitoli precedenti. Una di queste consiste nella possibilità di utilizzarla all'interno di un qualunque layout XML come un qualsiasi widget, applicando a essa gli stessi attributi visti per le altre View nei diversi container utilizzati. Le modalità di interazione con un componente di questo tipo sono quelle che permettono la visualizzazione di:

- un Uniform Resource Locator (URL)
- un contenuto

Questo significa che, attraverso una WebView, possiamo visualizzare nel dispositivo il contenuto web associato a un particolare indirizzo oppure quello fornito direttamente attraverso del testo HTML.
Nel primo caso l'operazione da utilizzare è la seguente:

```
public void loadUrl (String url)
```

dove il parametro indica l'indirizzo del contenuto web da visualizzare.
Nel secondo caso possiamo invece utilizzare:

```
public void loadData (String data, String mimeType, String encoding)
```

che ci permette di specificare sia il contenuto, sia le informazioni relative al mime-type e alla codifica con cui il browser dovrà interpretarlo.

WebView e Permission

Il componente WebView per la visualizzazione dei contenuti dovrà probabilmente accedere alle funzionalità della rete, per cui si richiede la definizione del permesso **android.permission.INTERNET**.

A tale proposito rompiamo il ghiaccio con questo componente realizzando il semplice esempio SimpleWebView, con cui si visualizza una WebView e due pulsanti; il primo dei pulsanti permette di visualizzare il contenuto web associato a un particolare URL, il secondo di utilizzare il metodo loadData() per caricare un semplice contenuto testuale. La logica dietro a queste due azioni è stata inserita all'interno di altrettanti metodi associati all'evento onClick di due pulsanti inseriti nell'interfaccia (Figura 11.1).
Nel caso dell'URL abbiamo utilizzato il seguente semplice codice:

Listato 11.1 Utilizzo del metodo loadUrl()

```
public void loadUri(View button){
    webView.loadUrl("http://www.massimocarli.it");
}
```

Nel caso del contenuto il codice è altrettanto semplice, anche se più lungo, per la definizione del testo HTML:

Listato 11.2 Utilizzo del loadData()

```
public void loadData(View button){
    StringBuilder htmlData = new StringBuilder("<html>");
```

Figura 11.1 Visualizzazione di un contenuto Web in una WebView.

```
htmlData.append("<head><title>MC Home</title></head>");
htmlData.append("<body>");
htmlData.append("<a href='http://www.massimocarli.it'>Go to MC Home</a>");
htmlData.append("</body>");
htmlData.append("</html>");
webView.loadData(htmlData.toString(), "text/html", "ISO 8859-1");
```

}

Il lettore potrà eseguire l'applicazione e fare alcune osservazioni. Innanzitutto notiamo come nel caso del `loadUrl()` il contenuto web corrispondente venga visualizzato all'interno della `WebView`, la quale può essere utilizzata dall'utente sfruttando tutti i meccanismi classici di questo componente. Si può infatti trascinare la parte di schermo nella zona voluta o selezionare un link in essa contenuta. Notiamo comunque che in caso di selezione di un link il nuovo contenuto resta sempre nella stessa `WebView`. Il componente `WebView` non prevede la presenza di alcun controllo. Nel caso del `loadData()` abbiamo fatto in modo che venisse visualizzato un semplice HTML contenente un link allo stesso sito caricato in precedenza. In questo caso però la selezione del link porta all'avvio dell'applicazione browser del dispositivo, dotata della barra di navigazione, come possiamo vedere in Figura 11.2.
Si tratta di un caso tipico, in cui si ha la necessità di intercettare in qualche modo la selezione di un link per fornire un comportamento diverso dal comportamento di default utilizzato dal componente. A tale proposito è possibile registrare alla `WebView` una particolare specializzazione della classe `WebViewClient`, la quale si comporta come adapter (nel senso Pattern GoF) in relazione a un insieme di eventi che la `WebView` può generare.
A scopo esemplificativo abbiamo creato il progetto `WebViewClientTest`, una copia del

Figura 11.2 Attivazione del browser del dispositivo.

precedente cui è stata però aggiunta una gestione personalizzata degli eventi della WebView mediante la registrazione di una specializzazione della classe LoggedWebViewClient. Si tratta di una nostra classe di debug, che abbiamo creato semplicemente estendendo la WebViewClient e facendo l'override di tutti i metodi di callback con l'aggiunta della visualizzazione di un messaggio di log. Nel metodo onCreate() abbiamo poi registrato una specializzazione di LoggedWebViewClient nel seguente modo.

Listato 11.3 Registrazione di un WebViewClient alla WebView

```
webView.setWebViewClient(new LoggedWebViewClient(){

    @Override
    public boolean shouldOverrideUrlLoading(WebView view, String url) {
        loadUriOnWebView(url);
        return true;
    }

});
```

Notiamo come sia stato fatto l'override del metodo shouldOverrideUrlLoading() il quale viene invocato nel caso in cui dalla WebView venga selezionato un particolare link. Nella nostra implementazione non facciamo altro che impostare il valore dell'URL ottenuto come parametro nella WebView attraverso il metodo loadUri(), quindi visualizzarne il contenuto nello stesso componente. Il metodo loadUriOnWebView() è un nostro metodo di utilità che ci permette di invocare il metodo loadUri() sulla WebView anche da una classe anonima senza definirne il riferimento final.

A parte il caso specifico, notiamo come specializzare la classe WebViewClient ci permetta la gestione di un insieme di eventi molto interessanti di una WebView. Esistono infatti, come il lettore potrà verificare dai messaggi di log della LoggedWebViewClient, metodi di callback relativi all'inizio del caricamento, al completamento della pagina ma anche al numero di aggiornamenti della history.

Attraverso la classe WebViewClient abbiamo quindi visto come intercettare degli eventi relativi alle operazioni della WebView in relazione al caricamento delle pagine. Esiste poi anche la classe `WebChromeClient` che permette, con un meccanismo analogo, di intercettare eventi che però sono associati a modifiche della UI associata al browser. In questo contesto vi sono le eventuali aperture di prompt `JavaScript` oppure la modifica del valore della barra di caricamento della pagina.

Come esempio di utilizzo di questo componente abbiamo semplicemente modificato il metodo `onCreate()` nel modo seguente; le righe ora evidenziate erano precedentemente state commentate, per cui lasciamo al lettore la loro modifica e la verifica del conseguente comportamento.

Listato 11.4 Utilizzo di un WebChromeClient

```
public void onCreate(Bundle savedInstanceState) {
    super.onCreate(savedInstanceState);
    requestWindowFeature(Window.FEATURE_PROGRESS);
    setContentView(R.layout.main);
    webView = (WebView)findViewById(R.id.webView);
    webView.setWebViewClient(new LoggedWebViewClient(){

        public boolean shouldOverrideUrlLoading(WebView view, String url) {
            loadUriOnWebView(url);
            return true;
        }

    });
    webView.setWebChromeClient(new WebChromeClient() {
        public void onProgressChanged(WebView view, int progress) {
            setProgress(progress * 100);
        }
    });
}
```

Possiamo notare come sia possibile, non solo nel caso della `WebView`, utilizzare il metodo

`public final boolean requestWindowFeature (int featureId)`

della classe `Activity` per richiedere determinate impostazioni della corrispondente `Window`. Nel nostro esempio abbiamo richiesto la visualizzazione di una barra di caricamento di cui possiamo controllare il valore, compreso tra 0 e 10000, attraverso il metodo `setProgress()`, anch'esso della classe `Activity`. Lasciamo al lettore la consultazione della relativa documentazione, mettendo solo in evidenza il caso tipico di richiesta di full screen la quale può essere ottenuta, come già visto in precedenza, con un opportuno `Theme`, ma anche con l'esecuzione della seguente istruzione:

`requestWindowFeature(Window.NO_TITLE);`

che, ricordiamo, deve necessariamente essere eseguita prima che alla finestra venga aggiunto un qualunque elemento, ovvero prima della `setContentView()`.

Un'ultima considerazione riguarda la presenza, oltre ai metodi di load visti in precedenza, anche del seguente:

```
public void loadDataWithBaseURL (String baseUrl, String data, String mimeType, String encoding, String failUrl)
```

il quale permette di considerare il contenuto descritto dal parametro data come relativo rispetto all'URL specificato dal paramero baseUrl. Il parametro failUrl indica invece l'URL da visualizzare nel caso di errore. Si tratta di un metodo che permette la gestione di contenuti locali per la visualizzazione, per esempio, di help contestuali descritti attraverso pagine HTML.

Funzioni di navigazione

Nell'esempio precedente abbiamo già evidenziato l'assenza di pulsanti per la gestione della navigazione. Si tratta di una cosa voluta, così da poter utilizzare il componente all'interno di layout anche complessi senza il peso di tale barra. Nel caso in cui si volessero applicare operazioni tipiche di un browser, come il Back, bisognerà fornire la relativa UI. La classe WebView non ci fornisce quindi la UI relativa alla barra ma un insieme di operazioni a essa associate, tra cui

```
public boolean canGoBack ()
public void goBack ()
```

per verificare se è possibile eseguire il Back ed eventualmente farlo.
Analogamente all'evento di Back, esistono gli equivalenti per l'operazione di Forward:

```
public boolean canGoForward ()
public void goForward ()
```

oppure specificare il Back o il Forward attraverso un parametro che ne indica il numero di pagine in modo analogo alla funzione history() in JavaScript, ovvero:

```
public boolean canGoBackOrForward (int steps)
public void goBackOrForward (int steps)
```

È possibile quindi ricaricare una pagina con il metodo

```
public void reload ()
```

o intervenire sulla cache o sulla history con metodi del tipo:

```
public void clearCache (boolean includeDiskFiles)
public void clearHistory ()
```

Ovviamente sarà cura dello sviluppatore fornire un'interfaccia adeguata per l'esecuzione di queste operazioni.

Impostazioni

Analogamente a quanto avviene per un normale browser, anche per la `WebView` è possibile impostare determinate configurazioni. In questo caso si utilizza un oggetto descritto dalla classe `WebSettings` di cui è possibile ottenere un riferimento attraverso il seguente metodo:

```
public WebSettings getSettings ()
```

della `WebView`.

Osservando le API il lettore potrà verificare la presenza di operazioni che permettono, tra le varie cose, anche di:

- abilitare o meno la gestione dello zoom attraverso gli appositi controlli
- impostare il font di default e la sua dimensione
- abilitare o meno l'utilizzo di JavaScript
- abilitare o meno l'utilizzo di plug-in

Interessante è la possibilità, mediante il metodo `setUserAgentString()`, di impostare lo `UserAgent` della `WebView` in modo che corrisponda a quello di un client mobile oppure a quello di un client desktop.
Come esempio di utilizzo di queste opzioni, lasciamo al lettore la verifica dell'utilizzo dell'istruzione

```
webView.getSettings().setBuiltInZoomControls(true);
```

al fine dell'abilitazione delle funzionalità di zoom.

Utilizzo di JavaScript

Un aspetto molto interessante del WebKit fornito con Android è quello relativo alla possibilità di eseguire delle operazioni implementate in Java da codice JavaScript visualizzato all'interno della `WebView`. Per dimostrare questa potente ma potenzialmente pericolosa funzionalità abbiamo realizzato il progetto `JSWebKitTest`, che differisce dagli esempi precedenti solo per le parti che andremo a descrivere nel dettaglio.
Innanzitutto abbiamo definito una semplicissima classe interna, di nome `HelloWorldBridge`, la cui unica responsabilità è di definire una semplice operazione di creazione del tipico messaggio `Hello World`.

Listato 11.5 Definizione della classe HelloWorldBridge

```java
public class HelloWorldBridge{
    public String sayHello(){
        return "Hello World!";
    }
}
```

A questo punto l'obiettivo sarà di invocare il metodo `sayHello()` da un'istruzione JavaScript all'interno di una `WebView`.

All'interno del metodo onCreate() non abbiamo quindi fatto altro che aggiungere le seguenti istruzioni.

Listato 11.6 Abilitazione di JavaScript e registrazione del Bridge

```
HelloWorldBridge jsBridge = new HelloWorldBridge();
webView.addJavascriptInterface(jsBridge, "jsBridge");
webView.getSettings().setJavaScriptEnabled(true);
```

Come prima cosa abbiamo creato un'istanza del Bridge, che abbiamo quindi registrato alla WebView attraverso il metodo addJavaScriptInterface(). Il riferimento all'oggetto viene passato come primo parametro, mentre come secondo passiamo una stringa che rappresenterà il nome dell'oggetto all'interno del codice JavaScript che lo andrà a utilizzare. La terza istruzione è quella che permette di abilitare l'esecuzione di codice JavaScript nella WebView.

L'ultima fondamentale modifica fatta riguarda l'URL della pagina da visualizzare, la quale è stata inserita all'interno della cartella /assets dove vi sono quelle particolari risorse per le quali non viene generata alcuna costante in R e che non subiscono alcuna ottimizzazione. Nel nostro caso non faremo altro che inserire il file HTML con il codice JavaScript, ovvero:

Listato 11.7 Codice JavaScript che utilizza il Bridge

```
<html>
    <body>
    <div id="output">Output dell'Handler</div>
    <input type="submit" value="Say Hello"
        onclick="document.getElementById('output').innerHTML = jsBridge.sayHello()" />
    </body>
</html>
```

Notiamo come vi sia l'invocazione dell'operazione sayHello() sull'oggetto di nome jsBridge.

Un ultimo interessante aspetto riguarda poi l'URL utilizzato per fare riferimento a questa risorsa:

file:///android_asset/test_js.html

dove la directory android_asset contiene appunto le risorse di questo tipo per l'applicazione.

Non ci resta che eseguire l'applicazione, selezionare il pulsante *Load Url* per il caricamento del file HTML, quindi su questo selezionare il pulsante *Say Hello* per vedere visualizzato il messaggio voluto (Figura 11.3).

Come accennato in precedenza, si tratta di una funzionalità molto potente ma allo stesso tempo molto pericolosa; va perciò utilizzata con criterio.

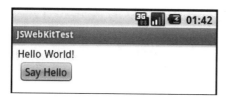

Figura 11.3 Risultato dell'invocazione da JavaScript del Bridge.

Visualizzazione delle mappe

Come abbiamo più volte ricordato, Google ha un ruolo fondamentale nello sviluppo della piattaforma Android. Molti dei servizi offerti da questa azienda sono infatti integrati nella piattaforma, sebbene non siano liberamente utilizzabili per applicazioni commerciali. Stiamo parlando dell'integrazione con GTalk, GMail ma soprattutto con le famose Google Maps. Queste ultime sono delle API che permettono la realizzazione di applicazioni, definite Location Based, che utilizzano come principali informazioni quelle relative alla location dell'utente. Gli strumenti che Android mette a disposizione in tale senso si possono suddividere in:

- visualizzazione, controllo delle opzioni e customizzazione Google Maps
- servizi di georeferenziazione
- integrazione con i sistemi GPS

che saranno argomento dei prossimi paragrafi.

MapView e MapActivity

Come accennato in precedenza, Android ci permette di utilizzare gli strumenti per la visualizzazione e gestione delle famose Google Maps. Si tratta delle classi MapActivity e MapView che, come vedremo, devono essere sempre utilizzate insieme. Questo perché la classe MapView, cheè una specializzazione particolare di View, necessita di alcuni servizi forniti dalla classe MapActivity che, come è facile intuire, è una specializzazione della classe Activity.

Per creare il primo progetto che permette la semplice visualizzazione di una mappa abbiamo anzitutto bisogno di eseguire alcune operazioni di carattere amministrativo. In primo luogo, in base a quanto visto nel Capitolo 2, il target di un'applicazione che utilizza le Google Maps API deve essere particolare. A tale proposito eseguiamo il comando android e verifichiamo la presenza delle librerie necessarie. Nel caso non siano disponibili, basterà selezionare l'opzione *Available Packages* per la scelta della versione da scaricare (Figura 11.4).

Nel nostro caso selezioniamo quella associata alla versione 2.0 di Android e procediamo alla sua installazione premendo il pulsante *Install Selected*.

> **Google API e licenza**
>
> Nel caso di utilizzo delle suddette API per scopi commerciali si consiglia di leggere attentamente le licenze.

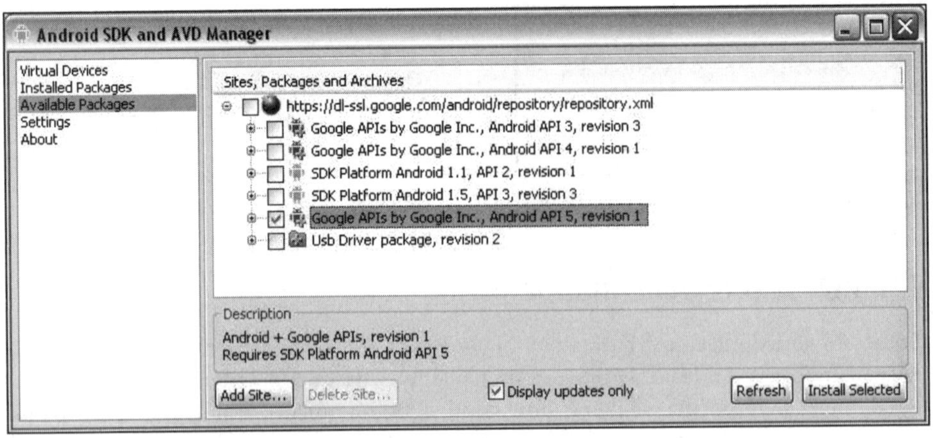

Figura 11.4 Download delle librerie per le Google API.

Una volta che le API sono state scaricate le potremo vedere tra quelle installate. Se andiamo quindi a eseguire il comando

`android list target`

notiamo come ora sia presente (se non già disponibile in precedenza) anche il target di id pari a 3 (Figura 11.5) associato quindi a un dispositivo che vuole utilizzare le Google API.
Una volta installate le API, il passo successivo consiste nella definizione di un AVD nel modo descritto nel Capitolo 2. Per fare questo utilizziamo il corrispondente tool creando quindi l'AVD eclair-map (Figura 11.6).
Per raggiungere l'obiettivo dobbiamo fare un ultimo passo, che consiste nel procurarsi una *map-key*, ovvero un codice che Google stessa ci deve fornire per poter accedere ai servizi

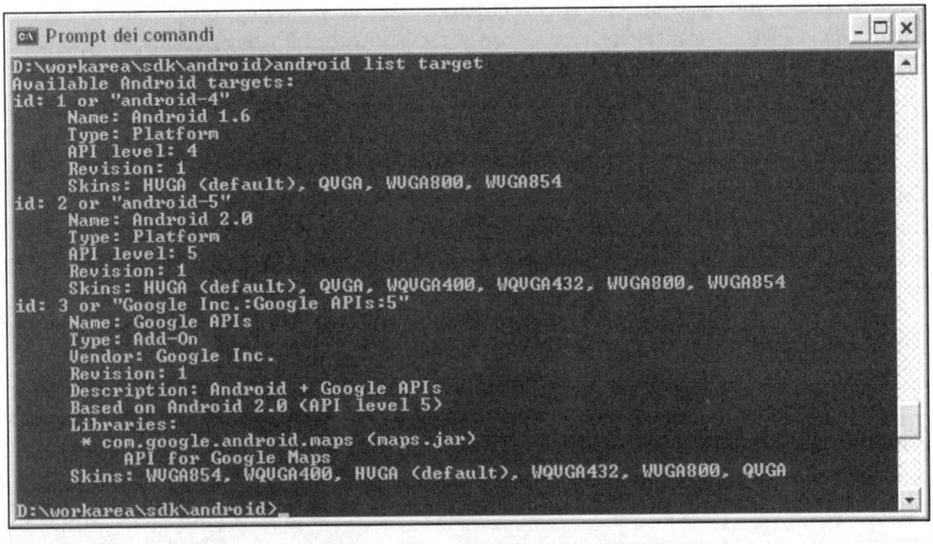

Figura 11.5 Disponibilità del target relativo all'uso delle Google API.

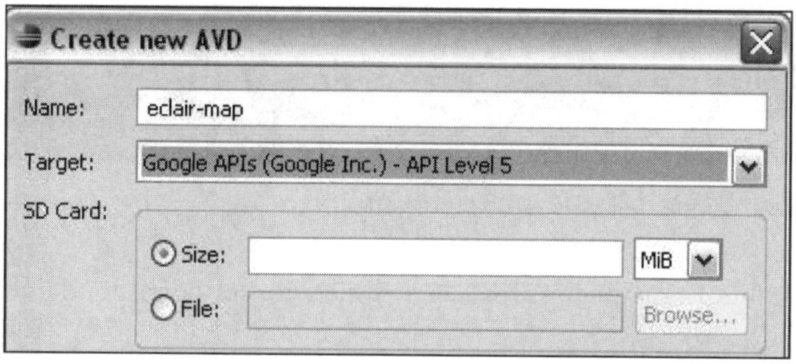

WebView e MapView 451

Figura 11.6 Definizione di un AVD con Google API.

di map. Tale codice è associato al certificato che utilizziamo per firmare l'applicazione; questo significa che, di norma, serve una chiave per il certificato di debug e una per il certificato usato per l'installazione nei dispositivi. Nel nostro caso eseguiremo i passi necessari per il certificato di debug, lasciando al lettore la ripetizione degli stessi per il certificato che chiamiamo di *release*. In particolare, serve l'informazione del certificato denominato *fingerprint MD5* che otteniamo attraverso il keytool.
Per il certificato di debug dobbiamo però usare il corrispondente keystore che è diverso da quello creato nel precedente capitolo. Per sapere dove si trova nel nostro file system andiamo a verificare la configurazione del plug-in ADT attraverso la relativa opzione nelle *Preferences* del menu *Window* di eclipse alla voce *Build* (Figura 11.7).

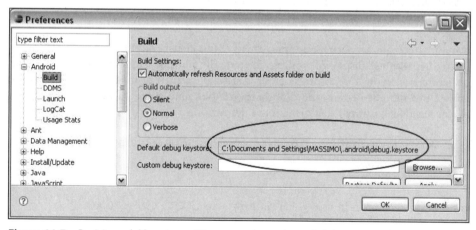

Figura 11.7 Posizione del keystore utilizzato per la versione di debug.

Usando questo keystore possiamo quindi eseguire il seguente comando:

```
keytool -list -alias androiddebugkey -keystore <store dir> -storepass android -keypass android
```

dove al posto di `<store dir>` metteremo il path individuato in precedenza. Il risultato sarà la visualizzazione dell'informazione cercata, ovvero dell'MD5 come possiamo vedere in Figura 11.8, dove ne abbiamo volutamente offuscato il valore.
Notiamo come l'alias del certificato di debug sia `androiddebugkey` e le relative password siano `android`.

```
D:\workarea\sdk\android>keytool -list -alias androiddebugkey -keystore "C:\Docum
ents and Settings\MASSIMO\.android\debug.keystore" -storepass android -keypass a
ndroid
androiddebugkey, 28-apr-2009, PrivateKeyEntry,
Impronta digitale certificato (MD5): B8:8D:54:C7:AD:D            8B:96:A9:4
3:09
```

Figura 11.8 Comando per l'estrazione dell'MD5 di un certificato.

Ci siamo quasi. Andiamo quindi al sito di Google per il rilascio del corrispondente codice:

http://code.google.com/android/maps-api-signup.html

in cui facciamo un semplice copia/incolla di quanto ottenuto, accettiamo la licenza, quindi selezioniamo il corrispondente pulsante. Il risultato sarà la generazione di un codice che ci permetterà finalmente di sviluppare il nostro semplice esempio. A tale proposito notiamo come la generazione del codice necessiti di una registrazione ai servizi di Google. Alfine, come risultato otterremo la chiave e anche il corrispondente elemento da usare nel layout:

Listato 11.8 Elemento di layout generato

```
<com.google.android.maps.MapView
    android:layout_width="fill_parent"  android:layout_height="fill_parent"
    android:apiKey="<mia chiave>" />
```

dove il lettore potrà inserire la propria chiave. Non ci resta quindi che osservare il progetto `SimpleMapTest` disponibile online. Si tratta di un'applicazione molto semplice, che utilizza come layout quello precedente inserito all'interno di un `LinearLayout` e come attività una semplice estensione di `MapActivity`. Notiamo come l'accesso alla rete porti alla necessità dell'utilizzo dell'ormai nota definizione

```
<uses-permission android:name="android.permission.INTERNET"></uses-permission>
```

oltre alla seguente:

```
<uses-permission android:name="android.permission.ACCESS_COARSE_LOCATION" />
```

nel corrispondente file `AndroidManifest.xml` per la gestione dei permessi di accesso alle informazioni di localizzazione. Vedremo successivamente che oltre a questo permesso, indicato con `COARSE`, ne esiste anche uno più accurato, caratterizzato dal termine `FINE`. Inoltre, è necessario indicare l'utilizzo delle Google Maps API mediante la seguente definizione all'interno dell'elemento `<application/>`:

```
<uses-library android:name="com.google.android.maps" />
```

Il lettore potrà poi verificare l'utilizzo del metodo `requestWindowFeature()` al fine di eliminare il titolo dell'applicazione. Eseguendo il nostro progetto otteniamo finalmente quanto mostrato in Figura 11.9, ovvero la visualizzazione della mappa nel display.

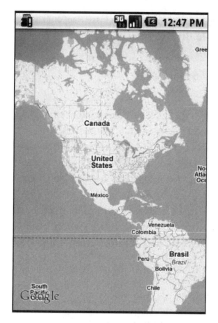

Figura 11.9 Visualizzazione di una MapView.

Il lettore potrà però verificare come con questa mappa non si riesca a fare molto. Non si riesce infatti a fare lo zoom, a spostarla (il pan), a modificare le classiche modalità di visualizzazione delle Google Maps, tra cui la famosa vista da satellite. Manca ancora un meccanismo per rendere queste operazioni accessibili da un'applicazione, come vedremo nel prossimo paragrafo.

Customizzazione di una MapView

Una prima osservazione relativamente alla classe `MapActivity` riguarda il fatto che è una classe astratta che richiede l'implementazione della seguente operazione:

```
protected boolean isRouteDisplayed()
```

Si tratta di un metodo che permette di specificare se la particolare applicazione sta visualizzando informazioni di *routing*, ovvero relative ai diversi modi di percorrenza delle diverse strade. Non ha una funzione tecnica, ma puramente amministrativa, nel senso che ciascuna applicazione che utilizza le Google Maps deve specificare questo tipo di informazione perché definito a termini di licenza. Una cosa analoga succede per il metodo

```
protected boolean isLocationDisplayed()
```

per indicare al server se la mappa sta visualizzando informazioni ottenute da un sistema di localizzazione. In questo caso non si tratta comunque di un metodo astratto. Osservando invece le API della classe `MapView` notiamo la presenza dell'importante metodo

```
public MapController getController()
```

il quale permette di ottenere il riferimento a un oggetto, descritto dalla classe `MapController` del package `com.google.android.maps`, che contiene le diverse operazioni per:

- centrare la mappa a una particolare location
- gestire delle animazioni sul posizionamento della mappa
- gestirne lo zoom

Come esempio di queste possibilità abbiamo creato l'applicazione `CustomControllerMap`, la quale prevede la possibilità di gestire le varie impostazioni attraverso dei pulsanti.

Il primo di questi permette di centrare la mappa in corrispondenza di una particolare posizione geografica identificata da un'istanza della classe `GeoPoint`. Si tratta di una classe molto importante, che consente di descrivere un punto sulla mappa in termini di latitudine e longitudine espresse in microgradi (un microgrado è dato dal valore dei gradi moltiplicato per 1 milione, ovvero per 10^6). Per esempio, per rappresentare la location di Rovigo è sufficiente partire dalle informazioni di latitudine e longitudine, ovvero rispettivamente 45.066667 e 11.783333, e moltiplicarle per 10^6, ottenendo quindi 45066667 e 11783333 da utilizzare nel costruttore

```
public GeoPoint(int latitudeE6, int longitudeE6)
```

Associato al pulsante *Centra* abbiamo quindi eseguito il seguente metodo:

Listato 11.9 Centratura delle mappa a una location specificata da un GeoPoint

```
private final static GeoPoint ROVIGO_GEO_POINT = new GeoPoint(45066667,11783333);
public void centerMap(View Button){
    mapController.setCenter(ROVIGO_GEO_POINT);
}
```

dove abbiamo inserito anche la definizione della costante relativa al punto di destinazione.

In Figura 11.10 si può notare come una città come Rovigo non sia visibile con il livello di zoom impostato.

Sempre attraverso l'oggetto `MapController` possiamo quindi eseguire delle operazioni di zoom mediante il seguente codice che abbiamo associato ai relativi pulsanti.

Listato 11.10 Operazioni di zoom in e zoom out di una MapView

```
public void zoomIn(View Button){
    mapController.zoomIn();
}

public void zoomOut(View Button){
    mapController.zoomOut();
}
```

Selezionando più volte l'operazione di zoom in è possibile quindi ottenere il risultato di Figura 11.11.

Figura 11.10 Centratura della mappa con il metodo setCenter().

Figura 11.11 Utilizzo delle opzioni di zoom.

Molto interessante è la possibilità di eseguire un'animazione dal punto visualizzato correntemente a un altro punto specificato, sempre con un oggetto di tipo GeoPoint. Per fare questo si utilizza uno dei seguenti overload del metodo animateTo() di MapController:

```
public void animateTo(GeoPoint point)
public void animateTo(GeoPoint point,android.os.Message message)
public void animateTo(GeoPoint point,java.lang.Runnable runnable)
```

Alla luce di quanto visto nel capitolo dedicato al multithreading, possiamo comprendere il significato dei parametri di tipo Message e Runnable. Essi permettono di inviare un messaggio o attivare un runnable in corrispondenza del termine naturale dell'animazione. Abbiamo usato il termine "naturale" in quanto un'animazione iniziata in questo modo potrebbe essere interrotta in modo esplicito attraverso l'invocazione del metodo

```
public void stopAnimation(boolean jumpToFinish)
```

dove il parametro permette di specificare se, in corrispondenza della terminazione, restare nella posizione raggiunta o andare direttamente al punto finale.

Come esempio di utilizzo del più semplice di questi metodi abbiamo aggiunto un pulsante per "volare" a New York. Lasciamo al lettore eventuali test sulle altre implementazioni da utilizzare nel caso in cui si voglia intervenire sulla UI: sia il Message che il Runnable verrebbero eseguiti all'interno del processo di gestione dell'interfaccia grafica.

Sebbene ora si riesca a centrare la mappa in un particolare punto, notiamo come non si riesca ancora a trascinare la mappa nella modalità che conosciamo e che utilizziamo anche nella versione web. Quella del pan è una modalità che è possibile attivare attraverso il seguente metodo:

```
public void setClickable (boolean clickable)
```

che la classe MapView eredita dalla classe View e che nelle precedenti esecuzioni dell'applicazione avevamo lasciato commentato. L'utente potrà verificare come la possibilità del pan della mappa sia conseguenza del valore true del parametro clickable del metodo precedente.
Come sappiamo, una mappa può essere visualizzata secondo diverse modalità che vanno sotto il nome di Traffic View, Satellite View e Street View. La prima, quella di default, è quella vista finora nelle immagini relative all'applicazione; la seconda è quella che permette di mostrare una visione satellitare della mappa, mentre la terza, per le zone abilitate, è quella che permette di immergersi in un ambiente 3D che riproduce molto fedelmente la strada selezionata. A tale proposito, la classe MapActivity mette a disposizione diversi metodi per verificare la modalità di visualizzazione della mappa ed eventualmente abilitarli o disabilitarli.
Nel nostro esempio tutta la logica di gestione delle modalità di visualizzazione è stata inserita con un menu delle opzioni o meglio come opzioni di un SubMenu. Questo perché, come il lettore forse ricorderà, le voci di menu principale sono quelle che possono avere un'icona ma che non possono essere checkable mentre per gli item di un sottomenu vale esattamente il contrario. Il lettore potrà poi verificare come sia stata utilizzata un'icona standard di Android relativa proprio a questa funzionalità e identificata dal valore android.R.drawable.ic_menu_mapmode. Selezionando il pulsante Menu si ottiene quindi il menu di Figura 11.12.

Figura 11.12 Menu delle opzioni di visualizzazione della MapView.

Selezionandolo, è possibile abilitare o disabilitare le relative opzioni di visualizzazione. I metodi da utilizzare per le singole opzioni sono i seguenti:

```
public void setSatellite(boolean on)
public void setTraffic(boolean on)
public void setStreetView(boolean on)
```

mentre questi altri permettono di verificarne lo stato:

```
public boolean isSatellite()
public boolean isTraffic()
public boolean isStreetView()
```

Figura 11.13 Abilitazione della modalità Satellite.

Il risultato, abilitando la modalità satellite, è quindi quello di Figura 11.13; ora possiamo anche trascinare attraverso eventi di touch.

L'ultima considerazione che possiamo fare in relazione agli strumenti messi a disposizione per l'utilizzo della MapView è relativa alla facoltà di utilizzare dei controlli predefiniti nella gestione dello zoom. I pulsanti che abbiamo creato in precedenza non sono il massimo dell'interattività. A tale proposito, Android permette l'utilizzo di un componente automatico di gestione dello zoom che compare e scompare alla necessità dell'utente, ovvero quando questo tocca il display. Si tratta di un'opzione configurabile attraverso il seguente metodo:

```
public void setBuiltInZoomControls(boolean on)
```

A scopo esemplificativo abbiamo realizzato il progetto StandardZoomMapTest che riprende il progetto precedente e, togliendo i pulsanti relativi alla gestione dello zoom, utilizza questo componente predefinito. Notiamo come, all'evento di touch, venga in effetti visualizzato un controllo per la gestione dello zoom che successivamente risulta nascosto (Figura 11.14).

Figura 11.14 Controlli per lo zoom.

Abbiamo quindi abilitato la maggior parte delle operazioni con questo importante componente. Sappiamo comunque che le mappe assumono maggiore efficacia se utilizzate per indicare la posizione di determinati servizi. Serve quindi da un lato un meccanismo per visualizzare degli elementi sulla mappa e dall'altro uno strumento che permetta di contestualizzare la mappa rispetto alla posizione corrente del dispositivo.

Customizzazione di una MapView

Come accennato in precedenza, le Google Maps API permettono di visualizzare elementi aggiuntivi sulle mappe sfruttando i cosiddetti *overlay*, descritti da specializzazioni dell'omonima classe. In pratica si tratta di opportuni marker caratterizzati da un'icona e selezionabili mediante diversi tipi di eventi tra cui quelli di touch, di pressione di un tasto, del movimento dell'eventuale trackball o di *tap*, ovvero un evento di touch di breve durata. Una volta creati degli overlay è possibile visualizzarli sulla mappa aggiungendoli alla lista ottenuta con il metodo della `MapView`

```
public final java.util.List<Overlay> getOverlays()
```

Molto interessante è la capacità di un particolare overlay di essere *snappable*, cosa che si esprime implementando l'interfaccia `Overlay.Snappable`. Essa permette di descrivere un criterio secondo cui la vicinanza del marker a una particolare posizione può far scatenare una determinata azione, che è tipicamente di zoom.
La piattaforma Android mette a disposizione due specializzazioni di `Overlay` descritte dalle classi `ItemizedOverlay` e `MyLocationOverlay`. La prima è una specializzazione che permette di visualizzare sulla mappa un insieme di elementi, come vedremo nel prossimo esempio. `MyLocationOverlay` permette invece di visualizzare la posizione corrente del dispositivo attraverso un'integrazione con i sistemi di localizzazione, che descriveremo successivamente.
Come dimostrazione di questa funzionalità abbiamo creato l'applicazione `OverlayMapTest` il cui codice è disponibile online. Anche in questo caso si tratta di un progetto molto simile a quelli precedenti, cui abbiamo aggiunto la gestione degli overlay.
Come accennato in precedenza, dovremo rappresentare i marker da inserire nella mappa come particolari specializzazioni della classe `Overlay`. Nel nostro caso abbiamo creato una specializzazione di `ItemizedOverlay` descritta dalla classe `VenetoCitiesOverlay` che vuole permettere la visualizzazione delle province del Veneto, e che andiamo a descrivere nel dettaglio.

Listato 11.11 Specializzazione della classe ItemizedOverlay

```
public class VenetoCitiesOverlay extends ItemizedOverlay<OverlayItem> {

    private List<OverlayItem> province = new LinkedList<OverlayItem>();
    private Drawable defaultMarker;

    public VenetoCitiesOverlay(Drawable defaultMarker) {
        super(defaultMarker);
        this.defaultMarker=defaultMarker;
        province.add(new OverlayItem(new GeoPoint(45066667,11783333),"Rovigo","RO"));
```

```
            province.add(new OverlayItem(new GeoPoint(46140833,12215556),"Belluno","BL"));
            province.add(new OverlayItem(new GeoPoint(45406389,11877778),"Padova","PD"));
            province.add(new OverlayItem(new GeoPoint(45666667,12250000),"Treviso","TV"));
            province.add(new OverlayItem(new GeoPoint(45437500,12335833),"Venezia","VE"));
            province.add(new OverlayItem(new GeoPoint(45438158,10993742),"Verona","VR"));
            province.add(new OverlayItem(new GeoPoint(45550000,11550000),"Vicenza","VI"));
            populate();
        }

        public void draw(Canvas canvas, MapView mapView, boolean shadow) {
            super.draw(canvas, mapView, shadow);
            boundCenterBottom(defaultMarker);
        }

        protected OverlayItem createItem(int i) {
            return province.get(i);
        }

        public int size() {
            return province.size();
        }
}
```

Le operazioni richieste da un `ItemizedOverlay` sono le ultime due, ovvero quelle che permettono di conoscere il numero di item e il riferimento a ciascuno di essi. Notiamo come la definizione dei vari elementi avvenga all'interno del costruttore e come ciascun punto sia rappresentato da un'istanza di `ItemizedOverlay`. Anche in questo caso la posizione dei vari marker è specificata con oggetti di tipo `GeoPoint`.

Da non dimenticare, l'invocazione del metodo `populate()` che permette all'oggetto `ItemizedOverlay` di organizzare al proprio interno i vari riferimenti agli item per poterli poi visualizzare in modo ottimizzato.

Infine, notiamo come sia stato fatto l'override del metodo `draw()` per richiamare il metodo `boundCenterBottom()` che permette di visualizzare l'icona centrata rispetto al punto rappresentato.

All'interno del metodo `onCreate()` dell'`Activity` basterà quindi eseguire le seguenti istruzioni per la visualizzazione degli overlay voluti.

Listato 11.12 Definizione degli overlay nell'Activity

```
Drawable starImg = getResources().getDrawable(R.drawable.icon);
VenetoCitiesOverlay overlays = new VenetoCitiesOverlay(starImg);
mapView.getOverlays().add(overlays);
```

Il risultato infine ottenuto è quello di Figura 11.15, dove notiamo la visualizzazione dei vari marker nelle posizioni specificate.

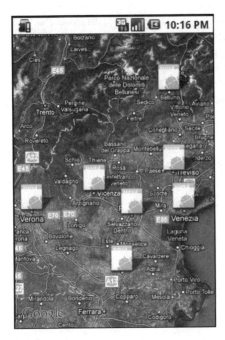

Figura 11.15 Visualizzazione degli overlay.

Sistemi di georeferenziazione

Negli esempi realizzati finora abbiamo spesso fatto riferimento a città di cui conoscevamo a priori le coordinate in termini di latitudine e longitudine. Ovviamente non sempre queste informazioni sono note a priori; serve perciò un meccanismo che permetta di convertire un indirizzo in coordinate e viceversa. Non si tratta sicuramente di un'operazione semplice, ma è comunque fornita in modo soddisfacente dalla classe Geocoder del package android.location. Osservando la corrispondente documentazione, notiamo come la classe Geocoder abbia i seguenti due costruttori:

```
public Geocoder (Context context)
public Geocoder (Context context, Locale locale)
```

dove è possibile impostare quello che è il Locale desiderato per i risultati delle varie operazioni. Si tratta di una caratteristica importante sia in fase di traduzione dell'indirizzo in coordinate, sia nel processo inverso.

Il primo servizio messo a disposizione dal Geocoder è descritto dalla seguente operazione:

```
public List<Address> getFromLocation (double latitude, double longitude, int maxResults)
```

la quale permette di ottenere un elenco di istanze della classe Address a partire dalle informazioni di latitudine e longitudine, sempre specificati come microgradi.

Il terzo parametro è molto importante, in quanto in un contesto che può essere anche poco accurato è bene limitare il numero massimo dei risultati ottenuti. La classe Address contiene diverse informazioni di vario genere le quali potrebbero non essere sempre disponibili come risultato di una ricerca. In alcuni casi l'oggetto ottenuto contiene solamente informazioni relative al nome di una città, in altri le informazioni relative al codice postale e addirittura al numero di telefono nel caso di punto di interesse.

Un'operazione ancora più complessa dal punto di vista dell'implementazione è quella descritta dal seguente metodo:

```
public List<Address> getFromLocationName (String locationName, int maxResults, double
lowerLeftLatitude, double lowerLeftLongitude, double upperRightLatitude, double
upperRightLongitude)
```

Essa permette infatti di ottenere un elenco di indirizzi non a partire da coordinate ma da un nome, che può essere relativo a una città, a un indirizzo, un aeroporto, un cinema e altro. Oltre al nome del luogo è possibile specificare il range di coordinate che delimitano la zona di interesse all'interno della quale eseguire la ricerca.

Nel caso in cui non si voglia specificare la zona di interesse, il Geocoder mette a disposizione anche il seguente metodo, sicuramente più semplice dal punto di vista della firma:

```
public List<Address> getFromLocationName (String locationName, int maxResults)
```

Esso quale permette di specificare, insieme al nome del luogo, il numero massimo dei risultati; è bene che questo numero non sia mai superiore a 5.

Lo sviluppatore che utilizza i servizi del Geocoder deve prestare molta attenzione al fatto che si tratta di operazioni bloccanti e spesso non immediate. Per questo motivo tali operazioni vanno eseguite in thread separati, per cui occorre comunicare con il Main Thread attraverso i meccanismi che abbiamo approfondito nel capitolo dedicato al multithreading.

Come esempio di utilizzo del Geocoder vogliamo realizzare una semplice interfaccia che permette di inserire un indirizzo, eseguire una ricerca e posizionare la mappa al centro del primo risultato ottenuto. Abbiamo quindi creato il progetto GeoCoderTest disponibile tra gli esempi online. La parte interessante del codice è quella relativa al corpo del thread responsabile della ricerca.

Listato 11.13 Thread responsabile della ricerca con il Geocoder

```
Thread searchThread = new Thread("SerachThread") {

    public void run() {
        Message message = mapHandler.obtainMessage();
        try {
            List<Address> risultati = geocoder.getFromLocationName(
                inputName.getText().toString(), 1);
            if (risultati != null && risultati.size() > 0) {
                message.obj = risultati.get(0);
                mapHandler.sendMessage(message);
            }
        } catch (IOException e) {
            mapHandler.sendEmptyMessage(MAP_MESSAGE_ID);
        }finally{
```

```
            dismissDialog(PROGRESS_DIALOG_ID);
        }
    }
};
```

Notiamo come, nella parte evidenziata, via sia l'invocazione del metodo getFromLocationName() del Geocoder passando il valore inserito nella EditText dell'Activity. Nel caso in cui vi sia un risultato, questo viene considerato come payload del messaggio da inviare all'Handler responsabile della visualizzazione nella mappa, il cui codice è il seguente.

Listato 11.14 Gestione del messaggio da parte dell'Handler

```
private final Handler mapHandler = new Handler() {

    public void handleMessage(Message msg) {
        if(msg!=null && msg.obj!=null){
            Address address = (Address)msg.obj;
            GeoPoint pointToGo = new GeoPoint((int)address.getLatitude()*1000000,
            (int)address.getLongitude()*1000000);
            mapView.getController().setCenter(pointToGo);
        }else{
            Toast.makeText(GeoCoderTestActivity.this, "Found nothing. Retry!",
            Toast.LENGTH_SHORT).show();
        }
    }

};
```

In caso di disponibilità del risultato non facciamo altro che estrarre le informazioni sulle coordinate, creare il corrispondente GeoPoint e infine centrare la mappa rispetto a esso. Il lettore potrà quindi eseguire l'applicazione e testarne il funzionamento, ottenendo quando mostrato in Figura 11.16.

Figura 11.16 GeocoderTest in esecuzione.

Integrazione con il GPS e LocationManager

Un importante strumento fornito dai dispositivi Android è quello che va sotto il nome di `LocationManager`; con esso è possibile ricevere notifiche sulla posizione del dispositivo o lanciare un `Intent` nel caso in cui lo stesso entri in prossimità di una particolare posizione geografica. Si tratta di un servizio di sistema di cui è possibile ottenere un riferimento con il seguente metodo di utilità della classe `Context`:

```
public abstract Object getSystemService (String name)
```

cui viene passato come parametro il valore della costante `Context.LOCATION_SERVICE`. Le informazioni relative alla posizione possono essere ottenute dal `LocationManager` in modi diversi a seconda dei `LocationProvider` disponibili. Possiamo pensare a un provider, ciascuno dei quali ha caratteristiche descritte da istanze della classe `LocationProvider`, come a quel meccanismo fisico in grado di acquisire la posizione del dispositivo. Al momento i dispositivi Android sono in grado di acquisire le informazioni relative alla posizione attraverso due tipi di provider: GPS o basato sulla rete. I primi utilizzano il segnale proveniente dai satelliti, mentre i secondi calcolano la posizione tramite triangolazioni relative a posizioni note.

La classe `LocationManager` ci permette di avere indicazioni sui `LocationProvider` disponibili ed eventualmente ci consente di verificare quale tra questi soddisfa meglio particolari criteri, le cui informazioni sono incapsulate all'interno di un oggetto di tipo `Criteria`. Per esempio, con il metodo

```
public List<String> getAllProviders ()
```

possiamo ottenere l'elenco degli identificatori dei provider disponibili, mentre con l'operazione

```
public String getBestProvider (Criteria criteria, boolean enabledOnly)
```

è possibile conoscere l'identificatore del provider che soddisfa meglio alcuni criteri relativi a precisione del dato (accuratezza), potenza, capacità di fornire informazioni sull'altitudine, velocità e costo.

Il secondo parametro ci permette semplicemente di considerare o meno tutti i provider o solamente quelli abilitati.

Una volta individuato l'identificativo di un provider è possibile ottenerne il riferimento con l'operazione

```
public LocationProvider getProvider (String name)
```

ottenendo un oggetto di tipo `LocationProvider` che contiene un insieme di informazioni su quali delle caratteristiche elencate prima sono soddisfatte dal provider. Ogni provider è in grado anche di dire se soddisfa o meno a requisiti specificati da un particolare `Criteria`. L'utilizzo del `LocationManager` è molto semplice in quanto, per essere notificati delle variazioni di posizione, è sufficiente creare un'implementazione dell'interfaccia `LocationListener` e registrarsi a esso come ascoltatori con il seguente metodo:

```
public void requestLocationUpdates (String provider, long minTime, float
minDistance, LocationListener listener)
```

Notiamo come il primo parametro sia l'identificativo del provider che si intende utilizzare. Questo significa che è possibile registrarsi come ricevitore degli eventi di posizione solo con un provider.

I parametri `minTime` e `minDistance` permettono di specificare, rispettivamente, una distanza e un tempo minimo di notifica. Ciò fa sì che non vengano generati troppi eventi di notifica vicini tra di loro sia nel tempo sia nello spazio, in modo da preservare le risorse del dispositivo.

Infine, l'ultimo parametro è il riferimento a un'implementazione dell'interfaccia `LocationListener` la quale prevede la definizione di una serie di operazioni, che andiamo a descrivere.

La più interessante è sicuramente quella descritta dal metodo:

```
public abstract void onLocationChanged (Location location)
```

Essa viene invocata in corrispondenza di una variazione nella posizione le cui informazioni sono incapsulate all'interno di un oggetto di tipo `Location`. Si tratta di una classe che, oltre a incapsulare le informazioni relative a una posizione in termini di latitudine e longitudine, fornisce una serie di metodi per calcolare, per esempio, la distanza in metri tra due location diverse. Con queste due operazioni:

```
public abstract void onProviderDisabled (String provider)
public abstract void onProviderEnabled (String provider)
```

è possibile essere informati della disabilitazione o abilitazione di un particolare provider da parte dell'utente. Ciò permette, per esempio, di passare al provider di rete nel caso in cui il provider GPS sia disabilitato, o viceversa.

Un `LocationListener` viene notificato sulle variazioni di stato del servizio stesso con il metodo

```
public abstract void onStatusChanged (String provider, int status, Bundle extras)
```

In questo caso è interessante vedere come lo status possa essere rappresentato da uno dei seguenti valori di ovvio significato: `OUT_OF_SERVICE`, `TEMPORARELY_UNAVAILABLE` o `AVAILABLE`.

Infine, il `LocationManager` permette di inviare un particolare `Intent` nel momento in cui il dispositivo si avvicina a una particolare location. L'operazione per accedere a questa funzionalità è la seguente:

```
public void addProximityAlert (double latitude, double longitude, float radius, long
expiration, PendingIntent intent)
```

Tramite i primi due parametri impostiamo la posizione di riferimento, mentre con il parametro `radius` indichiamo il raggio della regione da considerare per la prossimità ovvero la massima distanza.

Attraverso il parametro `expiration` possiamo impostare una specie di `timeToLive` oltre il quale l'alert scade e perde di validità.

Infine, vi è l'Intent da lanciare come istanza della ormai nota classe PendingIntent. Ricordiamo che si tratta della versione dell'Intent che può essere lanciata in modo differito e da un processo diverso da quello che lo ha creato. Ecco che non appena il dispositivo entra nel raggio specificato rispetto alla posizione indicata, se non scaduto, il LocationManager invia un Intent che sarà quindi gestito in dipendenza del suo significato.

A questo punto possiamo realizzare una semplice applicazione che visualizza attraverso un Toast un messaggio relativo alla particolare informazione proveniente dal LocationManager cui si è registrata come LocationListener. Abbiamo quindi creato il progetto LocationManagerTest disponibile tra gli esempi online.

Per quello che riguarda l'implementazione non c'è nulla di complesso se non l'implementazione dei metodi descritti sopra con la conseguente visualizzazione di un messaggio di Toast. L'unica osservazione riguarda l'utilizzo della costante LocationManager.GPS_PROVIDER come indicatore del provider GPS. Il provider relativo alla rete è invece identificato dalla costante LocationManager.NETWORK_PROVIDER.

La parte interessante riguarda la modalità con cui questa applicazione può essere testata con l'emulatore, il quale non ha la possibilità di ricevere dei segnali reali di posizione. A tale proposito ci viene in aiuto uno strumento dell'ADT che si chiama Dalvik Debug Monitor Service (DDMS) accessibile in eclipse come particolare Perspective (Figura 11.17).

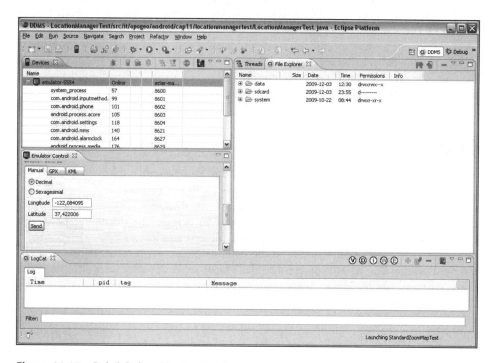

Figura 11.17 Dalvik Debug Monitor Service.

Si tratta di uno strumento molto utile in fase di debug che ha, nella sua parte di nome *Emulator Control*, una piccola interfaccia per l'invio delle informazioni di posizione all'emulatore (Figura 11.18).

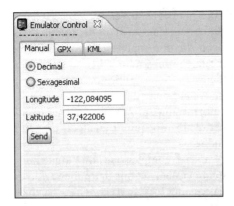

Figura 11.18   Emulator Control per l'invio dei dati di posizione.

Si tratta di una semplice interfaccia per l'invio dei dati di posizione ma anche di altre informazioni (per esempio, SMS) che ci permettono di sfruttare per quanto possibile l'emulatore anche nella gestione di eventi che sono tipici del solo dispositivo reale. In Figura 11.18 è visualizzata la sola opzione relativa all'invio manuale delle coordinate; il tool è comunque predisposto all'invio di informazioni di location in formati diversi, tra cui *GPS Exchange Format* (GPX) o *Keyhole Markup Language* (KML), per i quali è bene consultare la documentazione ufficiale.

Non ci resta che inviare un'informazione di location al nostro emulatore e osservare la visualizzazione del relativo messaggio di log e di `Toast`.

L'esempio realizzato non ha tenuto in considerazione gli aspetti legati al multithreading, di cui ovviamente bisognerà tenere conto in un'applicazione reale.

Conclusioni

In questo capitolo ci siamo occupati di altri due componenti molto importanti nei dispositivi mobili di ultima generazione, ovvero quelli per l'accesso al Web e ai servizi di localizzazione. Abbiamo visto come gestire e personalizzare le `WebView` per la visualizzazione di contenuti web locali e remoti, e come far comunicare del codice JavaScript con quello eventualmente definito in Java nelle diverse attività.

La seconda parte è stata dedicata allo studio degli strumenti per la realizzazione di applicazioni Location Based. Dalla descrizione della `MapView` e della `MapActivity` abbiamo visto come customizzare le Google Maps, quindi come ottenere le informazioni di location dal dispositivo attraverso il servizio di `LocationManager`.

Capitolo 12

App Widget, Gesture e TextSpeech

La piattaforma Android è in continua evoluzione. Durante la scrittura del presente testo sono state apportate diverse modifiche che, con la versione 2.0, hanno comunque raggiunto un buon livello di stabilità. Probabilmente al momento della stampa del libro il sistema avrà ottenuto ulteriori aggiornamenti e disporrà di nuove funzionalità; ne sarà tenuta traccia sul sito dell'autore (http://www.massimocarli.it).

In questo capitolo ci vogliamo occupare di tre importanti nuove API che trasformano un dispositivo Android in una vera e propria macchina del futuro. La prima di queste, introdotta con la versione 1.5 dell'ambiente, permette la realizzazione di particolari widget da inserire nella Home del dispositivo. In base anche a quanto visto sulle Notification, vedremo che si tratta di API che permettono l'esecuzione di particolari specializzazioni di View, le RemoteViews, all'interno di applicazioni diverse.

Successivamente ci dedicheremo a una funzionalità introdotta con la versione 1.6, che permette di associare un insieme di operazioni a particolari interazioni dell'utente con il dispositivo. Stiamo parlando delle *gesture*: esse consentono, per esempio, di associare delle azioni a determinati "disegni" eseguiti dall'utente toccando il display.

Infine, tratteremo le funzionalità legate all'utilizzo della voce, mettendo Android nelle condizioni di parlare.

In questo capitolo

- **Le App Widget**
- **Le gesture**
- **Text To Speech**
- **Conclusioni**

Le App Widget

Come sappiamo, la Home di un dispositivo, ovvero la schermata iniziale o di default, è molto importante perché rappresenta il punto di accesso verso tutte le applicazioni. Abbiamo già visto come sia essa stessa descritta da una particolare `Activity` che, nei precedenti capitoli, abbiamo anche modificato, a dimostrazione della estensibilità e configurabilità della piattaforma. Per aumentare l'interattività della Home, ma lo stesso vale per una qualunque altra `Activity`, dalla versione 1.5 dell'ambiente esiste la possibilità di integrare parti di applicazioni diverse gestendo in modo automatico l'aggiornamento delle informazioni in essi visualizzate. Possiamo, per esempio, aggiungere alla Home un componente per la visualizzazione di informazioni relative a dei titoli di Borsa o a dei risultati sportivi, e vederle aggiornare in tempo reale. Si tratta di componenti che è possibile aggiungere alla Home allo stesso modo di come abbiamo aggiunto un `LiveFolder`, ovvero attraverso un evento di long click sulla Home stessa.

Come vedremo nel dettaglio, il componente che viene inserito all'interno di un altro è gestito con il cosiddetto *App Widget Provider*, mentre un qualunque componente in grado di contenerne un altro si chiama *App Widget Host*. Sarà poi interessante notare come un App Widget Provider non sia altro che una particolare specializzazione di un Broadcast Receiver in grado di ricevere eventi relativi alla sua configurazione, installazione e aggiornamento. Per fare un'analogia con un classico pattern MVC, possiamo dire che l'App Widget è la `view` cui viene associato un modello descritto da un App Widget Provider. Sulla `View` potremmo eseguire diverse azioni, le quali verranno da questo intercettate e notificate al particolare provider che le gestirà in modo opportuno.

Per realizzare un App Widget, che da ora chiameremo anche widget, è sufficiente attenersi ai seguenti passi:

- realizzare il layout del widget;
- realizzare l'App Widget Provider, il quale riceverà delle informazioni attraverso degli eventi di broadcast eseguendo le azioni associate;
- configurare un insieme di metadati relativi al layout da utilizzare, la frequenza di aggiornamento delle informazioni e il modello (provider) associato;
- definire l'App Widget nel file `AndroidManifest.xml`;
- realizzare l'eventuale attività di configurazione dell'App Widget.

Proseguiamo quindi per passi realizzando un semplice App Widget che permette la visualizzazione di alcune informazioni provenienti da un servizio che genera valori numerici casuali. A tale proposito abbiamo realizzato il progetto `AppWidgetTest` disponibile tra gli esempi online.

Creazione del layout

Una parte fondamentale di un widget è rappresentata dalla sua interfaccia, ovvero da quella che abbiamo precedentemente associato alla `View` in un'architettura MVC. A tale proposito, non è possibile utilizzare un layout qualunque, poiché si è vincolati all'utilizzo di una `RemoteViews` da una parte, e a un insieme di regole di stile dall'altra. Un widget è infatti una `View` creata da un'applicazione ma visualizzata da un'altra in esecuzione in un proprio processo per cui, come avevamo visto nel caso delle `Notification`, è necessario l'utilizzo di una particolare `View`, che sappiamo chiamarsi `RemoteViews`. Essa non può contenere qualunque altra `View`, ma solamente i seguenti componenti:

- LinearLayout
- FrameLayout
- RelativeLayout

come layout e i seguenti:

- AnalogClock
- Button
- Chronometer
- ImageButton
- ImageView
- ProgressBar
- TextView

come semplici controlli. È importante sottolineare come eventuali specializzazioni di questi layout o controlli non siano supportati. Il primo vincolo è quindi relativo al tipo di componenti da utilizzare, mentre il secondo riguarda le dimensioni e lo sfondo che è possibile utilizzare; il lettore potrà trovare maggiori informazioni nella documentazione ufficiale di Android.

Nel nostro caso creiamo un semplice layout definito nel file test_appwidget_layout.xml nella relativa cartella delle risorse.

Listato 12.1 Layout del widget

```xml
<?xml version="1.0" encoding="utf-8"?>
<LinearLayout xmlns:android="http://schemas.android.com/apk/res/android"
    android:layout_height="fill_parent" android:layout_width="fill_parent"
    android:background="@drawable/widget_bg_normal">
    <TextView android:layout_height="wrap_content" android:id="@+id/widgetOutput"
        android:layout_width="fill_parent" android:layout_gravity="
        center_vertical¦center_horizontal"></TextView>
</LinearLayout>
```

Notiamo come si tratti di un banale LinearLayout con una TextView al suo interno, che andremo a utilizzare per la visualizzazione del dato dinamico. Osserviamo inoltre l'utilizzo di uno sfondo rappresentato da un'immagine 9-Patch che descrive un semplice rettangolo colorato.

Definizione dell'App Widget Provider

L'aspetto più importante di un widget è comunque quello relativo alla sua logica, ovvero al reperimento e alla visualizzazione delle informazioni che lo caratterizzano. Tutto questo va definito all'interno di una particolare specializzazione della classe AppWidgetProvider del package android.appwidget. Come sottolinea la stessa documentazione ufficiale, si tratta di una classe di convenienza, ovvero di una particolare specializzazione della classe

BroadcastReceiver che, all'interno del metodo onReceive(), esegue un test sul particolare tipo di Intent ricevuto delegandone l'elaborazione ad altri suoi metodi, che esaminiamo nel dettaglio.

> ### AppWidgetProvider e HttpServlet
>
> La logica che un `AppWidgetProvider` aggiunge a quella di `BroadcastReceiver` assomiglia molto a quanto avviene nel caso di una HttpServlet e dei relativi metodi come `doGet()`, `doPost()` delle sue specializzazioni. Di quest'ultima, in quanto Servlet, il container invoca sempre il metodo `service()` indipendentemente dal metodo HTTP utilizzato. È l'implementazione di `service()` che, in base al metodo HTTP contenuto nella request, esegue il dispatching ai relativi metodi `doXXX()` associati. Nel caso dell'`AppWidgetProvider` succede lo stesso, solamente che il metodo `onReceive()` riceve un `Intent` e in base al tipo particolare ne delega l'elaborazione a un metodo diverso. Come nel caso della HttpServlet è possibile eseguire l'override del singolo metodo `doXXX()` di interesse, anche in questo caso è possibile gestire solo alcuni degli eventi associati facendo l'override solamente dei corrispondenti metodi.

Ovviamente le operazioni che vengono invocate sulla nostra specializzazione di AppWidgetProvider sono quelle relative al particolare evento legato al ciclo di vita dei widget. Nel momento in cui un widget viene installato nella Home per la prima volta viene invocato, sul corrispondente AppWidgetProvider, il seguente metodo:

`public void onEnabled (Context context)`

Notiamo come il parametro passato sia un riferimento al Context e come si tratti di un'operazione invocata da parte del metodo onReceive() dello stesso AppWidgetProvider nel caso di ricezione di un Intent con action pari al valore associato alla costante AppWidgetManager.ACTION_APPWIDGET_ENABLED. È quindi un metodo di callback invocato in corrispondenza della creazione della prima istanza del widget, in cui potremmo eseguire tutte le eventuali operazioni di inizializzazione, come la creazione di un DB o la scrittura di un file.

Quando una o più istanze di un widget associato a un AppWidgetProvider vengono cancellate, l'Intent generato ha action pari alla costante ACTION_APPWIDGET_DELETED della classe AppWidgetManager cui corrisponde l'invocazione del seguente metodo:

`public void onDeleted (Context context, int[] appWidgetIds)`

I parametri passati sono un riferimento al Context e un array di identificatori delle istanze che sono state cancellate. Questo permette di eseguire alcune operazioni di liberazione delle risorse a essi associate. Quando anche l'ultima istanza del widget è cancellata, viene generato un Intent associato alla action ACTION_APPWIDGET_DISABLED della classe AppWidgetManager e invocato il metodo:

`public void onDisabled (Context context)`

all'interno del quale inseriremo la logica di liberazione delle risorse utilizzate da tutte le istanze e non legate esclusivamente a ciascuna di esse.

Quelli descritti sono quindi i metodi di callback associati al ciclo di vita di un widget in relazione alla sua installazione e rimozione. Come vedremo nel prossimo paragrafo, a ciascun tipo di App Widget è possibile associare una frequenza di aggiornamento che permette, in sintesi, di generare degli eventi di broadcast in corrispondenza dei quali ciascun `AppWidgetProvider` dovrà aggiornare le informazioni a esso associate. In questo caso l'operazione di callback invocata sarà la seguente:

```
public void onUpdate (Context context, AppWidgetManager appWidgetManager, int[] appWidgetIds)
```

Essa è associata all'Intent di action corrispondente alla costante `ACTION_APPWIDGET_UPDATE`, sempre di `AppWidgetManager`. Si tratta quindi di un metodo che viene invocato in corrispondenza dell'installazione di ciascuna istanza di App Widget e a intervalli regolari, di cui specificheremo la durata.

In questo caso oltre all'immancabile `Context`, viene passato un riferimento a un oggetto di tipo `AppWidgetManager` e l'array degli identificatori delle istanze installate. Osservando la documentazione notiamo come l'oggetto di tipo `AppWidgetManager` non sia altro che una specie di registry di tutti i provider installati oltre che delle istanze di widget presenti. Esso contiene quindi gli strumenti per interagire con le singole istanze di App Widget dato il loro id o specificando il corrispondente provider. All'interno di questo metodo metteremo quindi la logica di aggiornamento della `RemoteViews` associata al particolare App Widget.

Un aspetto fondamentale da tenere in considerazione riguarda il fatto che un provider resta in vita, in quanto specializzazione di `BroadcastReceiver`, per il solo tempo necessario all'esecuzione del suo metodo `onReceive()`. È quindi di fondamentale importanza che l'esecuzione avvenga velocemente per non generare un noto errore, che si chiama Application Not Responding (ANR); esso viene visualizzato da Android, attraverso un'opportuna finestra di dialogo, in due casi particolari: quando non c'è una risposta a una selezione di un pulsante entro 5 secondi oppure se il metodo `onReceive()` di un `BroadcastReceiver` non termina entro 10 secondi. Per questo motivo, a meno che non si tratti di operazioni molto brevi e semplici, all'interno del metodo `onUpdate()` si ha l'avvio di un servizio che aggiorna la `View` associata all'AppWidget in modo asincrono. Questo è proprio l'approccio che abbiamo utilizzato nel nostro esempio di codice disponibile online.

Listato 12.2 Implementazione dell'AppWidgetManager

```
public class TestAppProvider extends AppWidgetProvider {

    private final static String TAG_LOG = "TestAppProvider";

    public void onUpdate(Context context, AppWidgetManager appWidgetManager,int[] appWidgetIds) {
        for(int i=0;i<appWidgetIds.length;i++){
            Intent updateIntent = new Intent(context, RandomValueService.class);
            updateIntent.putExtra(AppWidgetManager.EXTRA_APPWIDGET_ID,
            appWidgetIds[i]);
            context.startService(updateIntent);
```

```
            }
        }

        public static class RandomValueService extends Service {

            private final Random random = new Random();

            public int onStartCommand(Intent intent, int flags, int startId) {
                Bundle extras = intent.getExtras();
                int mAppWidgetId = 0;
                if (extras != null) {
                    mAppWidgetId = extras.getInt(AppWidgetManager.EXTRA_APPWIDGET_ID,
                            AppWidgetManager.INVALID_APPWIDGET_ID);
                }
                RemoteViews remoteView = new RemoteViews(getPackageName(),
                        R.layout.test_appwidget_layout);
                int randomValue = Math.abs(random.nextInt() % 100);
                remoteView.setTextViewText(R.id.widgetOutput, "Value:"+ randomValue);
                AppWidgetManager manager = AppWidgetManager.getInstance(this);
                manager.updateAppWidget(mAppWidgetId, remoteView);
                return Service.START_STICKY;
            }

            public IBinder onBind(Intent intent) {
                return null;
            }
        }
    }
}
```

Notiamo come in corrispondenza del metodo `onUpdate()` venga avviato un servizio attraverso un `Intent` nelle cui `Extra` è stato inserito il riferimento alla particolare istanza da aggiornare. Abbiamo scelto di avviare un servizio per istanza perché successivamente vedremo come gestire in modo automatico diverse frequenze di aggiornamento. All'interno del servizio vi è quindi la creazione e l'aggiornamento della `RemoteViews` associata a ciascuna istanza. È interessante notare come ciò sia reso possibile grazie al metodo `updateAppWidget()` della classe `AppWidgetManager` di cui abbiamo ottenuto precedentemente un'istanza. Ovviamente il nostro esempio è molto semplice e l'operazione eseguita all'interno del servizio non è molto dispendiosa in termini di risorse e tempo. Quello descritto è comunque un ottimo modello da utilizzare nel caso in cui le operazioni da eseguire siano più impegnative, come per esempio un accesso alla rete attraverso un `HttpClient`.

Prima di proseguire facciamo una considerazione sulla registrazione del servizio nel file `AndroidManifest.xml`. Avendolo descritto attraverso una classe interna statica, il nome generato dal compilatore della relativa classe è `TestAppProvider$ RandomValueService`; questo dovrà quindi essere il nome utilizzato per la sua registrazione:

```xml
<service android:name="TestAppProvider$RandomValueService" />
```

Impostazione dei metadati

Dopo aver realizzato il layout del widget e averne descritto la logica di aggiornamento dei dati, è necessario specificare un insieme di metadati le cui informazioni sono incapsulate all'interno di un oggetto di tipo `AppWidgetProviderInfo`. La modalità più semplice per definire queste informazioni è quella che prevede la creazione di un documento XML da inserire all'interno della cartella /xml delle risorse, che nel nostro caso abbiamo chiamato `test_provider_info.xml` e che riportiamo di seguito.

Listato 12.3 Documento per la descrizione dei metadati di una App Widget

```xml
<?xml version="1.0" encoding="utf-8"?>
<appwidget-provider xmlns:android="http://schemas.android.com/apk/res/android"
    android:minWidth="72dp"
    android:minHeight="72dp"
    android:updatePeriodMillis="30000"
    android:initialLayout="@layout/test_appwidget_layout">
</appwidget-provider>
```

Notiamo come le informazioni riguardino le dimensioni del widget, il riferimento al layout iniziale ma soprattutto la frequenza di aggiornamento attraverso l'attributo `android:updatePeriodMillis`, a proposito della quale è necessario fare alcune precisazioni. La prima riguarda il fatto che si tratta di un'informazione comune a tutte le App Widget associate a un particolare provider. La seconda, molto importante, concerne il fatto che, dalla versione 1.6 dell'ambiente, si tratta di un parametro che può avere come valore minimo quello corrispondente ai 30 minuti. È questo un accorgimento imposto al fine di limitare al massimo lo spreco delle risorse, massimizzando quindi la durata della batteria dei dispositivi. Sebbene nei dispositivi reali sia una grandezza accettabile, rappresenta un problema in caso di debug delle applicazioni. Ricordiamo comunque che il metodo `update()` non viene eseguito solamente nei tempi configurati attraverso l'attributo `updatePeriodMillis` ma anche in corrispondenza dell'installazione di una nuova istanza.

Definizione dell'App Widget nel Manifest

A questo punto non ci resta che definire i diversi componenti nell'`AndroidManifest.xml` e testarne il funzionamento. Nel nostro primo esempio il risultato è quindi il seguente.

Listato 12.4 Definizione dell'App Widget nelManifest

```xml
<application android:icon="@drawable/icon" android:label="@string/app_name">
    <activity android:name=".AppWidgetTestActivity"
        android:label="@string/app_name">
        <intent-filter>
            <action android:name="android.intent.action.MAIN" />
            <category android:name="android.intent.category.LAUNCHER" />
        </intent-filter>
    </activity>
```

```
        <receiver android:name="TestAppProvider">
            <intent-filter>
                <action android:name="android.appwidget.action.APPWIDGET_UPDATE" />
            </intent-filter>
            <meta-data android:name="android.appwidget.provider"
                android:resource="@xml/test_provider_info" />
        </receiver>
        <service android:name="TestAppProvider$RandomValueService" />
    </application>
```

Oltre alla definizione dell'attività principale dell'applicazione notiamo la definizione del provider come fosse un `BroadCastReceiver`, di cui sappiamo essere una specializzazione. È fondamentale specificare come `action` dell'`Intent` associato quella definita dal valore `android.appwidget.action.APPWIDGET_UPDATE` al fine di ricevere gli eventi di aggiornamento. Osserviamo poi come il riferimento al file XML di configurazione venga specificato attraverso un elemento `<meta-data/>` associato al nome `android.appwidget.provider`. Infine, abbiamo la definizione del servizio di aggiornamento.

Per testarne il funzionamento non dobbiamo fare altro che generare un evento di long click sulla home, ottenendo il menu mostrato in Figura 12.1, che abbiamo già visto nel caso dei Live Folder.

Figura 12.1 Menu ottenuto con un long click sulla Home.

Questa volta l'opzione da scegliere sarà quella relativa ai widget, che porterà alla visualizzazione del menu in Figura 12.2, dove possiamo notare la presenza del componente da noi realizzato.

Selezionando il nostro *AppWidgetTest* notiamo quindi la visualizzazione del widget in Figura 12.3.

Il lettore potrà notare come si tratti di qualcosa di molto semplice. Per testarne l'aggiornamento abbiamo visto in precedenza come l'unico modo sia quello di aggiungere una nuova istanza oppure attendere un tempo di almeno 30 minuti. Ovviamente scegliamo la prima opzione, aggiungendo una nuova istanza e ottenendo quanto visualizzato in Figura 12.4.

La soluzione realizzata è quindi molto semplice; manca una parte fondamentale di componenti di questo tipo, ovvero quella che ne permette la configurazione. Pensiamo per esempio a un insieme di istanze che permettono la visualizzazione delle informazioni meteo. A ciascuna istanza è necessario associare la città da visualizzare oltre, magari, a

Figura 12.2   Menu dei possibili App Widget.

Figura 12.3   Installazione dell'AppWidgetTest.

Figura 12.4   Inserimento di una nuova istanza.

una frequenza propria di aggiornamento. Questo è possibile grazie alla realizzazione di un'attività di configurazione, argomento del prossimo paragrafo.

Realizzazione Activity di amministrazione

Come già accennato, la precedente realizzazione di App Widget ha come lacuna quella di non permettere la customizzazione delle relative informazioni. In particolare vorremmo poter personalizzare la frequenza di aggiornamento di ciascuna istanza rendendola di fatto indipendente dal particolare provider. A tale proposito abbiamo creato il progetto AdvancedAppWidgetTest come estensione del precedente, nel quale abbiamo implementato una logica di configurazione.

Il primo passo consiste nella realizzazione della finestra di editazione delle informazioni, che nel nostro caso sono date semplicemente dalla frequenza di aggiornamento. Android prevede che si tratti di una Activity sensibile a un Intent associato all'action android.appwidget.action.APPWIDGET_CONFIGURE. Nel nostro esempio abbiamo quindi realizzato un'attività descritta dalla classe TestAppWidgetConfig cui abbiamo associato un layout che comprende semplicemente la visualizzazione di una EditText per l'inserimento della frequenza di aggiornamento e due pulsanti per la conferma e cancellazione dell'eventuale valore inserito (Figura 12.5).

Figura 12.5 Activity di configurazione.

Per fare in modo che questa Activity venga visualizzata in corrispondenza dell'installazione di un'istanza di App Widget è necessario dichiararne l'esistenza all'interno del documento XML dei metadati attraverso l'attributo android:configure come di seguito:

Listato 12.5 Documento per la descrizione dei metadati di una App Widget

```
<?xml version="1.0" encoding="utf-8"?>
<appwidget-provider xmlns:android="http://schemas.android.com/apk/res/android"
    android:minWidth="72dp"
    android:minHeight="72dp"
    android:updatePeriodMillis="30000"
    android:initialLayout="@layout/test_appwidget_layout"
    android:configure="it.apogeo.android.cap12.advancedappwidgettest.TestAppWidgetConfig" >
</appwidget-provider>
```

Notiamo come il nome dell'Activity di configurazione sia specificato tenendo conto anche del package di appartenenza. Si tratta di una configurazione che permette quindi la visualizzazione dell'Activity di configurazione in corrispondenza della creazione di una nuova istanza dell'App Widget. Essa viene lanciata dall'AppWidgetHost, la Home in questo caso, nella modalità startActivityForResult() aspettandosi da questa un risultato.

Vediamo allora nel dettaglio l'attività di configurazione, la quale presenta diversi punti interessanti iniziando dal suo metodo onCreate().

Listato 12.6 Metodo onCreate() dell'Activity di configurazione

```
public void onCreate(Bundle savedInstanceState) {
    super.onCreate(savedInstanceState);
    setContentView(R.layout.widget_config_layout);
    setResult(RESULT_CANCELED);
    editText = (EditText) findViewById(R.id.updateRate);
    final SharedPreferences prefs = getSharedPreferences(APP_WIDGET_PREFS, 0);
    int instanceId = getWidgetId(getIntent());
    String instanceKey = String.format(REFRESH_RATE_PATTERN, instanceId);
    int refreshRateValue = prefs.getInt(instanceKey, DEFAULT_REFRESH_RATE);
    editText.setText(refreshRateValue + "");
}
```

Un primo aspetto interessante riguarda l'istruzione messa in evidenza la quale permette di impostare come risultato dell'Activity quello identificato dalla costante RESULT_CANCELED. Questo permette di impedire la creazione dell'istanza dell'AppWidget nel caso in cui l'utente selezionasse il pulsante di back una volta visualizzata l'Activity di configurazione. Di seguito notiamo come si utilizzino le note API per la gestione delle Preferences per ottenere l'eventuale valore salvato. A tale proposito si utilizza un pattern per la costruzione della chiave associata all'id dell'istanza. Il metodo getWidgetId() cui si fa riferimento sia qui sia nel codice che vedremo successivamente è un nostro metodo di utilità che estrae dall'Intent ricevuto l'informazione che l'AppWidgetHost inserisce come extra relativo all'identificatore dell'istanza che si sta configurando.

Listato 12.7 Il metodo getWidgetId() di utilità

```
private int getWidgetId(Intent intent) {
    Bundle extras = intent.getExtras();
    int mAppWidgetId = 0;
    if (extras != null) {
        mAppWidgetId = extras.getInt(AppWidgetManager.EXTRA_APPWIDGET_ID,
            AppWidgetManager.INVALID_APPWIDGET_ID);
    }
    return mAppWidgetId;
}
```

Tale informazione è associata alla costante EXTRA_APPWIDGET_ID nelle extra dell'Intent. Molto interessante è quanto viene eseguito all'interno del metodo updateRefresh() che abbiamo associato alla pressione del pulsante *Update*. Esso esegue principalmente le seguenti tre funzioni:

- aggiorna le informazioni nelle Preferences
- attiva la notifica degli aggiornamenti attraverso il servizio di alert
- notifica all'AppWidgetHost la conclusione dell'editazione

La parte del metodo updateRefresh() relativa all'aggiornamento delle informazioni nelle Preferences è la seguente.

Listato 12.8 Metodo updateRefresh() di aggiornamento configurazione

```
int updateRate = Integer.parseInt(editText.getText().toString());
final SharedPreferences prefs = getSharedPreferences(APP_WIDGET_PREFS,0);
Editor editor = prefs.edit();
int instanceId = getWidgetId(getIntent());
String instanceKey = String.format(REFRESH_RATE_PATTERN, instanceId);
editor.putInt(instanceKey, updateRate);
editor.commit();
```

Essa non dovrebbe avere bisogno di ulteriori spiegazioni. L'attivazione della notifica richiede invece un approfondimento.

Listato 12.9 Metodo updateRefresh() per la schedulazione dell'update

```
Intent updateIntent = new Intent();
updateIntent.setAction(AppWidgetManager.ACTION_APPWIDGET_UPDATE);
updateIntent.putExtra(AppWidgetManager.EXTRA_APPWIDGET_IDS,
        new int[] { instanceId });
Uri updateUri = Uri.withAppendedPath(Uri
        .parse("customappwidget://widget/id/"), String
        .valueOf(instanceId));
updateIntent.setData(updateUri);
PendingIntent newPending = PendingIntent.getBroadcast(
        getApplicationContext(), 0, updateIntent,
        PendingIntent.FLAG_UPDATE_CURRENT);
AlarmManager alarms = (AlarmManager) getApplicationContext()
        .getSystemService(Context.ALARM_SERVICE);
alarms.setRepeating(AlarmManager.ELAPSED_REALTIME, SystemClock
        .elapsedRealtime(), updateRate, newPending);
```

Nelle ultime istruzioni notiamo come l'AlertManager permetta, attraverso il suo metodo setRepeating(), di lanciare un Intent a intervalli regolari; nel nostro caso avranno durata legata alla frequenza di aggiornamento. Il primo aspetto fondamentale riguarda il fatto che l'Intent deve essere un PendingIntent in quanto lanciato da un processo diverso da quello che lo ha creato. Abbiamo già visto una cosa analoga nel caso delle Notification. Per creare il nostro PendingIntent dobbiamo però partire da un Intent associato all'azione di aggiornamento. A tale proposito dobbiamo stare attenti che se consideriamo solamente la action, lo stesso evento verrà ricevuto da tutti i componenti in ascolto sull'evento. La nostra intenzione è invece quella di inviare l'Intent solamente a una delle istanze ovvero a quella che stiamo configurando. Questo è il motivo per cui è stata aggiunta anche l'informazione relativa ai dati utilizzando un nostro SCHEMA pari a customappwidget:. Questo perché, come abbiamo visto nel relativo capitolo, le informazioni extra non vengono utilizzate in fase di intent resolution. Ecco che il

servizio di alert invierà un Intent specifico dell'istanza cui è associato e non a tutte le istanze.
L'ultima parte del metodo di updateRefresh() permette di notificare all'AppWidgetHost l'avvenuta configurazione dell'istanza attraverso le seguenti righe di codice.

Listato 12.10 Metodo updateRefresh() di notifica avvenuta configurazione

```
Intent resultValue = new Intent();
resultValue.putExtra(AppWidgetManager.EXTRA_APPWIDGET_ID,instanceId);
setResult(RESULT_OK, resultValue);
    finish();
```

Notiamo che è stato inserito come extra l'identificatore della particolare istanza.
A completamento di quanto descritto mancano ancora due punti fondamentali. Il primo riguarda il fatto che in corrispondenza della cancellazione di un'istanza sono necessarie delle operazioni di cancellazione dei dati di Preference ma soprattutto la cancellazione della schedulazione associata. Questa logica è stata inserita all'interno del metodo onDeleted() del provider che riportiamo di seguito.

Listato 12.11 Metodo onDelete() del provider

```
public void onDeleted(Context context, int[] appWidgetIds) {
    for (int i=0;i<appWidgetIds.length;i++) {
        Intent timerIntent = new Intent();
        timerIntent.setAction(AppWidgetManager.ACTION_APPWIDGET_UPDATE);
        timerIntent.putExtra(AppWidgetManager.EXTRA_APPWIDGET_ID, appWidgetIds[i]);
        timerIntent.setData(Uri.withAppendedPath(Uri.parse("customappwidget:
        //widget/id/"), String.valueOf(appWidgetIds[i])));
        PendingIntent pendingToDelete = PendingIntent.getBroadcast(context, 0,
        timerIntent, PendingIntent.FLAG_UPDATE_CURRENT);
        AlarmManager alarms = (AlarmManager) context.getSystemService(Context.
        ALARM_SERVICE);
        alarms.cancel(pendingToDelete);
        SharedPreferences config = context.getSharedPreferences(TestAppWidgetConfig.
        APP_WIDGET_PREFS, 0);
        SharedPreferences.Editor configEditor = config.edit();
        configEditor.remove(String.format(TestAppWidgetConfig.REFRESH_RATE_PATTERN,
        appWidgetIds[i]));
        configEditor.commit();
    }
    super.onDeleted(context, appWidgetIds);
}
```

Alla luce di quanto visto in precedenza le istruzioni dovrebbe risultare chiare.
Un ultimo punto riguarda infine la dichiarazione dell'attività di configurazione e del provider nell'AndroidManifest.xml, che riportiamo di seguito.

Listato 12.12 Configurazione nell'AndroidManifest.xml

```xml
<application android:icon="@drawable/icon" android:label="@string/app_name">
    <activity android:name=".AdvancedAppWidgetTestActivity"
        android:label="@string/app_name">
        <intent-filter>
            <action android:name="android.intent.action.MAIN" />
            <category android:name="android.intent.category.LAUNCHER" />
        </intent-filter>
    </activity>
    <receiver android:name="TestAppProvider">
        <intent-filter>
            <action android:name="android.appwidget.action.APPWIDGET_UPDATE" />
        </intent-filter>
        <intent-filter>
            <action android:name="android.appwidget.action.APPWIDGET_UPDATE" />
            <data android:scheme="customappwidget" />
        </intent-filter>
        <meta-data android:name="android.appwidget.provider"
            android:resource="@xml/test_provider_info" />
    </receiver>
    <service android:name="TestAppProvider$RandomValueService" />
    <activity android:name=".TestAppWidgetConfig">
        <intent-filter>
            <action android:name="android.appwidget.action.APPWIDGET_CONFIGURE" />
        </intent-filter>
    </activity>
</application>
```

Il lettore potrà notare come l'IntentFilter associato alla action android.appwidget.action.APPWIDGET_UPDATE sia stato specificato due volte: abbiamo infatti dovuto tenere conto anche dello SCHEMA da noi definito.

Non ci resta che lasciare al lettore la verifica del funzionamento di questa versione di App Widget leggermente più complessa della precedente ma sicuramente più completa. Ovviamente, oltre alle informazioni sulla frequenza di aggiornamento avremmo potuto memorizzare informazioni di vario tipo. Nell'esempio abbiamo utilizzato frequenze di aggiornamento elevate a fine dimostrativo, ma è bene comunque, per ottimizzare le risorse, evitare aggiornamenti inutili.

Le gesture

I dispositivi Android sono dotati di un display sensibile al tocco che permette di eseguire diverse operazioni, associate all'evento di touch. L'idea alla base delle cosiddette gesture è quella di associare a particolari eventi di touch delle azioni come la risposta a una chiamata, la visualizzazione dell'interfaccia per l'invio di un SMS e così via. Non si tratta però di semplici tocchi in varie posizioni del display, bensì di veri e propri disegni eseguiti dall'utente con le proprie dita. Potremmo quindi associare i precedenti eventi al disegno di un cerchio o di una croce sul display, e così via. Gestire questa funzionalità semplicemente ascoltando l'evento di touch è cosa abbastanza complessa, per cui dalla versione 1.6 è stato deciso di aggiungere una serie di strumenti, contenuti nel package android.gesture, che ne semplifichino la realizzazione. Si tratta di API che non solo permettono di riconoscere particolari gesture, ma soprattutto di crearle e memorizzarle, come vedremo di seguito.

La procedura da seguire per l'utilizzo di questa interessante funzionalità è la seguente:

- definizione delle gesture con il Gesture Builder
- caricamento delle informazioni di gesture
- riconoscimento delle gesture e relative azioni

dove il Gesture Builder è un'applicazione, disponibile nell'emulatore dalla versione 1.6, che ci permetterà di definire un insieme di figure in modo molto semplice.

Utilizzo del Gesture Builder

Come detto, dalla versione 1.6 dell'emulatore è presente un'applicazione che si chiama Gesture Builder con la quale è possibile disegnare le diverse gesture che si intendono utilizzare all'interno delle diverse applicazioni.

Per impiegare questo strumento è importante creare un AVD che preveda la presenza di una SD card nella quale le informazioni relative alla gesture verranno salvate. Non ci resta quindi che creare o riutilizzare un AVD dotato di SD Card e avviare l'applicazione Gesture Builder (Figura 12.6).

Figura 12.6 L'applicazione Gesture Builder.

L'insieme delle informazioni relative alle varie gesture vengono rappresentate da un oggetto descritto dalla classe GestureLibrary di cui è possibile ottenere un riferimento attraverso un insieme di metodi statici della classe GestureLibraries. Si può, per esempio, caricare le informazioni relative a una GestureLibrary da un file con il seguente metodo statico:

```
public static GestureLibrary fromFile (String path)
```

La classe GestureLibrary permette quindi di gestire un insieme di gesture contenute all'interno di una stessa libreria e descritte da oggetti di tipo Gesture. Per fare questo utilizza un riferimento a un GestureStore il quale ha la responsabilità di memorizzare le varie gesture e di fornire le relative Prediction ovvero le possibili interpretazioni che il sistema può dare a un'azione dell'utente. Infine, una gesture è costituita da un insieme di tratti descritti dalla classe GestureStroke come insieme di punti GesturePoint.
A parte i dettagli relativi alle API che vedremo successivamente, proviamo a realizzare due semplici gesture selezionando il pulsante *Add Gesture*, inserendo il corrispondente nome, che nel nostro caso è Circle, e disegnando il tratto voluto (Figura 12.7). Confermando attraverso la selezione del pulsante *Done* notiamo come la gesture sia stata aggiunta all'elenco di quelle disponibili. Allo stesso modo creiamo una gesture di nome Cross, la quale descrive appunto una croce, ottenendo quindi l'elenco in Figura 12.8.

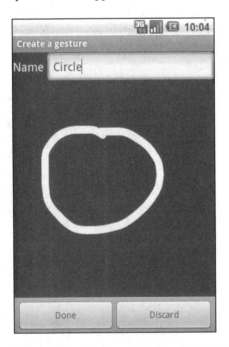

Figura 12.7 Creazione della gesture "Circle".

Su quanto realizzato possiamo fare una prima osservazione. Notiamo infatti come nella definizione della croce non possa passare molto tempo tra un tratto e il successivo, a dimostrazione di come anche il tempo sia importante.

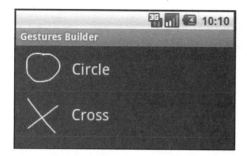

Figura 12.8 Elenco delle gesture disponibili.

Una volta create le due gesture possiamo uscire dall'applicazione e andare a prendere il corrispondente file nella SD card. Per fare questo usiamo il File Explorer dell'ADT che abbiamo già utilizzato in occasione della gestione dei file. In particolare, andiamo a prelevare il file /sdcard/gestures che contiene appunto le informazioni relative alle gesture appena realizzate.

Vedremo quindi, nel prossimo paragrafo, come utilizzare queste informazioni all'interno di un'applicazione. Il lettore potrà ovviamente realizzare gesture a piacimento: noi abbiamo scelto il cerchio e la croce come esempi di figure che prevedessero sia un tratto continuo sia più tratti successivi.

Caricamento e utilizzo delle informazioni di gesture

Come dimostrazione dell'utilizzo delle gesture abbiamo realizzato il progetto GestureTest disponibile tra gli esempi online. In questo semplice esempio si vuole semplicemente riconoscere una gesture visualizzandone il nome attraverso un Toast. La gestione degli eventi di gesture viene fatta mediante una particolare specializzazione della classe View di nome GestureOverlayView del package android.gesture. Come possiamo vedere dal documento di layout utilizzato, è necessario specificarne il nome completo in quanto non fa parte delle View riconosciute in modo automatico dal LayoutInflater di default.

Si tratta di un componente in grado di intercettare gli eventi dell'utente relativi alle gesture che possiamo ascoltare mediante l'implementazione dell'interfaccia GestureOverlayView.OnGestureListener.

Listato 12.13 Layout per la gestione delle gesture

```
<?xml version="1.0" encoding="utf-8"?>
<android.gesture.GestureOverlayView
    xmlns:android="http://schemas.android.com/apk/res/android"
    android:id="@+id/gestureView"
    android:layout_width="fill_parent"
    android:layout_height="fill_parent"/>
```

Possiamo vedere nel dettaglio le operazioni da realizzare all'interno del metodo onCreate() dell'attività principale dell'applicazione.

Listato 12.14 Metodo onCreate() dell'applicazione GestureTest

```
public void onCreate(Bundle savedInstanceState) {
    super.onCreate(savedInstanceState);
    setContentView(R.layout.main);
    final GestureLibrary gestureLibrary = GestureLibraries.fromRawResource(this,
    R.raw.gestures);
    if (!gestureLibrary.load()) {
        finish();
    }
    GestureOverlayView gestureView = (GestureOverlayView)findViewById(R.id.gestureView);
    gestureView.addOnGesturePerformedListener(new OnGesturePerformedListener(){

        public void onGesturePerformed(GestureOverlayView gestView, Gesture gesture) {
            ArrayList<Prediction> predictions = gestureLibrary.recognize(gesture);
            if(predictions!=null && predictions.size()>0){
                Prediction bestPrediction = predictions.get(0);
                // SHOW TOAST
            }else{
                // SHOW TOAST
            }
        }

    });
}
```

Il primo punto di interesse riguarda la modalità di caricamento della GestureLibrary le cui informazioni, contenute nel file che abbiamo scaricato in precedenza, sono state inserite all'interno della cartella /raw delle risorse. Ricordiamo che quest'ultima è quella cartella contenente file che non vengono ottimizzati ma per i quali viene definita una costante nella classe R. Se il caricamento è andato a buon fine, il passo successivo consiste nella registrazione di un ascoltatore dell'evento di gesture ovvero dell'interfaccia OnGesturePerformedListener la quale prevede la definizione della sola operazione

`public abstract void onGesturePerformed (GestureOverlayView overlay, Gesture gesture)`

All'interno di questa implementazione si ottiene il riferimento al particolare GestureOverlayView sorgente dell'evento ma anche alla gesture percepita. In particolare, si tratta di un'informazione che poi passiamo alla GestureLibrary per il riconoscimento attraverso l'invocazione del metodo

`public ArrayList<Prediction> recognize (Gesture gesture)`

il quale ritorna una lista ordinata di istanze della classe Prediction. Si tratta di oggetti che incapsulano le informazioni del nome della gesture e del relativo valore di score che ne indica la vicinanza rispetto al tratto eseguito. Nel nostro esempio abbiamo semplicemente visualizzato, nel caso siano presenti, le informazioni relative alla gesture la cui Prediction ha score maggiore, che sarà contenuta nella prima posizione della lista. In realtà è bene considerare come attendibili solamente quelle Prediction con uno score maggiore di 1.0.

Non ci resta che eseguire l'applicazione e, disegnando diverse figure, verificarne il funzionamento. Il lettore potrà notare come durante il disegno, il dispositivo visualizzi il tratto indicato con un colore giallo che è intenso nel caso di riconoscimento e sbiadito nel caso in cui non ci sia alcun riscontro.

Per completare l'argomento "gesture" facciamo un'ultima importante considerazione legata al fatto che, nelle applicazioni reali, difficilmente si utilizza il GestureOverlayView da solo come nel nostro esempio; piuttosto, lo si sovrappone a componenti esistenti (da qui il temine *overlay*). In questi casi si rende comunque necessario impostare alcuni valori che permettano di distinguere in modo più preciso gli eventi di gesture da quelli associati alla View cui l'overlay si sovrappone. A tale proposito esistono alcuni attributi, che andiamo a descrivere brevemente.

Attraverso l'attributo android:gestureStrokeType possiamo specificare se i tratti delle gesture prevedono o meno più tratti. Nel caso della croce, i tratti sono più di uno, per cui è possibile specificare un valore multiple del precedente attributo al fine di aiutare il sistema al riconoscimento delle gesture rispetto ai normali eventi associati alle View.

L'attributo android:eventsInterceptionEnabled permette di non far arrivare gli eventi alle View sottostanti se la GestureOverlayView intercetta con sicurezza una gesture. È il caso in cui si vuole eseguire una gesture su una lista senza farla scrollare. Lo scrolling dovrebbe infatti avvenire solamente se non è attiva alcune gesture.

Infine, un tratto verticale, come un qualunque altro tratto, potrebbe essere inteso in due modi diversi a seconda dell'orientamento del dispositivo. Attraverso l'attributo android:orientation è quindi possibile indicare quale sia l'orientamento di riferimento per il riconoscimento delle gesture.

Vista la semplicità e la potenza del framework, lasciamo al lettore la realizzazione di nuove gesture e l'utilizzo delle stesse all'interno di interfacce già realizzate in precedenza.

Text To Speech

Nel paragrafo precedente abbiamo affrontato un tema legato a una possibile modalità con cui un utente può interagire con il dispositivo. Attraverso il disegno vero e proprio di una figura sul display è infatti possibile eseguire determinate azioni in modo molto veloce e intuitivo. In questo paragrafo ci occupiamo in un certo senso dell'inverso, ovvero della possibilità di ricevere informazioni dal dispositivo in modo veloce attraverso dei messaggi vocali. Un sistema in grado di tradurre dei contenuti testuali in voce si chiama Text-To-Speech (TTS) ed è disponibile in Android per le principali lingue, tra cui anche l'italiano. Per fare questo il motore TTS ha bisogno di caricare le opportune risorse, che non sono sempre disponibili in ogni piattaforma. Per questo motivo Android mette a disposizione un meccanismo per testare la presenza delle TTS API ed eventualmente scaricarle e installarle. È quindi sempre opportuno, in ogni applicazione che utilizza questa funzionalità, fare un controllo sulla disponibilità delle risorse appropriate attraverso l'invio del seguente Intent:

Listato 12.15 Intent da lanciare per verificare la presenza delle TTS

```
Intent checkTTSIntent = new Intent();
checkTTSIntent.setAction(TextToSpeech.Engine.ACTION_CHECK_TTS_DATA);
startActivityForResult(checkTTSIntent, TTS_CHECK_RESULT_CODE);
```

caratterizzato dalla action identificata dalla costante ACTION_CHECK_TTS_DATA della classe interna TextToSpeech.Engine nel package android.speech.tts. Notiamo l'utilizzo del metodo startActivityForResult() il quale si aspetta un valore di ritorno che, se corrispondente alla costante CHECK_VOICE_DATA_PASS, indica la presenza di tutte le risorse necessarie.
La costante TTS_CHECK_RESULT_CODE è stata invece da noi definita per identificare la particolare invocazione del metodo startActivityForResult(). Nel caso in cui esse non siano disponibili, il valore di ritorno sarà identificato dalla costante CHECK_VOICE_DATA_FAIL, quindi si renderà necessario il loro download e successivamente l'installazione. Fortunatamente anche questo viene gestito dalla piattaforma permettendo l'accesso all'Android Market per il download di tutto il necessario. Ecco che solitamente, come nel nostro esempio sottostante, il metodo di gestione del valore di ritorno sarà il seguente.

Listato 12.16 Metodo onActivityResult() di gestione TTS API

```
protected void onActivityResult(int requestCode, int resultCode, Intent data) {
    if (requestCode == TTS_CHECK_RESULT_CODE) {
        if (resultCode == TextToSpeech.Engine.CHECK_VOICE_DATA_PASS) {
            textToSpeech = new TextToSpeech(this, new OnInitListener(){

                public void onInit(int status) {
                    if (status == TextToSpeech.SUCCESS) {
                        setContentView(R.layout.main);
                    } else {
                        finish();
                    }
                }
            });
        } else {
            Intent installIntent = new Intent();
            installIntent.setAction(TextToSpeech.Engine.ACTION_INSTALL_TTS_DATA);
            startActivity(installIntent);
        }
    }
}
```

Innanzitutto facciamo una verifica sul significato del valore di ritorno ottenuto per cui valutare la disponibilità o meno delle librerie necessarie. In caso contrario lanciamo, nel modo messo in evidenza, l'attività per la loro installazione. È da notare come il costruttore della classe TextToSpeech, che rappresenta il riferimento al motore di TTS, accetti il riferimento al Context e a un'implementazione dell'interfaccia OnInitListener la quale permette semplicemente di ricevere notifica dell'esito della fase di inizializzazione. Nel

caso di successo non facciamo altro che impostare il layout iniziale della nostra applicazione mentre, in caso di fallimento, ne usciamo.
La lingua utilizzata dal TTS è ovviamente molto importante; Android mette a disposizione una serie di metodi di utilità per verificarne o meno il supporto. Attraverso il seguente metodo della classe `TextToSpeech`:

```
public int isLanguageAvailable (Locale loc)
```

è infatti possibile verificare o meno la disponibilità di una lingua associata a un particolare `Locale`. La scelta del tipo di parametro non è casuale, poiché permette di rappresentare non solo una lingua ma anche il paese di riferimento. Pensiamo per esempio all'inglese parlato in Gran Bretagna e a quello parlato negli Stati Uniti, oppure al francese di Francia e di Canada. Il valore di ritorno del metodo ci permette di sapere quanto un `Locale` è supportato. Questo significa che se dovessimo passare come parametro un locale del tipo `Locale.CANADA_FRENCH`, ovvero relativo al francese parlato in Canada, il valore di ritorno potrebbe essere quello rappresentato dalla costante `TextToSpeech.LANG_AVAILABLE`; il suo significato è di indicare un supporto verso la lingua ma non verso le altre caratteristiche del `Locale` ovvero quelle di `country` e `variant`. Nel caso invece di un `Locale` del tipo `Locale.UK` il valore sarà probabilmente quello rappresentato dalla costante `TextToSpeech.LANG_COUNTRY_AVAILABLE`, che sta a indicare che è supportata la lingua anche relativamente al `country`. Questo perché tra le lingue al momento supportate vi è l'inglese parlato sia negli USA sia in UK.
A parte le diverse costanti che indicano i diversi gradi di disponibilità delle lingue, esiste anche il valore di ritorno relativo alla costante `TextToSpeech.LANG_NOT_SUPPORTED`, di ovvio significato. Nel nostro esempio utilizzeremo come valore iniziale il `Locale` di default, ma è sempre buona norma verificarne la presenza. Si può notare come il passaggio da una lingua a un'altra sia molto semplice, essendo sufficiente invocare il seguente metodo:

```
public int setLanguage (Locale loc)
```

il cui valore di ritorno è lo stesso del metodo di verifica descritto poco sopra.
Nel nostro esempio l'interfaccia è molto semplice e permette di riprodurre un testo inserito in una `EditText`, in una lingua selezionata attraverso uno `Spinner` (Figura 12.9).

Listato 12.17 Metodo talk di sintesi vocale

```java
public void talk(View button){
    // GESTIONE LINGUA DALLO SPINNER
    String textToSay = getResources().getString(R.string.empty_message);
    if(!TextUtils.isEmpty(inputText.getText())){
        textToSay = inputText.getText().toString();
    }
    textToSpeech.speak(textToSay, TextToSpeech.QUEUE_FLUSH, null);
}
```

L'aspetto interessante è comunque quello che abbiamo descritto all'interno del metodo `talk()` associato alla pressione dell'omonimo pulsante nella UI; in esso abbiamo elimi-

Figura 12.9 Applicazione TTSEngineTest in esecuzione.

nato, per motivi di spazio, la parte relativa alla selezione del Locale in base al valore dello Spinner, che il lettore può comunque vedere nell'esempio disponibile online
Notiamo infatti come il metodo per riprodurre la voce, evidenziato nel codice, sia il seguente:

```
public int speak (String text, int queueMode, HashMap<String, String> params)
```

Il primo parametro è ovviamente il testo da riprodurre, mentre il secondo è un valore intero che indica la modalità con cui il testo stesso dovrà essere riprodotto. Un valore di questo parametro corrispondente alla costante TextToSpeech.QUEUE_FLUSH indica che si richiede una riproduzione immediata interrompendo quelle eventualmente in fase di esecuzione. Un valore pari a TextToSpeech.QUEUE_ADD indica invece che il testo inviato deve essere accodato a quello eventualmente in fase di riproduzione. Nella maggior parte dei casi si utilizza il valore QUEUE_FLUSH per la prima frase e il valore QUEUE_ADD per le successive.
Il terzo parametro permette invece di impostare alcune informazioni di configurazione, che saranno argomento trattato più avanti.
Notando che il valore inserito nella EditText non viene tradotto ma semplicemente letto secondo la lingua impostata, lasciamo al lettore il test dell'applicazione appena realizzata.

Customizzazione del TextToSpeech

Dopo aver esaminato nel dettaglio l'utilizzo classico delle TTS API, vediamo alcune opzioni aggiuntive che in determinati contesti si possono rivelare molto utili. Il primo riguarda la possibilità di impostare alcune configurazioni sul suono riprodotto, per esempio il volume. A tale proposito è possibile fare in modo che l'output della voce venga inviato allo stesso stream di riproduzione delle suonerie, utilizzando quindi le stesse impostazioni in termini di volume. Per fare questo è sufficiente passare il seguente valore come terzo parametro del metodo talk() esaminato in precedenza.

Listato 12.18 Parametri per l'utilizzo dello stream di alert

```
HashMap<String, String> ttsParams = new HashMap();
ttsParams.put(TextToSpeech.Engine.KEY_PARAM_STREAM,
        String.valueOf(AudioManager.STREAM_ALARM));
```

Vedremo infatti, nel prossimo capitolo, il significato della costante `AudioManager.STREAM_ALARM`.

Una seconda possibilità riguarda l'eventuale notifica del completamento della riproduzione di una frase che in gergo TTS prende il nome di *utterance*. Abbiamo visto che è possibile per ciascuna di queste specificare la modalità di accodamento attraverso le costanti `QUEUE_FLUSH` e `QUEUE_ADD`. In alcuni casi potremmo avere la necessità di essere notificati della riproduzione di ciascuna di esse; ciò è reso possibile dal seguente codice:

Listato 12.19 Parametri per la notifica dell'avvenuta riproduzione di una utterance

```
HashMap<String, String> ttsParams = new HashMap<String, String>();
ttsParams.put(TextToSpeech.Engine.KEY_PARAM_UTTERANCE_ID, "MY_UTTERANCE");
textToSpeech.speak(textToSay, TextToSpeech.QUEUE_FLUSH, null);
textToSpeech
        .setOnUtteranceCompletedListener(new OnUtteranceCompletedListener() {

            @Override
            public void onUtteranceCompleted(String utteranceId) {
                Log.i(TAG_LOG, "Utterance " + utteranceId
                        + " completed");
            }

        });
textToSpeech.speak(textToSay, TextToSpeech.QUEUE_FLUSH, ttsParams);
```

Attraverso la chiave `TextToSpeech.Engine.KEY_PARAM_UTTERANCE_ID` è possibile associare un identificatore a una utterance, quindi registrare un'implementazione dell'interfaccia `OnUtteranceCompletedListener` per la notifica della sua riproduzione.

Un'ultima funzionalità è infine quella che permette di salvare una particolare riproduzione come file da riproporre poi successivamente utilizzando gli strumenti di riproduzione audio. Questo ovviamente va fatto nel caso in cui l'applicazione riproduca molte volte gli stessi contenuti per i quali è quindi inutile ripeterne l'elaborazione.

Questa funzionalità è possibile mediante il metodo

`public int synthesizeToFile (String text, HashMap<String, String> params, String filename)`

In questo caso il nome del file è quello associato al terzo parametro.

Conclusioni

In questo capitolo abbiamo avuto occasione di vedere nel dettaglio tre funzionalità della piattaforma più evolute. Abbiamo infatti realizzato delle App Widget per la visualizzazione di informazioni in continuo aggiornamento all'interno della Home del dispositivo. Siamo poi passati alla descrizione di come si possano utilizzare le gesture per l'associazione di particolari disegni sul display con operazioni di vario genere. Abbiamo infine visto come utilizzare le TTS API per la sintesi vocale.

Capitolo 13

Gestione dei media

In questo capitolo

- **Riproduzione e acquisizione di media**
- **Conclusioni**

I dispositivi dell'ultima generazione come quelli in grado di ospitare l'ambiente Android sono caratterizzati da display molto grandi, capaci di riprodurre media di ogni tipo e qualità. Per questo motivo è importante vedere quali sono gli strumenti che questa piattaforma mette a disposizione per la riproduzione di contenuti audio e video e per la loro acquisizione. In questo capitolo studieremo quindi a fondo le classi `MediaPlayer` e `MediaRecorder` e vedremo come la riproduzione di contenuti multimediali, anche alla luce dei concetti visti nei capitoli precedenti, sia un'operazione quasi banale.

Riproduzione e acquisizione di media

La piattaforma Android dispone di un'ampia varietà di encoder e decoder in grado di gestire la quasi totalità dei formati audio e video. Il principale strumento per la riproduzione di un contenuto multimediale è rappresentato dalla classe `MediaPlayer` del package `android.media`, che ci ricorda molto da vicino l'omonima classe delle Java Media Framework (JMF) e della piattaforma MIDP 2.0. Anche in questo caso si tratta di uno strumento che permette la riproduzione di media le cui informazioni possono essere memorizzate su file, scaricate dalla rete e, in questo caso, inglobate nell'applicazione come risorse. Vedremo quindi come utilizzare il `MediaPlayer` nei diversi casi attraverso esempi semplici e molto diretti. Nel caso dell'acquisizione di un media, esamineremo gli strumenti messi a disposizione dalla classe `MediaRecorder` sempre del package `android.media`, con il solo handicap che l'emulatore al momento non ci permetterà di eseguirne il test.

Riproduzione dei media con MediaPlayer

Come accennato in precedenza, il principale strumento che Android mette a disposizione per la riproduzione di un contenuto multimediale è rappresentato dalla classe `MediaPlayer`. Similmente a quanto succede per le analoghe classi in ambienti Java Media Framework (JMF) e MIDP 2.0, si tratta di un oggetto che può assumere diversi stati a seconda della conoscenza che lo stesso ha nei confronti del media da riprodurre e delle risorse che ha acquisito per la riproduzione. Senza entrare in dettagli che il lettore potrà reperire nella documentazione ufficiale di Android, vogliamo dare una descrizione generale di quali possano essere i principali stati di un `MediaPlayer` e quali le condizioni per il passaggio da uno stato a un altro.

Quando un `MediaPlayer` viene creato attraverso il suo costruttore, si trova in uno stato `IDLE`, in cui si può trovare anche a seguito dell'invocazione del metodo `reset()`. Questo significa che è stata creata una sua istanza, la quale però non ha conoscenza del tipo di media da riprodurre, quindi non ha allocato alcuna risorsa legata allo stesso. In ogni caso si tratta di un componente per il quale sono state allocate le risorse indipendenti dal tipo di media che, se non utilizzate, sarebbe bene liberare attraverso l'invocazione del metodo `release()` portando il player nello stato denominato `END`.

Per notificare al player il particolare media da riprodurre è possibile utilizzare diversi metodi a seconda della provenienza delle informazioni. Si tratta di vari overload del metodo `setDataSource()` che prevedono come parametri o l'identificatore di un file oppure l'URI della particolare risorsa. Se eseguito con successo, uno di questi metodi porta il player nello stato `INITIALIZED`, il che significa che è noto il tipo di media e l'insieme delle risorse necessarie alla sua riproduzione. Prima della riproduzione è comunque necessario passare attraverso lo stato `PREPARED`, nel quale il player ha acquisito le risorse necessarie ed è pronto alla riproduzione del media.

Relativamente a questo stato, è importante sottolineare come ci si possa arrivare, dallo stato `INITIALIZED`, in due modi diversi: sincrono e asincrono. Il primo caso si ottiene in modo esplicito attraverso l'invocazione del metodo `prepare()` il quale, una volta concluso, ha portato il player nello stato `PREPARED`. Il metodo `prepareAsync()` porta il player in uno stato intermedio, che possiamo chiamare `PREPARING`, durante il quale inizia il processo di acquisizione delle risorse necessarie per lo stato `PREPARED`, ma ritorna immediatamente notificando, in modo asincrono, lo stato del player all'eventuale implementazione dell'interfaccia `MediaPlayer.OnPreparedListener` che si è registrata. Una volta nello stato `PREPARED`, è possibile iniziare la riproduzione del media con l'invocazione del metodo `start()` che porta il player nello stato `STARTED`. È da notare come sia possibile conoscere le informazioni di bufferizzazione dell'eventuale stream di lettura del media mediante un'implementazione dell'interfaccia `MediaPlayer.OnBufferingUpdateListener`.

Quando il player si trova nello stato `STARTED` può essere portato nello stato `PAUSED` con l'invocazione del metodo `pause()` per poi ritornare nello stato `STARTED` attraverso una nuova invocazione del metodo `start()`. La riproduzione riprenderà dal punto in cui la stessa era stata interrotta.

La terminazione della riproduzione può avvenire con l'invocazione del metodo `stop()`

che porta il player nello stato STOPPED, da cui può rinascere solamente attraverso un nuovo passaggio per lo stato PREPARED.

Dalla documentazione possiamo notare come il player, una volta terminata la riproduzione del media, si trovi in uno stato denominato PLAYBACK_COMPLETED, dal quale può rinascere attraverso l'invocazione del metodo start() o portarsi nello stato STOPPED mediante l'invocazione del metodo stop().

Alla luce di quanto descritto e osservando la documentazione ufficiale possiamo notare come il MediaPlayer sia caratterizzato da un elevato numero di stati in cui alcune operazioni sono possibili mentre altre generano degli errori di cui si può ricevere notifica tramite un'implementazione dell'interfaccia MediaPlayer.OnErrorListener.

Un aspetto molto interessante del MediaPlayer riguarda il concetto di currentPosition, cui è possibile accedere attraverso il metodo getCurrentPosition() e che rappresenta, in ogni momento, un'indicazione sulla posizione di riproduzione del media. Con il MediaPlayer ci si può infatti posizionare in una particolare posizione del media con il metodo seekTo() specificando come parametro, appunto, la posizione voluta in millisecondi rispetto all'istante iniziale.

Prima di vedere dei semplici esempi di riproduzione di media, osserviamo come la classe MediaPlayer metta a disposizione i seguenti metodi statici di factory:

```
public static MediaPlayer create (Context context, Uri uri)
public static MediaPlayer create (Context context, int resid)
public static MediaPlayer create (Context context, Uri uri, SurfaceHolder holder)
```

che permettono di creare un MediaPlayer specificando subito la sorgente del media stesso. Se vengono conclusi senza errori, il MediaPlayer ottenuto sarà già nello stato PREPARED in quanto è già in grado di ottenere le informazioni relative al media da riprodurre. Notiamo come il primo overload faccia riferimento alla risorsa tramite il corrispondente URI, mentre il secondo utilizzi il riferimento a una costante della classe R. Il terzo overload utilizza un parametro di tipo SurfaceHolder che, in sintesi, rappresenta un oggetto con un riferimento verso una superficie in grado di visualizzare il media stesso. Per motivi di spazio, non entreremo nel dettaglio di questa classe.

Riproduzione audio

I precedenti metodi ci permettono comunque di descrivere il modo più semplice per riprodurre un media, che consiste nel mettere il file corrispondente tra le risorse di tipo raw e riprodurlo attraverso le seguenti due semplici istruzioni, che abbiamo associato alla pressione di un pulsante nell'applicazione SimpleMediaPlayer disponibile online.

Listato 13.1 Metodo più semplice di riproduzione di un media

```java
public void playResource(View button){
    MediaPlayer mediaPlayer = MediaPlayer.create(this, R.raw.test_file);
    mediaPlayer.start();
}
```

È importante sottolineare come il MediaPlayer così creato si trovi nello stato PREPARED e si porti nello stato STARTED a seguito dell'invocazione del metodo start(). Nel nostro caso non abbiamo inserito il codice corrispondente, ma il lettore potrà verificare come sia possibile fermare la riproduzione del media utilizzando l'invocazione del metodo stop(), ma di riprenderla solamente dopo un nuovo passaggio per lo stato PREPARED con l'invocazione dei metodi prepare() o prepareSynch(), come descritto in precedenza.

> **File da riprodurre**
>
> Per motivi di copyright non abbiamo inserito alcun media nel progetto scaricabile online. Il lettore potrà comunque inserire un qualunque file di tipo supportato e chiamarlo semplicemente test_file per ottenere l'effetto voluto..

Nel caso della riproduzione da file il meccanismo è leggermente più complesso, anche se comunque immediato. In questo caso abbiamo semplicemente caricato il file multimediale nella cartella associata all'applicazione, quindi abbiamo utilizzato le seguenti righe di codice corrispondenti alla pressione del secondo Button.

Listato 13.2 Riproduzione di un media da un file

```
public void playFile(View button){
    MediaPlayer mediaPlayer = new MediaPlayer();
    try {
        mediaPlayer.setDataSource("test_file.mp3");
        mediaPlayer.prepare();
        mediaPlayer.start();
    } catch (Exception e) {
        e.printStackTrace();
    }
}
```

Notiamo come la creazione del MediaPlayer attraverso il suo unico costruttore ci abbia costretti a gestirne il cambiamento di stato prima assegnandogli il riferimento al particolare media attraverso il metodo setDataSource(), portandolo quindi nello stato INITIALIZED, e successivamente eseguendo il metodo prepare() per portarlo nello stato PREPARED. Da qui è poi possibile eseguire il metodo start() per portarlo nello stato STARTED per la riproduzione del media.
Infine, il caso di riproduzione del media da uno stream è simile al precedente solamente che, oltre alla definizione del permesso di accesso alla rete, si imposta come parametro del metodo setDataSource() quello relativo alla risorsa, la quale può essere acceduta attraverso il protocollo HTTP o atraverso il RealTime Procotol (RTP). Nel nostro esempio il codice diventa semplicemente il seguente:

Listato 13.3 Riproduzione a un media acceduto attraverso la rete

```
public void playStream(View button){
    MediaPlayer mediaPlayer = new MediaPlayer();
    try {
        mediaPlayer.setDataSource("http://192.168.1.5:8080/examples/test_file.mp3");
```

```
            mediaPlayer.prepare();
            mediaPlayer.start();
        } catch (Exception e) {
            e.printStackTrace();
        }
    }
}
```

Come il lettore potrà osservare, si tratta di un meccanismo molto semplice che comunque è dotato, nei casi di bisogno, degli opportuni strumenti di customizzazione, anche fine.

Riproduzione video

Come è ovvio aspettarsi, la riproduzione di un video richiede un numero di risorse superiori rispetto a quelle necessarie alla riproduzione di un file audio. Serve infatti un componente per la visualizzazione del contenuto, che Android ci mette a disposizione con una particolare specializzazione della classe `View`, denominata `VideoView` e presente nel package `android.widget`.

Come dimostrazione dell'utilizzo di questo componente per la riproduzione di contenuti video, abbiamo realizzato l'applicazione `SimpleVideoPlayer` il cui codice è disponibile online. Innanzitutto notiamo come il componente per la riproduzione del video possa essere utilizzato all'interno di un layout, che nel nostro caso è il seguente.

Listato 13.4 *Definizione del layout con la VideoView*

```xml
<?xml version="1.0" encoding="utf-8"?>
<merge xmlns:android="http://schemas.android.com/apk/res/android"
    android:orientation="vertical" android:layout_width="fill_parent"
    android:layout_height="fill_parent">
    <VideoView android:id="@+id/videoView" android:layout_height="fill_parent"
        android:layout_width="fill_parent"></VideoView>
    <LinearLayout android:id="@+id/buttonLayout"
        android:layout_width="wrap_content" android:layout_height="wrap_content"
        android:layout_gravity="bottom|center_horizontal">
        <Button android:layout_width="wrap_content" android:onClick="startFromFile"
            android:layout_height="wrap_content" android:text="@string/
            start_from_file_label"
            android:id="@+id/startFileButton"></Button>
        <Button android:layout_width="wrap_content" android:onClick="startFromNet"
            android:layout_height="wrap_content" android:id="@+id/startNetButton"
            android:text="@string/start_from_network_label"></Button>
    </LinearLayout>
</merge>
```

Nel nostro esempio abbiamo aggiunto due pulsanti per l'avvio della riproduzione di un video sia da file sia dalla rete; in quest'ultimo caso abbiamo aggiunto nell'`AndroidManifest.xml` il relativo permesso. Il codice Java è invece il seguente.

Listato 13.5 Esempio di utilizzo di una VideoView

```java
public class SimpleVideoPlayerActivity extends Activity {
    private VideoView videoView;

    public void onCreate(Bundle savedInstanceState) {
        super.onCreate(savedInstanceState);
        setContentView(R.layout.main);
        videoView = (VideoView)findViewById(R.id.videoView);
    }

    public void startFromFile(View button){
        videoView.setVideoPath("/data/data/ it.apogeo.android.cap13.simplevideoplayer/files/test_video.mp4");
        videoView.start();
    }

    public void startFromNet(View button){
        Uri videoUri = Uri.parse("http://192.168.1.5:8080/examples/test_video.mp4");
        videoView.setVideoURI(videoUri);
        videoView.start();
    }
}
```

Dal codice evidenziato possiamo notare come sia semplice associare, attraverso i metodi setVideoPath() e setVideoUri(), i riferimenti alle risorse video, quindi invocare il metodo start() per la loro riproduzione. Eseguendo l'applicazione noteremo la visualizzazione del file video caricato come file attraverso il File Explorer come nel caso precedente o scaricato direttamente dalla rete (Figura 13.1).

Come possiamo notare, nel precedente esempio la gestione dell'avvio della riproduzione è affidata a due pulsanti che abbiamo inserito in modo esplicito nell'interfaccia. In realtà Android ci permette di inserire i classici controlli per la gestione del media, i quali sono descritti da un'istanza della classe `MediaController`.

Per dimostrare questa possibilità abbiamo realizzato il progetto `MediaControllerTest`; è molto simile al precedente, ma permette la gestione del video attraverso i classici controlli messi a disposizione direttamente dall'ambiente. In questo caso l'applicazione diventa molto più semplice, poiché il layout contiene la sola `VideoView` mentre l'attività prevede l'utilizzo del seguente codice.

Listato 13.6 Metodo onCreate() dell'applicazione MediaControllerTest

```java
public void onCreate(Bundle savedInstanceState) {
    super.onCreate(savedInstanceState);
    setContentView(R.layout.main);
    videoView = (VideoView)findViewById(R.id.videoView);
    MediaController mediaController = new MediaController(this);
    videoView.setMediaController(mediaController);
```

Gestione dei media   **497**

Figura 13.1   Riproduzione di un video in una VideoView.

```
videoView.setVideoPath("/data/data/it.apogeo.android.cap13.mediacontrollertest/
files/test_video.mp4");
}
```

In questo caso non si fa altro che creare un'istanza del MediaController che successivamente si assegna alla VideoView mediante l'invocazione del metodo setMediaController(). Notiamo come lo start() del media non venga eseguito in modo esplicito: verrà utilizzato il controller di Figura 13.2.

Figura 13.2   Utilizzo del MediaController.

Acquisizione audio con il MediaRecorder

Oltre che per la riproduzione di contenuti multimediali, Android mette a disposizione anche gli strumenti per l'acquisizione di contenuti audio tramite il cosiddetto MediaRecorder, descritto dall'omonima classe del package android.media. Anche in questo caso la procedura da seguire prevede alcuni passi standard fondamentali, che consistono principalmente nel registrare il media salvandolo all'interno del relativo ContentProvider oppure, come nel nostro caso, all'interno di un file.

Abbiamo quindi descritto i singoli passi all'interno dell'applicazione di nome SimpleAudioRecording, disponibile online. Si tratta di un'applicazione che permette, con appositi Button, di iniziare e terminare la registrazione di un contenuto audio per poi successivamente riprodurlo.

Come prima cosa è necessario definire il seguente permesso all'interno dell'AndroidManifest.xml:

```
<uses-permission android:name="android.permission.RECORD_AUDIO"></uses-permission>
```

Relativamente all'Activity realizzata, assume interesse solamente il codice relativo all'acquisizione dell'audio, che andiamo a descrivere nel dettaglio.

Listato 13.7 Metodo di acquisizione dell'audio

```
public void startRec(View button){
    if(mediaRecorder!=null){
        mediaRecorder.release();
    }
    File mediaFile = new File(RECORDING_FILE_NAME);
    if(mediaFile.exists()){
        mediaFile.delete();
    }
    mediaRecorder = new MediaRecorder();
    mediaRecorder.setAudioSource(MediaRecorder.AudioSource.MIC);
    mediaRecorder.setOutputFormat(MediaRecorder.OutputFormat.THREE_GPP);
    mediaRecorder.setAudioEncoder(MediaRecorder.AudioEncoder.AMR_NB);
    mediaRecorder.setOutputFile(RECORDING_FILE_NAME);
    try {
        mediaRecorder.prepare();
        mediaRecorder.start();
    } catch (Exception e) {
        e.printStackTrace();
    }
}
```

Le prime istruzioni permettono di verificare la presenza di un MediaRecorder; in caso affermativo ne liberiamo le risorse con l'invocazione del metodo release(). Di seguito creiamo quindi il file che conterrà il media acquisito, dopo averlo cancellato se già esistente. Nelle istruzioni evidenziate, dopo la creazione del MediaRecorder mediante il suo costruttore di default, impostiamo alcuni importanti proprietà.

Innanzitutto, attraverso il metodo `setAudioSource()`, impostiamo la sorgente del media, ovvero il dispositivo con il quale il media viene acquisito. Il valore descritto dalla costante `MediaRecorder.AudioSource.MIC` rappresenta il microfono; un altro possibile valore molto interessante è quello associato alla costante `MediaRecorder.AudioSource.VOICE_CALL`, relativo a una chiamata. Notiamo anche la possibilità di distinguere tra la voce in entrata e quella in uscita, rappresentate rispettivamente dalle costanti della stessa classe `VOICE_DOWNLINK` e `VOICE_UPLINK`.

Con il metodo `setOutputFormat()` è possibile specificare il formato di output utilizzato per la memorizzazione delle informazioni acquisite. Nel nostro caso abbiamo utilizzato il valore associato alla costante `MediaRecorder.OutputFormat.THREE_GPP`, relativa a un formato di estensione `.3gpp`. Un altro possibile valore è quello relativo al formato mpeg4 associato alla costante `MediaRecorder.OutputFormat.MPEG_4`.

Infine, con il metodo `setAudioEncoder()` abbiamo specificato come codec audio quello di tipo `Adaptive Multi-Rate`, al momento l'unico supportato.

Dopo aver specificato il file di destinazione mediante il metodo `setOutputFile()`, non ci resta che portare il `MediaRecorder` nello stato `PREPARED` e avviare la registrazione con il metodo `start()`.

Gli altri metodi dell'applicazione, compresi quello di `stop()` della registrazione, sono ormai di semplice comprensione. Lasciamo quindi al lettore l'esecuzione dell'applicazione e la verifica dell'effettivo funzionamento.

Conclusioni

In questo capitolo abbiamo affrontato il problema dell'acquisizione e della riproduzione di contenuti multimediali studiando le API che l'ambiente mette a disposizione in tale senso. Abbiamo infatti esaminato nel dettaglio, aiutati da semplici esempi, le classi `MediaPlayer` e `MediaRecorder`.

Capitolo 14

I servizi di sistema

Durante lo studio delle API nei precedenti capitoli abbiamo più volte utilizzato dei servizi della piattaforma Android che potremmo definire di sistema. Si tratta di servizi che utilizzano degli strumenti spesso implementati a basso livello, e che possono essere gestiti con oggetti di cui abbiamo ottenuto il riferimento attraverso il metodo getSystemService() di un Context passando come parametro una costante identificativa del servizio stesso. In questo capitolo si vuole quindi fare una panoramica sui servizi di sistema disponibili nella maggior parte dei dispositivi Android descrivendone le API fondamentali. Come accennato, alcuni li abbiamo già visti e descritti; per esempio il servizio di notifica cui abbiamo avuto accesso attraverso il NotificationManager, o il servizio di localizzazione cui abbiamo avuto accesso mediante il LocationManager. Altri li abbiamo invece utilizzati indirettamente, come il servizio di gestione delle Activity o delle Window.

In questo capitolo ci occuperemo di quei servizi che non abbiamo ancora esaminato, iniziando da quelli maggiormente legati all'hardware del dispositivo, come il Power Service ed il Vibrator Service. Un'ultima considerazione riguarda il fatto che non tutti gli esempi che descriveremo sono testabili e verificabili attraverso l'emulatore per cui, per qualcuno di essi, si renderà necessario l'utilizzo di un dispositivo reale.

In questo capitolo

- Power Service
- KeyGuard Service
- Vibrator Service
- Alarm Service
- Sensor Service
- Audio Service
- Telephony Service
- Connectivity Service
- Wi-Fi Service
- Accessibility Manager Service
- Input Method Service
- ClipBoard Service
- Conclusioni

Power Service

Come più volte ricordato, i dispositivi in grado di ospitare l'ambiente Android sono principalmente dispositivi che in ambito J2ME verrebbero classificati come "a risorse limitate". Con questa espressione si intende l'utilizzo di CPU non molto potenti, quantità di RAM non elevate ma soprattutto un'alimentazione spesso legata all'utilizzo di batterie ricaricabili. Non è quindi importante solamente mettere a disposizione dell'utente uno strumento in grado di fornire un alto livello di interattività, ma garantire che questo avvenga con il minor dispendio di energia possibile. Sappiamo infatti quanto sgradevole sia un dispositivo sempre scarico.

A tale proposito la documentazione ufficiale di Android fornisce una serie di linee guida che permettono di limitare al massimo l'utilizzo delle risorse dispendiose al fine di aumentare l'autonomia dei dispositivi. Una di queste riguarda, per esempio, l'utilizzo dei `BroadcastReceiver` e in particolare degli App Widget, consigliando una frequenza di aggiornamento non troppo alta. Un altro consiglio è quello di non abilitare determinati servizi, se non utilizzati in un particolare momento. Pensiamo all'abilitazione o meno dei servizi Wi-Fi o GPS, che sono piuttosto esigenti in termini di risorse, nel caso in cui non ve ne sia bisogno.

Rispetto a un dispositivo J2ME abbiamo già visto come i dispositivi Android presentino un insieme di strumenti che permettono una maggiore interazione con i componenti hardware dei dispositivi. Uno di questi è rappresentato dalla classe `PowerManager` del package `android.os`, di cui si ottiene un riferimento attraverso la seguente istruzione:

```
PowerManager powerManager = (PowerManager) getSystemService(Context.POWER_SERVICE);
```

dove è stato utilizzato il metodo `getSystemService()` con la costante `Context.POWER_SERVICE`. Si tratta di un componente che ci permette di decidere lo stato di utilizzo dell'alimentazione da parte del dispositivo per garantire determinate funzionalità. È interessante notare come il controllo dell'alimentazione venga ottenuto dall'applicazione mediante l'acquisizione di una specie di lock rappresentato da un'istanza della classe interna `PowerManager.WakeLock`, di cui è possibile ottenere un riferimento con il seguente metodo di `PowerManager`:

```
public PowerManager.WakeLock newWakeLock (int flags, String tag)
```

Mentre il parametro `tag` è utilizzato solo a scopo di debug, il parametro `flags` permette di specificare l'insieme dei comportamenti che si vogliono ottenere attraverso il `WakeLock`. È importante sottolineare come il fatto di ottenere un'istanza `WakeLock` non corrisponda all'acquisizione del lock, cosa che invece avviene tramite l'invocazione su di esso di uno dei seguenti metodi:

```
public void acquire ()
public void acquire (long timeout)
```

che si distinguono per la presenza o meno di un tempo di timeout, ossia il tempo massimo dopo il quale il lock viene automaticamente rilasciato. Il rilascio può comunque avvenire in modo esplicito con il metodo:

```
public void release ()
```

Sottolineiamo come l'esecuzione dei metodi `acquire()` assicuri all'applicazione di avere ottenuto il livello di utilizzo della CPU o del display specificato in fase di creazione del WakeLock attraverso l'utilizzo dei flags che ora andiamo a descrivere.

Al momento esistono quattro possibili flag, mutualmente esclusivi, che indicano il livello di alimentazione richiesto; a essi è possibile associarne altri due relativi alla politica di acquire() e release(). Si tratta di flag associati a relative costanti della classe PowerManager.

Il valore corrispondente alla costante PARTIAL_WAKE_LOCK indica la richiesta di una CPU sempre in running ma senza la garanzia di avere il display acceso.

Il flag rappresentato dalla costante SCREEN_DIM_WAKE_LOCK permette invece di garantire sempre una CPU in esecuzione ma con il display acceso, sebbene almeno nella modalità dimmed ovvero visibile ma non illuminato.

Per garantire il display acceso il flag da utilizzare è quello associato alla costante SCREEN_BRIGHT_WAKE_LOCK, la quale non richiede al dispositivo anche l'illuminazione dell'eventuale tastiera.

Infine, nel caso sia richiesta una CPU nello stato running e display e tastiera accesi, il flag da utilizzare è quello associato alla costante FULL_WAKE_LOCK.

Un aspetto importante relativo all'utilizzo di questi flag riguarda il fatto che essi rappresentano la modalità da impiegare nel caso in cui una particolare applicazione sia attiva e non indicano una situazione che si vuole ottenere immediatamente una volta acquisito il lock. Questo comportamento è invece possibile utilizzando, tranne che per il valore PARTIAL_WAKE_LOCK, il flag associato alla costante ACQUIRE_CAUSES_WAKEUP.

Ciò significa, per esempio, che l'utilizzo della combinazione FULL_WAKE_LOCK|ACQUIRE_CAUSES_WAKEUP permetterebbe l'immediata accensione del display e della tastiera in corrispondenza dell'esecuzione del metodo `acquire()`. Il caso tipico di questo comportamento è quello relativo alla visualizzazione di una notifica particolarmente importante per l'utente.

Come dimostrazione di questa funzionalità abbiamo creato il progetto PowerManagerTest il cui sorgente è disponibile online. Si tratta di un'applicazione che permette l'acquisizione e il rilascio esplicito del WakeLock attraverso la pressione di due pulsanti (Figura 14.1).

I valori dei flag sono decisi in base alla selezione di alcuni RadioButton e altri Checkbox. Ovviamente i primi permettono di gestire la selezione dei valori in mutua esclusione, mentre con i secondi si selezionano valori che si possono applicare successivamente. Il codice corrispondente è molto semplice, oltre che opportunamente commentato, per cui ne lasciamo al lettore la consultazione.

Come accennato, si tratta di un'applicazione testabile attraverso l'emulatore ma che sarebbe bene utilizzare con un dispositivo reale. L'utente potrà per esempio avviare

Figura 14.1 Applicazione PowerManagerTest in esecuzione.

l'applicazione e notare, senza fare nulla, che in base al tempo impostato nelle configurazioni del dispositivo esso prima spegnerà la luce mantenendo il display visibile per poi spegnerlo completamente. Questo è il comportamento di default. Selezionando invece le opzioni in figura e premendo il pulsante di acquisizione del `WakeLock`, il lettore potrà notare come il display non si spenga più, a meno che non venga successivamente selezionato il pulsante per il rilascio del `lock`, il quale porterà il dispositivo a comportarsi come nel caso precedente. A dire il vero il flag `ACQUIRE_CAUSES_WAKEUP` non può essere testato in questo modo perché richiederebbe l'utilizzo di una notifica oppure del servizio di timer che vedremo successivamente.

L'utilizzo delle risorse dei dispositivi è un'operazione che richiede il consenso da parte dell'utente. Questo è il motivo per cui le funzionalità del `PowerManager` richiedono la seguente definizione nel file `AndroidManifest.xml`:

```
<uses-permission android:name="android.permission.WAKE_LOCK"></uses-permission>
```

Concludiamo facendo comunque notare che si tratta di un servizio da utilizzare con criterio. Per questo motivo è bene sempre ricordarsi di eseguire il rilascio del `WakeLock` prima dell'uscita dall'applicazione.

KeyGuard Service

Sempre in ambito di acquisizione del lock, la piattaforma Android mette a disposizione un componente di nome `KeyguardManager` del package `android.app`, tramite il quale è possibile gestire il lock della tastiera dopo averne ottenuto un riferimento con il metodo:

```
KeyguardManager ks = (KeyguardManager) getSystemService(Context.KEYGUARD_SERVICE);
```

Il lock in questo caso è rappresentato da un'istanza della classe statica interna `KeyguardManager.KeyguardLock` ottenuta con il metodo

```
public KeyguardManager.KeyguardLock newKeyguardLock (String tag)
```

passando un tag identificativo dello stesso. Tramite questo oggetto potremmo quindi nascondere la tastiera con il metodo

```
public void disableKeyguard ()
```

per poi riabilitarla con il metodo

```
public void reenableKeyguard ()
```

Si tratta di metodi che solitamente vengono richiamati rispettivamente nei metodi `onResume()` e `onPause()` delle diverse `Activity`.
Interessante è l'utilizzo del seguente metodo:

```
public void exitKeyguardSecurely (KeyguardManager.OnKeyguardExitResult callback)
```

con il quale è possibile fare in modo che un'applicazione esca dallo stato di disabilitazione della keyguard per accedere a una funzionalità che non richiede protezione. Il parametro è un'implementazione dell'interfaccia di callback `KeyguardManager.OnKeyguardExitResult` alla quale il sistema notificherà il successo o meno della richiesta attraverso l'invocazione del suo metodo:

```
public abstract void onKeyguardExitResult (boolean success)
```

Vibrator Service

Un servizio molto importante è quello che permette di gestire la vibrazione del dispositivo. È sempre buona cosa, infatti, disabilitare la suoneria nel caso in cui ci si debba trovare in luoghi in cui questa potrebbe recare disturbo. Pensiamo poi al caso in cui il dispositivo sia in tasca, ilo che rende impossibile percepire eventuali segnali luminosi. In questi casi la soluzione potrebbe essere appunto quella di far vibrare il dispositivo. Abbiamo già incontrato una funzionalità di questo tipo quando abbiamo esaminato nel dettaglio il `NotificationManager`, ma in realtà i dispositivi ci danno uno strumento in più cui possiamo accedere attraverso un oggetto di tipo `Vibrator`.
Come possiamo intuire, si tratta di un oggetto cui si può accedere con il metodo getSystemService() nel seguente modo:

```
Vibrator vibrator = (Vibrator) getSystemService(Context.VIBRATOR_SERVICE);
```

utilizzando quindi la costante `Context.VIBRATOR_SERVICE` come valore del parametro. Le possibilità offerte da questo componente non sono moltissime poiché, come nel caso già visto, potremo far vibrare il dispositivo per determinati intervalli di tempo, ciascuno dei quali è rappresentato da valori numerici che ne indicano la durata. Utilizzando il metodo

```
public void vibrate (long time)
```

possiamo far vibrare il dispositivo per la durata specificata in millisecondi attraverso il parametro `time`. Per interrompere la vibrazione prima del tempo stabilito è sufficiente invocare il seguente metodo:

```
public void cancel ()
```

Analogamente a quanto visto nel caso delle `Notification`, possiamo utilizzare una specie di pattern delle durate tramite il seguente metodo:

```
public void vibrate (long[] pattern, int repeat)
```

il quale si aspetta come primo parametro un array di `long` che contiene, alternate, le durate di vibrazione e di quiete.
L'ultimo parametro non indica il numero delle ripetizioni come potrebbe sembrare, ma l'indice dell'eventuale posizione da cui riprendere nel caso delle successive ripetizioni

che continuano fino all'invocazione del metodo cancel(). Un valore pari a -1 indica la non ripetizione.

Per fare un esempio, osserviamo il seguente codice, che poi è utilizzato anche nell'esempio di nome VibratorTest disponibile online.

Listato 14.1 Esempio di utilizzo del servizio di vibrazione

```
public void onCreate(Bundle savedInstanceState) {
    super.onCreate(savedInstanceState);
    setContentView(R.layout.main);
    vibrator = (Vibrator)getSystemService(Context.VIBRATOR_SERVICE);
}

public void startVibrate(View button){
    vibrator.vibrate(MAX_VIBRATION_TIME);
}

public void stopVibrate(View button){
    vibrator.cancel();
}

public void startVibratePattern(View button){
    long[] pattern = new long[]{200,300,200,300,400,100};
    vibrator.vibrate(pattern, 4);
}
```

Notiamo come sia semplice ottenere il riferimento al Vibrator attraverso il metodo getSystemService() come descritto in precedenza. I metodi successivi sono quelli associati ad altrettanti Button nell'interfaccia dell'applicazione (Figura 14.2).

Figura 14.2 Applicazione VibratorTest in esecuzione.

Nell'ultimo caso abbiamo creato un pattern corrispondente a una vibrazione per 200 millisecondi, seguita da una pausa di 300, una vibrazione di 200, una pausa di 300 quindi una vibrazione di 400 con una pausa di 100, prima di iniziare le ripetizioni a partire dalla posizione di indice 4. In pratica, se non si ferma la vibrazione, essa continuerà a intervalli di 400 millisecondi e pause di 100.

Anche nel caso della vibrazione serve un permesso, che questa volta abbiamo definito nel seguente modo:

```
<uses-permission android:name="android.permission.VIBRATE"></uses-permission>
```

nell'AndroidManifest.xml.

Un'ultima osservazione riguarda il fatto che non è possibile gestire l'intensità della vibrazione ma solamente la durata della stessa.

Alarm Service

La piattaforma Android mette a disposizione un servizio molto utile che permette l'invio di un Intent in un particolare istante nel futuro con lo scopo di attivare una data funzionalità. Si tratta del servizio descritto dalla classe `AlarmManager` del package `android.app` per il quale è possibile ottenere un riferimento attraverso la seguente istruzione:

```
AlarmService alarm = (AlarmService) getSystemService(Context.ALARM_SERVICE);
```

È bene precisare subito che non si tratta di un oggetto con lo scopo di sincronizzare i diversi thread di un'applicazione per i quali l'utilizzo di un `Handler` è sicuramente più idoneo. È un modo per avviare delle applicazioni anche se non attive in un particolare momento.

Prima di vedere le semplici operazioni che l'`AlarmManager` ci mette a disposizione, osserviamo come gli eventuali `Intent` registrati vengano mantenuti dal dispositivo anche se nello stato definito di sleeping, ovvero `idle`. Nel caso in cui il dispositivo venga spento e poi riavviato, tali informazioni vanno perse.

Una prima importante osservazione riguarda il particolare tipo di `Intent` che può essere lanciato da un `AlarmManager`. Da quanto visto nei capitoli precedenti, capiamo che esso dovrà essere necessariamente un `PendingIntent`, perché sarà lanciato da un'applicazione diversa da quella che lo ha creato. È un concetto che abbiamo già incontrato nel caso delle `Notification`, dei `Service` e delle App Widget. L'operazione più semplice che possiamo eseguire con questo servizio è descritta dal metodo

```
public void set (int type, long triggerAtTime, PendingIntent operation)
```

chye permette di impostare il lancio del `PendingIntent` a un istante preciso, indicato attraverso il parametro `triggerAtTime` di tipo long, il cui significato dipende dal valore del parametro `type`. Se questo assume il valore associato alla costante `ELAPSED_REALTIME` significa che il valore di `triggerAtTime` è espresso rispetto all'istante di boot del dispositivo cui è possibile accedere con il metodo statico `SystemClock.elapsedRealtime()`. Inoltre, la costante indica che il `PendingIntent` non sveglia il dispositivo nel caso in cui sia `idle`. L'Intent verrebbe quindi inviato solo nel momento in cui il dispositivo tornasse attivo.

Per svegliare il dispositivo il valore da utilizzare è invece quello descritto dalla costante `ELAPSED_REALTIME_WAKEUP` per la quale il parametro `triggerAtTime` assume lo stesso significato del caso precedente. Esistono poi le costanti `RTC` ed `RTC_WAKEUP`, le quali si differenziano tra loro per la possibilità di svegliare o meno il dispositivo nel caso di lancio dell'Intent, e rispetto alle precedenti per il fatto che il parametro `triggerAtTime` è relativo al valore ottenuto attraverso il metodo statico `System.currentTimeMillis()`.

Un aspetto fondamentale riguarda il fatto che l'Intent lanciato dall'`AlarmManager` è un Intent di broadcast il quale viene ricevuto dagli eventuali `BroadcastReceiver` che si sono registrati attraverso il seguente metodo:

```
public abstract Intent registerReceiver (BroadcastReceiver receiver, IntentFilter filter)
```

Esso permette di registrare un `BroadcastReceiver` a tutti gli `Intent` che soddisfano un particolare `IntentFilter`. Questi riceveranno l'`Intent` arricchito di un'informazione extra, di tipo intero, associata alla chiave `Intent.EXTRA_ALARM_COUNT` il cui significato è il numero di `Intent` pendenti che quello inviato accorpa. Questo significa che se, per esempio, il dispositivo non ha ricevuto in precedenza, perché `idle` nella modalità RTC, degli `Intent` che si ripetono, quando attivo riceverà l'`Intent` con un `extra` pari al numero di `Intent` precedenti.

Questo metodo permette di schedulare l'invio di un unico `PendingIntent`. Nel caso di invii periodici il metodo da utilizzare è invece il seguente:

```
public void setRepeating (int type, long triggerAtTime, long interval, PendingIntent operation)
```

Notiamo come, rispetto al precedente, abbiamo il parametro `interval` che permette di specificare appunto l'intervallo tra un evento e il successivo. A tale scopo esiste anche una serie di costanti, per esempio `INTERVAL_HOUR` e `INTERVAL_HALF_DAY`, relative a intervalli standard i quali favoriscono un allineamento più semplice da parte del sistema tra i diversi eventi di schedulazione. Gli altri parametri, a meno di dettagli che il lettore potrà consultare nella relativa documentazione ufficiale, hanno lo stesso significato del caso precedente.

La cancellazione di un evento può avvenire attraverso il seguente metodo:

```
public void cancel (PendingIntent operation)
```

che notiamo avere come unico parametro il riferimento al `PendingIntent` utilizzato in fase di registrazione. A tale proposito è bene precisare che la corrispondenza tra diversi `PendingIntent` dipende dal criterio la cui logica è incapsulata nel seguente metodo della classe `Intent`:

```
public boolean filterEquals (Intent other)
```

che è lo stesso utilizzato in fase di intent resolution. Ricordiamo che esso confronta tutte le caratteristiche dell'`Intent` tranne le informazioni extra.

Infine, è molto interessante la presenza del seguente metodo:

```
public void setInexactRepeating (int type, long triggerAtTime, long interval, PendingIntent operation)
```

simile al metodo `setRepeating()` ma ottimizzato nella gestione di eventi che si ripetono a intervalli non regolari per i quali il sistema deve adottare metodi più complessi di allineamento. Per ottimizzare le risorse, specialmente nel caso di eventi di `WAKEUP`, è possibile implementare logiche di sincronizzazione che permettano un unico risveglio del dispositivo in corrispondenza di eventi diversi.

Come esempio di utilizzo di questo servizio consigliamo al lettore di rivedere il codice relativo alla configurazione del tempo di aggiornamento dell'App Widget realizzato nel Capitolo 12.

Sensor Service

Uno dei servizi di sistema sicuramente più interessanti che la maggior parte dei dispositivi Android mette a disposizione è quello decrito dalla classe `SensorManager` del package `android.hardware`, di cui si ottiene il riferimento attraverso la seguente istruzione:

```
SensorManager sensManager = (SensorManager) getSystemService(Context.SENSOR_SERVICE);
```

Si tratta infatti del componente che permette di accedere alle informazioni che il dispositivo acquisisce relativamente ad alcune grandezze fisiche, come quelle relative ad accelerazione, orientamento, pressione, luce, temperatura e altre ancora, se supportate dal particolare dispositivo. Ciascuno degli oggetti in grado di acquisire delle informazioni di questo tipo è rappresentato da una particolare istanza della classe `Sensor`. L'insieme dei `Sensor` disponibili in un dispositivo si ottiene con l'invocazione del seguente metodo del `SensorManager`:

```
public List<Sensor> getSensorList (int type)
```

dove il parametro indica il tipo di `Sensor` e può assumere uno dei valori contenuti in Tabella 14.1.

Tabella 14.1 Possibili tipi di Sensor di un dispositivo Android.

Costante di Sensor	Descrizione
TYPE_ACCELEROMETER	Indica l'utilizzo di un accelerometro.
TYPE_GYROSCOPE	Indica l'utilizzo di un giroscopio.
TYPE_LIGHT	Indica l'utilizzo di un rilevatore di luce.
TYPE_MAGNETIC_FIELD	Indica l'utilizzo di un rilevatore di intensità di campo magnetico.
TYPE_ORIENTATION	Indica l'utilizzo di una bussola.
TYPE_PRESSURE	Indica l'utilizzo di un rilevatore di pressione.
TYPE_PROXIMITY	Indica l'utilizzo di un rilevatore di prossimità.
TYPE_TEMPERATURE	Indica l'utilizzo di un rilevatore di temperatura.
TYPE_ALL	Indica tutti i tipi di sensori precedenti.

Il valore di ritorno di tipo `List<Sensor>` è dovuto alla presenza della costante `Sensor.TYPE_ALL` che permette appunto di ottenere l'elenco di tutti i `Sensor` disponibili. Esso permette inoltre di supportare in futuro più `Sensor` diversi per una particolare tipologia di grandezza. Ciascun `Sensor` è caratterizzato da alcune informazioni "amministrative" tra cui il nome, il tipo e il vendor. Molto importanti sono invece le informazioni relative all'ampiezza del campo in cui il sensore ha la sensibilità, la relativa accuratezza e infine la potenza necessaria al suo utilizzo in mA. Da quanto detto è semplice dedurre come un `Sensor` contenga più che altro informazioni che descrivono gli strumenti a disposizione. Per l'acquisizione vera e propria delle informazioni l'approccio da seguire è quello asincrono, mediante l'implementazione dell'interfaccia `SensorEventListener` al fine di ricevere le informazioni incapsulate all'interno di istanze della classe `SensorEvent`. L'interfaccia prevede la definizione dei seguenti due metodi:

```
public abstract void onAccuracyChanged (Sensor sensor, int accuracy)
public abstract void onSensorChanged (SensorEvent event)
```

Il primo consente di essere notificati di una variazione di accuratezza da parte di un particolare `Sensor`, mentre il secondo è quello più importante perché permette di accedere alle informazioni che gli stessi `Sensor` acquisiscono. L'oggetto di tipo `SensorEvent` contiene infatti una serie di informazioni che ci permettono di interpretare i dati acquisiti. Esso ha un riferimento al relativo `Sensor`, un timestamp, un valore per l'accuratezza e i dati veri e propri, contenuti all'interno di un array di float la cui lunghezza dipende appunto dal tipo di informazioni. Ovviamente l'utilizzo di queste funzionalità presuppone la creazione di un `SensorEventListener` e la registrazione allo stesso con il metodo

```
public boolean registerListener (SensorEventListener listener, Sensor sensor, int rate)
```

il quale permette di specificare, oltre al `Sensor`, anche un intero rappresentativo della frequenza di notifica. Si tratta, anche in questo caso, di valori espressi da un insieme di costanti dove `SENSOR_DELAY_NORMAL` rappresenta una frequenza di aggiornamento definita normale e adatta a variazioni di orientamento, mentre il default è quello rappresentato dalla costante `SENSOR_DELAY_FASTEST` che indica un aggiornamento più rapido possibile. Altri valori possibili sono quelli associati alle costanti `SENSOR_DELAY_UI` e `SENSOR_DELAY_GAME` adatti rispettivamente ad aggiornamenti della UI in applicazioni normali o nei giochi. La modalità di acquisizione delle informazioni si potrebbe definire come asincrona, in quanto i dati sono ricevuti attraverso dei particolari listener. Le API a disposizione permettono comunque anche un accesso alle stesse informazioni nella modalità sincrona. Purtroppo una descrizione accurata dei servizi messi a disposizione dal `SensorManager` richiede molto più spazio di quello a disposizione, oltre che alcune basi matematiche non banali. Per questo motivo affronteremo l'argomento in un testo dedicato che tratterà, tra le altre cose, anche aspetti di grafica 3D.

Audio Service

Per quello che riguarda la gestione delle risorse audio, Android mette a disposizione un insieme di strumenti descritti dalla classe `AudioManager` del package `android.media`, di cui si ottiene un'istanza con la seguente istruzione:

```
AudioManager alarm = (AudioManager) getSystemService(Context.AUDIO_SERVICE);
```

Si tratta di un componente con il quale è possibile eseguire diverse configurazioni legate alla gestione dell'audio, e in particolare:

- selezionare lo stream di riproduzione del suono e gestirne il mute
- regolare il volume
- modificare la modalità di ring
- riprodurre effetti sonori

La prima funzionalità riguarda appunto la selezione dello stream di riproduzione del suono. Sappiamo infatti che esiste il suono relativo a una suoneria, quello relativo alla pressione dei tasti o alla riproduzione di file mp3 o video. Ciascuna tipologia di output è rappresentata da una costante che viene associata al concetto di stream, i cui possibili valori sono descritti in Tabella 14.2.

Tabella 14.2 Possibili stream di riproduzione del suono.

Costante di AudioManager	Descrizione
STREAM_ALARM	Lo stream utilizzato dalla sveglia del dispositivo.
STREAM_DTMF	Lo stream utilizzato per la riproduzione dei toni di tastiera.
STREAM_MUSIC	Lo stream utilizzato nella riproduzione dei media.
STREAM_NOTIFICATION	Lo stream utilizzato per le Notification.
STREAM_RING	Lo stream utilizzato dalle suonerie.
STREAM_SYSTEM	Lo stream utilizzato per i suoni di sistema.
STREAM_VOICE_CALL	Lo stream utilizzato per la riproduzione della voce in chiamata.

Abbiamo già visto, nel capitolo dedicato alla riproduzione dei media, un esempio di utilizzo di queste costanti proprio per poterne gestire il volume attraverso i metodi che ci accingiamo a descrivere. Se vogliamo incrementare o decrementare di una quantità fissa il volume relativo a un tipo di stream possiamo utilizzare il seguente metodo:

```
public void adjustStreamVolume (int streamType, int direction, int flags)
```

dove il tipo di stream è rappresentato da una delle costanti della precedente tabella a esclusione di quelli relativi al DTMF e alle Notification, e la direction può assumere uno dei valori descritti dalle costanti ADJUST_LOWER, ADJUST_RAISE o ADJUST_SAME. Si tratta di costanti che permettono rispettivamente di diminuire, aumentare o lasciare invariato il livello del volume.

L'ultimo parametro rappresenta un insieme di possibili flag che il lettore può consultare nella documentazione ufficiale ma che fanno riferimento alla possibilità di visualizzare un Toast durante la modifica del volume, di associare delle vibrazioni e così via. Esistono poi altri due metodi che fanno riferimento allo stream più rilevante in un particolare momento. Questo significa che se è in corso una telefonata lo stream più rilevante è quello della chiamata, se è in corso la riproduzione di un file audio allora lo stream più rilevante è quello a essa associata. Si tratta dei seguenti metodi:

```
public void adjustSuggestedStreamVolume (int direction, int suggestedStreamType, int flags)
public void adjustVolume (int direction, int flags)
```

dove nel primo caso il tipo di stream su cui agire può essere solamente suggerito. Questi ultimi tre metodi sono però raramente utilizzati perché il dispositivo fornisce già gli strumenti per modificare il volume di un particolare suono. Andranno quindi utilizzati solamente nel caso in cui si ha la necessità di sostituire i componenti relativi alla gestione delle impostazioni audio o dell'apparato telefonico.

Circa la gestione del volume esistono poi alcuni metodi che permettono di ottenerne l'entità.

Per verificare il livello di volume associato a un particolare stream possiamo utilizzare il metodo

`public int getStreamVolume (int streamType)`

mentre per conoscere il massimo valore possibile è disponibile il metodo

`public int getStreamMaxVolume (int streamType)`

Un normale telefono cellulare permette di gestire diverse configurazioni relative, per esempio, al livello di volume della suoneria o all'eventuale vibrazione. Un concetto analogo esiste anche nei dispositivi Android e si chiama mode; il suo valore si ottiene invocando il seguente metodo:

`public int getMode ()`

Esso ritorna un intero identificativo del particolare mode caratterizzato dai valori delle costanti NORMAL, RINGTONE e IN_CALL. Quando il dispositivo è nello stato normale, in cui non riproduce alcun suono, il mode associato è quello relativo alla costante NORMAL. Se sta squillando, il mode associato è quello relativo alla costante RINGTONE, mentre IN_CALL è il valore associato a un dispositivo che sta svolgendo una chiamata telefonica. Di utilità solamente per quelle applicazioni che si sostituiscono a quelle esistenti nella gestione del suono, esiste anche il corrispondente metodo setMode().
Android fornisce anche delle API che permettono di gestire la modalità con cui il dispositivo manifesta l'evento di ricezione di una chiamata. È possibile infatti utilizzare il metodo

`public void setRingerMode (int ringerMode)`

il cui parametro può essere, anche in questo caso, uno dei valori rappresentati da alcune costanti. Attraverso la costante RINGER_MODE_NORMAL è possibile fare in modo che il dispositivo suoni o vibri a seconda delle impostazioni dell'utente. Per sovrapporsi alle configurazioni dell'utente in modo che il dispositivo comunque non suoni e non vibri è possibile utilizzare il valore associato alla costante RINGER_MODE_SILENT, mentre per farlo solamente vibrare il valore da usare è RINGER_MODE_VIBRATE.
Infine, insieme ad altri metodi per l'abilitazione o meno della vibrazione o del mute, di cui lasciamo al lettore la consultazione nella documentazione ufficiale, notiamo la possibilità della riproduzione di alcuni effetti. Per fare questo è sufficiente utilizzare il metodo

`public void playSoundEffect (int effectType)`

dove il parametro passato è un identificativo dell'effetto rappresentato da alcune costanti, tra cui FX_KEYPRESS_STANDARD per il suono associato alla pressione di un tasto, FX_KEYPRESS_SPACEBAR per il suono associato alla pressione della barra spaziatrice, e tanti altri.

Telephony Service

Come abbiamo più volte ricordato, i dispositivi con Android sono principalmente dei telefoni, per cui non potevano mancare delle API che permettessero l'interazione con i servizi di chiamata e di gestione dei messaggi. Per accedere a tali servizi è possibile utilizzare l'oggetto TelephonyManager del package android.telephony, di cui si ottiene il riferimento con la seguente istruzione:

```
TelephonyManager tm = (TelephonyManager) getSystemService(Context.TELEPHONY_SERVICE);
```

I servizi messi a disposizione dal TelephonyManager sono di vario tipo e alcuni di essi necessitano degli opportuni permessi che andremo a specificare nell'AndroidManifest.xml. Osservando le API possiamo notare come si tratti di tutti metodi get attraverso i quali è quindi possibile interrogare il dispositivo sullo stato dell'apparato telefonico senza la possibilità di modificarli direttamente. Il primo di questi metodi è sicuramente il seguente:

```
public int getCallState ()
```

Con esso è possibile conoscere lo stato del telefono cui sono associati i valori di alcune costanti che riprendono quelle viste in relazione all'AlarmService e che ora sono CALL_STATE_IDLE, CALL_STATE_OFFHOOK e CALL_STATE_RINGING. Con il termine offhook si intende che almeno una chiamata è in svolgimento, attiva o in attesa, e non ve ne sono che stanno squillando.

Il precedente metodo fa riferimento alle chiamate, mentre per le connessioni dati esiste il metodo:

```
public int getDataState ()
```

il quale può ritornare i valori associati alle costanti DATA_DISCONNECTED, DATA_CONNECTING, DATA_CONNECTED e DATA_SUSPENDED, di evidente significato.

Oltre allo stato della connessione, possiamo avere anche una informazione relativa all'eventuale traffico attraverso il metodo

```
public int getDataActivity ()
```

con possibili valori di ritorno quelli rappresentati dalle costanti DATA_ACTIVITY_NONE, DATA_ACTIVITY_IN, DATA_ACTIVITY_OUT, DATA_ACTIVITY_INOUT e DATA_ACTIVITY_DORMANT, anche queste di evidente significato. Senza dilungarci in dettagli che il lettore potrà trovare nella documentazione ufficiale possiamo notare come, oltre ai metodi per ottenere le informazioni relative a SIM, IMEI, MCC e MNC, sia possibile verificare il tipo di rete utilizzata e addirittura se si è in roaming attraverso i seguenti metodi:

```
public int getNetworkType ()
public boolean isNetworkRoaming ()
```

Infine, sono molto interessanti i seguenti metodi, che permettono di avere informazioni sulla cella cui il dispositivo è agganciato oltre che su quelle vicine:

```
public CellLocation getCellLocation ()
public List<NeighboringCellInfo> getNeighboringCellInfo ()
```

Essi hanno bisogno dei permessi relativi alle costanti ACCESS_COARSE_LOCATION ed ACCESS_FINE_LOCATION, per il primo ed ACCESS_COARSE_UPDATES, per il secondo. Notiamo come le informazioni relative a una cella siano rappresentate da particolari specializzazioni della classe CellNotation, le quali sono al momento descritte dalle classi GsmCellLocation e CdmaCellLocation per i dispositivi GSM e CDMA rispettivamente. Le informazioni relative alle celle vicine sono invece descritte attraverso la classe NeighboringCellInfo che descrive in sintesi un identificatore della cella e un indicatore della forza del segnale.

È interessante far notare come la classe TelephonyManager permetta di ricevere notifica delle variazioni di diverse informazioni attraverso la registrazione di un'implementazione dell'interfaccia PhoneStateListener con il metodo

```
public void listen (PhoneStateListener listener, int events)
```

dove il parametro events permette di selezionare solamente un determinato insieme di eventi mediante l'utilizzo di opportuni flag descritti da altrettante costanti di PhoneStateListener.

Quelli descritti sono i principali metodi che il TelephonyManager ci mette a disposizione per l'interazione con i servizi telefonici. In realtà, osservando i sorgenti della piattaforma, risultano disponibili una serie di altri strumenti, che però non appartengono a quelle che possiamo definire API pubbliche, quindi sono probabilmente soggetti a cambiamenti nelle successive release della piattaforma.

SMS Service

Relativamente ai servizi telefonici, vogliamo descrivere anche i servizi relativi alla gestione dei messaggi SMS, cosa possibile attraverso la classe SmsManager. Non stiamo parlando della gestione della ricezione di un messaggio SMS, la quale può avvenire mediante la definizione di un opportuno BroadcastReceiver in grado di ricevere degli Intent associati alla action android.provider.Telephony.SMS_RECEIVED, ma del suo invio. Per ottenere un riferimento all'SmsManager non si utilizza il metodo getSystemService() ma la seguente istruzione:

```
SmsManager  smsManager = SmsManager.getDefault()
```

Il metodo più semplice che questo componente mette a disposizione è il seguente:

```
public void sendTextMessage (String destinationAddress, String scAddress, String text,
PendingIntent sentIntent, PendingIntent deliveryIntent)
```

Esso permette l'invio di un messaggio testuale contenuto nel parametro text. Il parametro destinationAddress contiene il numero di destinazione mentre scAddress contiene il numero del centro servizi e può essere null nel caso si voglia utilizzare quello impostato di default per il dispositivo (MMSC).

Molto interessanti sono poi gli ultimi due parametri opzionali, nel senso che possono anche valere null. Se specificato, il parametro sentIntent corrisponde al particolare PendingIntent che il dispositivo lancia per notificare l'invio del messaggio. Si tratta di un PendingIntent in quanto verrà lanciato da un'applicazione diversa da quella che lo ha creato e sarà di tipo broadcast. All'interno del particolare BroadcastReceiver che andrà a monitorare lo stato di invio del messaggio potremmo utilizzare il metodo getResultCode() al fine di ottenere un identificatore dell'esito dell'operazione. Nel caso di successo otterremo il valore associato alla costante Activity.RESULT_OK mentre in caso di errore le possibilità sono diverse e associate alle costanti RESULT_ERROR_GENERIC_FAILURE, RESULT_ERROR_RADIO_OFF e RESULT_ERROR_NULL_PDU, questa volta della classe SmsManager, esplicative del particolare problema. Nel caso di errore generico, associato alla prima costante, sarà possibile ottenere un'indicazione del messaggio di errore attraverso un extra di nome errorCode.

Un funzionamento analogo vale per il parametro deliveryIntent, che rappresenta invece il PendingIntent da lanciare nel caso di notifica del delivery e le cui informazioni sono memorizzate, sotto forma di PDU, come extra associato alla chiave pdu. Le informazioni gestite come PDU possono quindi essere interpretate attraverso alcuni metodi di utilità della classe SmsMessage, tra cui il seguente:

```
public static SmsMessage createFromPdu (byte[] pdu)
```

che permette appunto di interpretare il PDU espresso come array di byte.

> **Cos'è il PDU**
>
> Quando si utilizzano delle API per la gestione dei messaggi SMS si sente spesso parlare di PDU ovvero di Protocol Description Unit. Per comprenderne il significato diciamo che l'invio e la ricezione di un SMS può avvenire in due modi diversi: come testo o come PDU. La modalità testuale è una traduzione dei byte contenuti nel PDU in una versione leggibile. Android mette a disposizione alcuni strumenti della classe SmsMessage per l'interpretazione delle informazioni in un PDU.

Nel caso in cui il contenuto del messaggio sia espresso come array di byte è possibile utilizzare il seguente metodo:

```
public void sendDataMessage (String destinationAddress, String scAddress,
short destinationPort, byte[] data, PendingIntent sentIntent, PendingIntent
deliveryIntent)
```

in cui il significato dei vari parametri è esattamente lo stesso del caso precedente, a parte ovviamente il tipo di contenuto relativo al parametro data.

Gli ultimi due metodi che la classe SmsManager mette a disposizione sono relativi alla scomposizione di un messaggio testuale lungo in più messaggi di lunghezza inferiore. Con il metodo

```
public ArrayList<String> divideMessage (String text)
```

è infatti possibile dividere il messaggio passato attraverso il parametro text in una lista di messaggi di lunghezza compatibile con la massima lunghezza permessa per ciascun singolo messaggio. È quindi possibile inviare la lista ottenuta attraverso il seguente metodo:

```
public void sendMultipartTextMessage (String destinationAddress, String scAddress,
ArrayList<String> parts, ArrayList<PendingIntent> sentIntents, ArrayList<PendingIntent>
deliveryIntents)
```

di comportamento analogo agli equivalenti visti in precedenza. Notiamo solo la possibilità di definire le varie PendingIntent di notifica per ogni singolo elemento.

Un'importante precisazione è quella relativa alla necessità di richiedere gli opportuni permessi per l'invio dei messaggi, ovvero quello associato ad android.permission.SEND_SMS. Una possibile domanda da parte del lettore riguarda sicuramente la gestione degli MMS, che dovrebbe essere supportata dalla maggior parte dei dispositivi Android. A tale proposito la cosa migliore non è quella di utilizzare un SmsManager che, come dice il nome stesso, si occupa solamente di SMS, ma le seguenti poche rige di codice.

Listato 14.2 Invio di un MMS

```
Uri mediaUri = Uri.parse("content://media/external/images/media/1");
Intent intent = new Intent(Intent.ACTION_SEND); intent.putExtra("sms_body",
"Testo del messaggio");
intent.putExtra(Intent.EXTRA_STREAM, mediaUri);
intent.setType("image/png");
startActivity(intent);
```

Con queste righe, a questo punto di facile lettura, è possibile inviare un contenuto multimediale contenuto all'interno di un Content Provider inserendone l'URI come extra di un Intent associato alla chiave Intent.EXTRA_STREAM.

Connectivity Service

Un servizio molto utile nella gestione della rete è sicuramente quello descritto dalla classe ConnectivityManager del package android.net, di cui si ottiene un riferimento attraverso la ormai nota istruzione, che abbiamo diviso in due per motivi di spazio:

```
String serviceId = Context.CONNECTIVITY_SERVICE;
ConnectivityManager cm = (ConnectivityManager)Context.getSystemService(serviceId);
```

Si tratta di un componente che ci fornisce gli strumenti per conoscere in ogni momento lo stato del dispositivo in relazione alle attività di connessione. In particolare, esso permette di

- rilevare lo stato delle connessioni del dispositivo (WI-FI, GPRS ecc.);
- notificare attraverso Broadcast Intent le variazioni dello stato di connessione;
- avere responsabilità di fail-over attivando un tipo di connessione diversa da quella che in un certo istante non dovesse più essere disponibile;

- fornire strumenti per interrogare il dispositivo relativamente al suo stato con diversi livelli di dettaglio (coarse-grained e fine-grained).

Osservando il codice sorgente notiamo come sia una classe che wrappa, all'interno di operazioni Java, delle invocazioni ad altrettante operazioni di un servizio di cui viene esposta un'interfaccia AIDL. Si tratta in questo caso di un modo per accedere a funzionalità implementate in modo nativo dal dispositivo, legate al relativo hardware. Sono operazioni che necessitano, come molte altre viste in questo capitolo, di alcuni permessi ben definiti che possiamo richiedere nell'AndroidManifest.xml con le seguenti dichiarazioni:

```
<uses-permission android:name="android.permission.ACCESS_NETWORK_STATE"/>
<uses-permission android:name="android.permission.CHANGE_NETWORK_STATE"/>
```

Si tratta delle richieste relative ai permessi per l'accesso allo stato del dispositivo e per la notifica di una sua eventuale variazione. Per conoscere lo stato del dispositivo è possibile utilizzare la seguente operazione:

```
public NetworkInfo getNetworkInfo (int networkType)
```

la quale al momento accetta come possibili valori di input quelli relativi alle costanti statiche TYPE_MOBILE e TYPE_WIFI della classe ConnectivityManager. Il valore di ritorno è un riferimento a un oggetto di tipo NetworkInfo che incapsula le informazioni relative alla rete facendo una distinzione tra quelle generali e dettagliate, ciascuna rappresentata da un valore delle enum NetworkInfo.State e NetworkInfo.DetailedState rispettivamente. Osservando le API il lettore potrà notare come lo stato generale sia una indicazione del fatto che il dispositivo è connesso, si sta connettendo, sconnettendo e così via. I valori relativi allo stato dettagliato, che peraltro si mappano per alcuni casi nei precedenti, forniscono maggiori informazioni; per esempio, l'indicazione del fatto che il dispositivo si sta autenticando alla rete o sta ottenendo da essa un indirizzo via DHCP.

Come accennato, una responsabilità del ConnectivityManager è quella di lanciare degli Intent di broadcast per la notifica nella variazione dello stato di connessione del dispositivo. Si tratta di un Intent associato alla action relativa alla costante CONNECTIVITY_ACTION che contiene alcune informazioni extra, associate a loro volta ad altrettante chiavi. Per esempio, mediante il metodo getBooleanExtra() con la chiave EXTRA_IS_FAILOVER è possibile sapere se la variazione di stato è stata conseguenza di un'operazione di fail-over oppure no. Inoltre, tramite il metodo getParcelableExtra() e la chiave EXTRA_NETWORK_INFO è possibile ottenere l'oggetto NetworkInfo, che notiamo essere infatti Parcelable, con il nuovo stato.

Wi-Fi Service

Tra tutte le tipologie di connessione disponibili in Android, quella di tipo Wi-Fi ha sicuramente un trattamento particolare mediante la disponibilità della classe WifiManager del package android.net.wifi, di cui è possibile ottenere un riferimento con la seguente istruzione:

```
WifiManager wm= (WifiManager) getSystemService(Context.WIFI_SERVICE);
```

Si tratta di un componente che ci permette di gestire quasi completamente le connessioni Wi-Fi in termini di:

- elenco delle connessioni Wi-Fi configurate nel dispositivo
- gestione dello stato della connessione Wi-Fi corrente
- operazioni di ricerca delle reti disponibili ed eventuale selezione
- definizione di un insieme di Intent di broadcast per la notifica di particolari eventi associati alla rete Wi-Fi

Si tratta ovviamente di operazioni specifiche delle connessioni Wi-Fi, mentre per quello che riguarda le connessioni generiche la documentazione consiglia di utilizzare i servizi del ConnectivityManager esaminato in precedenza.

L'operazione più semplice di questo componente è quella che ci permette di conoscere lo stato della connessione Wi-Fi, ovvero:

```
public int getWifiState ()
```

Il valore intero di ritorno può assumere un valore tra quelli delle seguenti costanti statiche della stessa classe WifiManager: WIFI_STATE_DISABLED, WIFI_STATE_DISABLING, WIFI_STATE_ENABLED, WIFI_STATE_ENABLING e WIFI_STATE_UNKNOWN, di ovvio significato. Attraverso i metodi

```
public boolean isWifiEnabled ()
public boolean setWifiEnabled (boolean enabled)
```

è possibile verificare lo stato di abilitazione del Wi-Fi ed eventualmente modificarlo. Per conoscere l'elenco delle reti configurate nel dispositivo è possibile utilizzare il metodo

```
public List<WifiConfiguration> getConfiguredNetworks ()
```

per ottenere una lista di oggetti di tipo WifiConfiguration in grado di incapsulare le informazioni sulla connessione, tra cui un identificatore, il SSID (Service Set IDentifier), il BSSID (Broadcast Service Set IDentifier), il protocollo e altre relative agli aspetti di sicurezza tipici di questo tipo di connessioni. Lo stesso oggetto WifiConfiguration può essere utilizzato per la registrazione di una rete con il metodo

```
public int addNetwork (WifiConfiguration config)
```

o l'aggiornamento della stessa con l'invocazione del metodo

```
public int updateNetwork (WifiConfiguration config)
```

La cancellazione di una configurazione dall'elenco delle reti nel dispositivo non necessita di un WifiConfiguration ma si accontenta dell'identificatore della rete, come dimostra il parametro del metodo

```
public boolean removeNetwork (int netId)
```

Un aspetto interessante nella gestione delle reti da registrare come note al dispositivo è relativo al fatto che i `WifiConfiguration` possono essere resi persistenti solamente a seguito dell'invocazione del metodo

```
public boolean saveConfiguration ()
```

A parte un insieme di operazioni di semplice interpretazione, che il lettore può consultare nella documentazione ufficiale, notiamo come il `WifiManager` ci permetta di eseguire una scansione delle reti disponibili. Per fare questo è sufficiente invocare il metodo

```
public boolean startScan ()
```

e attendere la notifica dei risultati in modo asincrono. Il metodo `startScan()` infatti non è bloccante e ritorna subito specificandone l'esito attraverso il valore boolean di ritorno. Al momento del termine della scansione l'ambiente lancia un `Intent` di broadcast associato alla action relativa alla costante `SCAN_RESULTS_AVAILABLE_ACTION`. L'esito effettivo della scansione è quindi disponibile attraverso il metodo

```
public List<ScanResult> getScanResults ()
```

che notiamo ritornare una lista di oggetti di tipo `ScanResult` i quali incapsulano le informazioni relative alle reti rilevate, tra cui il SSID, il BSSID, la frequenza e l'intensità del segnale e un indicatore degli aspetti di sicurezza.

Accessibility Manager Service

Un servizio molto particolare di cui daremo breve descrizione è quello le cui funzionalità sono descritte dalla classe `AccessibilityManager` del package `android.view.accessibility`; è possibile ottenerne un riferimento con la seguente istruzione:

```
String serviceId = Context.ACCESSIBILITY_SERVICE;
AccessibilityManager am = (AccessibilityManager)getSystemService(serviced);
```

L'utilizzo di questo componente è spesso correlato all'installazione di particolari specializzazioni della classe astratta `AccessibilityService`. Si tratta di servizi in grado di intercettare determinati eventi legati alla GUI dei diversi componenti notificandoli attraverso diverse modalità sonore, visive o altro. Le diverse applicazioni possono quindi utilizzare un `AccessibilityManager` per la notifica di informazioni incapsulate all'interno di un oggetto di tipo `AccessibilityEvent`, le quali saranno quindi ricevute dagli eventuali `AccessibilityService`. Dalla documentazione ufficiale possiamo notare come gli eventi contengano informazioni che dipendono dal tipo di interazione con la GUI. Nel caso di una modifica nel contenuto di una `EditView` le informazioni sono quelle relative al valore precedente e attuale, che ovviamente non ci sono nel caso di azione su un `Button`. I servizi sono poi configurabili attraverso degli oggetti di tipo `AccessibilityServiceInfo` che contengono indicazioni sul tipo di eventi da catturare e sulla tipologia di notifica. Da quanto descritto capiamo come si tratti di API che rappresentano un punto di estensione della piattaforma in relazione alla definizione di modalità alternative di interazione con il dispositivo.

Input Method Service

Come sottolineato più volte, uno degli aspetti più importanti di un'applicazione per un dispositivo mobile, quindi anche per Android è la interattività. Questo non significa solamente realizzare interfacce veloci, ma soprattutto facili da utilizzare. L'aspetto forse più complesso in tale senso è quello legato ai meccanismi di input delle informazioni. Inserire un testo lungo con un tastierino numerico o virtuale è sicuramente più complicato che utilizzare la normale tastiera di un PC, per cui l'obiettivo è quello di creare tastiere, o comunque modalità di inserimento delle informazioni, specifiche di ciascuna singola applicazione. Un modo per fare questo è, per esempio, eliminare quei tasti che sicuramente non vengono selezionati. Se dobbiamo selezionare un numero di telefono probabilmente non ci servono caratteri particolari ma quelli caratteristici di un telefono.

Per risolvere questo problema Android mette a disposizione un vero e proprio framework chiamato Input MEthod (IME) di cui il lettore potrà trovare approfondita documentazione nel sito ufficiale di Android.

ClipBoard Service

Una funzionalità molto semplice che Android ci mette a disposizione attraverso le operazioni della classe `ClipboardManager` del package `android.text` è quello relativo alla gestione della clipboard, ovvero di quel componente che siamo abituati chiamare "Appunti". Si tratta di un piccolo spazio all'interno del quale inserire del testo per poi riprenderlo successivamente da un'altra applicazione. Per ottenere il riferimento al `ClipboardManager` è sufficiente utilizzare la seguente istruzione

```
ClipboardManager cm= (ClipboardManager) getSystemService(Context.CLIPBOARD_SERVICE);
```

Le operazioni sono poi banali, in quanto ci permettono di inserire del testo attraverso

```
public void setText (CharSequence text)
```

e di riottenerlo con il metodo

```
public CharSequence getText ()
```

Infine, il metodo

```
public boolean hasText ()
```

permette di verificarne la presenza.

Conclusioni

In questo capitolo abbiamo esaminato alcuni dei servizi di sistema che la piattaforma Android mette a disposizione per la gestione di quelle funzionalità spesso legate alle caratteristiche hardware del dispositivo. Alcuni sono stati solamente accennati per motivo di spazio, ma saranno sicuramente approfonditi sul sito dell'autore.

Capitolo 15

Bluetooth

Una delle principali funzionalità introdotte nella versione 2.0 di Android è quella delle Bluetooth API. Sebbene i dispositivi fossero in grado di connettersi ad altri attraverso questo protocollo, nelle precedenti versioni dell'ambiente le relative API erano state eliminate. Si tratta di API che permettono di eseguire le principali funzionalità per la comunicazione tra dispositivi attraverso il protocollo Bluetooth, e che possiamo riassumere in:

- scansione per la ricerca di dispositivi
- acquisizione di informazioni relative ai dispositivi accoppiati (*paired devices*)
- creazione di canali RFCOMM
- connessione ad altri dispositivi attraverso un servizio di discovery
- scambio di informazioni tra dispositivi tramite Bluetooth
- gestione di connessioni multiple

Prima di descrivere nel dettaglio gli strumenti che Android mette a disposizione per realizzare le precedenti operazioni, è sicuramente utile dare alcune definizioni.

La prima riguarda il concetto di dispositivi *paired*. Si parla infatti di *Bluetooth pairing* quando due dispositivi consentono di parlare uno con l'altro scambiandosi delle informazioni. Quando questo avviene si dice che i dispositivi formano una trusted pair; essi potranno successivamente comunicare tra di loro senza necessariamente passare attraverso un processo di ricerca e autenticazione. Si tratta comunque di un passo molto importante nel processo di creazione di

In questo capitolo

- **Le Bluetooth API**
- **Principali scenari Bluetooth**
- **Conclusioni**

una comunicazione tra due dispositivi attraverso Bluetooth, che quindi le API di Android ci permetteranno di gestire.

La seconda definizione riguarda il protocollo RFCOMM, il quale permette di simulare fino a 60 connessioni seriali RS232 al di sopra di una connessione di tipo L2CAP (Logical Link Control and Adaptation Protocol) che consente lo scambio di informazioni in pacchetti di dimensione fino a 64 KB.

Nel presente capitolo vedremo quindi le principali API per la gestione di questo importante protocollo in Android; va comunque ricordato che si tratta di funzionalità non testabili attraverso l'emulatore, per le quali serve quindi un dispositivo reale.

Le Bluetooth API

Gli strumenti relativi alla gestione delle classiche operazioni di utilizzo del protocollo Bluetooth con Android sono raccolti all'interno del package `android.bluetooth` reintrodotto, come accennato in precedenza, nella versione 2.0 dell'ambiente. Il componente principale, in quanto punto di ingresso di tutte le funzionalità BT, è descritto dalla classe `BluetoothAdapter`, la quale rappresenta una virtualizzazione delle funzionalità HW del dispositivo. Attraverso un `BluetoothAdapter` possiamo infatti iniziare un'operazione di ricerca (discovery), ottenere l'elenco delle trusted pair, definire un dispositivo attraverso il suo MAC address (Media Access Control) oltre che attivare un servizio di gestione delle richieste di connessione da parte degli altri dispositivi. Ottenere il riferimento a un `BluetoothAdapter` è molto semplice: è sufficiente utilizzare il suo metodo statico

```
public static synchronized BluetoothAdapter getDefaultAdapter ()
```

> **Bluetooth e permessi**
>
> Occorre notare come l'utilizzo delle funzionalità Bluetooth del dispositivo richiedano sicuramente il permesso `android.permission.BLUETOOTH` e in alcuni casi anche quello associato al valore `android.permission.BLUETOOTH_ADMIN`. Lasciamo alla documentazione ufficiale l'indicazione di quale sia necessario per ciascuna delle operazioni che andremo a descrivere.

Una volta ottenuto il riferimento a un `BluetoothAdapter`, è possibile ottenere l'elenco delle informazioni relative ai vari dispositivi accoppiati attraverso la seguente operazione:

```
public Set<BluetoothDevice> getBondedDevices ()
```

che notiamo ritornare un insieme di riferimenti a oggetti di tipo `BluetoothDevice`. È importante notare come la scelta del `Set` non sia casuale: essa indica che non esiste un ordine tra i vari dispositivi, che possono comunque essere accoppiati tra loro al più una volta.

La classe `BluetoothDevice` rappresenta quindi un dispositivo remoto accoppiato all'adapter locale. Osservando la relativa documentazione il lettore potrà verificare come si tratti di una classe immutabile dotata di una serie di metodi di query relativi alle informazioni di un dispositivo legate al suo indirizzo hardware, che possiamo ottenere con l'invocazione del suo metodo:

```
public String getAddress ()
```

dove il valore di ritorno è rappresentato da una `String` del tipo "11:22:33:44:AA:BB" caratteristico di un indirizzo MAC. Per conoscere il nome associato al dispositivo è possibile utilizzare il metodo

```
public String getName ()
```

mentre per conoscerne lo stato il metodo

```
public int getBondState ()
```

ritorna un valore intero corrispondente a una delle seguenti costanti statiche della classe `BluetoothDevice`: `BOND_NONE`, `BOND_BONDING` e `BOND_BONDED`.
Con il metodo

```
public BluetoothClass getBluetoothClass ()
```

è poi possibile ottenere il riferimento a un oggetto di tipo `BluetoothClass` che descrive le caratteristiche generali del dispositivo, per esempio se si tratta di un telefono, un auricolare, un computer, e di quali servizi è capace. Si tratta di un oggetto che contiene il riferimento a informazioni relative al tipo di dispositivo e ai servizi che lo stesso è in grado di erogare. La prima informazione si ottiene con l'invocazione di uno dei seguenti metodi:

```
public int getDeviceClass ()
public int getMajorDeviceClass ()
```

il cui valore di ritorno è uno di quelli associati alle costanti statiche della classe `BluetoothClass.Device` tra cui notiamo `COMPUTER_DESKTOP`, `TOY_GAME`, `HEALTH_THERMOMETER` o `AUDIO_VIDEO_HEADPHONES`. Si tratta quindi di identificatori della tipologia di dispositivo.
Per quello che riguarda l'insieme dei servizi di un dispositivo l'approccio è diverso, perché non è possibile ottenerne un elenco ma solo interrogare il dispositivo sulla disponibilità o meno del servizio stesso. Per fare questo si utilizza il metodo

```
public boolean hasService (int service)
```

dove il parametro è un intero che può assumere uno dei valori previsti dalle costanti statiche della classe `BluetoothClass.Service` tra cui notiamo `AUDIO`, `TELEPHONY`, `POSITIONING` e altre ancora.
È comunque importante precisare come le informazioni contenute all'interno di un oggetto `BluetoothClass` descrivano il dispositivo in modo sommario al fine della visualizzazione, per esempio, dell'icona corretta, ma non danno un'informazione precisa su quali siano esattamente le funzionalità del dispositivo. Informazioni più accurate sul tipo di dispositivo vengono infatti acquisite in corrispondenza delle operazioni di ricerca e creazione della connessione, che vedremo successivamente.

Il metodo più importante della classe `BluetoothDevice` è comunque quello che permette di creare una connessione con il corrispondente dispositivo, rappresentata da un oggetto di tipo `BluetoothSocket`.
Con l'operazione

```
public BluetoothSocket createRfcommSocketToServiceRecord (UUID uuid)
```

è infatti possibile creare una connessione RFCOMM con il dispositivo identificato da un particolare UUID (Universally Unique Identifier) descritto dalla omonima classe del package `java.util`. Senza entrare nei dettagli, si tratta di un'informazione utilizzata dal protocollo di ricerca (Service Discovery Protocol o SDP) per l'identificazione dei particolari dispositivi in base alla tipologia e all'insieme dei servizi erogabili.

> **UUID e Intent**
> Con una piccola forzatura potremmo dire che si tratta di una specie di identificatore di un `Intent` con le informazioni relative al tipo di dispositivo e ai servizi necessari. I dispositivi trovati saranno solamente quelli in grado di rispettare quei criteri.

L'oggetto `BluetoothSocket` ottenuto non è la connessione vera e propria, la quale potrà essere attivata con l'esecuzione del suo metodo

```
public void connect ()
```

A tale scopo è bene fare alcune precisazioni. Innanzitutto si tratta di un metodo bloccante, che quindi blocca il relativo thread di esecuzione fino alla creazione della connessione o alla generazione di un errore. Una volta creata la connessione, i dispositivi *in pair* potranno comunicare in modo sicuro e criptato.
Le operazioni che abbiamo descritto finora riguardano la possibilità di utilizzare il nostro dispositivo come un client di una connessione Bluetooth.
Con il metodo

```
public BluetoothServerSocket listenUsingRfcommWithServiceRecord (String name, UUID uuid)
```

della classe `BluetoothAdapter` è comunque possibile abilitare il dispositivo alla ricezione di connessioni BT da parte di altri. Notiamo come l'oggetto di ritorno sia descritto dalla classe `BluetoothServerSocket`, molto simile nel funzionamento a quella di un `ServerSocket` della J2SE. Essa dispone infatti dei metodi bloccanti:

```
public BluetoothSocket accept ()
public BluetoothSocket accept (int timeout)
```

che, nel caso di ricezione di una richiesta di connessione, otterranno il corrispondente oggetto `BluetoothSocket`.

Principali scenari Bluetooth

Dopo aver descritto i vari elementi che caratterizzano le Bluetooth API in Android, vediamo alcuni casi pratici di utilizzo, ovvero:

- preparazione degli strumenti Bluetooth
- pairing dei dispositivi
- gestione della connessione
- scambio di informazioni

Preparazione dell'ambiente Bluetooth

Come accennato in precedenza, il punto di partenza nella gestione di una connessione Bluetooth con altri dispositivi è quella relativa all'acquisizione di un BluetoothAdapter attraverso l'invocazione del suo metodo statico di factory

```
BluetoothAdapter btAdapter = BluetoothAdapter.getDefaultAdapter();
```

Prima di fare questo ci dobbiamo comunque assicurare di aver richiesto gli opportuni permessi, che abbiamo visto essere del tipo BLUETOOTH e BLUETOOTH_ADMIN. Il primo è sufficiente per tutte le operazioni relative alla connessione, come la richiesta di connessione o relativa risposta, oltre che alla trasmissione delle informazioni. Il secondo permesso è invece necessario per tutte le funzioni di amministrazione, quindi in corrispondenza di operazioni di discovery o di modifica dei dati di configurazione.

Fatto questo, la nostra applicazione deve comunque eseguire alcune verifiche sulla disponibilità effettiva del Bluetooth nel dispositivo; in caso di riscontro positivo, deve verificare l'effettiva abilitazione del servizio stesso. Nel caso in cui il Bluetooth non sia disponibile sarà cura dell'applicazione non rendere disponibili le relative funzionalità. Se le API sono presenti ma non c'è l'abilitazione, serve un modo per indurre l'utente all'attivazione senza dover uscire dall'applicazione. Le istruzioni per implementare questo comportamento sono molto semplici e prevedono inizialmente, come descritto nel frammento di codice che segue, l'acquisizione dell'oggetto BluetoothAdapter attraverso il suo metodo statico di factory.

Listato 15.1 Controllo ed attivazione della presenza del Bluetooth

```
btAdapter = BluetoothAdapter.getDefaultAdapter();
if (btAdapter == null) {
    finish();
} else {
    if (!btAdapter.isEnabled()) {
        Intent enableBtIntent = new Intent(BluetoothAdapter.ACTION_REQUEST_ENABLE);
        startActivityForResult(enableBtIntent, ENABLED_BT_ID);
    }else{
        createGUI();
    }
}
```

Se il valore ritornato è null significa che il dispositivo non è in grado di gestire le connessione Bluetooth, per cui l'applicazione dovrà disabilitare le funzionalità a esso collegate o semplicemente uscire con un messaggio all'utente.

> **Bluetooth ed emulatore**
>
> Il valore null ottenuto dal metodo statico di creazione del BluetoothAdapter è proprio quello che si ha nel caso di esecuzione delle precedenti API nell'emulatore il quale non è al momento abilitato alla esecuzione delle Bluetooth API.

Nel caso in cui il dispositivo sia dotato del BT ma lo abbia al momento disabilitato, Android mette a disposizione un modo semplice per richiederne l'attivazione attraverso una finestra di dialogo. Il controllo sull'attivazione del BT lo possiamo eseguire con il metodo isEnabled(), mentre l'invio della richiesta all'utente la otteniamo lanciando un Intent associato alla action BluetoothAdapter.ACTION_REQUEST_ENABLE. È da notare come l'invio dell'Intent avvenga attraverso il metodo startActivityForResult(), per cui la logica conseguente alla risposta dell'utente dovrà essere inserita all'interno del metodo onActivityResult(), dove la costante RESULT_OK indicherà una risposta affermativa e quella RESULT_CANCELED una risposta negativa.

Oltre all'attivazione, un'applicazione che utilizza il Bluetooth dovrebbe comunque sempre essere informata dello stato dell'adapter. Per fare ciò abbiamo già capito che sarà sufficiente gestire gli Intent di broadcast, che in questo caso sono associati alla action relativa alla costante ACTION_STATE_CHANGED della classe BluetoothAdapter. Si tratta di Intent che contengono l'informazione dello stato precedente e attuale all'interno degli extra associati rispettivamente alle costanti STATE_TURNING_ON, STATE_ON, STATE_TURNING_OFF e STATE_OFF, di evidente significato. Un'applicazione dovrà quindi gestire le variazioni di stato al fine di garantire la corretta esecuzione delle proprie funzionalità oppure segnalando la cosa all'utente.

Pairing dei dispositivi

Come abbiamo accennato nell'introduzione del capitolo, eseguire il pairing tra due dispositivi significa instaurare tra loro una comunicazione di fiducia e quindi un pair trust. Ciò comporta che ciascun dispositivo deve comunque riconoscere la presenza dell'altro e scambiare con esso le informazioni di autenticazione al fine di essere sicuri delle identità. Per conoscere i dispositivi raggiungibili è possibile eseguire un'operazione che si definisce di *discovery* durante la quale un dispositivo interroga tutti gli altri da lui raggiungibili ottenendo da essi alcune informazioni. Se il lettore ha già utilizzato le funzionalità BT del proprio cellulare avrà notato come sia possibile fare in modo che lo stesso non sia visibile agli altri nelle operazioni di discovery. Diciamo quindi che l'operazione di discovery permette di interrogare i dispositivi da lui raggiungibili ottenendo delle informazioni solamente da quelli che ne hanno dato il consenso. Si tratta di informazioni che prima abbiamo detto essere incapsulate all'interno di un oggetto di tipo BluetoothDevice e che quindi riguardano il nome, la classe rappresentata dall'oggetto BluetoothClass e soprattutto il suo MAC address. Sono però informazioni che le Bluetooth API non ci mettono a disposizione fino alla conclusione dell'operazione di pairing la quale avviene automaticamente dopo la discovery, presentando all'utente la finestra di dialogo per l'inserimento del codice di identificazione che dovrà essere condiviso tra i due device. Solo dopo il pairing le informazioni del device, in particolar modo il MAC address, verranno salvate per poter essere utilizzate successivamente per la connessione al dispositivo senza effettuare il discovery.

Quando un'applicazione ha necessità di connettersi a un particolare dispositivo via Bluetooth dovrà come prima cosa ricercarlo tra quelli conosciuti, ovvero tra quelli con cui ha precedentemente eseguito un'operazione di pairing. Per fare questo è sufficiente utilizzare il seguente codice, che abbiamo già visto in parte nella sezione introduttiva.

Listato 15.2 Elenco dispositivi in pair

```
Set<BluetoothDevice> pairedDevices = btAdapter.getBondedDevices();
f (pairedDevices.size() > 0) {
    for (BluetoothDevice device : pairedDevices) {
        deviceAdapter.add(device.getName() + "\n" + device.getAddress());
    }
}
setListAdapter(deviceAdapter);
```

Notiamo come sia sufficiente utilizzare il metodo `getBondedDevices()` dell'adapter per ottenere l'insieme degli oggetti `BluetoothDevice` dei dispositivi conosciuti. Come vedremo successivamente, l'informazione che più ci interessa è quella relativa al MAC address; la possiamo salvare in una qualche struttura da utilizzare poi come base dati di un `Adapter` per la visualizzazione dell'elenco in una `ListView` o altro componente di selezione, che potremo successivamente alimentare con un'operazione di discovery. Quest'ultima viene attivata attraverso l'invocazione dell'operazione `startDiscovery()`. È da notare come nel precedente codice l'oggetto `deviceAdapter` rappresenti un `ArrayAdapter`, nel senso di gestione delle informazioni, mentre il `btAdapter` sia il riferimento al `BluetoothAdapter`. Come accennato, si tratta di un'operazione che ritorna subito con un valore boolean indicante l'esito. La ricerca vera e propria viene infatti eseguita con un processo della durata di circa 12 secondi durante il quale le informazioni relative ai nuovi dispositivi trovati sono notificate mediante degli Intent di broadcast che l'applicazione dovrà quindi gestire con un `BroadcastReceiver`, come nel codice che segue.

Listato 15.3 Gestione della operazione di discovery

```
private final BroadcastReceiver discoveryReceiver = new BroadcastReceiver() {
    public void onReceive(Context context, Intent intent) {
        String action = intent.getAction();
        if (BluetoothDevice.ACTION_FOUND.equals(action)) {
            BluetoothDevice btDevice = intent.getParcelableExtra(BluetoothDevice.
            EXTRA_DEVICE);
            deviceAdapter.add(btDevice.getName() + "\n" + btDevice.getAddress());
        }
    }
};
```

```
// Nel metodo startActivity
IntentFilter filter = new IntentFilter(BluetoothDevice.ACTION_FOUND);
registerReceiver(discoveryReceiver, filter);
```

Dal codice riportato possiamo notare come l'Intent di broadcast relativo agli eventi di discovery abbia una `action` corrispondente alla costante `BluetoothDevice.ACTION_FOUND`. Notiamo poi come nell'Intent ricevuto esistano delle informazioni extra associate alle costanti `BluetoothDevice.EXTRA_DEVICE` e `BluetoothDevice.EXTRA_CLASS` sotto forma di oggetti `BluetoothDevice` e `BluetoothClass` rispettivamente.

Al fine di ottimizzare le risorse a disposizione è consigliabile richiamare sempre il metodo `cancelDiscovery()` una volta ottenuto il riferimento al dispositivo voluto. L'operazione di discovery è infatti molto impegnativa per il dispositivo, per cui se ne consiglia l'utilizzo solamente in caso di effettivo bisogno e mai quando sono attive delle connessioni.

Un ultimo aspetto solamente accennato in precedenza riguarda la possibilità da parte di un dispositivo di essere invisibile all'operazione di ricerca. Anche in questo caso le Bluetooth API sono molto semplici e prevedono che per richiedere la visibilità un dispositivo lanci, attraverso il metodo `startActivityForResult()`, un Intent associato alla action `BluetoothAdapter.ACTION_REQUEST_DISCOVERABLE`. Se non specificato diversamente mediante un'informazione extra associata alla chiave `BluetoothAdapter.EXTRA_DISCOVERABLE_DURATION`, il tempo di visibilità sarà di 120 secondi.

Listato 15.4 Richiesta di visibilità

```
Intent discoverableIntent = newIntent(BluetoothAdapter.ACTION_REQUEST_DISCOVERABLE);
discoverableIntent.putExtra(BluetoothAdapter.EXTRA_DISCOVERABLE_DURATION, 400);
startActivity(discoverableIntent);
```

All'invio della richiesta il dispositivo visualizzerà all'utente una finestra di dialogo per la concessione del permesso o meno all'operazione. In caso affermativo il valore passato al metodo `onActivityResult()` sarà pari al tempo per il quale il dispositivo è stato visibile. Nel caso di risposta negativa il codice di ritorno sarà quello associato alla costante `Activity.RESULT_CANCELLED`. L'abilitazione del dispositivo alla operazione di ricerca implica automaticamente l'abilitazione del Bluetooth. Ovviamente un'applicazione potrebbe avere anche la necessità di ascoltare le variazioni di stato relativamente alla raggiungibilità del dispositivo registrando un `BroadcastReceiver` associato alla action `BluetoothDevice.ACTION_SCAN_MODE_CHANGED`. In questo caso le chiavi extra associate allo stato attuale e precedente saranno rispettivamente `EXTRA_SCAN_MODE` ed `EXTRA_PREVIOUS_SCAN_MODE`, mentre i possibili valori saranno quelli associati alle costanti `SCAN_MODE_NONE`, `SCAN_MODE_CONNECTABLE_DISCOVERABLE` oppure `SCAN_MODE_CONNECTABLE`, di ovvio significato. Naturalmente l'abilitazione della raggiungibilità dovrà essere abilitata nel caso in cui il dispositivo voglia essere raggiunto da un altro, quindi quando ha responsabilità di server.

Gestione della connessione

Per poter scambiare delle informazioni, due dispositivi dovranno necessariamente ottenere il riferimento a un oggetto di tipo `BluetoothSocket`, e da questo il riferimento agli stream per la lettura e scrittura dei dati. Si tratta di oggetti `BluetoothSocket` associati allo stesso canale RFCOMM che si può ottenere a partire da due dispositivi: uno ha funzionalità di client e l'altro di server. Analogamente a quanto avviene per le classi Socket e ServerSocket della J2SE, anche in questo caso il client aprirà il BuetoothSocket a partire dall'indirizzo del dispositivo cui connettersi, mentre il server la otterrà dal BluetoothServerSocket in corrispondenza della ricezione di una richiesta.

Per quello che riguarda la funzionalità di server, il codice è quello riportato di seguito..

Listato 15.5 Ricezione di una richiesta di connessione

```
private class ServerThread extends Thread {

    private final String SERVER_NAME = "ServerThread";
    private BluetoothServerSocket btServerSocket;

    public ServerThread() {
        try {
            btServerSocket = btAdapter.listenUsingRfcommWithServiceRecord(SERVER_NAME,
                UUID_VALUE);
        } catch (IOException e) { }
    }

    public void run() {
        BluetoothSocket btSocket = null;
        while (true) {
            try {
                btSocket = btServerSocket.accept();
            } catch (IOException e) {
                break;
            }
            if (btSocket != null) {
                handleServerBtSocket(btSocket);
                try {
                    btServerSocket.close();
                } finally{
                    break;
                }
            }
        }
    }

    public void cancel() {
        try {
            btServerSocket.close();
        } catch (IOException e) { }
    }
}
```

Innanzitutto notiamo come la creazione di un oggetto di tipo `BluetoothServerSocket` avvenga con l'invocazione del metodo

```
public BluetoothServerSocket listenUsingRfcommWithServiceRecord (String name, UUID uuid)
```

della classe `BluetoothAdapter`. Il primo parametro rappresenta un identificatore del servizio che il dispositivo intende esporre e che quindi verrà subito registrato tra quelli associati al dispositivo. Si tratta di un valore di riferimento che spesso coincide con quello dell'applicazione, a differenza del secondo parametro che invece è utilizzato in fase di discovery. Questo significa che il client che intende connettersi al server vi riuscirà solamente se il proprio UUID coincide con quello qui specificato.
Una volta ottenuto il riferimento all'oggetto `BluetoothServerSocket`, non faremo altro che invocare il suo metodo

```
public BluetoothSocket accept ()
```

il quale bloccherà il thread corrente fino all'arrivo di una richiesta di connessione o alla generazione di un'eccezione. Ovviamente la connessione dovrà avvenire da parte di un dispositivo che ha specificato un valore di UUID corrispondente a quello del server.
Il metodo `accept()` ritornerà quindi un riferimento al `BluetoothSocket` rappresentativo della connessione. Un aspetto importante riportato nel precedente codice riguarda il fatto che, a meno di non dover ricevere altre connessioni, l'oggetto `BluetoothServerSocket` dovrebbe essere chiuso attraverso il metodo `close()` al fine di liberarne le risorse. Questo non provoca la chiusura dell'oggetto `BluetoothSocket` ottenuto, il quale dovrà poi essere gestito da un thread a parte.

> **BluetoothServerSocket e Thread**
> Per la natura bloccante del metodo `accept()` e della gestione degli stream, è bene che ciascuna operazione avvenga all'interno di un proprio thread diverso da quello di gestione della UI.

Un altro importante aspetto della connessione rappresentata dall'oggetto `BluetoothSocket` ottenuto come valore di ritorno del metodo `accept()` riguarda il fatto che si tratta di una connessione già attiva, a differenza di quanto accade nella modalità client, come possiamo vedere dal seguente codice.

Listato 15.6 Richiesta di connessione

```
private class ClientThread extends Thread {
    private final BluetoothSocket btSocket;
    public ClientThread(BluetoothDevice btDevice) {
        BluetoothSocket tmp = null;
        try {
            tmp = btDevice.createRfcommSocketToServiceRecord(UUID_VALUE);
        } catch (IOException e) {
            tmp = null;
        }
```

```
        btSocket = tmp;
    }

    public void run() {
        btAdapter.cancelDiscovery();
        try {
            btSocket.connect();
        } catch (IOException connectException) {
            try {
                btSocket.close();
            } catch (IOException closeException) { }
            return;
        }
        handleClientBtSocket(btSocket);
    }

    public void cancel() {
        try {
            btSocket.close();
        } catch (IOException e) { }
    }

}
```

Come possiamo notare, la creazione di una connessione verso un dispositivo Bluetooth necessita della disponibilità del corrispondente oggetto BluetoothDevice che ne contiene l'indirizzo e le caratteristiche. Da questo possiamo quindi ottenere il riferimento al BluetoothSocket attraverso il seguente metodo:

```
public BluetoothSocket createRfcommSocketToServiceRecord (UUID uuid)
```

dove il parametro dovrà contenere il valore corrispondente all'UUID del servizio del dispositivo che funge da server. A differenza del caso precedente, la connessione non è ancora stata stabilita ma necessita della chiamata al metodo della classe BluetoothSocket

```
public void connect ()
```

Una cosa interessante riguarda il fatto che l'inizio della connessione può prevedere l'esecuzione di un'operazione di discovery gestita in modo automatico dal dispositivo nella modalità già descritta in precedenza.
Nella fase di creazione della connessione in modalità client è sempre bene disabilitare le eventuali operazioni di discovery utilizzando il metodo

```
public boolean cancelDiscovery ()
```

della classe BluetoothAdapter, al fine di risparmiare risorse e disponibilità di banda per la connessione. Per lo stesso motivo, è bene ricordarsi di chiudere la connessione attraverso il metodo close() dopo averla utilizzata.

Scambio di informazioni

Una volta ottenuti gli oggetti `BluetoothSocket` sarà sufficiente ottenere da essi gli stream di input e output per la lettura e la scrittura delle informazioni, analogamente a quanto si fa con un qualunque altro tipo di stream. L'unica accortezza riguarda la gestione separata delle operazioni di lettura e scrittura in thread diversi, per la natura bloccante di queste operazioni.

Conclusioni

In questo capitolo abbiamo esaminato i principali strumenti messi a disposizione dalle Bluetooth API per l'esecuzione delle operazioni di discovery, pairing e scambio dati mediante connessione RFCOMM.

Indice analitico

Simboli

.apk, 26
.class, 29
.dex, 9, 29
.tar, 362
`<bitmap/>`, 81, 82
`<color/>`, 73
`<corners/>`, 85
`<data/>`, 138
`<dimen/>`, 74
`<drawable/>`, 82
`<gradient/>`, 84
`<include/>`, 224
`<inset/>`, 86
`<item/>`, 65
`<merge/>`, 217
`<merge/>`, 225, 226, 227
`<padding/>`, 85
`<shape/>`, 84
`<stroke/>`, 85
`<style/>`, 77, 78
`<transition/>`, 90
18N, 105

A

AbsoluteLayout, 172
Abstract Window Toolkit (AWT), 6
Accessibility Manager, 519
action, 133
Activity Manager, 16, 56
Activity, 24, 53, 54, 57, 111 sgg.
activity, 37
Activity.RESULT_CANCELED, 147
Activity.RESULT_FIRST_USER, 147
Activity.RESULT_OK, 147
Adapter, 153, 183, 199, 205
AdapterView, 185
adb logcat, 50
adb shell, 52
adb, 21, 24, 36, 37, 120
addView(), 160
addXXListener(), 232
aggiornamenti, 22, 23
Alarm Service, 507
AlertDialog, 322
algoritmo di selezione, 108
AliasActivity, 150
AlphaAnimation, 289
AnalogClock, 267
Android (architettura), 11
Android (storia), 3
Android Asset Packaging Tool, 32
Android Debug Bridge, 51
Android Development Tools (ADT), 19, 40, 42, 43, 412
Android HTC Hero, 9
Android Interface Definition Language (AIDL), 29, 408, 412

Android Scripting Environment, 5
Android Virtual Device (AVD), 32, 33, 34
Android XML File, 67, 68
android, 22, 23, 24, 33, 35
android.content, 57
android.graphics.drawable, 79
android.graphics.drawable.shape, 100
android.media, 491
android.R, 78
android.util.Log, 50
android:launchMode, 131
android:layout_gravity, 165
android:layout_weigth, 164
android:onClick, 237
android:process, 122
android:versionCode, 39
android:versionName, 39
AndroidManifest, 16
AndroidManifest.xml, 37, 38, 40, 47, 56, 371, 414, 473
Animation, 275, 291
AnimationDrawable, 97
Animator, 295
animazione, 275
animazioni frame-by-frame, 276
animazioni tween, 276, 280
ant debug, 28
Ant, 27
API, 2, 80, 329
API Level, 26
apk, 341
App Widget, 467
App Widget Host, 468
App Widget Provider, 468
Application framework, 15
application, 39
AppWidgetProvider, 469, 470
ArrayAdapter, 186
asset, 101
assets, 60, 72, 100
attributi, 268
Audio Service, 510
audio, 492

autocompletamento, 253
AutoCompleteTextView, 253
AVD, 35, 339

B

background custom, 210
background process, 125
BaseAdapter, 208
bin, 31
bind, 57
binding, 416
BitMapDrawable, 81
Bluetooth pairing, 523
Bluetooth, 8, 523 sgg.
BluetoothAdapter, 524
bound rect, 79
Broadcast Receiver, 381, 417 sgg.
BroadcastReceiver, 56, 432
build, 31, 32
Button, 65, 256

C

C#, 2
C++, 2
Calendar, 32
callback, 114
camel notation, 25
Camera, 294
Canvas, 99
categoria, 141
CDC Hotspot implementation, 7
chaining, 132
CharSequence, 239
Checkable, 257
CheckBox, 257
CheckedTextView, 261
ciclicità, 168
classe R, 27, 30, 39, 58
classes.dex, 31
classpath, 129
client, 415
ClipBoard Service, 520
ClipDrawable, 86, 88, 89, 95

Collator, 343
color, 73, 74
ColorChooser, 268
ColorDrawable, 82, 83
ColorFilter, 266
Compact Virtual Machine (CVM), 7
Component, 155
ComponentName, 128
Composite, 155
Composite Pattern, 154
compound Drawable, 220
CompoundButton, 257, 259, 260
comunicazione tra componenti, 145
condivisione di informazioni
  tra applicazioni, 339
configuration CLDC, 8
Connected
Connected Device Configuration (CDC), 7
Connectivity Service, 516
connessione, 530
Content Provider, 4, 16, 56, 57, 329, 361 sgg., 435
Content Repository, 362
Context, 128
ContextMenu, 307 sgg.
convenzioni di Java, 25, 30
core library, 15
Create, Read, Update e Delete (CRUD), 357
create project, 24
createDataMap(), 201
createGroupMap(), 201
createItems(), 190
Cupcake, 4
Cursor, 350 sgg.
custom View, 267
CustomComponent, 155
customizzazione degli eventi, 272

D

Dalvik, 5
Dalvik Virtual Machine, 8, 9
Data Access Object (DAO), 183
database, 342 sgg., 363
DataBase Management System (DBMS), 6
dati, 136, 329
debug, 32, 50
definizione delle operazioni
  del componente, 272
definizione dichiarativa dei menu, 315
Delegation Model, 157, 230
delete(), 371
densità, 76, 77
deploy, 437
Dev Phone 1, 3, 4
device fragmentation, 8
Device Profile (MIDP), 8
Dialog, 320 sgg.
DigitalClock, 267
dimensioni, 74
discovery, 528
documenti XML, 63, 64, 68
dp, 74, 75, 76
draw(), 155
draw9patch, 92
Drawable, 79, 80, 81, 84, 99, 217, 221, 233, 271
drawable, 44

E

eclipse, 19, 40, 41, 42, 43, 50
EditText, 249, 250, 252
ellipsizing, 247
empty process, 125
emulator, 32, 33, 340
emulatore, 32, 36, 528
ereditarietà delle classi, 112
ereditarietà multipla delle classi, 230
estrazione dei dati, 350
event handler, 235
eventi, 233
ExpandableListAdapter, 199, 202
ExpandableListView, 199, 201, 202
expanded menu, 301
Extra, 145

F

File Explorer, 338
file statico, 341
file system locale, 336
FILL_PARENT, 160
Filterable, 254
findViewById(), 66
finestra Alert Dialog, 322
finestra Custom Dialog, 328
finestra Progress Dialog, 327
finestre di dialogo, 320
finish(), 117, 122
flag, 131, 394, 395
FlowLayout, 172
font, 100
foreground process, 125
frame, 276
FrameLayout, 171, 203
FreeType, 14
Funzioni di navigazione, 447

G

Gallery, 205, 207
Ganymede, 40
garbage collector, 9
generazione codice register based, 10
generazione codice stack based, 10
generics, 263
Geocoder, 460
georeferenziazione, 460
Gestione asse Z, 282
gestione degli eventi, 229, 236, 237
gestione dei permessi, 341
gestione di file, 335
Gesture Builder, 481
gesture, 4, 467, 480 sgg.
GET, 424
get, 80
getExtra(), 145
getHost(), 215, 216
getIntent(), 148
getIntrinsicHeight(), 79
getIntrinsicWidth(), 79
getItem(), 191
getLatitude(), 57
getLeft(), 156
getLocation(), 57
getTop(), 156
getView(), 191, 192, 221
Google API, 449
Google Mail, 32
Google Maps, 441, 449 sgg.
Google, 3, 5
GPS, 449, 463
GradientDrawable, 83, 85
GridView, 198,
GroupView, 199
GTalk, 4, 32

H

handler, 381, 385
Handler, 385
handler, 56
height(), 79
Hierarchy Viewer, 216, 217
hierarchyviewer, 217
hint, 249
HTML, 246
HTTP, 23, 421, 423
HttpClient, 424, 426
HttpGet, 422
HttpPost, 422
HttpRequest, 422
HTTPS, 23
HttpServlet, 470

I

Icon Menu, 300
id, 15, 64, 65
ImageButton, 264
ImageSpinnerAdapter, 208
ImageView, 264
in, 74
inflating, 155, 268
Input Method Service, 520
insert(), 369
inset, 85

InsetDrawable, 88, 89
InsetDrawableTest, 85
Intel, 3
Intent esplicito, 127
intent filter, 40, 56
Intent Filter, 55
Intent Resolution, 329
Intent, 40, 55, 56, 111, 112 sgg., 127, 131, 404
intent-filter, 39
Interpolator, 283
iPhone, 2
Item, 69

J

J2EE, 6
J2ME, 2, 5, 6, 7, 8
J2SE, 6, 7, 8, 77
Java Application Descripton (JAD), 44
Java Application Manager (JAM), 16, 112
Java Development Kit (JDK), 29
Java Native Interface (JNI), 10
Java NIO, 336
Java Specification Request (JSR), 8
Java, 5
JavaFX Script, 8
JavaFX, 2, 8
JavaScript, 447
Just In Time compiler (JIT), 9
JVM, 5

K

kernel Linux, 11, 12
KeyGuard Service, 504
kill, 121
KVM, 5, 8

L

Late Runtime Binding (LRB), 133
LauncherActivity, 149
LayerDrawable, 88
LayerDrawable, 89
layout, 48, 60, 61, 63, 154, 172
layout animation, 279

layout custom, 172, 397
Layout Editor, 62
layout predefiniti, 161
Layout View, 217
Layout, 153
LayoutView, 221
lazy include, 227
LED, 395
lettura di un file, 337
LevelListDrawable, 95
Libc, 15
librerie native, 12
Limited Device Configuration, 7
LinearLayout, 161
Linkify, 242
ListActivity, 193
ListAdapter, 186
listener, 231, 233, 234
ListView, 186, 193, 261
Live Folder, 374 sgg.
localhost, 425
Location Manager, 17,
LocationManager, 463
LocationProvider, 463
LogCat, 50, 51
long click, 308
looper, 381, 385, 389

M

main thread, 385
Map, 196
MapActivity, 449
mappe, 449
MapView, 449, 453, 458
MARQUEE, 248
Matrix, 281, 293
MD5, 451
measure(), 174
measuring, 172, 273
Media Framework, 13
media, 491
MediaController, 497
MediaPlayer, 491 sgg.

MediaRecorder, 491, 498
Mediator, 279
menu, 296, 297
menu alternativi, 312
menu di contesto, 307
MenuItem, 298, 302, 303
Message, 385
MessageQueue, 385
MetaData, 363
metadati, 473
metodi di callback, 55
Microsoft Office, 362
midlet, 111
MIDlet, 111, 112
mime-type, 362, 366
mksdcard, 340
mmap(), 32
modalità client, 6
modalità server, 7
MOM-Message Oriented Middleware, 6
Motorola, 3
Mozilla, 362
MultiAutoCompleteTextView, 256
multithreading, 7
multi-touch, 234
mutator, 80

N

name, 78
namespace, 204
Native Development kit, 5
NinePatch, 92
Nokia, 2Objective-C, 2
NomeClasse.this, 128
Notification Service, 381, 391 sgg.
Notification Manager, 17
NotificationManager, 396

O

onCreate(), 55, 65, 114
onMeasure(), 174
onPause(), 115
onRestart(), 115
onRestoreInstanceState(), 120

onResume(), 115
onSaveInstanceState(), 119, 120
onStart(), 115, 401
onStartCommand(), 401
Open Close Principle (OPC), 230
Open Handset Alliance, 2, 3
Open Source Apache License 2.0, 3
OpenGL ES, 12, 13
OpenMax, 13
Option Menu, 296, 297
optional package, 8
ordine di creazione, 168
orientation, 123, 165
ottimizzazione, 184
ottimizzazione delle risorse, 216
overlay, 458
override degli attributi, 225

P

Package Manager, 16
padding, 80
PaintDrawable, 99
pair trust, 528
pairing, 528
parcellizzazione, 411
parser XML, 102
pause(), 57
performXXX(), 235
permessi, 524
Permission custom, 433, 434
Permission, 432, 442
peso, 164
Pico, 4
Picture, 99
PictureDrawable, 99
play(), 57
POST, 430
Power Service, 501
PowerPoint, 362
Preference, 329, 332
processi, 125
profile, 8
programmazione dichiarativa, 58
programmazione imperativa, 58

programmazione programmatica, 58
ProgressDialog, 326
Protocol Description Unit (PDU), 515
ps, 120
pt, 74
public Resources getResources(), 72
putExtra(), 145
px, 74

Q

QEMU, 32
qualificatori, 64, 106
query, 347
query raw, 352
query(), 368
Quick Search Box, 4, 36

R

R, 78
R.java, 30
RadioButton, 259
raw, 104
Record Management System (RMS), 14
RelativeLayout, 166
res, 72
Resource Chooser, 71
Resource Manager, 17
ResponseHandler, 423, 425
responsiveness, 5
RFCOMM, 524
Rich Internet Application (RIA), 8
ripetizione dell'animazione, 282
risorse, 58, 59, 60, 64, 66, 73
RotateAnimation, 288
RotateDrawable, 90, 91
RotateDrawable, 95
run(), 383

S

Samsung, 3
Satellite View, 456
Scalable Graphics Library (SGL), 13
ScaleAnimation, 284
ScaleDrawable, 90, 95
ScaleType.CENTER_INSIDE, 265
ScaleType.FIT_XY, 264
schedulazione, 388
scrittura di un file, 337
ScrollView, 203
SD Card, 339
Searchable, 67
security domain, 437
SecurityException, 432
Sensor Service, 509
serializzazione di oggetti, 120
Service, 385, 399, 404
Service Oriented Architecture, 6
service process, 125
servizi locali, 400
servizi remoti, 405
ServletContext, 427
set, 80
setAnimation(), 279, 290
setData(), 145
setIndicator(), 213
setResult(), 148
setup, 22, 23
setXXListener(), 232
ShapeDrawable, 99
SharedPreferences, 330
shortcut, 307
showCounterState(), 120
sicurezza, 431
SimpleAdapter, 196
SingleThread Model, 158
SlidingDrawer, 215, 216
SMS Service, 514
Software Development Kit (SDK), 3, 19, 20
Sony-Ericsson, 3
sorgente, 230
sp, 74
Spannable, 239
Spanned, 239, 240
specializzazione di View, 268
Spinner, 205
SpinnerAdapter, 208

Sprint-Nextel, 3
SQL, 348
SQLite, 14, 57, 329, 342 sgg.
SQLiteDatabase, 342, 347
Sqliteman, 345
SQLiteOpenHelper, 356
SQLiteQueryBuilder, 354
SSL, 15
startAnimation(), 278
startOffset, 280
StateListDrawable, 96
Static Factor Method, 101
stile, 65, 77
stop(), 57
stopAnimation(), 278
Street View, 456
String Array, 69
string, 39, 66, 72
Stub, 412
styleable, 176
SubMenu, 306
Sun, 6
Sun Microsystems, 5
suono, 394, 511
super, 116
Surface Manager, 12
Swing, 6
Symbian, 2

T

tab, 211, 213
TabActivity, 211, 214
tabelle, 345
TabHost, 211, 212
TableLayout, 168
TabWidget, 211, 212
tag, 213
target, 25, 44
task, 126, 388
task affinity, 129
task debug, 29
task release, 29
TeamContentProvider, 378
Telephony Manager, 16

Telephony Service, 513
tema, 77
template XML, 176
test, 32
Texas Instruments, 3
Text, 71
Text-To-Speech (TTS), 485, 488
TextView, 65, 71, 73, 220, 222, 237, 238
thin-client, 1
thread, 382, 354, 403
Thread, 382
Thread Safe, 422
ticker, 393
T-Mobile, 3
Toast, 318 sgg.
ToggleButton, 260
Tomcat, 424
Toshiba, 3
touch, 159
Traffic View, 456
transazioni, 353, 354
TransformationMethod, 239
TransitionDrawable, 89, 90
TranslateAnimation, 289
Typeface, 249

U

unbinding, 416
unicità delle chiavi, 69
Uniform Resource Locator (URL), 442
update, 348, 370
URI, 55, 136, 138, 140, 366
UUID, 526

V

Vibrator Service, 505
vibrazione, 394
video, 495
VideoView, 495
View System, 17
View, 48, 77, 80, 84, 111, 153 sgg., 233
ViewAnimator, 296
ViewGroup, 160, 183, 198
ViewGroup.LayoutParams, 160

ViewGroup.MarginLayoutParams, 160
ViewStub, 217, 227
Virtual Machine, 5
visible process, 125
Visual Basic .net, 2
Vodafone, 3

W

WebKit, 14, 441, 447
WebService, 6
WebView, 441, 442, 447
widget, 155, 162, 229 sgg., 468 sgg.
width(), 79
Wi-Fi Service, 517

Window Manager, 16
Windows Mobile, 2
worker thread, 385
workspace, 44
wrapper, 9

X

XML, 31, 67, 100, 101, 154, 216
XmlResourceParser, 102
XUL, 362

Z

zipalign, 32, 439

ANNOTAZIONI

ANNOTAZIONI

ANNOTAZIONI

ANNOTAZIONI

ANNOTAZIONI

ANNOTAZIONI

ANNOTAZIONI

ANNOTAZIONI

ANNOTAZIONI